浈江区中心城区图

广东省地图出版社　编制　　　　审图号：粤S(2017)3号

浈江年鉴

ZHENJIANG YEARBOOK

2018

韶关市浈江区地方综合年鉴编纂委员会 编

方志出版社
Publishing House of Local Records

图书在版编目（CIP）数据

浈江年鉴. 2018 / 韶关市浈江区地方综合年鉴编纂委员会编. -- 北京：方志出版社，2018.12

ISBN 978-7-5144-3658-7

Ⅰ. ①浈… Ⅱ. ①韶… Ⅲ. ①区（城市）—韶关—2018—年鉴 Ⅳ. ①Z526.53

中国版本图书馆CIP数据核字（2019）第032411号

浈江年鉴（2018）

编　　者：韶关市浈江区地方综合年鉴编纂委员会
责任编辑：王　娜

出 版 人：冀祥德
出 版 者：方志出版社
　地址　北京市朝阳区潘家园东里9号（国家方志馆4层）
　邮编　100021
　网址　http://www.fzph.org
发　　行：方志出版社图书经销中心
　电话（010）67110500
经　　销：各地新华书店
印　　刷：韶关市文星彩色印务有限公司

开　　本：889×1194　1/16
印　　张：22.5
字　　数：564 千字
版　　次：2018 年 12 月第 1 版　2018 年 12 月第 1 次印刷
印　　数：001~800册

ISBN 978-7-5144-3658-7　定价：280.00 元

韶关市浈江区地方综合年鉴编纂委员会

《浈江年鉴》编辑部

编 辑 说 明

一、《渎江年鉴》以马克思列宁主义、毛泽东思想、邓小平理论、“三个代表”重要思想、科学发展观、习近平新时代中国特色社会主义思想为指导，坚持辩证唯物主义和历史唯物主义的立场、观点和方法，全面、系统、准确地载录本行政区域年度内自然、政治、经济、文化、社会等方面情况，为宣传渎江、为读者了解和研究渎江提供基本资料。

二、《渎江年鉴》采用分类编辑法，设类目、分目、条目三个结构层次，以条目为主要表现形式。全书条目标题统一用黑体字加【 】表示，少数包含多方面资料的条目则在文内用楷体字标明各段资料主题。

三、《渎江年鉴（2018）》分彩页和正文两大部分，主要反映2017年内辖区各项事业发展的基本情况，个别条目内容适当收录2017年前的历史资料。彩页主要反映年内领导关怀、政务活动、经济发展、社会民生等。正文内容由全区概况、渎江大事记、年度关注、政治、法治、地方军事、经济管理、教育科技、文化・体育·卫生、社会生活、镇·街概况、光荣榜、附录资料组成。全书共29个类目、185个分目、956个条目，计564千字，图片183幅。

四、《渎江年鉴（2018）》框架保持基本稳定，篇目设计在上一年基础上，对部分内容进行适当的调整，更新和充实部分栏目。

五、本年鉴稿件由各承编单位撰稿人提供，并经撰稿人署名、撰稿单位主要领导审核后由区年鉴编辑部收编。年鉴统计资料由区统计局提供，正文内数据由各单位参照区统计资料提供，统计数据采用法定计量单位（少量计量单位仍用“亩”“公里”“吨”）。

六、本年鉴配备双重检索系统，书前刊有目录，书后配有索引。索引采用主题分析法，款目按汉语拼音字母排序，同时对附表、串文图照和栏目题头照片列有辅助索引。

数字浈江·2017

- 土地面积572.14平方千米
- 年末常住人口41万人
- 年末户籍总人口32.54万人
- 地区生产总值229.37亿元
- 第一产业增加值7.01亿元
- 第二产业增加值34.55亿元
- 第三产业增加值187.8亿元
- 农林牧渔业总产值11.4亿元
- 第一、第二、第三产业构成3.1：15：81.9
- 人均地区生产总值56038.6元
- 全年固定资产投资62.55亿元
- 社会消费品零售总额236.84亿元
- 外贸出口总额 4369.2万美元
- 地方财政一般预算收入28751.8万元
- 地方财政一般预算支出136931万元
- 国家税收收入73317万元
- 地方税收收入78800万元
- 城镇居民人均可支配收入33385.4元
- 农村居民人均纯收入16270.5元
- 年末从业人员18.19万人
- 年末医疗卫生机构148个
- 医院病床位2037张
- 各类卫生技术人员2451人
- 年末城乡居民基本养老保险参保人数4.16万人
- 年末城乡居民基本医疗保险参保人数15.68万人
- 中小学校在校学生数3.3万人

领导关怀

2017年6月7日，中共广东省委常委、宣传部部长慎海雄（前排左一）在中共韶关市委书记莫高义（前排中），市政协副主席、中共浈江区委书记刘清生（前排右一）的陪同下，到浈江区犁市当铺调研　　（区委宣传部　供）

2017年10月12日，广东省人大常委会副主任徐少华（右二）在区人大常委会主任谭雪华（左二）的陪同下，到乐园镇城市居家养老服务中心调研
（区委宣传部　供）

2017年12月19日，广东省统计局党组书记陈向新（前排左一）在中共浈江区委书记刘祥锋（前排左二）的陪同下，到浈江区鑫金汇调研
（区委宣传部　供）

2017年6月1日，广东省妇联党组书记冯玲（右排右二）一行在市政协副主席、中共浈江区委书记刘清生（左排右一）的陪同下，到浈江区慰问贫困留守儿童

（区委宣传部 供）

2017年 6月27日，广东省文化厅厅长方健宏（前排中）一行在区相关领导的陪同下，到辖区金色江湾社区综合性文化服务中心调研指导文化工作

（区委宣传部 供）

2017年12月28日上午，广东省人民政府地方志办主任、党组书记陈华康（前排左二）一行在中共浈江区委常委、常务副区长黄祖平（前排左一），副区长何艳霞（二排左一）等陪同下，到浈江区检查督导地方志工作（区史志办 供）

2017年1月13日，中共韶关市委书记江凌（右二）在市政协副主席、中共浈江区委书记刘清生（右三）的陪同下，考察浈江区“暖流行动”开展情况（区委宣传部 供）

2017年5月18日，中共韶关市委副书记、市长殷焕明（前排左一）在中共浈江区委副书记、区长曾清兰（前排左二）的陪同下，到辖区韶关市粤华电力有限公司调研　　（区委宣传部　供）

2017年7月12日，中共韶关市委常委、常务副市长朱余旺（前排中）在副区长张爱军（前排右一）等陪同下，到浈江区文化街社区检查创文工作　　（区委宣传部　供）

2017年9月6日，中共韶关市委常委、纪委书记郭健生（前排中）在市政协副主席、中共浈江区委书记刘清生（前排左一）等相关领导的陪同下，到浈江区督导创文工作　　（区委宣传部　供）

2017年12月27日，中共韶关市委常委、宣传部部长柳琛子（左二）在中共浈江区委常委、宣传部部长宋宇林（左一）等陪同下，到浈江区检查督导创文整治提升工作　　（区委宣传部　供）

2017年10月17日，中共韶关市委常委、副市长万卓培（前排左二）在中共浈江区委书记刘祥锋（二排右一）等相关领导的陪同下，到浈江区产业园督导产业共建项目（区委宣传部 供）

2017年12月12日，韶关市人大常委会副主任邓小杰（右三）率队到浈江区曲仁办事处开展城镇困难职工入户调查（区委宣传部 供）

2017年8月31日，韶关市副市长李欣（前排左二）在中共浈江区委副书记、区长曾清兰（前排左一）等相关领导的陪同下，到浈江区督导拆违工作　　　　（区委宣传部　供）

2017年2月22日，韶关市副市长高冬瑞（右排右三）到浈江区督查研判经济运行情况（区委宣传部　供）

2017年4月11日，韶关市政协主席王青西（右三）在区政协主席黄德乔（右二）的陪同下，到辖区广东友丰油茶科技有限公司调研精准扶贫工作（区委宣传部 供）

2017年11月1日，韶关市政协副主席吴春腾（右二）在中共浈江区委书记刘祥锋（右三）、区政协主席黄德乔（左三）等陪同下，到浈江区金色江湾调研城市提升项目（区委宣传部 供）

2017年12月12日，韶关市关工委主任李石保（左一）在中共浈江区委书记刘祥锋（左二）的陪同下，到浈江区调研关心下一代工作　　（区委宣传部　供）

2017年3月9日，东莞市寮步镇委副书记、镇长谢卫东（中）率领调研组一行在中共浈江区委副书记、区长曾清兰（右一）的陪同下，到浈江区鑫金汇考察调研对口帮扶工作　　（区委宣传部　供）

政务活动

2017年1月23日，中共韶关市浈江区第九届委员会第三次全体会议在区机关综合楼四楼会议中心召开

（区委宣传部 供）

2017年3月3日，韶关市浈江区第九届人民代表大会第二次会议在区机关综合楼四楼会议中心召开

（区委宣传部 供）

2017年3月2日，政协韶关市浈江区第九届委员会第二次会议在区机关综合楼四楼会议中心召开

（区委宣传部 供）

2017年2月24日，中共韶关市浈江区第九届纪律检查委员会第二次全体会议在区机关综合楼四楼会议中心召开

（区委宣传部 供）

2017年5月17日，浈江区学习贯彻习近平总书记重要批示精神宣讲会在区机关综合楼四楼会议中心召开

（区委宣传部 供）

2017年11月24日，浈江区学习贯彻党的十九大精神宣讲报告会在区机关综合楼四楼会议中心召开

（区委宣传部 供）

2017年4月6日，浈江区村（社区）“两委”换届选举工作会议在区机关综合楼四楼会议中心召开

（区委宣传部 供）

2017年9月12日，浈江区创文迎检工作会议在区机关综合楼四楼会议中心召开 （区委宣传部 供）

2017年2月15日，韶关市政协副主席、中共浈江区委书记刘清生（前排右二）率队到辖区启明北市场调研城市提升工作

（区委宣传部　供）

2017年3月7日，韶关市政协副主席、中共浈江区委书记刘清生（前排左二）率队到辖区大润发商业有限公司调研

（区委宣传部　供）

2017年4月20日，韶关市政协副主席、中共浈江区委书记刘清生（前排右三）率队到辖区商业步行街督查创文整治工作

（区委宣传部 供）

2017年10月28日，中共浈江区委书记刘祥锋（前排左一）率队到浈江公安分局调研综治信访维稳工作

（区委宣传部 供）

2017年10月30日，中共浈江区委书记刘祥锋（右二）在区委常委、区委办主任谢林茂（左二）等陪同下，到犁市镇群丰村调研农村人居环境整治和精准扶贫工作

（区委宣传部 供）

2017年10月31日，中共浈江区委书记刘祥锋（右三）在区委常委、区委办主任谢林茂（右二）的陪同下，到浈江区产业园调研

（区委宣传部 供）

2017年11月14日，中共浈江区委书记刘祥锋（前排）率领区相关领导到中共粤北省委五里亭旧址开展重温入党誓词活动　　（区委宣传部　供）

2017年11月15日，中共浈江区委书记刘祥锋（右三）率队到辖区鑫金汇营销中心调研　　（区委宣传部　供）

2017年12月21日，中共浈江区委书记刘祥锋（前排左一）带队到广州天适集团开展招商引资工作

（区委宣传部　供）

2017年2月13日，中共浈江区委副书记、区长曾清兰（中）率队到花坪镇幼儿园调研推进教育现代化工作

（区委宣传部　供）

2017年4月5日，中共浈江区委副书记、区长曾清兰（前排左一）率队到辖区江心岛检查堤围加固工程施工情况

（区委宣传部　供）

2017年5月11日，中共浈江区委副书记、区长曾清兰（左三）率队到辖区粤华国电督导安全生产工作

（区委宣传部　供）

2017年7月25日，中共浈江区委副书记、区长曾清兰（前排右二）率队到辖区韶关市第七中学调研地质灾害防治工作（区委宣传部　供）

2017年11月6日，中共浈江区委副书记、区长曾清兰（右三）在副区长张爱军（左二）的陪同下，到犁市镇调研农村人居环境综合整治和精准扶贫工作

（区委宣传部　供）

2017年11月30日，中共浈江区委副书记、区长曾清兰（正面居中）参加韶关市产业项目集中动工仪式（浈江分会场）（区产业园　供）

2017年3月22日，浈江区人大常委会主任谭雪华（二排右二）组织人大代表视察东河街道康复服务中心运行情况

（区委宣传部 供）

2017年9月7日，浈江区政协主席黄德乔（左前排右三）到浈江中学开展教师节慰问活动

（区委宣传部 供）

2017年11月21日，中共浈江区委常委、纪委书记曾光明（右一）出席区纪委综合档案室升“省特级档案综合管理单位”授匾仪式
（区委宣传部 供）

2017年1月18日，中共浈江区委常委、常务副区长黄祖平（左一）慰问辖区退休老干部（区委宣传部 供）

2017年1月9日，中共浈江区委常委、政法委书记刘锋（左一）到辖区皇岗山舜帝公园调研
（区委宣传部 供）

2017年1月18日，中共浈江区委常委、组织部部长钟真（中）慰问辖区退休老干部

（区委宣传部 供）

2017年8月2日，中共浈江区委常委、宣传部部长宋宇林（左二）率队到辖区大学路督导创文工作

（区委宣传部 供）

2017年4月24日，中共浈江区委常委刘子龙（右二）到辖区韶关市第八中学调研

（区委宣传部 供）

2017年12月6日，副区长张爱军（右二）率队到犁市镇黄竹村养殖户调研　　　（区畜牧局　供）

2017年1月21日，浈江区金色江湾社区综合性文化服务中心挂牌成立，副区长何艳霞（左一）出席揭牌仪式　　　（区委宣传部　供）

2017年9月22日，浈江区毒品预防教育师范基地挂牌成立，副区长肖景（左一）出席揭牌仪式　　　（区委宣传部　供）

国电粤华韶关（浈江）煤矸石综合利用发电项目投产使用 （区史志办 供）

经济发展

浈江产业园韶关市中机重工锻压有限公司员工对产品进行抽检　　（区产业园　供）

辖区碧桂园鸟瞰图　（区史志办　供）

浈江产业园韶关市技美机械有限公司生产的机械臂　　　　（区产业园　供）

浈江产业园韶关市嘉诺点火系统有限公司车间流水线（区产业园 供）

浈江产业园韶关市创力机械有限公司生产车间（区产业园 供）

浈江产业园韶关市比亚迪汽车有限公司电动车装配车间（区产业园 供）

浈江区明弘生态园沙田柚
（区农业局　供）

花坪镇梅花猪舍
（区农业局　供）

浈江区十里亭市场改造后重新开业（区委宣传部　供）

浈江区长乐市场改造新貌　　　（区委宣传部　供）

社会民生

2017年3月29日，浈江区执信小学开展教育国际化交流活动　　（区委宣传部 供）

2017年6月8日，浈江区红十字会举办学生水上安全救护教育讲座
（区委宣传部　供）

2017年8月24日，浈江区组织基层干部参观韶关市预防职务犯罪教育基地
（区委宣传部　供）

2017年8月28日，浈江区东鹏幼儿园举行揭牌仪式（区委宣传部 供）

2017年12月4日，浈江区开展幼儿园办园行为专项检查
（区委宣传部 供）

2017年7月11日，涢江区科普知识进村居活动在辖区碧桂园故乡里举行

（区委宣传部　供）

2017年9月15日，涢江区举办“大众创业、万众创新”科技讲座

（区委宣传部　供）

2017年2月，浈江区图书馆金色江湾分馆书画馆　　（区委宣传部 供）

2017年5月5日，浈江区五月节庆活动文艺汇演在区机关综合楼四楼会议中心举行　　（区委宣传部 供）

2017年6月9日，浈江区“文化与自然遗产日”非遗宣传展演在辖区曲江园举行　　（区委宣传部 供）

2017年6月17日，浈江区公安、文新、宣传等相关部门联合开展整治网吧行动　　　　（区委宣传部　供）

2017年7月12日，中央、省、市媒体到浈江区犁市当铺访谈
（区委宣传部　供）

2017年12月24日，浈江区文艺精品创作汇报演出在辖区启明北全民健身广场举行　　　（区委宣传部　供）

2017年3月31日，浈江区中小学毽球竞赛在区体育馆举行　　（区委宣传部　供）

2017年5月1日，浈江区体育局主办的“格润杯”韶关市乒乓球公开赛在区体育馆举行　　（区委宣传部　供）

2017年12月22日，浈江区“体彩杯”中小学生冬季足球赛在浈江区赖新小学举行　　（区委宣传部　供）

2017年4月18日，浈江区基本公共卫生服务宣传活动在辖区通天坡市场门口举行　　（区委宣传部　供）

2017年5月12日，国家卫计委一行到浈江区开展全国生育状况抽样调查活动　　（区委宣传部　供）

2017年6月13日，浈江区开展防治病媒生物统一消灭行动　　（区委宣传部　供）

2017年5月16日，浈江区“善美浈江 医者仁心”护士节活动在新韶镇卫生院举行（区委宣传部 供）

2017年12月23日，浈江区“金色江湾·健康驿站”启动仪式在辖区金色江湾居民住宅小区举行（区委宣传部 供）

2017年2月27日，浈江区开展春季爱国卫生统一行动日宣传活动 （区委宣传部 供）

2017年1月19日，韶关市扶贫督查组一行到浈江区检查精准扶贫工作　（区委宣传部　供）

2017年2月22日，浈江区残联为残疾人发放免费辅助器
（区委宣传部　供）

2017年 6月15日，浈江区61家麦点商城加盟商代表到乐园镇上坝村开展爱心扶贫捐赠活动

（区委宣传部　供）

2017年7月13日，浈江区就业服务暨精准扶贫专场招聘会在犁市镇举行

（区委宣传部　供）

2017年7月14日，浈江区总工会开展夏日送清凉活动

（区委宣传部　供）

2017年9月25日，浈江区农村实用人才升级换代“千人计划”管理培训班在辖区维也纳酒店举行（区委宣传部 供）

2017年6月11日，浈江区“善美韶关 因你而美”快闪活动在辖区风度名城广场举行（区委宣传部 供）

2017年7月22日，浈江区创文办开展创文入户调查（区委宣传部 供）

2017年5月5日，浈江区老干部局在辖区风度广场举行“善美韶关，文明同心，为党和人民的事业增添正能量”活动

（区委宣传部　供）

2017年 6月 10日，浈江区“6·9”国际档案日集中宣传暨创文演出活动在辖区启明北全民健身广场举行

（区委宣传部　供）

2017年2月21日，浈江区消防大队在辖区韶关学院附近开展消防安全宣传活动　　（区委宣传部　供）

2017年4月11日，浈江区国税局、区地税局联合开展税收宣传月活动　　（区地税局　供）

2017年5月19日，浈江区主城区全面实施家禽“集中屠宰、冷链配送、生鲜上市”宣传活动在辖区风度名城广场举行　　（区委宣传部　供）

2017年6月16日，浈江区增殖放流活动在辖区韶关市海关广场举行
（区委宣传部 供）

2017年7月18日，浈江区禁毒知识宣传活动在辖区韶关东站广场举行（区委宣传部 供）

2017年8月31日，浈江区开展变型拖拉机专项整治行动（区委宣传部 供）

2017年10月25日，浈江区森林消防大队在新韶镇东联村对松材线虫枯死疫木进行熏蒸处理 （区委宣传部 供）

2017年11月26日，浈江区创建平安和谐浈江暨警民开放日宣传活动在辖区中山公园广场举行（区委宣传部 供）

2017年12月5日，浈江区开展国际志愿者日公益骑行活动 （区委宣传部 供）

2017年12月6日，浈江区城市居家养老服务暨十里亭镇城市居家养老服务中心运营启动仪式在辖区江畔名居广场举行　（区委宣传部　供）

2017年12月15日，浈江区公共服务中心法律援助窗口开放使用　（区委宣传部　供）

2017年12月24日，浈江区社区矫正中心挂牌成立　（区委宣传部　供）

浈江区行政区划图

浈江区中心城区图

编辑说明

韶关市浈江区地方综合年鉴编纂委员会、《浈江年鉴》编辑部

数字浈江·2017

彩图专辑

全区概况

·建置区划 …… 1

建置沿革

行政区划

·自然地理 …… 3

地理位置

地质

地貌

气候

·资源物产 …… 4

河流

土地资源

矿产资源

旅游资源

·环境保护 …… 4

概况

中央环保督察整改

养殖场环境整治

水环境质量

·人口·语言 …… 5

人口

语言

·民族·宗教 …… 5

民族

宗教

·经济社会发展 …… 5

概况

重点项目建设

工业

农业

商贸流通服务业

基本公共服务

环境保护

·政治文明建设 …… 6

概况

党的建设

人民当家作主

政治协商

法治建设

·精神文明建设 …… 7

概况

社会主义核心价值观建设

全国文明城市创建活动

群众性精神文明创建活动

公民道德建设

未成年人思想道德建设

志愿者服务活动

·生态文明建设 …… 8

概况

森林资源保护

义务植树
增殖放流

2017年浈江区大事记

·1月…………………………………………… 10
·2月…………………………………………… 11
·3月…………………………………………… 11
·4月…………………………………………… 13
·5月…………………………………………… 14
·6月…………………………………………… 16
·7月…………………………………………… 17
·8月…………………………………………… 18
·9月…………………………………………… 18
·10月 ………………………………………… 19
·11月 ………………………………………… 20
·12月 ………………………………………… 21

年度关注

·浈江区深入学习贯彻中共十九大精神 ……… 23
概况
加强组织领导
抓好贯彻落实
·浈江区全力打造“三型”党组织 …………… 26
概况
专项整治
为民解难
公开承诺
加强培训
创新治理手段
基层党组织软弱涣散整顿
党建结对共建
·浈江区加大力度促进经济发展 …………… 28
概况
提升攻克难题水平
部门协作促发展
推进产业共建
培育新的经济增长点
重点项目建设
·浈江区举力抓好农业农村工作 …………… 30
加快转变农业发展方式
动物疫病防控及农产品质量安全监管
林业建设保持林业可持续发展
解决贫困家庭生产发展问题
水利建设
推进建设美丽乡村
·浈江区全力创建全国文明城市 ………………… 31
建立完善创文科学管理机制
强化创建工作保障
实行精准对标创建
整治行动
强化创文宣传

中国共产党韶关市浈江区委员会

·综述 ……………………………………………… 33
概况
区委九届三次全会
区委九届四次全会
区委常委会议
重要决策
重要活动
政策研究
·区委领导班子成员名单 ……………………… 37
·组织 ……………………………………………… 37
概况
学习贯彻中共十九大精神和习近平新时代中国特色社会主义思想
干部管理机制
干部选拔任用
退（离）休领导干部社会团体兼职管理
干部监督
人才队伍建设
干部教育培训
调研信息
基层治理
村级换届选举
“两新”党组织建设
党组织整顿
驻点联系群众
统筹各项党建
党员管理

远程教育
精准扶贫
· 宣传 …… 40
概况
理论武装
意识形态工作
正面主题宣传
文化建设
· 统一战线 …… 42
概况
多党合作和政治协商
党外干部队伍建设
非公经济领域统战工作
港澳台及海外联络
民族宗教
· 机构编制 …… 42
概况
机构改革
行政许可事项标准化
调整规范行政审批中介服务事项
市与市辖区权责对接
规范机构编制管理
区直事业单位改革
事业单位登记管理
网上名称管理
· 涉台工作 …… 44
概况
台资台属企业服务
关爱台胞台属
对台宣传
· 区直工委 …… 44
概况
机关党组织建设
“两学一做”学习教育
党员发展
机关党建关怀
党组织经费建设
民主评议行风政风
自身建设
· 老干部工作 …… 45
概况
老干部政治待遇
老干部党建
老干部学习活动中心
老干部（老年）大学
· 信访工作 …… 46
概况
群众信访情况
矛盾纠纷排查
拓宽信访渠道
解决信访突出问题
强化工作机制
化解信访积案
领导干部接访下访
信访调研
· 保密工作 …… 47
概况
保密工作会议
区委常委会议学保密
保密工作管理
保密业务知识培训
保密宣传教育
重要考试保密检查

韶关市浈江区人民代表大会

· 综述 …… 49
概况
区九届人大二次会议
人大常委会会议
· 人大常委会主要工作 …… 50
人大常委会法律监督
专题调研
人大建议办理
人大信访
· 人大代表主要工作 …… 51
人大代表培训
风采街道人大代表暖心驿站启动
人大代表沟通联系
人大代表履职档案
落实人大代表建议

“一府两院”工作评议
· 区人大常委会主任、副主任名单 …… 51

韶关市浈江区人民政府

· 综述 …… 53
概况
主要经济指标稳步增长
农村生产生活条件不断改善
城市提升成效显著
脱贫步伐加快
文化教育医疗卫生事业全面推进
进一步扩大劳动就业和社会保障覆盖面
民主法治建设得到加强
社会发展大局和谐稳定
· 重要会议 …… 55
区政府常务会议
· 区政府领导班子成员名单 …… 60
· 应急管理 …… 60
概况
应急管理体系建设
应急知识宣教演练
风险隐患排查
应急值守和信息报送制度
· 外事侨务 …… 60
概况
出国（境）管理
为侨服务
· 机关事务 …… 61
概况
公务用车管理
区政府办公楼节能改造
职工饭堂管理
提高公共服务质量
健全完善财务管理制度
· 行政服务 …… 61
概况
办事大厅建设
“一门式一网式”政务服务改革

政协韶关市浈江区委员会

· 综述 …… 63
概况
区政协九届二次会议
九届政协常委会议
· 重要活动 …… 64
中心工作
视察调研
参政议政
提案工作
民生工作
民情督察
民主监督
机关建设
· 区政协领导班子成员名单 …… 65

中国共产党韶关市浈江区纪律检查委员会

· 综述 …… 66
概况
· 纪检 …… 66
区纪委九届二次全会
执纪审查
巡察工作
廉政宣传教育
反腐败追逃工作
干部队伍建设
村（居）“两委”换届纪律监督
省特级档案综合管理单位
扶贫领域监督执纪
· 监察 …… 68
国家监察体制改革试点
作风纪律监督

民主党派

· 民革浈江区基层组织 …… 69
概况

组织建设
民革e家平台建设
参政议政
纪念民革成立70周年活动
社会服务
· 民盟浈江区基层组织 …… 70
概况
思想建设
组织建设
参政议政
社会服务
· 民建浈江区基层组织 …… 71
概况
民建思想建设
民建组织建设
民建参政议政
民建社会服务
· 民进浈江区基层组织 …… 72
概况
民进思想建设
民进组织建设
民进参政议政
民进社会服务
· 农工党浈江区基层组织 …… 74
概况
农工党组织建设
农工党参政议政
农工党社会服务
· 九三学社浈江区基层组织 …… 75
概况
九三学社思想建设
九三学社组织建设
九三学社参政议政
九三学社社会服务

社会团体

· 浈江区总工会 …… 77
概况
健全组织机构
创新组建模式
建立职工之家
建立双赢机制
困难职工帮扶济困
先进典型
· 共青团浈江区委员会 …… 78
概况
基层团组织建设
共青团改革
青少年思想道德建设
青少年维权
志愿者活动
助学帮困活动
青年就业创业
· 浈江区妇女联合会 …… 79
概况
妇女干部培训
扶贫帮困
区域化建设
未成年人思想道德建设
妇女维权
表彰先进
平安家庭创建
· 浈江区文学艺术界联合会 …… 80
概况
全区文艺工作座谈会
文化下乡
文化志愿行动
· 浈江区残疾人联合会 …… 81
概况
残疾人服务状况和需求调查
残疾人生活津贴发放
残疾人适龄儿童入学
残疾人扶残助学受助补贴
残疾人社会保障
残疾人就业培训
残疾人辅助器具发放
· 浈江区归国华侨联合会 …… 82
概况
侨界人士参政议政
侨联活动

为侨服务
侨界人士爱心助学
· 浈江区老区建设 …… 82
概况
解决历史遗留问题
老区公路硬底化建设
老区农村青年创业培训
老区宣传工作
· 浈江区工商业联合会 …… 83
概况
会员组织建设
创建“五好”县级工商联
工商联参政议政
工商联精准扶贫
· 浈江区红十字会 …… 84
概况
应急救护
红十字会博爱送温暖

法 治

· 政法委及综治 …… 85
概况
社会治安综合治理
维稳工作
严打整治
涉法涉诉
依法治区
· 法治政府建设 …… 87
概况
依法行政
政府常务会议学法
重大决策合法性审查
规范性文件起草、审核与清理
行政复议和行政应诉
行政执法监督
法律顾问
· 公安 …… 89
概况
社会维稳
打击刑事犯罪
社会交通管理
社会治安管理
户政工作
专项整治
宣传工作
警务督察
警务保障建设
公安队伍建设
· 消防 …… 91
概况
消防灭火救援
警营文化建设和人才培养
火灾隐患整治
消防队伍管理
消防基础建设
消防宣传教育
消防后勤保障
消防荣誉
· 检察 …… 93
概况
检察委员会
侦查监督
公诉
反贪污贿赂
渎职侵权检察
预防职务犯罪
民事行政检察
控告申诉检察
案件管理
派驻犁市检察室
司法改革
· 法院 …… 95
概况
司法为民
司法救助
审判公开
刑事审判
民商事审判
行政审判
执行工作

审判监督
司法改革
· 司法行政 ……………………………………… 96
概况
人民调解
社区矫正和安置帮教
普法教育
法律援助
律师工作
基层法律服务
公证工作
精准扶贫
队伍建设
· 劳动人事争议仲裁 ……………………………… 98
概况
劳动仲裁管理

军　事

· 人民武装 ……………………………………… 99
概况
调整改革
军事训练
战备执勤
国防教育
征兵工作
国防动员
安全管理
拥政爱民
· 人民防空 ……………………………………… 100
概况
人防机制体制建设
人防警报设施建设
人防知识宣传

经济监督管理

· 发展和改革 …………………………………… 101
概况
发展计划和经济监测
经济社会发展考核
建设项目投资
重点项目管理
· 国有资产管理 ………………………………… 102
概况
部门决算情况
固定资产
资产配置
资产收入征缴
资产信息管理系统建设
公务用车改革
· 统计 …………………………………………… 102
概况
经济运行监测分析
统计信息通报制度
统计大型普查
基础规范化建设
统计法治建设
统计队伍建设
· 审计 …………………………………………… 103
概况
审计法制建设
预算执行审计
经济责任审计
乡镇异地同步审计
政策落实跟踪审计
民生审计
临时交办任务
· 工商行政管理 ………………………………… 104
概况
工商行政执法
防控 H7N9 禽流感
打击传销
企业注册登记
商事制度改革“马上办”
“多证合一、一照一码”登记改革
企业监管
网络市场监管
商标广告管理
消费者权益保护
· 价格管理 ……………………………………… 106
概况

价格监督检查
价格举报和鉴证
收费管理
·国土资源管理 ………………………………… 106
概况
耕地保护
高标准基本农田建设
用地保障和报批服务
地籍管理和历史留用地
国土资源执法监察
查处违法用地和非法开采
土地矿产卫片执法
矿产资源管理
地质灾害防治
·食品药品监督管理 ……………………………… 108
概况
食品药品安全宣传
食品药品经营行政许可
食品药品安全专项整治
创文“文明餐桌”宣传
食品药品抽检
食用农产品快筛快检
食品药品违法行为打击
省级食品安全示范街创建
量化分级管理
明厨亮灶工程
学校食堂灭C工作
家禽集中屠宰生鲜上市
食品药品安全应急处置
·安全生产监督管理 ……………………………… 111
概况
落实安全生产目标管理责任制
安全生产大检查
职业健康安全监管
夯实安全生产基础
安全隐患整改
安全事故查处
省市挂牌督办隐患整改
重点攻坚情况
危险化学品专项整治

工　业

·综述 ……………………………………………………… 114
概况
工业企业服务
工业项目推动
培育规上企业
·企业选介 ………………………………………………… 115
中金岭南韶关冶炼厂
韶关金苹果饲料有限公司
广东汉鸿木业有限公司
韶关市新伟金属工贸有限公司
·产业转移工业园建设 …………………………… 116
概况
项目建设推动
产业集聚
招商引资
基础设施建设
推动重点项目建设
企业用工服务
·电力 ……………………………………………………… 117
概况
主要经营指标
安全生产
电网建设
党建基础建设
经营管理
改革创新

农·林·水

·农业 ……………………………………………………… 119
概况
农业产业化
一事一议财政奖补资金项目
春耕春播
强农惠农政策
农产品质量安全监管

植物病虫防治
农村土地承包经营权确权登记颁证
农村土地承包经营权确权登记颁证工作推进会
· 种植业 …… 120
概况
水稻种植
蔬菜种植
其他种植
· 农业科技 …… 121
概况
农业技术推广体系建设
科技推广应用
名优特品种
· 畜牧兽医水产 …… 121
概况
禁养区清理
兽医兽药检疫
水产及渔业
水产养殖管理
渔政工作
· 扶贫开发 …… 122
概况
增收项目促脱贫
政策兜底保障
义务教育保障
安全住房保障
基本医疗保障
出台政策助脱贫
民生工程助扶贫
· 农业机械化 …… 124
概况
农机推广
农机服务管理
农机补贴
变拖整治
· 林业 …… 124
概况
林业有害生物防治
林政管理
野生动植物保护
林业执法
林业重点生态工程建设
新一轮森林资源二类调查
森林防火
学习广东省森林防火条例
森林防火宣传教育
装备物资基础设施建设
林业安全生产管理
山林权属纠纷调处
· 水利 …… 127
概况
防汛防旱防风
水利工程建设与管理
小额水利建设工程施工企业建库
小型水利工程管理体制改革
依法治水
水资源管理
全面推行河长制工作

商贸·旅游·服务业

· 商业贸易 …… 130
概况
招商引资
提升外经贸时效
· 企业选介 …… 131
中国石化销售有限公司广东韶关石油分公司
中国石油天然气股份有限公司广东韶关销售分公司
韶关市大润发商业有限公司
· 旅游 …… 131
概况
旅游交通
地方习俗
· 旅游景点选介 …… 132
北伐战争纪念馆
中共粤北省委旧址及陈列馆
百年东街
银山户外休闲养生度假区

莲花山
浈江樱花公园
·餐饮业 …… 133
概况
规模餐饮企业
·服务业 …… 133
休闲娱乐业
摄影及冲印
美容美发保健业

交通管理

·公路建设与管理 …… 134
乡村道路建设
乡村道路养护
路政管理
·铁路运输 …… 134
概况
运输效益
·水路管理 …… 134
概况
航道管理单位
航道维护
航道货运

财税·金融·保险

·财政 …… 136
概况
财政预算
财政收入
上划收入
超收入执行情况
财政支出
收支平衡情况
非税征管
财政票据管理
国库集中支付管理
政府采购管理
预决算信息公开
助推经济转型升级
精打细算保民生
·国税 …… 139
概况
税收收入
税收收入主要特点
依法治税
便民办税春风行动
税收征管
“放管服”改革
·地税 …… 141
概况
依法治税
国地合作
纳税服务
·金融管理 …… 142
概况
非法集资宣传月活动
建设普惠金融“村村通”平台
中国工商银行股份有限公司韶关分行
中国建设银行股份有限公司韶关市分行
中国银行股份有限公司韶关分行
·保险 …… 143
中国人寿保险股份有限公司韶关分公司
中国人民财产保险股份有限公司韶关市分公司

城乡建设·环保

·城乡规划 …… 144
概况
指标完成情况
协助重点项目建设
·住房和城乡建设 …… 144
概况
政府投资项目评审
农村危房改造
农村人居环境综合整治
渡船渡口管理
渔民上岸安居
物业服务管理
·城市管理 …… 145
概况
兴隆市场周边社会化管理

推进“数字化城管”
· 城市监察 …… 146
概况
整治“九乱”
促进市容市貌城市提升
查违控违
· 浈江区市政管理 …… 147
概况
市政设施管养
园林绿化管养
创文攻坚
江心岛堤围加固工程
小街小巷综合整治
市政路面改造
· 环境卫生 …… 148
概况
增加环卫设施投入
安全生产
· 环境保护 …… 148
概况
中央环保督察整改
养殖场环境整治
水环境质量

教育 · 科技

· 教育管理 …… 151
概况
推进教育重点难点工程
教育信息化建设
学校布局调整
推进教育依法行政
实施教师学历提升工程
教师招聘
激励机制改革
师德建设
关注教育公平
教师慰问
· 基础教育 …… 152
概况
德育教育
班主任学习
法治教育
体育教育
艺术教育
团队工作
安全教育
教研教改
学前教育
继续教育
· 其他教育 …… 154
职业与成人教育
民办教育
高等教育
· 学校选介 …… 155
韶关学院
省、市级学校名单
· 科学技术 …… 156
概况
科技创新
知识产权
科技宣传

文化 · 体育 · 卫生

· 文化 …… 157
概况
公共文化服务体系
文化惠民活动
文化精品创作
· 文物保护与普查 …… 160
文化保护
非物质文化遗产
· 文化市场管理 …… 162
网吧整治
校园周边文化环境整治
排除歌舞娱乐场安全隐患
扫黄打非
· 档案 …… 162
概况
档案馆建设
档案信息化建设

档案文件开放利用
档案安全防范管理
国际档案日宣传活动
农村土地确权颁证档案管理检查指导
爱国主义教育基地建设
·党史·地方志 …………………………… 164
概况
《浈江党史》编纂启动
浈江年鉴（2017）编纂
浈江年鉴（2017）出版发行
地方志资料年报收集
浈江区中心城区图更新
自然村落历史人文普查稿完成复审
叶发青故居修缮资料收集
浈江地情网站建设
·体育 …………………………………… 165
概况
群众体育
竞技体育
体育彩票销售
·卫生 …………………………………… 167
概况
医政管理
社区卫生
卫生强区
妇幼保健
·公共卫生与疾病预防 ………………… 167
慢性病防治
免疫防控
卫生监督协管
严重精神障碍管理
·爱国卫生 ……………………………… 168
概况
爱国卫生宣传发动
群众性爱国卫生运动
病媒生物防制
卫生镇村创建活动
·基层医疗单位选介 …………………… 169
风采社区卫生服务中心
东河社区卫生服务中心
十里亭镇卫生院
犁市镇中心卫生院
花坪镇卫生院曲仁分院
新韶镇卫生院
花坪镇卫生院格顶分院
车站社区卫生服务中心
花坪镇卫生院
花坪镇卫生院茶山分院

社会生活

·民政 …………………………………… 172
概况
城乡低保
特困供养
救灾救济
社会福利
优抚安置双拥
殡葬管理
老龄工作
婚姻登记及收养登记
基层政权建设
社会工作
·人口和计划生育 ……………………… 173
概况
流动人口服务
计生惠民工程
计生工作依法行政
·人事管理 ……………………………… 173
概况
专技人员管理
人才服务管理
机关事业单位人事制度管理
军转干部安置管理
落实工资福利政策
·劳动管理 ……………………………… 174
概况
劳动监察日常管理
日常巡查和专项检查
·社保与医保 …………………………… 174
概况

被征地农民养老保障
机关事业单位养老保险参保登记
工伤认定
社保执法专项检查
· 就业与培训 …… 175
概况
各项就业创业补贴政策
劳务招聘活动
就业创业职业技能晋升培训
就业创业服务管理
· 民族事务 …… 175
概况
民族宗教活动
为少数民族同胞办实事
民族宗教事务管理
· 关心下一代工作 …… 176
概况
四方签约
朝阳读书活动
农村创业青年培训班
农村创业青年跟踪服务
农村创业青年联谊会党支部建设

镇（办）概貌

· 新韶镇 …… 178
概况
新韶镇综治信访维稳
新韶镇重点项目征拆
新韶镇计划生育
新韶镇卫生事业
新韶镇创文攻坚
新韶镇安全生产
新韶镇精准扶贫
新韶镇武装双拥
新韶镇查违控违
新韶镇村居“两委”换届
新韶镇社会民生
新韶镇义务教育
新韶镇民政事业
新韶镇民生水利
新韶镇基层公共服务平台建设
新韶镇基层组织建设
新韶镇党风廉政建设
· 新韶镇行政村（社区）简介 …… 181
东河村
东联村
莲花村
府管村
侯山村
石山村
黄金村
东山村
大陂村
陈江村
水口村
黄浪水村
韶东社区
· 乐园镇 …… 182
概况
乐园镇重点项目
乐园镇农业发展
乐园镇“两委”换届
乐园镇人大工作
乐园镇精准扶贫
乐园镇民生保障
乐园镇人口计生
乐园镇消防安全
乐园镇综治信访
乐园镇文化事业
乐园镇义务教育
乐园镇武装双拥
乐园镇公共服务平台建设
· 乐园镇行政村和社区简介 …… 184
教场村
沙梨园村
长乐村
新村
六合村
上坝村
下坝村

城南社区
金沙社区
新乐社区
百旺社区
韶南社区
韶冶社区
·十里亭镇 …………………………………………… 185
概况
十里亭镇村（社区）换届选举
十里亭镇综治创平
十里亭镇新农村建设
十里亭镇城乡建设
十里亭镇义务教育
十里亭镇基层党建
观摩学习自然村落历史人文普查推进会
·十里亭镇行政村和社区简介 …………………… 186
靖村
金凤坪村
五里亭村
良村
腊石村
湾头村
十里亭社区
黄岗社区
五里亭社区
碧桂园东区社区
碧桂园西区社区
十里亭东社区
乌教塘社区
前进路社区
碧桂园南区社区
碧桂园北区社区
·犁市镇 ……………………………………………… 190
概况
犁市镇农业发展
犁市镇安全生产
犁市镇信访维稳
犁市精准扶贫
犁市镇计划生育
犁市镇教育文化
犁市镇环境保护
犁市镇医疗卫生
犁市镇应急管理
犁市镇基层治理
·犁市镇行政村和社区简介 ……………………… 192
黄竹村
黄沙村
五四村
石下村
下陂村
犁市村
群丰村
内腾村
石脚下村
沙园村
黄塘村
下园村
厢廊村
沙尾村
大村
大旗岭村
溪头村
梅塘村
犁市社区
犁南社区
韶化社区
·花坪镇 ……………………………………………… 195
概况
花坪镇农业经济
花坪镇农村土地确权推进
花坪镇农村普惠金融发展
花坪镇环境卫生整治
花坪镇计划生育
花坪镇精准扶贫
花坪镇消防安全
花坪镇民政事业
花坪镇乡村公共文化服务建设
花坪镇整顿软弱涣散党组织
·花坪镇行政村和社区简介 ……………………… 197
花坪村

奎塘村
西牛潭村
石屋村
长地头村
花坪社区
· 东河街道办事处 …… 197
概况
东河街道办社区综合文化服务中心建设
东河街道办社区“两委”换届选举
东河街道办事处创建全国文明城市
东河街道办成立“双百”社工站
省地震局到东河街道办事处检查防震减灾
· 东河街道办社区简介 …… 199
陵西路社区
启明北路社区
育红巷社区
浈江路社区
执信路社区
浈江南路社区
· 车站街道办事处 …… 200
概况
车站街道办重点统计调查
车站街道办党建工作
车站街道办信访维稳
车站街道办社会民生
车站街道办文化事业
车站街道办医疗卫生
车站街道办计划生育
· 车站街道办社区简介 …… 202
莲花山社区
大塘路社区
东升村社区
广铁一线社区
职工一区社区
站南路社区
劳动村社区
· 风采街道办事处 …… 203
概况
风采街道办社会治安综治维稳
风采街道办安全生产
风采街道办民政优抚
风采街道办人口与计划生育
风采街道办精神文明建设
风采街道办党建
· 风采街道办社区简介 …… 204
中山路社区
峰前路社区
风度中路社区
壮志街社区
东堤南社区
河滨社区
文化街社区
老东门社区
环园路社区
风采路社区
风度北社区
· 曲仁办事处 …… 206
概况
曲仁办棚户区改造工程建设
曲仁办社会治安综治维稳
曲仁办人口与计划生育
曲仁办“三防”安全生产
曲仁办社会民生保障
· 曲仁办居民区简介 …… 207
花坪居民区
云顶居民区
格顶居民区
茶山居民区
丝茅坪居民区
富仁居民区
和平八一居民区
· 田螺冲办事处 …… 208
概况
田螺冲办经济发展
田螺冲办安居工程建设
田螺冲办社会民生保障
田螺冲办计划生育
田螺冲办消防安全
田螺冲办劳动保障
田螺冲办综治信访维稳

田螺冲办廉政教育
田螺冲办环境卫生
·田螺冲居民区（社区）简介 …………………… 210
长山居居民区区
三角窝居民区区
两面山居民区区
大塘山居民区区
大学路社区

光荣榜

2017 年度获市级以上先进单位称号选录……… 212
2017 年度获市级以上先进个人称号选录……… 215
20 17 年首届“感动浈江道德模范”先进
个人事迹材料………………………………… 217

社会经济统计资料

浈江区 2017 年国民经济和社会发展统计公报
………………………………………………… 232

文献专载

在区委九届五次全会上的报告 …………………… 237
政府工作报告 …………………………………… 245

浈江新闻

全力以赴坚决打赢脱贫攻坚战
——浈江区委副书记、区长曾清兰访谈 …… 257
全力提升群众获得感幸福感
——浈江区扎实推进民生事业建设纪实 …… 258
为东环商贸城建设加油鼓劲
——鑫金汇财富中心系列报道 ……………… 261
善美之城　文明浈江
——浈江区教育系统创文在行动纪实 ……… 263
利用创文契机　营造宜居环境
——浈江区利用“人防+技防”治拥堵发
动志愿者参与创文纪事 …………………… 265
十九大东风劲吹 老区村换新颜
——浈江革命老区府管村、东联村发展见闻
………………………………………………… 267
棚改区　老矿工们的新春节 …………………… 268
韶关东郊客运枢纽中心站工程正式动工
投资 2.4 亿客运站日发送上万旅客 ………… 269

便民服务

18 类车驾管业务可“一证即办” …………… 270
港澳台居民居住证申领发放指南 ……………… 271
韶关市民乘坐公交车可“闪付” ……………… 272
韶关公共汽车公司各路线运行一览表 ………… 273

索　引

主题索引 ………………………………………… 280
表格索引 ………………………………………… 294

全 区 概 况

建置区划

【建置沿革】 浈江区境（简称“区境”）位于岭南粤北山间曲江盆地之内。春秋时期，岭南称百越之地，区境为粤北小部分；战国时期属楚国；秦朝时期属南海郡（郡治在今广州市）；赵佗立南越国后属南越国。

西汉元鼎六年（前111年）汉武帝平定南越后，在区境莲花山俗称“曲红山”下（今韶关东站一带）设置曲江县治，区境随曲江县属桂阳郡（郡治在今湖南省郴州市）。三国吴甘露元年（265年）在桂阳郡南部分设始兴郡，郡治设在区境莲花山下曲江县治内，曲江县改属荆州始兴郡。

西晋太康中期，始兴郡移属广州，曲江县治从莲花山迁往安聂邑（今武江西岸）。区境随曲江县改属广州始兴郡；西晋永嘉元年（307年）分荆州地置湘州（州治在今湖南省长沙市），区境随曲江县改属湘州始兴郡。东晋咸和三年（328年）废湘州，复称“荆州始兴郡”，郡治迁往东南十里官滩（今浈江区南郊五六千米），区境随曲江县复归荆州始兴郡。南朝宋元嘉二十九年（452年），区境随曲江县改属广州始兴郡，南朝宋元嘉三十年，复归湘州始兴郡。南朝宋泰豫元年（472年）改始兴郡称广兴郡。南朝齐年间（479—502年）复为湘州始兴郡。南朝梁承圣（552—554年）中置东衡州，曲江县再迁西河，区境随曲江县属东衡州始兴郡。梁末陈初，一度废东衡州，始兴郡改属衡州（州治在今英德县）。南朝陈天嘉元年（560年）复置东衡州，并以始兴郡，区境随曲江县乃属始兴郡。

隋开皇九年（589年），隋师行军总管韦洸率师于当年八九月平定岭南，废安远郡，置大庾县，设广州总管，区境随曲江县改属广州。隋开皇十年（590年），平陈。废始兴郡，改为东衡州，不久又改为韶州（州、县治所回迁莲花山）。区境随曲江县先属东衡州，后属韶州。隋开皇十一年（591年），废韶州，区境随曲江县并入广州。隋大业（605—618年）年间，将州改为郡，郡、县治所仍在莲花山，区境随曲江县改属南海郡。

唐初改郡为州。区境随曲江县又改属广州。唐武德元年（618年），曲江县治再迁西河，唐武德四年置番州，区境随曲江县属番州，不久将番州改称“东衡州”。唐贞观元年（627年）改东衡州为韶州（州治迁回莲花山），又置岭南道，区境随曲江县属韶州，受岭南道监察。唐天宝元年（742年）改韶州为始兴郡，唐乾元元年（758年）复改始兴郡为韶州。唐天宝年间（742—756年），道成为地方最高行政区，区境随曲江县属岭南道韶州管辖。五代时期，后梁乾化元年（911年），刘岩发兵破韶州，州县治所迁往中洲（中洲岛，今浈江区城内，俗称“小岛”），从此，州治、县治同设在中洲。以后一直都是地、市、县行政机构驻地。五代十国时期，区境随曲江县先属后梁韶州，后属南汉韶州。

北宋初期，区境随曲江县仍属岭南东道韶州（州、县治同在中洲一地）。未久废道改州，区境随曲江县属韶州。北宋至道三年（997年），又于州上置路（半行政半监察性质），区境随曲江县隶属广南东路韶州。

元朝以行省为地方最高行政区，下设道（省派出机构）、路、县三级。至元世祖十五年（1278年）岭南平定后，区境随曲江县属海北广东道韶州路（此间又在韶州路置录事司，以管理城厢居民；一说至元世祖二十三年置，又称“新民官司”）。元至顺元年（1330年）属江西行省广东道韶州路。

明洪武元年（1368年）改韶

州路为韶州府（同年罢新民官司）。明洪武二年升广东道为广东行中书省；明洪武八年又改称“广东承宣布政使司”（简称“广东布政司”，习惯上称“广东省”），区境随曲江县仍属韶州府。

清初仍称广东布政司，后称广东省，省下设道（省派出机构）、府、县。区境随曲江县属广东省南韶连道韶州府。

民国元年（1912年），废道、府。区境随曲江县属广东省。民国3年复设道，区境随曲江县改属广东省南韶连道（后改为岭南道）。民国9年复废道，未久设北区善后督办，性质与道同。此后屡设屡废，民国14年设北江行政区，民国15年又废行政区。民国17年设北江善后委员会，民国21年改为北江绥靖区，区境随曲江县均属之。民国25年改设第二行政督察区，性质与善后委员会、行政区、绥靖区相同，均为省派出机构，区境随曲江县仍属之。民国29年改称北江行政区，民国30年复称第二行政督察区，区境随曲江县仍属之。民国32年11月，在曲江县城（今浈江区城内，俗称“小岛”）置韶关市政府，为省直辖市。区境随曲江县属韶关市。民国34年1月，韶关被日军占领，韶关市政府建制自行解体。民国36年再次调整全省政区，区境随曲江县改属第三专署行政督察区。

1949年10月7日，中国人民解放军进驻曲江县城（今浈江区城内解放路至中山路），并于10日解放曲江县全境，当天宣告成立曲江县人民政府。14日，曲江县政府设立城关区（亦称“曲江县一区”）。区境属曲江县城关区。11月25日，撤销曲江县城关区组建韶关市人民政府后，区境改属韶关市。后来，鉴于人口少，条件不具备建市，韶关市于1950年5月5日被撤销而组建韶关镇，区境回归曲江县。1951年6月恢复韶关市建置后，区境又从曲江县划出，归属韶关市，沿袭至今。

【行政区划】 1975年11月，韶关市委、市革命委员会对郊区和街道体制进行调整，将北区、中区、南区3个街道革命委员会合并为北江区革命委员会，东河区、南郊区2个街道革命委员会合并为浈江区革命委员会。1978年10月，浈江区革命委员会更名为浈江区公所、北江区革命委员会更名为北江区公所。1981年10月，韶关市撤销浈江、北江、武江三个区公所，成立东区、西区，后改称浈江区、武江区。北江区公所地域划归浈江区。

1984年5月，经广东省人民政府批准，设立韶关市浈江区为县级市辖区建制；是年7月，经广东省人民政府批准，北江区从浈江区划出独立设区，为韶关市县级市辖区建制。浈江区升格为县级区后，分别置南郊、东郊、新韶3个农村办事处和东河、车站2个办事处，辖13个乡、65个自然村和16个社区，区境面积140平方千米；北江区设县级区后，分别置十里亭、南门、和平、太平4个办事处，辖6个乡、31个自然村和30个社区，辖区总面积58平方千米。2004年4月，按省政府属地化管理政策规定，原曲仁矿务局田螺冲矿成立田螺冲办事处，下设长山、三角窝、两面山、大塘山4个居民区，归浈江区管理；原曲仁矿务局总部成立曲仁办事处，下设富仁、花坪、云顶、格顶、茶山、丝茅坪、和平、八一8个居民区，归北江区管理。至是年5月底，浈江区下辖新韶镇、乐园镇和东河街道办事处、车站街道办事处、田螺冲办事处和20个行政村、96个自然村、22个社区；北江区下辖十里亭镇、太平办事处、和平办事处、南门办事处、曲仁办事处和6个行政村、49个自然村、30个社区。

2004年6月，经国务院批准，撤销韶关市北江区，将原北江区行政区域和原曲江县犁市、花坪镇划归浈江区管辖，并将南门、和平、太平3个办事处改称为街道办事处。至是年底，浈江区下辖新韶、乐园、十里亭、犁市、花坪5个镇，东河、车站、南门、和平、太平5个街道办事处，以及曲仁、田螺冲2个办事处，45个行政村、344个自然村、52个社区。2009年8月，浈江区调整行政区域，将原来南门、和平、太平3个街道办事处合并为风采街道办事处，沿袭至今。

2017年，浈江区下辖新韶、乐园、十里亭、犁市、花坪5个镇和东河、车站、风采3个街道办事处及曲仁、田螺冲2个办事处，48个行政村、46个社区，11个居民区。

表 1 浈江区行政区划一览表

镇（办）	行政村（社区、居民区）	行政村（个）	社区（个）	居民区（个）
新韶镇	行政村：东河、东联、莲花、府管、侯山、石山、黄金村、大陂、东山、陈江、水口、黄浪水 社区：韶东、大学路	12	2	—
乐园镇	行政村：教场、沙梨园、长乐、新村、六合、上坝、下坝 社区：金沙、城南、新乐、百旺、韶南、韶冶	7	6	—
十里亭镇	行政村：靖村、金凤坪、五里亭、良村、腊石、湾头 社区：黄岗、十里亭、十里亭东、前进路、五里亭、乌教塘、碧桂园东区、碧桂园西区、碧桂园南区、碧桂园北区	6	10	—
犁市镇	行政村：大村、黄沙、黄塘、黄竹、犁市、梅塘、群丰、沙园、石下、五四、溪头、下陂、下园、厢廊、内腾、石脚下、沙尾、大旗岭 社区：犁市、犁南、韶化民爆	18	3	—
花坪镇	行政村：西牛潭、长地头、花坪、奎塘、石屋 社区：花坪	5	1	—
东河街道办	社区：育红巷、启明北路、浈江路、执信路、浈江南路、陵西路	0	6	—
车站街道办	社区：莲花山、大塘路、东升村、广铁一线、职工一区、站南路、劳动村	0	7	—
风采街道办	社区：峰前路、风度北、中山路、风采路、风度中、东堤南、壮志街、文化街、老东门、河滨、环园路	0	11	—
曲仁办	居民区：花坪、云顶、格顶、茶山、丝茅坪、和平八一、富仁	0	0	7
田螺冲办	居民区：两面山、长山、三角窝、大塘山	0	0	4
合计		48	46	11

自然地理

【地理位置】 浈江区位于广东省韶关市东北部，浈江、武江下游，北江上游。地介于北纬 24°27′08″—25°08′，东经 113°06′22″—113°59′57″之间，东与仁化县长坝镇、曲江区枫湾和大塘镇接壤，西与乳源瑶族自治县桂头镇、武江区重阳镇毗邻，南与曲江区马坝、白土镇相连，北与乐昌市长来镇、仁化县董塘镇对接。

【地质】 浈江区境地质构造属华南褶皱带部分，火成岩分布广泛，地层发育基本齐全。境内土壤有红壤、黄壤、红色石灰土、紫色土、水稻土、潮沙泥土、石窟土 7 个土类。据土壤普查资料，境内红壤面积占自然土壤面积 50% 以上，自然土壤占全区土地面积 80.6%，土壤质地较好，表土厚中层占过半数，心地层普遍深厚，占七成左右，疏松，酸性反应，有机质与氮素中量以上居多。

【地貌】 浈江区以山地、丘陵、盆地地貌为主，地势周高中低。东、南面多中低海拔山；北部多海拔300米以上高丘陵；中部丘陵、盆地海拔多在200米以下。区境内最高山峰是“皇冈山”，海拔494.8米。区属中心地带（市区）处于韶关盆地，最低海拔55米。

【气候】 浈江区属中亚热带季风型气候区，有明显湿热和干冷大陆性气候。全年盛行南北气流，冷暖交替明显，夏季长，冬季短；光热充足，雨量充沛，湿度较大，年平均气温20.8℃，年平均日照时数1738小时，农业生产可以一年三熟。区域气候受季风及大气环流影响，全年降雨量1397.2毫米，总体气候特征表现为冬短夏长，春秋交替快，四季分明；气候资源比较丰富；灾害性天气较多，低温阴雨，龙舟水、秋旱、寒露风和霜冻等灾害性天气较为频繁，对农业生产影响较大。

（浈江年鉴编辑部）

资源物产

【河流】 浈江区河流分布密集，水资源丰富，境内有浈江、武江、北江、黄浪水、大塘水、大富河、坳背水、白虎坳水、皇岗水9条主要河流。浈江又称“浈水、东水”，发源于江西省信丰县石溪湾，经南雄、始兴、曲江3个县区，在东郊湾头村流经浈江区境后与武江汇合。武江又称“溱水、泷水、虎溪”，发源于湖南省临武县三峰岭，经坪石、乐昌、桂头，在区属犁市镇上朗村进入浈江区后，在区属韶关市区小岛南与浈江汇合。浈江、武江汇合成北江流经区境，年平均流量290立方米/秒，年径流量92.3亿立方米，径流模数43.3升/秒·平方千米，每期流深1364.6毫米。2017年，大中型水库3座，蓄水量4604万立方米，小型水库65座，蓄水量1401万立方米。

【土地资源】 2017年，浈江区土地面积572.14平方千米，常用耕地面积7102.1公顷，其中水田面积4712.31公顷，水浇地面积677.39公顷；园地面积326.05公顷；草地985.4公顷；林地面积36506.4公顷；城镇（村）及工矿用地面积6438.27公顷；交通设施用地面积696.67公顷；水域及水利设施用地面积4509.13公顷；其他用地面积649.12公顷。森林覆盖率60.73%，活立木总蓄积量207.6万立方米，年末建成区绿化覆盖面积2124.56公顷，绿化覆盖率46.2%。

【矿产资源】 浈江区境成矿地质条件优越，矿产资源丰富，发现矿产7种、矿产地9处，主要矿产有煤、铁、锡锑、钨、萤石、稀土、冶金等，其中煤、铁、锡锑、钨、萤石在广东省占有重要位置，储藏量在1.5亿吨以上（主要分布在浈江东部和北部山地、丘陵地带）。除此之外，区境还有燃料、化工、非金属、建筑材料等矿产。

【旅游资源】 浈江区历史文化悠久，风景优美，名胜古迹众多，其浈江、武江、北江水上交通，自古以来是进出广东交通要道，中原文化和岭南文化在此交汇，并与当地自然环境和社会经济生活融为一体，积淀旅游景点和历史文物。截至2017年底，全区有旅游景点20处、历史文物230处，主要包括国家森林公园、莲花山、帽峰公园、中山公园、文化广场、环碧园、河滨公园、曲江园、樱花公园、湾头现代农业科技示范园、金沙生态园、韶州府学宫、风采楼、中共粤北省委旧址、北伐战争纪念馆、犁市当铺、大鉴寺、太傅庙和韶州天主教、基督教以及余靖风采堂等。

（浈江年鉴编辑部）

环境保护

【概况】 2017年，区住建局协助驻区的市环境保护局浈江环境监察分局完成水环境质量检测、大气环境质量检测和声环境质量检测等工作，并协调做好对区内环境问题的投诉和污染环境事故调处。是年，浈江区水质达标率100%，污染指数0.14，属于较清洁范围；全年降水pH年平均值5.31，酸雨频率36.8%；道路交通噪声年均值66.7分贝，其声环境质量处于好等级；区域环境噪声年均值56.5分贝，其声环境质量处于一般等级；各功能区域噪声基本符合标准要求。

【中央环保督察整改】 2017年，浈江区在中央环保督察期间，切实做好丹霞山自然保护区人类活动图斑点整改工作，严格做到“四个第一”，即第一时间赶到现场、第一时间查清问题、第一时间查明责任、第一时间进行处理和追责，对查实的问题认真制定整改方案，逐一列出整改清单和责任人、倒排整改时间节点、倒逼整改任务，同时将问题查处和整改情况及时上报。年内浈江区组织犁市镇、十里亭镇、区农业局、区林业局、区国土分局整治丹霞山国家级自然保护区16个图斑点，完成中央环保督办案件。

【养殖场环境整治】 2017年，区住建局联合区农业局等相关部门清拆整改丹霞山自然保护区内的7家养殖场以及十里亭镇一级水源保护地6家养殖场。区政府投入682.6万元对涉及丹霞山自然保护区畜禽养殖工程进行测量、评估、搬迁、补偿、复绿等。

【水环境质量】 2017年，区住建局建立河长制，加强流域内水系的管理，各主要江河水系水质状况总体良好，水环境质量与上年相比无显著变化。十里亭饮用水源地断面水质为Ⅱ类，水质达标率100%，与上年持平。

（侯哲欣）

人口·语言

【人口】 2017年，浈江区户籍人口32.54万人，其中城镇人口26.18万人，乡村人口6.36万人。年末常住人口41万人，比上年增加0.14万人，其中年末城镇常住人口34.58万人，城镇人口比重84.34%。全年户籍人口出生4369人，人口出生率12.42‰；常住人口出生4031人，人口出生率12.77%；死亡人口2454人，死亡率7.77‰；人口自然增长率5‰。

【语言】 浈江区境历来以汉语方言为主，除客家方言外，还分布有粤语、西南官话、闽南语以及归属未明粤北土话。客家方言区主要分布在新韶镇、花坪镇大部分村落，十里亭镇、乐园镇、犁市镇靠山边等部分村落也使用客家方言。客家方言是浈江区境第一大方言；粤语主要分布在浈江区境内城区以及犁市镇上寮、中寮和下寮等区域。粤北土话又称“全城话”“老韶关话”，俗称“虱婆声”“虱乸话”。韶州土话是浈江境内最早土著居民说的一种方言，主要分布在犁市、十里亭、乐园镇和新韶镇4个乡镇。浈江区讲土话村落人口3万人；闽南方言区主要零星分布在浈江、北江上游两岸地区。此部分居民是明末清初以来从闽南、潮汕一带辗转迁徙而来；西南官话主要分布在武江沿江两岸地区和犁市、花坪等地。历史上，因浈江区境在地理上距湖南（湘南）较近，由湘境迁入本境人口不断增加，由此，逐步形成以西南官话为主体的居民村落。

（浈江年鉴编辑部）

民族·宗教

【民族】 2017年，浈江区内分布有瑶族、壮族、回族、满族、蒙古族、苗族、侗族、畲族、土家族等34个少数民族。全区少数民族户籍人口3003人，占全区户籍人口0.74%。少数民族主要分布在城区，这些少数民族主要通过婚姻、经商、务工、招聘、工作调动、参军、升学等迁入浈江区。是年，全区有少数民族干部、职工32人，其中政府机关工作6人、教师3人。

【宗教】 2017年，浈江区宗教主要有佛教、道教、天主教和基督教，依法正式登记宗教活动场所8个，主要分布在市区及犁市、花坪镇，其中佛教寺院2处、道教场所1处、基督教场所4处、天主教场所1处。全区信仰宗教教徒约1万人，占全区户籍人口1.86%，其中佛教教徒3711人、道教教徒1836人、基督教教徒2123人、天主教教徒2330人。全区有宗教教职人员34人，其中佛教僧尼14人，道教坤道8人，天主教神父、修女7人，基督教牧师、传道、长老5人。

（李 丽）

经济社会发展

【概况】 2017年，浈江区完成地区生产总值228.37亿元，同比增长6.2%，其中第一产业增长3.9%，第二产业增长4.6%，第三产业增长6.5%，全区规上工业总产值累计完成87.9亿元，规上工业增加值22.06亿元。全年完成固定资产投资62.55亿元，社会消费品零售总额完成236.84亿元，公共财政预算收入28751.8万元，公共财政预算支出136931万元。社会消费品零售总额完成236.84亿元，同比增长6.95%，商品房销售面积53.74万平方米。

【重点项目建设】 2017年，浈江区固定资产投资完成62.55亿元，同比下降19%。2017年安排的34个重点建设项目共完成投资30.78亿元，完成年度计划47.4%，占全区固定资产投资的49.21%，其中列入市重点的项目5个，分别为国粤综合发电项目、中烟物流基地、华南农产品交易中心、鑫金汇建材家居广场和复烤烟厂打烟技改项目，全年计划投资21.7亿元，已完成投资13.21亿元，为年度投资计划的60.87%。

【工业】 2017年，浈江区规上工业总产值累计完成87.9亿元，增长8.4%，增幅比上年同期提高5个百分点；实现规上工业增加值22.06亿元，同比增长14.3%，增幅比上年同期提高10.5个百分点。产业转移园规上工业增加值9.4亿元，同比增长33.5%，全年固定资产投入8.87亿元，同比下降61.9%。

【农业】 2017年，浈江区全年完成农业总产值11.44亿元，增长3.8%，第一产业增加值5.4亿元，增长3.9%。全区农村居民人均可支配收入12212元，增长7%。全年农作物播种面积完成10528.2公顷，其中水稻种植3169公顷，产量2.17吨；玉米种植202.67公顷，产量1230吨；大豆种植181.67公顷，产量765吨；薯类种植449.07公顷，产量1.06万吨；油料种植1947.33公顷，产量7421吨；蔬菜种植面积3934.47公顷，产量12.34万吨；生猪出栏9.22万头；家禽出栏106.02万只；渔业产量6168吨；水果产量1.47万吨。

【商贸流通服务业】 2017年，浈江区新增限上商贸企业数26家，外贸进出口总额累计5558.1万美元，同比增长23.8%。新批外资项目3个，合同吸收外资21万美元，引进内联项目47个，合同引进资金41.45亿元，内联实际到位资金11.37亿元。社会消费品零售总额236.84亿元，同比增长6.95%。

【基本公共服务】 2017年，浈江区积极落实促进就业创业各项政策，各项工作指标均已提前完成年度任务数，全年城镇新增就业2217人，城镇失业人员再就业人数2012人，城镇登记失业为2.5%，低于韶关市要求控制在3.5%以内的目标。是年，浈江区户籍人口出生4369人，政策生育率97.3%，性别比107.36；常住人口出生4031人，出生率12.77‰，自然增长率5‰。

【环境保护】 2017年，浈江区完成市下达的节能减排日标，生态公益林建设加快，森林覆盖率为60.8%，活立木总蓄积量207.6万平方米，完成碳汇造林和社会造林面积144.67公顷。

（黄伟斌）

政治文明建设

【概况】 2017年，浈江区全面贯彻中共十九大精神，以习近平新时代中国特色社会主义思想为指导，深入贯彻习近平总书记系列重要讲话精神，坚持和加强党的全面领导，坚持党要管党、全面从严治党，全面推进党的政治建设、思想建设、组织建设、作风建设、纪律建设，保证和发展人民当家作主，坚持民主集中制，推进依法治区，努力建设社会主义政治文明，为全面建成小康社会奠定坚实基础。

【党的建设】 2017年，浈江区深入推进“两学一做”学习教育常态化制度化建设，精心组织理论中心组学习、专题宣讲等活动，党的建设水平不断提高。扎实推进驻点普遍直接联系群众工作，全区成立驻点团队105个，全年走访联系群众9.36万户、32.76万人，收集群众意见建议1275条，群众反映问题1239个，解决1192个。持续开展软弱涣散基层党组织整顿工作，村级党组织凝聚力、战斗力得到增强。充分发挥互联网新媒体优势，引进“腾讯为村”平台，打造浈江党建工作新品牌。“韶关市浈江区政校企联动孵化拓展双创人才工程”项目成功申报，农村实用人才升级换代“千人计划”培训顺利开展，人才引进力度持续加大。坚持党管干部原则，树立正确的选人用人导向，严格执行干部选拔任用工作程序，坚决防止干部“带病提拔”，提升干部选拔任用公信度和组织工作满意度。认真落实党风廉政建设党委主体责任，坚持全面从严治党，强化党内监督，全面开展巡察，优化风清气正的政治生态。

【人民当家作主】 2017年，浈江区人大围绕全区工作大局，履行宪法和法律赋予的职权，发挥地方国家权力机关职能作用，完成各项工作任务。围绕计划和预算执行情况开展监督，加强对政府预算的全口径审查、全过程监管，促进政府依法理财、科学用财；围绕经济社会发展和民生改善开展监督，区人大高度关注经济发展、重点项目建设和民生工作落实，对“咚咕街”农产品、阿里巴巴农村淘宝项目建设情况，农村垃圾处理和乡村清洁美建设情况，残疾人保障工作，区福利院建设情况，田螺冲棚户区改造项目进展情况，区政府承诺的5件惠民实事落实情况开展视察、调研，推动项目加快实施；加强代表建议意见办理，是年，浈江区人大代表在区九届人大一次会议上提出建议、批评和意见23件，及时交办督办，代表建议办复率为100%，满意和基本满意率达100%，保障人民当家作主；做好人事任免，是年，浈江区人大常委会先后任免国家机关工作人员80人次，其中免职19人，任命61人。

【政治协商】 2017年，浈江区政协坚持团结和民主两大主题，认真履行政治协商、民主监督、参政议政三大职能。围绕中心，服务大局，在政治协商中展现作为，坚持把服务发展作为履行职能的第一要务，紧紧围绕区委、区政府的中心工作，积极建言献策，为推动全区改革发展献计出力。立足区情，畅通渠道，在民主监督中体现担当，依照《政协章程》有序开展民主监督，着力改进监督方式，加大监督力度，提升监督效能。关注热点，建言献策，在参政议政中传递民意，区政协以围绕中心献良策为目标，不断改进组织方式，强化互动交流，注重成果转化，基本形成精选议题、深入调研、充分协商、促进转化的有序有效协商议政格局。团结合作，广泛联系，在和谐发展中凝聚力量，广泛开展扶贫济困、捐资助学活动，发动社会各界人士在“广东扶贫济困日”捐资助学及为发展其他公益事业捐款捐物累计达50多万元。

【法治建设】 2017年，浈江区不断开拓进取，积极探索实践，严格执法、公正司法、全民守法的进程不断加快，法治建设的各项工作取得新进步。加强依法执政能力，出台《浈江区贯彻〈法治广东建设第二个五年规划（2016—2020年）〉实施意见》《浈江区2017年全面依法治区工作要点》《浈江区关于全面推开法治建设“四级同创”活动的实施意见》等制度文件。提高依法行政水平，围绕建设法治政府目标，进一步健全完善重大行政决策制度，使全区重大行政决策步入规范化、法制化轨道。加强对重点领域执法监管，推进行政执法全过程记录和行政执法公示制度，促进行政执法部门依法行政。提升司法公信力，按照中央、省、市的部署，全面推进司法改革工作，全面开展司法责任制、司法人员分类管理制度、司法人员职业保障制度等改革试点工作。推进法治社会建设，以信访突出问题专项治理工作为抓手，以千案大化解百日行动为突破，以领导包案化解为保障，抓好信访积案的化解和矛盾纠纷的调处，较好地把矛盾化解在基层，把问题解决在萌芽状态。 （蔡信然）

精神文明建设

【概况】 2017年，浈江区坚持以习近平新时代中国特色社会主义思想特别是习近平总书记关于精神文明建设的重要论述为指导，以培育和践行社会主义核心价值观为主线，以创建全国文明城市工作为重点，开展精神文明创建活动，积极培育良好社会风尚，高扬主旋律、汇聚正能量、树立新风尚，为浈江区主动融入珠三角，加快振兴发展营造良好的社会环境和提供强大的道德支撑。

【社会主义核心价值观建设】 2017年，浈江区把培育和践行社会主义核心价值观作为精神文明建设的灵魂工程和根本任务，通过宣传普及、文化熏陶、实践养成和制度保障，推动社会主义核心价值观落细落小落实。推动全区各地各单位通过学习培训、社会宣传、媒体宣传、网络宣传等途径，把中共十九大精神、习近平新时代中国特色社会主义思想、习近平总书记对广东工作重要批示精神、社会主义核心价值观等学习宣传工作不断引向深入。常态化设计发布“图说我们的价值观”“讲文明树新风”“我的中国梦”等公益广告作品，加强浈江地方特色公益广告作品的创作刊播，指导推动各地各单位加大刊播展示力度。以创建“善美之城”品牌作为践行社会主义核心价值观的载体和平台，加大宣传阐释力度，将“善美”理念融入市民公约、乡规民约、行业规章修订中，融入群众的生产生活、学习工作和行为习惯中。结合重要传统节日等，策划开展“画说价值观”“礼让斑马线”“文明行为十五条”等系列主题活动，引导干部群众和广大市民从日常小事做起，内化于心、外化于形。持续推进核心价值观“一行业一重点”“一公园一主题”建设，建成一批社会主义核心价值观小公园和小广场。

【全国文明城市创建活动】 2017年，浈江区召开创建全国文明城市工作专题会议，明确创文为“一把手”工程，强化各级党委对创文工作的主体责任。将创文工作纳入各镇（办）绩效考核内容，每周二召开联席会议，及时反馈整改信息，全力开展攻坚行动，梳理短板弱项，形成任务分解，开展专项整治，建立区领导挂点联系的“路长制”“门前三包”责任制，强化奖励问责，强化创建工作保障。全区各地各单位党委（党组）主动承担起创文工作的主体责任，党委（党组）主要负责人主动抓、亲自抓、经常抓，形成齐抓共管的工作格局。开展卫生保洁、“牛皮癣”整治、交通秩序整治、户外广告整治、乱搭乱建整治、公厕改造提升、占道经营乱摆卖整治、老旧小区整治提升、休闲公园整治提升等工作，大力提升社会文明程度，取得良好成效，为韶关市正式确认为2018—2020年创建周期全国文明城市提名城市做出积极贡献。

【群众性精神文明创建活动】 2017年，浈江区深入推进文明单位、文明村居、文明窗口、文明社区等群众性精神文明创建活动。浈江区国税局等4个单位被评为市级文明单位，职工一区社区等12个社区被评为市级文明社区，乐园镇被评为市级文明镇，浈江区法院立案庭被评为市文明示范窗口，浈江区中小学德育教育实践基地、浈江区图书馆被评为韶关市未成年人思想道德建设先进活动基地，和平路小学、执信小学等10所学校获评首届“市级文明校园”荣誉称号。浈江区“善美韶关·风采浈江”文化惠民系列活动获得韶关市精神文明创建活动创新奖。

【公民道德建设】 2017年，浈江区加强“四德”（社会公德、职业道德、家庭美德、个人品德）榜建设，41个社区继续发布“善行义举榜”。全区学好人、做好事氛围逐渐浓厚，选树一批道德模范、最美人物等先进典型，评选出感动浈江道德模范10名、最美志愿者10名，建立道德模范帮扶礼遇机制，强化德者有得、好人好报的价值导向。按照“每月一讲”要求，组织各镇（办）、区直单位深入开展道德讲堂和文明交通宣讲活动，进一步提升干部群众的文明意识和道德素养。

【未成年人思想道德建设】 2017年，浈江区重视未成年人思想道德建设工作，在全区中小学校全面推进社会主义核心价值观“进教材、进课堂、进头脑”的工作，利用重要时间节点开展“中国梦”教育实践活动，开展爱国主义宣传教育、传统文化进课堂、网上祭英烈、留守儿童关爱工程、“我们的节日”等主题教育活动，大力弘扬中华民族优良传统，进一步提高中小学生思想道德修养。招募韶关学院心理志愿服务队、教师、社会组织中具有心理咨询资质的志愿者参与到浈江区未成年人心理健康辅导中心工作，加强对未成年人的心理健康辅导。

【志愿者服务活动】 2017年，浈江区通过各种渠道广泛发动人员在“广东I志愿系统”注册成为志愿者，组织志愿者补录志愿服务时长。志愿服务时长从原来的人均0.56小时提高到人均25小时以上。建立志愿者招募、注册、管理、服务、考核、评价等机制。积极与韶关学院团委联系，以韶关学院在校大学生为骨干，组织各类志愿者逾10000人次开展文明创建、交通文明引导、卫生清洁、入户宣传等志愿服务活动。 （刘汉聪）

生态文明建设

【概况】 2017年，浈江区围绕“新一轮绿化广东大行动”，加快实施碳汇造林、生态景观林带、森林进城围城工程、乡村绿化美化四大林业重点工程，全年完成各类造林面积52公顷，完成抚育二次，抚育面积104公顷；封山育林133.3公顷。完成犁市镇下园岭背新村等改造提升乡村绿化美化示范点5个。新增镇级十里亭良村故乡里民宿森林公园1个。

【森林资源保护】 2017年，浈江区开展严厉打击破坏森林、林地和野生动植物资源的各种违法犯罪活动，加大专项打击力度，维护林区的和谐稳定；加强森林防火工作，全面落实森林防火各项措施，规范专业、半专业森林消防队伍及护林员管理，严格野外火源管理，最大限度地减少森林火灾的发生；加强林业有害生物的防控和治理工作，确保造林成效。

【义务植树】 2017年3月10日上午，浈江区委区政府组织区四套班子成员、区直机关部门负责人和犁市镇全体干部160人到犁市镇群丰村委会莲塘村小组（区德育基地对面）参加义务植树活动，种植樟树、荷木、山杜英、含笑、阴香等树苗0.6万多株，面积4.7公顷。

【增殖放流】 增殖放流是保护母亲河的重要举措之一。2017年6月，浈江区在海关放生平台开展以“增殖水生物资源，促进生态文明建设”为主题的增殖放流活动。社会爱心人士、学生志愿者等接力传递鱼苗，将一袋袋鱼苗通过放生平台水槽投放北江。投放鱼苗105万尾，价值15万元，放流品种有草鱼、鲢鱼、鲤鱼、青鱼、鲮鱼等8种鱼类。

（文纯君）

2017年3月10日，浈江区开展义务植树活动 （区委宣传部 供）

2017 年浈江区大事记

1 月

5 日　浈江区组织辖区各市场产权代表、市场经营者及各镇（办）相关负责人到乐园镇长乐市场召开 2017 年农贸市场改造现场会，带领与会人员参观长乐市场升级改造成果，动员和部署 2017 年农贸市场的升级改造。

2017 年 1 月 5 日，浈江区召开农贸市场改造现场会　　（区委宣传部　供）

6 日　韶关市广播电视台民声网爱心协会创建启动的韶关市区第一间“百合书屋”捐赠仪式在浈江区赖新小学举行，韶关民声网向赖新小学捐赠 1600 册图书及配套书架书桌等。

13 日　市委书记、市人大常委会主任江凌在市政协副主席、区委书记刘清生等领导的陪同下，到韶关东站浈江区服务点视察 2017 年春运“暖流行动”。

18 日　浈江区召开各镇（办）及区直党（工）委书记抓基层党建工作述职评议会，市政协副主席、区委书记刘清生，区委副书记、区长曾清兰以及市委组织部有关领导等出席会议。

是日　浈江区召开全区公安工作会议，总结 2016 年全区公安工作情况，部署 2017 年各项目标任务，市政协副主席、区委书记刘清生，区委副书记、区长曾清兰等区相关领导出席会议。

19 日　市督查组一行在区相关领导、区扶贫办等相关负责人陪同下，到浈江区检查区扶贫工作机构队伍和考核机制建设、贫困人口动态管理、驻村帮扶、帮扶项目进展状况、扶贫资金使用管理情况等精准扶贫工作。

20 日　浈江区校园视频监控网络管理平台建成投入使用。该平台上整合 62 所中小学校园的本地视频监控系统资源，实现区教育局对全区学校的大门、校道、操场、楼道、围墙等重点部位的实时监控。

21 日　金色江湾社区综合性文化服务中心挂牌仪式暨浈江区文化馆 2016 年第二期群众文化培训汇报演出活动在金色江湾小区广场举行，该中心主要由文化馆、图书馆、文化广场共同构成，其中文化馆约 300 平方米，内设展览室、书画室、古筝室、茶艺室、综合活动室；图书馆约 280 平方米，设藏书室及阅览室，藏书 1.3 万册。中心成立后，由浈江区文化馆、图书馆及金色江湾共建共管，并以分馆的形式开展活动。

22 日　市司法局、市普法办联合区委组织部、区司法局、新韶镇在新韶镇石山村开展“送法、送春联、送温暖”进村（居）活动，送出春联 200 幅，派发公证、法律援助、人民调解、禁毒宣传等法律法规宣传资料 1000 份。

23 日　中共韶关市浈江区第九届委员会第三次全体会议召开，市政协副主席、区委书记刘清生，区委副书记、区长曾清兰等领导出席会议，全会学习贯彻中共十八届六中全会和省委十一届八次全会、省委经济工作会议以及市第十二次党代会、市委工作会议精神，总结 2016 年工作情况，部署 2017 年工作任务；听取并同意区委书记刘清生代表区委常委会所作题为《不忘初心继续前进为在全市率先全面建成小康社会而努力奋斗》的工作报告，区委副书记曾清兰关于经济社会工作的讲话；审议通过《中共韶关市浈江区委关于深入推进全面从严治党的实施意见》。

24 日　市委书记、市人大常委会主任江凌在市委常委、秘书长孔云龙，市政协副主席、区委书记刘清生等市、区相关领导的陪同下，到浈江区开展春节慰问。

2　月

4 日　区四套班子主要领导分别带队到各镇（办）、区直有关单位开展调研，检查基层单位干部职工到岗到位情况，指导基层单位谋划 2018 年工作，确保各级各单位贯彻落实区党代会和区人大、政协“两会”确定的各项工作任务。

8 日　区政府组织区府直属单位和各镇（办）的班子成员召开九届政府第一次全体会议，研究部署 2017 年全区重点工作。

2017 年 2 月 9 日，浈江区召开法治教育进校园工作会议　　（区委宣传部　供）

9 日　区委副书记、区长曾清兰率领调研组一行先后到韶关市中医院十里亭分院、乐园镇、棚户区医院走访调研卫生院的占地面积、周边交通环境和功能区域划分等问题。

是日　浈江区召开法治教育进校园工作会议，为受聘辖区各中小学校兼职法治副校长 35 人颁发聘书，聘期从 2017 年 1 月至 2019 年 12 月。

15 日　市政协副主席、区委书记刘清生率领区委常委、纪委书记曾光明，区委常委、区委办主任谢林茂，副区长彭荣华等区领导，以及区民政局、乐园镇政府主要负责人，到清远市清城区考察村改居工作。

20 日　东莞市寮步浈江对口帮扶工作第一次联席会议在东莞市寮步镇召开，寮步镇委副书记、镇长谢卫东，浈江区委副书记、区长曾清兰分别代表寮步镇政府和浈江区政府签订对口帮扶共建框架协议。

22 日　区委副书记、区长曾清兰率领区发改、经信、国土、安监、消防等部门负责人到粤华电力有限公司现场办公，解决项目建设中遇到的问题，推进项目建设。

是日　副市长高冬瑞在区委副书记、区长曾清兰的陪同下，到浈江区督查经济运行情况，研判分析经济发展态势，查找当前发展面临的问题。

26 日　浈江区 10 个镇（办）纪（工）委在辖区启明北全民健身广场开展“信访举报宣传日”及“扶贫领域违纪问题信访举报宣传日”活动，宣传纪检监察信访举报政策，接受群众咨询，传播省纪委信访举报微信栏目“清风微信访”和市纪委微信公众号“韶关廉信”，活动设置游戏和纪检监察知识有奖问答环节，发放“举报贪腐、共创廉洁”宣传折页和举报扶贫领域涉嫌违纪问题宣传单页 500 多份。

28 日　区教育局联合交警大队举办民办幼儿园法人代表、园长、校车驾驶员、随车照管人员安全培训活动，以消除全区 53 辆校车安全隐患，确保 32 所幼儿园 57 名校车驾驶员 950 名幼儿乘车安全。

3　月

2 日　浈江区组织教育、消防等单位开展为期半个月的民办教育机构年检工作，检查全区 97 所民办教育机构，根据年检结果分合格、基本合格和不合格三个等级，依据相关法律法规予以处理。

3 日　上午，政协浈江区第九届委员会第二次会议在区政府综合楼四楼会议中心闭幕，大会审议通过区政协主席黄德乔代表政协浈江区第九届常务委员会所作的工作报告，听取并讨论浈江区《政府工作报告》。

是日 下午，浈江区第九届人民代表大会第二次会议在区政府综合楼四楼会议中心闭幕，大会审议并批准区委副书记、区长曾清兰代表浈江区人民政府所作的《政府工作报告》，审查和批准《浈江区2016年国民经济和社会发展计划执行情况与2017年计划草案的报告》和《浈江区2016年预算执行情况和2017年预算草案的报告》。

6—20日 区人社局与区工商局在辖区范围内联合开展清理整顿人力资源市场秩序专项行动，检查各类职业中介组织及劳务派遣单位5户，各类用人单位26户。

7日 市政协副主席、区委书记刘清生带领市政协、区相关领导先后到驻区的粤胜汽贸有限公司、宇杰汽车贸易服务有限公司、大润发商业有限公司等商贸企业调研企业的经营情况和发展规划，听取企业在经营和发展中遇到的困难，提出相关的意见和建议。

8日 下午，广东广播电视台《赏诗词寻文化》大型文化教育节目栏目组，到韶关市吴礼和中心小学进行节目素材现场采集和拍摄工作。

是日 浈江区召开食品安全协管员培训会，各镇（办）食品安全协管员30人参加会议，主要学习《中华人民共和国食品安全法》及相关法律法规、食品安全协管员工作职责，分析食品安全总体形势及存在的问题，讲解如何正确履行监督协查职责、掌握辖区内市场基本情况，及时发现违法违规行为、报送相关信息，协助做好案件查处。

9日 东莞市寮步镇委副书记、镇长谢卫东率调研组一行在区委副书记、区长曾清兰等区领导陪同下，到浈江区中机重工锻压有限公司、粤华电力发电项目和鑫金汇建材家居广场等地调研。

是日 浈江区2017年国家义务教育质量监测工作动员大会在浈江区实验学校阶梯课室召开，全区义务教育学校校长、业务副校长及各校相关工作人员120人参加会议。

10日 上午，市政协副主席、区委书记刘清生率领区四套班子成员，以及区直各单位干部职工和志愿者等100多人在犁市镇群丰村委莲塘小组开展义务植树活动，植树面积4.67公顷，主要栽种香樟、山杜英、火力楠、枫香等树种。

12日 韶关市首家“先行赔付示范实施单位”挂牌仪式在浈江区举行，市消委会、浈江区消委会、红星美凯龙商场管理方及50余户经营者参加仪式，浈江区消委会将“诚信敬行，保障消费”的牌匾授予红星美凯龙，标志着韶关市首家“先行赔付示范实施单位”正式挂牌成立。

13日 浈江区召开安全生产和消防安全工作会议，会议传达国务院及省、市安全生产工作电视电话会议精神，通报2016年及2017年以来的安全生产形势，研究部署2017年安全生产和消防安全工作，区委副书记、区长曾清兰代表区委、区政府与各镇（办）、区安委会成员单位签订安全生产和消防安全责任书。

2017年3月13日，浈江区召开安全生产和消防安全工作会议 （区委宣传部 供）

15日 浈江区举办2017农村创业青年培训班，来自全区农村的50多名农村创业青年参加培训，培训班讲述农村专业合作社、家庭农场、互联网电子商务等内容，传授如何获取创业信息、了解创业政策以及如何提高种养、销售能力等方面的知识，并交流农业创业过程中需要注意的问题及分享经验。

16日 下午，市委常委、市纪委书记郭健生率领调研组一行在市政协副主席、区委书记刘清生等领导陪同下，到浈江区韶关市烟叶复烤厂、华兴水泥厂、华南农产品交易中心和鑫金汇财富中心等项目现场实地调研。

是日 浈江区召开2017年全区重点项目、城市提升暨经济实现“开门红”工作推进会议，会议分析和研判2017年第一季度财政预算执行、地方税收收入、组织税收收入、固定资产投资、重点项目建设、城市整体提升等情况。

20日 浈江、武江、曲江三区政府代表在韶关市鑫金汇与韶关市鑫金汇嘉阳投资开发有限公司签订三区农村淘宝运营中心商铺租赁合同，标志着三区农村淘宝运营中心正式入驻鑫金汇。

21 日 区政协主席黄德乔带领区九届政协法治专委委员一行视察长乐、启明北市场升级改造后周边环境综合整治情况。

22 日 区人大常委会主任谭雪华带领人大代表一行视察东河街道综合康复服务中心运行情况。

是日 市政协副主席、区委书记刘清生在区委常委、区委办主任谢林茂的陪同下，到区教育局调研浈江区职权改革、公办幼儿园建设、梅村德育基地等推进教育现代化工作。

23 日 市委常委、常务副市长朱余旺率领市发改、财政、国土、规划、经信等部门负责人在区委副书记、区长曾清兰及区相关负责人陪同下，到浈江区调研黄金小镇建设工作。

23—24 日 市政协副主席、区委书记刘清生，区委副书记、区长曾清兰等领导分组检查辖区内 12 所养老机构硬件设施、消防安全设备等内容，重点检查食品卫生安全、厨房等重点部位用火用电情况。

24 日 下午，省司法厅党委书记、厅长曾祥陆率领厅办公室主任金世章、基层处处长都贵均等有关人员在市司法局局长赖佩养、副区长肖景等省、市相关领导陪同下，到乐园司法所调研指导工作。

25 日 浈江区十里亭农贸市场经过升级改造后重新开业，标志着浈江区首批改造的农贸市场全部投入使用。

28 日 上午，市委党史研究室主任、市地方志办公室主任丁伟志带领全市各县（市、区）地方志部门工作者到十里亭镇靖村观摩学习自然村落历史人文普查工作，并召开现场推进会。

是日 市司法局政治处主任刘卫红一行到浈江区东河司法所、浈江路社区及田螺冲司法所、大学路社区检查督导一村（社区）一法律顾问工作的组织、推进情况。

是日 浈江区举办基层公共服务综合平台系统集成项目软件操作员培训班，全面提升服务窗口人员的业务水平和使用新设备的能力。

是日 浈江区组织开展“最美南粤少年”评审工作，全区有 187 名中小学生参与，所有参加者均由学校推荐，通过网络展示后进入评审阶段。最终，该区拟定 40 名晋级市级的学生名单，其中包括少先队员 35 名、共青团员 4 名以及群众 1 名。此外还有 35 名学生获得县级“最美少年”（含“美德好少年”“创新好少年”“智慧好少年”“才艺好少年”“活力好少年”“自强好少年”）称号。

30—31 日 区教育局与区体育局联合举办全区中小学生毽球比赛，全区有 20 所中小学 33 支队伍 190 名运动员参赛，其中浈江小学获得女子小学组第一名，建国小学获男子小学组第一名，市第四中学获女子中学组第一名，市第八中学获男子中学组第一名。

4 月

6 日 上午，区委、区政府在全市率先召开村（社区）“两委”换届选举工作会议，区四套班子成员，区村（社区）换届选举工作领导小组成员及办公室人员，各镇（办）党政正职、分管基层党建和基层治理的副书记、组织委员、分管民政工作的班子成员，换届纪律巡视巡查组成员、换届选举观察员，以及挂点联系村（社区）“两委”换届选举工作的区直机关单位负责人近 200 人参加会议。

11 日 浈江区召开第九届人大常委会第四次会议，会议听取和审议浈江区政府《关于基层医疗机构标准化建设情况的报告》，表决通过《韶关市浈江区人大常委会议事规则（草案）》、《韶关市浈江区人大常委会代表视察办法（草案）》以及个别代表辞去韶关市浈江区第九届人民代表大会代表职务请求的决定。

是日 市政协主席王青西一行在市政协秘书长陶学权、区政协主席黄德乔等陪同下，到浈江区友丰湿地公园调研精准扶贫工作。

12 日 上午，中国关工委创建全国规范化家长学校广东办公室、广东省教育系统关工委家长学校工作指导办公室顾问梅树德一行 3 人在市教育局关工委领导的陪同下，到浈江区调研“创建全国规范化家长学校实验区”的筹备情况。

是日 上午，区委常委、区委办主任谢林茂在新韶镇党委书记李建华及相关工作人员陪同下，到区委办挂点的水口村指导村“两委”换届选举工作。

12 日 韶关市考核组到浈江区开展 2015—2016 年度质量考核工作，区委常委刘子龙、区直各有关单位负责人参加市对区质量工作考核及实地核查会议。

4月12日，市对区质量工作考核及实地核查会议在浈江区召开　　　（区委宣传部　供）

14日　浈江区在中小学德育实践基地开展“加强法制宣传教育、增强全民国家安全意识”的法制宣传教育活动，发放《中华人民共和国国家安全法》《中华人民共和国反间谍法》等法律法规知识宣传册300册，展示宣传展板100块。**15日**　2017年“南粤春暖”暨精准扶贫专场招聘会在启明健身广场举行，此次招聘会入场企业201家，提供就业岗位4500多个，300多人与用人单位达成就业意向，现场免费发放各类宣传资料1.3万份，提供各类政策咨询服务2000人次。

17日　浈江区召开创建全国文明城市工作动员大会，总结分析上阶段创文工作开展情况，动员部署下阶段创文迎检工作任务，市政协副主席、区委书记刘清生等领导参加会议。

是日　浈江区召开区委中心组理论学习（扩大）会议，学习中央、省、市关于社会主义精神文明建设的重大部署和基本要求，市政协副主席、区委书记刘清生等区四套班子成员参加会议。

18日　浈江区卫生和计划生育局主办的“健康浈江体检快车”活动启动仪式在辖区通天坡市场门口举行，市卫计局副局长刘建军、副区长何艳霞等出席仪式，为65岁以上辖区居民提供免费体检服务。

18日　浈江区召开创建全国文明城市工作专题会议，市政协副主席、区委书记刘清生，区委副书记、区长曾清兰等领导，各镇（办）、区直有关部门负责人参加会议。

19—21日　浈江区组织纪委、公安、检察等单位相关负责人组成“两委”换届工作宣讲团，到各镇、重点村开展警示教育巡回宣讲活动。

20日　浈江区创文宣传暨送戏进社区文艺演出系列活动首场演出在辖区启明北全民健身广场举行，此项系列活动共10场，持续到年底。

26日　市政协副主席、区委书记刘清生率相关部门负责人一行到风度路步行街、解放路及韶关东站等重点地段实地督导创文工作，详细了解其卫生环境、交通环境、商铺经营等情况，并将责任落实到相关部门。

23日—12月31日　区政府决定实施平治巷、学工街、始巷头、群乐巷、高街5条小街小巷道路建设、排水和立面改造工程。

25日　市人大副秘书长陈忠旭一行到浈江区召开《韶关市烟花爆竹燃放安全管理条例》贯彻实施情况座谈会，听取各级人大代表及区政府相关部门意见建议。

26日　下午，区食药监局组织召开学生校外托管机构培训班，全区130余家学生校外托管机构负责人参加培训。

28日　下午，浈江区举办领导干部学习贯彻习近平总书记重要批示精神集中培训班，区四套班子成员、区法、检“两长”，各镇（办）领导班子成员，区直各部门副科级以上干部参加培训。

5　月

3日　区委副书记、区长曾清兰率调研组一行到犁市镇调研农村人居环境综合整治工作，并主持召开农村人居环境综合整治工作座谈会。

是日　上午，浈江区“韶关好人、道德模范”事迹巡回宣讲首场活动在新韶镇政府六楼会议室举行，“全国节俭养德先进个人”林锐生向参加活动的干部职工作宣讲。

5日　由区委宣传部、区总工会主办的浈江区“撸起袖子加油干”五月节庆文艺演出在区政府综合楼四楼会议室举行。

是日　浈江区“善美韶关·文明同心”创文系列活动在辖区风度广场举行，现场200名老干部现场签名承诺“继承好家训，建成好家风，共创文明城”。

6—7 日 浈江区组织韶关学院百名大学生志愿者与创文志愿者分组在风采街道、东河街道、新韶镇等地开展创文宣传教育和志愿服务活动。

8 日 上午，区教育局在和平路小学高年部举行“2017 年韶关市教育系统创建全国文明城市 60 天冲刺暨韶关市中小学生拒绝流动摊点三无食品万人签名活动”启动仪式，全体师生到主席台前的红横幅上签上自己的名字。

9 日 浈江区举办“我为韶关创文添光彩”主题演讲比赛，辖区各中小学 30 名学生进入决赛，来自市第十中学、韶关市行之实验学校、韶阳小学、金沙明星学校及和平路小学的五位选手分别获中、小学组一等奖。

10 日 上午，区委常委、区委组织部部长钟真，区人大常委会副主任朱明远带队到车站街指导社区“两委”换届工作。

11 日 区委副书记、区长曾清兰一行到辖区粤华国电韶关煤矸石综合利用发电项目督导安全生产工作。

是日 区食药监局组织开展全区药品医疗器械化化妆品不良反应监测专题培训，韶关市不良反应监测中心专家给全区 14 家医疗单位负责人和药械化不良反应监测人员及药品生产企业、连锁药店总部相关负责人和质量管理监测人员 40 余人授课。

12 日 国家卫生计生委调研组一行在广东省卫生计生委信息与统计处调研员饶贵安、韶关市卫生计生局副局长李高龙、浈江常务副区长黄祖平等陪同下，到浈江区开展 2017 全国生育状况试抽样调查专题调研活动，各镇（办）、村（居）委计生干部代表汇报各自属地人口信息基本情况、政策出台后各年龄层女性的生育意愿等情况。

是日 浈江区召开主城区全面实施家禽“集中屠宰、冷链配送、生鲜上市”工作动员部署会议。

16 日 浈江区学校与香港学校缔结姊妹学校签约仪式在市第八中学举行，香港圣公会李求恩纪念中学与韶关市第八中学、香港道教联合会圆玄学院第一中学与浈江中学、香港仁济医院陈耀星小学与和平路小学、香港公立兴德学校与南枫小学、曾璧山中学与浈江中学、天主教圣文德书院与韶关市第八中学，在遵守《中华人民共和国宪法》和法律以及《中共人民共和国香港特别行政区基本法》的前提下，本着“双方自愿、双向交流、相互推进、共同提高”的原则，缔结为姊妹学校，共同建立教育合作关系。

是日 浈江区“善美之城·医者仁心”护士节庆祝活动在新韶镇卫生院广场举办，现场还组织医生为群众开展健康义诊、健康咨询等公益服务。

17 日 副市长李欣率调研组一行到浈江区调研城管系统事权财权下放匹配工作情况，了解该区在工作推进中存在的问题，并针对问题逐一提出解决方案。

是日 浈江区召开学习贯彻习近平总书记重要批示精神宣讲会，会议邀请韶关学院政治与公共事务管理学院副院长、教授杨华山作题为《习总的期望与广东的担当》专题宣讲报告。

17—18 日 省教育厅的专家组一行到浈江区开展学生体质健康测试评估工作，抽测的学校分别有城市学校执信小学、韶关市第八中学和农村学校犁市中心小学、韶关市第三中学 4 所学校。

18 日 市政协副主席、区委书记刘清生一行到东河街道办事处育红巷三旧改造区调研卫生死角围挡工作的开展情况。

23 日 区食药监局联合市工商行政管理局工业园区分局召集辖区农贸市场开办方和活禽经营户，召开家禽“集中屠宰、冷链配送、生鲜上市”工作协调会。

24 日 上午，市教育局局长张立江带领市局监察员一行在副区长彭荣华等陪同下，到和平路小学和黄金村中心小学开展调研。

25 日 省教育厅调研组一行到浈江区犁市镇中心小学调研平安校园综治创平工作情况。

2017 年 5 月 26 日，浈江区举行创建全国规范化家长学校实验区启动仪式暨家庭教育大讲堂活动 （区委宣传部 供）

26 日　浈江区创建全国规范化家长学校实验区启动仪式暨家庭教育大讲堂活动在浈江实验学校举行，原广东省教育厅关工委执行主任梅树德向该区授予“全国规范化家长学校实验区”牌匾，省教育系统关工委家乡学校工作办公室顾问陈德灿和省家庭教育金牌讲师罗曼红还分别为学校德育主任和家长代表作家庭教育专题讲座。

是日　上午，区妇联与市妇联在中山公园联合开展“不让毒品进我家·共创幸福平安家”禁毒宣传进社区活动，派发宣传资料和宣传品5000多份。

是日　下午，区文化馆和犁市镇中心小学联合举办一场省级非物质文化遗产项目《舞春牛》传承教学进校园活动，特邀《舞春牛》传承人张忠孝现场教学。

是日　浈江区召开创文测评迎检工作培训班会议，区相关领导、区直各创文责任单位和各镇（办）分管创文的负责人、资料员和社区居委资料员参加此次培训会。

27 日　区委副书记、区长曾清兰在区有关领导、镇（办）及区直相关部门负责人陪同下，到中心城区高速公路出入口调研3条道路的修缮整治及景观提升和创文工作。

是日　上午，“善美韶关，风采浈江”2017浈江区创文宣传暨送戏进社区文艺演出在辖区曲江园社区广场举行。

31 日　上午，市长殷焕明率领市政府秘书长朱裕华、区长曾清兰及市教育局、市财政局、市妇联等部门负责人，到犁市镇中心小学开展六一国际儿童节慰问活动。

6　月

1 日　浈江区召开学习贯彻省第十二次党代会精神专题会议，市政协副主席、区委书记刘清生，区委副书记、区长曾清兰等区四套班子成员，区法、检“两长”，各镇（办）、区直各部门主要负责人参加会议。

2 日　下午，浈江区组织召开迎接全省脱贫攻坚巡查动员会，市政协副主席、区委书记刘清生参加会议并提出具体要求，区委副书记、区长曾清兰主持会议，副区长张爱军、各相关单位主要负责人和分管领导、驻村干部参加会议，会议传达全市迎接省脱贫攻坚巡查工作会议精神，部署全区迎检工作。

4 日　下午，浈江区图书馆集合志愿者、家长、学生代表和社会爱心人士等60余人，共同举办“同读一本书”活动启动仪式，此次活动收到捐赠书籍1600多册。

10 日　上午，2017年浈江区“6·9”国际档案日集中宣传暨创文演出活动在辖区启明北全民健身广场举行。活动举办专题展览，派发“寻找我们共同的记忆”宣传册、“家的档案·家的记忆”宣传海报、家庭档案宣传单、市和区馆藏档案介绍、档案法律法规宣传等宣传资料2000多册（张）。

14 日　区委副书记、区长曾清兰率领副区长彭荣华、张爱军和区教育局、区扶贫办有关部门负责人，到犁市镇大村村等地围绕教育创先和扶贫攻坚专题开展调研活动。

15 日　上午，浈江区61家麦点商城加盟商代表到乐园镇上坝村和车站街道办事处开展爱心扶贫捐赠活动，为23户贫困户捐赠价值2.62万元的物资。

是日　东莞市寮步镇委副书记、镇长谢卫东率领寮步镇工商联（商会）一行46人到浈江区产业园实地考察，并召开座谈会，向该区捐赠15万元作为“6·30”广东扶贫济困日专项扶贫资金。

16 日　浈江区在市海关放生平台开展“增殖水生物资源，促进生态文明建设”主题增殖放流活动，该次放流的鱼苗包括草鱼、鳙鱼、鲢鱼、鲫鱼、青鱼、广东鲂8类品种105万尾，总价值约15万元。放流鱼苗经抽检后均通过种质质量技术鉴定和检疫，符合放流标准要求。

27 日　浈江区召开全区农村土地承包经营权确权登记颁证工作推进会，市政协副主席、区委书记刘清生，区委副书记、区长曾清兰，副区长张爱军等区领导，区直有关部门、各镇村相关负责人参加会议。

是日　省文化厅厅长方健宏率领调研组一行在区委副书记、区长曾清兰的陪同下，到金色江湾社区综合性文化服务中心调研指导文化工作。

28 日　浈江区在辖区启明北全民健身广场举办“善美韶关·风采浈江”系列文化活动之“我为党旗添光彩”主题文艺演出。

2017 年 6 月 28 日，浈江区庆祝中国共产党建党九十六周年文艺晚会在辖区启明路全民健身广场举行 （区委宣传部 供）

是日 浈江区举办新任村居党支部书记培训班，全区 48 名新上任的村党支部书记参加培训，培训内容有党建业务知识，村日常工作实务培训等。

7 月

1 日 上午，浈江区举办“善美韶关风采浈江”创文主题宣传暨寻找“最美浈江志愿者”启动仪式，现场设立创文体验区、减防灾活动区、公益项目区、禁毒宣传区、爱心义卖区、舞台表演区等 8 个项目区。

4 日 浈江区行政服务中心新办事大厅正式揭牌启用，市政协副主席、区委书记刘清生等参加揭牌仪式。

5 日 下午，浈江区举办工会系统经审干部培训班，区直各部门、产业园、教育系统、各镇（办）工会、基层单位的工会主席及经审人员约 130 人参加培训。

7 日 市委常委、宣传部部长柳琛子到浈江区督导创文工作，并开展入户宣传创文知识活动。

11 日 浈江区召开重点项目征地拆迁暨依法打击抢搭抢建抢种工作会议，研究部署全区征地拆迁工作，区委副书记、区长曾清兰等区领导，各镇（办）、区直有关单位主要负责人以及各村支部书记、村委会主任参加会议。

是日 浈江区 2017 年“科技新生活，科普创未来”科普知识进村居活动在良村举行，主要宣传科学养生、应急避险、防震减灾等科普知识。

12 日 浈江区第九届人大常委会召开第五次会议，区第九届人大常委会组成人员出席会议，区政府、法院、检察院有关领导，各镇人大专职主席、各街（办）人大工委会主任以及社会监督员列席会议。会议听取和审议浈江区政府《关于 2016 年度财政决算（草案）的报告》和《关于 2016 年度本级预算执行和其他财政收支的审计工作报告》。

2017 年 7 月 11 日，浈江区召开重点项目征地拆迁暨依法打击抢搭抢建抢种工作会议 （区委宣传部 供）

是日 市委常委、常务副市长朱余旺到浈江区开展“回头看”创文督导，实地检查浈江区文化街卫生、工人文化宫广告牌整改、四防装置的安装维护、吾牙巷居民楼墙体维护等情况。

21—22 日 浈江区学生毽球健儿在韶关市第十五届青少年运动会学校体育组毽球竞赛暨韶关市第二十二届中小学生英东杯毽球竞赛上，获得初中男子组、初中女子组、小学男子组、小学女子组四个组别的第一名。

25 日 区委副书记、区长曾清兰率领区政府相关领导、区教育局、区国土局、区安监局、区财政局等部门负责人，到长乐中心小学、第七中学、浈江小学实地查看地质灾害安全隐患情况。

28 日 浈江区人大代表暖心驿站在风采街道环园路社区正式启动，暖心驿站的设立将拓展该区人大代表为人民群众服务的新途径，市人大常委会副主任陈曦，市政协副主席、区委书记刘清生等领导出席启动仪式。

31 日 浈江区召开区委中心组理论学习（扩大）会议，学习贯彻市委十二届四次全会精神，研究部署贯彻落实工作，市政协副主席、区委书记刘清生出席并主持会议。

8　月

3 日　区委副书记、区长曾清兰带领区委常委、常务副区长黄祖平，副区长彭荣华以及区经信、住建、发改、财政等部门负责人到浈江区产业园区调研，并召开产业共建工作推进会。

4 日　浈江区启动农村实用人才升级代换“千人计划”培训，培训班按照骨干班、管理班、大众班分期授课，培训对象包括农村实用养殖带头人、农村实用种植带头人，农村经纪人、管理人，农村实用养殖人和种植人等 1000 人。

2017 年 8 月 4 日，浈江区启动农村实用人才升级代换“千人计划”培训　（区委宣传部　供）

5 日　上午，省文化厅评估检查专家一行在市文新局领导的陪同下到区图书馆实地评估，听取区图书馆的工作汇报，实地考察馆内建设。

9 日　省纪委党风政风监督室副处级纪检监察员付维国和王轩一行在市纪委常委潘美婷、党风政风监督室负责人等领导陪同下，到浈江区检查开展督办直查违纪违法问题线索工作情况，区委副书记庄强等相关负责人参加迎检工作汇报会议。

10 日　浈江区组织区文化新闻出版、公安、工商等部门开展“扫黄打非”专项检查行动，检查组一行先后到长乐市场、站南路批发街、通天坡市场等地，重点检查整顿书店、音像店等相关商铺，查看商铺是否存在销售盗版、淫秽等非法出版物和音像资料的行为。

13 日　韶关市“专业社工、全民义工”试点项目启动仪式在车站街道职工一区举行，市政协副主席、区委书记刘清生，市民政局局长邢丽出席试点项目启动仪式，并为该项目揭牌。

16 日　11 时 50 分，浈江区大陂村一仓库发生火灾，浈江区公安、消防等部门及时疏散周围群众并展开灭火行动，该区党政主要领导，市公安、消防、安监等部门领导第一时间到现场指挥处置；14 时，火灾被扑灭，由于处置及时得力，火灾未造成人员伤亡和较大财产损失（初步估算财产损失为 10 余万元）；16 时，浈江区召开紧急会议，再次部署开展新一轮安全生产和消防安全隐患专项行动，深刻分析和反省工作中存在的漏洞和不足。

18 日　由省农业厅总农艺师陆国煌、农机化办主任陈楚楷、农机化办副调研员梁晓明、农机化办主任科员胡兵文组成的督导组一行 4 人到浈江区检查指导农村土地承包经营权确权登记颁证工作。

22 日　浈江区召开创文工作第五次联席会议，区委副书记、区长曾清兰，区相关领导，各镇（办）及相关单位负责人参加会议。

是日　市、区两级人大代表到浈江区视察原曲仁矿棚户区居民安置房建设进展情况，市住建局、市代建局相关负责人，区相关领导、区棚改办主要负责人陪同视察。

28 日　浈江区东鹏幼儿园举行开园揭牌仪式，该园占地面积 5700 多平方米，12 个教学班，可容纳 360 名幼儿，180 名新招幼儿正式入园。

31 日　浈江区召开第九届人大常委会第六次会议，区第九届人大常委会组成人员出席会议，区政府、区法院、区检察院、区财政局、区发改局有关负责人，各镇人大专职主席、各街（办）人大工委主任以及社会监督员列席会议，会议听取和审议《浈江区人民法院执行工作情况报告》和《浈江区人民政府 2017 年上半年财政预算执行情况的报告》。

是月　浈江区被国家体育总局授予“2013—2016 年度全国群众体育先进单位”称号。

9　月

7 日　上午，浈江区四套班子成员分 4 个教师慰问组，分别到黄金村中心小学、建国幼儿园、花坪镇中心幼儿园、风采实验学校、黄岗小学、执信幼儿园和韶冶实验学校开展教师慰问，慰问任教 35

年以上的乡村教师58人，慰问任劳任怨带病坚持工作的教师62人。

15日 浈江区组织农机、交警、农业部门开展变形拖拉机道路交通安全联合执法行动，排查拖拉机10台，出动执法人员7人次，查处超载变型拖拉机2台。

是日 浈江区举办2017年“大众创业、万众创新”科技培训讲座，区直有关单位负责人、韶关学院和广东松山职业技术学院部分师生约200人参加培训。

18日 区行政服务中心组织全区26个单位在市政府办公楼13楼信息中心培训室开展“一门一网式”综合信息平台第二期窗口受理及业务审批人员培训，培训内容包括业务流程介绍、业务受理、业务审批、窗口出件等，授课重点讲解了受理系统和审批系统的基本操作。

2017年9月22日，浈江区禁毒教育基地揭牌仪式在浈江区德育基地举行

（区委宣传部 供）

22日 浈江区禁毒办在浈江区德育基地举行区禁毒教育基地揭牌仪式，浈江区副区长、区禁毒办主任、区公安分局局长肖景，区教育局局长吕德基为基地揭牌并讲话，区妇联、浈江公安分局、区法院、区检察院、区司法局、团区委等部门领导，浈江区德育基地教官、老师以及约500名学生代表参加揭牌仪式。

24日 上午，区司法局和区普法办联合韶关市司法局、韶关市律师协会、韶关市普法办在浈江区鑫金汇红星美凯龙广场大厅开展“文明法治，善美韶关”“9·25”全国律师宣传日暨“法律进企业”法治宣传活动。

25日 浈江区举办2017年交通安全管理及校车安全培训班。重点讲授校园交通安全教育、《校车安全管理条例》、校车交通事故应急处理及演练、校车服务职业道德与法律意识、校车优质服务规范等。

29日 浈江区举办“习近平总书记重要批示精神进基层”主题宣讲活动，宣讲会邀请市委党校党建教研室主任、副教授田千山作宣讲。

30日 韶关军分区政治委员郭伟建到浈江区慰问拥军家属。

10 月

4日 浈江区2017年中秋节“天涯共此时”室外音乐会在百年东街婚庆广场举行。

12日 省人大常委会副主任徐少华在区政协主席谭雪华的陪同下，到乐园镇城市居家养老服务中心调研。

16日 浈江区召开全面推行河长制暨深化小型水利工程管理体制改革工作会议，区相关领导，各镇（办）分管负责人，区直有关成员单位负责人等出席会议。

17日 市委常委、副市长万卓培率领督导组在区委书记刘祥锋及区有关领导陪同下，先后到铣鸡坑污水处理厂、绿建住宅工业有限公司、浩川粮油加工储备有限公司，督导产业共建项目推进工作。

是日 副市长许志新率领市委市政府督查室、市农业局、市环保局相关部门负责人到浈江区开展畜禽养殖禁养区清理工作实地督查，区委副书记、区长曾清兰，副区长张爱军及相关镇和区直单位负责人参加督查汇报会。

18日 浈江区委组织全区党员、干部和群众收看习近平总书记在中国共产党第十九次全国代表大会上的报告。

是日 区委书记刘祥锋在区委常委、区委办主任谢林茂等陪同下，先后到十里亭镇、风采街道办事处、浈江公安分局调研综治信访维稳工作。

21日 上午，区委书记刘祥锋在区委常委、区委办主任谢林茂，区委常委、区委政法委书记刘锋等陪同下，到东河街道调研，区挂点东河街道的区政协主席黄德乔、副区长何艳霞、区人大常委会副主任刘伟光及东河街党政班子成员参加调研座谈会。

2017年10月23日，市委党校与区委党校建结对共建教育实践基地签约揭牌仪式在五里亭村委举行　（区委宣传部　供）

23日　市委党校与区委党建结对共建教育实践基地签约揭牌仪式在五里亭村委举行，双方签订共建协议，区委常委、组织部部长钟真为市委党校党建指导员颁发聘书。

是日　区委副书记、区长曾清兰在副区长张爱军的陪同下，率领由区政府办、住建局、农业局、扶贫办组成的督导组及相关镇（办）负责人，先后到犁市镇明弘生态园周边、群丰村城背村小组和犁市市场实地视察，现场督查督办丹霞山保护区和禁养区养殖场清理、农村人居环境整治“三清三拆”和农贸市场改造等工作。

25日　市政协副主席王德雄率领调研组一行在区相关领导和有关部门负责人的陪同下，先后走访智乐园托管中心、非童1班托管中心和龙威托管中心，并通过与中心负责人的交流，了解校外托管机构的运营状况、受托管学生数量和日常管理、相关证照办理以及各项安全工作等情况。

是日　省卫生计生委检查组一行在副区长何艳霞等相关负责人的陪同下，到东河街道开展现场数据评估调查工作。

30日　区委书记刘祥锋在相关单位负责人陪同下，到犁市镇群丰村调研农村人居环境整治暨精准扶贫工作。

是日　浈江区召开学习贯彻中共十九大精神大会，区四套班子成员及各单位负责人参加会议。

31日　区委书记刘祥锋在区委常委、区委办主任谢林茂等陪同下，到浈江产业园区企业韶关市中机重工锻压有限公司和润得丰公司调研。

11　月

1日　省工商联会员部部长闪洁率调研组在市工商联党组书记翁良方、区委有关领导、区工商联负责人以及企业代表的陪同下，到浈江区调研基层组织建设。

3日　浈江区召开基层综合性文化服务中心建设现场推进会，区委副书记、区长曾清兰等相关区领导出席会议，与会人员先后参观金凤坪村综合性文化服务中心、碧桂园南区综合性文化服务中心和金色江湾小区综合性文化服务中心。

6日　区委副书记、区长曾清兰一行先到犁市镇大村村实地调研农村人居生态环境综合整治工作情况，后到广东友丰油茶科技有限公司，实地调研精准扶贫工作，详细了解各扶贫项目的规划设计、工作进展等情况。

10日　下午，副市长李欣率队到浈江区五里亭大桥东桥头、良村桥、风采桥和北江桥东桥头路段以及火车东站广场等地实地查看，调研内容涉及拆除违建与户外广告牌、“三线”（城区上空的片线、网线、有线电视）整治、“六乱”（乱摆卖、乱搭建、乱堆放、乱张贴、乱拉挂、乱涂写）整治、环境卫生整治等市容市貌重点整治项目。

11日　由区文化新闻出版局主办，区文化馆、韶关市舞蹈家协会承办的2017年浈江区第一届“百姓健康舞”比赛在辖区启明健身广场举行，全区18个参赛团参加比赛，其中春之韵舞蹈社团凭借舞蹈作品《送郎当红军》获得冠军。

15日　区食药监局组织召开风度名城省级食品安全示范街创建工作推进会议，30多家食品经营单位负责人参加会议。

是日　区委书记刘祥锋在区四套班子有关领导的陪同下，到智汇小镇、黄金小镇等重点项目调研，重点了解鑫金汇财富中心项目、招商进程、工程进度和黄金小镇项目建设筹备及智汇小镇项目进展情况。

17日　车站街道办事处举行社区戒毒（康复）工作站揭牌仪式，该工作站占地总面积约120平方米，内设有日常办公区、宣传展示区、心理咨询室、现场尿检室和档案管理室等功能区域，对辖区在册吸毒人员进行跟踪服务，指导开展戒毒康复治疗，帮助戒毒人员戒除毒瘾，回归正常生活。

2017 年 11 月 17 日，浈江区车站办社区戒毒（康复）工作站揭牌　　（区委宣传部　供）

是日　下午，由广东省文化厅主办，区文化馆、羊城晚报承办的 2017 年广东省文化厅公共文化服务——三百工程惠民讲座在鑫金汇三楼路演中心举行，邀请广东省文化馆创作部主任陈才主持讲解，全区各镇（办）、社区、村委负责人及文化站站长 160 名人员参加讲座。

22 日　上午，区人大常委会副主任张玉花率领区人大代表一行在犁市镇党委书记、人大主席罗奕文等陪同下，到区高标准基本农田建设犁市镇黄水村、黄竹村项目施工现场检查督导。

23 日　浈江区召开畜禽养殖禁养区养殖场清理工作现场督导会，区委副书记、区长曾清兰等区领导以及区直有关部门负责人出席会议。

24 日　浈江区召开学习贯彻中共十九大精神宣讲报告会，区委书记刘祥锋，区委副书记、区长曾清兰等区四套班子成员，区法检两长，区直及驻区各单位班子成员，各镇（办）党政班子成员，区政府机关干部参加报告会，邀请市委党校政治学副教授赵倩倩作宣讲报告。

26 日　区委政法委、浈江公安分局、区文新局在市区中山公园联合举办“共同建设幸福家园，携手创建平安浈江”暨警营开放日宣传活动。

28 日　浈江区举办领导干部学习贯彻中共十九大精神专题培训班，市委党校副校长杨斌教授作题为《新时代、新思想、新征程》的专题宣讲报告，会议组织与会人员学习观看《不忘初心，继续前行》和十九大专题教育宣传片。

是日　省委政法委七处副处长胡文辉、省教育厅安保处调研员郑建辉带省综治委校园及周边治安综合治理专项组一行在区委常委、区委政法委书记刘锋等陪同下，到浈江区检查平安校园创建工作。

29 日　区发改局、区住建局组成联合检查组一行抽查辖区内的房地产开发企业在售楼盘的商品房销售价格行为，重点检查商品房销售过程中是否明码标价，是否按规定实行“一套一标”等问题。

30 日　上午，2017 年产业项目集中动工仪式（浈江分会场）在韶关市绿建住宅工业有限公司项目地块举行，浈江分会场集中动工的 4 个项目分别有韶关市绿建住宅工业有限公司、韶关市浩川成品粮油加工储备有限公司、韶关市高信塑胶有限公司、韶关市京南商贸有限公司，总投资 4.88 亿元。

12　月

4 日　上午，2017 年“12·4”国家宪法日暨“法治韶关宣传教育周”大型系列法治宣传活动在百年东街中山广场举行。

5 日　浈江区人民医院挂牌仪式在韶关市铁路医院举行，韶关市铁路医院正式加挂“浈江区人民医院”牌匾。

是日　浈江区开展国际志愿者日骑行活动，来自韶关行政机关、企事业单位、各个社团的 100 多名青年和学校师生志愿者组成“志愿服务宣传使者”骑行队，骑着统一安装创文宣传旗帜的共享单车，从韶关中山公园广场出发，环海关沿线骑行。

6 日　浈江区城市居家养老服务暨十里亭镇城市居家养老服务中心正式运营启动。区委副书记、区长曾清兰等区领导，各镇（办）分管城市居家养老服务的分管领导以及社会组织、各界公益人士参加启动仪式。

6—8 日　区行政服务中心组织全区 24 个单位在市政府 13 楼信息中心培训室开展广东省网上办事大厅事项目录管理系统区级公共服务事项标准化工作培训。

12 日　市人大常委会副主任邓小杰带队在区相关领导的陪同下，到浈江区开展城镇困难职工入户调查。

是日　区委副书记、区长曾清兰等领导分组率领公安、消防、城管、经信、工商等有关部门负责人到粤华市场、水果批发市场、莲花山油库和市日兴烟花爆竹仓库等地开展全区安全生产和冬春火灾防控大检查。

是日　市关工委主任李石保在区委书记刘祥锋及相关负责人的陪同下，到浈江区调研关心下一代工作。

2017年12月13日，中共韶关市浈江区第九届委员会第四次全体会议召开

（区委宣传部　供）

13日　中共韶关市浈江区第九届委员会第四次全体会议召开，会议审议通过《中共韶关市浈江区关于坚持以习近平新时代中国特色社会主义思想为指引推动浈江区振兴发展的决定》和《中国共产党韶关市浈江区第九届委员会第四次全体会议决议》。

14日　上午，区委副书记、区长曾清兰率队到广州参加2017年“广韶合作·产业共建”韶关（广州）招商推介会。

18日　浈江区委召开九届二十次常委会（扩大）会议，研究部署岁末年初安全生产和消防安全工作，区委书记刘祥锋，区委副书记、区长曾清兰出席会议。

是日　经过评委评定、社会调查、职能部门审核等程序选出10名浈江区首届道德模范人员，其中第一类“敬业奉献”7人，第二类“助人为乐”2人，第三类“孝老爱亲”1人。

19日　省级民主法治村（社区）第三核查组在区委常委、政法委书记刘锋等相关负责人的陪同下，到浈江区检查民主法治村（社区）创建工作，并召开2017年省“民主法治社区”创建抽查审核汇报会。

是日　省统计局党组书记、副局长陈向新带队在市委常委、常务副市长朱余旺，区委书记刘祥锋等陪同下，到浈江区调研城市提升项目进展情况。

20日　市河长制办公室派出市级验收工作组通过察看现场、查验资料、召开会议相结合的方式，了解浈江区推行河长制工作完成情况、制度建设和措施落实情况，并针对存在的问题提出整改措施及有关建议。

21日　区委书记刘祥锋带队到广州天适集团开展招商引资工作，考察“樱花特色小镇”项目，考察组一行先后参观考察广东联结电子商务有限公司、一高集团和广州天适集团，听取广州天适集团计划在浈江区投资开发“樱花特色小镇”的有关情况介绍。

23日　浈江区举行“金色江湾·健康驿站”项目启动仪式，区卫计局主要负责人与东河社区卫生服务中心负责人一同为健康驿站揭牌，宣布项目正式启动。

24日　晚上，由区委宣传部、区文化新闻出版局主办的浈江区2017年文艺精品创作汇报演出在辖区启明北健身广场举行。

是日　下午，浈江区社区矫正中心举行揭牌仪式，该中心投资近80万元兴建，使用面积400多平方米，内设报到室、矫正宣告室、远程视频帮教会见室、监控指挥室、教育培训室、心理矫治室、警务检察室、档案室、工作室9个功能室。

26日　省综治创平考评组在区委书记刘祥锋，区委常委、政法委书刘锋等有关负责人的陪同下，到区教育局、公安分局、行政服务中心法援大厅、东升村社区等地检查2017年度综治、法治建设工作情况。

27日　市委常委、宣传部部长柳琛子在区委常委、宣传部部长宋宇林等相关领导的陪同下，到浈江区检查督导创文整治提升工作。

28日　上午，省政府地方志办主任、党组书记陈华康一行在市政府地方志办领导，区委常委、区政府常务副区长黄祖平，副区长何艳霞等陪同下，到浈江区检查督导地方志工作。

是日　浈江区召开深化监察体制改革试点工作领导小组办公室第二次会议，总结分析区监察体制改革试点工作进展情况。

浈江区深入学习贯彻中共十九大精神

【概况】　2017年10月18日，中国共产党第十九次全国代表大会在北京召开，习近平代表第十八届中央委员会向大会作了题为《决胜全面建成小康社会夺取新时代中国特色社会主义伟大胜利》的报告。中共十九大于10月24日圆满闭幕后，省委、市委分别召开传达贯彻中共十九大精神大会。10月30日，浈江区召开全区传达贯彻中共十九大精神大会，传达中共十九大会议精神，迅速掀起中共十九大精神学习热潮；11月2日，召开区委常委会，研究讨论浈江区学习宣传贯彻中共十九大精神工作方案，部署学习宣传贯彻中共十九大精神有关工作。

【加强组织领导】　2017年，浈江区委要求全区各级党组织加强领导、精心组织，周密部署、创新方式，统筹安排好本地本部门学习宣传贯彻工作，使中共十九大精神在广大党员干部群众中深入人心。

加强领导，落实部门责任　浈江区各级党组织加强组织领导，高度重视中共十九大精神宣传工作，结合该地区该部门该单位实际，制定学习宣传贯彻方案，提出具体工作要求，落实学习责任。区各级党组织书记亲自抓，分管领导具体抓，形成一级抓一级、层层抓落实的学习贯彻机制。各级党组织按照中央、省委、市委和区委有关要求，第一时间通过召开党委（党组）会议、党支部会议、专题民主生活会等形式，认真组织学习宣传贯彻中共十九大精神，研究贯彻落实意见，并结合实际制定具体工作措施。区委组织部门将学习宣传贯彻中共十九大精神与干部教育培训工作、加强领导班子建设和基层党组织建设结合起来，作为“两学一做”学习教育常态化制度化的重要内容。区纪检部门把中共十九大报告对反腐倡廉的要求作为党风党纪教育的重要内容。

精心组织，把握大会精髓　区四套班子领导到所挂点各镇（办）、区直及驻区各单位带头组织学习，各镇（办）班子成员到各自联系挂点村（社区）带头组织学习。以专题研讨和集中培训为主要形式，结合党委（党组）理论学习中心组学习会、学习论坛、专题组织生活会等形式认真开展学习。及时组织开展“学报告、学党章”系列考学活动，对科级以上干部的学习情况进行测评。将中共十九大精神作为重要课程，纳入基层党支部书记集中轮训工作。组织偏远地区农村党员、离退休党员干部开展学习，使学习教育实现全覆盖。工会、共青团、妇联等群团组织针对不同群众的特点，举办各具特色的学习教育活动，实现全员覆盖，不断深化对中共十九大精神的理解和把握。

广泛宣传，营造浓厚氛围　区宣传部门组织宣讲团深入各级各单位和基层党组织广泛宣讲，用老百姓听得懂、接地气的语言，推动中共十九大精神进企业、进农村、进机关、进校园、进社区。充分运用新媒体平台，围绕学习贯彻落实中共十九大精神开展具有网络特点的宣传报道。加大“两微一端”推送力度，积极运用新技术制作媒体产品，通过微博、微信、移动客户端等新媒体平台做好全方位立体化报道。组织开展好学习中共十九大精神网上知识竞赛活动，营造学习宣传贯彻中共十九大精神的浓厚氛围。面向基层编制生动活泼的宣传画、宣传栏和标语，编写相关学习宣讲材料，制作相关宣传片，突出宣传一批基层一线贯彻落实中共十九大精神的先进典型，切实增强宣传实效和影响力。面向社会加强宣传各镇（办）、区直及驻区各单位学习贯彻中共十九大精神的具体措施和新进展、新成效，把学习贯彻活动不断引向深入，在浈江区迅速掀起中共十九大精神学习热潮，使中共十九大精神家喻户晓、深入人心。

【抓好贯彻落实】 2017年，浈江区各级党组织以中共十九大精神为统领，切实把思想和行动统一到中共十九大精神上来，把智慧和力量凝聚到落实中共十九大提出的各项任务上来，全面深化攻坚、决胜全面小康，让中共十九大精神在浈江落地生根、开花结果，重点抓好九个方面工作。

实施主动融入珠三角战略，加快浈江振兴发展，全力抓好产业发展 以东莞市寮步镇全面对口帮扶浈江区为契机，充分发挥对口帮扶的引领作用，发挥产业园区的平台作用，推进跨区域合作，打造好产业共建平台。深化区域招商机制，积极引进和培育符合浈江实际、符合产业发展方向、符合环保要求的项目，推动东莞企业在产业共建中发挥引领作用。深化供给侧结构性改革，加快转变经济发展方式，推动浈江区传统的铸造、有色金属、机械装备等产业转型升级，力促企业增产增效；切实抓好城市提升。结合城市三年提升计划和创文攻坚行动，加快聆韶路建设、农贸市场改造、垃圾转运站升级改造、市容市貌整治、韶关东站环境提升、社区公园和街头绿地、广场等工程项目的建设进度，营造卫生整洁、规范有序的宜居宜商发展环境。加快棚户区配套设施建设，加快完成原曲仁矿棚改住户的签约入住工作，让棚改安置户生活有序、安全、稳定；加快城市经济发展。着力推进莲花大道二期项目征地拆迁工作，完善周边配套设施，积极推进面积达5.25平方千米的韶关首个特色小镇——黄金小镇建设，将黄金小镇打造成为韶关人才聚集新高地、创新驱动发展大平台、城市经济发展新引擎。着力改善县域发展基础条件，加快粤华电力、华南农产品交易中心、阿里巴巴农村淘宝等项目建设进度。抓住关键难点，促进“四上”企业培育发展，重点做好鑫金汇、红星美凯龙等企业上规上限培育工作；积极做好专利、企业工程技术研究开发中心、高新技术企业的培育和申报工作。推行“马上办”“跑一次”“零见面”服务模式，深化“放管服”改革、商事制度改革，加快推动“一门式一网式”政务模式改革，全面优化营商环境。

实施乡村振兴战略，大力推进“三农”工作，大力实施精准扶贫工作 主动对接东莞帮扶单位，抓好脱贫攻坚帮扶项目落实，加快东莞青少年教育实践基地建设进度，积极引导友丰等农业龙头企业通过在犁市镇贫困村大村建设油茶园、葡萄园种植基地，鼓励新能源企业在花坪、犁市镇等贫困村建立光伏产业基地等产业帮扶的形式，参与精准扶贫。充分挖掘社会扶贫力量，通过产业、技能、金融、电商等多种扶贫方式，确保完成2017年精准脱贫任务；着力转变农业发展方式。完善农村土地所有权、承包权、经营权分置，促进农业规模化发展。充分发挥农业龙头企业的带动作用，以万亩茶花森林公园为示范点，打造农民致富基地、扶贫开发产业基地和青少年教育基地，使其成为农民脱贫致富和农村经济新的增长点。加快推进农村淘宝项目，解决农副产品买难、卖难问题。坚持市场需求导向，大力发展农副产品深加工，提高农产品附加值，增加农民收入；积极推进农村环境综合整治。大力开展农村人居环境综合整治工作，确保今年率先实现“四个100%”。把农村人居环境综合整治、新农村建设和精准扶贫工作结合起来，优化资源配置，补齐农村基础设施短板，提高农民生活质量。

践行绿色发展理念，加快生态文明建设，大力发展生态经济 因势利导，把生态优势转为发展优势，大力发展生态工业、生态农业，构建经济效益与生态效益有机统一的可持续发展格局，不断增强发展后劲。严格落实环保底线，全面执行国家能耗和环保标准，加大对浈江区重点用能企业的监管力度，建立预警调控机制。加快产业园污水处理厂建设及相关配套排污管网建设。以服务韶关大旅游为目的，结合全市实施的大丹霞开发战略，围绕丹霞山南大门、西南门的规划设计，培育极具浈江特色的旅游配套服务业；扎实开展绿化行动。进一步巩固封山育林成果，继续抓好抚育补植工作，对往年种植的林带及碳汇林进行全面抚育和补植；强化环保专项整治。牢固树立“绿水青山也是金山银山”的观念，严守资源消耗上限、环境质量底线、生态保护红线。执行最严格的环境、耕地、水资源等保护制度，及时、有效整改存在问题。强化执法力

度，采取巡查和群众举报相结合的方法，严厉打击失火烧山、乱砍滥伐林木、盗采矿产资源、围猎野生保护动物等违法行为。

提升文化软实力，加强文化浈江建设，大力开展文明创建活动 以创建全国文明城市为契机，继续深入开展文明镇街、文明村居、文明校园、文明企业、文明家庭等创建活动，以文“化”人，以文“育”人，全面提升全民道德素质。动员社会各界广泛参与家庭文明建设，推动形成爱国爱家、相亲相爱、向上向善、共建共享的社会主义家庭文明新风尚；加快推进文化设施建设。重点加强区文化馆、镇（办）文化站、乡村农家书屋等配套设施建设，促进公共文化服务标准化、均等化发展，形成以区文化馆、区图书馆为总馆，各镇（办）综合文化站为分馆，各村（社区）文化室为网点的总分馆体系；繁荣发展文化事业和文化产业。继续开展“一月一演”“邻里聚”“划龙舟”等文化活动，形成积极健康、多姿多彩的社会文化形态。加大文物和非物质文化遗产保护力度，深入挖掘浈江丰厚的历史文化、民俗文化，重点加强对犁市当铺（朱德旧居）等项目的保护修缮，打造红色旅游景点和传统文化教育基地，讲好“浈江故事”。加快推进文化与旅游产业的深度融合，打造文化旅游品牌。

不断强化社会保障水平，着力提升群众幸福指数，提高卫生计生水平 积极开展医疗卫生资源整合和布局调整，加快车站社区卫生服务中心迁建，做好棚户区医院二次装修和乐园镇卫生院标准化建设，推进十里亭镇卫生院搬迁，完成年度卫生站建设任务，推动优质医疗资源向基层倾斜，促进医疗卫生服务均等化。深化计划生育管理，扎实做好计划生育目标管理责任制；提升教育整体水平。加快市区教育资源的优化配置，提前谋划好韶州师范搬迁后，市区中小学和幼儿园的改扩建工作，扎实推进教育布局调整和资源整合，深化教育领域综合改革。推行中小学校长职级改革和教师“县聘校管”，提升教育整体水平；提升就业和社会保障工水平。完善就业创业服务体系，提高城乡居民收入；落实政府兜底保障责任，完善城乡综合性社会救助体系，大力发展社会福利和慈善事业，加强保障性住房的建设和供给，实施城镇困难职工解困工程，不断提高社会保障水平。

不断提升社会管理水平，努力构建和谐浈江，切实做好信访维稳工作 突出做好重点时段、重点群体、重点领域的维稳工作，通过排查矛盾纠纷、化解信访积案、稳控重点人员、落实领导包案等措施，有效解决影响社会稳定的突出问题；切实做好综治创平工作。紧紧围绕影响综治创平工作的各种突出问题，压实责任，狠补短板，迎头赶上。通过加强整改，全面提升区综治创平工作水平，确保在2017年省、市的年终考核中提升排名，确保按期完成“摘帽”目标，扭转综治创平工作的落后局面；深入推进社会治安综合治理。坚决打击严重暴力犯罪和侵财犯罪，切实提高群众安全感。加快建立立体化社会治安防控体系，推进“雪亮工程”建设，整合各类视频监控资源，推动城乡视频监控连接贯通，织密织牢公共安全网。积极推进县镇村三级综治中心建设，加快推进城乡社区“中心+网格化+信息化”工作。严格落实安全生产责任制，全力抓好消防安全、安全生产、食品药品监管等工作，促进全区经济社会平安和谐发展。

深化体制机制改革，释放改革发展活力，深化市区权责关系改革 继续抓好市区权责关系改革后续工作，重点解决城管、公安、国土等部门人员、经费、场地的相关问题。继续推进浈江产业园管理体制改革，促进园区加快发展；加快推进金融机制改革。着力增强政府理财生财能力，充分发挥浈江区鸿通城投公司融资作用，解决发展资金短缺问题，保障重点项目建设和民生支出。加大环保项目的融资力度，加快推进农村环境综合治理项目；扎实推进农村发展改革。突出抓好农村集体产权制度、经营制度、投融资体制、公共服务体系、社会治理体系等5大领域改革。深入推进农村金融模式改革，积极做好农业企业“政银保”入库工作。

加强民主政治建设，凝聚强大发展合力 充分发挥党委总揽全局、协调各方的领导核心作用，全力支持区人大依法监督、区政府依法行政、区政协民主监督。支持法院、检察院依法行使职权，积极稳妥推进司法改革，促进司法公正。加强党外知识分子队伍建设，做好民主党派、民族宗教、外事侨务等工作，充分发挥工会、共青团、妇联、侨联、文联、科协、残联等人民团体的桥梁纽带作用，调动一切积极因素，营造全区上下和衷共济、共谋发展的浓厚氛围。坚持抓好党管武装工作，加强国防动员和后备力量建设。加强党对基层群众自治制度

的领导，坚持和完善党务、政务、村务工作规范化制度，调动广大基层群众依靠制度、章程开展自我管理、自我服务、自我监督的积极性、主动性，切实保障基层群众依法行使选举权、知情权、参与权、监督权等民主权利，着力实现基层民主选举的公平性、民主决策的科学性、民主监督的广泛性。加强法治政府建设，扎实推进依法行政，严格规范公正文明执法。深化司法体制改革，全面落实司法责任制，努力让人民群众在每一个司法案件中感受到公平正义。

坚持从严治党，全面强化党的建设，加强思想作风建设 坚持党管干部原则，强化党组织的领导和把关作用，构建激励、约束和保障相结合的选人用人工作机制，营造“比学赶超，争先创优”的工作氛围，大力弘扬识大体顾大局之风、真抓实干之风、亲民爱民之风、清正廉洁之风；加强干部队伍建设。坚持用人与干事相结合，按照“忠诚、干净、担当”“讲规矩、守纪律、做表率”的好干部标准，优先推荐和提拔使用想干事的干部、有能力的干部、“马上办”的干部和敢于担当的干部；加强基层组织建设。认真落实基层党建工作责任制，把基层建设和基层治理结合起来，强化基层党组织的政治功能和服务功能，认真落实《党建工作责任制考核工作方案》，深入开展软弱涣散基层组织整顿和“两新”组织党建工作，充分发挥基层党组织领导核心作用，夯实党的基层基础；加强党风廉政建设。始终保持防腐败高压态势，严格落实中央八项规定精神，坚决纠正各种隐形、变异的“四风”问题，营造风清气正政治生态。加强廉政风险防控，加大党内法规制度执行力度，着力构建不敢腐、不能腐、不想腐的体制机制。（区委办）

浈江区全力打造“三型”党组织

【概况】 2017年，浈江区通过开展基层治理、“暖心走访”、基层书记任期目标承诺、业务能力培训、“互联网+党建”、软弱涣散党组织整顿、党建结对共建等工作，提升基层党组织的凝聚力、服务力、治理力，把农村基层党组织建设成堡垒型、服务型、规范型“三型”党组织。车站街道办事处在7个社区党支部相继成立“党群连心社”互助会，下设暖心服务队、便民服务队、创平巡逻队、文娱活动队、文明创建队5个志愿者服务分队，全年有35支志愿者服务分队，各队争先开展各类志愿服务1000多场次，受益群众60000余人次。东河街道办事处党工委着力将广大党员干部培养成“社区百事通（进百家门、知百家情、解百家难、暖百家心、和百家亲）”，开展“社区百事通活动”。挂点干部联系群众总人数6000多人次，当面接待人数918人次，分片走访1.28万户，上门慰问人数420人次，解决群众困难375项，处理问题283件。犁市镇群丰村为省定精准扶贫村、全年浈江区软弱涣散党组织，存在问题较多，犁市镇党委、政府采取各项措施，解决群丰村存在的问题。

【专项整治】 2017年，浈江区制定《2017年全区基层治理工作要点》，明确6方面27小项具体工作任务，专门召开基层治理工作推进会，部署治理工作，明确任务清单、工作任务和解决“时间表”，同时派出3个基层治理督导组每月开展督导检查。并从老百姓关注的热点、重点、难点入手，围绕涉农、涉环保等问题开展专项整治，妥善解决好土地管理、环境保护、被征地农民社保等问题。年内完成全区农村土地“三乱”问题摸查及专项整治和农村“三资”清产核资，建设基层公共服务平台87个，落实历史留用地59.87公顷，落实被征地农民养老保障资金5643.43万元。

【为民解难】 2017年，浈江区结合深入推进“两学一做”学习教育常态化制度化活动，开展“暖心走访”活动，要求区四套领导班子成员和各镇（办）领导班子成员每月定期走访贫困村和户、生产企业、困难群体。收集反映需要解决的实际问题，经过认真分析研判，找准对策，帮助群众解决实际问题。同时对收集和化解的各类问题进行及时回访，收集反馈意见。是年，全区开展暖心走访活动573次，其中走访慰问困难党员和老党员470人，送去慰问金25.13万元；走访贫困户629户，收集贫困户反映问题10个，解决问题9个；走访企业426家，收集意见建议45条，帮助企业解决实际问题36个。

【公开承诺】 2017年，滨江区在新一届村（社区）党组织书记中开展三年任期目标承诺，重点围绕党组织建设、经济发展、民主管理、农村稳定、为民服务等方面开展。并且要求各村（社区）“两委”成员要召开党员代表和村（居）民代表会议，在会上公开承诺。承诺事项通过党务、村务公开栏向党员和群众公开，接受群众监督和评判。为使任期目标公开承诺不流于形式，8月，滨江区委组织部会同区委宣传部集中对全区各村书记、主任进行现场采访拍摄，采访内容包括本村的基本情况，新一届“两委班子”的工作目标和任期内的承诺事项，制成加强基层党建，全面建成小康社会系列报道。此外，滨江区还建立村（社区）党组织书记抓基层党建工作责任清单，每年围绕落实党组织建设责任、班子建设责任、“三会一课”等党内组织生活制度责任、党员队伍建设责任、联系服务群众责任等方面明确目标任务，加强农村、社区基层党组织建设。

【加强培训】 2017年，滨江区针对新任村“两委”班子成员、公共服务平台工作人员、村第一支部书记等开展四轮培训，培训近1000人次，按照基层党组织“五强书记”的要求，滨江区重点突出对新当选的一批基层党组织书记的培训，找准组织要求、发展需求与学员个性需要的契合点，有的放矢、科学设置课程。采取“定制菜单”式培训方式，即区委组织部提前根据各村支部书记的培训需求进行“点菜”，承办单位根据“菜单”制定培训课程，紧紧围绕政策理论、业务素质、纪律法规等方面加强培训。8月开始，滨江区开展农村实用人才升级换代“千人计划”培训，有针对性地培养升级1000名以上农村实用人才，通过采取理论学习、讲座、实例分析、现场参观、研讨互动等教学方式，围绕特色农产品的生产、加工、销售等环节进行学习。

【创新治理手段】 2017年，滨江区通过“为村”平台，构建“互联网+党建”新模式，打造“智慧党建”，充分发挥互联网新媒体优势，以“互联网+党建”的模式，为基层连接情感、连接信息、连接财富、连接服务，着重将“为村”平台打造成集多种服务功能于一体的“智慧党建”新品牌。是年，全区5个镇7个村开展“为村”试点工作，试点成功后将在全区全面推广，实现“为村”平台与省市区党建网互通链接，开辟党建之家模块，设置两学一做、换届选举、学习教育、流动党支部等子模块，将“三会一课”搬到手机上，通过手机微信公众号、微信群等，让外出务工党员、流动党员也可以参与到组织生活中。通过“为村”项目的建设，以党建为引领，发挥基层党组织优势作用，抓实农村基层支部党建，全面推动“互联网+乡村党建”模式成型蜕变，实现“互联网+”基层党建、政务公开、社会治理、精准扶贫等服务全覆盖，形成立体的“智慧党建”网络新体系，为创建“三型”党组织加油助力。

【基层党组织软弱涣散整顿】 2017年，滨江区排查软弱涣散村党组织6个，采取“精准施策”推动软弱涣散党组织实现转化升级。安排6名区委常委挂点6个软弱涣散村党组织，问题最突出的软弱涣散村党组织由区委书记挂点，通过“一对一”的包点整顿，有效地帮助软弱涣散党组织谋划发展思路、协调解决突出问题。安排6个区直属单位“对口”帮扶6个软弱涣散村党组织，从帮扶单位选派2名干部支持整顿工作，其中1名担任驻村工作组组长兼“第一书记”，驻村开展整顿。此外，从区委组织部选派3名党建工作经验丰富的干部作为党建指导员，进行“面对面”的整顿。为实现“后进村”变“先进村”的目标，6名包点区领导指导和帮助6个软弱涣散村理清、谋划符合该村实际的发展思路，制定发展规划和工作计划，主动为6个软弱涣散村争取16个发展项目。区财政给每个软弱涣散村安排约5万元的整顿工作专项资金，用于帮助软弱涣散党组织发展村集体经济、完善阵地建设。

【党建结对共建】 2017年，滨江区委组织部与市委党校党建教研室达成共识，通过党建结对共建帮扶重难点村转化升级。双方制定方案，共同研究加强党建工作的办法措施，共同解决党建工作存在的突出问题。通过结对共建，努力实现“四个突破”，即在提高党员综合素质，发挥党员的先锋模范作用上取得突破；在加强党的基层组织建设，提高党的执政能力和执政水平上取得突破；在解决群众反映的突出问题，密切党群、干群关系上取得突破；在推动结对党组织各项工作有新成效上取得突破。

（根据《韶关日报》整理）

浈江区加大力度促进经济发展

【概况】 2017年，浈江区“撸起袖子加油干”，切实做好早谋划、早部署、早行动，积极发挥杠杆作用，引导区内经济发展，先后召开区委九届三次全会和区政府第一次全体会议，全面部署该区2017年经济社会工作任务，针对当前经济下行压力持续，各项工作任务繁重这一现实情况，要求全区上下统一思想，在“早”字上做文章，全力推进产业共建、城市提升和城市经济等各项中心工作，做到提振信心、明确重点、紧盯目标。与此同时，对该区各职能部门制定工作目标，细化任务要求。浈江区将一季度经济运行指标落实到该区各职能部门，要求各部门必须咬定目标，切实找准是年工作的发力点和切入点，确保一季度经济指标实现“开门红”。

【提升攻克难题水平】 2017年，浈江区要求各职能部门人员学好用好中央、省、市财税金融、宏观经济等政策，按照全年的重点工作清单，正确研判，不断提升破瓶颈攻重点克难题的能力水平，加快推进各项重点工作任务。其中，该区围绕明确的全区经济增长目标，还制定区四套班子领导挂点联系限上企业责任分工方案，确保完成3月份的指标任务。全面摸清该区重点企业运行情况，积极协调解决企业经营难点问题。将2016年产值（销售额）对经济发展指标起决定作用的企业，列为年度重点工作对象，按照全年度工作目标拟定年度、一季度企业增长目标指导性分工方案和领导挂点方案，做到逐一跟踪落实，力促重点企业的增产增效。通过企业综合数据采集系统，分析规下、限下企业生产经营情况，初步拟定一批上规、上限企业培育目标。利用“政企通”微信服务平台等渠道广泛开展上规上限宣传，为年度上规上限工作奠定了坚实基础。同时，深入重点企业开展调研，了解企业生产经营中的实际困难和问题，积极解决企业用工、资金方面的难题，引导企业参加人社部门组织的“南粤春暖”招聘会等活动，切实缓解企业用工难问题。

【部门协作促发展】 2017年，浈江区加强对税收收入的预测、估算和预警，强化重点税源监管。加强协税护税工作，确保税收不流失。加强非税收入征收管理，确保各项收入应收尽收。针对全区经济运行状况，浈江区直面“营改增”政策的巨大压力，全面提升征管质效和纳服质量，牢牢把握组织收入工作的主动权。继续加强区国地税业务交流，梳理“营改增”以来两局征管衔接方面的问题，保障增值税附加税足额征收。

【推进产业共建】 2017年，浈江区在招商引资中寻找突破口，开展“走出去”招商引资。2月9日，浈江区委主要领导带队先后走访了广钢集团、广东中烟公司，推动新伟金属与广钢的合作以及加快韶关中烟物流项目建设；2月20日，浈江区党政主要领导带领产业园、经信等职能部门，主动对接东莞寮步镇，深入开展项目对接、产业共建，形成良好的工作机制。此外，浈江区还主动与市规划局、国土局、经信局、商务局等部门沟通联系，做好服务工作，大力推动粤胜公司汽贸城和国际大酒店项目、华兴水泥厂混凝土搅拌站等在谈项目落地，争取招商项目建成运营。

【培育新的经济增长点】 2017年，浈江区重点推进总投资37亿元的粤华电力、总投资18亿元的智慧螺丝城等带动能力强的34个重点项目建设，增强经济发展后劲。该区要求各职能部门从实际出发，利用一切有利条件，调动一切积极因素，精心组织项目，努力扩大投资。同时，要求各职能部门加强与统计部门协调配合，将属地范围所有项目无一遗漏地纳入投资统计。要求各职能部门转变作风，实行“一把手”负责制，狠抓工作落实。对年内投资进度缓慢的项目，要查找问题原因，研究解决方案，排除建设障碍。此外，要求各项目责任单位要按照区督办方案，完成项目投资情况的专项督查、督办。浈江区还建立信息共享机制，定期组织召开项目调度会议，做到应统项目不重不漏。该区做好重点项目涉及的用地预审、规划审查等服务保障，开展土地利用总体规划中期评估修改作；做好重大项目用地报批和征地服务，确保重点工程和基础设施项目用地需求。浈江区加强对粤华电力跟踪服务，确保上半年点火运行；强化国润异地扩建、烟叶复烤技术改造等项目的跟踪服务，确保年内鑫金汇财富中心、红星美凯龙等企业实现上限目标；加快华南农产品交易中心、农村淘宝等项目建设进度，为商贸经济发展注入新动力。

2017年10月11日，浈江区召开重点项目建设督导工作会议　　（区委宣传部　供）

【重点项目建设】　国粤集团韶关综合利用发电新建项目广东国粤韶关综合利用发电新建项目是广东省“十二五”重点能源建设项目、韶关市“十二五”重点项目。该项目总投资36.6亿元，将建成2×350兆瓦循环流化床煤矸石超临界发电机组及相应公用设施，项目工程建5月建成投产。

韶关市华兴水泥实业有限公司　2016年9月28日，韶关市华兴水泥实业有限公司试产，2017年生产水泥20万吨，产值5000万元。

2014年以前，该公司是立窑水泥生产工艺，水泥产能为10万吨/年。2015年3月，公司进行技术改造和转型升级，经省发改委批准同意建设年产80万吨的水泥粉磨站。经过一年的投资建设，投资8000多万元，建成投产环保、节能的年产80万吨粉磨站工艺生产线。该公司计划投资8000万元建设一个混凝土搅拌站，主要服务于东环线、特钢产业园、华南农产品交易中心等重点项目。水泥粉磨站和混凝土搅拌站投产后，年产值将超4亿元，创税超2000万元。

韶关烟叶复烤厂扩建项目　广东韶关烟叶复烤有限公司“十二五”技术改造项目，于2015年5月获得国家烟草专卖局批复，该项目批复总投资为34685万元，所需资金由中国烟草总公司注资及公司各股东按股权比例出资。2015年12月28日，该项目通过初步设计审查，调整建设内容和投资概算，新建打叶复烤联合工房18709平方米、新建锅炉房330平方米、新建原烟库7452平方米、原有厂房改造8772平方米，配套建设室外管线、道路、广场等设施；对打叶复烤生产线进行整体技术升级改造，配置一条6000千克/小时打叶复烤生产线及配套的物流仓储设备。该项目配套升级电控等系统，配套建设锅炉等公用动力设施和消防等设施，完善工艺质量检验设备。形成年处理原烟1.5万吨，1500万公斤的生产规模。

华南农产品交易中心项目　2014年通过招商引资入驻韶关市东环路东环商贸城，规划总用地面积58.67公顷，总建筑面积100万平方米，10万吨冷库7000个停车位，项目总投资32.8亿元，是广东省重点建设项目、韶关市重点工程。该项目建成后，物流辐射半径可达300千米，覆盖近3000万人口，预计可实现年交易量超过300万吨、交易额超过100亿元；上缴税收约1.2亿元；入园企业超过3000家，将成为粤北最大、功能最齐全的区域冷链物流中心及农产品交易中心，能有效辐射港澳珠三角、粤北、湘南及赣南边际地区。该交易中心于2016年9月28日正式开工建设，2017年完成其余6栋38500平方米封顶。水果、蔬菜、生鲜加工、仓储配送区进入前期施工准备阶段，7月，粮油、饲料交易区开业运营。

鑫金汇财富中心项目　位于韶关东环线商贸物流产业带（规划30平方公里）黄金村浈江南岸地块，规划总用地面积100公顷，总投资概算近100亿元，总商用建筑面积约150万平方米。2016年12月28日，鑫金汇家居广场和红星美凯龙韶关商场正式开业。鑫金汇项目统一规划，分三期建设，五年左右全部建成并投入运营。该项目全部运营后，预计每年营业额超过100亿元人民币，上缴税收3亿元以上，市场及其附属功能业态（酒店等）进入运营后，预计可提供就业岗位3万个以上。该项目突出“互联网+商贸+物流”理念，结合城市扩容提质要求，重点打造电子商务、商品展示、仓储物流三大平台，构建“线上线下结合、内贸外贸互动”平台商业模式，打造万人“双创”基地，将项目建成商家大市场、旅游集散地、城市新地标。该项目分别被列为广东省和韶关市重点建设项目、韶关市电子商务产业园、韶关市大学生创业基地、中国灯饰之都（古镇）直销基地。此外，鑫金汇集团投资建设“鑫+装饰”家装网，结合建设家装博览一条街，打造中国O2O家装平台。同时，与广州南沙自贸区、深圳前海自贸区以及长沙保税物流中心的相关企业签订进驻协议，共同打造韶关市跨境商品交易大平台。（根据《韶关日报》整理）

浈江区举力抓好农业农村工作

【加快转变农业发展方式】 2017年，浈江区以市场需求为导向，大力扶持有浈江特色的农业品牌。贯彻落实“一镇一品”和“一乡一品”的发展思路，发挥浈江区为市辖区，紧贴市区消费市场的区位优势，以市场需求为导向，发展特色精品农业，引导农户种植犁市香瓜、莲花香芋、五四番茄、梅花香油粘米等浈江特色农产品。推广以订单农业为导向，农业龙头企业、农民专业合作社、种养大户和家庭农场协同发展的产业化经营模式。以建设华南农产品交易中心及市辖三区农村淘宝运营中心落户鑫金汇为契机，提升全区农产品聚集和交易辐射带动能力。利用市与阿里巴巴集团、苏宁易购等电商合作机会，帮助农民打开市场、拓宽销路，提高耕种的积极性。加快“六大基地”和“一二三工程”建设，形成浈江区“农业观光+旅游休闲”一体化产业链。结合乡村公路联网改造和县道、乡道保养工程，乡村“清洁美”工程，优化农民出行环境。完善田间水网和沟渠建设，解决好农田灌溉“最后一公里”问题。抓好病险水库除险加固工作，加快武水浈江区段治理工程、市小岛片区旧堤改造加固工程等项目建设，提升全区防灾减灾能力

【动物疫病防控及农产品质量安全监管】 2017年，浈江区全面落实《广东省防控重大动物疫病工作量化考评办法》，强化各项防疫措施的落实，重点抓好H7N9禽流感疫情防控，组织防疫人员对全区的耕牛、生猪、三鸟进行疫苗注射，防止发生重大动物疫情区域性流行。严格落实农产品质量安全责任制，强化农产品生产、收购、储运、加工、销售各个环节的质量安全监管责任，保障农产品质量安全。

【林业建设保持林业可持续发展】 2017年，浈江区完成碳汇林面积17.33公顷，完成抚育任务284.4公顷，完成5个村庄乡村绿化美化建设。依法把好建设项目使用林地审核关，争取林地征占用定额指标，主动服务重点建设项目。配合抓好舜帝公园的建设，争取项目资金新建1个镇级森林公园，完成森林公园的年度建设任务。加大防火宣传力度，落实各项森林防火措施，对山火多发地区采取巡守相结合的办法，最大限度地减少森林火灾的发生。同时在新造林地周边全面营造生物防火林带。抓好各项林政工作，保护林木、林地资源，严厉打击偷盗林木、违法占用林地行为。

【解决贫困家庭生产发展问题】 2017年，浈江区按照“三年攻坚、两年巩固，到2020年如期完成脱贫攻坚任务”的总目标，做好攻坚年度计划谋划和落实工作，在东莞对口帮扶单位的支持帮助下，全面启动谋划今明两年脱贫任务，以集中攻坚、稳定脱贫为重点，全面落实脱贫攻坚责任制，确保完成是年202户572个相对贫困人口脱贫任务。通过产业帮扶脱贫、就业培训脱贫、健康帮扶脱贫、教育文化脱贫、社保兜底脱贫，完成全区精准扶贫任务。做到住房安全保障到户到人、金融信贷扶持到村到户、基础设施建设到村到户、帮扶措施精准到户到人“四个到村到户（人）”。改进帮扶方式，注重提供群众真正需要的技能培训，提高项目的吸引力和带动力。重视选好用好脱贫致富带头人，吸引贫困村本土人才回流创新创业，为脱贫攻坚留下“永不走的工作队”。

【水利建设】 2017年，浈江区加大农田水利的建设力度，向上级申报水利项目，争取更多的资金投入农田水利建设，解决该区农田水利设施落后的问题，继续抓好水法律法规的宣传，实施“七五”普法规划；加大水行政规费征收力度；强化水政执法力度，加强水行政执法队伍建设，加快山区中小河流治理项目和病险山塘除险加固项目建设。

【推进建设美丽乡村】 2017 年，浈江区切实把农村人居环境整治与新农村建设结合起来，从提高农村住房建设水平、配套完善农村基础设施、提升农村基本公共服务水平和全面开展农村环境综合整治等方面入手，划分相应的“责任田”，明确责任分工。同时，制定并完善相应的工作考核方案，形成工作完成时间表，建立工作倒逼机制，层层压实责任，各部门建立相应的沟通协调机制，互通有无，实现资源共享，互相“借力”开展工作，做到共推共进；全面建立“户收集、村集中、镇转运、集中处理”的生活垃圾收运处置体系和环境卫生责任体系。加快完成区、镇、村三级社会综合服务平台建设，开展全程代办服务，由群众跑腿变成干部跑腿，解决联系服务群众的“最后一公里”问题；建立健全村账镇管、村章镇管、村级合同镇管机制，加强基层民主管理，防范“三资”风险，确保农村稳定；加强农村安全生产和消防安全监管，保障群众生命财产安全；采用社会外包、引入社会资本、利用政策性低息贷款等方式，引导和撬动更多金融和社会资本参与农村人居环境建设。

（根据《韶关日报》整理）

浈江区全力创建全国文明城市

【建立完善创文科学管理机制】 2017 年，浈江区高度重视创建工作，建立健全“党委统一领导，党政齐抓共管，文明委组织协调，有关部门各负其责”的领导体制。区委书记刘清生、区长曾清兰把创文工作作为“一把手”工程，切实加强组织领导，认真谋划、周密部署、科学调度，建立完善系列科学管理制度。全区上下形成主要领导重视，精准施策，精准发力的良好工作局面。制定《浈江区创建全国文明城市网格化管理实施方案》，区四套班子领导成员全部挂点到各片区，每个网格管理员对管辖范围监督管理，确保责任落实到位。制定《浈江区全面推行河长制工作方案》《门前三包专项整治方案》，将创文工作纳入《浈江区工作绩效考核方案》。落实市文明委《韶关市创文巩卫市领导挂点联系责任路段制度》。落实每周二创文工作联席例会制度，先后召开 10 多次联席会议，及时分析创文工作情况并部署下一步工作任务。落实“周五公共卫生日”制度，区主要领导带头，每周五深入责任区域开展卫生清扫工作。落实督导考核评比制度。区文明委成立考核领导小组，每月对全区进行全方位或专项督导检查，根据检查项目达标完成情况及问题整改率对责任单位进行排名，发布通报 4 期，有效激发了各责任单位的紧迫感和积极性。建立创文微信工作群，群员 235 人，及时发布需要整改的问题，责任单位及时开展整治工作。

【强化创建工作保障】 2017 年，浈江区政府强力保障创文经费及时落实到位。截至是年底，共投入资金 11239 万元，其中省级以上财政资金投入 1370 万元，市级财政资金投入 8919 万元（含市政府创文专项资金 5000 万元），区级财政资金投入 950 万元。创文专项经费专款专用，国库统一支付，审计部门全程跟进审计，确保资金使用规范。强化队伍保障。为保障必要的创建力量，在迎国检期间从有关单位抽调 10 人充实到区文明办工作，抽调 6 人参加区创文考核工作，保障人员落实到位。

2017 年 7 月 17 日，浈江区召开创文冲刺工作布置会 （区委宣传部 供）

【实行精准对标创建】 2017 年，浈江区细化分解创文任务。根据创文网上申报材料、实地测评、问卷调查及未成年人思想道德建设测评体系，制定《浈江区创建全国文明城市工作方案》《浈江区全国文明城市测评体系任务分解表》《浈江区未成年人思想道德建设工作测评体系工作任务分解表》《浈江区 2017 年“善美韶关”创文攻坚行动任务分解表》，严格按时间节点完成相关任务。开展模拟测评。6 月至 9 月，利用双休日的时间，组织各单位到挂点的社区开展创文入户宣传及问卷调查活动共3次，共走访41个社区，入户调查3210户居民。

【整治行动】 2017年，浈江区整治交通秩序打击违停行为，加装电子监控26个，抓拍交通违法行为；开展“礼让斑马线”活动，施划28组黄白礼让斑马线，引导群众文明出行；疏堵结合，在辖区主次干道及市场周边新增停车位约3300个，有效缓解市民停车难题。

整治背街小巷 对城区171条背街小巷实施提升整治工程，其中对学工街、高街等5条背街小巷实行包含墙体立面、路面修复等全面整治，对166条小巷进行了破损修补工作。

整治城市“六乱” 职能部门加强对辖区内主次干道、小街小巷的乱拉挂、占道经营、流动大排档、烧烤档的清理整治，全年开展大小综合整治94次，发出教育整改通知书410余份，对市、区督导组发现需要整改的684个问题，落实整改638个，整改率达93.2%。

优化道路景观 完成5处主干道旁的“五小工程”建设；完成8000多平方米的道路“白改黑”及道路两边的排水道整改；完成辖区下水道全面清疏工作。

整治集贸市场内部及周边环境 在兴隆市场及周边实行社会化管理改革试点成功的基础上，对长乐市场等8个市场推广社会化管理办法，确保市场内部及周边在经营时间内有人管理；规范市场经营秩序，做好市场周边三线整理，规范棚帐，增设车辆停车位；规范市场交易秩序，固定摊位和店铺证照齐全、亮照经营。

整治网吧 开展网吧“百日整治”行动，共出动执法人员433人次，检查网吧215家次，责令整改33处，处罚网吧3家，责令停业整顿1家，重点整治了投诉较多的通天坡一带以及南郊片区的网吧。

整治关停并转企业环境 全区关停并转企业151家，全年安排创文攻坚项目工程22项，皆按时完成。

整治校园周边环境 对学校周边乱搭乱建、乱停乱放等现象进行重点整治，在学校上下学期间派专人值守；组织志愿服务队在校园周边开展“牛皮癣”清理、卫生保洁工作；对学校周边销售假冒伪劣、“三无”（无生产日期、无质量合格证或生产许可证、无生产厂名称）过期食品进行整治。

规范户外广告的设置 对启明北路、解放路、西堤路、莲花大道、良村公路、站南路、韶南大道三条主干道的户外广告、招牌进行清理整治，拆除不规范户外广告5000多平方米。

整治清理“牛皮癣” 各镇（办）发动辖区干部职工和以服务外包方式，对辖区重点区域的牛皮癣、小广告、小卫生死角等进行不间断地清理。

【强化创文宣传】 2017年，浈江区在城市主干道、市民广场、学校、公园、街道、社区、医院等区域和公共场所新建布置一大批社会主义核心价值观公益广告，安装艺术造型广告牌210套、灯布喷画广告共67幅、高清户外写真12幅、KT板宣传栏651块、“讲文明、树新风”的景观提示牌60个等。在启明广场、帽峰公园广场安装2个精神文明创建成果展示栏，及时向辖区居民展示浈江区精神文明建设成果与动向。开展14场社会主义核心价值观演讲活动，参与观众3000余人。开展宣传社会主义核心价值观暨“送戏进社区、农村”文艺演出活动30场次，观看群众6000多人。开展传承好家风好家训活动24场次，以讲座、故事分享会、主题报告会等形式进行，受益群众1500多人。印制并派发《致市民公开信》《致家长公开信》等10万张创文宣传单张，发送创文手机短信10万条，每天在启明健身广场LED大屏滚动播报创文宣传短片。 （钟锦芳）

中国共产党韶关市浈江区委员会

综　　述

【概况】 中国共产党韶关市浈江区委员会（简称“中共浈江区委”）坚持“主动融入珠三角加快发展”战略，做好“产业共建、城市提升、区域发展”三篇文章加快振兴发展思路，发展“大商贸、大旅游、大农业”三大特色产业，践行“改革驱动、项目带动、招商拉动、城乡互动”四动战略，从严治党，切实保障和改善民生，全区经济社会平稳健康发展。2017 年，全区生产总值 229.37 亿元，同比增长 6.2%；受营改增、税收优惠等结构性减税降费政策影响，一般公共预算区本级收入 2.88 亿元；一般公共预算支出 13.69 亿元，同比增长 25.3%；完成社会消费品零售总额 236.8 亿元，同比增长 6.9%；规上工业总产值 87.9 亿元，同比增长 8.4%；完成规上工业增加值 22.06 亿元，同比增长 14.3%。是年，中共浈江区委获得“韶关市精神文明创建活动创新奖”。

【区委九届三次全会】 2017 年 1 月 23 日，中国共产党韶关市浈江区第九届委员会第三次全体会议召开，会议由区委常委会主持。全会学习贯彻中共十八届六中全会和省委十一届八次全会、省委经济工作会议以及市第十二次党代会、市委工作会议精神，总结 2016 年工作情况，部署 2017 年工作任务。全会听取并同意刘清生代表区委常委会所作的工作报告，曾清兰关于经济社会工作的讲话；审议通过《中共韶关市浈江区委关于深入推进全面从严治党的实施意见》。九届区委委员、候补委员、不是区委委员的区领导等列席人员共计 245 人参加会议。

【区委九届四次全会】 2017 年 12 月 13 日，中国共产党韶关市浈江区第九届委员会第四次全体会议召开，会议由区委常委会主持。全会深入学习宣传贯彻中共十九大精神；审议通过《中共韶关市浈江区委关于坚持以习近平新时代中国特色社会主义思想为指引推动浈江振兴发展的决定》；表决通过《关于免去刘喆炎同志区委委员职务的决定（草案）》。区委书记刘祥锋就持续深入学习宣传贯彻中共十九大精神作专题讲话。九届区委委员、候补委员、不是区委委员的区领导等列席人员共计 265 人参加会议。

【区委常委会会议】 2017 年，九届区委常委会召开 12 次会议。

1 月 9 日，召开九届区委第五次常委会会议。研究关于设立区工商局、区城管局党组的有关工作和干部任免工作，听取 2015 年度“三严三实”民主生活会整改落实情况汇报，布置 2016 年度民主生活会有关工作。

1 月 19 日，召开九届区委第六次常委会会议。研究区委九届三次全会有关工作和浈江区一名副科干部的处理意见，讨论区委九届三次全会作的报告、区委深入推进全面从严治党实施意见（稿）、浈江区 2015 年县（市、区）经济社会科学发展考核奖金分配建议方案及关于部分干部的社医保问题。

3 月 1 日，召开九届区委第七次常委会会议。讨论区九届人大二次会议和区政协九届二次会议筹备工作事宜、犁市镇部分村委行政区划调整有关事宜，讨论《中国共产党韶关市浈江区委员会制度（稿）》《关于建立中共韶关市浈江区委巡察机构的实施方案（稿）》《政府工作报告（稿）》《浈江区 2016 年国民经济和社会发展计划执行情况与 2017 年计划（草案）的报告（稿）》《浈江区 2016 年预算执行情况和 2017 年预算草案的报告（稿）》，讨论工业高技申请调整组织隶属关系有关事宜、市管干部年度考核情况及法院有关干部提前退休的有关问题，研究干部人事问题。

3月16日，召开九届区委第八次常委会会议。传达全市组织工作会议精神，讨论工商联合会党组书记级别、调整浈江区试用期满干部职务确认程序和干部任免问题。

3月27日，召开九届区委第九次常委会会议。通报全区公益诉讼工作和试用期满干部职务确认情况，讨论干部任免问题。

6月8日，召开九届区委第十次常委会会议。研究全区2017年“广东扶贫济困日”活动事宜和干部教育培训学分考核管理，讨论研究关于《加强区纪委派驻机构建设和建立区委巡察机制的实施意见》的修改说明和《中共韶关市浈江区委关于全面开展巡察工作的实施意见》《中共韶关市浈江区委巡察工作五年规划(2017—2021年)》《中共韶关市浈江区委巡察工作制度汇编》，研究机关事业单位2016年度考核、农业水利工程及农村土地确权登记领证等工作，讨论关于加强区直机关党建工作保障的实施方案、《浈江区整体推进软弱涣散基层党组织整顿工作实施方案》、农村基层组织工作经费、调整选派新时期精准扶贫精准脱贫三年攻坚驻村第一书记的有关问题，听取农村人居环境综合整治建设美丽乡村专项工作情况汇报，研究创建卫生强区工作实施方案。

7月4日，召开九届区委第十一次常委会会议。传达市委第十二届四次全会精神，研究浈江区保密工作和党内法规工作联席会议制度（稿），听取是年浈江区“广东扶贫济困日”捐款情况汇报和村（社区）“两委”换届工作情况汇报，审议《浈江区风采实验学校（九年一贯制）校长竞聘工作方案》《韶关市浈江区建立和完善复退军人服务体系实施方案（送审稿)》、《韶关市浈江区全面推行河长制工作方案》和《韶关市浈江区人民代表大会常务委员会讨论决定重大事项暂行规定（征求意见稿)》。

7月10日，召开九届区委第十二次常委会会议。研究浈江区农贸市场及周边社会化管理改革试点方案和创建全国文明城市网格化管理实施方案，研究增加第九届浈江区政协委员职数、从区外调入该区科级干部待遇、区公安分局有关干部提前退休和区公安分局为该区安保维稳工作做出突出贡献集体和个人记功的问题，研究关于加快实施浈江区三个省级扶贫村农村人居环境综合整治建设美丽乡村有关工作，听取浈江区2017年上半年综治创平工作情况汇报，传达学习习近平总书记对反邪教工作重要批示精神及听取浈江区反邪教工作情况汇报。

8月17日，召开九届区委第十三次常委会会议。审议浈江区人民政府欠薪应急周转金制度、《韶关市浈江区干部政绩档案管理意见》和《韶关市浈江区区管领导干部考验性管理意见》，听取全区意识形态工作汇报和全区软弱涣散党组织整顿工作情况汇报，研究将村级换届工作中表现优秀的六名区管干部列入浈江区干部政绩档案管理、区领导干部驻点联系群众工作、区委常委会对干部任免表决方式进行调整的建议和干部任免方案。

11月2日，召开九届区委第十四次常委会会议。传达学习贯彻中共十九大精神，审议《浈江区学习宣传贯彻中共十九大精神工作方案》《关于“十三五”时期浈江区保密事业发展规划》和《关于加强和改进保密工作的实施意见》，研究关于加强县、乡人大工作和建议的意见和有关人员处分、立案的问题及2016年度镇（办）加快经济社会发展考核结果的报告，听取关于巡察区城管局及区林业局的综合情况报告、设立区委法律顾问室及拟调整区委办公室内设机构的情况汇报、十九大会议期间维稳安保工作的情况汇报和2017年第三季度综治创平整改工作情况汇报，重新审核印发浈江区《贯彻法治广东建设第二个五年规划实施意见》《巡察工作五年规划》《全面开展巡查工作的实施意见》3份规范性文件，研究区扶贫开发资金使用、关于2017年调整机关事业单位退休人员基本养老金发放问题和研究全区人才工作，讨论2016年度浈江区工作绩效评价考核奖励方案。

11月14日，召开九届区委第十五次常委会会议。传达学习习近平总书记在瞻仰上海中共一大会址和浙江嘉兴南湖红船时的重要讲话精神、省委书记李希在集体瞻仰中共三大会址纪念馆后召开省委常委会会议上的讲话精神、市委书记莫高义在参观粤北省委旧址时市委常委会会议上的讲话精神，谭雪华、黄德乔、庄强、曾光明、黄祖平、钟真、宋宇林分别就学习贯彻中共十九大精神分享心得体会。

12月8日，召开九届区委第十七次常委会会议。传达学习《中国共产党地方委员会工作条例》和《中国共产党党组工作条例（试行）》，学习贯彻习近平总书记关于保密工作重要指示精神，学习《中共广东省委办公厅印发〈关于防止干部“带病提拔”的实施意见〉的通知》，审议《韶关市浈江区深化国家监察体制改革试点工作实施方案（稿）》、《浈江区全面推行河长制区级河长会议制度》等6项配套制度，研究对两名区委委员的处理意见，审议《浈江区2017年加快镇（办）经济社会发展考核方案（稿）》《韶关市浈江区建立健全乡镇机关事业单位工作人员乡镇工作补贴制度实施方案》，研究韶关市明弘生态农业公司已拆除建筑物补偿有关事宜的问题，审议《关于召开中国共产党韶关市浈江区第九届委员会第四次全体会议的请示》《关于召开区九届人大三次会议的请示》《关于召开政协韶关市浈江区第九届委员会第三次会议的请示》等5份请示，审议《中共韶关市浈江区委关于以习近平新时代中国特色社会主义思想为指引推动浈江振兴发展的决定（讨论稿）》《韶关市浈江区机构编制管理工作意见（试行）》《关于在全区党员干部中深入开展中共十九大精神大学习大培训的实施方案》，表彰2016年度区人口与计划生育工作优秀、良好单位名单，听取关于犁市镇及新韶镇扶贫领域专项巡察的综合情况报告，听取2017年浈江区禁毒工作汇报，研究粤华电力有限公司二期土地招拍挂的相关问题，研究关于禁养区养殖场清拆补偿经费的问题、解决发放浈江区2016年自主就业退役士兵一次性补助金所需资金的问题，讨论干部任免方案。

【重要决策】 2017年1月23日，经中国共产党韶关市浈江区第九届委员会第三次全体会议通过，出台《关于深入推进全面从严治党的实施意见》。该实施意见结合《关于新形势下党内政治生活的若干准则》《中国共产党党内监督条例》和省、市关于深入推进全面从严治党的决定及意见要求，结合全区实际，就深入推进全面从严治党提出明确要求。

2月16日，区委向区人大常委会党组下发《关于召开区九届人大二次会议请示的批复》，同意在3月2—3日召开区九届人大二次会议及相关会议议程和参加人员。

2月16日，区委向政协党组下发《关于召开政协韶关市浈江区第九届委员会第二次会议请示的批复》，同意在3月2—3日召开区政协第九届委员会第二次会议及相关会议议程和相关人员。

3月2日，区委出台《中国共产党韶关市浈江区委员会工作制度》，该制度指出区委在全区发挥总揽全局、协调各方的领导核心作用，贯彻落实党中央治国理政新理念新思想新战略，按照协调推进“四个全面”（全面建成小康社会、全面深化改革、全面依法治国、全面从严治党）战略布局，对全区经济建设、政治建设、文化建设、社会建设、生态文明建设实行全面领导，对全区党的建设全面负责。

7月4日，区委出台《区委党内法规工作联席会议制度》，该制度明确其主要职责、成员单位和组成人员、工作机制等，加强区委党内法规制度建设，形成党内法规制度建设工作合力。

8月24日，区委出台《浈江区委理论学习中心组学习制度》，该制度明确组织与职能，学习内容、形式与要求，学习管理、考核与问责等方面的内容，确保区委理论学习取得实效。

11月5日，区委出台《浈江区贯彻〈法治广东建设第二个五年规划（2016—2020年）〉实施意见》，该实施意见指出坚持中国共产党的领导，坚持人民主体地位，坚持法律面前人人平等，坚持依法治国和以德治国相结合，坚持从实际出发，确保法治建设沿着正确方向前进。到2020年，依法治国方略和《法治广东建设第二个五年规划（2016—2020年）》得到全面落实，执法更加严谨，司法更加公正，法治精神深入人心。

11月15日，区委出台《浈江区委巡察工作五年规划（2017–2021年）》和《韶关市浈江区委关于全面开展巡察工作的实施意见》，实施意见指出按照中央和省委关于开展巡察工作的部署，突出政治巡察定位，围绕坚持党的领导、加强党的建设、全面从严治党，以党的“六大纪律”（政治纪律、组织纪律、廉洁纪律、群众纪律、工作纪律和生活纪律）为尺子，着力发现并推动解决党组织和党员干部中存在的突出问题，充分发挥巡察的震慑、遏制和治本作用，营造风清气正的政治生态，推动党的先进性和纯洁性建设，为浈江区经济社会持续快速健康发展提供坚强政治保障。

12月1日，区委制定《关于在全区党员干部中深入开展中共十九大精神大学习大培训的实施方案》，该方案明确把学习中共十九大精神作为理论武装的重点任务和最紧要工作，面向全体党员干部开展多形式、分层次、全覆盖的学习培训。

12月12日，区委印发《韶关市浈江区区管领导干部考验性管理意见（试行）》，该实施意见对需进行考验性管理的情形、提出需进行考验性管理建议的主体、领导干部考验性管理方式、组织实施、纪律要求等作明确要求，通过负向激励的方式，推动干部能上能下，解决为官不为、为官乱为等问题，进一步完善全区从严管理干部制度体系。

12月25日，区委向政协党组下发《关于召开政协韶关市浈江区第九届委员会第三次会议请示的批复》，同意在2018年1月7—9日召开区政协第九届委员会第三次会议及相关会议议程和相关人员。

12月25日，区委向区人大常委会党组下发《关于召开区九届人大三次会议请示的批复》，同意在2018年1月8—10日召开区九届人大三次会议及相关会议议程和参加人员。

【重要活动】 2017年1月23日，中共韶关市浈江区第九届委员会第三次全体会议开幕。市政协副主席、区委书记刘清生，区委副书记、区长曾清兰等领导出席会议。全会听取并同意刘清生代表区委常委会所作题为《不忘初心　继续前进　为在全市率先全面建成小康社会而努力奋斗》的工作报告，曾清兰关于经济社会工作的讲话，审议通过《中共韶关市浈江区委关于深入推进全面从严治党的实施意见》。

2月20日，寮步浈江对口帮扶工作第一次联席会议在东莞市寮步镇召开，会议对共同推进浈江区产业发展进行协商，签订对口帮扶共建框架协议。浈江区考察团还到寮步镇“倍增计划”试点企业进行走访调研，参观学习企业产业发展、规划建设、运营管理等情况。市政协副主席、区委书记刘清生，区委副书记、区长曾清兰，副区长彭荣华，区发改局、区经信局、浈江产业园管委会等领导参加会议。

2017年2月20日，寮步浈江对口帮扶工作第一次联席会议在东莞寮步镇召开　（区委宣传部　供）

3月2—3日，浈江区政协九届二次会议召开，大会审议通过浈江区政协主席黄德乔代表政协浈江区第九届常务委员会所作工作报告，听取并讨论浈江区政府工作报告，市政协副主席、浈江区委书记刘清生，区委副书记、区长曾清兰等领导参加会议。

3月3日，浈江区第九届人民代表大会第二次会议召开，大会审议并批准曾清兰代表浈江区人民政府所作的《政府工作报告》，审查和批准《浈江区2016年国民经济和社会发展计划执行情况与2017年计划草案的报告》和《浈江区2016年预算执行情况和2017年预算草案的报告》。市政协副主席、浈江区委书记刘清生，区委副书记、区长曾清兰参加会议，浈江区人大常委会主任谭雪华主持会议，浈江区政协主席黄德乔参加会议。

3月24日，省司法厅党委书记、厅长曾祥陆率厅办公室主任金世章、基层处处长都贵均等有关人员到乐园司法所调研指导工作。市司法局局长赖佩养、副局长李丽冰，浈江区副区长肖景、区司法局局长彭志红、乐园镇镇长叶先林等陪同调研。

5月12日，国家卫生计生委调研组到浈江区开展2017全国生育状况试抽样调查专题调研活动，广东省卫生计生委信息与统计处调研员饶贵安、韶关市卫生计生局副局长李高龙、常务副区长黄祖平等陪同调研。

6月1日，省妇联党组书记冯玲一行到我区慰问贫困留守儿童。市政协副主席、区委书记刘清生，市妇联主席汪波等领导陪同慰问。

6月28日晚，浈江区在辖区启明北全民健身广场举办“善美韶关风采浈江”系列文化活动之“我为党旗添光彩”主题文艺演出，隆重纪念中国共产党建党九十六周年。市政协副主席、区委书记刘清生，市委组织部、市委宣传部、市委党校等单位有关领导，区四套班子成员与千余名党员、群众在现场一同观看演出。

6月30日，浈江区在区政府大院举行第八届“广东扶贫济困日”活动捐款仪式。区四套班子成员和各镇（办）、区直各单位党员干部踊跃捐款。

7月17日，浈江区创文冲刺工作部署会召开，全面部署全区创文迎国检冲刺阶段工作。市政协副主席、区委书记刘清生，区委副书记、区长曾清兰参加会议。

10月18日，中国共产党第十九次全国代表大会在北京开幕，浈江区组织全区党员干部和人民群众收听收看十九大开幕盛况。

10月30日，浈江区传达贯彻中共十九大精神大会召开，区委书记刘祥锋，区委副书记、区长曾清兰等区四套班子成员；在韶关副处级以上老干部；区直各单位、各镇（办）负责以及各村（社区）党组织书记、主任参加会议。

12月13日，中共韶关市浈江区第九届委员会第四次全体会议召开。全会深入学习宣传贯彻中共十九大精神、省委十二届二次全会精神和市委十二届五次全会精神，区委书记刘祥锋就全面深入学习贯彻中共十九大精神作专题讲话。会议审议通过《中共韶关市浈江区关于坚持以习近平新时代中国特色社会主义思想为指引推动浈江区振兴发展的决定》和《中国共产党韶关市浈江区第九届委员会第四次全体会议决议》。

【政策研究】 2017年，浈江区围绕市委市政府和区委区政府的重要决策部署开展调查研究工作，先后组织81次调研活动，形成21个专题调研报告，上报市委信息调研科136条信息，为区委的政策制订起到重要的参谋作用。

2月14日，区委出台《中共韶关市浈江区委关于深入推进全面从严治党的实施意见》，该文件根据《关于新形势下党内政治生活的若干准则》《中国共产党党内监督条例》和省、市关于深入推进全面从严治党的决定及意见，结合浈江区实际，提出深入推进全面从严治党的30项主要措施。

3月2日，区委出台《中国共产党韶关市浈江区委员会工作制度》，该制度根据《中国共产党章程》《中国共产党地方委员会工作条例》《中国共产党广东省委员会工作规则》《中国共产党韶关市委员会工作制度》和党内有关规定，结合浈江区实际，制定中共韶关市浈江区委员会加强党的建设的有关工作制度。

3月31日，区委出台《中共韶关市浈江区委常委会2017年工作要点》，该要点对全区2017年的各项工作进行细化，要求各镇、办党（工）委，区直及驻区有关单位认真贯彻落实。 （陈伟乔）

区委领导班子成员名单

书　记：刘清生（任至9月）
　　　　刘祥锋（9月任职）
副书记：曾清兰
　　　　庄　强
区委常委：曾光明
　　　　　谢林茂
　　　　　刘　锋
　　　　　黄祖平
　　　　　钟　真（女）
　　　　　宋宇林
　　　　　刘子龙
　　　　　刘雄生（1月任职）

附：区委办公室领导班子成员名单

主　任：谢林茂
副主任：梁吉兵（任至3月）
　　　　周建君（任至3月）
　　　　蔡信然
　　　　熊锦华（3月任职）

组　织

【概况】 2017年，中共韶关市浈江区委组织部（简称“区委组织部”）对照韶关市组织工作要点和全区组织工作要求，把学习宣传贯彻中共十九大精神和习近平新时代中国特色社会主义思想作为首要政治任务，组织开展大学习大培训活动，在全区570个党组织、1.5万多名党员中掀起学习热潮。区委理论学习中心组组织12期专题学习，各级党组织开展学习500多场次，覆盖全区1.5万多名党员，开展962次

“以学促做”活动，推动“两学一做”学习教育常态化制度化深入开展。全年完成干部提拔任职32人、平级交流调整76人、干部挂职1人。圆满完成村级（社区）“两委”换届选举工作。创新开展党建“结对共建”，推进“两新”组织巩固提升，探索“党建+e+x”党建新模式，开展新一轮驻点联系群众活动，抓好软弱涣散党组织整顿，推进基层治理工作；发展党员106名，党员干部现代远程教育开机率100%。

【学习贯彻中共十九大精神和习近平新时代中国特色社会主义思想】 2017年，区委组织部把学习宣传贯彻中共十九大精神和习近平新时代中国特色社会主义思想作为首要政治任务，区四套班子带头学、带头讲、带头干，区委领导班子集体瞻仰中共粤北省委旧址、重温入党誓词，到各地宣讲十九大精神；全区各级党组织开展集中学习培训54期（次），组织中共十九大代表冯金英以及市委党校专家教授、党员干部，用老百姓听得懂、接地气的语言和喜闻乐见的形式，针对不同类别党员群众开展宣讲420场次；利用报纸、广播、电视等主要媒体和全区86个远程教育站点、大型户外LED党教平台、腾讯“为村”平台等，打造“指尖上的学习平台”，使中共十九大精神家喻户晓。

【干部管理机制】 2017年，为进一步营造干事创业的良好氛围，推动干部能上能下，解决为官不为、为官乱为等问题，建立激励和约束并重的干部管理机制，区委组织部牵头制定《韶关市浈江区干部政绩档案管理意见（试行）》和《韶关市浈江区区管领导干部考验性管理意见（试行）》，经九届区委第十三次常委会审议通过并实施。是年，共有6名区管干部纳入政绩档案管理。

【干部选拔任用】 2017年1月，区委组织部对换届后的21个政府组成部门正职进行重新任命。全年交流干部76人，提拔干部32人，干部选任工作落实全程纪实，确保干部选任程序严格，过程可追溯、倒查。

2017年8月18日，浈江区召开全区组工信息调研培训会

（区委宣传部 供）

【退（离）休领导干部社会团体兼职管理】 2017年9月，区委组织部开展退（离）休领导干部在社会团体兼职清查和整改工作，制定《韶关市浈江区退（离）休领导干部在社会团体兼职的管理规定》，进一步规范该区退（离）休领导干部在社会团体兼职审批备案程序。

【干部监督】 2017年，区委组织部围绕干部日常监督和干部选拔用监督两个重点，畅通来电、来信、来访、网络“四位一体”的举报平台，设专人24小时全天候负责“12380”举报电话和举报网站。落实村（社区）“两委”换届纪律周报制度，分别对全区10个镇（办）进行专项换届纪律巡视巡查，确保换届工作程序规范有序、换届环境风清气正，并开展提醒、函询、诫勉等工作，深入推进干部“带病提拔”倒查，提高选人用人满意度。

【人才队伍建设】 2017年，区委组织部优化人才工作环境，搭建人才发展平台，加强人才管理与服务。开展省级人才项目创建工作，与韶关学院、韶关鑫金汇联合成功申报“韶关市浈江区政校企联动孵化双创拓展人才工程”项目并通过省市审核；开展农村实用人才升级换代“千人计划”培训，针对性培养升级1000

名以上农村实用人才；联系走访2名国家“千人计划”人才，2名优秀人才入选韶关市百名享受市政府特殊津贴人才，全区1人入选“扬帆计划”培养高层次人才项目，8人入选“扬帆计划”高技能人才项目合格人员；认定市级科技企业孵化器1家（智汇小镇创业孵化器），认定众创空间2家。巩固创建镇（办）村（社区）人才服务中心（站）工作成果，加强社会工作者人才队伍建设，是年，全区有12人通过全国社会工作者职业资格统一考试。建立健全党政领导联系人才、联系企业制度，抓好各类人才奖励政策、各类津贴等待遇报酬的兑现落实工作。健全人才资源统计制度，开展全区各类人才信息采集工作，建立各类人才信息库，提高全区人才管理信息化水平和效率，全年全区人才信息入库数为69078人。

【干部教育培训】 2017年，区委组织部坚持理论中心组学习制度，选派各级领导干部参加学习培训。全年选派65人参加各级业务培训，将全区1090名干部职工纳入培训学分考核，明确年底学分未达标不纳入评优评先资格，干部网络培训学习完成率达到全市要求标准。组织区四套班子及副科以上干部341人参加习近平总书记重要批示精神集中培训班。率先在全市开展新任村党组织书记培训，全区48名新上任的村党组织书记集中在市委党校参加培训；举办农村管理人员培训班，为全区各村党组织书记、主任，公共服务平台工作人员集中开展为期4天的培训学习。

【调研信息】 2017年，区委组织部加大信息调研力度、建立并培训全区调研信息队伍、实行信息报送约稿制度、通报制度等措施，全区信息调研工作在全市名列前茅，获全省组工信息先进单位荣誉称号。中组部、省委组织部综合采用《领导参阅类信息》各1条，《广东组工信息》综合采用2条，《广东党建》《韶关组工信息》《南方日报》《南方都市报》《韶关日报》，以及新华网、广东组织工作网、广东党员教育网、韶关“党员教育”微信公众号等上稿100余篇，编发6期《浈江区组工信息》。

【基层治理】 2017年，浈江区全面梳理2017年基层工作任务清单，明确职责，区委督查组每月开展督查工作1次，推进基层治理各项工作任务的落实。推进农村土地承包经营权确权登记颁证工作，2宗信访积案全部结案，化解率100%；排查农村基层党员干部违纪违法问题线索162条，立案62宗，给予党政纪处分46人；破获涉农案件11起。

【村级换届选举】 2017年，浈江区完成村级换届选举。产生550名村“两委”干部，平均年龄43.13岁，其中35岁左右年轻干部134人，大专及以上学历203人，妇女干部任村党支部书记2人，每个村均有1名以上女性当选村委会成员，村“两委”干部合理配置，优化村级干部队伍，打牢基层基础。新韶镇韶东社区作为韶关市的两个非户籍常住居民及党员参选试点单位之一，顺利完成试点工作。对非户籍委员实行“两帮带一跟班一探索”机制，构建区级“1+1”的领导帮带、镇级“1+2”的班子帮带、全区“1+3”的跟班学习、探索“1+4”的监督管理，强化非户籍委员的管理。

【“两新”党组织建设】 2017年，浈江区有“两新”组织226家，单独组建党组织144家，联合组织党组织5家，选派党建指导员或联络员148人，党组织覆盖率86.73%，党的工作覆盖率100%。各“两新”党组织积极开展“两服务三推动”实践活动。友丰生态园林开发有限公司党支部运用“党建+企业+扶贫”模式，发挥组织、引领和帮带作用，为打赢脱贫攻坚战奠定坚实基础。南枫物业有限公司党支部、韶关市卓兴药业有限公司党支部、韶关市民兴药业有限公司党支部、韶关市华生药业有限公司党支部等，积极开展“党员示范岗”“党员优质服务”等活动。韶关市南枫物业有限公司党支部被评为市级“两新”组织党组织党建工作示范点。

【党组织整顿】 2017年，浈江区排查软弱涣散村党组织6个，制定全区整体推进方案，将4项整顿内容细化为13项，安排6名区委常委挂点指导整顿工作，选派6名驻村“第一书记”和6个整顿工作组，驻村做好整顿工作。通过整顿力量、用党建平台、施整顿对策、抓宣传引导，筹集资金100多万元，帮助基层解决实际问题49个，推动6个软弱涣散党组织实现转化升级。其中3个软弱涣散党组织整顿工作在市考核验收中被评为优秀，工作经验做法在中国共产党员网、广东组织工作网及广东党员教育网进行推广。

【驻点联系群众】 2017年，浈江区10个镇（办）以每周三作为固定驻点日，深入各村（社区）落实政策宣传、驻点登记、走访慰问、意见收集、问题登记及化解等任务，实现联系服务群众直接化、具体化、常态化。截至年底，全区105个驻点团队、400多名领导干部直接联系群众12.75万户次，联系群众39.3万人次，收集群众意见1367条，解决群众反映问题1471个，解决基层存在问题，维护基层的和谐稳定。

【统筹各项党建】 2017年，浈江区推动党建工作创新，打造“智慧党建”新品牌。开展“暖心走访”活动，通过区、镇、村三级联动，采取主动访问题、访对策，做回访等措施，做到走访主体、对象、方式全覆盖。是年，开展暖心走访573次，走访贫困户719户，收集解决问题15个；走访企业426家，解决问题38个。开展党建“结对共建”。与市委党校达成共识，通过共上党课、共过组织生活、共抓主题教育活动等形式，研究加强党建工作的办法，解决党建工作存在问题。截至12月底，开展上党课、志愿服务等活动12次，工作交流16次，组织村干部到市委党校学习6次。开展“线上线下”教育，通过引进“为村”平台，将“三会一课”、党建工作搬到手机上，让外出党员随时随地在线学习、互动交流，加强党员教育管理。在5个镇7个村开展试点工作，试点成功后进行全面推广。

【党员管理】 2017年，区委组织部围绕抓住“四个强化”的措施，全面推进发展党员、党组织和党员信息采集、党费收缴等工作。按照《中国共产党章程》的要求，遵循“坚持标准、保证质量、改善结构、慎重发展”的方针，全年发展党员106名。完成全区10个党委、34个党总支、501个党支部和25个党组，以及15241名党员基本信息采集工作，保证浈江区党务系统入库信息的完整性、准确性、规范性、及时性，加强对党组织、党员的全面管理。创新推行使用“党费易”系统，全区党员的党费实现轻松交、轻松收、轻松管，推动党费缴交管理工作信息化、高效化、规范化。

【远程教育】 2017年，区委组织部推进远程教育工作，将开机学习任务纳入基层组织建设考核内容，完善开机学习制度。区远程办加强跟踪落实，定期通报学习情况。全区86个远程教育终端站点严格落实每月开机学习制度，坚持“领导带学”，增强组织学习的操作性，每月组织集中学习、带学活动2次以上。全区全年始终保持每月开机学习率100%。

【精准扶贫】 2017年，浈江区选派3名优秀“第一书记”进驻3个贫困村，投入资金超过700万元，探索“党建+企业+扶贫”模式，引进韶关市友丰生态园林开发有限公司参与扶贫开发工作。通过开展“结对帮扶”“参股帮扶”“劳租帮扶”，3个贫困村集体经济收入实现15.4万元以上，带动117户贫困户脱贫致富。创新“扶贫+教育+基地”新模式，成为韶关精准扶贫的“六种模式”之一，该做法在国务院扶贫办《扶贫信息》上刊登。 （袁钰婷）

附：区委组织部领导班子成员名单

部　长：钟　真（女）
副部长：邓新慧（女）
　　　　罗韶明（任至4月）
　　　　付雪平（任至3月）
　　　　吴小林（4月任职）
区委党校校长：钟　真（女）
常务副校长：邓新慧（女）

宣　传

【概况】 中共韶关市浈江区委宣传部（简称“区委宣传部”）是区委主管全区意识形态方面综合职能部门，挂浈江区社会主义精神文明建设办公室（简称“区文明办”）牌子，管理区文学艺术界联合会（简称“区文联”）。2017年，全区宣传思想工作以习近平新时代中国特色社会主义思想和中共十九大精神为指导，紧紧抓住“两个巩固”的根本任务，深入学习贯彻习近平总书记系列重要讲话精神，围绕全区中心工作，认真做好各项宣传思想工作，努力为浈江区经济社会发展提供有力思想舆论保证和良好精神文化条件。

【理论武装】 2017年8月24日，浈江区印发《浈江区委理论学习中心组学习制度》。是年，区委中心组先后开展习近平总书记对广东工作重要批示精神、中共十九大精神、省第十二次党代会精神等21场专题学习。邀请市委党校教授、市委宣传部领导，组织教育系统宣讲骨干深入辖区镇办、区直单位、村居、学校、企业，开展习近平总书记对广东工作重要批示精神、中共十九大精神、省第十二次党代会精神等宣讲22场。结合“两学一做”学习教育，组织党员干部学习《习近平总书记关于意识形态工作的重要讲话汇编》《全面从严治党面对面》《时事报告》和《中共十九大报告辅导读本》《中共十九大报告学习辅导百问》等系列丛书。

【意识形态工作】 2017年5月3日，浈江区召开全区意识形态工作会议，8月22日，浈江区成立由区委书记任组长的网络安全和信息化领导小组，印发《浈江区党委（党组）网络意识形态工作责任制实施方案》。10月20日，印发《浈江区2017年度意识形态工作责任制执行情况绩效评价实施方案》，将各镇办党（工）委、区直各单位及驻区有关单位意识形态工作纳入考核范围。落实每半年汇报一次的定期报告制度和每季度一次的意识形态工作联席会议制度，及时分析研判当前意识形态领域存在问题，提出工作对策。开展网络意识形态隐患排查工作和“扫黄打非”工作，升级网络安全防护措施，加强对各类论坛、讲座、报告会的管理，规范各单位的信息发布。加强网络舆情监测，实时掌握辖区各类网络舆情动态，有效引导舆情走向，协助责任单位进行妥善处置，维护意识形态安全。

【正面主题宣传】 2017年，区委宣传部组织各镇办和区直各单位分管宣传工作的领导深入学习贯彻习近平总书记“2·19”重要讲话精神，准确把握新时代新闻传播规律。充分利用韶关电视台“县市区连线之浈武聚焦”和《韶关日报》“浈江专版”两个平台，精心策划迎接和学习贯彻中共十九大的主题采访报道活动，宣传浈江区推动全面建成小康社会的生动实践和亮点成效。《韶关日报·浈江专版》对《善美之城文明浈江》《浈江区扎实推进民生事业建设全力提升群众满意感幸福感》等12专题进行深度解读宣传。是年，在韶关市电台、电视台、报纸等媒体的上稿总量700多篇，居于全市前列。利用大型T型广告、宣传栏、电子显示屏、政府网站等宣传习近平总书记重要批示精神、中共十九大精神、省第十二次党代会精神，在全区营造浓厚学习宣传贯彻氛围。

2017年5月3日，浈江区意识形态工作会议在区政府综合楼一楼会议室召开 （区委宣传部 供）

【文化建设】 2017年，区委宣传部主动沟通联系上级宣传部门，推动“南昌起义部队犁铺头指挥部旧址”和帽峰公园红色文化主题公园建设。是年底完成两个主题公园的前期规划设计，其中“南昌起义部队犁铺头指挥部旧址”陈列布展工作已完成招投标程序，进入实质性操作阶段。策划并组织开展百姓周末舞台、我们的节日、文化下基层活动、阅读推广活动、同读一本书活动、红色文化之旅等“善美韶关·风采浈江”文化惠民系列活动，被韶关市精神文明建设委员会评为“韶关市精神文化创建活动创新奖”。 （刘汉聪）

附：浈江区委宣传部领导班子成员名单

部　长：宋宇林

副部长：叶丽芬（女）

　　　　郑　烁

统一战线

【概况】 中共韶关市浈江区委统战部（简称“区委统战部”），成立于1984年8月，与民族宗教事务局、区工商业联合会合署办公，挂台湾工作办公室、区政府台湾事务办公室牌子，是区委主管统一战线的工作部门。2017年，领导职位设置部长1人，副部长2人，全面推进各领域的统战工作，促进全区经济社会跨越发展。

【多党合作和政治协商】 2017年，区委统战部开展与民主党派和无党派人士联谊活动，帮助各民主党派加强自身建设，推进区委区政府与民主党派和无党派人士的联系沟通。在区人大和区政协会议期间，组织民主党派和无党派人士的人大代表和政协委员参加区人大和区政协会议，邀请无党派代表人士协商全区区经济发展的重大决策、统战工作中的重大问题。

【党外干部队伍建设】 2017年，区委统战部组织学习《关于开展韶关市党外干部基本情况统计工作的通知》文件，做好党外优秀人士的调查摸底工作，完善档案资料，充实人才库，加强对党外知识分子和非中共领导干部的动态管理和跟踪培养，完善党外干部科学测评与选拔机制。做好党外干部推荐安排工作，按照浈江区党外干部培养选拔工作计划，推动在政府工作部门、司法机关、人民团体党外领导干部的配备。是年，推荐2名民主党派党外优秀干部到省社会主义学院和市社会主义学院学习培训。

【非公经济领域统战工作】 2017年，区委统战部在为民营经济服务的同时，引导他们自觉履行社会责任积极参与社会公益事业和光彩事业。开展创建“五好”（领导班子建设好、会员发展好、商会建设好、作用发挥好、工作保障好）县级工商联活动。12月，区工商联通过省工商联考评，被认定为“五好”县级工商联。

【港澳台及海外联络】 2017年，区委统战部采取“走出去，请进来”的方式，加强与港澳人士联系，开展与港澳人士进行联谊活动，广交港澳各界朋友，热情接待20批、205人次到该区的港澳人士，推进“一国两制”的落实，努力维护香港和澳门的繁荣稳定。开展宣传和涉台教育工作，向台胞台属和各界群众宣传党的对台方针政策，帮助台胞台属解决生产生活实际困难。加强与韶关台商协会、台湾两岸促进会的联系，引导台商到浈江区投资经商，促进全区与台湾的经济文化交流。

【民族宗教】 2017年，区委统战部制定突发事件处置预案，加强值班和安全责任制，严密防范境外宗教渗透和非法宗教活动。走访各镇、办，要求各镇（办）对民族宗教领域不安定因素和矛盾纠纷进行认真排查、妥善解决。组织工作人员对区寺庵、宫观、教堂等8处各类宗教活动场所进行摸底、排查。会同有关部门开展创建“无邪教宗教活动场所”镇（办）活动。加强与公安、外事、对台、侨务等涉外部门的联系，及时掌握出入境人员的宗教活动情况。利用少数民族传统节日古尔邦节、开斋节分别送去慰问金、水果、黑山羊等物资，对维吾尔、回族等外来少数民族务工人员进行慰问。妥善解决新疆籍流动小商贩在市区乱摆乱卖问题。与教育部门以及相关学校联系解决兰州拉面馆务工人员1名子女就近入学问题，使其享受与当地子女一样免除学杂费的政策。是年，为18名参加中考少数民族考生审核民族成分。 （李 丽）

附：区委统战部领导班子成员名单

部　长：刘子龙

副部长：廖跃华（女）

机构编制

【概况】 韶关市浈江区机构编制委员会办公室（简称“区编办”）是区委负责全区行政管理体制改革、事业单位管理体制改革和机构编制日常管理工作职能部门，人员编制10名，实有人数8人，其中主任1名，副主任2名，内设综合股（监督检查股）、行政机构编制股、事业机构编制股、区行政审批制度改革办公室4个股室，区事业单位登记管理局是区编办直属副科级行政单位。2017年，区编办协助区委、区政府围绕建立中国特色社会主义行政体制目标，以职能转变为核心，大力简政放权，做好深化机构改革各项工作，规范事业单位登记管理、抓好事业单位改革、事业单位年度报告等工作，抓好机关事业单位中文域名注册管理，做好机构编制实名制管理，优化机构设置，严控人员编制，科学配置资源，为推进该区全面深化改革和跨越发展提供体制机制保障。

【机构改革】 2017 年，区编办为加强和改进区委对政法、综治、维稳、反邪教、社会建设和法治建设工作的领导，重新组建中共韶关市浈江区委政法委机关，并对其职能进行调整。为贯彻落实习近平总书记关于“不断与时俱进，推动巡视向纵深发展，探索市县巡察，完善巡视工作网络格局”的重要指示，根据省、市纪委全会要求在是年上半年完成巡察机构组建并开展工作的要求，浈江区于 5 月设立浈江区委巡察领导小组办公室及巡察组，并增加行政编制。根据广东省人大常委会办公厅《关于大力推进县乡人大工作和建设的若干意见》文件要求，结合实际情况，增设韶关市浈江区人大城乡建设环境保护工作委员会；将韶关市浈江区人大经济工作委员会更名为韶关市浈江区人大财政经济工作委员会；增加区人大机关行政编制 8 名。5 个乡镇的人大办公室单独设立，不再在党政办挂牌，经济办调整为在社会事务办挂牌，职责划入社会事务办，原在经济办挂牌的机构调整为在社会事务办挂牌。

【行政许可事项标准化】 2017 年，区编办按照《浈江区区级行政许可事项目录》（2016 年版），全区涉及行政许可事项 294 个子项，涉及办事指南和业务手册 588 份完成行政许可事项标准化录入、审核确认和赋码发布工作。以《广东省行政许可事项通用目录》（2017 年版）《韶关市市级行政许可事项通用目录》（2017 年版）和《韶关市市级行政许可调整事项目录》（2017 年版）为依据，以《浈江区行政许可事项目录》（2016 年版）为基础，浈江区制定完善《浈江区区级行政许可事项目录》（2017 年版）和《浈江区区级行政许可调整事项目录》（2017 年版），保留行政许可事项 161 项，调整取消 21 项。新增 21 项。

【调整规范行政审批中介服务事项】 2017 年，区编办按照省市的部署和要求，衔接国家和省市的清理结果，对该区的行政审批中介服务事项进行调整规范。提请区政府常务会议审议通过《浈江区人民政府第二批清理规范的区政府部门行政审批中介服务事项目录（送审稿）》和《浈江区保留的区政府部门行政审批中介服务事项清单（送审稿）》，涉及全区 24 个有行政审批事项的单位，清理规范 23 项中介服务事项，保留 25 项中介服务事项。

【市与市辖区权责对接】 2017 年，区编办根据《韶关市机构编制委员会办公室关于市区基础教育办学体制改革有关机构编制问题的通知》文件要求，韶关市机关第一幼儿园、韶关市机关第二幼儿园调整为公益一类事业单位下放浈江区管理，浈江区接收下放事业编制 140 名，人员 108 名。同时，浈江区上划韶关市第二中学及韶关市浈江区曲仁中学由市直属管理，上划编制 286 名，上划人员 282 名；上划韶关市浈江区公共资源交易中心人员 2 名。

【规范机构编制管理】 2017 年，区编办建立完善机构编制实名制管理系统，督促有机构编制和人员变动的单位及时更新实名制管理信息库内容，随时登记，适时更新，动态管理，确保在编在岗实有人员与财政供养人员相一致，杜绝“吃空饷”行为。是年，全区调整、整合党委机构 2 个，新设立公益一类事业单位 4 个，撤销公益一类事业单位 6 个，变更单位名称 4 个，增加、调整、整合行政单位内设机构 20 个。全年浈江区办理减员（包含调出、退休、辞职、死亡）561 例，列编 642 例（含市下放人员）。

【区直事业单位改革】 2017 年，区编办根据《韶关市人民政府办公室印发关于理顺市区基础教育办学体制工作方案和韶关市区教育资源整合方案的通知》，设立浈江区风采实验学校，撤销韶关市第四中学、韶关市第七中学、韶关市第十中学、韶州师范学校附属小学，原四所学校的人员编制整合到浈江区风采实验学校。根据省、市、区关于事业单位分类改革的要求，浈江区对全区 147 个事业单位重新印发机构编制方案。是年，韶关市机关第一幼儿园、韶关市机关第二幼儿园、韶关市浈江区犁市镇中心幼儿园、韶关市教工幼儿园变更单位名称，撤销韶关市第四中学、韶关市第七中学、韶关市第十中学、韶州师范学校附属小学、浈江区职业介绍所、浈江区再就业服务中心，设立韶关市浈江区风采实验学校、韶关市浈江区南沙实验学校、韶关市浈江区碧桂园凤凰城社区卫生服务中心、韶关市浈江区韶冶实验学校。

【事业单位登记管理】 2017年，为进一步加强事业单位取消年检后续监督管理，规范事业单位运行，根据《广东省机构编制委员会办公室关于转发〈事业单位法人公示信息抽查办法（试行）〉的通知》要求，为做好2017年事业单位法人信息抽查工作，区编办下发《关于做好事业单位法人公示信息抽查工作的通知》，要求各事业单位对照《事业单位登记管理暂行条例》《事业单位法人年度报告公示办法（试行）》及韶关市事业单位法人公示信息抽查内容清单开展自查自纠，并及时为各事业单位办理变更登记、注销登记、设立登记等，其中全年度办理变更登记84件，设立登记10件，注销登记10件。按照《事业单位登记管理暂行条例》及其实施细则的要求，区编办下发《关于事业单位提交2016年度报告等有关事项的通知》，全区应提交年度报告事业单位133个，均按文件要求及时提交年度报告，报送率100%。

【网上名称管理】 2017年，区事业登记管理局推进政务和公益中文域名注册管理工作。是年，全区已注册中文域名有240个单位，缴费率100%。申请挂标识单位36个，自建网站挂标单位10个，其中机关单位6个，事业单位4个。（杨思萍）

附：区编办领导班子成员名单

主　任：卢群吉

副主任：邓新智

　　　　赵惠萍（女）

涉台工作

【概况】 中共韶关市浈江区委台湾工作办公室、区政府台湾事务办公室（简称“区台办”）是区委统战部的挂牌单位。2017年，区台办紧紧围绕全区中心工作，不断增强服务意识，做好台胞台属，以及台资企业等各项工作。

【台资台属企业服务】 2017年，区台办加强与台资企业的联系，支持辖区内台商、台资企业开展生产经营活动。根据浈江区台商少的特点，把服务重点放在台属企业上，到台属企业开展调研，帮助他们解决实际困难。是年，台属企业中天电脑设备公司在区台办帮助下，拓宽业务，取得良好的经济效益。

【关爱台胞台属】 2017年，区台办做好台胞台属工作，维护社会和谐稳定，经常走访台胞台属，了解有关情况。根据市台办的要求和指示，区台办加强与区经信局、浈江公安分局联系、协调，落实区台胞台属摸底排查，并于春节期间慰问困难台胞台属。

【对台宣传】 2017年，区台办坚持“和平统一、一国两制”的基本方针，到台资企业、台胞台属家中宣传党和国家的对台工作政策，指导开展“反台独、反分裂”斗争，促进和平统一达成共识。在春节期间，邀请部分台资企业的老板和台胞台属与区领导座谈交流，为发展、建设浈江建言献策。（李　丽）

附：区台办领导班子成员名单

主　任：刘子龙

区直工委

【概况】 2017年，中共韶关市浈江区直属机关工作委员会（简称“区直工委”）各党组织全面推进区直属机关党的思想、组织、作风和廉政建设，督促指导3个党总支和22个党支部完成换届选举，调整补充党组织书记23名、副书记6名、委员37名，规范党组织设置，合理调整党组织隶属关系，接收国土局支部及市政管理中心党支部，分别安排在住建总支及城管总支，新成立4个党支部。是年，区直工委有15个党总支。

【机关党组织建设】 2017年，区直工委坚持把以习近平新时代中国特色社会主义思想武装党员干部头脑作为一项长期的政治任务，把学习中共十九大精神以及习近平新时代中国特色社会主义思想纳入机关党组中心组学习内容，纳入党员干部理论学习内容以及各类党员干部培训内容。组织机关党组织认真学习中共十九大精神和习近平新时代中国特色社会主义思想，要求党组织书记讲党课，对中共十九大精神专题辅导。推进党组织和领导班子建设，继续解放思想，理清发展思路，为“加快转型升级、建设幸福浈江”提供组织保证。

【“两学一做”学习教育】 2017年，区直工委要求机关各党组织把中共十九大精神作为“两学一做”学习教育和“不忘初心、牢记使命”主题教育的核心内容，制订专门学习计划，定期开展集体学习和领学带学。以党支部为基本单位，抓好“三会一课”和主题党日等基本制度落实。开辟贴近岗位、贴近生活的学习教育阵地，发掘身边典型和先进经验，把学习贯彻融入日常，成为党员干部的行为习惯。加强学习教育宣传报道工作，组织15个总支共上报60余篇调研文章。

【党员发展】 2017年，区直工委按照“控制总量、优化结构、提高质量、发挥作用”的要求，根据各党总支的实际情况，制定是年党员发展计划，发展预备党员19名，批准到期转正党员24名，组织12人参加建党对象培训班。排查党员组织关系，从源头上治理党员组织关系“空挂”“失联”等现象，做好广东省党务管理信息系统录入、检查工作。抓好党员的管理和培训教育工作，坚持并创新“三会一课”制度，督促党员领导干部过好双重组织生活。按照《浈江区直属工委委员挂点联系党总支分工表》的挂点安排，实行工委委员与预备党员本人进行谈话制度，跟踪了解预备党员的思想、工作、学习、生活等情况。

【机关党建关怀】 2017年，区直工委在春节、七一前组织各总支部开展看望慰问80岁以上老党员和生活困难党员活动，慰问109人次，发放慰问金2.18万元。

【党组织经费建设】 2017年，区直工委落实《关于加强区直机关党建工作保障的实施方案》，将区直机关基层党组织活动经费列入各部门（单位）年度区级财政预算，保障机关党建工作和党组织活动正常进行。是年，区直机关基层党组织活动经费14.83万元。

2017年10月28日，浈江区老干部庆祝重阳节文艺晚会在启明北全民健身广场举行 （区委老干部 供）

【民主评议行风政风】 2017年，区直工委制定《浈江区2017年民主评议政风行风工作方案》，对全区与人民群众生产生活密切相关的21家单位（其中重点评议单位8个）开展民主评议工作。召开浈江区民主评议政风行风测评会，增强机关党组织的服务功能和服务水平，转变机关作风。

【自身建设】 2017年，区直工委贯彻落实中央和省、市、区委关于作风建设的各项制度规定，落实《关于新形势下党内政治生活的若干准则》，督促区直各机关党组织严肃党内政治生活，工委领导班子成员带头坚持“三会一课”、民主生活会和组织生活会、谈心谈话、重大问题等各项制度，确保机关党内政治生活严肃扎实。 （袁钰婷）

附：区直工委领导班子成员名单

书　记：邓新慧（女，任至8月）
　　　　吴小林（8月任职）

老干部工作

【概况】 2017年，中共韶关市浈江区委员会老干部局（简称“区委老干部局”）积极开展为党和人民事业增添正能量活动。在各镇（办）党（工）委和区直各单位党组织召开专题座谈会和研讨交流会20场次，收集迎接中共十九大召开意见建议20条。在“畅谈十八大以来变化、展望十九大胜利召开”“我最喜爱的习近平总书记的一句话”“我的家风家规家训”3个正能量微语100句征集活动中，收集微语129句，家风好故事5个。是年，组织开展“善美韶关、文明同心，为党和人民事业增添正能量”创文宣传活动，老干部以“快闪”表演、宣读倡议书等方式激发市民参与创文的积极性。成功举办浈江区老干部庆祝重阳节大型文艺晚会。是年，区委老干部局管理服务离休干部20名，副处级以上退休干部75名。在“老干冷暖我先知”活动中，收集老干部提出的问题、建议33条，解决问题32个。

【老干部政治待遇】 2017年，区委老干部局坚持落实阅读文件、听报告、参加重要会议活动、通报情况等政治待遇制度，每季度组织老干部集中学习一次，内容紧密结合中央、省、市委及全区经济社会发展中的理论性问题。组织老干部学习中共十八届五中全会、六中全会、十九大精神、省第十二次党代会精神和习近平总书记对广东工作重要的批示精神等。召开是年离退休干部迎春座谈会和重阳节座谈会，向老干部通报全区工作总体情况。每次重要会议和出台重大政策，专门听取老干部意见。为老干部订阅《秋光》杂志、《老人报》，为老干部活动中心订阅《人民日报》《韶关日报》等报刊。

【老干部党建】 2017年，区委老干部局为党员离休干部征订《习近平谈治国理政第二卷》《中共十九大报告辅导读本》等学习读物，采取党员会议学和送学上门等方式，保障党员学习党章党规和系列讲话不下线。全区70余名离退休老干部参加浈江区老干部学习中共十九大精神宣讲会，市委党校副校长杨斌教授作《新时代 新思想 新征程》辅导报告。相关报道率先在市“浈武聚焦”节目播出，并在浈江区政府公众信息网发布。

【老干部学习活动中心】 区老干部活动中心建于2011年，总投资550万元，位于市区华新街原北江区人民武装部。室内建筑面积1100多平方米，室外活动场地800多平方米，配置30多万元的健身娱乐等设备器材。2017年，区委老干部局不断提升工作人员的管理服务水平，进一步完善活动中心的软硬件建设，力求打造成为能够有效凝聚、激发和传递正能量的主阵地。

【老干部（老年）大学】 区老干部（老年）大学于2012年1月16日挂牌成立，与区老干部活动中心合署办公，以“增长知识、丰富生活、陶冶情操、促进健康、服务社会”为办学宗旨，聘请的老师专业素质高，教学认真负责，开设的课程丰富，吸引大批老干部和老年人踊跃报名就读，在老年群体中获得良好的口碑。2017年，老干部（老年）大学开设舞蹈班、太极班、国画班、声乐班等专业课程，招录学员372人次。是年，区委老干部局完成老干部（老年）大学改造项目的立项申报和项目可行性研究报告编制等工作。（魏丽晶）

附：区委老干部局领导班子成员名单

局　长：邓新慧（女）

信访工作

【概况】 浈江区信访局（简称“区信访局”）是中共韶关市浈江区委办公室挂牌单位，实有人数5人。其中科员3人，购买服务1人，局长由区农办主任兼任。2017年，区信访局完成重点敏感时段的信访工作，投入资金解决镇（办）信访突出问题和创建信访工作“三无”（无进京非访，无到省集体访，无到省、市缠访闹访）镇（办）活动，花坪镇、犁市镇、新韶镇、车站街道办事处、东河街道办事处、曲仁办事处、田螺冲办事处等7个单位为2017年信访工作创“三无”优秀单位。

【群众信访情况】 2017年，信访总量502件次。其中群众来信39件（重复来信17件），网络信件79件，群众到各级上访384批890人次，与上年同期对比，信访总量批件次上升20.96%、人次下降25.82%。

【矛盾纠纷排查】 2017年，浈江区对辖区矛盾纠纷依然实行区每月一排查，镇（办）每半月一排查，村（居）每周一排查，重点时期每日一排查，并对重点人员、重点领域，实行分类登记、分级管理，全区排查出重点人员156人，矛盾纠纷39件。

【拓宽信访渠道】 2017年，区信访局网站受理、信访查询、领导信箱、咨询投诉、政策法规、政务公开、信访指南等功能的浈江信访门户网站运行正常；群众来信、来访、来电、网上投诉等形式反映的信访事项全部纳入信访信息系统办理。

【解决信访突出问题】　2017年，区信访局及时就地化解多宗信访突出问题和集体上访事件。如成功化解风采办刘某信访积案、成功化解犁市镇范某信访积案。

【强化工作机制】　2017年，浈江区继续实施区委、区政府出台《浈江区关于进一步加强和改进信访工作意见》，意见要求每月各镇（办）、区直及驻区单位实行一排查一研判制度；每年由区财政安排信访专项工作经费，用于镇（办）化解信访突出问题和创建信访工作“三无”活动；对出现进京上访、到省到市集体访的，解决信访突出问题和化解信访积案不力的责任单位和责任人，视信访工作失责情节轻重，实行信访通报、工作约谈或工作检讨；定期每月召开一次信访工作联席会议，每季度召开一次信访维稳工作分析会；落实区领导干部接访下访制度以及领导干部批阅群众来信制度。

【化解信访积案】　2017年，区信访局制定化解信访积案集中攻坚工作方案，集中清理和化解全区信访积案。市交办的信访积案1宗，已结案，化解率100%；区交办信访积案1宗，已结案，化解率100%。

【领导干部接访下访】　2017年，区级领导干部联合接访群众31批153人次，乡镇领导干部接访群众687批1393人次；领导阅批信访案件59件，阅批率45.38%。

【信访调研】　2017年，区信访局注重信访信息收集研判，准确把握各时期的信访形势，编发《浈江信访动态》15期；围绕征地拆迁、扶贫攻坚、集资融资、劳动社保、环境保护等社会热点、改革难点、民生重点等信访问题进行分析调研，有针对性地提出改进工作、完善政策的建议。

（邝志红）

附：区信访局领导班子成员名单

局　长：冯志光（任至3月）

　　　　郭　聪（3月任职）

保密工作

【概况】　2017年，浈江区委保密机要局（简称“区保密局”）在区委、区政府的正确领导下，围绕区委、区政府的中心工作和区委保密委年度工作要点，认真贯彻落实中央和省、市保密工作会议精神，开展《中华人民共和国保守国家秘密法》及保密法规学习宣传教育，抓好保密检查、保密监督管理和保密队伍建设，完成各项工作任务。

【保密工作会议】　2017年5月26日下午，浈江区召开全区保密工作会议，区委常委、区委办主任、区委保密委副主任谢林茂主持，区委副书记、区委保密委主任庄强出席会议并讲话。区保密局局长王存总结2016年全区保密工作情况，部署2017年保密工作任务。庄强就进一步加强全区保密工作提出具体要求。

【区委常委会议学保密】　2017年7月4日，区委第11次常委会议集中学习省、市保密工作会议精神，听取全区保密工作情况汇报。11月2日，九届区委第14次常委会议听取王存《关于“十三五”时期浈江区保密事业发展规划》和《关于加强和改进保密工作的实施意见（讨论稿）》作起草说明，对两份文件进行讨论并原则通过。12月8日，区委第17次常委会议集中学习习近平总书记关于保密工作重要指示精神和全市保密工作专题会议精神。

【保密工作管理】　2017年，浈江区落实领导干部保密工作责任制，严格将保密工作责任制履行情况纳入干部考察、干部任前谈话和任前考试内容。全年开展保密工作专项检查2次，检查机关单位53个，随机抽查部分重点单位10个，对检查发现的问题，当场提出整改意见。积极申请原始定密权，在市保密局统一部署下，区保密局牵头负责，收集汇总近三年来全区党委、政府产生原始定密文件数据报市保密局。

【保密业务知识培训】　2017年9月27日，区保密局组织全区各单位定密审核人、定密承办人、定密审核人76人参加在市委党校举办的全市定密责任人培训并统一考试，取得明显效果，提高各单位涉密人员的业务素质。

【保密宣传教育】 2017年，区保密局结合全区“纪律教育学习月”活动，开展保密法纪宣传教育活动，全区机关、部分单位张贴保密宣传教育挂图，征订《保密工作》《保密科学技术》等各类保密宣传书籍63套。

【重要考试保密检查】 2017年5月，区保密局参与有关高考、中考工作的协调会，做好有关试卷的保密工作，确保高考期间没有泄密事件发生。（王 存）

附：区保密局领导班子成员名单

局　长：简洁（女，任至3月）
　　　　王存（3月任职）

浈江区樱花公园　　（区史志办　供）

韶关市浈江区人民代表大会

综　　述

【概况】　2017年，韶关市浈江区人民代表大会常务委员会（简称“区人大常委会”）在区委的领导下，高举中国特色社会主义伟大旗帜，深入贯彻中共十八大和十八届三中、四中、五中、六中全会精神，全面学习贯彻中共十九大和习近平新时代中国特色社会主义思想，紧紧围绕全区工作大局，认真履行宪法法律赋予的各项职权，充分发挥地方国家权力机关职能作用，按照“三坚持、四注重”，认真抓好各项工作落实。全年召开常委会会议8次，听取和审议专项工作报告12项，开展执法检查、视察活动10次，依法作出决议、决定4项，任免国家机关工作人员80人次。

【区九届人大二次会议】　2017年3月2—3日，在浈江区大学路7号区政府综合楼四楼会议中心召开浈江区第九届人民代表大会第二次会议。出席和列席会议的有浈江区第九届人大代表、区四套班子领导及社会各界人士200多人，会议听取和审议浈江区人民政府工作报告，审查浈江区2016年国民经济和社会发展计划执行情况及预算执行情况的报告，批准浈江区2017年国民经济和社会发展计划及2017年本级预算。

【人大常委会会议】　2017年浈江区召开8次人大常委会会议。

1月17日，浈江区九届人大常委会举行第二次会议。会议讨论通过区人大常委会代表资格审查委员会成员名单，任命区人大常委会法制工作委员会、教育科学文化卫生工作委员会、经济工作委员会兼职委员。会议决定任命新一届区政府组成人员：李红保为韶关市浈江区人民政府办公室主任；曾大海为韶关市浈江区发展和改革局局长；邱斌为韶关市浈江区经济和信息化局局长；吕德基为韶关市浈江区教育局局长；刘子龙为韶关市浈江区民族宗教事务局局长；周可华为韶关市浈江区监察局局长；刘济为韶关市浈江区民政局局长；彭志红为韶关市浈江区司法局局长；张爱军为韶关市浈江区财政局局长；吴金宪为韶关市浈江区人力资源和社会保障局局长；成容为韶关市浈江区住房和城乡建设局局长；宋柏均为韶关市浈江区农业局局长；罗修鹏为韶关市浈江区林业局局长；李颖为韶关市浈江区文化新闻出版局局长；陈玲为韶关市浈江区卫生和计划生育局局长；郑军文为韶关市浈江区审计局局长；李伟锋为韶关市浈江区工商行政管理局局长；李文怡为韶关市浈江区安全生产监督管理局局长；何艳霞为韶关市浈江区食品药品监督管理局局长；邓伟霖为韶关市浈江区统计局局长；邓军明为韶关市浈江区城市综合管理局局长。

2月22日，浈江区九届人大常委会举行第三次会议。会议接受刘子龙辞去浈江区第九届人民代表大会代表职务的请求，免去魏建萍的浈江区人民检察院检察委员会委员、检察员职务。

4月11日，浈江区九届人大常委会举行第四次会议。会议任命吴金宪为韶关市浈江区人大常委会法制工作委员会主任；罗爱军为韶关市浈江区人大常委会东河街道工作委员会主任；周建君为韶关市浈江区人大常委会车站街道工作委员会主任。决定任命刘雄生为韶关市浈江区人民政府副区长，余华为韶关市浈江区财政局局长、曾开全为韶关市浈江区人力资源和社会保障局局长、林航为韶关市浈江区食品药品监督管理局局长、曾泉运为韶关市浈江区统计局局长。免去曾开全的韶关市浈江区人大常委会法制工作委员会主任的职务、黄伟强的韶关市浈江区人大常委会车站街工作委员会主任的职务、张光宝的韶关市浈江区人大常委会田螺冲工作委员会主任的职务、张爱军的韶关市浈江区财政局局长的职务、吴金宪的韶关市浈江区人力资源和社会保障局局长的职务、何艳霞的韶关市浈江区食品药品监督管理局局长的职务、邓伟霖的韶关市浈江区统计局局长的职务。

7 月 12 日，浈江区九届人大常委会举行第五次会议。会议听取和审议区政府关于 2016 年财政决算的报告、关于 2016 年本级预算执行和其他财政收支的审计工作报告，批准浈江区 2016 年本级财政决算。审议通过区人大常委会讨论决定重大事项暂行规定。

8 月 31 日，浈江区九届人大常委会举行第六次会议。会议听取和审议区人民法院执行工作情况的报告；听取和审议区政府关于提请审议 2017 年新增政府债券资金安排方案的报告；听取和审议区政府关于 2017 年上半年财政预算执行情况的报告、上半年国民经济和社会发展执行情况的报告。批准浈江区 2017 年新增政府债券资金安排方案。

10 月 27 日，浈江区九届人大常委会举行第七次会议。会议听取和审议区政府关于创建广东省推进教育现代化先进区情况的报告；听取和审议区人大常委会执法检查组关于区实施《中华人民共和国道路交通安全法》情况的报告。会议接受秦卫红、余少辉辞去韶关市浈江区第九届人民代表大会代表职务的请求。任命罗韶明为区人大常委会办公室主任、谢云辉为区人大常委会教科文卫工委主任、杨帆为浈江区人民法院执行局局长。免去谢云辉的韶关市浈江区人民代表大会常务委员会办公室主任职务、秦卫红的韶关市浈江区人民代表大会常务委员会教育科学文化卫生工作委员会主任职务、郭敏琼的韶关市浈江区人民法院执行局局长职务、杨帆的韶关市浈江区人民法院行政审判庭庭长职务、李小凡的韶关市浈江区人民法院执行局副局长及审判员职务、甘广建的韶关市浈江区人民法院行政审判庭副庭长及审判员职务、杨秋霞的韶关市浈江区人民检察院检察员职务。

12 月 5 日，浈江区九届人大常委会举行第八次会议。会议补选刘祥锋为韶关市第十四届人民代表大会代表。

12 月 27 日，浈江区九届人大常委会举行第九次会议。会议听取和审议区政府关于九届人大一次会议代表建议意见办理情况的报告，听取和审议区政府关于收回并统筹安排 2015 年结余结转资金方案的报告，听取和审议区政府关于 2017 年度一般公共预算收支调整方案的报告，批准浈江区 2017 年度一般公共预算收支调整方案。会议听取区人大常委会代表资格审查委员会关于个别代表的代表资格审查报告，审议区人大常委会工作报告。审议决定召开区九届人大三次会议的有关事项。会议免去叶显发的浈江区人民法院刑事审判庭副庭长及审判员职务，免去黄志熙的浈江区人民法院审判员职务。接受杨树林、廖志莲、刘清生辞去浈江区第九届人民代表大会代表职务的请求。

人大常委会主要工作

【人大常委会法律监督】 2017 年，区人大常委会依法行使法律监督职权，对全区实施《中华人民共和国道路交通安全法》情况进行执法检查，在常委会上听取和审议执法检查组的执法检查报告。建议区政府要处理好交通安全与方便出行的关系，从销售到使用等各个环节，加大对超标车辆以及违规行驶的整治力度，减少交通安全隐患；进一步加强严格执法，切实履行法定职责，牢固树立正确的执法理念，严格道路交通安全执法；进一步加大财政支出，切实推进道路改造，提升城市形象，惠及群众出行。进一步科学规划建设，确实解决停车难等热点问题

【专题调研】 2017 年，区人大常委会围绕区委的工作部署，抓住事关浈江区经济社会发展的重大问题及人民群众关心的热点、难点问题进行专题调研，增强监督实效，确保区委提出的工作目标得以实现。根据年初制定的监督议题，各工委积极开展调研，形成调研报告，并在常委会会议上宣读，常委会会议审议时作参考，会后形成审议意见提交区政府及有关部门落实，取得一定的监督实效。

【人大建议办理】 2017 年，区人大交办代表建议 23 件。代表建议如期办理完毕，答复率为 100%。根据代表反馈的意见，全年办理工作的满意和基本满意率达 100%。常委会加大协调督办

力度，承办单位认真履行督办和办理职责，各承办单位负责积极参与建议办理调研座谈，共同研究制定具体措施，推动解决关系群众切身利益的重大问题。

【人大信访】 2017 年，区人大常委会加强信访工作，深入了解社情民意，进行社会动态分析，关注群众反映的焦点、热点和难点问题，督促相关部门依法行政和公正司法。全年受理信访件 19 件次。在接访过程中，坚持耐心说服和正面疏导的工作原则，向来访人宣传讲解法律和有关的政策，使其息访或减少重复上访、信访的现象。对于一些群众控告、反映有理的问题以及一些影响较大、情况复杂的信访案件，督促相关部门作出处理并报告处理结果，平息社会矛盾，维护社会稳定。

人大代表主要工作

【人大代表培训】 2017 年，区人大常委会针对换届后人大代表中新代表多、农村代表比例增加的特点，组织 32 名市、区人大代表到全国人大培训基地进行培训。邀请专家、教授和市人大领导对全体市、区人大代表上课，组织代表进行履职学习，提高代表的履职能力和水平。

【风采街人大代表暖心驿站启动】 2017 年 7 月 28 日，浈江区风采街人大代表暖心驿站启动仪式在辖区环园路社区公共服务站举行，韶关市人大常委会副主任陈曦、区委书记刘清生、区人大常委会主任谭雪华、区人大常委会副主任朱明远、区人大常委会副主任张玉花、区人大常委会副主任刘伟光、区人大常委会副主任麦章彬参加揭牌仪式。区人大常委会利用暖心驿站平台开展法律法规宣传、文化联谊、健康咨询、就业信息宣传、群众意见建议收集、扶贫济困等活动。

【人大代表沟通联系】 2017 年，区人大常委会制定代表联系群众“三联系”和“四访”工作法，制定常委会主任、副主任联系常委、代表，其他常委会组成人员联系代表、群众，代表联系群众的工作办法，对选区选民通过固定接访、日常走访、专题专访、日常探访等广泛听取代表和群众的意见建议。

【人大代表履职档案】 2017 年，区人大常委会对代表出席参加会议情况、会议和闭会期提出议案建议意见情况，参加视察、调研活动、联系群众为老百姓办好事、实事、培训等情况记入履职档案，提高代表的履职热情和体现责任担当。

【落实人大代表建议】 2017 年，区人大常委会向区政府及其职能部门交办和督办代表建议，要求有关职能部门在办理过程中加强与代表的沟通和联系，提高代表建议落实率。建立代表建议办理考核制度，对办理不力的、代表不满意的在绩效考评中给予扣分，进一步促进代表建议办理工作。

【“一府两院”工作评议】 2017 年，区人大常委会在人民代表大会会议期间，组织全体代表对“一府两院”工作部门进行评议，评议单位 28 个，评议面达 100%。将评议结果向代表公开，并向政府及有关部门通报。

（刘丁娣）

2017 年 7 月 28 日，浈江区风采街人大代表暖心驿站揭牌仪式现场 （区委宣传部 供）

区人大常委会主任、副主任名单

主　任：谭雪华（女）

副主任：马瑞华

王剑兰（女）
朱明远
张玉花（女）
刘伟光
麦章彬

附：区人大机关办公室、各工委领导班子成员名单

办公室主任：谢云辉（任至10月）
罗韶明（10月任职）
教育科学文化卫生工作委员会主任：秦卫红（任至10月）
谢云辉（10月任职）
财政经济工作委员会主任：
李向东
选举联络人事任免工作委员会主任：陈传利
法制工作委员会主任：曾开全（任至4月）
吴金宪（4月任职）

浈江区大学生创业园 （区史志办 供）

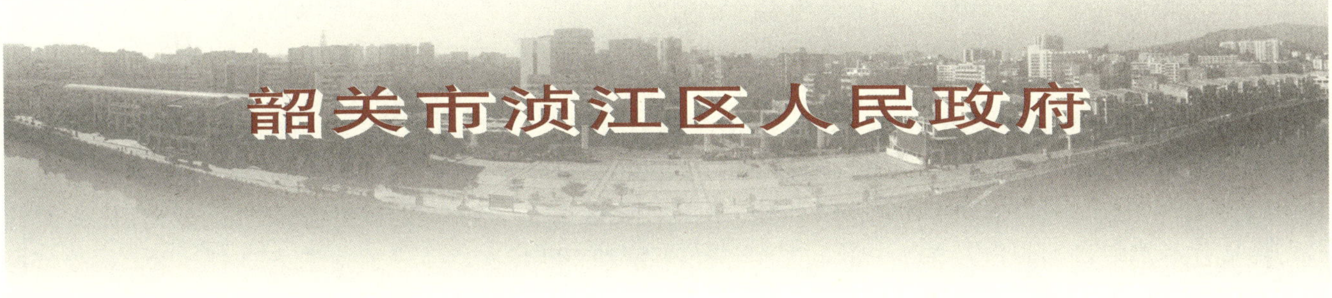

韶关市浈江区人民政府

综　　述

【概况】　2017年，韶关市浈江区人民政府（简称“区政府”）坚持以习近平新时代中国特色社会主义思想为指导，深入学习贯彻中共十九大和习近平总书记系列重要讲话精神，全面推进供给侧结构性改革，主动融入珠三角，做好“产业共建、城市提升、区域发展”三篇文章，团结带领全区人民，务实担当，攻坚克难，真抓实干，为全面建成小康社会奠定坚实基础。

【主要经济指标稳步增长】

2017年，全区完成生产总值229.37亿元，增长6.2%，其中第一、二、三产业增加值分别为7.01亿元、34.5亿元、187.8亿元，增长3.9%、4.6%、6.5%，三大产业比例调整为3.1∶15∶81.9；社会消费品零售总额236.8亿元，增长6.9%；固定资产投资完成62.5亿元。一般公共预算区本级收入2.88亿元；一般公共预算支出13.69亿元，增长25.3%。新签招商引资项目47个，总投资41.45亿元。完成重点项目投资34亿元。完成工业技改投资6亿元，新增粤华电力、宏大韶化民爆等4家规上工业企业，工业总产值90.2亿元，增长16.3%；完成工业增加值19.2亿元，增长12%。

2017年5月5日，浈江区举办五月节庆文艺演出活动

（区委宣传部　供）

【农村生产生活条件不断改善】

2017年，浈江区积极构建生态保护机制，划定畜禽养殖禁养区、限养区和适养区。全面实施河长制和小型水利工程体制改革。大力培育新型农业经营主体，新增浩川粮油等2家省级农业龙头企业、1家市级农业龙头企业。以“公司＋合作社＋农户”“互联网＋”等模式力促产业结构调整，拓宽农产品销售渠道，实现产业发展和农户增收。以韶关市友丰生态园林开发有限公司等企业为龙头，推进农作物种植、农产品深加工、生态休闲观光等产业融合发展，提高农业现代化水平。多方筹集资金1.3亿元，加快农田水利、道路交通和农村人居生态环境综合整治工作。高标准完成基本农田建设任务以及一批农村公路路面硬化和路基拓宽工程。靖村等山区中小河流治理和病险山塘除险加固有序推进。实施“新一轮绿化广东大行动”，碳汇造林17.33公顷、封山育林133.33公顷，完成5个乡村绿化美化工程。推进3个省定贫困村的人居生态环境综合整治工作，

开展“八大创建”活动，全面完成四个100%工作任务，农村人居生态环境进一步改善。

【城市提升成效显著】 2017年，浈江区实施百年东街西侧修缮工程，建设浈江、北江东岸慢行系统，完成江心岛堤围加固以及东堤北路等8处“五小”工程建设，城市景观有效提升；启动大学路断面改造等项目，加快建设启明北路等停车场，完成北江路等道路“白改黑”工程；推进4个垃圾中转站建设，完成学工街等5条小街小巷整治和犁市、东升农贸市场升级改造，完善7个社区公共服务用房，城市功能进一步提升。投入1.2亿元推进“创文巩卫”工作。投入556万元更新环卫设施，实施垃圾清运规范化管理，构建保洁长效管理机制。环境监察网格化管理工作有效落实，大气、水、土壤等污染防治行动成效明显。开展市场周边和重点路段“六乱”等专项整治行动，拆除户外广告1.57万平方米；加大“两违”（违法用地和违法建设行为）查处力度，拆除违法建筑面积11.17万平方米，市容市貌明显改善。落实“数字化城管”，群众对城市管理满意度明显提高。

【脱贫步伐加快】 2017年，浈江区创新扶贫方式，以“公司+基地+农户”等模式与友丰油茶公司合作，实施油茶、光伏等产业帮扶项目，构建精准脱贫长效机制，带动贫困户增收。改善贫困群众居住环境，50户贫困户危房改造动工建设。落实新时期精准扶贫“以奖代补”政策，发放奖补资金27.88万元。是年，投入资金1690万元用于产业帮扶、教育扶贫、医疗救助，完成155户431人的脱贫任务。

【文化教育医疗卫生事业全面推进】 2017年，浈江区举办文艺培训、文艺演出等活动200场次，打响“浈·风采”系列文化活动品牌，为农村放映电影540场次、送戏下乡40场次，实现文化为民、惠民。完成韶冶实验学校、机关一幼、机关二幼接收和高中学校上划移交。在全市率先建成教育系统平安校园监控平台，稳步推进“县管校聘”，逐步取消学校行政级别。是年，投入3500多万元加快推进教育现代化步伐，省社区教育实验区复评顺利通过，成功创建“全国规范化家长学校实验区”。实施卫生强区战略，区人民医院正式挂牌，犁市镇等3个卫生院、车站社区卫生服务中心改扩建工程和10间村卫生站规范化建设基本完成。建成出生缺陷干预中心，实施出生人口动态监测，兑现奖扶资金1429万元。

【进一步扩大劳动就业和社会保障覆盖面】 2017年，区政府加强就业服务和指导，组织18场劳务招聘活动，新增就业2200多人，城镇登记失业率降低至2.4%。积极开展失地农民养老保险工作，实施机关事业单位养老并轨，提高城乡社会养老保险覆盖面。全区5家居家养老服务中心正式运营，居家养老服务工作走在全市前列。全年发放低保五保金962万元、军人优待抚恤补助金2057万元、医疗救助金188万元、高龄老人津贴187万元，民生保障水平进一步提高。

【民主法治建设得到加强】 2017年，浈江区自觉接受区人大及其常委会的法律监督和区政协的民主监督，全年办理区人大代表意见建议23件，区政协委员提案73件，办复率、满意和基本满意率均为100%。加强网络问政工作，依法执政能力、依法行政水平不断提高，法治建设“四级同创”工作稳步推进，“一村（社区）一法律顾问”实现全覆盖，法治宣传、法律援助、社区矫正和安置帮教工作深入开展。是年，浈江区被确定为“韶关市法治创建示范区”。

【社会发展大局和谐稳定】 2017年，浈江区全面完成村（社区）“两委”换届工作。开展“平安浈江”创建活动，加强立体化治安防控体系建设；开展打击电信诈骗犯罪、打黑除恶等专项行动，获全市公安机关“飓风2017”专项行动总分第一名，群众安全感、满意度不断提高。排查调处各类矛盾纠纷1508宗，调解成功1478宗，社会治安大局平稳。实施家禽“集中屠宰、冷链配送、生鲜上市”，创建“风度名城省级食品安全示范街”，保障群众饮食用药安全。开展节假日、汛期、特别防护期等安全生产专项检查行动，加大重点行业领域专项整治力度。浈江路社区、大学路社区获“广东省地震安全示范社区”称号。是年，全区没有发生重特大安全生产事故、重大食品安全事故和重大群体性事件，为中共十九大胜利召开营造和谐稳定的社会环境。

重要会议

【区政府常务会议】 2017年，在区机关综合楼301会议室召开区政府常务会议16次。

九届一次常务会议 1月10日晚，区委副书记、区长曾清兰主持召开，研究原皇岗山舜帝森林公园景观一期工程项目建设的有关问题、《浈江区2015年县（市、区）经济社会科学发展观考核奖金分配建议方案》、欧建武补缴社医保问题、调整机关事业单位工作人员基本工资标准和增加机关事业单位离休人员离休费问题、《韶关市浈江区建立健全乡镇机关事业单位工作人员乡镇工作补贴制度实施方案》。

九届二次常务会议 1月22日上午，区委副书记、区长曾清兰主持召开，研究浈江区2017年国民经济和社会发展主要指标以及重点建设项目计划、浈江区机关事业单位工作人员养老保险制度改革贯彻意见问题、两名干部政纪处理意见以及部署当前政府重点工作。

九届三次常务会议 2月6日下午，区委副书记、区长曾清兰主持召开，研究增加区公安分局和区森林派出所辅警问题、浈江区2017年财政预算安排方案，集体学习《中华人民共和国慈善法》、党风廉政建设条例规定以及部署当前有关工作。

九届四次常务会议 2月24日上午，区委副书记、区长曾清兰主持召开，研究《政府工作报告（稿）》《浈江区2016年国民经济和社会发展计划执行情况与2017年计划（草案）的报告》《浈江区2016年预算执行情况和2017年预算（草案）的报告》，2017年实施的民生实事、犁市镇相关村委拆分问题。

九届五次常务会议 4月28日，区委副书记、区长曾清兰主持召开，研究浈江区镇公办中心幼儿园建设问题、南郊水果蔬菜批发市场搬迁工作、农村人居环境综合整治建设美丽乡村工作实施方案、鸭仔墩水库降等及抢险加固工作、区土地和房屋征收管理办公室修缮改造办公场所问题、寮步与浈江对口帮扶工作、广东鸿源众力发电设备建设项目历史遗留问题、区产业园消防站建设问题、2016年区级公共服务事项目录、给予温志勇开除公职处分问题、创建卫生强区工作实施方案、市铁路医院申请综合大楼建设补助资金问题，区委常委、副区长刘雄生工作分工及其他事项。

九届六次常务会议 5月5日上午，区委副书记、区长曾清兰主持召开，研究关于加快构建新型农业经营体系（2016—2018）的实施意见、提升浈江区三防能力建设、水利工程建设项目统筹资金问题、“十二五”期间高标准基本农田建设项目结余资金用于完成建后影像信息采集与报备相关工作问题、归还莞韶园已垫付比亚迪项目被征地农民养老保障问题、实施粤华电力至B路污水管工程事宜、曲仁棚户区镇（办）归属问题、《浈江区人民调解“以案代补、以奖代补”实施方案》《浈江区关于评选优秀调解组织和优秀调解员实施方案》、浈江区事业单位和国有企业公务用车制度改革、浈江区2017年教师招聘工作方案、2017年农村基层组织工作经费、区社会福利院挡土墙排险加固及光荣楼维修工程。

九届七次常务会议 5月22日上午，区委副书记、区长曾清兰主持召开，研究关于进一步加强煤矸石资源综合利用管理的有关规定、《浈江区新时期精准扶贫业扶贫“以奖代补”操作细则》《浈江区新时期精准扶贫产业扶贫“以奖代补”操作细则》《浈江区精准扶贫小额贷款实施方案》、招聘专职人民调解员及社区矫正工作助理员的问题、梅村中学土地租赁纠纷和出租梅村德育基地问题、《浈江区人民政府第一批清理规范的区政府部门行使审批中介服务事项目录》、调整2017年政策性水稻种植保险的问题、参与政府分工相关领导工作调整事项，学习市纪委《关于四起违反中央八项规定精神典型问题的通报》。

九届八次常务会议 6月8日下午，区委副书记、区长曾清兰主持召开，研究浈江区自主招聘教师的有关工作、2017年我区城乡低保最低月标准及特困供养最低年标准、《韶关市浈江区建立和完善复退军人服务体系实施方案（送审稿）》、农村生活垃圾收运处理工作及相关经费问题、花坪镇生活垃圾减量处理站运营费问题、犁市镇新建生活垃圾中转站和环卫清运费问题以及部署近期有关工作。

九届九次常务会议 6月21日下午，区委副书记、区长曾清兰主持召开，研究追加农村移民基础设施工程项目预算资金问题、

《韶关市浈江区全面推行河长制工作方案》、《韶关市浈江区畜禽养殖禁养区、限养区和适养区划定方案》、浈江区三个省级贫困村人居环境综合整治工作、编制全区农村人居环境综合整治《项目可行性研究报告》及经费问题、《韶关市浈江区2017年公开招聘教师实施方案》、《浈江区风采实验学校（九年一贯制）校长竞聘工作方案》、镇（街）城市居家养老服务中心运营项目实施方式问题，通报浈江区2016年“6·30”扶贫济困日活动募集资金使用情况，部署近期重点工作。

九届十次常务会议 7月27日上午，区委副书记、区长曾清兰主持召开，研究调整区土地和房屋征收管理办公室、区地方公路站、区城管局的办公场问题、辖区内征地拆迁项目按新标准进行补差问题、《韶关市浈江区犁市镇总体规划（2016—2030）》、浈江区韶关市小学挡土墙隐患整治问题、浈江区西牛潭水库除险加固项目、建立政府欠薪应急周转金制度、曲仁棚安置区（曲仁园）居民落户问题、参加韶关市第十五届青少年运动会经费预算问题以及部署近期区政府重点工作。

九届十一次常务会议 8月28日下午，区委副书记、区长曾清兰主持召开，研究补录及新增招录劳动合同制司法辅助人员问题、招聘10名陪护人员给区纪委使用问题、社区矫正中心建设问题、《韶关市浈江区2017年依法行政工作要点》、调整机关事业单位退休人员基本养老金问题、区级新增2017年政府债务5000万元及债券资金安排问题、关于向市政府报批修编的《韶关市浈江区犁市镇总体规划（2016—2030）》问题、增列2017年重点建设项目问题、采用PPP模式推进农村人居环境综合整治工程问题、《韶关市浈江区深化小型水利工程管理体制改革实施方案》、校车运营补贴事宜、安排使用教育创强资金事宜，学习《中华人民共和国公共文化服务保障法》，部署近期重点工作。

九届十二次常务会议 10月19日上午，区委副书记、区长曾清兰主持召开，研究委托市铁路医院建设浈江区出生缺陷干预中心问题、浈江区福利院经营服务性收入上缴区财政及支出列入财政预算问题、扶贫开发和广东省扶贫济困日资金使用问题、浈江区区级行政许可调整事项目录、《浈江区第二批拟清理规范的区政府部门行政审批中介服务事项目录》《浈江区拟保留区政府部门行政审批中介服务事项清单》、浈江区2016年度镇（办）加快经济社会发展考核结果和《2016年度浈江区工作绩效评价奖励方案》、浈江区2017年教育系统高级和中级职称岗位使用及评聘的问题、建设犁市镇梅村小学教学综合楼资金安排的问题、调整浈江区区属办幼儿园保教费标准的问题、浈江区区属公办幼儿园均定额补助标准的问题、支付浈江产业园工程欠款的问题、《浈江区畜禽养殖污染清理整治工作方案》和《浈江区畜禽养殖场清理关闭补偿方案》、浈江区病险山塘除险加固工程经费的问题、《浈江区土地和房屋征拆工作经费管理办法（草案）》、《浈江区土地储备征收工作专项资金管理办法（草案）》、《浈江区农村人居环境综合整治建设美丽乡村建设项目工程施工管理实施方案》、《浈江区农村生活垃圾市场化运营方案》、《关于浈江区农村人居环境综合整治美丽乡村有关前置条件的通知》以及部署近期区政府重点工作。

九届十三次常务会议 11月2日下午，区委副书记、区长曾清兰主持召开，区政府班子成员学习中共十九大精神，研究中车株洲电子机车研究所有限公司项目用地报批和相关历史遗留问题处理、《浈江区2017年加快镇（办）经济社会发展考核方案》、《浈江区全面推行河长制区级河长会议制度（试行）》等六项制度（办法）、农村人居生态环境综合整治项目PPP实施方式问题、车站社区卫生服务中心改建修缮、乐园镇及十里亭镇卫生院标准化建设问题、专职消防人员招聘及经费问题、给予杨志亮开除公职处分问题、续聘5名交通技术监控录入员及经费问题。

九届十四次常务会议 11月20日上午，区委副书记、区长曾清兰主持召开，研究韶关市碧桂园外国语学校收费标准问题、追加退役士兵一次性补助、社区专职工作人员工资、老人津贴和居民殡葬基本服务费资金问题、收回并统筹安排2015年结余结转资金问题、2016年度人口与计划生育工作优秀、良好单位表彰问题、禁养区养殖场清拆补偿经费问题、韶关市明弘生态农业有限公司已拆除建筑物补偿问题、研究实施耕地提质改造及开发补充水田项目问题、《浈江区建立健全乡镇机关事业单位工作人员乡镇工作

补贴制度实施方案》，学习《广东省依法行政工作领导小组办公室关于广东省2016年依法行政考评典型案例和问题的通报》，听取2017年浈江区禁毒工作汇报。

九届十五次常务会议　12月21日，区委副书记、区长曾清兰主持召开，研究《浈江区突发事件现场指挥官制度实施意见（试行）》《浈江区突发事件现场指挥官工作规范（试行）》《浈江区2017年收支预算调整方案》《浈江区2018年预算草案》，落实区法检“两院”干警政法补贴经费问题、浈江产业园与企业法律诉讼问题、浈江区鸿江供水有限公司对曲仁、花坪居民供水问题以及部署重点工作。

九届十六次常务会议　12月25日上午，区委副书记、区长曾清兰主持召开，研究2018年国民经济和社会发展主要指标预期目标、浈江区2017年国民经济和社会发展计划执行情况及2018年计划草案、浈江区2018年重点建设项目、浈江区与广东长鸿实业集团有限公司签订投资开发项目框架协议问题、浈江区农贸市场周边社会化管理改革试点工作经费问题、区政府投资项目评审中心评审费用发放问题、皇岗山公园项目被征地农民社保费用问题、解决2017年度城乡义务兵家属优待金问题、解决村“两委”干部工资补贴和农村基层组织办公经费问题、解决2017年城乡养老保险区级配套资金问题、政府工作报告（草案）、2018年浈江区政府承诺为民办实事工作以及部署近期重点工作。　（钟志伟）

表2　**2017年浈江区人民政府工作会议一览表**

序号	会议时间	会议内容
1	1月6日	研究棚改安置区配套设施移交工作有关问题
2	1月11日	做好H7N9禽流感疫情防控工作
3	1月4日	研究鑫金汇仓储及周边储备地和黄金经济发展用地项目有关评估报告
4	1月17日	研究东环线公路莲花段邱兆雄果场征地补偿方案
5	2月20日	研究2017年广东省村卫生站公建规范化建设项目申报有关问题
6	2月17日	研究部署近期工作
7	2月22日	研究部署高标准基本农田建设工作
8	2月22日	研究电力设施建设工作有关问题
9	3月2日	研究粤华电力专线铁路和产业园消防站建设工作
10	3月6日	研究解决东环线二期征地红线范围内部分地块抢种行为
11	3月10日	研究《韶关市江心岛码头塌方抢险加固方案》
12	2月22日	研究粤华国电项目相关问题
13	3月16日	研究粤华国电项目违规使用林地取土问题
14	3月17日	研究推进莞韶青少年教育实践基地项目
15	3月21日	研究浈江产业园污水管网工程建设推进工作
16	3月20日	研究加强东升全民健身广场及周边道路交通管理工作有关问题
17	3月23日	研究加快推进皇岗山公园项目建设

续表2

序号	会议时间	会议内容
18	3月24日	研究解决粤华电力公司厂外输煤管线建设用地问题
19	2月22日	浈江区棚改新区配套医院（新韶镇卫生院）二次装修专家评审会
20	3月22日	研究部署近期工作
21	4月6日	研究部署黄金小镇征地拆迁工作
22	3月28日	研究粤北国际物流中心项目工作推进有关问题
23	3月31日	研究粤北国际物流中心项目征拆工作有关问题
24	4月7日	研究芙芷坝河段疏浚工程施工期限
25	4月12日	研究社区教育实验区迎接省复评检查有关问题
26	4月13日	浈江区东片区及黄金小镇范围内“两违”联合监控工作
27	4月17日	研究老干部（老年）大学建设有关问题
28	4月18日	研究解决东环线及周边征地拆迁有关问题
29	4月19日	研究解决花坪曲仁茶山矿区居民供水有关问题
30	4月27日	研究加快推进横江输变电工程建设
31	5月4日	研究曲仁花坪矿区居民供水有关问题
32	5月12日	实施“集中屠宰、冷链配送、生鲜上市”工作
33	4月28日	研究公众移动通信基站建设工作有关问题
34	5月11日	研究解决粤华电力项目投产前有关问题
35	5月15日	研究解决曲仁花坪矿区居民供水有关问题
36	5月11日	研究创文攻坚补短板项目经费安排有关问题
37	5月24日	研究创文攻坚项目有关问题
38	6月1日	研究解决浈江区益华水泥有限公司仓储项目开挖土石方有关问题
39	6月20日	研究解决曲江区水产试验场征收有关问题
40	6月14日	研究部署国有企业职工家属区物业管理分离移交工作
41	5月4日	研究区级公共服务中心综合窗口和保安人员招聘工作
42	7月18日	研究韶关学院周边出租屋安全隐患整治工作有关问题
43	7月20日	研究家禽集中屠宰、冷链配送、生鲜上市联合执法工作
44	7月26日	研究推进广铁集团“三供一业”移交工作有关问题
45	7月26日	研究丹霞山自然保护区人类活动整治工作

续表 2

序号	会议时间	会议内容
46	8 月 2 日	研究推进宾馆网吧创文工作
47	8 月 14 日	研究部署暑假期间学生安全工作
48	8 月 14 日	研究部署违法图斑整改暨打违控违工作
49	8 月 3 日	研究推进“三旧”改造项目建设有关问题
50	8 月 18 日	研究原曲仁棚户区改造田螺冲安置区有关问题
51	6 月 16 日	研究加强和规范区土地和房屋征收管理办公室有关工作
52	9 月 22 日	研究皇岗山公园项目建设有关问题
53	10 月 7 日	研究十里亭镇腊石村村民建房“10.5”安全事故处理工作有关问题
54	10 月 10 日	研究铣鸡坑污水处理厂项目建设有关问题
55	10 月 18 日	研究广铁集团物业移交工作有关问题
56	10 月 11 日	研究皇岗山公园项目建设有关问题
57	9 月 18 日	研究城市提升工作有关问题
58	10 月 27 日	研究芙芷坝河段疏浚工程有关问题
59	10 月 31 日	研究浈江区众信新型环保砖厂复工整改有关问题
60	10 月 27 日	研究乐园镇卫生院、十里亭镇卫生院和车站社区卫生服务中心等三个卫生项目建设问题
61	11 月 20 日	研究犁市镇、花坪镇、曲仁办垃圾填埋场有关问题
62	11 月 13 日	研究畜禽养殖禁养区养殖场清理有关问题
63	11 月 17 日	研究华南农产品交易中心项目建设推进有关问题
64	11 月 30 日	研究 8．10 火灾事故善后事宜
65	11 月 21 日	研究浈江区征地拆迁工作
66	10 月 18 日	研究车站街道办事处铁路住宅区路灯改造工程有关问题
67	12 月 2 日	研究推进浈江区重要节点路段市容市貌整治提升项目征拆工作
68	11 月 29 日	研究扶贫开发项目资金使用问题
69	12 月 15 日	研究韶关学院周边片区消防安全隐患排查整治工作有关问题
70	12 月 11 日	研究广东韶关烟叶复烤有限公司“8・10”火灾事故善后工作有关问题

区政府领导班子成员名单

区　长：曾清兰
常务副区长：黄祖平
副区长：肖　景
杨　雄
彭荣华
张爱军
何艳霞（女）
刘雄生（1 月任职）

附：区政府办领导班子成员名单
主　任：李红保
副主任：黄　文（任至 3 月）
叶伟国
陈友才
冯华斌（4 月任职）

应急管理

【概况】 2017 年，浈江区应急管理办公室（简称“区应急办”）进一步加强组织协调，完善机构网络和预案体系，开展应急知识宣教演练活动和推进风险隐患排查整改，落实应急值守制度，预防和应对突发公共事件的能力不断提升。是年，浈江区政府出资 49 万元为全区户籍人口 33 万人购买自然灾害公众责任保险，提高灾后应急补偿能力。

【应急管理体系建设】 2017 年，区应急办提请及时对区突发公共事件应急委员会进行调整，将 10 个镇（办）列入应急委成员单位，细化工作职责，明确工作目标。修订《浈江区安全生产事故应急救援总体预案》《浈江区突发重大动物疫情应急预案》《浈江区山洪灾害应急预案》《浈江区突发事件现场指挥官制度实施意见（试行）》《浈江区突发事件现场指挥官工作规范（试行）》，应急管理体系进一步加强。

【应急知识宣教演练】 2017 年，区应急办通过新闻媒体、网站、现场宣讲、设置宣传栏、印发宣传单张和书籍等多种形式，围绕洪涝灾害、安全生产事故、森林防火、食品安全、流行病等方面开展宣传教育工作。全区各单位、企业悬挂横幅、张贴宣传标语约 2000 条，竖宣传牌、警示牌 400 块，向群众发放宣传资料 3 万份，增强群众的应急知识和自救互助能力。举办校车安全管理、安全生产业务、扑救森林火灾知识等一系列培训班活动，组织开展校车安全应急疏散、地质灾害、生产安全、消防安全等综合应急演练，进一步提高各级各单位处置突发公共事件的能力。

【风险隐患排查】 2017 年，区应急办印发《浈江区 2017 年度突发事件风险隐患排查和整改工作方案》，按照“重点领域，重点行业，专项突破，专项治理”原则，组织各成员单位对堤围水库、森林火险、地质灾害、学校安全等 17 个重点领域、重点行业的突发事件风险隐患进行深入排查和整改。是年，对 17 个重点领域、重点行业进行风险排查，查出隐患 65 个，整改 65 个，整改率达 100%。

【应急值守和信息报送制度】 2017 年，由区应急办起草、区政府办印发《浈江区加强值班应急工作实施方案》，对信息报送工作和应急处突工作进行规范。严格执行领导带班、值班人员值班制度，做好上情下达、下情上报工作。在各项应急管理工作中做到贯彻政策及时，落实措施快速，工作具体到位，报送信息不漏报、不瞒报、不迟报，为各项突发事件救援工作有序开展奠定坚实基础。全年向市应急办报送应急信息 115 期，做到及时、准确、有效。（曾乐萍）

附：区应急办领导班子成员名单
主　任：曾乐萍（女）

外事侨务

【概况】 2017 年，浈江区外事侨务局（简称“区外事侨务局”）认真贯彻落实中共十九大精神以及习近平总书记系列重要讲话精神，积极发挥外事侨务部门管理、协调、服务职能，秉承以侨为本、为侨服务的宗旨，外事管理和为侨服务能力进一步提升。

【出国（境）管理】 2017 年，区外事侨务局贯彻落实中央、省、市的有关文件精神，严格执行因公出国（境）的政策法规，规范因公出国（境）活动，印发《因公临时赴港澳人员管理规定》。坚持“因事定人”“人事相符”原则，严把审核关，坚决堵住无实质性内容的团组。对任务明确、有实质性内容的团组快核、快办，做到务实高效，全年办理港澳通行证 11 批 15 人次，保证浈江区因公出访工作的顺利进行。

【为侨服务】 2017年，区外事侨务局坚持“以人为本，为侨服务”的宗旨，开展为侨服务工作。根据《广东省人民政府侨务办公室广东省公安厅关于华侨回国定居办理工作的实施办法》，办理2宗旅居加拿大华侨回国定居业务。对贫困归侨进行严格审核，对符合条件的3户贫困归侨发放扶持救助专项资金6000元。通过国库集中支付方式，足额划入补助对象银行账户，帮助贫困归侨解决生活困难问题。

（曾乐萍）

附：区外事侨务局领导班子成员名单

局　长：李红保

机关事务

【概况】 浈江区机关事务管理局（简称“区机关事务局”）是人民政府直属参照公务员管理正科级事业单位，负责全区行政后勤服务工作，贯彻执行国家有关政府机关事务管理的法律、法规，规章和方针、政策，建立健全机关管理制度，对局内事务的执行情况进行监督检查。负责区四套班子及四大办公务用车服务、全区举办的各科会务活动和接待、管理区政府饭堂、全区公共机构节能以及区四套班子和各部门的财会等一系列工作。下设办公室、车辆管理股、物业管理股、财会管理股、接待管理股和节能减排管理股内设6个股室。

【公务用车管理】 2017年，区机关事务局严格执行车辆编制、配署、调拨、报废标准和审批、监督程序及公务车辆管理制度，落实公务车编制，认真落实《浈江区公务用车管理暂行规定》，全面落实全区公务用车“定点加油、定点维修、定点标准”工作，对区级领导公务用车实施统管，财政资金使用更加有效节约合理，顺利完成公务用车专项管理工作，按照全市要求完成黄标淘汰工作，深入落实中央“八项规定”，提高公务用车管理水平，做到程序规范、管理严格。

【区政府办公楼节能改造】 2017年，区机关事务局委托韶关市广东新明健信息科技有限公司为浈江区政府大院三栋办公楼、区政府饭堂、大院内路灯、照明灯具LED进行改造，该工程需更换1939盏灯，总造价为95620元；对区政府办公大楼1～6楼卫生间进行提升改造，改造升级总造价为18.69万元，改造升级完工后可为区节约水费每月约减少10%左右，大大提升公共机构节能效果。

【职工饭堂管理】 2017年，区机关事务局严格执行接待规定，按内部职工饭堂管理模式进行运作。严格执行“八项规定”的要求，公务接待一律在职工饭堂按标准接待，严格控制接待经费。全年饭堂早餐用餐人数18682人次，中餐用餐人数35555人次，接待围餐68批次。

【提高公共服务质量】 2017年，区机关事务局加强对会务服务人员进行多次学习培训，从服务的态度，言谈举止，仪容仪表、工作细则等方面进行经常性的学习和培训，确保各种大小会议的正常召开。全年完成大型会议54场次，10850人次，小型会议628场次，25033人次。

【健全完善财务管理制度】 2017年，区机关事务局严格控制“三公”［政府部门人员因公出国（境）、公务车购置及运行费、公务招待费］经费开支，财务支出严格执行相关规定，5000元以上费用支出需经局领导班子会议通过才能付款，所有出差费用经会计审核签字后方能报销，一切项目开支均要有文件或政策依据和完善的审批程序，维修费用等项目支出有齐备的验收手续后方能付款。 （汪兆峰）

附：区机关事务局领导班子成员名单

局　长：张　红（女）
副局长：陈丽芳（女）
　　　　欧业松
　　　　易红梅（女）

行政服务

【概况】 浈江区行政服务中心（简称“中心”）于2017年6月迁入韶关市浈江区鑫金汇广场1栋楼，是提供区级行政审批服务的综合性政务服务平台。中心的建设是浈江区政府深化“放管服”改革，构建服务型政府的一项重要举措，通过将审批事项及其工作人员向中心内集中，实现行政审批一站式办理和审批效率的提速。

【办事大厅建设】 2017年，中心新办事大厅总面积4454平方米，分三层，设有85个办事窗口，其中包括浈江公安分局、国税局、地税局、工商局、城管局等分别设立的专业服务窗口和经信局、农业局、教育局等整合设立的综合服务窗口。大厅从便利群众的角度，设置24小时自助服务区、等候区、填表区、自助上网区、阅读区以及商务中心等功能区，建立一次性告知、并联办理、限时办结等制度，为群众提供功能齐全、规范统一的政务服务。是年，办事大厅共接待办事群众21070人，办结事项17699件。

【"一门式一网式"政务服务改革】 2017年，根据《韶关市人民政府办公室关于印发全面推广实施"一门式一网式"政务服务模式工作方案的通知》文件，区行政服务中心推动区级各部门的办事窗口、服务事项统一进驻中心办事大厅办理。截至12月底，共有28个部门、246个行政许可和公共服务事项完成进驻。中心按照先易后难的顺序，逐步将各部门单独设立的服务窗口整合为综合服务窗口，实行"前台综合受理、后台分类审批、限时办结、统一窗口出件"的模式。是年，设立5个综合服务窗口，实现经信局、教育局、安监局、体育局、文新局等12个部门122个事项"一窗通办"，大大压缩办事时限。 （李梦雪）

附：浈江区行政服务中心领导班子成员名单

主　任：周文杰

副主任：叶小飞

　　　　陈如碧（女，任至3月）

　　　　钟朝正（3月任职）

　　　　蔡春花（女）

百年东街 （区史志办 供）

政协韶关市浈江区委员会

综　述

【概况】　中国人民政治协商会议韶关市浈江区委员会（简称“区政协”）围绕区委、区政府中心工作，履行政治协商、民主监督、参政议政职能。全年召开政协委员全体会议1次，常委会议6次及主席会议12次、专题调研、视察17次，撰写并提交的视察、调研、考察报告11篇。2017年区政协收到提案83件，立案的提案有73件，其他不予立案的10件已转作委员来信处理。全部办复和答复，办复率、满意率均为100%。

【区政协九届二次会议】　2017年3月2—3日，在区政府综合楼四楼会议中心召开。会议应到委员181人，实到委员178人。听取和审议政协浈江区八届常委会工作报告和提案工作报告，会议通过政协浈江区九届二次会议决定。

【九届政协常委会议】　2017年，在区政府综合楼三楼301常委会议室召开区九届政协党委会6次。

2017年9月22日，区政协召开九届常委会第五次会议

（区委宣传部　供）

2月16日，召开九届政协常委会第二次会议，审议通过区政协九届二次会议日程、区政协九届委员会常务委员会工作报告、《中国人民政治协商会议韶关市浈江区委员会委员履职工作规则（试行）》。

3月2日，召开九届政协常委会第三次会议，审议通过区政协九届二次会议议程（草案）；区政协主席黄德乔就如何开好区政协九届二次会议提出要求。

6月16日，召开九届政协常委会第四次会议，学习观看警示教育片《“红包”之祸》；研究讨论“6·30”扶贫济困活动工作安排；审议通过增补九届委员名单；研究讨论并通过社会法制专委会副主任人选。

9月22日，召开九届政协常委会第五次会议，通报区政协九届一次会议以来政协委员扶贫捐款、捐资助学情况及2017年广东扶贫济困日捐款情况；通报上半年委员履职情况；表彰对我区慈善事业有较大贡献的政协委员；讨论通过傅雪平请辞区政协常委事宜。

11月16日，召开九届政协常委会第六次会议，学习贯彻中共十九大会议精神；通报浈江区前三季度经济形势分析会议内容，重点讨论如何进一步做好招商引资工作。

12 月 15 日，召开九届政协常委会第七次会议，听取区政府、区纪委、法院、检察院 2017 年度工作情况通报并对四单位的工作情况进行讨论，提出意见和建议；讨论审议区政协第九届委员会第三次会议议程、日程（草案）、常委会工作报告、提案工作报告；讨论审议委员调整。

重要活动

【中心工作】 2017 年，区政协参与创文巩卫、重点项目、村（居）“两委”换届、招商引资等全区中心工作。创文巩卫攻坚期，区政协按照“路长制”工作要求，经常到责任路段视察督导，发现问题，及时整改，给予挂点社区人、物、财等方面的支持，主动对接、协助市政协领导班子落实市委创文巩卫责任制，利用市的资源帮助社区解决相关难题，推动“创文巩卫”工作。重点项目方面，区政协每两周召开主席议政会、每月到挂点企业和重点项目现场督导，形成常态机制，促进重点项目落实。村（居）“两委”换届期间，区政协深入挂点村（居）宣传指导，做好协调关系、排忧解难、鼓舞士气等工作，确保换届工作顺利平稳开展。招商引资方面，区政协引进上市公司广州海印集团对百年东街重新进行规划、投资运营，提升百年东街的知名度，为城市经济发展增添活力。

【视察调研】 2017 年，区政协坚持以“少而精、专而深、量力行”为原则开展视察调研，做到察实情、讲实话、谋实策，形成一批有质量、有分量的调研报告，并在调研视察成果的转化上跟踪问效。是年，各专委会开展视察调研 17 次，撰写调研报告 11 篇。其中，《关于我区承接市级职权下放工作的调研报告》为市、区有关权责关系改革决策提供科学有效的参考依据；农村社区委全面推进农村人居生态环境综合整治课题，形成《关于农村人居生态环境综合整治的调研报告》，为全区推进农村综合改革提出意见和建议；“三胞”（港澳有胞、台湾同胞、海外侨胞）委深入调研区农业发展问题，形成《关于韶关无土栽培情况的调研报告》。

【参政议政】 2017 年，区政协召开主席会议 12 次、常委会议 6 次，围绕“产业共建、城市经济、城市提升”三大主题展开讨论。针对五件实事、产业园区建设、深化市区权责关系改革、农贸市场监管整治、教育事业发展等重大课题，区政协邀请区党政领导出席专题协商会议或到有关部门进行专题协商，与委员“面对面”议政，推动委员建议转化落实，提出的 21 条意见和建议大部分被采纳。围绕市级事权下放问题，区政协到区财政局等多个部门进行专题协商调研，提交《关于我区承接市级职权下放工作的调研报告》，为区委、区政府决策提供有效的参考依据。区政协以创建国家历史文化名城为契机，从大商贸大物流带动旅游文化产业角度，对太傅庙进行专题视察调研协商，撰写《关于把太傅庙打造成特色旅游文化产业新亮点的调研报告》，力促浈江区将文化产业打造成为浈江经济发展的新增长点。

【提案工作】 2017 年，区政协通过召开立案会、交办会等方式加大提案落实力度，在畅通民意渠道、服务中心工作中发挥更大作用。九届一次、二次区政协全会期间，委员们提出提案意见 83 件，其中立案 73 件，全部办复；转为群众来信的全部给予回复，提案数量历年来最多，质量历年来最高。围绕全区 2017 年“五件实事”，区政协选取医疗、教育、小街小巷综合整治等三个方面，提出区主要领导监督的重点提案 3 个；针对深入推进农村综合改革，形成关于发展农村经济、完善综合配套设施、农村养老、农村特色旅游等提案 8 个；为破解市区权责关系难题，提案委 13 位委员经过调研、座谈论证，形成《关于把握历史性机遇，进一步加强权责改革顶层设计的建议》等重点提案。此外还有涉及经济的提案 10 件，涉及教育医疗等民生福祉的提案 41 件，占立案总数的 69%。为确保提案办理实效，区政协强化与区政府联动，及时反馈办理进度，对重点提案开展调研协商和重点提案督办，提高提案办理质量和满意度。

【民生工作】 2017 年，区政协坚持团结和民主两大主题，增进民生福祉。

公益慈善开展扶贫济困、捐资助学活动。全年，为“广东扶贫济困日”、捐资助学及其他公益事业等捐款捐物累计达 50 多万元。在广东扶贫济困日活动中，区政协走访动员80个民营企业界委员，其他非民营企业委员积极参与，募集善款28.89万元。委员们积极对口、定向帮扶，余美笑常委从2015年5月一次性给予12户特困家庭每户5000元，每月每户给予500元的生活补助费，从2017年开始提高到每户每月600元。

精准扶贫区政协通过扶智、扶技能、扶产业等“三扶”措施，确保考上大专院校及贫困户子女就读率100%。采取“一对一帮扶”措施，防止因贫辍学。委员林树丰每年为一户贫困户捐助6000元助学金直至大学毕业，解决上学资金问题。常委汤宁涛每年向贫困户吴二娣的孩子资助1万元，直至大学毕业。区政协通过联系韶关番雄科技饲料有限公司董事长吴泽升，为贫困户吴某捐助2万元用于改造房屋。是年，区政协为挂点贫困户捐资助学、危房改造、产业扶持、节日慰问10万多元，2户危房改造全面完工。

协调关系走访企业、学校、镇（办）、村（居），对发现的问题及困难，提出意见措施。针对征地拆迁、涉法涉诉等较为突出的信访包案问题，区政协召开主席议政会，找到解决办法。通过多方协调沟通、广泛宣传政策、积极解惑释疑等措施，化解矛盾纠纷，引导教育群众正确认识和处理个人利益与全局发展的关系。

【民情督察】 2017年，区政协向区人民法院、人民检察院、浈江公安分局选派廉政执法监督员、行风监督员，促进政府重点职能部门的行风、政风建设。年终组织委员、常委对重点提案办理情况满意度进行测评；听取区政府和区纪委、检察院、法院等单位的工作情况通报；组织委员30多人次参加中共浈江区委专项督查、区政府特邀监察等工作。浈江公安分局邀请区政协常委林国超等监督员到现场调解粤华国电项目修建铁路中与村民的矛盾并解决问题。

【民主监督】 2017年，区政协依照《中国人民政治协商会议章程修正案》有序开展民主监督。提案委针对“加快我区第二市场周边街巷工程进度”问题提出民主监督意见，整改效果明显；经济委针对“加强对粤华电力公司等重点项目服务”、社会法制委就“加强全区农贸市场整治和监管”等问题形成调研报告，监督和推动区重点项目及为民办实事工作进度。重视区委书记、区长、政协主席督办重点提案工作，加强对集体提案和重点提案的协商办理。是年，《关于加强第二市场周边街巷综合整治的建议》《关于建设乡镇公办幼儿园，创建广东省教育现代化先进区的建议》《关于加快建设乐园镇卫生院及其他镇标准卫生院的建议》3件提案被列为重点提案，分别由区委书记、区长、区政协主席包案督办。区政协通过专题视察、现场办公、评议问效、“回头”督办等形式，推动3件重点提案的落实。

【机关建设】 2017年，区政协强化机关干部“四个意识”（政治意识、大局意识、核心意识、看齐意识），优化干部队伍年龄、知识、能力结构，改善政协机关办公条件，提升务保障水平。11月，区政协羽毛球代表队获市政协“液压杯”羽毛球赛冠军。发挥区政府公众信息网、“委员之家”等网络平台及韶关电视台浈武聚焦栏目作用，宣传政协履职活动和参政议政成果。各媒体刊播区政协相关报道30多篇（条），多层面、多角度展示区政协履职成效。 （陈文红）

区政协领导班子成员名单

主　席：黄德乔（女）
副主席：卢界群
　　　　麦桥悠
　　　　周耀成
　　　　林瑜
　　　　何绍福
　　　　曾永红（女）

附：区政协机关领导班子成员名单：

秘书长、办公室主任：卢伟红
组织联络科科长：何景源
宣传（教育）提案科科长：
罗烨红（女）

中国共产党韶关市浈江区纪律检查委员会

综　　述

【概况】　中国共产党韶关市浈江区纪律检查委员会（简称“区纪委”）与韶关市浈江区监察局（简称“区监察局”）合署办公，设有办公室、干部管理监督室、宣传教育室、党风政风监督室（案件监督管理室）、信访室（举报中心）、第一纪检监察室、第二纪检监察室、第三纪检监察室、案件审理室、区委巡察工作领导小组办公室等内设机构，设有3个派驻纪检监察组，2个区委巡察组。2017年，区纪委区监察局认真学习贯彻中共十九大精神，贯彻落实习近平总书记对广东工作重要批示精神，把纪律和规矩挺在前面，正确运用监督执纪“四种形态”，强化监督执纪问责，党风廉政建设和反腐败工作取得新进展新成效。

纪　　检

【区纪委九届二次全会】　2017年2月24日，召开中国共产党韶关市浈江区第九届纪律检查委员会第二次全体会议，区纪委委员；区四套班子领导、区法院院长、区检察院检察长；各镇、办事处党政班子成员及人大主席（主任）、纪（工）委副书记；区直各单位班子成员；区法院、区检察院分管纪检工作负责人；区属正科级中学校长；区特邀监察员和机关效能监督员；村（社区）党支部书记、主任；区纪委、监察局非纪委委员的全体人员等390多人参加会议。全会分两次会议进行，一次会议于是日上午8：40时在区机关综合楼四楼会议中心召开，区委常委、纪委书记曾光明代表区纪委常委会作题为《夯实监督责任深化从严治党继续推进党风廉政建设和反腐败工作》的工作报告，区委书记刘清生作重要讲话；二次会议于是日上午10：10时在区机关综合楼一楼会议室召开，花坪镇、田螺冲办、区农业局、区城管局、区文新局的主要负责人在会上作述责述德述廉报告，讨论通过《中国共产党韶关市浈江区第九届纪律检查委员会第二次全体会议决议（草案）》。

【执纪审查】　2017年，全区纪检监察机关受理群众信访举报189件，核查问题线索97条，立案72件，结案69件，党纪处分62人，政纪处分11人，组织处理4人。为81名受到错告诬告的干部澄清事实。全区各级党组织主要负责人对党员干部出现的苗头性、倾向性问题进行谈话提醒502人次。

【巡察工作】　2017年6月29日，制定印发《浈江区关于加强区纪委派驻机构建设和建立区委巡察机构的实施意见》，成立区委巡察工作领导小组、领导小组办公室和2个区委巡察组。7月31日，印发《中共韶关市浈江区委关于全面开展巡察工作的实施意见》，建立健全区委承担主体责任、区委巡察工作领导小组组织实施、纪检监察机关和组织部门及相关部门支持配合的巡察工作体制机制。11月15日，印发《浈江区委巡察工作五年规划（2017—2021年）》，明确巡察工作主要任务和具体措施。初步组建巡察工作人才库，按照忠诚、干净、担当的要求，从纪检监察、组织人事、司法、财政、审计、政法、信访相关单位遴选66名优秀干部纳入巡察人才库。8月18日至9月18日，对区城管局、区林业局2个部门开展首轮巡察工作。9月下旬分别对犁市镇、新韶镇扶贫领域开展专项巡察。通过常规巡察和扶贫领域专项巡察相结合，发现问题线索65条。

【廉政宣传教育】 2017年7—9月，区纪委在全区集中开展“讲政治、强党性、严纪律、守规矩”为主题的纪律教育学习月活动；7月31日，举办领导干部党纪政纪法纪教育培训班，区委书记刘清生作纪律教育专题辅导报告；8月24日，组织148名新任职镇、村（居）干部参观市预防职务犯罪教育基地及“丹青扬正气，翰墨书清廉”廉政书画作品展；9月12日，组织党员领导干部200多人在区政府综合楼四楼会议室观看省作风暗访警示教育片《失责必问》；举办以“清廉修身、廉洁齐家”为主题的廉洁读书月活动，在区图书馆设立廉洁图书专柜，购置300多册廉政书籍，并在馆内的综合展示系统设立廉政专题板块；11月15日，在浈江区启明路全民健身广场开展以“营造廉洁气氛建设和谐家庭”为主题的廉政文化进家庭活动，发放《廉政文化进家庭宣传画册》300多份；对31名拟提拔科级领导干部进行党纪法规知识考试和廉政谈话教育；在元旦、春节、五一、中秋等重大节日，区纪委编写以警示提醒为主要内容的廉政短信，向副科以上领导干部发送廉政短信3000多条；及时报道全区纪检监察工作动态、重要举措和工作成果，全年被各类新闻媒体采用稿件55篇。

【反腐败追逃工作】 2017年，浈江区纪委协同区检察院、区公安分局等单位，成立追逃工作领导小组，抽调纪委、检察院、公安等系统经验丰富人员组成追逃专案工作组，建立在逃人员动态管理制度、走访摸排制度、情报信息定期分析研判会议等工作制度，运用信息化技术，加强与公安机关、金融、移动通信等部门的协作配合，加强政策宣传，充分利用亲情感召，主动走访嫌疑人家属，传达国家政策法律精神，打消思想顾虑。5月12日，成功劝返潜逃19年的犯罪嫌疑人刘某某投案自首，并追回全部账款。浈江区反腐追逃工作受到省、市高度赞扬。

【干部队伍建设】 2017年3月28—30日，开办2017年纪检监察干部业务培训班，各镇（办）纪检干部，区有关单位纪检干部，区纪委、监察局干部等60多人参加培训。6月23日，在浈江区文化馆举办以“守纪律、讲规矩”为主题的“道德讲堂”。各镇（办）纪（工）委书记，区纪委各室、纪检组、巡察组全体干部参加活动，活动通过“唱一首歌曲、读一段廉政格言、讲一个故事、诵一段经典、作一次反省、送一句祝福”等方式，提升纪检监察干部思想道德修养、文明素质和纪律意识。

【村（居）“两委”换届纪律监督】 2017年，浈江区成立由区委常委、区纪委书记曾光明任组长的区村（居）“两委”换届风气巡查工作组，加强对全区换届风气监督工作。紧盯“两委”换届选举公示、考察、投票等关键环节，到各村（居），开展督查工作，督促各村（社区）按照规定步骤、法定程序开展换届选举。协同有关部门有效调处换届问题线索14条。4月19—21日，区纪委副书记廖志莲带队组成“两委”换届工作宣讲团，分别到全区5个镇开展换届纪律警示教育巡回宣讲活动。5月，根据区委的工作部署，成立2个换届选举工作专项巡察组开展村级换届风气专项巡察。

【省特级档案综合管理单位】 浈江区纪委监察局综合档案室于1985年建立，总面积26.7平方米。2017年，区纪委投入2.5万元资金用于档案室建设，对档案室软硬件全面优化完善，对档案资料重新整理，重整后档案室分为办公区、阅览区、库房三个区域，是年，室藏文书档案3960件，会计档案143卷，专门档案1177卷，声像档案156张，实物档案27件，资料34件。配备DARMS电子文档数据中心管理系统，对室藏的历年各门类档案目录5497条完成录入。11月21日，浈江区纪委区监察局成功通过省评审组评审，升级为省特级档案综合管理单位。

【扶贫领域监督执纪】 2017年，区纪委对5个镇11个村640户贫困家庭开展扶贫政策落实情况和基层线索排查结果入户核查，是年全区排查扶贫领域问题线索15条，立案8宗。8月31日，召开浈江区扶贫领域监督执纪问责工作暨脱贫攻坚推进会，通报2016年以来我区扶贫领域执纪问责工作情况，区委常委、区纪委书记曾光明围绕什么是精准扶贫，为什么要精准扶贫，如何用铁的纪律保障精准扶贫，如何做好扶贫领域监督执纪问责工作四个方面作讲话。

监　察

【国家监察体制改革试点】 2017年11月28日，浈江区成立由区委书记刘祥锋任组长的浈江区监察体制改革试点工作小组。12月5日和12月28日，2次召开区监察体制改革试点工作小组会议研究部署监察体制改革工作，协调解决改革中遇到的困难和问题。12月19日，印发《韶关市浈江区深化国家监察体制改革试点工作实施方案》。12月25日印发《韶关市浈江区深化监察体制改革试点转隶工作方案》，按照国家监察体制改革试点工作部署，将区监察局和区检察院的反贪、反渎、预防职务犯罪等相关机构整合组建成立区监察委员会。

【作风纪律监督】 2017年，全区纪检监察机关开展明察暗访30次，查处违反中央“八项规定”精神问题2个，给予党纪政纪处分2人，通报曝光典型问题2个8人次。推进党风廉政信息公开平台建设，对公开平台发布出现红牌的3个单位进行全区通报批评，并对相关责任人进行提醒谈话。做好党廉报备，对出国（境）和婚丧喜庆事宜进行报备94人次，全区59名新提拔副科以上干部签订《领导干部廉政承诺书》。　　（区纪委、监察局）

附：区纪委、监察局领导班子成员名单

书　记：曾光明
副书记：廖志莲（女）
　　　　周可华
常　委：林　泉
　　　　夏让辉
　　　　朱小兰（女）
局　长：周可华
副局长：黄东冰（女）

2017年2月26日，区纪委、监察局开展“举报贪腐、共创廉洁”活动　　（区委宣传部　供）

民 主 党 派

民革浈江区基层组织

【概况】 2017年，中国国民党革命委员会（简称“民革”）韶关市委员会在浈江区境有民革浈江区基层委员会（辖浈江区第一支部、浈江区第二支部、浈江区第三支部、浈江区第四支部、浈江区第五支部）和韶关学院支部，共有民革党员123人。

【组织建设】 2017年，民革浈江区基层委员会选调机关干部到市委办会务科跟班学习，提高办文办会能力水平，强化政治和业务培训。是年，省、市、县、区培训各级民革党员干部7人次。稳步扩大党员队伍，是年，发展新党员3人（均为男性，35岁以下，大学以上学历）。

【民革e家平台建设】 2017年，民革浈江区基层委员会推动民革e家平台建设工作在全区全覆盖，打造成为打破民革地域和时空限制的“聚宝盆”，增强党员思想认同和情感联络的“心灵驿站”，健全完善民革工作机制的“百宝箱”。辖区支部有5人参加11月底民革市委组织的调研组赴浙江、江西等地开展专题调研。

【参政议政】 2017年8月，副主委叶纬参加中共韶关市委加快旅游业发展专题协商会，作题为《摒弃各自为政观念，实现全市旅游业“一盘棋”》发言；11月，参加市政协无主题议政会，作《关于加快旅游交通建设的发言》。做好“市委出题、民主党派调研”工作，向民革市委会提交《改善城市大气质量，提升城市新形象》调研报告一份。是年各级“两会”期间，向大会提交大会发言材料《关于增强市场经济观念促进韶关加快融入珠三角的建议》。委员叶纬的即席发言《关于加强村（社区）法律顾问工作的建议》受到与会领导的高度重视。浈江区民革党员中的省政协委员向省政协提交提案1件，市政协委员向市政协提交《关于加强扬尘治理的建议》《建议加强完善政府行政服务功能设置、建议市政府加快建立技能人才、技校毕业生留韶就业奖励机制》和《关于建议我市支持鼓励第三方企业信用平台建设发展的提案》等3件集体提案，市政协委员向市政协提交《关于加强一村（社区）一法律顾问工作的建议》《关于完善人行横道设施的建议》《关于加大对城市低保户“精准扶贫”力度的建议》和《关于调整五里亭大桥下交通信号灯的建议》等个人提案4件，另外还有一件《关于从生态路向左转向莲花北路拐弯处道路左侧的通讯箱和广告箱应移到人行道外的提案》转来信。委员张嘉异应邀接受《韶关日报》和“韶关新闻网”两大媒体专访，围绕“稳步推进教育教学管理改革”问题发表意见，在教育界引起较大的反响。是年，民革省委先后有两个调研组来韶调研“以特色小镇带动粤东西北地区精准扶贫工作”和“我省山区发展休闲农业和乡村旅游，政府出台指导、奖惩措施”，辖区内的市委委员张文铭、张嘉异、肖建华和机关干部两次组织并参加召开有发改、财政局、交通局、旅游、农业、规划等政府有关部门参加的座谈会，协助上级民革组织完成专题调研工作。

【纪念民革成立70周年活动】 2017年，参加民革广东省委会纪念民革成立70周年书画展，选送浈江区第二支部张志军3幅书法作品。参加民革广东省委会举办的“孙中山思想与民革自身建设”征文活动，浈江区第二支部周宏旺1篇稿件被选入孙中山思想与民革自身建设研讨会文集。积极参加全市开展的学习中共十九大精神与纪念民革成立70周年征文等活动，浈江区第五支部撰稿1篇《镜头下的变迁》。

【社会服务】 2017年，民革浈江区基层委员会开展“博爱牵手”活动、关爱孤寡老人、贫困学生和儿童活动、扶贫义诊及帮扶活动。民革浈江区第二支部到老来乐智慧养老公寓开展敬老人献爱心活动并捐赠价值3000元物质。全区民革党员为四川省阿坝州九寨沟县发生7.0地震捐款8千元。在广东“6·30”扶贫济困日活动中积极捐款。（王龙树）

附：民革浈江区基层组织主委名单

民革浈江区基层委员会主委：成　容

民革浈江区第一支部主委：唐黔生

民革浈江区第二支部主委：肖建华

民革浈江区第三支部主委：陈怡伊

民革浈江区第四支部主委：李跃斌

民革浈江区第五支部主委：汤庆锋

民革韶关学院支部主委：喻雪春（主持工作）

民盟浈江区基层组织

【概况】 中国民主同盟（简称“民盟”）是主要由从事文化教育以及科学技术的高、中级知识分子组成的，具有政治联盟特点的，接受中国共产党领导、同中国共产党通力合作，进步性与广泛性相统一、致力于中国特色社会主义事业的参政党。2017年，民盟在浈江区有2个基层组织，盟员总数219人，其中民盟韶关学院总支45人、民盟浈江区基层委员会174人。民盟浈江区基层委员会下辖10个支部：韶关学院韶州师范分院支部、文体机关支部、韶关市第一中学支部、韶关市第二中学支部、韶关市第十中学支部、韶关市三中七中联合支部、韶关市中等职业技术学校支部、韶关市冶炼厂支部、韶关市十三中八中支部和韶关市浈江区科技支部。盟员主要来自驻区教育、医卫、科技、文化、政府机关等界别。

【思想建设】 2017年，民盟浈江区各基层组织通过支部会议、支委会议、微信群等多种形式，学习中共十九大、中共十八届六中全会和习近平总书记系列重要讲话精神及《中国共产党统一战线工作条例（试行）》，提高盟员整体素质。同时，各支部根据自身实际情况，组织学习盟章、盟史，学习和传达贯彻上级盟组织的重要会议精神，激发盟员的使命感和光荣感。学习贯彻全国“两会”精神以及《中央盟讯》《广东盟讯》《韶关盟讯》等盟内刊物，将学习活动与履行参政党职能有机结合。开展“不忘合作初心，继续携手前进”学习实践活动，引导盟员将“立盟为公、参政为民”的价值理念转化为为党分忧、为国尽力、为民尽责的实际行动。

【组织建设】 2017年，民盟浈江区各基层组织继续实施“人才兴盟”和“人才强盟”战略，把组织建设工作与加强盟的建设以及参政议政的需要结合起来。9月23日，民盟韶关市委在党派大楼会议室召开民盟浈江区基层委员会成立大会，周永青当选主委，张广全、罗炅当选副主委，何莉英、罗菁、梁静元、曾祥卫、李可为、夏永贵、郭远海当选委员。各基层组织按照本职工作的实际和盟市委的工作要求开展支部活动，使组织工作有序有效进行。是年，民盟浈江区基层组织发展6名符合入盟条件、政治热情高、参政议政能力强的青年才俊加入民盟。4月，组织、推荐新盟员参加市委组织部、统战部组织的“韶关市民主党派新成员培训班”；5月，浈江区各基层组织负责人及信息工作骨干盟员参加盟市委组织召开的信息工作会议；7月，安排盟员参加市统战部在市社会主义学院举办的“第四期民主党派基层骨干培训班”；8月，组织1名盟员参加盟省委在浙江大学举办的“干部履职能力提升”专题培训班；8月，组织各基层负责人赴从化、佛山开展盟史教育及社情民意信息工作交流活动；9月，组织1名盟员参加盟省委在武汉大学举办的“互联网媒体宣传”培训班；9月，新任市委委员参加盟省委在省社会主义学院举办的盟务骨干培训班。盟员中有区人大代表1名、区政协委员8名。

【参政议政】 2017年，民盟浈江区各基层组织鼓励盟员利用政协会议、专题调研、协商会议等，认真履行参政议政职能。8月，在市委协商会上，韶关学院总支副主委王焰安教授代表民盟作题为《禅宗文化资源与禅宗文化旅游开发的设想》的发言，所提的建议得到市委书记莫高义的重视和采纳；韶关学院总支主委戴经国教授牵头撰写的盟市委集体提案《加快我市“互联网+”农村电子商务发展的对策与建议》，被列为2017年重点提案，由市政协主席王青西督办；区政协原副主席、盟市委原副主委朱必凤教授撰写的提案《关注进城农民工子弟学前教育，推动我省城乡教育公平》得到省长“重点督办，省教育厅落实”的批示。7—8月，基层支部负责人和盟务骨干参加盟市委调研组赴云浮开展“韶关禅宗文化资源与禅宗文化开发的对策与建议”专题调研、赴贵州省开展“关于加快我市特色小镇建设的对策与建议”专题调研；12月，浈江区多个支部负责人参加盟市委与市发改局、市教育局的对口联系座谈会。是年，区政协原副主席、盟市委原副主委朱必凤荣获民盟广东省委2016年社情民意信息工作先进个人二等奖；韶关学院总支、文体机关支部、一中支部被评为民盟韶关市委2017年参政议政先进单位。

【社会服务】 2017年“6·30”广东扶贫济困日活动中，民盟浈江区各基层组织动员盟员捐款总额2万元。12月10日，盟市委组织5名盟员律师在五里亭皇景新村开展“建设和谐社会法律宣传”活动，派发200份宣传资料、法律咨询70余人，提高居民对法律的关注度。 （陈于兵）

附：民盟浈江区基层组织负责人名单

民盟浈江区基层委员会
主　委：周永青
副主委：张广全
　　　　罗　炅（女）
委　员：何莉英（女）
　　　　罗　菁（女）
　　　　曾祥卫
　　　　郭远海
　　　　李可为
　　　　梁静元（女）
　　　　夏永贵

民盟韶关学院总支部委员会
主　委：戴经国
副主委：王焰安
　　　　刘　主
委　员：郑春龙
　　　　刘范美（女）
　　　　陈显昶
　　　　李均祥
　　　　卢成杰
　　　　陈国强

2017年12月10日，盟市委组织5名盟员律师在五里亭皇景新村开展“建设和谐社会法律宣传”活动 （民盟　供）

民建浈江区基层组织

【概况】 中国民主建国会（简称“民建”）在浈江区设有1个基层委员会，浈江区基层委员会下设有浈江一支部、浈江二支部、浈江三支部、浈江四支部、浈江五支部、韶关学院总支部（下设韶关学院一支部和韶关学院二支部）和机关直属一支部、机关直属二支部，其中机关直属一支部、机关直属二支部不设支部委员会，民建韶关市委机关直接负责联系。共有会员177人。2017年，民建浈江区基层委员会带领会员，不断加强自身建设，认真履行参政党职能，各项工作取得新成绩。浈江三支部被民建广东省委评为2012—2017年先进基层组织；浈江四支部被民建韶关市委评为先进基层组织；会员中有5人获“民建广东省委优秀会员”荣誉称号；4人获民建广东省委参政议政工作优秀个人表彰；2人获民建广东省委社会服务工作优秀个人表彰；7 人被民建韶关市委评为优秀会员；5 人被民建韶关市委评为参政议政优秀个人。

【民建思想建设】 2017 年，民建浈江区基层委员会按照民建市委的要求和部署，把思想建设放在首位，组织广大会员认真学习全国“两会”精神和习近平总书记对广东工作作出的重要批示精神，中共十九大精神。组织会员参与理论研究，肖华茂撰写的《新形势下高校党外知识分子服务地方经济社会发展研究》获中共广东省委统战部统战理论优秀奖，肖瑜撰写的《城市少数民族问题研究》获全市统战理论政策研究创新优秀成果优秀奖。

【民建组织建设】 2017 年，民建浈江区基层委员会会员王敏雯当选为政协第十二届韶关市委员会常务委员；在民建广东省第九次代表大会上，王敏雯当选为民建广东省委委员。根据民建市委的安排，原民建韶关学院支部拆分成韶关学院一、二支部，并在此基础上成立民建韶关学院总支部，秦伟为总支部主委，肖瑜为一支部主委，余志兵为二支部主委；补选黄美群为民建浈江一支部主委；补选陈德为民建浈江五支部副主委，邵千为委员、副主委，梁玉好为委员。各支部组织生活更加规范，开展交流联谊、外出考察调研、参观会员企业及户外活动等形式多样的组织活动，不断增强组织活力。

【民建参政议政】 2017 年，民建浈江区基层委员会向各级人大和政协提交建议案、提案等各种参政议政材料 43 件。肖华茂提交的《关于推进产业共建的建议》被选为省人大重点督办提案，由副省长袁宝成督办；肖瑜撰写的《创新扶贫开发机制，协调区域发展》被民建省委采用为省政协集体提案，并作为省政协大会书面发言提交；胡海英撰写的《关于高度重视医疗废物处置工作的建议》被省委办公厅采用；唐红梅撰写的《大力发展农村电子商务，助推县域经济发展》被民建省委刊物《初探》采用；于方娟撰写的《关于进一步加强我市工业固体废物管理工作的建议》被采用为市政协反映社情民意信息，获市领导批示。

【民建社会服务】 2017 年，民建浈江区基层委员会鼓励会员及会员企业积极参与社会公益活动。民建浈江五支部关心支持重阳中心幼儿园建设，帮助解决园外道路硬底化资金缺口；韶关学院二支部多次深入企业和有关单位进行社会咨询和技术咨询活动。会员罗乐天长期资助 5 名抗日老兵每月每人 500 元，在中秋节慰问环卫工人赠送 100 盒月饼；潘江南为中山狮子会捐赠工艺品并拍卖，价值 22000 元；王学庆、谭宝生、伍怡昌等会员积极参与“广东扶贫济困日”捐款活动。

（严志全）

附：民建浈江区基层组织主委名单

民建浈江区基层委员会主委：
周　靖
民建浈江一支部主委：
李昭衡（任至 5 月）
黄美群（女，5 月任职）
民建浈江二支部主委：何伟军
民建浈江三支部主委：
周艳华（女）
民建浈江四支部主委：
唐红梅（女）
民建浈江五支部主委：刘荣斌
民建韶关学院总支部主委：秦伟
民建韶关学院一支部主委：
肖瑜（女）
民建韶关学院二支部主委：
余志兵

民进浈江区基层组织

【概况】 2017 年，中国民主促进会（简称“民进”）浈江区基层组织有支部 7 个，总计会员 157 人，其中民进市委机关支部 32 人，浈江区曲仁联合支部 25 人，浈江区小教支部 26 人，离退休支部 7 人，浈江区联合支部 23 人，浈江区韶关学院支部 24 人，浈江区中教支部 20 人。会员主要来自教育、文化、法律、卫生、经济等界别。

【民进思想建设】 2017 年，浈江联合支部被民进中央评为民进坚持和发展中国特色社会主义学习实践活动先进集体。民进浈江区基层组织重点学习领会习近平总书记对广东工作的重要批示、中共十九大和民进十二大精神等，深入贯彻《中国共产党统一战线工作条例》等有关文件。韶关学院支部围绕习近平总书记对广东工作重要批示精神开展学习座谈，赴湖南宜章参观湘南起义纪念馆，学习朱德、陈毅等老一辈革命家坚强不屈的精神；曲仁联合支部、浈江联合支部、浈江小教支部等围绕十九大开展专题教育。参与统战理论研究，韶关学院支部李茂强撰写的《城镇化进程中的民族交流交融问题研究》和徐廷福撰写的《新社会阶层统战工作策略思考》分别获得全省统战理论政策研究创新成果评比三等奖和优秀奖。注重理论研究型人才培养，浈江联合支部宋良锋参加市政协与市委组织部在北京大学联合举办的政协系统干部能力提升培训班。

【民进组织建设】 2017年，民进浈江区基层组织做好发展和人才培养工作，提高全体会员综合素质。6月10—13日，中国民主促进会广东省第八次代表大会召开，浈江区基层组织3名代表赴广州参加八大并认真履职。机关支部刘大济连任省委委员，并当选为监督委员会副主任和民进十二大代表；浈江联合支部宋良锋、浈江中教支部郑鸿沛被省民进评选为优秀会员。12月1—6日，机关支部刘大济以代表身份，赴北京参加民进全国第十二次代表大会，履行代表职责。浈江区基层组织体育特长会员郑鸿沛、李斌斌、谢凯伦、潘英韶、袁小馨等代表民进韶关市委参加市政协举办的全市羽毛球比赛并勇夺韶关市液压杯羽毛球混合团体比赛冠军。4月，蔡红燕、李军、廖学成、章程4名新会员参加市各民主党派新成员培训班；7月，谢思思、骆丽清2名会员参加韶关市民主党派基层组织骨干培训班；11月，郑鸿沛、蔡仁财赴上海复旦大学参加民进新阶层会员培训班。浈江区基层组织的邓华、卢建明、章程3名会员在全市第五批党外挂职干部的推荐工作中分别挂任市提升办主任助理、市委农办新农村科副科长、市创文办副科长。

【民进参政议政】 2017年，民进浈江基层组织徐志宏、廖勇会、谢寒芳、翟卫红、雷检、邱小华、徐绍林等7名会员担任浈江区政协委员，其中徐志宏任区政协常委。民进浈江区各支部围绕区委、区政府中心工作，积极参政议政。区人大、政协“两会”期间，全区各支部总计提交提案9件。浈江联合支部和曲江支部联合开展社区服务调研；韶关学院支部赴湘南学院开展高等教育调研；浈江中教支部、乐昌支部开展农业与旅游相结合的课题调研等。韶关学院支部李步德代表民进韶关市委在市委专题协商会上作《关于引进优质社会资本发展我市旅游产业的建议》报告并获《韶关日报》全文登载；在市长殷焕明组织召开的专题议政会上，浈江联合支部企业家会员侯志刚协助市委会完成并提交调研报告《关于引进和培养装备制造业优秀人才的建议》；在市政协无主题议政会上，机关支部邱小华作《关于用好三江六岸促进旧城提升的建议》；在市委出题，党派调研工作中，机关支部雷检主笔完成《推进韶关与珠三角产业共建的路径和对策研究》并提交中共韶关市委；机关支部刘旭撰写《关于做实安商稳商工作，打破我市民营经济发展瓶颈的建议》列为2018年市政协大会发言材料。机关支部雷检撰写《关于大力推进我省医联体建设，尽快补齐我省基层医疗服务短板的建议》课题获得民进广东省委重点立项，并作为省委会的集体提案提交2018年省政协大会。机关支部邓华和朱玉娟分别被评为全市党委系统信息工作先进个人和全市统战信息工作先进个人。会员邓华撰写的《关于修正小学语文课〈海上英魂〉历史错误的建议》被民进中央采用并提交全国政协，语文出版社落实修改建议后，韶关电视台《民生关注》栏目对此进行专题报道，该信息被评为民进中央2017年度参政议政成果三等奖。

【民进社会服务】 2017年6月，浈江联合支部联合市科技馆到南雄市南亩镇开展科普卫生服务进乡镇活动，进行科普公益宣传，支部副主委谭志雄为当地群众义诊；12月，浈江联合支部到南雄帽子峰敬老院开展慰问活动，为老人送去棉被等生活用品；机关支部退休副秘书长于金凤赴江湾中心小学捐赠一批校服；机关支部黄志远带领其公司职员赴东莞市常平镇敬老院开展慰问活动；浈江联合支部李德新及谢寒芳长期资助贫困学生和帮扶困难群众。

（雷　检）

附：民进浈江区基层组织主委名单

民进韶关市委机关支部主委：雷　检（女）

浈江区曲仁联合支部主委：廖勇会

浈江区小教支部主委：翟卫红（女）

离退休支部主委：罗宗玲

浈江区联合支部主委：谢寒芳

（女）
浈江区韶关学院支部主委：徐廷福
浈江区中教支部主委：徐绍林

农工党浈江区基层组织

【概况】 2017年，中国农工民主党（简称“农工党”）在浈江区有1个基层委员会，6个支部，党员120人。其中市第一人民医院支部28人，市综合支部18人，浈江区一支部26人，浈江区二支部26人，韶关学院支部10人，市铁路医院支部12人。成员主要分布在驻区医药卫生、文化和教育系统。

【农工党组织建设】 2017年，农工党浈江区各支部推进基层组织建设，全年发展新党员5人，其中博士1人。市综合支部、韶关学院支部各1名党员参加市委组织部、市委统战部在市社会主义学院举办的韶关市第四期民主党派基层组织骨干培训班。浈江区二支部主委参加农工党广东省委在浙江大学举办的参政议政专题培训班。各基层组织围绕坚持和发展中国特色社会主义学习实践活动和学习中共十九大精神开展党员活动。

【农工党参政议政】 2017年，农工党浈江区各支部履行政治协商、民主监督、参政议政职能，向市、区人大和政协提交提案和建议13件；在市政协十一届五次会议上，1名党员在即席发言中对韶关户外运动提出意见和建议，并获得市委书记江凌的现场回应；市综合支部主委江鸿提交的《打造山地户外运动天堂，助力韶关全域旅游创新发展》提案被评为市政协重点提案，由市政协领导领衔督办；市综合支部吴蔚《关于加强零售药店中药代煎行为安全性监管的建议》被韶关统战信息采用，并得到市长殷焕明、副市长陈磊的重要批示；浈江区二支部主委黄文忠《关于为环卫职工投保团体人身意外险的建议》被市政协反映社情民意信息专报采用。

6月17日，农工党韶关市第一人民医院支部、市综合支部、浈江区二支部、韶关市铁路医院支部等组织法律专家和医疗队到乐昌市坪石镇灵石坝村联合开展送医下乡、送法进村活动 （农工党 供）

【农工党社会服务】 2017年，农工党浈江区各支部广大党员为广东扶贫日、广东“同心圆”工程捐款。结合“中国环境与健康宣传周”、“国际科学与和平周”、精准扶贫等主题，韶关市第一人民医院支部、市综合支部、浈江区二支部、韶关市铁路医院支部等先后组织法律专家和医疗队到乐昌市坪石镇灵石坝村、翁源县龙仙镇桂竹村等地联合开展送医下乡、送法进村活动，发放法律知识和环境与健康宣传资料600多份，接受群众义诊咨询500多人次，免费发放药品价值2万多元。浈江区一支部组织党员到乐昌市九峰镇敬老院、浈江区社会福利院开展“送温暖，献爱心”活动。市综合支部主委在打造省级体育品牌“徒步穿越丹霞山”活动的基础上，在百年东街成功策划举办韶关首届“城市夜光定向”活动，并促成农工党市委与广东狮子会韶州服务队联合开展无偿献血“血液银行”“狮爱灯光、点亮乡村”等活动，为曲江区枫湾镇新村村6个村小组捐赠安装30盏太阳能路灯，为该村贫

困户送上每户约500元的慰问物资一批。 （陈勇胜）

附：农工党浈江区各基层组织主委名单

浈江区基层委员会主委：黄　挺
市第一人民医院支部主委：李　亶
市综合支部主委：江　鸿
浈江区一支部主委：邹建国
浈江区二支部主委：黄文忠
韶关学院支部副主委（负责人）：蒋国保
市铁路医院支部主委：罗少生

九三学社浈江区基层组织

【概况】　2017年，九三学社浈江区各基层组织团结带领广大社员，学习贯彻中共十九大精神和社十一大精神，坚持走中国特色社会主义政治道路，围绕区委、区政府的工作重点，积极履行新时代参政党职能，为促进浈江区经济社会发展做出积极贡献。九三学社韶关市委员会（简称“社市委”）获“九三学社坚持和发展中国特色社会主义学习实践活动全国先进集体”；获2016年度社省委参政议政工作先进集体奖；被市委统战部表彰为2016年度全市统战信息工作进步单位。兰茵获社中央“2013—2017年度参政议政工作先进个人”荣誉称号；刘德波获2016年度广东省优秀音乐家奖；陈昌永获“韶关市首期享受市政府特殊津贴人才”称号。全年浈江区发展5名新社员。至年底，九三学社在浈江区有基层委员会2个、基层支社7个，共有社员87人，其中浈江一支社15人、浈江二支社15人、浈江三支社14人、丹霞支社7人、韶关学院一支社11人、韶关学院二支社9人、韶关学院三支社16人。

【九三学社思想建设】　2017年，社市委坚持把政治思想建设作为自身建设的首要任务，把“坚持和发展中国特色社会主义学习实践活动”主题教育活动推向深入，巩固多党合作的共同思想基础。社韶关市委先后召开8次学习会，分别以主委会议、市委委员会议、市委委员扩大会议的形式认真学习习近平总书记对广东工作作出的重要批示精神、中共十九大会议精神和九三学社十一大会议精神。各基层组织专题学习2017年全国“两会”精神、中共十九大会议精神，推动思想建设活动常态化。4月，浈江区基层委员会、韶关学院基层委员会分别召开会议，传达学习贯彻习近平总书记对广东工作的批示精神。10月，主委兰茵代表社韶关市委在全省九三学社学习实践活动总结会上作典型发言。11月，浈江区基层委员会、韶关学院基层委员会分别召开会议，学习中共十九大精神。11月，浈江区18名骨干社员赴西柏坡举办党性教育干部培训班，学习“西柏坡精神”。11月，主委兰茵，副主委谢勇参加韶关市民主党派、工商联负责人和无党派人士代表座谈会。兰茵主委作《推进机关建设，积极发挥枢纽作用》发言。是年，共组织浈江区3名社员分别参加市民主党派新成员培训班、市第四期民主党派基层组织骨干培训班、社省委2017年参政议政培训暨工作研讨会。浈江区社员向《广东九三》《韶关日报》《韶关政协》等刊物投稿15篇。

【九三学社组织建设】　2017年，社市委高度重视各基层组织建设，对基层班子实行动态管理。浈江区基层委员会开展主题教育、学习会议精神、社会调研、参观中共粤北省委旧址等各类活动25次；韶关学院基层委员会开展主题教育、学习会议精神、考察东莞大岭山（南雄）产业转移园等各类活动9次。走访慰问历届社内老领导、患病社员、生活艰苦的社员共10人次。经社省委推荐，社市委被九三学社中央定为第一批“全国九三机关能力建设试点单位”。9月，九三学社中央办公厅副主任张魁林率领社中央检查组莅韶，对社韶关市委机关能力建设工作进行检查。10月，九三学社中央在贵州省安顺市召开全国地市级组织机关建设试点暨机关建设交叉检查工作总结交流会，社市委副主委姜向东代表广东省在会上作机关能力建设试点工作交流发言。社市委机关能力建设验收成绩进入全国前十名。

【九三学社参政议政】　2017年，九三学社浈江区各基层组织领导和“一表三员”高度重视政治协商。是年，兰茵、姜向东、谢勇、陈昉、卢文贯、曾瑛、韩其飞、何艳霞等先后参加各类参政议政会议和视察活动22人次。8月，在中共韶关市委加快旅游业发展专题协商会议上，兰茵主委作《补短板，扩要素，打造“广东户外运动天堂”》专题发言，市委委员陈昉提交《转变传统发展理念，加快韶关旅游业发展》书面发言材料。社韶关市委集体提案《建立分级诊疗制度，全面深化基层医疗卫生机构改革》被选为2017年市政协重点提案，市政府市长殷焕明领衔督办。社韶关市委提交的《加快华南农产品交易中心项目建设，推进我市农业供给侧结构性改革的建议》得到中共韶关市委书记莫高义的批示，市政府市长殷焕明率领有关部门现场办公，快速推进华南农产品交易中心建设项目。浈江三支社的《关于促进社区教育发展提升城市生活品质的建议》入选社中央2017年参政议政征集课题。在浈江区的社员中有市政协委员6人（副主席1人、常委2人）、区政协委员7人。全年，市、区两会上提交议案、提案13件。社市委先后组织开展各类调研活动3次，浈江区参与社员10多人次。向社省委、市政协和市委统战部等提交信息36件，被省委统战部采用1件，市政协采用2件，市委统战部采用11件，转化为各级政协提案5件。

【九三学社社会服务】 2017年，九三学社浈江区基层组织开展社会服务活动5次，浈江社员参加帽峰公园“九三生态林”的种植抚育工作。浈江基层组织和所属社员参加社韶关市委与市科协、丹霞山管委会联合开展丹霞山科普志愿者招募工作和“韶关市科普自由行”活动。韶关九三志愿者服务队的浈江社员为“韶关创建全国文明城市”开展美城工作，为“九三生态林”开展养护工作，坚持春节慰问老社员、看望生病的社员，解决他们生活上的实际困难。 （成志军）

附：九三学社浈江区基层组织主委名单

浈江区基层委员会主委：何艳霞（女）

浈江区一支社主委：韩其飞

浈江区二支社主委：苏 恬（女）

浈江区三支社主委：曾 瑛（女）

丹霞支社主委：陈 昉（女）

韶关学院基层委员会主委：卢文贯

韶关学院一支社主委：胡 敏（女）

韶关学院二支社主委：李 战

韶关学院三支社主委：郑立军

中共广东省委粤北省委历史陈列馆内景 （区史志办 供）

社 会 团 体

浈江区总工会

【概况】 浈江区总工会（简称“区总工会”）是负责全区工会工作的群众团体，人员编制3名，实有人数5人，其中主席1人（由区人大常委会副主任兼任）、常务副主席1人、副主席1人，内设办公室、维权部2个职能部（室）。2017年，区总工会重点对辖区25人以上企业下发告知书，区、镇（办）、街工会干部下到基层企业，面对面解释成立工会的法规依据，提供建会资料，动员企业如广东友丰油茶科技有限公司、广东苏氏投资集团有限公司主动建会，做到发现一家动员组建一家。对区内职工较多的广东汉鸿木业有限公司等，与产业园工联会一起多次上门指导工会换届工作。是年，25人以下企业95%以上由联合基层工会覆盖；女职工人数10人以上的企业组建工会时同步建立女职工委员会，建制率达100%；民主建会组建11家；民主换届9家。按照市总工会《韶关市“农民工入会集中行动”实施办法》和《韶关市“农民工入会集中行动攻坚战”实施方案》精神，推动农民工入会工作的开展，发展农民工会员3000人。

【健全组织机构】 2017年，区总工会抓好基层工会组建，明确领导分工，提早作出部署安排。同时，通过职工维权，帮扶特困职工，开展金秋助学等活动，增强工会影响力，使职工群众认识到工会重要作用，提高工人参加工会积极性，推进企业主动组建工会。

【创新组建模式】 2017年，区总工会把组建工会和发展会员作为工作重点，最大限度地把全区职工组织到工会中来，维护会员合法权益。是年，东莞（韶关）产业转移工业园工会联合会“三个一批”工作服务站通过省总工会验收。

【建立职工之家】 2017年，区总工会加强对建家工作组织领导，实现人、财、力等方面资源向基层工会倾斜，特别是向企业工会倾斜，充分调动基层工会工作积极性。是年，对区产业园工联会、风采街道环园路社区职工之家给予资金支持，帮助园区建设职工

2017年7月14日，区总工会开展夏日送清凉活动

（区委宣传部　供）

文体中心，丰富园区职工生活。

【建立双赢机制】 2017 年，浈江区围绕企事业单位中心工作开展工会活动，坚持职代会制度，完善职工代表监督检查体系，推动实行职工董事、职工监事，落实集体合同制度和工资集体协商，建立区域性工资集体协商机制解决零散企业职工的权益维护问题。在依法维护好职工的劳动权、经济权、发展权、监督权等合法权益的同时，开展创先争优、劳动竞赛、合理化建议等活动，维护好企业经营权、稳定权、发展权，实现互利双赢，促进企业健康发展。

【困难职工帮扶济困】 2017 年，区总工会组织各级工会对本单位、本系统困难职工情况进行摸底排查，积极筹措资金，救助和帮扶困难职工。在元旦、春节送温暖活动中共走访慰问困难劳模、困难职工和农民工家庭近 700 户，为他们送棉被、米、油、慰问金；7 月，开展“夏送清凉”活动，走访慰问交警及环卫工人，发放防暑降温物品价值 3 万余元；“金秋助学”活动中，为 5 名困难职工子女提供助学帮扶，并为 82 名生活困难的特困职工和 21 名重大疾病困难职工提供中央帮扶资金帮扶。

【先进典型】 2017 年，区总工会代表队参赛作品《放飞梦想》在韶关市总工会举办的“风行杯”首届职工排舞大赛中荣获银奖和最佳服装奖。 （苏艺）

附：区总工会领导班子成员名单

主　席：刘伟光

常务副主席：梁玉柱（女）

副主席：谭庆喜

共青团浈江区委员会

【概况】 中国共产主义青年团浈江区委员会（简称“团区委”）是区委领导下负责青年工作的正科级群团机关，行政编制 2 名，分别为书记 1 名，副书记 1 名。2017 年，在职工作人员 3 人，其中中共党员 3 人，本科学历 2 人，大专学历 1 人。团区委紧紧围绕区委、区政府的中心工作和团市委的工作部署，全面发挥团的教育引导、服务发展、社会服务、组织凝聚四大功能，加强团的基层组织和团干部队伍建设，完成上级团委交办的各项任务。

【基层团组织建设】 2017 年，团区委坚持“党建带团建”，除巩固机关、学校等传统领域团的建设，通过联合建团、依托建团、独立建团等多种形式设置团的基层组织，培育新经济组织、新社会组织、产业园区、互联网企业等新团建阵地，积极扩大团组织覆盖面。

【共青团改革】 2017 年，团区委主动争取区党政主要领导对共青团改革工作的支持，将浈江共青团改革议题提上党政班子会议讨论。落实挂兼职团干配备工作。加强与区教育局的沟通协调，发挥教育团工委的作用，落实中学共青团改革和少先队改革。团区委和区委组织部联合转发由市委组织部和团市委联合印发的《关于印发〈深化党建带团建，进一步夯实镇（街）、村（社区）基层团组织建设的意见〉的通知》，并督促各镇（办）街抓好贯彻落实。是年，完成 94 个村（居）团支部换届工作。

【青少年思想道德建设】 2017 年，团区委组织动员各级团干及团员学习宣传贯彻习近平总书记对广东工作作出的重要批示精神

2017 年 7 月 1 日，浈江区创文主题宣传暨寻找“最美浈江志愿者”启动仪式在启明北全民健身广场举行 （区委宣传部 供）

和省党代会精神，组织各界青年代表和基层团干开展十九大专题学习，团区委领导带头走进基层团组织开展十九大精神宣讲。五四期间，团区委组织百名新老团员在市第八中学开展“青春喜迎十九大不忘初心跟党走”入团仪式暨老团员重温入团誓词集中示范活动。

【青少年维权】 2017年，团区委依托未成年人心理健康辅导中心，加大对浈江区青少年维权暨心理志愿服务队伍的培训力度，发挥韶关学院心理志愿服务队的作用，到学校、社区开展心理疏导、成长指导、就业辅导、就学引导工作等一系列的维权行动20场次。组织心理志愿队队员配合区司法局到青少年社区矫正人员家中做心理疏导工作，为青少年心理辅导和权益保护提供长期保障。

【志愿者活动】 2017年，团区委组织志愿者开展形式多样的创文志愿服务活动。组织韶关学院百名大学生志愿者8个周末深入各镇（办）、社区参与创文志愿服务活动，重点清理绿化带内的垃圾、墙上的牛皮癣及杂草等卫生死角；到人口密集的广场、步行街派发创文宣传资料，普及创文知识等。组织志愿者到辖区重要的交通路段开展交通文明引导。指导全区10个镇（办）、46个社区建立志愿服务站。开展寻找“最美浈江志愿者”活动，通过表彰、树立典型、引领新风尚，倡导更多的人加入到志愿者行列中来。组织百名“小手拉大手”学生家长志愿者开展创文入户宣传。组织大学生志愿者值守未成年人心理健康辅导中心。

【助学帮困活动】 2017年，团区委以“希望家园”“携手助学”等项目平台为依托，开展各项捐资助学活动，筹措资金超过30万元，资助慰问贫困生超过400人次，助养50余个贫困青少年家庭。

【青年就业创业】 2017年，团区委为展翅计划提供大学生实习岗位150个，完成见习基地组织青年上岗见习53人，组织青年参与省、市创业培训4批次，培训人员30人次。 （杨　岚）

附：团区委领导班子成员名

副书记：杨　岚（女）

副书记：姜雪漪（女，挂职）

浈江区妇女联合会

【概况】 浈江区妇女联合会（简称“区妇联”）内设办公室（与宣传部合署）、权益部（与儿童部合署），区妇女儿童工作委员会办公室设在区妇联，下设区直机关妇委会9个，非公有制妇委会2个，镇妇联5个，街道办事处妇联5个，居民区妇联3个，村妇联48个，社区妇联46个。2017年，区妇联联合教育系统、依托各镇（办）妇联和“妇女之家”开展家庭教育知识讲座、开展各类亲子活动。全区10个镇街妇联都成立婚姻调解委员会，成功解调婚姻纠纷案件1宗。

【妇女干部培训】 2017年8月，区妇联选派妇联干部参加广东省县（市、区）妇联主席培训班；10月，选派街道办事处妇联主席参加广东省乡镇（街道）妇联主席示范培训班（粤北片）；11月，选派妇联干部参加广东省反家庭暴力业务培训班。

【扶贫帮困】 2017年春节前夕，区妇联慰问单亲特困母亲和特困儿童100户，送去慰问金和慰问品2万元。2月，开展“巾帼脱贫行动”暨发放扶贫鸡苗活动，发放400只鸡苗给10个贫困妇女。6月，参与支持的广东厚德精准扶贫千家学子公益慈善——韶关行活动，为300名扶助对象发放助学金、资助款20万元。10月，与区卫计局联合启动“两癌”（宫颈癌、乳腺癌）筛查，完成目标人群的筛查，普查人数428人，明确诊断51人。11月，对接香港励贤会，帮扶困境儿童64人，发放资助款3.84万元。

【区域化建设】 2017年，区妇联加强基层妇女组织建设，全区各镇（街道）妇联、各村（社区）相继召开妇女代表大会，推选出镇（办）、村（社区）妇联主席、副主席或执委。是年，全区10个镇（办）、46个村，46个社区，全面完成妇代会改建妇联工作和区域化建设，镇（办）妇联执委25人，村（社区）执委11人。

【未成年人思想道德建设】 2017年，区妇联依托基层妇联“儿童之家”和“留守儿童之家”开展家庭教育讲座；构建社区家庭教育组织网络，以建立家教微

2017 年 7 月 14 日，区妇联开展巾帼普法乡村行活动

（区委宣传部　供）

信群收听微电台的方式对家长进行家教知识培训；开展关爱留守儿童——暑期安全教育活动。把禁毒宣传与家庭教育相结合，构筑全区家庭禁毒防毒网络，开展禁毒宣传活动33场，禁毒知识讲座7场，参与人次12140人，发放宣传资料10300份。

【妇女维权】　2017年，区妇联利用各镇（办）综治信访维稳中心，"12338"维权服务热线，为妇女群众解决家庭和生活方面的疑难问题提供服务，发挥妇女基层维权站、法律援助中心、法律志愿者服务队伍等平台载体的作用，为妇女群众提供法律、政策、心理等咨询帮助，妇女依法维护自身权益的能力明显提高，全年接待来电来访案件27宗，结案率99%。各级妇联组织开展"不让毒品进我家共创平安幸福家""巾帼普法乡村行""依法维权送服务""建设法治中国巾帼在行动"等宣传活动61场，参与妇女群众1.53万人次，参与律师60人次，参与专家学者50人次；其他志愿者130人次。

【表彰先进】　2017年，浈江区1个岗位荣获2017年度广东省"巾帼文明岗"称号；3人荣获2017年度韶关市"三八红旗手"荣誉称号；1个单位荣获"三八红旗集体"荣誉称号；2个岗位荣获2017年度韶关市"巾帼文明岗"称号；1户家庭荣获2017年度韶关市"优秀书香之家"荣誉称号；30户家庭荣获2016—2017年度韶关市文明家庭荣誉称号。2个村（社区）荣获2017年度韶关市"平安家庭"创建活动先进示范村（社区）荣誉称号；8户家庭荣获2017年度韶关市"平安家庭"创建活动先进示范户荣誉称号。

【平安家庭创建】　2017年，区妇联把"平安家庭"创建活动作为社会稳定和精神文明建设的一项重要工作纳入区平安建设的总体规划，履行"平安家庭"创建活动牵头单位的工作职责，坚持把"平安家庭"创建活动作为工作重点，开展法治宣传活动，禁毒宣传活动，反邪教警示教育宣传活动，关爱弱势妇女儿童，开展好家风好家训宣传活动，把"平安家庭"创建活动与寻找"最美家庭"，"文明家庭"评选，平安家庭示范村（社区），示范户创建相结合，开展家庭创和谐活动。区妇联"平安家庭"覆盖率99.79%，各镇街没有发生因家庭矛盾纠纷引发的民转刑重大命案，没有发生其队侵害妇女儿童权益、影响家庭平安和社会稳定的重大案件或突发事件。

（简　洁）

附：区妇联领导班子成员名单

主　席：吴晓雯（女）

副主席：冯建辉（女，任至3月）

　　　　简　洁（女，3月任职）

浈江区文学艺术界联合会

【概况】　浈江区文学艺术界联合会（简称"区文联"）成立于2010年4月，隶属区委宣传部管理，人员编制在区委宣传部内部调剂解决。2017年，区文学艺术联合会加强对全区文学艺术工作者指导、联络、协调、服务工作，积极调动和发挥各协会的职能作用，加强全区文艺界的团结，与区宣传文化单位密切合作，共同发展浈江的文学艺术事业。

【全区文艺工作座谈会】　2017年2月16日，区委宣传部、区文联、区文新局联合召开全区各镇（办）宣传委员、文化工作者、各艺术团体负责人、热心文艺工作者参加的文艺工作座谈会。集中学习习近平总书记在文艺工作座谈会上的讲话精神，引导文艺工作者从实现中华民族伟大复兴中国梦的高度认清使命，深入生活、扎根人民，潜心创作，为人民立言，为时代放歌。回顾总结浈江区上年群众文化工作情况，研究上年是年群众文化工作。

【文化下乡】 2017年度，区文联与区文新局共同组织有关文艺团体参加送文化下乡活动45场次，其中送戏下乡30场次，送书下乡5次，送展览下乡10场次，为乡村社区文化注入强大的活力，带动基层文化活动蓬勃发展。

【文化志愿行动】 2017年，区文联与区文新局加强对文化志愿者的管理，提高志愿者服务效率，在大型文化活动、送文化下乡、文化培训、文化市场管理中引进文化志愿者参与活动和管理，使志愿行动成为常态。是年，参与志愿服务达1000多人次，平均每人服务约4小时，大大提高社会参与面。 （刘汉聪）

附：区文联领导班子成员名单

主　席：叶丽芬（女）

副主席：曾庆娣（女）

浈江区残疾人联合会

【概况】 浈江区残疾人联合会（简称“区残联”）是负责全区残疾人工作的群众团体，人员编制2名，其中理事长1人，副理事长1人，区残疾人劳动服务所是其直属事业单位，人员编制2名，其中所长1人，副所长1人。2017年，浈江区全面完成镇（办）残疾人专职委员的选聘工作，于5月1日起残疾人专职委员全部落实到时到位，并纳入公益岗位管理。

2017年2月22日，区残联为辖区残疾人免费发放轮椅

（区委宣传部　供）

【残疾人服务状况和需求调查】 2017年，区残联在全区范围内开展核查，对全区4629名残疾人的经济、住房、教育、就业扶贫、社会保障、康复、文化体育等调查指标进基本服务状况和需求信息数据动态更新，加强残疾人事业基础管理工作。搭建残疾人工作大数据平台，及时掌握残疾人的基本服务和需求。

【残疾人生活津贴发放】 2017年，区残联对1952名重度残疾人发放护理补贴每人每年2400元，共计资金468.48万元；对特困残疾人800名发放生活津贴每人每年1800元，共计资金14.4万元；资金直接从区财政发放到残疾人银行账户。

【残疾人适龄儿童入学】 2017年，区残联在全区范围筛查残疾儿童学前教育助学，全面掌握残疾儿童学前教育助学情况。是年，调查30名残疾儿童所在学前教育机构就学，并向学前教育机构给予1000元补助金。

【残疾人扶残助学受助补贴】 2017年，区残联对残疾人进行残疾人中等教育（7名）每人600元、残疾人高等教育（1名）每人800元资金补助。是年，区残联对“南粤扶残助学”工程中符合条件的一名在校学生给予1万元资助。

【残疾人社会保障】 2017年，区残联对重度残疾人进行城居医保参保资格筛查，对2339名符合条件的残疾人按每人每年180元进行参保。

【残疾人就业培训】 2017年，区残联培训组织输送10名残疾人专职委员参加省残联及市残联的各类培训班。全内，征收残疾人就业保障金43万元，安排残疾人就业2名，残疾人就业率明显提高。

【残疾人辅助器具发放】 2017年，浈江区免费发放助听器、手杖、沐浴椅、轮椅、生活护理自助器具等康复辅助用具260件，残疾人在家里就可以进行康复训练，有效地解决残疾人生活自理和出行难问题。 （王 耀）

附：区残联领导班子成员名单

理事长：陈景柏

副理事长：冯雪萍（女）

浈江区归国华侨联合会

【概况】 2017年，浈江区归国华侨联合会（简称“区侨联”）下设13个基层小组，1个侨联艺术团，有侨联工作者33人，侨联常委11人，正、副主席6人。全年走访港澳企业和民营企业50次，并向归侨侨眷、海外侨胞、港澳同胞作好投资环境宣传，实现招商引资，同时维护华侨利益，举行对外联谊，开展侨务服务；向省、市侨联和其他网站媒体发送信息，宣传侨联工作，主要是服务大局、服务侨胞，为困难归侨侨眷尽心尽力服务。

【侨界人士参政议政】 2017年，区侨界人士有市人大代表1人，有区人大代表2人、区政协委员9人。是年，区委、区政府重视侨联工作，侨界人大代表、政协委员履行职责，参政议政，围绕经济发展和社会事业建言献策，在各级“两会”上撰写建议和提案。

【侨联活动】 2017年5月，区侨联组织侨青会在森林公园开展“公益环保”清洁活动及“递增友谊”户外烧烤活动，用自身行动向市民宣传热爱韶关、热爱生活、积极向上的精神面貌；7月，利用休息时间上门帮助独居老人打扫家庭卫生；此外，采取集中学习与分组学习相结合，发放宣传手册与解答析疑相结合等形式让归侨侨眷学习，全年发放《广东省华侨权益保护条例》5000册。

【为侨服务】 2017年，区侨联通过各种渠道和方法密切联系侨胞，以各种形式开展群众工作。是年，接受办理来信、来电、来访60人次，慰问、探望老归侨和有病有难归侨侨眷210人次，为归侨侨眷做好事、办实事30次，为归侨侨眷服务帮助（慰问）资金3万元。

【侨界人士爱心助学】 2017年，区侨联组织侨联干部、侨联界人大代表、政协委员和侨联顾问在扶贫济困日活动中踊跃捐款，筹得款项1.4万元；到区福利院开展送温暖送爱心活动，为孤寡老人献上慰问品价值4000多元；先后到黄金村中心小学、车站街道办事处、乳源大桥中心小学、欧辉中学为贫困学生献上爱心，送上学习用品、衣物和慰问金总值1.3万元。 （区侨联）

附：区侨联领导班子成员名单

主　席：罗　华

副主席：钟国煌

　　　　李应清（女）

　　　　陈韶基

　　　　邓志成

　　　　林明松

浈江区老区建设

【概况】 2017年，浈江区老促会（简称“区老促会”）以习近平总书记系列重要讲话精神为指导，紧紧围绕区委、区政府提出的抓项目、稳增长、强基础、转方式、惠民生等主题主线，在加快老区的经济发展、公路、安全饮水、老区村庄综合整治、卫生等方面，充分发挥老促会的参谋、助手和桥梁作用，推动老区经济和社会各项事业的发展。

【解决历史遗留问题】 2017年，区老促会落实解决三个老区村的城市建设征地返回经济用地的历史遗留问题（其中，府管村获得经济返拨用地18.67公顷，东联村20公顷，莲花村16公顷），为老区带来可观的经济效益。以府管村为例，村集体经济从年收入6万元，增长到如今的40万元，老区群众生活水平得到进一步地提高。

【老区公路硬底化建设】 2017年，区城乡建设局和区老促会争取省、市交通部门的资金支持，总投入64万元，其中自筹20万元，完成老区公路硬底建设2.5公里，新建公路硬底建设2.5公里。

【老区农村青年创业培训】 2017年，区老促会帮助老区的创业青年广开奔康致富之路。3月18日，在市关工委、老促会和区政府的支持下，举办浈江区2017年农村创业青年培训班，来自全区农村创业青年集中“充电”，学习电商知识等。经过培训，大部分学员成为老区致富奔康的带头人。

【老区宣传工作】 2017年，区老促订阅《中国老区建设》《源流》杂志，完成中国老促会和省老促会的订阅计划；宣传老区经济发展和社会各项事业发展的先进典型，推动老区的经济发展跟上全区整体前进发展的步伐；成功组建老区建设通讯员队伍，并举办培训班。 （魏丽晶）

浈江区工商业联合会

【概况】 浈江区工商业联合会（简称“区工商联”）与区委统战部合署办公，协助区委、区政府联系非公有制经济实体和人士，执行非公有制经济方针政策。2017年，区工商结合开展民营企业家守法诚信教育实践活动及创建“五好”县级工商联建设等工作，充分发挥职能优势和作用，认真践行“两个健康”工作主题，提高服务能力，充分发挥党委和政府联系非公有制经济人士的桥梁纽带、政府管理和服务非公有制经济助手的作用，为实现建设和谐浈江的宏伟目标和全区民营经济蓬勃发展做出贡献。

【会员组织建设】 2017年，区工商联指导和帮助办事处成立2个工商联基层商会。7月25日浈江区车站办商会成立大会在卓兴药业公司召开，并举行揭牌仪式。8月10日在浈江区风采办会议室召开风采办商会成立大会。是年，增加40名会员，壮大工商联的队伍。

2017年4月12日，区工商联召开第五届第二次主席会议
（区委宣传部 供）

【创建“五好”县级工商联】 2017年，区工商联开展创建“五好”县级工商联工作。在“领导班子建设好、会员发展好、商会建设好、作用发挥好、工作保障好”工作方面开拓创新，推进“五好”县级工商联建设。经区级工商联自评、市工商联审核、省工商联复核审议，在12月通过省工商联考评认定为“五好”县级工商联。

【工商联参政议政】 2017年，区工商联深入走访调研基层企业20多家，完成省、市关于制造业企业调研、广东省促进中小企业发展条例实施情况调查问卷等5个调研课题，及时了解情况，主动收集建议意见供区委、区政府决策参考。组织推荐工商联界别政协委员参加区政协专题议政会和区法院、检察院的旁听会。

【工商联精准扶贫】 2017年“6·30”期间，区工商联动员组织民营企业参加广东扶贫济困日活动，会员企业捐款50多万元。推进“百企帮百村”精准扶贫行动，起到良好的社会示范效应。区工商联副主席张玉龙的广东省友丰油茶公司依托企业优势带领周边农村致富，从是年1月1日起到2032年内，对浈江区犁市镇大村52户贫困户实行兜底扶贫；每户贫困户每月补助416元，全年5000元，52户贫困户收入达26万元，达到农企双赢的效果。 （李丽）

附：区工商联领导班子成员名单

党组书记：廖跃华

浈江区红十字会

【概况】　浈江区红十字会（简称“区红十字会”）成立于2009年，列入群团机关序列，副科级建制，是从事人道主义工作的社会救助团体。

【应急救护】　2017年，区红十字会普及救护和卫生救护防病知识，进行初级卫生救护培训，组织群众参加现场救护培训。在市红十字会指导和帮助下将初级救护知识深入学校、深入机关。是年，参加初级救护培训近百人、学校水上救援培训200多人。

【红十字会博爱送温暖】　2017年，区红十字会开展“红十字博爱送温暖”活动，对我区城乡困难群众进行慰问，将温暖包、调和油等总价值11878.78元的救助物资送到他们手中，帮助他们解决生活中实际困难。多次对全区先天性心脏病患儿进行排查摸底，由广州医科大学附属第一医院专家筛查义诊，并对符合条件的患儿进行手术治疗。是年，浈江区完成手术例数2人。区红十字会争取上级红十字会资金扶持，进行白血病患儿救治2人（3万元/人）、贫困学生家庭救助3人（2000元/人）。联合市红会、武江红会将烟台渤海制药集团有限公司定向捐赠的一批价值17.8万元的防暑护肺药品转交给浈江区、武江区的一线环卫工人，全区近500名环卫工人接受捐赠。

（黄　美）

附：区红十字会领导班子成员名单

会　长：何艳霞（女）

常务副会长：胡小珠（女）

2017年5月22日，区红十字会、区公安消防大队联合开展初级急救员培训（区委宣传部　供）

法　治

政法委及综治

【概况】　2017年，中共韶关市浈江区委政法委员会（简称“区委政法委”）机关重组编制方案通过市编办审核并印发，完成政法重组工作。区社会治安综合治理委员会办公室、区委维护稳定工作领导小组办公室、区委防范和处理邪教问题领导小组办公室与政法委机关合署，区社会工作委员会与区委政法委机关一个机构、两块牌子，区依法治区工作领导小组更名为区委全面依法治区工作领导小组，领导小组设在区委政法委机关，上述机构实行一体化运作。重组后设综治、维稳、依法治区、防范、法治监督、办公室6个内设机构，配备11名政法人员，其中3个专职副书记、4个专职委员综治室、维稳室、办公室各配备一名年轻骨干。

【社会治安综合治理】　2017年，浈江区被省综治委确定为重点治理地区，期限1年。区社会治安综合治理办公室抓好社会治安综合治理重点治理工作，各项工作有序开展。

2017年7月28日，浈江区召开创建平安浈江第一场座谈会

（区委宣传部　供）

部署社会治安综合治理重点治理　成立以区委书记、区综治委主任为组长的区级社会治安综合治理重点治理工作领导小组，各镇、办事处成立以镇（办）党（工）委书记、镇（办）综治委主任为组长的镇级重点治理工作领导小组。区委政法委制定《韶关市浈江区社会治安综合治理重点治理整改方案》，努力确保按期完成“摘牌”，完成整改目标，扭转浈江区社会治安重点治理工作的落后局面。5月18日，区委召开全区社会治安重点治理动员大会，部署整改工作。区委常委会将社会治安重点治理工作列入重要议事日程，定期听取工作汇报。区综治委于7月中旬和9月下旬对10个镇办和区直综治创平成员单位进行督查，在全区进行通报。是年，发督查通报2期、整改工作简报7期，区委、区政筹措资金近亿元，强力推进社会治安综合治理重点治理工作开展。

推进“中心+网格化+信息化”建设　根据“定格”要求，全区重新调整网格划分，10个镇（办）105个村居划分成597个网格，全部配备兼职网格员。是年，全区网格员排查安全隐患1874件，其中已处理1609件，正在处理327宗，移交相关部门25宗。

收集社情民意3087条，服务群众19262人次，帮扶群众2834次，为残疾人、低保户等困难人群代办各项事宜3772人次。化解矛盾纠纷759宗，成功化解637宗。投入100多万元建设视联网，全区有10个视联网会议室，开通9个（曲仁办和田螺冲办共用点因办办公楼搬迁，预计2018年3月份开通）。在区级、风采办事处、乐园镇政府、车站办事处、东河街道办事处、犁市镇政府6个点综治联勤指挥室配套建设LED大屏显示设备，为视频监控接入提供设备支撑。开展信息系统操作员培训，按照“九大模块”数据导入有关情况，全区10个镇办录入“网格事件”225件，办结214件；录入及导入基础信息1032条。

重点整治突出问题 2016年9月23日，犁市镇被市确定为2017年重点治理镇，由市综治委挂牌整治，期限一年。犁市镇党委、政府和相关部门调动社会治安辅助力量和人民群众参与社会治安整治工作，推动当地重点治理、综合治理和平安创建，丁10月27日通过市综治委的考核验收，成功摘帽。是年，区乐园镇被列为2017—2018年韶关市重点整治镇（街），由市公安局挂牌重点整治涉盗抢违法犯罪行为。区公安分局高度重视，重拳打击系列街头抢劫、抢夺，系列入室盗窃，盗抢机动车等多发性侵财性刑事犯罪活动，遏制“两抢一盗”等多发性侵财案件在整治地区的高发势头。全年乐园镇南山派出所警情796起，同比下降3.6%，立案304宗，同比下降18.5%，破案82宗（含年前积案），同比下降20.4%；抓获犯罪嫌疑人48人，同比下降9.4%，刑拘36人，同比28%，逮捕25人，同比下降43.2%，移送起诉39人，同比下降20.4%。打掉犯罪团伙2个，同比持平，其中立盗抢销案件200宗，同比下降26.7%，占总警情的25.1%；破盗抢销案件82宗，同比下降1.2%，与总破案数持平；抓获盗抢销犯罪嫌疑人22人，刑拘盗抢销犯罪嫌疑人10人，逮捕盗抢销犯罪嫌疑人17人，移送起诉盗抢销犯罪嫌疑人16人。成功侦破社会影响较大的朱某仁跨区域盗窃案，抓获犯罪嫌疑人3人，起诉3人。

精神病等重点人群管控 2017年，全区投入77.8万元专项经费用于精神病患者等重点人群排查管控救治救助工作。是年，全区累计在册严重精神障碍患者1828人，年在管患者1733人，年管理率94.8%，规范管理率70.73%，在册患者服药率92.89%，规律服药率：34.68%，危险性评估三级以上患者56人，均实行一人一警、一人一策实施管控，未发生精神病患者肇事肇祸。

群防群治 构建“政府主导、群众参与”的社会治安防控体系全全区成立237个治安联防队，共有队员4660人，与公安巡逻、富集形成一个点、线、面立体防控的社会格局，成为维护社会治安一支重要力量。

【维稳工作】 2017年，区委政法委着力解决一批影响社会稳定的突出问题，全区社会治安大局总体平稳，特别是全国“两会”、“一带一路”国际合作高峰论坛、省第十二次党代会、香港回归二十周年纪念日、中共十九大期间，全区实现“四个确保”、“五个不发生”目标。由区委政法委牵头，抽调政法、公安、民政、信访、人社、教育、住建等部门的业务骨干人员成立浈江区信访维稳突出问题处置化解工作专班。专班主要负责做好重点时段、重点群体、重点领域的维稳工作。全区抓好信访积案的化解和矛盾纠纷的调处，实现源头预防化解。是年，列入突出矛盾纠纷台账158宗，化解成功144宗，化解成功率91.1%；列入重大矛盾纠纷台账14宗，已化解14宗，化解率100%。

【严打整治】 2017年，区委政法委保持严打态势，重拳打击各类违法犯罪，成效凸显。浈江公安分局在全市公安机关“飓风2017”综合考核中得分109.92分，位列全市第一，其中打击黑恶势力专项得分100分，并列全市第一；打击电信诈骗专项得分108分，并列全市第一；打击金融领域犯罪专项得分101.23分，全市排名第三；打击“两抢一盗”专项得分105.9分，并列全市第一。是年，区检察院批准逮捕228件361人，起诉297件445人，对10名生活确有困难的受害人提供司法救助共计8万多元；加强对未成年犯罪嫌疑人教育感化挽救，决定不捕9人、附条件不起诉4人、相对不起诉5人，并会同家长和社区工作人员共同开展监管帮教；公开案件程序性信息855件次，公开法律文书385份；受理律师阅卷、调取证据材料、申请取保候审等各类申请249件，案件信息查询892件次。区法院受理刑事案件361件，审结338件（含旧存47件）；受理各类民商事案件3442件，审结2929件（含旧存473件），调撤1316件，调撤率46.35%；受理执行案件2181件，执结1819件（含旧存363件），执结标的金额7.5亿元；受理行政非诉案件45件，审结49件（含旧存6件）。

【涉法涉诉】　2017年，区委政法委印发《浈江区2017年集中排查化解涉法涉诉信访矛盾专项行动方案》，开展涉法涉诉案件的排查化解工作。根据市列出的涉法涉诉矛盾纠纷清单，全区有14宗涉法涉诉案件，化解13宗。是年，全区政法各部门登记涉法涉诉信访案件670宗，其中群众来信信访79宗，来访578宗，网络接访13宗。相比上年涉法涉诉信访案件上升124%，来信信访下降0.01%，来访案件上升163.9%。司法救助14件22人次，救助金额34万元。

【依法治区】　2017年，浈江区成立以区委书记为组长的区委全面依法治区工作领导小组，加强依法治区的领导。是年，召开区委全面依法治区工作领导小组二十二次会议，并多次召开区委常委会会议研究全区部署法治建设工作。出台《浈江区贯彻〈法治广东建设第二个五年规划（2016—2020年）〉实施意见》《浈江区2017年全面依法治区工作要点》《浈江区关于全面推开法治建设"四级同创"活动的实施意见》等制度文件，将法治建设纳入浈江区发展总体规划。根据机构改革要求，在区委政法委设立区委依法治区办公室，配备2名人员，开展依法治区各项工作。加大法治建设的投入力度，将法治建设项目经费列入政府年初预算，全年投入190多万元，推进全区镇（街道）、民主法治村（社区）的创建、行业依法治理、企业法治文化建设示范创建及村（社区）法律顾问等工作。是年，浈江区被确定为韶关市县（区）级法治创建示范区；车站街道办东升社区被提名申报全国民主法治社区；车站街道办被确定为韶关市街道法治创建示范点，车站街道办东升社区被确定为韶关市村级民主法治示范社区。

（刘锦龙）

附：区委政法委领导班子成员名单

书　记：刘　锋
副书记：杨　玲（女）
　　　　张福有
　　　　黄丽霞（女，任至3月）
　　　　邓伟霖（3月任职）
专职委员：吴德才（8月任职）
　　　　侯建勇（8月任职）
　　　　姜艳平（女，8月任职）
　　　　钟勋元（女，8月任职）

法治政府建设

【概况】　浈江区法制局（简称"区法制局"）发挥政府的参谋、助手和法律顾问作用，切实抓好全区依法行政工作和法治政府建设工作，加强对辖区各单位、各部门依法行政工作情况考评，制定并落实《2017年度浈江区政府常务会议学法计划》。2017年，区法制局审查各类法律文件、合同等78份，对省、市政府及有关部门制定的地方性法规、规章及规范性文件等征求意见提出意见及建议10份，办理行政复议案件7宗。

【依法行政】　2017年，区法制局根据人事变动，提请区政府及时调整区依法行政工作领导小组成员。由区政府办印发《韶关市浈江区法治政府建设实施规划（2016—2020）》及《韶关市浈江区2017年依法行政工作要点》，明确推进法治政府建设及依法行政工作的主要任务、目标和具体措施。制定《韶关市浈江区2017年度依法行政考评方案》，对全区各部门及各镇、办依法行政工作情况进行考评，对考评情况及存在问题进行反馈并在全区通报。根据《韶关市人民政府办公室关于印发韶关市2016年度依法行政考评方案的通知》要求，牵头对韶关市2016年依法行政考评工作做好准备，顺利通过省、市考核组对浈江区政府2016年依法行政工作的各项考评，取得优秀成绩。

【政府常务会议学法】　2017年，由区法制局起草制定《2017年浈江区政府常务会议学法计划》，坚持领导干部在自学的基础上，强化常务会议学法制度。是年，区政府常务会议学习《中华人民共和国慈善法》《中华人民共和国消防法》及实施细则、《中华人民共和国公共文化服务保障法》等法律法规，进一步增强领导干部的法治思维，提高运用法治方式开展工作的能力。

【重大决策合法性审查】 2017年，区法制局做好重大行政决策的法律审查工作。政府重大决策均由法制局、法律顾问团进行合法性审查，确保行政决策依法作出。牵头制定《韶关市浈江区人民政府2017年度重大行政决策事项目录》并挂网公开，列入目录的决策组织承办部门均须按照《浈江区重大行政决策程序规定》认真组织实施。

【规范性文件起草、审核与清理】 2017年，由区法制局起草，区政府办印发《韶关市浈江区人民政府办公室关于做好2017年规范性文件立项计划的通知》，对于不符合规定程序的文件，坚决不予制发。是年，全区未制定规范性文件。开展政府文件清理工作。根据省、市要求，印发《浈江区人民政府文件清理工作实施方案》，成立政府文件清理工作小组，组织人员对区政府成立以来（1984年）至2016年12月30日以区政府及区政府办名义下发的正式文件进行全面清理。按照“谁实施、谁负责”的原则，经征求各责任单位对清理文件目录进行核对意见后，形成政府文件清理结果。经核查，因与现行国家政策不符、与上级部门文件相冲突需予以废止的文件3份，因适用期已过、规定事项及工作任务完成应当宣布失效的477份，清理结果依法进行公告。

【行政复议和行政应诉】 2017年，区法制局做好行政复议工作，及时纠正违法或不适当的行政行为，做到“案结事了”。是年，办理行政复议案件7宗，办结5宗，其中维持2宗，终止审理2宗，撤销1宗，审结率100%，上述案件均经浈江区复议委员会案审组研究讨论结案。同时，做好市政府行政复议案件的答辩工作，共办理市级行政复议案件7件，其中4宗予以维持，3宗尚未审结，维持率达100%。加强行政应诉工作。按照省、市规定，落实行政机关负责人出庭应诉工作，及时组织人员出庭应诉、提交答辩，履行行政诉讼裁决、行政复议决定，配合法院执行案件。是年，累计应诉案件14宗，其中行政主要负责人参加出庭应诉5宗。

2017年10月13日，浈江区举办2017年度领导干部法治专题讲座暨行政执法人员综合法律知识培训班 （区委宣传部 供）

【行政执法监督】 2017年，区法制局健全行政执法管理体制，推进综合行政执法体制改革。推行区一级执法，推动执法重心下移和执法事项属地化管理。根据省、市的工作部署，重点在食品药品安全、工商、公共卫生等重点领域实行综合执法，有条件的领域推进跨部门综合执法。加强对领导干部及行政执法人员培训力度。10月13日，举办2017年度领导干部法治专题讲座暨行政执法人员综合法律知识培训班，对全区80名行政执法人员进行综合法律知识培训。是年，全区持证执法人员176人。做好行政执法人员综合法律知识网上考试报名工作。制定并下发《关于做好我区行政执法证管理系统升级及行政执法人员考试系统使用相关工作的通知》，各单位根据本单位行政执法人员行政执法证新办证及换证需要，做好行政执法人员考试报名工作，全区18人通过广东省行政执法人员资格考试。开展行政执法案卷评查。浈江区在开展依法行政考评工作的同时，一并对各执法部门的行政执法案卷进行评查，重点对各执法部门行政执法主体的合法性、行政执法内容的适当性、适用法律依据的准确性、行政执法程序的合法性进行检查，提升和监督行政执法案卷质量，增强行政执法权的监督。

【法律顾问】 2017年，区法制局健全政府法律顾问工作机制。实现以政府法制机构为平台设立政府法律顾问室，发挥法律顾问在制定重大行政决策中的积极作用。是年，区政府聘请2名专家、律师作为法律顾问，并建立区一级政府法律顾问室。推动各镇（办）及各部门建立法律顾问制度，将聘请法律顾问和建立法律顾问室列入依法行政考评指标，要求各镇（办）及各部门按要求聘请法律顾问或设立法律顾问室。是年，全区各镇（办）法律顾问聘请率达100%，全区大部分重点执法单位均聘请法律顾问。当好政府的参谋助手和法律顾问，发挥法律顾问团作用，提供优质、高效、便民的法律服务。是年，区法制局多次派员参加全区各单位重大项目及事项协调部署会议，积极建言献策，收到良好的社会成效，审查各类法律文件及合同78份，并提出相关法律意见及建议。（陈少芬）

附：区法制局领导班子成员名单

局　长：彭志红（女）

副局长：黄文忠

公　安

【概况】 韶关市公安局浈江公安分局（简称“浈江公安分局”）负责维护全区社会稳定和治安秩序、打击刑事犯罪、治安防范和管理、服务人民群众等工作。2017年，浈江公安分局以全国“两会”（全国人民代表大会、中国人民政治协商会议）、省第十二次党代会、“七一”香港回归、中共十九大维稳安保为工作重点，加强维护社会稳定工作。全年工作呈现“一个提升、二个下降、三个荣誉、四个第一”的成绩，即群众安全感、公安满意度提升3位；案件警情下降，全年案件警情4531起，同比下降33%；八类严重刑事案件下降，全年立八类严重刑事案件66宗，同比下降43.1%；浈江公安分局立集体二等功、经侦大队被评为全国优秀基层单位、治安管理大队获广东省2017年度“扫黄打非”先进集体；“飓风2017”专项行动总分第一、2017年度韶关市县级公安机关综治暨创平工作考评第一、维护政治安全六大专项行动考核第一、迎接中共十九大胜利召开安保维稳工作考核第一。

【社会维稳】 2017年，浈江公安分局以维护社会政治稳定为中心，深入研判当前社会治安形势，明确责任分工。是年，收集村委换届选举、征地拆迁、纠纷斗殴、退休职工薪酬纠纷等维稳信息712条；协助政府信访部门处理群体性上访事件64起，苗头88起，共8476人；全国“两会”期间，上报互联网舆情信息273条，并成功处置10起本地谣言事件，及时通过微信公众号等平台进行官方辟谣；先后出动警力1800余人，圆满完成重大会议、1000人以上的大型活动、各类考试及配合政府部门执勤等合计66次大型安保任务；出动警力510人次，圆满完成警卫任务工作17批次；出动警力2400人次，参与辖区村委选举维稳安保工作。

【打击刑事犯罪】 2017年，浈江公安分局围绕建设“平安浈江”的总目标，推进“飓风2017”专项行动，严厉打击突出违法犯罪行为。全年案件警情4531起，同比下降33%；立刑事案件2322宗，同比下降15.2%；破案1011宗（包含年前积案），破案率43.5%，同比上升1.6%；抓获犯罪嫌疑人625人，同比上升5.2%；刑拘456人；逮捕348人；移送起诉432人；打掉团伙34个；抓获在逃人员43人。立命案3宗，破5宗（其中2宗为补破年前积案）、破案率166.7%。全市公安“大情报”工作考核第1名，抓获32人，抓获数最高。

【社会交通管理】 2017年，浈江公安分局交警部门结合辖区交通违法特点，组成若干巡逻小组，加大对各重点部位的盘查、查扣力度，重点针对市区小街小巷、农贸市场、商业批发街等重点管理路段，积极开展“巩卫创文”交通秩序、城区道路交通安全管理、酒后驾驶、预防重特大道路交通事故等专项整治行动。全年查处各类交通违法行为48650起，其中酒驾41宗（醉驾17宗），暂扣各类机动车辆2504辆，电动车671辆。办理行政案件7宗、刑事案件35宗，处理事故3180起，死亡30人，受伤716人，经济损失480316元。辖区没有发生一次死亡3人的较大交通事故，总体保持辖区道路安全形势平稳。

【社会治安管理】 2017年，浈江公安分局坚持“打防结合，以防为主”的方针，加大人力、物力投入，建立健全全方位、立体化的治安防控体系。投入经费350万余元，在辖区内新增36个视频监控，设立5个流动市际治安卡点，将韶关东站等29个区域列为联勤巡逻重点地区，根据治安形势匹配警力，整合多支巡防力量，形成点线面交叉结合的立体化网格巡防大格局。是年，巡逻查获在逃人员2名、涉毒违法犯罪嫌疑人48名、涉盗违法犯罪嫌疑人8名、其他违法犯罪嫌疑人6名。配置专业处突队伍，分局抽调精干警力255人（其中男231人、女24人）组成防暴大队，承担处置群体性事件、突发性事件、重大暴力犯罪事件以及抢险救灾等特殊任务。加强互联网管控，是年，辖区已安装警用热点数410个，已管控场所数278个。安装无线网络控制前端520家，管控率达96.7%，处罚违反规定的相关网吧39宗。落实网络安全防护，全年完成800余家网站的核实工作，将本地区级以上党政机关、事业单位和国有企业的互联网重要信息系统和重点网站纳入实时监测，本地关键信息基础设施测评率达到100%，未发生过重大网络安全事件。加强对重点行业治安整治，全年审批开具民爆物品购买许可证126张、民爆物品运输许可证321张、烟花爆竹运输许可证14张。开展校园周边治安秩序整治，全年出动警力700人次，警车250辆次，整治校园周边环境44处，召开法制教育课75次。全区新建安装视频门禁系统4套，新增完成覆盖2785套/间，合计完成覆盖3409套/间。推进统一标准地址信息库建设，全年在“广东省人口管理工作平台”录入街路巷信息702条，建筑物信息6125条，单元房屋信息73776条，超额完成市公安局下发任务数，全市排名第二。参与排查疑似精神障碍患者或精神障碍患者843人，排查三级及以上严重精神障碍患者322人，录入全国重性精神病人信息管理系统的三级及以上精神障碍患者178人；排查329名社会面吸毒人员，建档61人。推动移动警务终端应用工作，购入移动警务终端100套（移动警务通70套，手持身份证检测仪30套）。

【户政工作】 2017年，浈江公安分局建立和完善“以证管人、以房管人、以业管人”的服务管理工作模式，完善以信息化为手段、居住证为纽带、出租房和用工单位为重点的流动人口服务管理工作动态化格局，建立流动人口服务管理系统，实现对辖区流动人口“底数清、情况明、信息灵、服务好”的工作目标。开展为期两年的全区范围内的户口登记管理专项清理整治工作。开展无相片人员清理工作。开展人像比对信息核查工作，运用省级人口相片比对平台，开展人像身份信息核查，防止出现新的双重户口、虚假户口和骗、冒领身份证问题。7月，分局进驻浈江区行政服务中心新办事大厅，在办事大厅一楼设置6个窗口，办理户政、旅业、上网服务场所等业务，推行一站式服务。组织社区民警深入社区、自然村核对人口情况，核对人口变动数据情况，做到实际人口数据、户籍底册登记数据、人口信息系统数据相一致，完成2017年度人口统计工作。配合省、市计生考核和专项检查工作，每月按时将浈江区的出生、迁移和人口情况向区卫计部门通报，做好信息反馈工作。2016年12月至2017年11月，向卫计部门通报出生入户4846例，死亡注销5523例，市外迁入2396例，迁往市外5850例，市内迁入6376例，迁往市内7348例。

2017年3月14日，浈江公安分局召开“飓风2017”专项行动动员部署会 （浈江公安分局 供）

【专项整治】 2017年，浈江公安分局重点推进涉毒、涉盗抢、涉电信诈骗和涉经济犯罪的“飓风2017”专项打击整治行动。是年，分局“飓风2017”专项行动综合成绩名列全市第一，其中涉打黑除恶专项排在全市第一；盗抢专项排在全市第一；电信网络犯罪专项排在全市第一；涉黄赌违法犯罪专项排在全市第一；涉金融领域犯罪专项排在全市第三；涉毒专项排在全市第三。

【宣传工作】 2017年，浈江公安分局加强警务宣传工作，全年发送宣传稿件3192条，其中发国家级媒体1条、省级媒体48条、市级媒体267条、国家级网络媒体14条，新浪、腾讯、网易、搜狐等知名网络媒体148条、公安内部网页（省公安厅平安南粤网、宣传处网、市公安局内外网和分局内网）2714条。

【警务督察】 2017年，浈江公安分局督察部门发挥“督促、查纠、防范、保障”的督察职能，开展全面性、常态化的现场督察、专项督察。是年，开展督察行动150多次，开展重大警务部署专项督察16个，重大社会活动现场督察90多次，以及警纪警规的日常督察，督察单位260多个次，督察民警2800多人次，检查枪弹库70个次、值班枪支150多支次，明察暗访餐饮、娱乐场所近80间次，现场发现并纠正问题40多起。

【警务保障建设】 2017年，浈江公安分局购置电脑52台，打印机30台，复印机1台，传真机4台，碎纸机1台，复印机1台；空调48台。投入15万元在原市局饭堂二楼修建警体馆，投入48万元在刑侦大队重新规划修建办案中心。

【公安队伍建设】 2017年，浈江公安分局学习贯彻新时代新思想。12月1日，邀请市委党校赵倩倩副教授作题为《中国特色社会主义新时代的政治宣言和行动》宣讲报告。9月13日，召集各党支部书记和组织委员50余人，参加中国共产党章程党规学习解读党课培训。开展岗位提拔及轮岗交流。3月，对16名副科级干部进行岗位轮岗交流；8月，提拔17人到副职领导岗位。深入开展技战培训工作。9月，分局对670名民警和辅警，开展为期三天6期“迎接十九大忠诚保平安”警务执法规范专项训练班。选树先进典型，发挥榜样引领示范作用。全年浈江公安分局立集体二等功，经侦大队被评为“全国优秀基层单位”并荣立集体三等功，治安管理大队获广东省“扫黄打非”先进集体，刑侦大队刑事科学技术室立集体三等功，太平派出所和站南路派出所被市公安局评为“优秀公安派出所”，特警大队荣获集体嘉奖；刘韶辉立个人一等功，盛伟坚被评为全省优秀人民警察、全省“雷霆扫毒专项行动”先进个人和2017年度第二季度“韶关好人”，刘惠群被评为2016年全市公安机关巾帼建功先进个人，冯超等10人立个人三等功，李明等51名民警获得嘉奖，李安等58名辅警获得嘉奖。　（吴小飞）

附：浈江公安分局领导班子成员名录

局　长：肖　景
政　委：刘建民
副局长：刁文海
　　　　邱国辉
　　　　林少洪
　　　　刘　革
纪检书记：沈宝石

消　　防

【概况】 浈江区公安消防大队（简称“区消防大队”）于2005年由北江大队和浈江大队合并而成，属副团级单位，下属一、二中队。大队部与一中队位于浈江区前进路7号，二中队位于南郊五公里。2017年以来，区消防大队紧紧围绕中心工作，紧跟支队党委“全面打造山区消防排头兵、一类支队比肩者”的战略部署，全面推进火灾防控和部队建

2017年12月11日，浈江区安全生产暨冬春火灾防控工作紧急会议在区政府综合楼一楼会议室召开　（区委宣传部　供）

设，确保辖区火灾形势和部队管理“双稳定”，赢得党委政府和人民群众的广泛赞誉。

【消防灭火救援】 2017年，区消防大队围绕战斗力标准，开展实兵、实装、全天候训练演练。组建高层建筑灭火救援专业组2个，修订完善数字化预案62份，实地熟悉演练246次。累计接警出动432次，出动车辆794辆（次），出动警力4335人（次），抢救和疏散被困人员135人，抢救保护财产价值近亿元，成功处置浈江区东升路万通大厦“6·30”火灾、韶关烟叶复烤有限公司“8·10”火灾以及韶关市日兴烟花爆竹专营有限公司仓库“8·16”火灾等。浈江区作为全市出警任务最繁重的县（市、区）（占全市总出警量的1/4），区消防大队克服各种困难，完成每次灭火救援任务。全年实现零事故、零伤亡。

【警营文化建设和人才培养】 2017年，区消防大队坚持立足本职、成长成才，提升官兵素质。新发展党员3人，转正2人；新发展团员5人。全年开展各类主题教育讨论20余次，撰写心得体会86篇，邀请相关专家学者来队授课3次。2名技术干部调级，3名战士考入军校，3名干部被抽调增援金砖国家领导人会晤、中共十九大消防安保，15名官兵被推荐立功嘉奖。在全省首次消防监督执法证考试中，大队执法干部总成绩在全市消防部队独占鳌头；完成大队级单位执法正规化建设试点任务，支队在大队召开现场会推广成功经验做法；大队前三季度执法质量考评成绩进入全市前3名；获第三届“粤北卫士杯”乒乓球羽毛球比赛1个单项第一名、2个单项第二名、2个单项第三名和团体二等奖的好成绩。

【火灾隐患整治】 2017年，区政府先后组织召开全区消防安全工作会议、国务院消防工作考核迎检推进会、夏季消防工作会、微型消防站建设推进会、冬防工作会等会议，开展冬春火灾防控、夏季消防检查、电气火灾整治、中共十九大消防安保等专项行动，消除一大批火灾隐患。是年，检查单位2210家，发现、整改火灾隐患1565处，临时查封23处，责令三停17家，罚款32.6万元，行政拘留2人，同比分别上升31.5%、29.6%、53.3%、30.8%、15.5%和200%。大队冬春火灾防控工作考评居全市第一名，消防行政审批办理时间平均缩短30%以上，群众回访满意率达到100%。有效解决部分单位和场所长期失控漏管的局面，确保各类重点场所消防安全。

【消防队伍管理】 2017年，区消防大队坚持“队伍管理精细化、执勤训练专业化”标准，持续宣传贯彻全省消防部队队伍管理教育形势分析会议精神，确保队伍管理到位。根据《军队基层建设纲要》，加强按纲建队和法制警营建设，以安全防事故大检查为重点，加强部队安全稳定；出台二分双标考评办法，考核政治纪律合格和军事素质，将官兵两方面的表现与其个人发展、经济保障挂钩；开展总队、支队两级“大比武”，提升体能、技能，强化专业，开办羽毛球、篮球、足球、游泳、轮滑、体艺、心理拓展训练等多个兴趣培训班和体能补差班，促进官兵向专业化方向发展。

【消防基础建设】 2017年，区消防大队推动消防工作社会化，提升社会火灾防控能力。建立区委常委会、区政府常务会常态化研究消防工作机制，区委常委会、区政府常务会议研究消防工作4次。提请区政府召开消防工作会议，与各镇（办）、行业部门签订目标责任书，将年度消防工作目标纳入政务监察、效能督察及年度绩效考核内容。开展消防安全网格化工作，打造风采街道办、田螺冲办事处、韶关碧桂园、百年东街等4个市级工作示范点。开展大队级单位防火监督工作正规化试点工作，解决人少事多、执法干部不专业、职责划分不明确、工作落实不到位、监督执法不规范、内部监督数据采集不准确等基层防火监督工作现实难题，通过制作执法流程图、编修执法示范案卷、编写消防监督执法手册和召开试点工作现场会等方式，基本实现“工作研究常态化、基础工作标准化、行政执法规范化、内部监督长效化”的目标。部署开展冬春火灾防控、夏季消防检查、高层建筑治理、中共十九大消防安保等行动，全年查、改、封、停、罚、拘等6项执法基数全面上升；建成50个村（居）微型消防站，62个消防安全重点单位微型消防站，新建156个市政消火栓，完成犁市镇、十里亭镇2支政府专职消防队建设任务。推动电力部门更换、迁改电气线路189处，改造电线13.3千米，更换电表箱389个，全区13家福利机构全部安装电气火灾监控系统，在消防大队设立电气火灾监控平台，智能监控重点区域和重点场所。

【消防宣传教育】　2017 年，区消防大队通过亲民化宣传、实战化培训、专业化教育，消防宣传“七进”、“119 消防安全宣传月”等宣传教育活动，配合市政府举办“善美韶关·消防之夜”119 主题荧光晚会暨消防宣传月启动仪式，举办消防知识培训班 15 次，培训各类人员 5000 余人，组织消防站开放 20 次，悬挂宣传横幅标语 30 多条，发送手机消防宣传短信 2 万多条，发放各类宣传资料 6 万多份，发展大队消防微信公众号关注人员 8000 多人，全民消防安全意识进一步得到提高。

【消防后勤保障】　2017 年，区消防大队致力“保障”与“激励”，注重后勤保障，不断提升官兵生活幸福指数。根据《国务院关于进一步加强消防工作的意见》和《广东省地方消防经费管理办法》等文件，大队主官多次向区委区政府和区财政局主要领导报告，争取提高经费保障标准，拓宽保障范围，争取是年消防经费 407.7 万元，落实官兵高危、生活补贴，保障执勤、训练和生活需要。新配备 2 辆 6 吨水罐泡沫消防车，形成“种类齐全、功能完善、性能优良、贴近实战”的装备结构，有效增强灭火救援能力。推进部队营房和基础设施建设，市政府划拨 20 亩消防建设用地，完成《可行性调研报告》，国土、规划等程序稳步推进。投入近 12 万元购买电脑，升级绿色网吧，实现公安网进战斗班；投入 40 余万元，购置办公设备以及营房修缮。与市第一人民医院、卫生站、药房、社区医院定点合作，为官兵提供医疗保障，报销医疗费 7.4 万元；每周一加菜、每月生日会、添购日用品，特别针对韶关天气购买御冬棉被，改善官兵伙食生活，营造拴心留人的环境。

【消防荣誉】　2017 年，区消防大队在冬训考核中三项体能达标率 95.7%，列全市消防部队第一，所属 2 个中队考核优秀率分列全市第一、三名。支队体技能暨队列会操独揽 2 个单项第一名、1 个单项第二名、1 个单项第三名和团体总分第三名；体能会操获得 2 个单项第三名和团体总分第四名，大队长朱志勇、参谋魏亚飞 2 人获个人满分成绩；全市微型消防站业务技能比武摘得团体总分桂冠。所属浈江一中队获 2017 年度基层建设先进中队，下士李浩森获 2017 年度全省执勤岗位练兵先进个人，柳正阳等 3 人获评优秀警官，李道生等 11 人被评为优秀士兵；刘参、雷军两人荣立个人三等功，嘉奖周邦新等 15 人。　（刘　闯）

附：区消防大队领导班子成员名单

大队长：朱志勇

政治教导员：陈治观

检　察

【概况】　2017 年，韶关市浈江区人民检察院（简称“区检察院”）以习近平新时代中国特色社会主义思想为指导，深入学习贯彻中共十九大和习近平总书记系列重要讲话精神，认真贯彻区委和上级检察机关决策部署，忠实履行法律监督职责，狠抓司法办案，深化司法改革，强化队伍建设，各项检察工作取得新进展，为浈江经济社会发展提供有力的司法保障。全年批捕各类刑事犯罪 347 人，提起公诉 438 人，立案侦查职务犯罪 13 人。

【检察委员会】　2017 年，区检察院检察委员会受理议题 37 项，召开会议 16 次。作出起诉决定 10 人，作出不起诉决定 18 人，决定提出抗诉 3 件。

【侦查监督】　2017 年，区检察院参与社会治安重点治理、禁毒等专项行动，专项打击与常态化打击相结合，全年批捕各类刑事犯罪 347 人；督促侦查机关立案 12 人，追加逮捕 21 人；开展破坏环境资源犯罪和危害食品药品安全犯罪“两个专项”立案监督活动，督促行政执法机关移送涉嫌犯罪案件 8 件 8 人；严防冤错案件，对不应当立案的，督促侦查机关撤案 2 件 2 人，对不构成犯罪和证据不足的，决定不批捕 44 人；作为全市首批检察官驻所监督工作试点单位，针对刑事案件高发的重点区域派出所派驻检察官，建立统一的侦查活动监督平台，突出对案件多发领域的侦查活动监督，加强冤错案件的源头预防。

【公诉】　2017 年，区检察院对各类刑事犯罪和职务犯罪提起公诉438人，突出打击影响安全稳定、破坏经济秩序、危害民生民利等刑事犯罪；强化审查起诉阶段的侦查监督以及对审判活动的监督，追加起诉8人，对认为确有错误的刑事裁判提出抗诉3件；办案中加大对未成年人的保护力度，坚持“少捕慎诉少监禁”的办案原则，对涉罪未成年人决定不批捕8人，附条件不起诉4人，相对不起诉5人，并会同家长和社区工作人员共同开展监管帮教。推进预防未成年人违法犯罪工作，在辖区各学校全面派驻法治副校长，开展“法治进校园”巡讲活动，组织学生观摩庭审，举办“防治校园欺凌，护航未成年人成长”专题检察开放日等，并结合上述活动印发宣传手册过万册。

【反贪污贿赂】 2017年，区检察院立案侦查贪污贿赂犯罪13人，同比增加225%，涉案金额共计635万元。突出查办人民群众反映强烈的经济社会发展重点领域职务犯罪，其中医药购销领域2人、国有资产经营管理领域2人、涉农领域3人。落实上级检察机关追逃追赃工作部署，成功追逃3名犯罪嫌疑人归案，其中因贪污罪携款潜逃19年、在贵州某地隐姓埋名生活多年的原北江区十里亭镇教办工作人员刘某某，是年5月被成功劝返归案，并追回全部赃款。

【渎职侵权检察】 2017年，区检察院开展涉农领域和破坏生态环境的渎职侵权犯罪线索排查工作，依法惩治国家机关工作人员玩忽职守、滥用职权的腐败行为，立案侦查渎职侵权犯罪1人。

【预防职务犯罪】 2017年，区检察院加强职务犯罪源头预防工作，开展警示教育、宣传活动37批次，累计参加人数1651人次。提供行贿犯罪档案查询1080次；结合办案开展个案预防，提出预防检察建议7件，帮助有关发案单位健全完善监督管理制度。配合区重点工作开展专项预防，在村（居）“两委”换届选举过程中，开展警示教育巡回宣讲。针对容易滋生腐败的重点行业、重点部门开展系统预防，与中铁五局第四工程公司等国有企业联合开展重要岗位、关键部门党员干部的预防职务犯罪警示教育活动，发挥职务犯罪预防工作的源头治理功能。

2017年4月19日，浈江区开展“两委”换届警示教育巡回宣讲
（区委宣传部 供）

【民事行政检察】 2017年，区检察院以“基层民事行政检察工作推进年”“民事执行监督专项活动”为契机，强化民事行政诉讼监督，对认为确有错误的生效民事判决提请抗诉2件，发出再审检察建议2份、执行监督检察建议1份、督促行政机关正确履职的检察建议9份。开展提起公益诉讼试点工作，办理行政公益诉讼案件24件，其中涉生态环境保护的案件22件，发出检察建议24份，力促相关单位履行保护生态环境的职责。

【控告申诉检察】 2017年，区检察院畅通“信、访、网、电”等群众诉求表达渠道，加强信访维稳、发挥控告申诉检察监督职能，推动控告申诉检察工作，受理控告申诉等各类信访事项58件。加强国家赔偿、司法救助、举报人奖励等工作，对1件国家刑事赔偿案件依法支付刑事赔偿金6.8万元，对10名生活确有困难的刑事受害人提供司法救助8万多元，对2名举报人实施奖励1万元。

【案件管理】 2017年，区检察院以创建“巾帼文明岗”为契机，加强对司法办案的统一管理和动态监控，深化“阳光检务”。统一接收批捕起诉案件568件，为确保案件在法定期限内办理，发出办案预警提示131次；公开案件程序性信息1399件次，公开法律文书351份；受理律师阅卷、调取证据材料、申请取保候审等各类申请242件，案件信息查询892件次。

【派驻犁市检察室】　2017年，区检察院拓展派驻犁市检察室的基层效应，在其余镇（办）全覆盖设立检察联络室，继续推进检力下沉、重心下移，发挥其服务基层、化解矛盾的平台优势，同时在区各镇（办）选聘9人担任检察联络员，加强对村民居民的法治宣传，畅通与人民群众的联系渠道，维护村庄社区和谐稳定。

【司法改革】　2017年，区检察院推进司法体制改革，实现员额制检察官、检察辅助人员和司法行政人员分类管理，使三类人员各归其位、各行其责。初步完成司法责任制改革，建立与司法责任制相适应的制度体系。落实三类人员的工资改革相关制度。完善财物统管后的运行监管机制，加强预算管理，提高预算执行的准确性。密切配合国家监察体制改革，保障改革顺利进行。

（李小伟　李连东）

附：区检察院领导班子成员名单

党组书记、检察长：李亚军（女）

党组成员、副检察长：李小伟

刘顺年

韩学民

贾南香（女）

法　院

【概况】　浈江区人民法院（简称“区法院”）负责审理行政辖区内的刑事、民商事、行政非诉执行和执行案件，内设政工科、纪检室、办公室、研究室、刑事审判庭、民事审判第一庭、民事审判第二庭、行政审判庭、立案庭、审判监督庭、执行局、书记员管理办公室。下设直属行政机构司法警察大队、派出机构犁市法庭。2017年，区法院中央政法编制82名，实际在编人员73人，工勤编人员1名。全年受理各类案件6046件（含旧存889件），同比上升11.7%，审结5107件，同比上升12.2%，结案率84%，法定正常审限内结案100%，结案标的19.18亿元。

【司法为民】　2017年，区法院根据中央和省、市精神，推进司法体制改革，坚持司法为民、服务大局方针，立案准确率达100%。加强诉讼服务中心建设，推行“一站式”诉讼服务，免费发放举证须知、诉讼指南和诉讼风险告知，树立能动的司法理念。

【司法救助】　2017年，区法院履行“三项承诺”，让经济确有困难的群众打得起官司，全年办理减、免、缓案件52件，金额51万元。及时采取财产保全措施376件，有效保障诉讼当事人的合法权益。

【审判公开】　2017年，区法院坚持公开审判制度，对于依法应当公开审理的案件一律做到公开审理，并利用电子屏及触摸屏公开案件开庭、审理、判决等信息，邀请人大代表、政协委员以及社会各界人士参加案件审理和参与案件执行。落实人民陪审员制度，全年邀请603人次人民陪审员参加陪审。

【刑事审判】　2017年，区法院坚持打击各种犯罪活动，维护浈江社会稳定。全年受理刑事案件361件（含旧存47件），审结338件，判处罪犯575人。其中判处5年以上有期徒刑39人。深入推进少年审判工作，保护未成年人合法权益，申报全国少年维权岗，对少年审判案件判决后跟踪帮教，建立司法矫正无缝对接制度，有效教育和挽救未成年人犯罪。

【民商事审判】　2017年，区法院注重保护妇、老人、未成年人合法权益，成立家事审判合议庭，专门审理婚姻家庭、继承等家事纠纷案件，妥善处理劳动争议案件，维护用人单位和劳动者合法权益。全年受理民商事案件3398件（含旧存473件），审结2875件，结案率84.6%，其中民事案件收2711件，审结2305件，商事案件收687件，审结570件。以调撤方式结案1306件，全年民商事案件调撤率为45.4%。

【行政审判】　2017年，区法院开展行政审判工作，坚持支持行政机关依法行政与切实保障行政管理相对方权益相统一的原则，依法、和谐协调公共权力与公民权利关系。全年受理行政诉讼含非诉执行案件62件，审结61件。

【执行工作】 2017年，区法院注重原则性和灵活性的统一，加强财产查控力度，促进案件有效执行。利用信用惩戒手段，发挥刑罚制裁手段（追究“老赖”刑责、移送公安侦查等），果断采取边控措施，强化反规避执行，成功执结一大批案件。全年受理执行案件2224件（含旧存363件），执结1832件，执结率82.4%，执行到位金额3.6亿元。

【审判监督】 2017年，区法院成立以院长为组长的审判管理工作领导小组，制定实施方案。全年评查案件157件，评查上网裁判文书52件，业务部门交叉听审评查43次，编发审务信息通报12期。加强对发改案件的监督管理，每月将办案人员收结案等情况上墙公布，有发改案件的承办人必须写出自查报告，提高审判效率和质量。加强生效法律文书上网工作，自觉接受人民群众的监督。所有符合规定的生效法律文书全部上网。

【司法改革】 2017年，区法院深入开展司法改革，落实司法责任制，建立健全《韶关市浈江区人民法院完善司法责任制改革试点工作规范（试行）》《韶关市浈江区人民法院完善司法责任制改革试点实施方案》《韶关市浈江区人民法院关于规范庭领导审判管理和监督职责的若干规定》《韶关市浈江区人民法院关于院庭长办理案件的暂行规定》等规章，完成2017年度法官入额工作。 （李朝柏）

附：浈江区人民法院领导班子成员名单

党组书记、院长：刘　伟
党组副书记、副院长：梁明坚
副院长：陈扬广
　　　　蓝伙军

司法行政

【概况】 浈江区司法局（简称“区司法局”）内设政工科、办公室、基层工作管理股、法制宣传教育股（浈江区普及法律常识办公室）、社区矫正股、公证律师管理股6个职能股（室）；直属启明公证处、法律援助处、公职律师事务所3个事业单位；派出机构10个：新韶司法所、乐园司法所、十里亭司法所、犁市司法所、花坪司法所等。2017年，区司法局充分发挥深入推进社会矛盾化解、社会管理创新等职能作用，着力抓好普法依法治理、社会矛盾纠纷化解、特殊人群管理、基层法律服务、精准扶贫等重点工作，为全区经济社会发展提供良好的法律服务和法律保障。

【人民调解】 2017年，区司法局举办区、镇（办）人民调解员培训班23期，全区618名人民调解员的培训率达到100%。发挥局微信公众号的宣传教育作用，通过“浈江司法”微信公众号推送文章近50余篇，图文页阅读人数累计达4001人，次数累计达12809人次。在全区范围组织开展“保稳定、促和谐”矛盾纠纷排查化解专项活动，排查调处各类矛盾纠纷1637宗，涉及当事人4248人，调解成功1605宗，调解成功率为98.04%，全区排查重大矛盾纠纷271次，成功预防纠纷168件；防止民间纠纷转化刑事案件6件，涉及当事人55人；防止群体性上访事件11件，涉及当事人191人。印发《浈江

2017年12月4日，区司法局与市司法局在百年东街中山广场举行“12·4”国家宪法日暨“法治浈江宣传教育周”法治宣传活动

（区委宣传部　供）

区人民调解工作指导委员会成员单位工作职责》《浈江区人民调解"以案定补、以奖代补"实施方案》和《浈江区评选优秀调解组织和优秀调解员实施方案》，提高基层调解组织及人民调解员的工作积极性和化解矛盾纠纷的效率。

【社区矫正和安置帮教】　2017年，区司法局印发《关于加强社区矫正工作的意见》，联合区检察院组成督查小组到10个基层司法所开展社区矫正人员集中现场点验与训诫教育活动10次；联合区团委、镇（办）社区矫正领导小组成员、社工及志愿者开展青少年社区矫正人员教育帮扶活动150余次。实施电子手环定位监控服务试点项目，全区有30名社区服刑人员实施电子手环定位。是年，接收社区矫正对象63人，解除73人，在册社区服刑人员116人（其中缓刑109人，假释5人，暂予监外执行2人），出具调查评估33份，接收刑释解教人员135人。新接收安置帮教对象155人，帮教率100%。根据省司法厅、市司法局的工作部署，前期投入80多万元，在全市率先完成广东省十大民生工程——韶关市浈江区社区矫正中心，12月正式投入使用。

【普法教育】　2017年，区司法局与市司法局联合到新韶镇石山村委会举行一次新年"送法、送春联、送温暖"进村（居）活动，为村民送出春联200幅，派发宣传资料1000份；3月7日，与市司法局联合到锦园社区举办"不让毒品进我家"——纪念国际"三八"国际妇女节107周年暨"法律进社区"系列活动；开展"4·15"全民国家安全教育日法治宣传活动；在浈江区鑫金汇"红星美凯龙"广场大厅开展"文明法治，善美韶关""9·25"全国律师宣传日暨"法律进企业"法治宣传活动；在百年东街中山广场举行"12·4"国家宪法日暨"法治浈江宣传教育周"法治宣传活动。完成创建广东省民主法治村（社区）申报命名工作。是年，全区5个镇和5个街道办事处分别按照省市要求，完成申报省级"民主法治村"19个，申报省"民主法治社区"25个，创建率达41%以上。按照省、市要求，完成韶关市公共汽车有限公司和广东省韶铸集团有限公司申报广东省"法治文化建设示范企业"命名工作和车站街东升村社区申报全国"民主法治社区"工作。

【法律援助】　2017年，区司法局发挥志愿者及各基层法律服务平台的作用，分解法律援助任务。是年，办理各类法律援助案件288件，其中办理民事案件179件，办理刑事案件109件，提供法律援助咨询790宗，提供法律援助来访来电咨询1300余人次，发放法援援助便民卡和法律援助宣传资料5000份。完善法律援助服务网络建设，在浈江区法院设立每周三法律援助值班制度；全区法律援助下设法律援助工作站14个，依托村级公共服务平台设立法律援助受理申请点86个，逐步形成区、镇街、村（居）三级法律援助网络。在浈江区行政服务中心的新的办事大厅设立新的公共法律服务平台及法律援助办事大厅，进一步方便群众，提高办事效率。

【律师工作】　2017年，区司法局完善信访值班制度，安排律师到区综治中心值班，协助区信访局做好来访群众接待工作。安排各挂点律师参与村社区换届选举工作，为挂点的村社区提供法律咨询和帮助。推行一村（社区）一法律顾问工作，全区109个村（社区）的驻村法律顾问均按照合同要求，进村（社区）提供法律服务及举办法制讲座。各律师所担任常年法律顾问198家，办理刑事辩护171宗，民事诉讼代理1477宗，行政诉讼代理145宗，法律援助571宗，非诉讼57宗，劳动仲裁62宗。

【基层法律服务】　2017年，全区有法律服务所9家，法律工作者29名。各法律服务所的法律工作者们履行职责、遵纪守法，为当事人提供法律服务，为基层政府及群众排忧解难。是年，各基层法律服务所担任法律顾问13家，代理民事诉讼162宗，代理非诉讼法律事务3宗，提供法律援助案件3宗，解答法律咨询965人次，调解纠纷9宗。

【公证工作】　2017年，浈江区启明公证处结公证案件280件，其中国内民事公证案件215件，涉外、涉港澳公证案件65件，办结的公证案件中无当事人投诉、没有发现错证、假证。（吴续玉）

【精准扶贫】 2017年，区司法局组织全局帮扶工作人员与帮扶对象进行走访和慰问。在浈江区广东扶贫济困日捐款活动中，区司法局捐款20000元，在职干部职工扶贫济困捐款合计4300元，在职党员捐赠互助金合计3900元。

【队伍建设】 2017年，区司法局印发《浈江区区司法局2017年推进“两学一做”学习教育常态化、制度化实施方案》，进一步梳理权责清单，做好党务政务公开、权利公开透明运行工作。2月17日，与各司法所签订《2017年浈江区基层司法行政社会治安综合治理重点治理工作管理目标责任书》。是年，采取政府购买服务的形式招聘（返聘）7人，充实到司法所和社区矫正中心。（吴续玉）

附：区司法局领导班子成员名单

局　长：彭志红（女）
副局长：伍　龙
　　　　黄文忠
　　　　孔明杰（女）

劳动人事争议仲裁

【概况】 2017年，浈江区劳动人事争议仲裁院按照公平、公正、公开、合法的原则，和谐平安浈江的要求，贯彻落实《劳动争议调解仲裁法》《劳动人事争议仲裁办案规则》《劳动人事争议组织规则》，规范劳动人事案件的处理。是年，受理与立案劳动人事争议案件157宗，案外调解32宗，上年度结转未结案12宗，涉及劳动者当事人157人，涉及金额652万元，结案159宗，其中仲裁裁决69宗、仲裁调解45宗、撤诉31宗、不予受理14宗、未结案10宗。法定审限内结案100%。调解率43%。

【劳动仲裁管理】 2017年，区劳动人事争议仲裁院参加市劳动人事争议仲裁院组织的疑难案件研究会，密切与市劳动人事争议仲裁院沟通联系，共同探讨疑难案件21次，组织区仲裁员每年参加注册年审培训班，学习广东省劳动人事争议仲裁员分级管理工作手册，顺利配合完成市劳动人事争议仲裁院仲裁员等级评定，提高办案人员业务水平与办案能力。（李　徽）

附：区劳动人事争议仲裁委员会领导班子名单

主　任：曾开全
副主任：邓新慧（女）
　　　　朱传海
区劳动人事争议仲裁院院长：
　　　　李向荣

碧桂园　（区史志办　供）

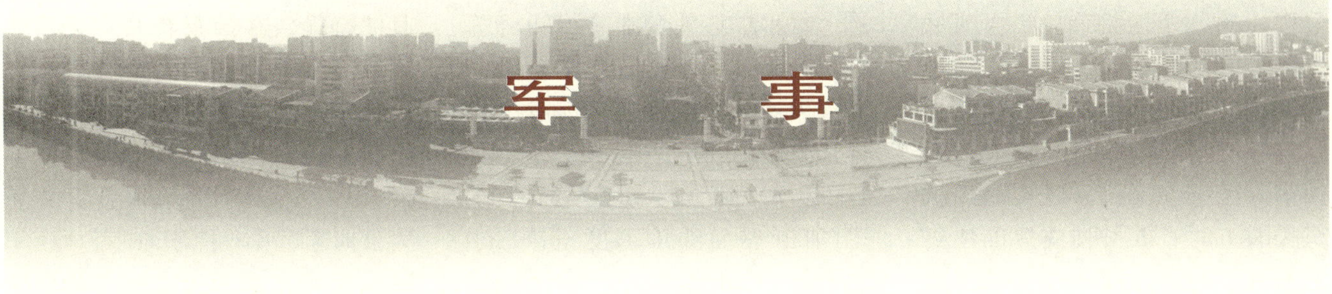

军　事

人民武装

【概况】　1986年6月1日，根据中办和韶军字组建中国人民解放军广东省韶关市浈江区人民武装部，6月18日改为广东省韶关市浈江区人民武装部，属地方建制。1996年4月1日，由地方建制收归军队建制。2004年10月，北江区并入浈江区，原北江区人民武装部并入浈江区人民武装部。2017年，中国人民解放军韶关市浈江区人民武装部（简称“区人武部”）在韶关军分区党委机关和区委、区政府的正确领导下，坚决贯彻习主席政治建军、改革强军、科技兴军、依法治军的战略部署，着眼“维护核心、改革牵引、固牢基础、稳中求进”的工作思路，紧紧把住“四条线”，即：迎接学习贯彻十九大这条红线，推动改革任务落地见效这条主线，聚焦使命专司主营这条基线，守住安全稳定这条底线，锐意进取，扎实工作，确保以改革为重点的各项任务顺利完成，有力推动全区武装工作稳步发展。区人武部先后完成安全工作大检查、征兵工作、干部训练考核、民兵轻舟分队集训、调整改革整编等大项工作。

【调整改革】　2017年，区人武部根据中央军委命令，进行调整整编，调整人员编制和结构。区人武部根据上级调整改革命令，制定调整改革计划，按照上级明确的时间节点，完成人员定位分工。7月1日，开始区人武部按照新的职能定位和体制编制运行。

【军事训练】　2017年4月中下旬，区人武部组织省民兵轻舟分队和市民兵轻舟分队31人分两批参加韶关市防汛抢险集训，获得单人第一名、第三名、第五名、第十名，总评在所有参训县（市、区）中名列第一。是年，按照军事训练计划，组织干部职工开展军事技能和体能训练，在12月军分区组织的年度考核中取得优秀成绩。7月，组织全区专武干部、民兵营长70多人进行为期10天的集训；12月组织全区民兵骨干123人进行为期12天的集训。

【战备执勤】　2017年3月，区人武部先后2次组织对各类战备方（预）案更新完善。4月，修订完善战备方案，并与军分区对接，确保方案的实效性。12月组织民兵分队紧急拉动演练，30余人参加，检验民兵分队紧急出动能力。山火和洪水易发时期，提前做好抢险物资器材准备，做到随时可以集中民兵应急分队进入现场应急救援。

【国防教育】　2017年4月，区人武部调整区国防教育领导小组成员，通过分工负责指导各成员单位开展各项工作。区委、区政府将各级党政领导作为落实国防教育的重点，各级党委和学校都制定国防教育活动计划。9月，按照上级指示，开展全区国防教育实力统计，区委宣传部协助对国防教育资源如实上报。是年，按要求组织协调区内学校开展学生军训，并挑选学校的德育骨干参加全市国防教育集训。

【征兵工作】　2017年3—6月，针对征兵工作的新特点、新形势，区人武部研究兵役登记工作，通过周密部署和行动，适龄青年的登记率100%。7月，参加韶关市大学生征兵动员工作会议，现场发放大学生征兵宣传资料500余份。8月，根据市征兵工作的要求，把韶关市第一人民医院体检中心作为体检站，全区340余名应征青年进行体检和政治考核，每一阶段的合格人员名单及时予以公布。9月初，按照省、市两级征兵办公室要求，组织双合格青年进行电脑随机派号定兵工作，全程由区公证处工作人员现场公证。

【国防动员】 2017年10月，根据军分区工作安排，区人武部组织区国防动员委员会成员单位实施国防动员潜力核查，军事科牵头调查全区国防教育、双拥、装备动员、科技动员等各方面动员潜力，更新国防动员潜力数据，为科学制定国防动员各类预案提供基本依据。

【安全管理】 2017年，区人武部党委按时召开安全形势分析会，分析研究军队改革落地后，官兵思想活跃，面对进退去留想法很多，影响工作标准等情况。在安全工作大检查活动中，组织对民兵武器装备仓库、办公保密秩序、车辆使用管理、营院门卫管理等全面排查整治，确保人武部安全无事故。按照上级指示，坚决停止有偿服务。

【拥政爱民】 2017年，区人武部积极参与地方精准扶贫、捐资助学、创文巩卫等活动。是年春节和“八一”中国人民解放军建军节期间，协调区四套班子领导和民政部门慰问驻区部队和军烈属家庭。区人武部协调区有关部门解决多名军队人员子女就学问题，参加“广东省扶贫济困日”活动捐款和义务献血活动。

（邓桂宇）

附：区人武部领导班子成员名单

部　长：徐公桥（7月任职）
政　委：吕玉华
副部长：谢书迁（7月任职）

人民防空

【概况】 2017年，浈江区人民防空办公室（简称“区人防办”）认真贯彻中共十九大以及习近平总书记系列重要讲话精神，紧紧围绕年初确定的目标任务，认真做好人民防空工程易地建设费的征收工作，对辖区私人住宅报建实行人防异地建设收费制度，切实做到应收尽收。积极开展人防知识的普及宣传工作，配合市人防办做好辖区人防警报器的管理和维护工作。

【人防机制体制建设】 2017年，区人防办充实完善人防行政职权基本信息内容，绘制征收人民防空工程易地建设费的办事指南和业务手册。严格落实前置审批，在辖区城区规划范围内所有新建、改建、扩建民用建筑（私宅部分）的报建审批，严格实行人防审批前置条件，未经区人防办审核签字盖章，规划部门均不得为任何个人办理规划手续，确保人防工作依法依规有序开展。是年，收取10宗人防易地建设费，并全额缴入区财政非税账户。

【人防警报设施建设】 2017年，区人防办落实防空警报器三级管理责任，确保辖区内防空警报的正常运作，配合市人防办完成辖区防空警报控制系统升级改造工作。按照市人防办的统一部署，落实警报试鸣应急预案和专人跟进责任制，参与并完成辖区内“9·18”试鸣防空警报活动。

【人防知识宣传】 2017年，区人防办通过进社区、进学校、电子屏播放、印发宣传单张和书籍等多种形式，大力开展人防政策、法律法规、国防形势和防空防灾知识宣传工作，提高广大市民的国防观念和人防意识。安排人员参加省、市人防办组织的业务培训，积极参加全市机动指挥所野外拉练及分片区拉练。（曾乐萍）

附：区人防办领导班子成员名单

主　任：李保红

经济监督管理

发展和改革

【概况】　浈江区发展和改革局（简称“区发改局”）是区政府主管全区国民经济和社会发展规划、重点项目建设、物价调控、固定资产投资管理、投资项目审批、产业发展研究、主体功能区规划职能部门，行政编制14名，其中科级领导职数5名：局长1名、副局长3名、物价检查所所长1名。内设办公室、综合股、法规和价格收费股、投资股、物价检查所5个股室，直属区重点建设项目管理服务中心、区价格认证中心2个事业单位。2017年，区发改局作出经济运行和重点项目建设分析报告12份，牵头完成县域经济和镇办发展考核，审批、核准、登记备案建设项目104个，到重点项目现场服务60人次，到扶贫“双到”挂点村了解帮扶30人次，投入帮扶资金3000元。

【发展计划和经济监测】　2017年，区发改局在掌握2016年经济社会发展统计资料基础上，深入调查研究，广泛征求各职能部门和基层单位意见建议，提出《韶关市浈江区2016年国民经济和社会发展计划执行情况与2017年计划（草案）的报告》，并在区第九届人民代表大会第二次会议上获得通过。是年，区发改局定期监测全区经济社会发展动态，掌握年度计划执行情况，有关偏离规划计划异常情况及时上报区领导和通报相关责任部门，顺利完成各项预期目标。

【经济社会发展考核】　2017年，区发改局协调区各责任单位跟踪落实绩效评价工作指标，并负责固定资产投资及重点项目建设指标的监测工作，加强与市考核部门的沟通，及时反馈信息，并对全区各项指标全方位进行预测分析，督促责任部门及时分析短板原因，研究制订相应对策措施。浈江区在2016年全市工作绩效评价中得分率83.51%，在10个县（市、区）排名第五。市2017年度县（市、区）经济社会发展考核办法下发后，浈江区每季度进行一次区域经济社会发展考核指标测算，了解各指标预计得分优势和短板，提出改善指标完成结果建议。

【建设项目投资】　2017年，区发改局把握国家建设投资方向，及时转发国家、省、市关于申报农林水、社会事业和资源环境等领域文件，申报政府与社会资本合作（PPP）项目：人居环境综合整治建设美丽乡村工程、公路改建、硬底化工程、南沙实验学校等项目，项目总投资约22.6亿元。全年审批、核准、登记备案建设项目104个，项目总投资近242亿元。

【重点项目管理】　2017年，浈江区固定资产投资完成62.55亿元，同比下降19%。年内安排的34个重点建设项目完成投资30.78亿元，完成年度计划47.4%，占全区固定资产投资的49.21%。其中，列入市的重点建设项目有国粤综合发电项目、中烟物流基地、华南农产品交易中心、鑫金汇建材家居广场和复烤烟厂打烟技改项目5个，全年计划投资21.7亿元，完成投资13.21亿元，为年度投资计划的60.87%。　（黄伟斌）

附：区发改局领导班子成员名单

局　长：刘伟光（任至1月）
　　　　曾大海（1月任职）
副局长：韦秀容（女）
　　　　张朝忠
　　　　崔思健

国有资产管理

【概况】 2017年，湞江区公共资产管理中心（简称“区资产管理中心”）依据财政部关于《行政单位国有资产管理办法》和《事业单位国有资产管理办法》，履行对湞江区的土地、房产等资产统一管理职责，进一步规范行政事业单位公共资产的转让、处置等各环节管理，加强资产收益监管，提升资产使用效益，通过租赁、国有资产有偿转让等增加区级财力。

【部门决算情况】 2017年，湞江区行政事业单位资产数量保持稳定的增长水平，国有资产总量7.05亿元，比上年增长3.9%，其中：资产总计9.56亿元，负债总计2.51亿元。

表3　　2017年湞江区行政事业单位资产负债表汇总

单位：亿元

资产			净资产		
合计	行政单位	事业单位	合计	行政单位	事业单位
9.56	4.36	5.2	7.05	2.49	4.56

【固定资产】 2017年，湞江区行政事业单位固定资产账面价值6.79亿元，其中房屋价值3.07亿元，汽车价值0.54亿元，单价在50万元以上的设备价值0.03亿元，其他固定资产价值3.15亿元。全年固定资产增加0.33亿元。

【资产配置】 2017年，为加强对经营性资产的管理，进一步盘活资产，区资产管理中心通过印发《关于对部分合同到期经营性资产直接续签合同的通知》，对全区所由合同已经到期的经营资产进行全面摸底，通过上调租金续签租赁合同或重新公开招租的方式进一步盘活该区经营性资产，提高经营性资产的利用效率。同时区公共资产管理中心专门组织对该区闲置土地和房屋资产重新进行梳理，形成详尽的明细清单，为下一步更好利用和盘活湞江区资产奠定良好基础。

【资产收入征缴】 区资产管理中心按照政府非税收入“收支两条线”管理规定，加强对出租、出借、处置国有资产收入监管，防止国有资产收益流失，有效补充区级财力。截至2017年11月30日，区公共资产管理中心共收到租金126.89万元（其中上年结余18.17万元），资产处置收入合计409.46万元（其中上年结余267.8627万元），缴入财政专户租金为122.17万元，缴入财政专户资产处置收入为409.4579万元。

【资产信息管理系统建设】 2017年，区资产管理中心进一步完善资产管理信息系统建设，通过信息系统组织湞江区行政事业单位按时完成资产统计年报编制及2016年度资产清查工作，进一步完善广东省行政事业单位资产管理系统数据。

【公务用车改革】 2017年，区公共资产管理中心按要求指导区直各党政机关对已经封存的98辆公务用车中41辆符合报废条件的公务用车进行报废，另有13辆达到报废条件的封存车辆目前正在办理报废手续；同时先后3次组织对封存车辆中仍有使用价值的34辆公务用车进行公开拍卖；拍出24辆，流拍10辆。（廖　喆）

统　　计

【概况】 湞江区统计局（简称“区统计局”）组建于1984年，内设办公室和业务股2个职能股室，下辖股级事业单位湞江区普查中心，主要从事湞江区辖区内各项统计工作。2017年，区统计局坚持以实事求是为核心，组织实施农业、工业、建筑业、批零住餐业、房地产业、交通运输、重点服务业等行业，以及能源、投资、人口、劳动、文化、社会、科技、资源、环境、信息化等领域各项常规统计调查。

【经济运行监测分析】 2017年，区统计局对是年一、二、三季度经济运行形势进行预计和分析。是年初，针对工业经济增速缓慢、节能降耗形势严峻等问题，及时向区领导反馈。全年，区统计局就工业、投资、商贸业等经济指标提议召开联席会议3次，分析指标情况、寻找目标差距、分解工作任务。

【统计信息通报制度】 2017年，区统计局健全统计信息通报制度。各专业做到及时汇总数据，在市统计局反馈数据后，三个工作日内进行核实并及时向综合股报送月报统计数据，综合股在一个工作日内汇总并统筹编排好初稿送印刷厂，原则上每月12日前确定好《浈江区统计月报》正式编印稿件，确保每月20日前印制好《浈江区统计月报》成品并分发。鼓励业务人员主动积极撰写统计分析，定时发布统计公报，为区委、区政府正确决策提供统计依据。

【统计大型普查】 2017年，区统计局推进第三次全国农业普查工作。3月3日，浈江区农普办召开是年第二次农业普查指导员工作会议，各乡镇统计站站长、普查指导员及乡镇分管领导22人参会。年内完成普查机构组建、制定普查方案、普查宣传、单位核查、普查业务培训、示范点入户登记、入户清查摸底等工作，对全区1.8万户农户和规模经营户的基本情况、经济数据等进行初步的摸底、确认审核和前期评估

【基础规范化建设】 2017年，区统计局加大镇（办）基层统计建设力度，解决基层统计机构不健全，条件设施差，任务重、人员少的问题，加强衔接沟通，降低基层统计调查成本，保证统计基层基础工作的稳定性，完善统计基础资料，确保统计数据数出有据。

【统计法治建设】 2017年9月28—29日，区统计局组织召开两次专业统计业务培训会议，提高统计数据质量。是年，在全区范围内抽查23个企业开展统计检查工作，对执法检查过程中发现的问题提出整改要求。通过检查，全区企业和基层统计站的基础规范化建设工作得到加强。

2017年3月3日，浈江区第二次农业普查指导员工作会议现场

（区统计局 供）

【统计队伍建设】 2017年，区统计局针对统计专业人员紧缺、镇（办）统计员队伍不稳定、业务素质偏低、责任心不够强等问题，把镇（办）统计队伍建设列入年度镇（办）经济增长指标考核办法内容，给予一定的奖励分；镇（办事处）任免、调整统计站站长或专职统计员前，须书面征求区统计局意见并报区统计局备案。 （曾 琪）

附：区统计局领导班子成员名单

局　长：邓伟霖（任至4月）

　　　　曾泉运（4月任职）

副局长：许　波（女）

　　　　岑振红

审　计

【概况】 浈江区审计局（简称“区审计局”）作为审计监督职能部门，履行审计监督职责，促进依法行政、维护财经秩序、推进廉政建设。2017年，完成审计项目15个，配合任务2个，出具审计报告18份。审计查出违规金额71万元，管理不规范金额1125万元；审计期间整改金额73万元；对制度规定不完善、管理不规范等问题，提出审计建议27条，全部被审计单位采纳。

【审计法制建设】　2017年，区审计局领导班子成员率先垂范，严格执行领导干部廉洁从审的各项规定。订阅党报、党刊及党风廉政刊物，每人订阅一套“七五”普法学习资料，干部通过读书读报和参加市、区有关反腐倡廉的专题辅导报告等学习活动，以加强审计部门自身建设为目标，组织干部参与纪检、司法、人事等部门的考试，学习《中国共产党党内监督条例》《行政处罚条例》《审计准则》，把自律、教育与管理相结合，增强干部职工的荣辱观和拒腐防变、抵御风险能力。

【预算执行审计】　2017年，严格按照《广东省地方预算执行情况审计监督实施办法》和《韶关市审计机关本级预算执行审计操作规程》的要求，审计2016年度本级财政预算执行和其他财政收支情况。重点审计本级预算执行、部门预算制度建立和执行、国库集中支付、政府采购、公共资产管理等情况，注重从体制、机制和制度层面揭示问题、分析原因、提出建议，深化改革和规范管理，提高财政资金使用绩效。按照审计法的规定，向政府提交审计结果报告，2017年7月期间，受政府委托，撰写向区人大常委会提交审议的2016年度本级预算执行和其他财政收支的审计工作报告。

【经济责任审计】　2017年，区审计局以“摸清家底、查清问题、界定责任、促进管理”为目标，加强经济责任审计。坚持客观公正、全面准确、谨慎的原则，以事实和数据为依据进行评价，为区组织部门正确评价和使用干部提供参考依据。通过“审、帮、促”，提出改进和完善的建议，帮助被审计单位完善内部控制制度，防范和解决内部控制机制缺陷方面存在的问题，建立健全自我约束机制，增强科学理财和廉洁从政的意识，从源头上预防、控制和减少违纪违规行为的发生，发挥审计“免疫系统”的功能作用，促进党风廉政建设。

【乡镇异地同步审计】　2017年，根据关于印发《韶关市2017年度乡镇（街道）党政主要领导干部经济责任异地同步审计实施方案》的通知要求，区审计局派出4名审计人员与市局等相关人员组成浈江审计组，对曲江区沙溪镇党政主要领导干部经济责任异地同步审计。通过审计乡镇（街道）党政主要领导干部任职期间履行经济责任情况，客观公正、实事求是地反映乡镇（街道）党政主要领导干部任职期间所取得的主要业绩和存在的主要问题，依法界定乡镇（街道）党政主要领导干部对存在问题应当承担的责任。

【政策落实跟踪审计】　2017年，区审计局根据《广东省审计机关开展国家和省重大政策措施落实情况跟踪审计的实施办法（试行）》和《韶关市2016年国家和省市重大政策措施落实情况跟踪审计实施方案》的要求，跟踪审计该地区、该部门在贯彻落实国家和省重大政策措施情况。根据市审计局的统一部署，跟踪审计浈江区2017年创新驱动发展战略相关政策措施落实情况和浈江区关于加强基层医疗卫生服务能力建设政策落实情况。

【民生审计】　2017年，区审计局根据《广东省审计厅办公室关于印发2016年精准扶贫精准脱贫跟踪审计工作方案的通知》、《广东省审计厅关于进一步加强扶贫审计促进精准扶贫精准脱贫政策落实的实施意见》《韶关市审计局关于印发〈韶关市精准扶贫、精准脱贫专项跟踪审计工作方案〉的通知》的要求，区审计局制定《韶关市浈江区精准扶贫、精准脱贫专项跟踪审计工作方案》，跟踪审计精准扶贫、精准脱贫。

【临时交办任务】　2017年，区审计局组织实施韶关市洞天陵园公墓和韶关市北江建筑工程公司清产核资专项审计，摸清企业的家底，核清企业的账面债务和隐形债务，真实反映企业的经营风险和潜在风险。　（廖　婷）

附：区审计局领导班子成员名单
副局长：郑军文（女）
　　　　胡爱民（女）

工商行政管理

【概况】　浈江区工商行政管理局（简称“区工商局”）是直属韶关市工商行政管理局的正科级单位，内设办公室、人事股（监察室）、政策法规股、登记注册股、企业监管股、市场规范管理股（网络交易监管股）、商标广告监管股、消费者权益保护股（市场监管体系建设协调股）8个股室。下辖浈江区工商行政管理局经济检查大队（加挂浈江区打私办、浈江区打传办、浈江区打假办牌子）1个直属行政单位，浈江区工商行政管理局站南工商所、东河工商所、东郊工商所、南门工商所、和平工商所、十里亭工商所、犁市工商所7个工商行政管理所（派出机构）。

【工商行政执法】 2017年，区工商局出动执法人员3875人次、执法车辆台40次、检查各类涉嫌制假售假场所53个、整顿各类市场16个次；组织各类商品质量抽检39批次，其中合格32批次，不合格7批次，合格率82%；立案查处假冒伪劣案件9宗，其中商标违法案件5宗，广告违法案件1宗，逾期年报案件3宗，涉案金额5.56万元。开展“国门利剑2017”联合行动等反走私专项整治，严厉查处流通领域经营无合法来源证明进口商品行为；联合有关部门完善打击传销综合治理机制。

【防控H7N9禽流感】 2017年，区工商局出动人员860人次对辖区13个活禽经营市场和1个临时摆卖点进行专项检查310个次，检查活禽经营户1410户次，组织和配合联合执法行动60次，活禽休市30天。

【打击传销】 2017年，区工商局制定《韶关市浈江区2017年度打假工作责任制考核实施方案》《浈江区打假职能部门“打假”联络员工作制度》，于3月在浈江区开展打击传销和变相传销专项宣传活动，并与区政府各成员单位签订打击传销目标责任书，共签订《打击传销和变向传销目标责任书》30份，全面推行日常巡查和三级联保责任制。是年，经韶关市人民政府同意，认定浈江区为无传销区。

【企业注册登记】 2017年，浈江区有城乡个体工商户15075户（其中港澳居民个体工商户14户，台湾居民个体工商户1户），从业人员31502人，资金数额73721.56万元，与上年同期相比分别增长9.41%、12.37%和28.67%；私营企业1852户（其中：分支机构179户），从业人员8376人，注册资本（出资金额）391564.8万元，与上年同期相比分别增长52.30%、26.89%和116.88%；内资企业162户（其中法人企业78户），注册资本（金）53237.53万元，与上年同期相比分别增长38.46%和36.89%；有农民专业合作社49户，出资总额105631.67万元，成员总数887人（其中农民成员832人），与上年同期相比分别增长8.89%、2134.09%和-0.56%。

【商事制度改革“马上办”】 2017年9月15日起，区工商局对全区登记窗口（含基层工商所）全面实行“马上办”提速措施。申请登记资料齐全、符合法定形式的，马上办理，当场办结。通过全程电子化手段和政银合作等措施，实现“零见面”办理营业执照。

【“多证合一、一照一码”登记改革】 2017年9月1日起，全省统一实施“多证合一、一照一码”登记制度改革，由工商和市场监管部门核发加载法人和其他组织统一社会信用代码的营业执照。9月1日，区工商局为韶关市均健医疗科技有限公司核发浈江区第一份“多证合一、一照一码”营业执照，标示着浈江区的“多证合一、一照一码”登记制度改革顺利展开。截至是年11月底，区工商局核发“多证合一、一照一码”营业执照935份，其中企业236份，个体工商户699份。

【企业监管】 2017年，区工商局辖区范围内企业年报率91%，超额完成省市局要求企业年报率必须达到85%的目标。通过双随机抽查，对未按规定报送2016年度报告的122户企业、农合社，依法列入经营异常名录；对依法补报年报或重新取得联系或更正企业虚假信息23户企业、农合社移出经营异常名录。所有抽查工作结束后，及时录入业务系统，并将抽查结果依法通过国家企业信用信息公示系统进行公示。是年，区工商局组织实施查处取缔无照经营专项行动、查处取缔“黑网吧”专项行动、中小学生校外托管机构专项检查、规范校园周边经营秩序专项整治、物流仓储场所消防安全专项整治等工作，出动执法人员1368人次，出动执法车辆112车次，检查市场主体3386户次，吊销60户企业的营业执照。

【网络市场监管】 2017年，浈江区有网络经营主体286户，网站网店总数351家。是年，区工商局开展对电商企业的巡查监管，组织人员对辖区电商企业进行全面排查，从源头杜绝以次充好、以假乱真、先提价再打折、虚假广告宣传、虚构信用评价等失信行为。截至年底，区工商局监管网络行为数量为171条，新申领红盾标识79个。

【商标广告管理】 2017年，区工商局开展打击各类商标违法行为，维护公平竞争的市场环境。是年，查处商标案2宗。加强互联网广告的监管，检查网站33个，检查线索条数18条。侧重对户外房地产广告的检查，区工商局检查广告56幅，规范房地产市场广告，取得阶段性的整治成果。

【消费者权益保护】 2017年，浈江区消委会围绕“网络诚信，消费无忧”主题，开展一系列法律法规宣传咨询服务活动，进一步改善消费环境，提高广大人民群众健康消费、合理消费、科学消费的消费意识和维护自身合法权益的维权意识。是年，区消委会受理消费者投诉88件，涉及金额54.4万元；成功调解85件，为消费者挽回经济损失33.9万元。辖区7个工商所受理401宗消费投诉，涉及金额193万元；成功调解98%，为消费者挽回经济损失162万元。是年，浈江区工商局受理和回复网络问政42宗，群众诉求得到合理解决。

（童　兰）

附：区工商局领导班子成员名单

局　长：李伟锋

副局长：刘孝雄

黄志忠

徐仁生

价格管理

【概况】 2017年，区发改局围绕保持价格总水平基本稳定这一宏观调控首要任务，发挥价格职能作用，做好价格监管、服务和改革等工作。开展各类价格监督检查，加强涉案价格认证工作。

【价格监督检查】 2017年，区发改局抓好专项监督检查及日常监督检查。在春节前组织力量检查市场物价和商品明码标价情况，有效地维护市场物价的稳定。3月，开展食盐市场价格专项检查，重点检查区食盐价格改为市场调节价以后的价格情况，检查显示全区食盐供应充足、价格整体比较平稳，各类食盐经销店、商场等食盐经营者严格执行明码标价规定。4月，对辖区内遗体搬运、遗体火化、骨灰寄存等行政事业性收费和遗体存放、告别等经营性基本服务收费以及落实韶关市殡葬基本服务减免收费政策情况、租用花圈、骨灰盒销售、墓地停车场收费等情况进行专项检查。5月，联合区住建局、区国土分局对辖区多个住宅小区的停车位收费情况进行摸底排查，维护市场价格秩序，保护广大人民群众合法权益，促进社会和谐稳定。9月，开展国庆节、中秋节前价格检查，维护消费者的合法权益。12月，开展元旦前市场价格监管活动，重点针对燃气、食油、客运票价、酒店、明码标价检查。检查显示，全区各类商品供应充足，市场价格整体比较平稳，严格执行明码标价规定，未发现有恶意囤积、串通涨价等不法行为。

【价格举报和鉴证】 2017年，区发改局受理投诉咨询等81宗，内容涉及物业服务管理、停车收费、网络购物等。经查证核实，对其中不规范行为责令整改，回复率和办结率100%。价格认证中心受理办结民事、刑事涉案物品价格鉴定案182件，标的金额118万元。

【收费管理】 2017年，区发改局先后编制及更新《韶关市浈江区2017年实行政府定价的涉企经营服务收费目录清单》《韶关市浈江区2017年涉企行政事业性收费目录清单》《韶关市浈江区2017年区直部门行政审批中介服务收费目录清单》三个收费目录清单，制定《关于调整公办幼儿园保教费标准的通知》，在浈江区人民政府门户网站公布。转发落实广东省财政厅、广东省发展和改革委员会《关于转发财政部国家发展改革委清理规范一批行政事业性收费有关政策的通知》，并实行动态管理，以适应经济社会发展的需要。（黄伟斌）

国土资源管理

【概况】 韶关市国土资源局浈江分局（简称“区国土分局”）是由市国土资源局和区政府双重管理，以区政府管理为主的单位。内设执法监察大队、办公室、土地规划与耕地保护股、土地利用管理股、地籍与测绘地理信息管理股和矿产资源与地质环境管理股6个职能股（队）室，管理新韶、乐园、十里亭、犁市、花坪5个国土资源所。2017年，全区土地面积57213.68公顷，其中耕地7102.1公顷、园地326.05公顷、林地36506.4公顷、草地985.94公顷、城镇村及工矿用地

6438.27 公顷、交通运输用地 696.6 公顷、水域及水利设施用地 4509.12 公顷、其他土地 649.12 公顷。浈江区矿产资源丰富，主要矿产有黑色金属、有色金属、煤、铁等，其中煤、铁在广东省占重要位置。

【耕地保护】 2017 年，浈江区耕地保有量面积 7886.52 公顷（包含可调整地类 1375.01 公顷），大于市下达的考核指标 5330 公顷；全区基本农田面积 4550.3 公顷，大于市下达的考核指标 4490 公顷；综合耕地保有量和基本农田面积高于市下达任务，完成该年度耕地保护目标任务。区国土分局将 2017 年基本农田和耕地保护任务分解下达至各镇，逐级签订 2017 年度耕地保护目标责任书。2016、2017 年度 449.5 万元基本农田保护省级补助资金下达至各镇，并统计 2012—2016 年度资金使用和管理情况。2015 年度高标准基本农田建设项目竣工待市级最终验收确认；2016 年度 400 公顷高标项目完成 95% 工程量。是年，区国土分局开展浈江区垦造水田潜力调查，完成浈江区垦造水田潜力数据库建设，入库垦造水田潜力地块 762.13 公顷，数据库在省国土资源厅备案。浈江区兑现“占优补优”耕地提质改造完成 2017 年度陈江村项目前期选址、可行性研究报告编制、立项等前期工作，进入招标阶段。推进浈江区自行储备一批水田指标的垦造水田项目，完成 6 个项目立项。

【高标准基本农田建设】 2017 年，全区 2014 年度、2015 年度高标准基本农田建设项目 295.58 公顷通过市级验收，2016 年度高标准基本农田建设项目新建成高标准基本农田面积 403.91 公顷并通过区级验收，2017 年度、2018 年度高标准基本农田建设 580.49 公顷工作正在推进之中。

【用地保障和报批服务】 2017 年，区国土分局先后组织 9 个批次 98.2 公顷用地报批，涉及碧桂园置换地（2016 年第七批次）、良村经济发展用地（2016 年第三批次）、市纪委办公用地（2016 年第十二批次）、S248 东环线项目、曲江大道项目、国电剩余地块（2017 年第一批次）、比亚迪旁边项目（2017 年第二批次）、黄金小镇会客厅（2017 年第三批次）、黄岗山公园项目（2017 年第四批次），其中市纪委办公用地和碧桂园置换地已取得批文。粤北国际物流园（2017 年第五批次）、曲仁矿棚户区改造二期工程田螺冲安置区配套基础设施之市政道路一期工程（2017 年第六批次）、黄金小镇南片区及安置用地（2017 年第七批次）、中车项目、尖峰输变电站、华南农产品交易中心等项目正在组卷。推进浈江区土地利用总体规划（2010—2020 年）中期调整完善，方案获省国土资源厅批复。

【地籍管理和历史留用地】 省厅下发浈江区 2017 年度土地变更调查监测图斑 172 个、面积 135.4 公顷，经摸查整改，将违法用地比例控制在 5% 以下，成果已通过国家级核查。是年，受理 2 宗土地权属纠纷案件，完成新韶镇石下村小组与黄姜坪村小组的土地权属纠纷调处 70.07 公顷，通过落实具体留用地及换购商铺的方式落实 123.66 公顷，尚未落实的留用地主要集中在犁市镇。犁市镇、十里亭镇历史留用地解决方案上报市国土资源局，其中犁市镇方案获市政府初步批复。

【国土资源执法监察】 2017 年，区国土分局开展动态巡查 1162 次，对巡查发现的土地矿产违法行为及时下发停工通知书，上报区政府。开展土地矿产卫片执法监督检查，成立以区长为组长，各职能单位负责人为成员的卫片工作领导小组，区政府与各镇政府签订《土地矿产卫片执法监督检查专项整治工作责任书》。对 2016 年度及 2017 年第二季度 169 宗违法用地进行逐一核查，并按照要求进行整改，完成立案查处 88 宗，结案 88 宗，拆除违法建筑面积约 2.5 万平方米，复绿 10.67 公顷，顺利通过省、市卫片执法检查验收。

【查处违法用地和非法开采】 2017 年，浈江区开展动态巡查 1162 次，出动人员 5284 人次，下发停工通知书 584 份，立案查处违法违规用地 216 宗。对巡查发现的土地矿产违法行为及时下发停工通知书，并上报区政府。是年，浈江区重点监管和排查辖区内各个煤山废旧采煤点，未发现偷采盗采行为。

【土地矿产卫片执法】 2017 年，区国土管理部门开展土地矿产卫星遥感监测图斑执法监督检查。第二季度卫片有监测图斑 321 个，面积176.48公顷，耕地33.67公顷，其中违法图斑132宗，违法总面积106.57公顷，耕地23.34公顷，复绿违法用地图斑11宗，复绿面积17.87公顷，拆除违法用地图斑11宗，拆除面积25890平方米，应立案违法图斑62宗，做到立案率、结案率100%。第三季度卫片有遥感监测图斑114宗，监测48.77公顷，耕地8.43公顷。其中违法图斑41宗，违法总面积12.91公顷，耕地3.78公顷，共拆除违法图斑2宗，拆除面积22500平方米；复绿图斑卫片图斑2宗，面积1.13公顷；应立案23宗，做到立案率、结案率100%。

【矿产资源管理】 2017年，区国土分局协助市国土资源局对浈江区大莲塘矿山企业重大安全生产事故隐患排查，矿山年检、固体矿产资源统计以及矿产资源补偿费征收等工作，及时发现和制止非法开采矿产资源违法行为。推进田螺冲煤矿地质环境恢复治理项目、“浈江区人武部民兵武器装备仓库后侧山体地质灾害治理项目”、“浈江区十里亭腊石村委钟屋村112号、20号、35号后山山坡地质灾害治理项目”3个治理项目的施工进展，截至是年底，3个项目完成主体工程施工，整治组织竣工验收。

【地质灾害防治】 2017年，区国土分局加强监控隐患点，在雨季期间和国土所实行24小时值班制度，组织巡查小组不间断巡查地质灾害隐患点，防止地质灾害险情发生。是年汛期，浈江区受连续强降雨影响，发生5起地质灾害（产业园恒基、恒俊后山滑坡，风采街道办太傅街石角嘴，十里亭金凤坪白石坑43、43－2号民宅后山，五里亭聆韶路172号门前地坪，东河街道办浈江中路39号），其中“十里亭镇金凤坪白石坑43、43－2号民宅后山”隐患点计划纳入是年地质灾害隐患点治理项目，开展前期勘察工作；其余等地发放地质灾害防灾明白卡、避险明白卡，确立监测人员，明确防灾责任人。

（张 颖）

附：区国土分局领导班子成员名单

局　长：徐湘宜

副局长：黄　文

　　　　农建新

执法监察大队队长：廖智波

食品药品监督管理

【概况】 浈江区食品药品监督管理局（简称“区食药监局”）内设办公室、食品安全监管股、综合应急管理股、政策法规（行政审批）股、药品医疗器械监管与保健食品化妆品监管股和稽查分局6个股室，派出机构4个分别为韶东食品药品监督管理所、韶南食品药品监督管理所、风采食品药品监督管理所、韶北食品药品监督管理所。2017年，区食药监局深入学习贯彻中共十九大精神，认真落实区委、区政府和市局的各项决策部署，坚持源头严防、过程严管、风险严控，扎实开展各项监管，全区未发生较大及以上食品药品安全事件，食品药品安全态势总体平稳向好。

【食品药品安全宣传】 2017年，区食药监局充分利用“食品安全宣传周”“药品安全用药月”“3·15消费者权益日等平台，开展食品药品安全宣传“进社区、进学校、进企业、进农村”，发放海报、小册及创文等宣传资料超过5万份，发表信息约130条次，开展食品药品安全进社区、学校活动7次，投入近8.2万元在89个村居建设食品药品安全宣传栏。全局130余人次参加省、市约60次的培训，以培训、现场等形式指导102名食品安全协管员学习食品巡查等业务知识。召开学生校外托管机构培训班、化妆品安全监管及业务培训、开展药械化不良反应监测等，培训人员1200人次。全年受理投诉举报255件，其中食品生产18件、小作坊11件，食品流通97件、餐饮服务61件、保健食品1件、药品零售57件、医疗器械经营5件、化妆品经营3件、化妆品生产2件，同比增长140.6%。发放投诉举报奖励720元。

【食品药品经营行政许可】 2017年7月，区食药监局办证窗口正式进驻浈江区行政服务中心。是年，发放食品经营许可证1442张，比上年减少483张。其中餐饮服务类别的625张，食品销售经营的817份。组织完成全区零售药店药品经营许可证核发13家、换证3家、变更46家、注销5家；二类医疗器械备案49家；食品加工小作坊发证17家。是年无行政诉讼案件，行政复议2宗，维持率100%。人大、政协提案都按时回复，满意度100%。

【食品药品安全专项整治】 2017年，区食药监局围绕重点领域和突出问题开展各项专项整治。组织开展食品生产加工小作坊、桶装水、水产品、婴幼儿配方乳粉标签标识规范、春秋季学校校园及周边食品安全、养老机构食堂、网络订餐食品安全、食品及保健食品欺诈和虚假宣传、食品药品违法犯罪“清网行动”等专项行动，检查生产经营单位3116家次，发出责令整改通知书722份。开展重要节日活动食品安全保障工作，实现重要节庆、全国“两会”和中共十九大期间全区食品安全事故零报告。

【创文“文明餐桌”宣传】 2017年，区食药监局开展“文明餐桌行动”。制作食品经营企业食品安全信息公示栏、印有文明用餐、俭以养德、光盘行动等宣传标语的纸巾盒、牙签筒、就餐牌及“文明餐桌行动”标识贴纸，发放给辖区内餐饮店2万多份。号召餐饮企业主动提醒消费者适度点餐，吃多少点多少、开展打包等服务做法，营造文明餐桌良好氛围。确定25家活动开展良好，活动效应显著的餐饮（食堂）单位作为文明餐桌示范店（食堂），树立“光盘”行动、文明用餐典型，推动“文明餐桌行动”“光盘行动”开展。

【食品药品抽检】 2017年，区食药监局发挥检验检测技术支撑指导作用，通过抽检发现风险点、排查安全隐患，及时公开抽检结果，科学发布食品药品安全风险警示或消费提示。完成八大重点食品品种抽样88批次。药品、保健食品、化妆品抽样91批次，比上年全年减少47批次，其中药品监督性抽样74批次，保健食品抽样5批次，化妆品抽样12批次。完成食用农产品监督抽检240批次，合格238批次，合格率99.2%。

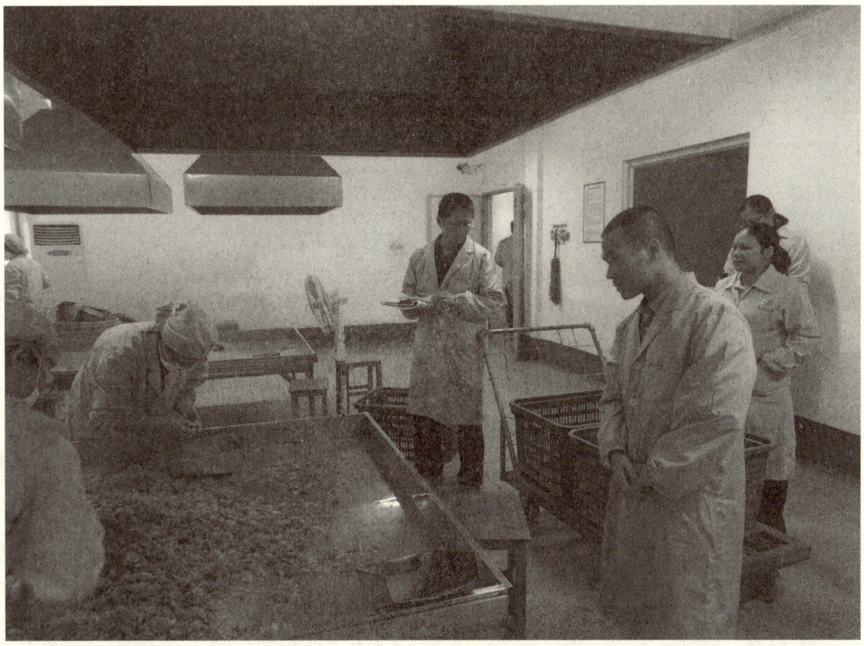

2017年10月18日，区食药监局对辖区内的药品生产企业进行检查 （区食药监局 供）

【食用农产品快筛快检】 2017年，区食药监局筹措资金，建立快筛快检实验室，对全区的农贸市场销售的农产品开展快筛快检。是年，区食药监局对辖区内27个农贸市场进行随机抽检，每天快检批次不少于150批次，并将快检结果在各农贸市场显著位置进行公示。全年食用农产品快检40124批次，抽检范围覆盖辖区内的大型超市、农贸市场、食用农产品配送中心等销售的食用农产品。检查结果及时公示，引导公众消费。

【食品药品违法行为打击】 2017年，区食药监局保持打击食品药品违法犯罪的高压态势。全年立案50件，相比上年减少20件，进行行政处罚46宗，行政处罚的案件均在区政府信息公开平台予以公开，其中食品案件数27宗、药品21宗、化妆品2宗，涉及物品总值7.32万元，没收违法所得0.57万，罚没总额26.96元，没收不合格产品约4吨。

【省级食品安全示范街创建】 2017年，区食药监局将风度名城创建省级食品安全示范街作为工作重点，开展省级食品安全示范街创建工作。8月24日，在风采街道办召开创建省级食品安全示范街动员会，对风度名城食品经营户进行全面的食品安全知识培训；8月25日，区政府出台《韶关市浈江区风度名城创建省级食品安全示范街实施方案》，风采街道办和区食药监局也相应出台《实施方案》和成立工作领导小组。9—10 月，完成对风度名城食品经营户摸底调查，建立一户一档，将食品经营户的许可资料、日常检查资料、量化分级资料、抽检资料、整改前后对比照片放入档案盒；督促食品经营户按创建要求完善软硬件设备设施，达到创建标准；制作创建视频光盘和宣传栏，印制宣传资料，加大宣传力度。11 月，对风度名城内的食品经营户开展全面的抽检，抽检 114 批次，合格率 100%。示范街内全部餐饮企业量化分级全部达到 B 级以上等次，全部实现明厨亮灶，厨房食品生产加工操作流程实时处于消费者监督；食品流通经营者做到不售卖“三无”及过期食品，规范经营。

【量化分级管理】 2017 年，区食药监局逐步开展对各餐饮服务单位的量化分级工作，通过对许可管理、人员管理、场所环境、设施设备、采购贮存、加工制作、清洗消毒、食品添加剂、检验运输等几大方面进行检查评价，为各餐饮服务单位评定等级。全年已进行量化分级评定餐饮单位约 1438 家，其中 A 级 26 家，B 级 247 家，C 级 1165 家，基本实现全区餐饮服务单位监管全覆盖。

【明厨亮灶工程】 2017 年，区食药监局指导企业搭建阳光厨房和透明厨房。根据辖区具体情况深入餐饮服务单位，对符合改造工程条件的餐饮服务企业进行调查摸底，了解餐饮服务单位的基本情况，制订具体措施，由执法人员对企业进行面对面、点对点的指导，为改造工程顺利实施奠定基础。是年，全区约 582 家餐饮单位实施明厨亮灶，覆盖率约 40.5%，其中城区学校食堂实施率 100%。

【学校食堂灭 C 工作】 2017 年，区市药监局推进学校食堂灭 C 工作。动员学校食堂（含幼儿园食堂）利用假期对食堂进行硬件升级，配备完整的食品加工设备设施。组织学校食堂食品安全管理人员及从业人员进行食品安全知识培训，提高食品安全卫生意识、规范操作，提高食品安全管理水平。组织各学校负责人参观该区省级示范学校食堂，发挥典型示范单位的辐射带动作用。进行软硬件验收，捡漏补不足，逐个对全区学校食堂（含幼儿园食堂）进行检查，对于整改后条件已达到食品安全等级要求的，给予相应的食品安全等级评定，对于整改后条件仍达不到灭 C 要求的，需继续整改。通过引导、督促学校食堂提升硬件设施和食品安全管理水平，推进“视频监控”“阳光厨房”建设。截至年底，全区 97 家学校全部实行量化等级评定，其中 A 级 17 家，B 级 68 家，C 级 12 家，量化分级率达到 100%。

【家禽集中屠宰生鲜上市】 2017 年 6 月 1 日，浈江区主城区内取消活禽宰杀和活禽经营交易，实行家禽“集中屠宰、冷链配送、生鲜上市”工作制度，加强禽肉产品市场准入管理，规范家禽屠宰行为。区食安办牵头，组织区工商、城管、公安、农业、卫计、食药监及镇办做好动员部署和具体实施两个阶段各项工作，不定期开展联合执法行动 11 天。针对限制区内活禽经营行为的死灰复燃现象，组织突击检查 4 次。对两家屡次漠视政府通告，经多次劝告无效的活禽经营户开展全面清理行动，依法扣留相关设备设施，确保生鲜上市工作的顺利推进，保障公众的健康和公共卫生安全。加快落实推进生鲜鸡档口补贴资金发放，对符合条件的 41 户经营档口发放补贴资金 20.1

2017 年 5 月 12 日，浈江区召开主城区全面实施家禽“集中屠宰、冷链配送、生鲜上市”工作动员部署会议 （区食药监局 供）

万元。提升农贸市场的环境卫生，为切断 H7N9 病毒传播途径，有效预防 H7N9 病毒等人感染禽流感的传播蔓延提供有力保障。

【食品药品安全应急处置】2017 年，区食药监局梳理辖区风险隐患，排查风险隐患 6 个，并跟踪落实整改完毕。针对黑豆腐小作坊和厨皇盛汇事件，区食安办组织食药监等部门有效应对舆情，对全区小作坊开展排查，防范风险。12 月 5 日，区食安办组织区应急办、区食药监、区卫计、农业局、公安、宣传、教育等部门组织开展 2017 年食品安全事故应急演练，提高各部门责任意识和协作联动意识；建立公安、卫计、食药监、医疗机构和宣传部等部门的信息共享和联动机制，有效应对突发食品安全事件。针对万人宴等大型餐饮活动出台实操性强的食品安全保障应急预案；加强应急保障，安装食品安全应急指挥中心视频系统，有利于食品突发事件的及时处置。

（骆利芳）

附：区食药监局领导班子成员名单

局　长：何艳霞（女，任至 3 月）
　　　　林　航（3 月任职）
副局长：李惠文（女）
　　　　吴壮锐
　　　　黄小龙

安全生产监督管理

【概况】　2017 年 12 月 26 日，浈江区安全生产监督管理局（简称“区安监局”）办公地址由区政府大院（浈江区大学路 7 号）搬迁到市区西堤横路 4 号（原浈江区教育局办公楼）。韶关市浈江区安全生产应急救援指挥中心”为区安监局的下设正股级事业单位。是年，浈江区在工矿商贸领域发生一般生产安全事故 2 起死亡 2 人；在道路交通领域发生生产经营性道路交通事故 14 起死亡 9 人；在消防火灾领域未发生有人员死亡的火灾事故，全区安全生产形势持续总体稳定。

【落实安全生产目标管理责任制】2017 年，区政府分别于 3 月 13 日、5 月 18 日、8 月 4 日、10 月 11 日组织召开全区第一、二、三、四季度安全生产工作暨防范重特大生产安全事故评析会议，分析、布置、督促、检查该区安全生产，支持、督促有关部门依法履行安全监管职责，对监管中存在的重大问题及时予以协调解决。其中在第一季度会议上，区委常委、常务副区长黄祖平对全区 2017 年安全生产工作作全面动员、部署，并提出具体要求；区委副书记、区长曾清兰代表区政府与各镇（办）及安委会成员单位签订《2017 年度安全生产责任书》。同时，督促各单位、各行业分别同下属单位（企业）签订安全生产责任书。

【安全生产大检查】　2017 年在元旦、春节、五一、国庆、中秋等重大节假日期间，区委、区政府、区安委办及各成员单位等分别制定节日值班表，落实人员到位、制度到位。严格执行安全生产应急值守和领导带班值班制度，要求领导及负责各行业领域安全生产的相关人员确保 24 小时通讯畅通，随时待命应付突发事件。一旦发生事故或紧急情况，及时向有关部门报告，并立即启动应急预案，有关领导及时到现场指挥抢险和处置，防止事故损失和扩大，妥善处理善后工作，确保社会稳定。

汛期安全生产　根据市委全

2017 年 12 月 12 日，浈江区开展安全生产暨冬春火灾防控大检查

（区委宣传部　供）

会有关工作部署以及市政府《关于开展全区汛期灾害防范和安全生产隐患大排查工作的紧急通知》，召开专题会议研究部署汛期安全生产，并印发《韶关市浈江区人民政府办公室关于开展全区汛期灾害防范和安全生产隐患大排查行动的紧急通知》，区政府班子领导按分管领域带队开展汛期灾害防范和安全生产隐患大排查行动，要求各行业各职能部门分别在道路交通、建筑施工、消防、非煤矿山和尾矿库、地质灾害、危险化学品、校园安全、农业机械、水上交通和渔业船舶、冶金和职业病危害、特种设备等11个重点行业重点领域开展隐患排查整治。

特别防护期安全生产　根据上级有关文件精神，印发《韶关市浈江区特别防护期安全生产检查工作方案》主要突出检查容易发生事故的道路交通、建筑施工、非煤矿山、危险化学品、烟花爆竹、特种设备、油气输送管道、农业机械、渔业船舶、民爆器材、粉尘涉爆、城镇燃气、职业卫生、有限空间作业和水利、电力、气象等重点行业领域以及渣土受纳（填埋）场、“三合一”、人员密集场所等重点部位，督查排查城市风险点、危险源管控措施的落实等情况。通过特别防护期专项安全大检查，强化安全生产检查和专项治理攻坚，加强安全风险辨识管控和隐患排查整治，全区安全生产形势稳定向好。

专项行动　根据《国务院安全生产委员会关于开展全国安全生产大检查的通知》和省、市“关于开展安全生产大检查的通知”要求，浈江区印发《韶关市浈江区安全生产委员会安全生产大检查工作方案》。按照“全面检查、严格执法、彻底整治”的要求，坚持企业自查与政府督查相结合、属地为主与行业督导相结合、全面排查与重点整治相结合、监督检查与严格执法相结合的工作原则，分别在道路交通、危险化学品、消防、油气输送管道和城镇燃气、非煤矿山、施工项目、水上交通和渔业船舶、冶金和职业病危害、特种设备、重点行业领域重点地区安全生产重点攻坚治理等领域开展安全生产大检查专项行动。按照“管行业必须管安全、管业务必须管安全、管生产经营必须管安全”的要求，结合自身监管工作实际，组织开展农机、物流快递、民爆物品、旅游、环保、人防工程、气象防雷等各行业领域安全生产大检查行动，打击安全生产领域非法违法行为。

【职业健康安全监管】　2017年，区安监局利用全国《职业病防治法》宣传周和全国安全生产宣传活动月等活动，宣传贯彻新《职业病防治法》和国家安监总局“一规定四办法”等职业病相关知识；按省、市要求开展汽车制造、耐火材料等行业粉尘、有毒有害物质危害、生产或使用粘胶剂企业和船舶修造、木质家具等行业的专项治理，加强有机溶剂生产、经营、使用环节的监管，督促企业贯彻落实有机溶剂职业病危害、耐火材料制造等企业粉尘危害专项治理；督促机械、电子等21个重点行业落实职业卫生工作主体责任，开展工作场所职业病危害因素定期检测，组织劳动者进行职业健康定期检查。截至12月底，全区累计完成职业病危害项目网上申报企业累计179家，其中新增申报企业9家，完成职业健康检查劳动者4492人，完成建设项目职业卫生预评价1项，职业病危害现状评价4家，职业卫生“三同时”竣工验收2项，职业危害因素检测23家，主要负责人、职业卫生管理人员培训75人。1—11月，监督检查用人单位56家次，发现各类职业卫生问题150条，发出整改指令25份，隐患整改率98%。

【夯实安全生产基础】　2017年，全区参加省、市安全生产执法监管业务培训的干部职工100人次，组织机关、企事业单位人员参加安全生产有奖问答竞赛活动，还督促辖区内各类生产经营单位将安全培训纳入工作计划，建立健全从业人员安全培训制度等，强化工厂、车间、班组三级安全教育。同时，配合市安监局按照国家安全生产知识培训大纲内容，对300名生产经营单位主要负责人（厂长或经理）、安全管理人员进行理论培训，提高企业管理人员的安全技术知识。区消防大队等其他负有安全监管职责的部门也都在各自职责范围内开展安全知识教育培训。

【安全隐患整改】　2017年，全区排查安全隐患491条，整改478条，整改率97.5%。发现浈江区梦达家纺厂、浈江区大莲塘采石场2家企业存在重大安全隐患，区安监局分别下达责令整改指令书，停业整顿。经复查验收，梦达家纺厂完成安全隐患整改；

对大莲塘采石场存在重大安全隐患整改问题，区安监局责令其停业、暂扣安全生产许可证、立案调查并作出罚款1万元的行政处罚。全区处罚违法违规企业8家，其中工贸企业2家，非煤矿山企业1家，危险化学品企业5家，罚款32.19万元（其中行政处罚9.64万元，事故罚款22.55万元），全部上缴区财政局国库中心。

【安全事故查处】 2017年3月25日，浈江区华磊砂石场发生一起砂石坍塌事故，造成1人死亡；8月10日，韶关市烟叶复烤公司在安装改造作业时，发生闪燃事故，造成2名工人重度烧伤；8月16日，韶关市日兴烟花爆竹专营公司C号仓库发生火灾事故，造成财产损失和社会影响；10月6日，腊石村高基岭农村私人建房工地1工人意外摔伤救治无效死亡。每次事故发生后，区安监局立即成立“事故调查小组”，分别开展事故立案、调查处置、结案等，依照事故查处“四不放过”原则，依法对责任单位和个人进行行政处罚，案件均按有关程序和要求向同级纪检部门和市安监局报备。

【省市挂牌督办隐患整改】 2017年，省、市对浈江区安全隐患挂牌督办件5件，督办安全隐患近500条。浈江区严格按照上级的要求和时限，由相关部门对接整改单位，制定整改和安全防范措施，及时消除安全隐患，对尚未或无法完成整改的局部隐患，区安委办要求属地镇（办）跟踪监管并提出管控措施，确保安全；挂牌督办整改进度率95%。整改落实的有关情况，按要求向市安委办专题汇报。

【重点攻坚情况】 2017年，浈江区根据《广东省安全生产委员会关于印发〈广东省2017年安全生产重点行业领域重点地区攻坚工作方案〉的通知》精神和市安委办要求，结合工作实际，制定《韶关市浈江区2017年安全生产重点行业领域重点地区攻坚工作方案》，确定2017年浈江区安重点攻坚目标为校车安全管理，目的是规范学生上下学交通秩序，提高交通保障能力，严厉打击校车交通违法行为和非法营运车辆运送学生的行为。由区教育局牵头，区交警和各镇（办）协同，对全区36个拥有校车的单位开展安全检查，检查校车56辆，未发现校车有交通违法行为。同时，对55千米县乡道公路开展校车通行路线隐患排查整治，排查整改急弯5处，缺少安全警告标志4处。

【危险化学品专项整治】 2017年，根据《国务院办公厅关于印发危险化学品安全综合治理方案的通知》、《广东省人民政府办公厅关于印发广东省危险化学品安全综合治理实施方案的通知》和《韶关市人民政府办公室关于印发韶关市危险化学品安全综合治理实施方案的通知》要求。浈江区制定《浈江区危险化学品安全综合治理实施方案》，成立领导小组，开展危险化学品安全专项行动和专项整治行动，进度率80%；按要求向上级业务部门及时汇报工作进展情况。（廖燕婷）

附：区安监局领导班子成员名单

局　长：李文怡

副局长：詹前平

　　　　谭友盛

　　　　陈耀雄

工　业

综　述

【概况】　浈江区经济和信息化局（简称“区经信局”）紧紧围绕年初确定的工作目标，拓宽工作思路、突出工作重点、强化协调服务、狠抓工作落实，积极推动工业经济发展。2017 年，浈江区规模以上（简称“规上”）工业企业完成工业产值（现价）87.9 亿元，同比增长 8.4%，规上企业 47 个，同比增长 2.2%，规上工业增加值 22.1 亿元，同比增长 14.3% 增速全市第一，规上工业综合能源消耗量 55.8 万吨标煤，同比增长 71%，产业园规上工业产值 34.21 亿元，同比增长 19.6%，工业产品销售率 97%，同比减少 4.6%。

【工业企业服务】　2017 年，浈江区根据年度增长目标任务，制定年度及每个季度的重点工业企业增长指导性任务分工方案，进行目标分解，明确挂点领导。根据方案，加强走访调研和服务指导，主动帮助企业解决实际问题和困难，保障企业正常生产经营。投入资金 130 万元，建立“政企通”微信服务平台和中小微企业公共服务平台，及时公开政策文件。截至 12 月底，浈江区“政企通”平台有 1093 家企业入驻，及时公开政策等各类信息 320 条，关注人数 4021 人。组织企业参加降低制造业企业成本、清洁生产审核等各类宣讲培训会、推介会 10 场次。8 月 24 日召开的全区经信工作会议是近两年来规模最大的经信专题会议，区委书记刘清生作重要讲话，600 家企业参会。会议全面总结和部署经信工作，向企业发放《扶持浈江企业加快发展—优惠政策汇编》，并与金融机构解决企业融资问题。根据各类扶持政策要求，发动符合申报要求的企业做好工业企业发展各项扶持资金的申报，在珠西（珠江三角洲、广西一带）先进装备制造业、事后奖补等方面为企业争取专项资金 1310.74 万元。尤其是在区财政极为困难的情况下，兑现对 2014 年新上规 4 家工业企业的奖励金 20 万元。

【工业项目推动】　2017 年，浈江区培育工业经济新增量，推进新建项目。辖区粤华国电项目于 6 月底实现试产，9 月实现上规，全年贡献产值 4.81 亿元。是年，对辖区 10 家工业企业的 15 个技改项目实施备案，计划总投资累计 6 亿元，其中计划总投资在 2000 万元以上的项目有 9 个。年内，韶铸精锻的扩大汽车（轮毂轴承套圈）精锻件产品系列项目、汉鸿木业的年产 18 万平方米刨板改造项目以及比亚迪实业手机金属外观件项目（一期）均实现投产，分别累计投资 7536 万元、6000 万元、4525 万元。烟叶复烤有限公司打叶复烤技术改造项目一期实现试产。

【培育规上企业】　2017 年，浈江区利用“政企通”微信服务平台等渠道开展《韶关市人民政府办公室〈关于促进个体工商户转为企业和小型企业升级为“四上”企业的实施意见〉》的宣传，利用企业综合数据采集系统、工商登记数据，分析规下、限下企业生产经营情况，拟定一批上规、上限培育对象，印发《关于做好浈江区 2017 年培育新增限上商贸企业工作的通知》，明确各镇（办）任务分工。全年新增规上、限上企业 30 家，其中工业企业有韶关市粤华电力有限公司、广东宏大韶化民爆有限公司、韶关比亚迪电子有限公司、广东韶铸精锻有限公司 4 家。　（刘国添）

附：区经信局领导班子成员名单

局　长：邱　斌

副局长：贝晓军

何丽芳（女）
冯建辉（女）

企业选介

【中金岭南韶关冶炼厂】　始建于1966年，隶属于深圳市中金岭南有色金属股份有限公司，是中国首家采用英国帝国熔炼法密闭鼓风炉炼铅锌专利技术（ISP工艺）的大型铅锌冶炼企业，是中国南方最大的铅锌生产基地。工厂生产有色金属、系列合金、化工制品等30多种产品，主产品有铅锭、锌锭、锌系列合金、银锭、硫酸等，注册商标均为“南华”牌。主产品质量均达到国际先进水平，铅锭、锌锭、银锭、硫酸和压铸锌等先后获得“广东省名牌产品”称号，铅锭、锌锭、银锭通过中国有色金属工业协会的“有色金属产品实物质量认定”，铅锭、锌锭率先在伦敦金属交易所（LME）和上海期货交易所（SHFE）注册，银锭是伦敦金银市场协会（LBMA）注册产品。主产品锌锭、铅锭历年来国家质量技术监督检验合格率一直保持100%，并且连续二年被评为“AAA+级中国质量信用企业”、“重合同守信用单位”，冶炼产品居国内同行业名牌产品前列。2017年，工业总产值257720.41万元，同比增长13.53%。

【韶关金苹果饲料有限公司】　成立于2003年，是双胞胎集团与展弘集团共同出资的合资子公司，注册资金2396万元，占地1.67公顷，员工58人，是一家集饲料生产、销量、研发于一体的大型现代化饲料生产企业，拥有国内先进的年产20万吨饲料生产线，同时拥有一批专业的技术骨干及管理团队。荣获2007年韶关市超亿先进生产企业、2008年韶关市生产发展增幅一等奖；2009年韶关市先进生产企业；2010年韶关市模范纳税户。公司于2012年获得省级高新技术企业称号。2013年成立韶关市猪饲料工程技术研究开发中心。2014年取得由广东省农业厅颁发的饲料生产许可证，并取得金苹果怀孕母猪配合饲料、金苹果膨化猪场乳猪配合饲料2个专利。2014年获得广东省猪用配合饲料工程技术研究中心。产品主销韶关市八县（市）三区，以及周边湖南市县地区。主要形式有分销、专销，以及直销猪场等。2017年，完成产值49565.8万元，同比增长32.17%。

【广东汉鸿木业有限公司】　位于浈江区产业园，是由汉鸿国际投资有限公司（香港）控股的全资子公司，于2009年7月30日在韶关市注册成立，总投资5.5亿元。选用全世界工艺最可靠、技术最先进的设备、建设世界一流的M（H）DF生产线和工厂。设计年产能22万方米/年，实际产能可达40万立方米/年。主导产品为“汉鸿”牌中（高）密度纤维板，其环保等级有E0级、E1级和E2级，同时开发成功F4星和无甲醛MDI纤维板，经国家级、省级质量检测机构监督检查，产品质量指标达到或超过国家标准，同时通过美国加州CARB认证及国际著名检测机构SGS、TUV莱茵检测，达到或超过欧盟、美国质量标准和ROSH指令标准。依托最为先进的技术设备，采用现代企业管理制度，导入ISO国际管理体系和美国加州CARB法规及标准进行质量和生产的管理，培育先进的企业文化理念，创造良好的经济、社会和环保效益。2017年，完成产值23455.89万元，同比增长10.28%。

【韶关市新伟金属工贸有限公司】

位于浈江区犁市镇浈江工业园兴业路33号，占地面积约20公顷。2001年3月底正式挂牌成立，是由韶关钢铁集团有限公司属下的国有企业原韶钢黄岗轧钢厂转制而成立的一个集工业、贸易一体化的民营企业。公司经营范围主要以轧钢为主，兼营钢材贸易、冶金产品等。拥有民营钢铁企业最先进生产线，采用平立轧制新工艺，所生产的“新伟”牌（“SG”牌）螺纹钢规格全、产量高、质量好，主要产品有HRB400、HRB400E、HRB500、HRB500EΦ12－Φ25和圆钢、方钢等，同时还能生产客户需求的相应规格断面的其他钢材。公司拥有国家质检总局颁发的“全国工业产品生产许可证”和国家商标总局注册商标“SGSG（新伟钢）”，是中国物流与采购联合会成员（CELP）、广东省钢协理事单位、广东省民营科技企业、我的钢铁网成员企业、广钢集团合作企业。公司与多家实力雄厚的贸易商和物流公司联手服务客户，销售网络分布于广东省珠三角各地区、韶关本地、江西赣南地区和湖南湘南地区各市县，有较高的市场影响力。工程案例：广州琶洲国际会展中心、韶关碧桂园、韶关市鑫金汇建材家居广场、韶关市碧水华城、韶关市曲仁矿棚户区改造项目、粤赣高速公路、韶赣铁路、惠州东部蔚蓝海岸项目、郴州新田汉演艺中心、仁深高速等。2017 年，公司完成工业总产值 24478.54 万元，同比增长 56.7% （刘国添）

产业转移工业园建设

【概况】 东莞（韶关）浈江产业转移工业园（简称“园区”）于2006 年 9 月经省政府认定为“广东省产业转移工业园”，2008 年底由韶关市政府整合并入东莞（韶关）产业转移工业园，是莞韶产业园的核心片区，实行市、区两级共建。园区规划面积 14.3 平方千米，远期规划面积 19.49 平方千米。按照园区产业定位，发展机械装备制造为主，辅助发展电动叉车、木业家具制造等产业集群，以产业结构高级化、发展集群化、竞争高端化为目标，打造成为一个集研发型、终端产品、产业集聚为一体的机械制造基地。构筑具有创新活力和辐射带动能力的现代产业体系。园区位于韶关市北郊，距离市区 8 公里，省道 S246 线、省道 S248 线、广乐高速、韶赣高速、曲仁铁路支线贯穿园区，交通便利、区位独特，具有良好的产业聚集条件。2017 年，园区规模以上工业总产值 34.21 亿元，同比增长 31.57%；规模以上工业增加值达 9.58 亿元，同比增长 32.32%；实现税收 7186.72 万元。同比减少 45.09%；固定资产投资 8.88 亿元，同比减少 61.9%。

【项目建设推动】 2017 年，园区完成众达颜料地块场地平整工程、粤华电力至 B 路污水管工程、宝力源地块与京广铁路及北段边坡防护工程、牛栏前村至双头厂村尾水管工程建设、宝利源地块与京广铁路及北段边坡防护工程、新建省道 246 线至港龙生物段公路工程等工程顺利完成施工；铳鸡坑污水处理厂配套污水收集管网工程完成主体项目施工，全线贯通，进入通水试验阶段；粤华国电项目厂外排污管工程，进入工程申请竣工验收阶段。是年，园区主要推进铳鸡坑污水处理厂项目及尾水排放管续建工程、完善比亚迪至污水处理厂排污管网建设、英诺维至顺通地块道路工程、韶关 110 千伏横江变电站规划道路 KO + 241.532、K1 + 348.551 米（590.083 米）工程及粤华国电“三通一平”项目等配套基础设施建设。

【产业集聚】 2017 年，浈江区累计投入建设资金 11.4 亿元用于基础设施建设，园区道路、供水供电、排水排污管网等设施逐步完善。园区签订项目投资协议 104 家，合同投资总额超过 211 亿元，建成投产企业 64 家，在建项目 8 个，规上企业 23 个，工人人数超 6000 人。园区打造以中机重工为主的机械装备制造产业、比亚迪为主的叉车总装及手机产业、汉鸿木业为主的木业家具产业、粤华国电煤矸石电厂及生物质发电为主的电力产业、国润烟草薄片为主的烟草产业、润得丰及韶铸为主的钢铁深加工产业、智能轨道交通、物流产业 8 大主导产业链。

【招商引资】 2017 年，浈江区围绕招商重点方向，以科技含量高、解决就业多、资源占用少、环境污染少、产业拉动强、社会贡献大为引进原则，加大招商引资力度，用好招商资源，利用东莞韶关对口帮扶的契机，吸引珠三角的优质企业入驻园区。寮步浈江组团新签约的超亿元工业项目浩川粮油（粮油加工和仓储）1 个，计划投资 2.6 亿元；新动

广东国粤韶关综合利用发电新建项目图 （区委宣传部 供）

工建设的超亿元工业项目绿建住宅（生产混凝土管桩）1个，计划投资1.5亿元；新增资扩产的超亿元工业项目1个比亚迪公司（手机零部件项目），新增投资3.5亿元。

【基础设施建设】　2017年，园区完成众达颜料地块场地平整、粤华电力至B路污水管、宝力源地块与京广铁路及北段边坡防护、牛栏前村至双头厂村尾水管建设、宝利源地块与京广铁路及北段边坡防护、新建省道246线至港龙生物段公路等工程施工；铣鸡坑污水处理厂配套污水收集管网工程完成主体项目施工，全线贯通，进入通水试验阶段，粤华国电项目厂外排污管工程，进入工程申请竣工验收阶段等。

【推动重点项目建设】　2017年，广东国粤韶关综合利用发电新建项目一期整体工程建设基本完成，土建工程基本完成，两台发电机组于11月12日正式全面投产；园区铣鸡坑污水处理厂项目一期工程土建工程完成100%，设备采购及安装完成100%，通水通电并进入调试阶段；广东鸿源众力发电设备项目，一期项目建设用地19.65公顷挂牌手续完成并取得土地使用权证。该项目招商协议签约总用地面积30公顷，二期用地10.33公顷于9月完成挂牌。

【企业用工服务】　2017，园区管委会力促周边农村富余劳动力入园就业，协助园区企业招聘人才，解决企业招工问题，与校企合作为园区企业提供服务。截至12月底，园区为企业推荐就业人才79人，成功就业34人，在一定程度上缓解企业的招工压力。

（刘昱辰）

附：园区管委会领导班子成员名单

主　任：钟方胜（任至3月）
李长富（4月任职）
副主任：李湘滇
张丁旺
林少芬（女）

电　力

【概况】　韶关城区供电局（简称“城区供电局”）始建于2017年3月16日，经广东电网有限责任公司《关于设立韶关城区供电局的批复》同意将浈江、武江、坪石供电局合并设立，内设综合部（与党委办公室合署）、财务部、配电部、安全监管部、基建部、营业部、党群工作部（与纪委办公室合署）7个部门。下设南郊、西河、十里亭、坪石、西联、白石、花坪、黄圃、梅花、庆云、三溪、沙坪、秀水、云岩14个供电所，按副处级规格管理。负责韶关市浈江区、武江区以及乐昌市坪石片区的电网生产运行与供电服务等工作，供电面积13.36万平方千米，供电人口75.36万人，供电客户34.64万户，10千伏中压线路2515.66千米。城区供电局紧紧围绕韶关市主动融入珠三角战略，积极采取有效措施，在配合“产业共建、城市提升、县域发展”三大主题工作下功夫，全力以赴助推韶关振兴发展。创新服务模式，打通内部壁垒，“不让客户‘等’，在‘早’字上下功夫”，为重要客户、大客户专门设置278名客户经理，提供24小时全天候精细化服务。围绕区重点项目，成立专项工作团队。贯彻落实“我是党员走在前，供电服务我争先”的理念，充分发挥党员先锋模范作用，成立党员突击队，为浈江产业园等园区客户提供优质服务，全力支持园区发展。

【主要经营指标】　2017年，城区供电局完成安全生产考核目标，未发生四级及以上事故事件，连续安全运行2192天，完成售电量40.41亿千瓦时，同比上升11.78%。固定资产投资2.46亿元；完成转固增资1.41亿元，占年度计划的115.46%。首次实现当年和陈欠电费回收率100%。10千伏及以下综合线损率2.34%。客户平均停电时间（低压）6.66小时，同比下降22.56%。综合电压合格率99.95%。第三方客户满意度84分，获地方政府公共服务评价满意度第一。信息系统数据质量与实用化得分100分，在全省区局排名第一。

【安全生产】　2017年，城区供电局成功应对“7·3”洪涝灾害，完成抗击台风“天鸽”支援珠海抢修复电和中共十九大特级保供电，党员突击队获省公司表彰；安全隐患治理初见成效，建立长效治理机制，政企联动、攻坚克难，整治难点隐患，线行清障见成效；班组星级达标建设全面展开，西联所运维班、急修班获评首批三星班组；员工技能扎实提升，开展配网自动化、机巡作业、电缆局放测试、电缆故障定位等新技术、新设备专项培训，配电线路工技能竞赛获市局表彰，3名青工获技术能手；完成116条线路自动化改造，馈线自动化覆盖率同比提高43.74%，配网自动化实用落地；新建及改造低压线路947千米，解决重过载、低电压183项，解决安全隐患513项；开展“一故障一分析”，加强重复故障线路治理，中压线路故障从上年的10.93次/百公里降低至2017年的6.64次/百公里。

【电网建设】 2017年，城区供电局贯彻落实公司全面提升配电网规划建设运营管理水平指导意见，优化电网规划建设劳动组织，在供电所设置规划及工程业务员岗位，搭建上下联动、左右协同的规划机制，配强业主项目部，择优选聘上岗；开展目标网架分析，统筹梳理项目库；落实配电网规划建设专项督查问题整改。开展基建7S精益管理，打造配网优质工程。攻坚克难超历史规模完成电网投资；强化“四方联动”风险管控机制，严格执行现场到位标准，趋前管控项目现场安全质量。“核技术应用研究所居民小区一户一表改造工程”获广东电网公司2017年度样板创建金质工程称号。

【党建基础建设】 2017年，城区供电局党委运用“抓领先、补短板、强基础”方法，贯彻从严动真要求，主动作为，勇于担当，落实管党治党主体责任，履行党建第一责任人职责，扎实推进市局党的建设工作提升方案落地、“两学一做”常态化制度化，抓实“三个计划”、“三个平台”，推进“三个融合”，着力抓好基层党组织和党员队伍建设，发挥基层党组织政治核心作用。开展“我是党员走在前、供电服务我争先”活动，抗击台风“天鸽”支援珠海抢修复电党员突击队获省公司表彰，十里亭所党支部将匠心传承“抗洪”精神融入班组文化。急修班党小组将“急客户之所急，修身修心修设备”融入班组文化，党员在抗击洪涝灾害等抢修复电急难险重任务中连续奋战，安全有序按章操作。开展分类谈话296人次，党员干部和关键岗位全面覆盖，开展廉洁风险“点一点”，把廉洁提醒融入日常。全年通报处理员工违纪36人次。

【经营管理】 2017年，城区供电局通过非法改装计量表窃电的犯罪团伙，查处窃电用户413户，追补窃电及违约使用电费237.82万元，0.4千伏线损由5月的10.91%下降至2018年1月的5.93%。对韶冶站10千伏F24万牛场线开展用电专项整治，线损率由71.69%下降至2.66%，挽回经济损失94.55万元。完成7宗房屋所有权证补办任务，规范日常成本费用管理，优化报账流程，提升财务精益管理水平。

【改革创新】 2017年，城区供电局推进7S建设，组建团队、完善机制，坚持供电所规范化建设、班组星级达标建设、班组文化建设等有机融合，申报精益项目26项，3项获市局表彰；全员参与7S管理劳动竞赛，现场改善成果217项，合理化建议570条，9项获市局表彰；8个班组获优胜奖。选派15名业务骨干到中山局跟班学习，5项青工职创受市局表彰。

（黄远兴）

附：城区供电局领导班子成员名单

党委书记、执行董事、局长：柳玉波
纪委书记：徐旭霖（女）
党委委员、副局长：李　静（女）
颜　平
梁永彪

农·林·水

农　　业

【概况】　2017年，浈江区农业局（简称“区农业局”）是浈江区人民政府直属行政单位，下辖区农业机械管理局、区畜牧兽医水产局、区农业技术推广总站、区水政监察大队、区机电排灌总站、区水利工程建设管理中心、区西牛潭水库管理处、区石子坳水库管养所8个事业单位。是年，蔬菜上市12.34万吨，同比增长5.99%；生猪出栏92187头，同比增长2.9%；出售和自宰家禽106.02万只，同比增长5%；水产品上市6168吨，同比增长3.01%。全年农业总产值11.44亿元，同比增长3.8%。

【农业产业化】　2017年，浈江区组织韶关市浩川粮油有限公司等5家企业为省级农业龙头企业。配合市农业局，做好全区市级农业龙头企业的年度考核，全区产业化组织总数108个，其中市级以上产业化组织20个（省级农业龙头企业4家，市级农业龙头企业20家）；农民专业合作社48个（其中市级示范社2家）；家庭农场40个（市级家庭农场5家）。

【一事一议财政奖补资金项目】　2017年，“一事一议”财政奖补项目9个，总投资478.31万元，财政奖补资金116.15万元。其中新韶镇大陂村委2个太阳能路灯建设项目、十里亭湾头村内道路项目、黄竹桥梁建设项目、厢廊机耕路项目、石山太阳能路灯项目、石脚下村内道路已竣工。

【春耕春播】　2017年春节前后，浈江区组织30余人次下到镇村和种植户，通过采取培训班和个别指导的方式，重点指导抛秧、蔬菜搭棚、果园滴灌、诱虫、有机管理等方面的技术。全年春种总播种面积5086.6公顷，增幅1.27%，其中谷物1950.13公顷，大豆202.67公顷，薯类165.27公顷，油料作物911.87公顷，蔬菜1067.67公顷。

【强农惠农政策】　2017年，浈江区种粮面积3610.67公顷，完成中央财政耕地保护补贴496.55万元的发放，完成韶关市对全区粮食考核任务。是年，全区经审核批准补贴机具114台，其中轮式拖拉机（不含皮带传动轮式拖拉机）2台、履带式拖拉机1台、起垄机2台、微耕机30台、旋耕机16台、增氧机60台、自走履带式谷物联合收割机（全喂入）3台，受益户数55户，享受农机购置补贴资金21.34万元。协助市人民财产保险有限公司韶关分公司完成5个镇1.56万元农户住房保险续保以及全区3610.67公顷政策性水稻种植保险投保，完成省市任务的100%。各项补贴均采用由银行直接划账的方式将资金直接发放到农民手中，没有出现克扣、挪用补贴的情况。

【农产品质量安全监管】　2017年，浈江区结合食品安全宣传周活动，组织13家龙头企业和部分养殖大户签订农产品质量安全承诺书，要求各镇为种养大户发放农产品质量安全生产档案，并要求其建档立案，依法依规开展生产活动。出动执法人员551人次，检查农业企业271家，发放宣传资料2400份。全年配合省市开展监督抽查124批次，均达到监测标准。同时，区农业局与深圳中检联检测有限公司签订合同，委托其对区农产品进行安全检测。是年，开展农产品质量安全监督抽查21批次，其中种植产品12批次，畜禽产品5批次，水产品4批次，均达到监测标准。全年全区没有发生农产品质量安全事件。

【植物病虫防治】 2017年，区农业局印发植保信息12期，病虫防治通知单1500份。全区发生水稻病虫害766.67公顷，蔬菜病虫害400公顷；组织植保人员有针对性地抓好防治，防治水稻面积733.33公顷，防治率95.65%；防治蔬菜386.67公顷，防治率96.7%；蝗虫发生面积133.33公顷，防治面积136.67公顷，防治率95%。

【农村土地承包经营权确权登记颁证】 2017年，全区5个镇48个行政村启动土地确权工作开展率100%。全区5个镇有农户14216户（2013年农经报表数），完成实测承包地11.61万块，实测耕地面积6716.8公顷，占全区国土“二调”耕地面积的102.13%。颁发承包经营权证书2132本，颁证率15%。投入各级资金242.68万元，发放宣传资料23580份，培训工作人员975人次，成功调解涉地纠纷8宗。

【农村土地承包经营权确权登记颁证工作推进会】 2017年6月27日，浈江区农村土地承包经营权确权登记颁证工作推进会在区政府综合楼一楼会议室召开，市政协副主席、区委书记刘清生，区委副书记、区长曾清兰，副区长张爱军等区领导，区直有关部门、各镇村相关负责人参加会议。会议主要强化对土地确权登记颁证工作的思想认识，分析全区工作进展中存在问题，并以问题为导向，提出下一步工作措施，加快推进土地确权登记颁证工作进度，确保如期完成任务。

（刘志斌）

种植业

【概况】 2017年，浈江区种植业以水稻、蔬菜、油料作物、果蔬为主，农作物播种面积10528.2公顷，比上年增长1.56%，其中谷物种植面积3821.67公顷，蔬菜种植面积3934.47公顷，油料种植面积1947.33公顷，其他经济作物824.73公顷。区农业局从保障民生、稳定农村社会大局出发，严格执行粮食生产保障机制，确保全区粮食种植面积的稳定。全年粮食产量3.35万吨，油料产量0.42万吨，蔬菜产量12.34万吨。

【水稻种植】 2017年，区农业局采取切实可行措施，加快粮食生产发展，优化粮食生产布局，大力发展高产杂交水稻生产，并根据气候资源特点充分挖掘水稻品种生产潜力，做好早、中、晚造品种布局和熟期搭配。并通过对新品种的引进、试验、示范和推广，有效提高粮食产量及产品优质率。全年种植水稻面积3619公顷，总产量2.17万吨，其中优质稻面积3166.67公顷，优质化率87.5%。

【蔬菜种植】 2017年，区农业局在稳定粮食种植面积的基础上，依据浈江区郊区农业的发展优势，引导农民大力发展蔬菜种植。全年蔬菜总产量12.37万吨，比上年增长5.99%，种植品种主要有小青瓜、樱桃番茄、甜玉米、青花菜、西兰花、夏凉丝瓜等新品种，蔬菜产量和质量提高，农民的种菜收入也稳定增长。

【其他种植】 2017年，区农业局以“保稳定，促增长”为目标，加大经济作物种植的扶持引导力度，增加种植业的收入。油料作物种植1947.33公顷，其中花生种植1881.07公顷，产量7287吨；油菜籽种植66.27公顷，产量134吨；水果333.33公顷，产量1.47万吨；油茶666.67公顷。

（刘志斌）

2017年6月27日，浈江区召开全区农村土地承包经营权确权登记颁证工作推进会

（区委宣传部 供）

农业科技

【概况】 2017年，区农业局组织区农业技术推广总站抓好农业新技术和优良新品种的引进推广，全年引进甜玉米、樱桃番茄、青椒、夏凉丝瓜等10多个优良品种，蔬菜质量和产量明显提高。组织农业科技人员30多人次送科技下乡，举办新型职业农民培训班1期，培训农民200人次。

【农业技术推广体系建设】 2017年，区农业局加强农业技术推广队伍建设，举办新型职业农民培训班1期，由仲恺农业工程学院组织专家专题授课和现场教学；创新农业技术推广机构工作运行机制，促进多元化农业技术服务组织发展；落实农业技术推广保障措施，改善农技推广人员工作环境，加强农业技术推广与应用，提高浈江区农技推广水平。

【科技推广应用】 2017年，区农业局推广超甜玉米、番茄、夏凉丝瓜等优质品种，推广面积200公顷，出产效益是普通品种的2倍。推广优质鱼放养，放养面积1333.33公顷，占放养总面积的85%。推广地膜覆盖技术、温室栽培技术、化学除草技术、配方施肥技术等10项先进技术。其中地膜覆盖花生种植260公顷，温室种植蔬菜66.67公顷，小拱棚种植133.33公顷。通过良种和良法的推广应用，提高浈江农业的科技水平，提升农产品产量和质量，农民人均纯收入明显增长。

【名优特品种】 2017年，区农业局干部深入基层，发动和扶持农户，因地制宜地调整农业生产结构，大力发展名优品种种植。主要发展莲花香芋、拿比特西瓜、草莓、樱桃番茄等特色名优品种，犁市五四等村扩大以番茄、茄子、辣椒为主的蔬菜种植100公顷，在犁市镇石下、黄沙等村发动农户种植香瓜133.33公顷。浈江区形成以莲花香芋、香瓜、番茄、犁铺头花生油、葡萄、油茶、有机蔬菜等名优农产品特殊。

（刘志斌）

附：区农业局领导班子成员名单

局　长：宋柏均

副局长：章伟胜

张洪基

李百灵（4月任职）

胡立新（任至3月）

畜牧兽医水产

【概况】 2017年5月，事业单位分类改革，浈江区畜牧兽医水产局（简称“区畜牧局”）为区农业局管理的副科级公益一类事业单位，加挂浈江区防治重大动物疫病指挥部办公室牌子，下设区动物卫生监督所以及省渔政总队浈江大队2个正股级公益一类事业单位。主要负责辖区畜牧兽医水产及渔业的管理与发展规划。是年，全区生猪饲养量13.38万头，出栏8.75万头；牛饲养量0.301万头，出栏0.0257头；羊饲养量0.8145万头，出栏0.4127万头；年末家禽存栏40.1449万羽，出栏106.0235万羽，年产猪肉6510吨，牛肉31吨，羊肉67吨，禽肉1417吨，禽蛋12818吨。

【禁养区清理】 根据《韶关市浈江区人民政府办公室关于印发浈江区禁养区养殖场（户）清理整治任务分工方案的通知》要求，浈江区对辖区丹霞山自然保护区内6家养殖场及饮用水源一级保护区内7家养殖场清理搬迁关闭。合计拆除栏舍面积23112.33平方米，投入财政资金657.05万元。

【兽医兽药检疫】 2017，全区家畜产地检疫数21.36万头，禽类产地检疫数5.117万羽；家畜屠宰检疫数5.07万头。辖区有兽药店33家，动物诊疗机构2家，针对假兽药等，区畜牧局对辖区兽药店、动物诊疗机构开展监督巡查，巡查未发现重大违法行为。

【水产及渔业】 2017年，浈江区水产养殖面积1476.97公顷，池塘养殖面积914.53公顷，水库山塘养殖面积562.44公顷，水产品总量10243吨，同比上年增加3.80%，其中养殖产量10111吨，捕捞产量132吨，同比上年分别增加4.53%、降低32.65%。其中鱼塘总产7700吨，比上年增加4.9%；水库山塘总产2411吨，比上年增加3.78%。有登记在册的捕捞渔船187艘，比上年减少32艘。

【水产养殖管理】 2017年，十里亭镇联发养鱼专业合作社养殖场和犁市黄塘镇黄锦松养殖场的机械化更新改造项目进入装备调试阶段，全区渔业机械化生产能力和标准化生产水平提高，渔业生产现代化建设步伐加快。区畜牧局累计对全区水产苗种场、养殖场进行执法检查9次，出动检查人员27人次，逐户检查养殖生产日志、饲料以及渔药，未发现在苗种生产和水产养殖过程中使用硝基呋喃类代谢物、孔雀石绿、氯霉素等禁用药物的违法违规行为。受理、初审、协助办理水生野生动物驯养繁殖许可证1本，水生野生动物经营利用许可证2本。水产技术推广接受群众咨询6人次，下乡指导4人次。

【渔政工作】 2017年，区渔政大队落实《浈江区渔业捕捞和养殖业油价补贴政策调整实施方案》内容，按照《韶关市浈江区渔民减船转产项目实施方案（试行）》等要求，发放2015年（清算）油补资金53.93万元，2016年度油补资金101.8万元，2015年度禁渔补贴资金48.07万元，2016年度禁渔补贴资金（市、区部分）24.03万元，2017年度禁渔补贴资金95.92万元，共计发放油补和禁渔补贴323.74万元，同时做好渔船减船转产申报资格审核、渔船拆解监管、证书注销、指标收回和资金申请等，全年受理减船转产渔船32艘。区渔政大队出动执法车辆48车次，执法人员76人次，检查渔船580艘次，处理渔业各种举报3起，并在辖区的码头、河边、渔民聚集地等处设立渔政警示牌69块。开展辖区船员信息采集录入换证，将辖区391名船员的信息录入中国渔业船员管理系统，以备下一步开始换证。 （陈仕昀）

附：区畜牧局领导班子成员名单

局　长：张洪基

副局长：谢天甜

　　　　廖菊荣（女）

2017年7月6日，浈江区召开上半年脱贫攻坚工作分析座谈会

（区委宣传部　供）

扶贫开发

【概况】 2017年，浈江区始终按照“一年脱贫，两年致富，三年发展”的要求，在组织实施帮扶规划过程中，强调各帮扶单位要建立健全督促检查制度，帮扶单位的第一负责人每年到挂扶村、户指导和检查督促帮扶项目、资金落实和推进工作不少于2次；帮扶单位派出的帮扶责任人，每年到挂扶村、户指导和落实帮扶措施的时间累计不少于3个月。通过帮扶具体规划的实施，确保被帮扶的贫困户有自我发展和稳定收入的主业，并实现稳定脱贫；确保贫困户家庭危房完成改造；确保符合条件的贫困户家庭被纳入最低生活保障；确保贫困户家庭能参与当地的农村合作医疗保障；确保贫困户子女接受义务教育不辍学；确保考上大中专院校的贫困户学生能够顺利完成学业；确保符合条件的贫困户劳动力能参加免费职业技术培训，至少输出1个劳动力。

【增收项目促脱贫】 2017年，浈江区投入专项扶贫资金104万元，发展大村村“葡萄园种植及光伏发电”工程项目。该项目包括建设2公顷“金华玫瑰”葡萄园及36千瓦分布式光伏发电站，通过“公司＋合作社＋贫困户”的新型产业帮扶模式，为52户贫困户入股该项目。根据入股协议，贫困户每年可固定获得分红5000元，持续15年，实现稳定脱贫。与广东友丰油茶有限公司签订用工合作协议，该公司招工优先考虑浈江区贫困户，每月除正常发放工资外再每人增发500元的生活补贴，贫困户年收入累计2万元。全年有23名贫困对象在该公司务工。

采取“扶贫+光伏+产业”新模式　浈江区投入570多万元发展光伏产业，其中在3个省定贫困村统一各投入20万元用于实施光伏发电项目，使每个村集体收入每年可增加3万元。另外浈江区投入313万元在犁市镇友丰生态园林停车场发展集中式光伏发电项目，建设完工并网发电。各镇根据各自实际投入该项目而产生的总收益，剔除维护等成本后，将总利润的70%平均分配给有劳动力的贫困户，30%平均分配给无劳动力的贫困户。通过镇统筹、区审核，统一管理、统一分红，为分散镇、村的贫困户建设光伏发电项目，建立脱贫长效机制。

发展林业油茶产业项目　浈江区投资280万元（其中人均2万元的扶贫开发专项经费200万元，东莞帮扶引导资金80万元），购买广东友丰油茶科技有限公司油茶林4.67公顷，委托该公司管理，该公司每年返回投资额的10%作为贫困户或贫困村的产业增收效益，实现有劳动能力贫困户和贫困村的稳定增收。

购置商铺　浈江区投入东莞帮扶引导资金152.9万元，为群丰村和下陂村在鑫金汇购买4间商铺（每个村2间），前三年分别按7%、7%、8%，即5.4万元、5.4万元、6.2万元返租，后续将由鑫金汇物业公司统一管理，按市价获得租金，建立村集体增收长效机制。

【政策兜底保障】　2017年，浈江区有低保五保户387户，将符合低保五保条件的贫困户全部纳入民政的政策兜底范畴，每月足额发放低保金五保金。针对民政、扶贫两个部门在实施最低生活保障政策统计口径不一致，导致低保贫困户因取消低保出现“脱兜”的现象，从12月起，以200元/人/月的标准发放基本生活保障金，以实现相关贫困户100%政策保障性兜底扶贫，发放1.14万元的补助金。

【义务教育保障】　2017年，全区贫困户子女207人，入学率100%，发放生活费补助92.85万（含省内外县的建档立卡学生补助发放），免学杂费5.25万元。

【安全住房保障】　2017年，浈江区对35户被列入2016年危房改造对象发放补助金98.4万元，其中危房改造资金77.4万元，区政府自行解决21万元；是年浈江区的任务数50户，均已竣工，并验收完毕。12月底，根据上级工作要求，浈江区再次成立2个危房改造审定工作组，全面核查全区贫困人口危房，拟定新增危房改造76户（不含2018年计划危房改造的44户）。

【基本医疗保障】　2017年，浈江区落实政府全额资助贫困人口参加城乡居民基本医疗保险政策，将建档立卡贫困人口全部纳入重特大疾病救助范围，发放37.76万元的医疗救助金，切实减轻贫困人口医疗费用负担。

【出台政策助脱贫】　2017年，浈江区制定《浈江区新时期精准扶贫就业扶贫“以奖代补”操作细则》《浈江区新时期精准扶贫产业扶贫“以奖代补”操作细则》及《浈江区精准扶贫小额贷款实施方案》，帮助贫困农户发展生产、参与创业、尽快脱贫致富。全年验收发放产业和就业“以奖代补”资金50.8万元；同时，浈江区设立50万元小额信贷担保金，鼓励有能力的贫困户发展产业，信用评定488户，授信用192户，落实放贷12户（发放信贷资金8.3万元）。

【民生工程助扶贫】　2017年，浈江区针对犁市镇群丰村委铁路区间存在多个安全隐患问题，筹集资金70万元，实施群丰村铁路涵洞改造和机耕路建设工程并完工。总投入269万元，其中省配套行业资金251万元，东莞帮扶引导资金支持18万元，实施下陂村Y287乡道路面加宽工程，将10.5公里乡道路面由3.5米拓宽至5米；投入106万元在3个相对贫困村安装太阳能路灯，推动贫困村“亮化”工程，方便村民日常生活和出行；投入18万元在贫困村主要道路路口、村庄安装监控系统及治安摄像头；犁市镇大村驻村工作队发动东莞丰盈实业有限公司等多名企业家筹集300万元资金为犁市镇大村村修缮教学楼、购置教学办公设备，开展智力扶贫，并筹集资金10万元，为1名因左小腿严重骨折却因没有及时治疗而导致残疾的5岁小女孩开展救治，跟进后续治疗康复。（王付莲）

附：区扶贫办领导班子成员名单
主　任：许云峰

农业机械化

【概况】　浈江区农业机械管理局（简称“区农机局”）是隶属浈江区农业局，负责农业机械化及拖拉机驾驶员牌证管理、中央农机购置补贴、农机安全工作的正科级单位。2017年，浈江区农业机械总动力4.22万千瓦，农机总量2800台，机械耕作面积3.58千公顷。

【农机推广】　2017年，区农机局把农机推广和农机购置补贴紧密结合起来，引导农民和农机生产经营组织购买先进适用、安全可靠、环保节能的新技术、新机具。是年，浈江区农户新购买农机134台，其中轮式拖拉机（不含皮带传动轮式拖拉机）2台、履带式拖拉机1台、起垄机2台、微耕机30台、旋耕机16台、增氧机60台、自走履带式谷物联合收割机（全喂入）3台、网箱养殖设备20台。

【农机服务管理】　2017年，区农机局为参与培训考证合格的农业机械驾驶员、操作员发证机年审21人，年审拖拉机397台。是年，成立由局领导负责的农机安全生产工作领导小组，与农机合作社、办理年审、换证的农机手直接签订《农机安全责任书》400份，明确安全责任，确保农机安全生产专项整治工作顺利进行。

【农机补贴】　2017年，经审核批准补贴机具114台，其中轮式拖拉机（不含皮带传动轮式拖拉机）2台、履带式拖拉机1台、起垄机2台、微耕机30台、旋耕机16台、增氧机60台、自走履带式谷物联合收割机（全喂入）3台，受益户数55户，享受农机购置补贴资金21.344万元。

2017年8月24日，区农机局配合区农业局与市公安交警大队在新韶镇开展变型拖拉机联合专项整治行动　（区委宣传部　供）

【变拖整治】　2017年，区农机局、区农业局执法股联合韶关市公安交警支队，在拖拉机出入较多新韶镇黄金村路段、大学东联路段开展变拖专项整治行动。集中对“变拖”开展联合执法检查，严厉查处“变拖”假牌、套牌、无牌、逾期未检验、拼装、改装和“变拖”驾驶人无证驾驶、酒后驾驶、超速、超载、违法载人等违法行为，全年出动车辆9台次，公安干警7人次，农机监理员14人次，排查拖拉机30辆，其中违规车辆5台，由公安交警对拖拉机道路违法行为作出处罚；农机监理执法人员对拖拉机安全隐患问题发出《整改通知书》并进行安全行驶宣传教育，责令农机手限期到农机监理部门依法办理注册登记、年度安全技术检验和驾驶证换证等相关手续，做好档案归档资料。

（吴玉伟）

附：区农机局领导班子成员名单
局　长：郭裕强
副局长：卢　军（女）

林　业

【概况】　2017年，浈江区林业局（简称“区林业局”）加强林业生态建设，制定相应林业发展措施，主要负责造林绿化、森林资源保护、林业产业发展、森林公园建设、森林防火、林业有害生物防治、检疫及野生动植物保护等工作。全年完成各类造林面积52公顷，完成抚育二次，抚育面积104公顷；封山育林133.3公顷，完成犁市镇下园岭背新村等改造提升乡村绿化美化示范点5个，新增镇级十里亭良村故乡里民宿森林公园1个。

【林业有害生物防治】　松褐天牛是松材线虫病的主要传播媒介，做好松褐天牛的防治，能有效控制松材线虫病扩散和蔓延，对保护松树资源，提高生物多样性，维护生态安全十分重要。2017年4—5月，是松褐天牛的羽化期，5月12—13日，区林业局利用直升机对松材线虫的主要传播媒介松褐天牛喷洒化学有机药物，防治面积666.67公顷；4月15—25日，组织专业防治队在十里亭镇良村、金凤坪村委，犁市镇群丰、石下、五四、梅村村委等城区周边、交通主干道两侧的重点松林区挂放松褐天牛诱捕器160套，防控松林面积533.33公顷，整个防控工作历时7个月；对病死松树采伐，进行熏蒸处理；改造松材线虫病疫情感染林地93.33公顷；指导村集体、非公有制造林企业和个人防治松毛虫等虫害533.33公顷。

【林政管理】　2017年，浈江区各级林业部门执行森林采伐限额制度，加强林木采伐源头管理，落实责任，每审批一个伐区，与采伐经营者签订《伐区安全生产、防火责任书》，落实安全生产及防火责任人。是年，全区采伐林木蓄积3.88万立方米，低于年生长量；审批建设项目使用林地8宗46.2公顷，经各级林业主管部门审核，审核率100%，未超年度林地转非林地控制指标。

【野生动植物保护】　2017年3月，区林业局开展以“聆听青年人的声音，依法保护野生动植物”为主题的野生动物宣传月活动，11月，开展“保护野生动物，建设绿色家园”为主题的野生动物宣传月活动倡导宣传进社区、进校园，在乡镇墟日开展宣传活动2次，发放新版《野生动物保护法》和宣传手册500份，在醒目处悬挂宣传横幅4条、电子显示屏宣传横幅3条。教育公众不非法猎捕、贩卖和经营野生鸟类，提倡不食野生动物，树立良好的饮食风尚，以实际行动保护人类自己的家园。全年检查酒楼、饭店40家，市场5个，检查中未发现有非法出售、经营、加工、利用野生动物违法行为。

【林业执法】　2017年，区林业局加大林区巡护力度，及时发现制止破坏森林资源行为，立案查处滥伐、盗伐和擅自改变林地用途行为，对擅自改变林地用途行为发出停工通知，林区秩序明显好转。全年查处滥伐、盗伐、擅自改变林地用途行为案件16宗。韶关市公安局浈江分局森林派出所下放浈江区后，先后开展“2017利剑行动”“护林2017”“2017红线行动”“森网2017”专项行动，出警510人次，严厉打击各类破坏森林资源行为，受理各类涉林案件19起，其中刑事案件5起，林业行政案件14起。

【林业重点生态工程建设】　2017年，区林业局结合“新一轮绿化广东大行动”重点项目建设，造林面积52公顷，其中碳汇造林项目17.3公顷，其他造林34.7公顷。完成抚育二次，抚育面积104公顷。招聘专业施工队伍，投入资金10万元，结合当地村民实际需求，按照“入村有条景观路、村后（边）有片水源林、村中有个小公园（公共休闲绿地），房前屋后搞好绿化，村庄绿化率明显提高”的要求，对辖区犁市镇下园岭背新村、黄沙村委刘屋村、黄塘村和花坪镇伍家屋村、乐园镇六合村5个村实施乡村绿化美化改造提升，提高村庄绿化率，改善村庄环境。新增镇级十里亭良村故乡里民宿森林公园1个。

【新一轮森林资源二类调查】　2017年，森林资源规划设计调查（简称“二类调查”）是以国有林业局（场）、自然保护区、森林公园等森林经营管理单位或县级行政区域为调查单位，为满足森林经营方案编制、总体设计、林业区划与规划设计需要而进行的森林资源调查。调查成果是建立或更新森林资源档案，制定森林采伐限额，进行林业工程规划设计和森林资源管理、实施森林抚育、森林防火、森林经营管理、病虫害防治等，是林业生态建设一项重要、全面的基础性调查，也是领导干部自然资产离任审计，制定区域国民经济发展规划和林业发展规划，实行森林生态效益补偿和森林资源资产化管理，指导和规范森林科学经营，加强生态文明建设的重要依据。1月5日，北京中林联林业规划设计研究院有限公司通过公开招投标承接浈江区新一轮森林资源二类调查工作，目标为查清韶关市浈江区森林资源现状，查清森林、林地和林木资源的种类、数量、质量与分布、森林生态状况，综合分析与评价森林资源与生态状况及经营管理现状；提出对森林资源培育、保护与利用的意见；提出对森林生态与生态文明建设的意见。截至12月底，完成外业工作。

【森林防火】　2017年，浈江区贯彻“预防为主，积极消灭”的工作方针，落实森林防火行政首长负责制，6月12日，区政府办制定下发《浈江区森林防火工作责任制实施方案》，落实各级森林防火工作责任制。9月，区政府与5个镇签订“浈江区2017—2018年森林防火责任书”，镇与村及森林、林地、林木经营单位和个人签订责任书。区与邻县（市、区）、镇与邻县（市、区）镇均签订森林防火联防协议，划定联防区域，将森林防火责任落实到基层、经营管理者。发布划定森林防火区通告，11月28日，区政府发布《关于划定森林防火区的通知》，在全区行政区域内，所有林地及距林地边缘30米范围内的区域为森林防火区，未经批准，擅自在森林防火区野外用火的，依法严肃查处；造成森林火灾的，依法追究火灾肇事者责任。开展森林火灾隐患排查，在元旦、春节、清明、国庆、重阳等重点节假日，区林业部门、各镇政府及有森林防火任务的办事处组织人员开展森林防火工作和火险隐患排查，发现问题及时整改，消除火灾隐患。高火险天气，安排人员加强巡山和火源管理，严禁随意野外用火，对重点山头地段严防死守。各镇政府、区林业部门严格执行24小时值班和领导带班制度，确保火情信息及时上传下达。

【学习广东省森林防火条例】　2017年6月2日，新修订的《广东省森林防火条例》（简称“条例”）经省人大常委会通过，自9月1日起施行。在内容上，新修定“条例”规定各级人民政府应当建立森林防火责任制，以及森林防火工作的管理体制，明确森林、林木、林地经营单位和个人的防火责任；规定森林防火工作联防机制、经费保障、科研技术以及保险保障。条例规定由季节性防火变为全年防火，明确划定森林防火区的范围，除批准外，森林防火区全年禁止野外用火，每年10月1日至次年4月30为森林特别防护期。从严管理野外火源，要求至少每333.33公顷林地聘用1名护林员，并把燃放烟花爆竹、孔明灯、炼山等列入禁止行为。是年，区林业局组织乡镇干部、护林员2批次学习条例，详细解读条例的制定背景、修订过程及亮点内容。学习强调充分认识条例实施的重要性，镇村干部、林业站工作人员及护林员履行条例赋予的职责和任务，规范管理，加强监督，严格执法，进一步推动浈江森林防火工作上新水平；要求参会人员会后继续巩固对条例知识的掌握，各村（居）迅速开展学习贯彻条例活动，做到学条例、懂条例、守条例；以学习条例为契机，不断完善森林防火设施设备，加强护林工作人员业务培训，开展护林员巡山排查行动，紧盯重点时节、重点区域、重点人群，坚决依法严肃查处各类野外违规用火行为，切实做好森林防火工作。

2017年4月20日上午，区林业局在犁市镇政府召开清期明间森林防火工作总结会　　（区委宣传部　供）

【森林防火宣传教育】　2017年清明节期间，区林业局开展倡导文明、安全、绿色、环保的祭祀新风尚的森林防火宣传，筹集资金7万元，制作森林防火宣传牌

14块在辖区范围内主要路口旁竖立。在护林员摩托车安装高保真语音播放器70台，每天出动深入农村大力宣传，警示市（村）民祭祀莫忘严防山火。

开展森林防火宣传教育工作 9月，制定《滨江区2017年秋冬季和2018年春季森林防火宣传教育和培训演练工作方案》，通过手机微信、宣传车、电子显示屏、宣传喇叭等渠道深入林区农村开展宣传教育，加竖、翻新森林防火宣传牌75块，悬挂横幅35条，张贴宣传标语1500条、流动宣传2000人次。翻印《广东省森林防火条例》10000本，宣传画册5000本。组织护林员在花坪、犁市、十里亭镇墟日开展现场宣传防火教育活动各2次。组织开展《广东省森林防火条例》学习培训等各类森林防火培训6次，培训人数200人次，实战演练3次。推动关注“中国森林防火”微信公众号，全区林业系统、各镇干部职工、村干部、护林员加入关注。

开展创建“森林防火示范学校”活动 11月，区林业局与区教育局联合在全区小学开展创建“森林防火示范学校”活动，成立森林防火示范学校创建工作领导小组，制定《浈江区组织开展创建“森林防火示范学校”活动工作方案》，在全区小学生中开展形式多样的森林防火宣传教育，普及森林防火知识。确定浈江区新韶镇东联小学为第一批“森林防火示范学校”。

【装备物资基础设施建设】 2017年，区林业局投入购置、更新防火装置资金7.87万元。更新购置阻燃服、长袖迷彩服、短袖迷彩服各100套、鞋100双、雨鞋20双、军用水壶10个、普通电筒30把、强光电筒20把、雨衣20套、作训帽20顶、阻燃头盔5顶。

【林业安全生产管理】 2017年，全区有木材经营（加工）单位89家，存在有安全生产隐患的主要集中在锯板厂、家具厂。是年，根据区安委会开展岁末年初及元旦春节期间安全生产大检查、特别防护期安全生产检查、五一节前安全生产检查、安全生产月及安全生产万里行、危险化学品安全综合治理、安全生产隐患排查专项整治、安全生产执法年的要求，区林业局先后15次开展各类安全生产检查，累计检查经营加工单位80余家，主要检查木材（家具）生产加工单位的安全标识、消防设置是否齐全；电线线路、开关是否老化漏电，是否存在超负荷用电；危险杂物是否及时清理，生产厂房是否存在安全隐患；防火、烘干、锅炉房是否存在隐患，是否按照特殊行业规定操作，证件是否齐全，是否每季度都接受质监部门的检测；木质家具制造企业是否按照相关要求进行喷漆、涂胶和晾漆操作，工人上岗是否按照要求佩戴手套、头盔、口罩等防护用具；油漆、天那水储存是否安全，是否堆放在通风、干燥场所，并与生产材料隔离放置。对存在有安全隐患的4家单位要求限期整改。对每宗林木采伐，与采伐经营者签订采伐责任书，要求采伐经营者做好安全生产教育及落实各项安全采伐措施，确保安全进行林木采伐生产，全年签订采伐责任书154份。

【山林权属纠纷调处】 2017年，浈江区围绕构建“平安林区”开展山林权属纠纷调处，全年完成犁市镇辖区内16宗争议案现场勘察。对上年积案调查取证，对当事人不服政府作出的行政决定向市政府申请行政复议、向市中级人民法院提起行政诉讼、向省高院上诉案件5宗，新裁决7宗，调解处理1宗，法院终审判决结案1宗。（文纯君）

附：区林业局领导班子成员名单

局　长：罗修鹏

副局长：吕玉山

肖信方

沈长江

水　　利

【概况】 2017年，区农业局围绕“民生水利”中心任务，统筹做好水利工程建设与管理、水资源管理、全面推行河长制、防汛防旱防风等。是年，完成固定资产投资目标任务，完成是年该区中小河流治理工程、病险山塘除险加固工程，做好2018年浈江区省定贫困村20户以上自然村“集中供水全覆盖”、2019年度山区中小河流治理项目报批等前期工作。全年征收水资源费60.55万元。

【防汛防旱防风】 2017年初开

展一次汛前安全隐患排查，并制定隐患整改措施；3月和6月在第一次检查的基础上，进行2次安全隐患排查并将整改落实情况上报市三防；4月，从区国土、住建、安监、教育、民政、农业和各镇（办）等成员单位抽调领导小组成员，成立检查领导小组，重点排查西牛潭中型水库、石子坳、黄坑小（1）型水库以及63宗小（2）型水库、公路边坡、学校码头和在建工程，在排查中边检查边宣传边整改，对发现隐患的要求及时整改，消除安全隐患。全区10个镇（办），69宗水库和14宗电站全部落实责任人并签订责任书。全区在推进试点的基础上完成30个村居三防能力建设任务；完成5个镇（办）三防能力建设任务。

【水利工程建设与管理】 浈江区2017年度山区中小河流治理项目含靖村水治理工程、铣鸡坑治理工程以及坳背水治理工程，主要建设内容为护岸、护坡、清淤等，批复概算总投资为825.15万元，总治理河长5.92千米。截至12月底完成主体工程。病险山塘除险加固项目是2017年浈江区政府为民要办的五件民生实事之一，该项目涉及犁市镇、新韶镇、十里亭镇、乐园镇、花坪镇内30宗病险山塘的加固，项目总概算投资1550.73万元。截至12月底，12宗病险山塘除险加固工程进入主体实施建设，其中8宗工程完工。

【小额水利建设工程施工企业建库】 2017年5月，区农业局牵头开展浈江区小额水利建设工程施工企业建库。5月15日，制定《韶关市浈江区小额水利建设工程施工企业建库实施方案（试行）》，并在浈江区政府公众信息网发布。5月24日，组织现场报名，全区有26家水利建设施工企业参与报名并提交申请资料。6月5日，经区农业局技术部门评审及打分后，最终确定12家入围企业，并在浈江区政府信息网公示。6月27日，入围企业在韶关市公共资源交易中心成功办理CA入库，并成功开通浈江区水利水电工程施工行业小额工程交易随机抽取渠道。

【小型水利工程管理体制改革】 2017年4月17日，经区政府研究成立浈江区深化小型水利工程管理体制改革工作领导小组。10月16日，区政府组织各镇、村召开浈江区深化小型水利工程管理体制改革动员大会，对改革工作及任务进行说明和布置。10月19日，区政府编制并印发《韶关市浈江区深化小型水利工程管理体制改革实施方案（试行）》。

【依法治水】 2017年，区农业局开展以“落实绿色发展理念，全面推行河长制”为主题的宣传活动。利用“中国水周”，在市局指导下组织水政人员下到乡镇上街开展宣传活动，向各取水户发放水法规宣传资料、悬挂宣传横幅等宣传资料，出动宣传车辆，解答群众提出的河道挖砂、取石、取水等有关问题，接受群众水法规咨询。组织干部职工参加执法培训，集中学习水法律法规知识，提高执法人员业务水平。是年，按照专项执法检查活动实施计划，主要检查涉河建设项目的审批、采砂管理、水利工程建设等是否存在违法违规行为。全年组织检查活动92次，其中河道检查80次，水库检查12次；参加检查人员232人次。检查武江、浈江、锦江、枫湾和大富水5条河道；检查西牛潭、湾头水电站、溢洲水电站、黄坑、石子坳等10个水库。此外，区水政监察大队对辖区内开发建设项目进行水土保持执法检查，水政监察大队跟进补办水土保持方案的项目，查看落实补编改正的情况。对开发建设项目采取巡查监控措施，全年作出限期补办水土保持手续的通知15份。

【水资源管理】 2017年，区农业局严格实施水资源管理制度，建立用水总量控制、用水效率控制和水功能区限制纳污的“三项制度”，相应地划定用水总量、用水效率和水功能区限制纳污的“三条红线”。做好水资源简报、年报、公报以及水务管理年报的编制，配合做好创建全国文明城市等，保护全区良好水生态环境。利用“世界水日”、“中国水周”“12·4”全国法制宣传日等契机，开展水情教育和水利公益宣传。流经浈江区的主要江河有北江、浈江、武江，浈、武两条江河集雨面积均在6000平方千米以上，浈江、武江从东西两向贯穿区汇入北江。全年平均降雨量1397.2毫米，中型水库3座，年末蓄水量4604万立方米；小型水库65座，年末蓄水量1401万立方米。

【全面推行河长制工作】 2017年7月28日，浈江区印发《浈江区全面推行河长制工作方案》，区、镇两级方案均明确河长制实施范围、河长组织体系、河库管护目标、主要任务和保障措施，并细化7大任务。10月16日，浈江区召开河长制工作会议，全面落实推行区、镇、村三级河长体系，实行区党委书记为第一总河长、区（镇）长为总河长的双总河长制，分级、分段设置三级河长，明确各级河长责任。截至年底，浈江区设有160名河长，其中区级河长5人，镇级河长25人，村级河长130人。11月26日，浈江区完成河湖名录划分、标绘上图成果以及浈江区3条县级河流“一河一策”方案编制初稿。12月11日，浈江区完善河长制工作责任机制，在区农业局增设河湖管理股，成立区河长制办公室，落实好人员、经费、设备、场所和工作制度，确保河长制工作顺利推进。 （刘志斌）

2017年10月16日，浈江区召开全面推行河长制暨深化小型水利工程管理体制改革工作会议

（区委宣传部 供）

商贸·旅游·服务业

商业贸易

【概况】　2017年，浈江区完成社会消费品零售总额236.84亿元，同比增长6.95%。限上批发业累计完成销售额80.06亿元，同比增长1.9%；限上零售业累计完成销售额47.95亿元，同比增长4.3%；限上住宿业累计完成营业额2.09亿元，同比增长15.4%；限上餐饮业累计完成营业额0.26亿元，同比下降11.3%。全年新增限上商贸企业26家，其中新增限上批发企业14家，新增企业带来1.59亿元销售增量，同比增长34.5%。新增限上零售企业12家企业，新增企业带来1.7亿元的销售增量，同比增长33.5%；推动鑫金汇、华南农产品交易中心、粤胜国际汽贸城商贸项目加快建设运营进度，其中咚咕街”农产品和“U购城”O2O体验推广平台实现运营。阿里巴巴农村淘宝仓储中心及区级运营中心成功试运营，汽贸城项目完成选址。

【招商引资】　2017年，到广州开展以“融入珠三角产业配套”为主题的招商活动，走访广东中烟公司商讨解决中烟物流基地开工建设问题，走访广州钢铁集团洽谈广钢新材料公司与园区新伟金属公司合作事宜。实地考察浙江的嘉兴桐乡乌镇、安吉天使小镇、余杭梦想小镇、玉皇山南基金小镇4个特色小镇，学习浙江创建特色小镇经验，计划打造浈江区首个特色小镇——黄金小镇；发挥寮步浈江对口帮扶作用，成立对口帮扶指挥部，建立两地联席会议制度，签订两地共建协议，并共同组建韶关寮浈实业投资开发有限公司，精心制作浈江产业园招商手册，在“寮步微视”“世界莞商会”等微信公众号发布园区招商信息等；先后拜访世界莞商联合会、韶关市东莞商会、韶关市福建商会、寮步台商协会等，走访东莞市和寮步镇一些有搬迁意向的企业，先后组织邀请寮步商会、永俊生物、新春兴再生能源、永新能科技有限公司等18个投资考察团来浈江产业园进行实地考察；与市规划局、国土局、经信局、商务局等部门沟通联系，主动推动粤胜公司国际汽贸城、美的集团华南首席高尔夫生态康养小镇等在谈项目落地。全年引进内联招商项目47个，增长571.43%。内联合同引进资金414500万元，增长4.28%，到位资金113708万

2017年5月25日，浈江区召开招商引资座谈会

（区委宣传部　供）

元，下降56.86%。

【提升外经贸实效】 2017年，加强与市商务局对接与沟通，争取更多、更好的外资项目落户浈江；依托原有的外贸出口大户做好调研和服务，对比亚迪、韶铸集团、铸锻机械公司、艾卡特公司等重点出口企业开展调研，推动原间接出口企业走自营出口道路；加强与海关、国检、金融、外管、税务等部门的协调与配合，提高企业出口通关和出口退税的效率，帮助企业解决实际困难；组织企业参加市商务局、金融部门、检验检疫局、韶关海关等举办的各种政策宣讲会、业务培训班，指导企业规范操作，依法用好用活国家、省、市现行有关鼓励政策，及时帮助企业解决出现的新问题。全区新批外资项目3个，同比增长50%，合同吸收外资21万美元，同比下降99.67%，实际吸收外资为0。外贸进出口总额5558.1万美元，同比增长23.8%。其中，进口1188.9万美元，增长282.1%，出口4369.2万美元，增长4.6%。 （刘国添）

企业选介

【中国石化销售有限公司广东韶关石油分公司】 2000年8月16日注册成立，系中国石化下属销售分公司，公司性质为股份有限公司分公司（国有控股），覆盖韶关辖区七县（市）三区，下设11个市、县（区）公司，职工609人，其中大学及以上学历职工252人，占41.38%；拥有各类专业技术职称人才60人，占10%；主营汽油、柴油、润滑油、天然气等，兼营加油站便利店、餐饮、汽服、电子商务等非油品业务，拥有86座在营加油站，加气站3座（在营1座、在建2座），2座在营油库，库容5.85万立方米。连续荣获韶关国税局颁发的“模范纳税户”称号、市委市政府颁发的“韶关市抗旱救灾先进集体”称号、共青团浈江区委颁发的“五四红旗团委”称号等。2017年，累计实现销售额518315.6万元，同比增长13.7%。

【中国石油天然气股份有限公司广东韶关销售分公司】 隶属于中国石油广东销售分公司，成立于2001年4月，于2004年1月正式开展业务，办公地址位于浈江区北江北路1号财富广场27楼，公司经营以成品油销售、加油站便利店商品销售及加油站管理为主。在韶关各县（区）下辖35座加油站。2017年，累计完成销售额147091.1万元，同比增长40.4%。

【韶关市大润发商业有限公司】

位于韶关市解放路与熏风路交汇处，系康成投资（中国）有限公司投资设立的外资企业，于2007年9月28日开店，是大润发在华南区第11家店；占地面积约30000平方米，卖场两层：首层以生鲜和商店街为主，生鲜经营面积4000平方米，主营新鲜蔬菜，肉类，各种熟食、冷藏食品，中西点心等；商店街经营面积3600平方米，以国内知名服饰、皮具等品牌专卖一条街；第二层以百货、杂货为主，经营面积9000平方米，主营日常生活用品，服饰，家电，休闲食品等。总经营品项27000余个，员工500余人。2017年，累计实现销售额38947.2万元，同比增长1.2%。 （刘国添）

旅　　游

【概况】 浈江区历史文物和名胜古迹有建于唐朝时期的大鉴寺，宋代的太傅庙、韶州府学宫大成殿和作为韶关标志的风采楼，民国时期以来的孙中山北伐誓师旧址、南昌八一起义军朱德部驻犁市旧址、中共粤北省委旧址等历史遗迹遗址。各类植物约80科800种。风光秀丽，著名的人文景观有北江丽影、大学朝晖、古楼风采、风度长街、百年东街、中山伟迹、三江溢彩等，山水景观有韶关国家森林公园、皇岗山、帽峰山、银山高尔夫球场等，辖区内有莱斯大酒店和碧桂园凤凰城大酒店、风度华美达广场酒店、小岛饭店等星级酒店，形成“吃、住、购、娱、乐”旅游服务产业链。

【旅游交通】 浈江区是连接南北的重要交通枢纽，京广铁路、武广高铁客运专线、韶赣高速、国道G106线、省道G323线、省道S246线、省道S248线、韶赣铁路、广乐高速等交通主干线纵贯南北。境内沿浈江、北江建有大型集装箱货运码头，水路航运可直达广州、香港、澳门。城乡交通网络发达，出行便捷。

【地方习俗】 浈江区以广府、客家民系风俗、民俗占据主流，城区以粤方言为主，客家方言遍布城乡。城乡民风淳朴，逢年过节喜食糍粑，清明以艾叶做艾糍、端午以竹叶裹粽子等。城乡大型文化活动主要有元宵烟花晚会、端午节龙舟赛等。（肖 夏）

旅游景点选介

【北伐战争纪念馆】 位于韶关市区帽子峰北坡，2008 年 10 月开工建设，于 2010 年 6 月 29 日正式落成，馆藏大量孙中山及北伐战争时期文物实物以及历史图片，于 2010 年 7 月 1 日正式向广大市民与游客免费开放。是广东首座北伐战争纪念馆，占地总面积 1.2 万平方米。主馆是一幢主体为钢筋混凝土框架二层，外墙为仿古青砖清水墙砌筑。建筑物为二层西式四合院砖木结构楼房，坐北朝南，内设方形天井，南北楼设有楼梯与二楼相通，上下两层四周均有走廊为通道。主馆占地面积 1750 平方米，建筑面积 2966 平方米，主体高 12.32 米，总投资 899.92 万元。建设和布展总投资 1799 万元，分为北伐战争展厅、北伐名将展厅等 6 大部分。韶关市在美国以及中国香港、中山、珠海、广州、梅州等地区调查征集有关孙中山及北伐战争时期的文物实物 81 件（含复制品 32 件），图片 410 幅。其中，文物实物包括孙中山先生在韶督师北伐时期使用的硬木办公桌、民国时期孙中山纪念画册等珍贵文物，并对孙中山卧室、办公室、参谋作战室进行场景复原。

【中共粤北省委旧址及陈列馆】 中共粤北省委旧址位于市区五里亭良村牛头冲，是由砖木结构组成的两座相对的平房院落，建筑面积约 220 平方米，保护建筑面积约 450 平方米。2009 年 3 月，中共广东省委决定修复中共广东省委、粤北省委旧址。韶关市政府即对三个旧址进行修缮，并在五里亭旧址旁新建中共广东省委粤北省委历史陈列馆，于 2010 年 7 月 1 日正式对外开放。三个旧址于 2010 年 5 月被省政府公布为广东省文物保护单位。陈列馆为两层结构客家民俗建筑，占地面积 3000 平方米，建筑面积 1860 平方米。陈列包括四个部分：中共广东省委的重建、中共广东省委北迁与粤北省委的建立、杰出的历史功绩、应对粤北事件迎接抗战胜利。省委机关五里亭旧址和历史陈列馆被命名为“广东省爱国主义教育基地”“广东省党史教育基地”“广东省党员教育基地”“广东省红色旅游示范基地”。

【百年东街】 由韶关市金财资产运营有限公司直接投资开发的大型综合性商业街项目，项目位居韶关市区风度步行街旅游景点（风采楼旁）黄金商业地段。全长 1.3 千米，总占地面积 9 万平方米，总建筑面积 8 万平方米，层高 3 层（局部 4 层），其中商业建筑面积 5 万平方米，地下停车场面积 3 万平方米。百年东街以百年历史的南洋骑楼为建筑风格，内有特色商业组团包括婚庆广场、国内外特色餐饮及韶关本土特色餐饮、休闲商业水街、大型购物商场、爱情大道绿化长廊等。

【银山户外休闲养生度假区】 位于韶关市浈江区近郊 8 千米，由韶赣高速公路韶关东出口 3 千米。整个度假区以高尔夫、温泉及户外拓展和有氧运动为主题的运动休闲产品，高尔夫项目贯穿整个景区，占地 400 公顷，集休闲、度假、商住于一体，主打推出 18 洞全松高尔夫球场及练习场，景区常设项目有五星级酒店、自然公园、生态绿道（行山小径）以及其他基础配套设施。

银山户外休闲养生度假区 （区史志办 供）

【莲花山】 莲花山是韶关国家森林公园的核心景区，是广东省生态旅游示范基地，地处韶关市区东南部，距韶关火车东站1.5千米，海拔高度60—255米，面积533.33公顷，森林茂密，覆盖率88%，景观优美，人文历史和自然景观丰富，茶亭古道是古代由东郊进入韶关的必经之路，还是清代曲江二十四景“莲花樵唱”的所在地，韶关地标仿唐宋风格的韶阳楼位于山顶。莲花山紧接市区，公共汽车直通景区大门，山内游览道路四通八达，主要旅游休闲运动娱乐景点项目有莲花山绿道、韶阳楼、华南虎繁殖驯养园、盛桃园、民族风情园和静之动运动娱乐广场等。

【浈江樱花公园】 位于浈江区新韶镇东山村，占地面积533.33公顷，拥有10万棵樱花，是韶关最大的樱花公园，也是珠三角最大的樱花公园之一。园外青山绿水环绕，园内樱花花色明媚，花型漂亮，花期组合时间可达2个月，品种有中国红、广州樱、小乔、南国早樱等单瓣、重瓣樱花品种，颜色有大红、粉红和白色3种。樱花原产于中国，在日本发扬光大，每年在春节期间隆重举办的韶关樱花节，其间恰逢中国红樱花盛花期，游客在一片红色海洋中欢度新春佳节，预示着新的一年红红火火、好运连连。

（肖 夏）

餐饮业

【概况】 2017年，浈江区有餐饮业个体工商户1749户，区属餐饮业企业41户，市属餐饮企业16户。年内新增餐饮业个体工商户513户，区属企业18户，市属企业0。全区有83户餐饮行业集中在百年东街，25户餐饮行业入驻鑫金汇建材家居广场。浈江区餐饮行业一般以自主经营为主，老字号餐饮行业小小东江饮食店在辖区内有5户个体户，百胜餐饮（广东）有限公司在辖区设立3间必胜客分支机构，3间肯德基分支机构，广东三元麦当劳食品有限公司设立3间麦当劳分支机构。

【规模餐饮企业】 2017年，浈江区注册资本（出资金额）10万元以上的餐饮业有418户（其中个体工商户373户，区属企业36户，市属企业9户）。经营期在10年以上的有77户（其中个体工商户69户，区属企业1户，市属企业7户）。注册资本达1000万元以上的餐饮业有4户（其中区属企业2户，市属企业2户）。浈江区现规模较大，群众知名度高的餐饮企业有韶关市小小东江饮食服务有限公司、韶关小岛企业管理有限公司、韶关市本岛餐饮有限责任公司、韶关风度置业酒店有限公司，均为市属企业。还有一定的国际知名餐饮业麦当劳、肯德基、必胜客等，均为外资企业在浈江区设立的分支机构。

（童 兰）

服务业

【休闲娱乐业】 2017年，浈江区有娱乐业个体工商户72户，区属企业9户，市属企业4户，全年新增娱乐业个体工商户9户，区属企业3户，市属企业0户。主要行业包括电子游戏、棋牌娱乐、卡拉OK、文体娱乐活动等。

【摄影及冲印】 2017年，浈江区有摄影及冲印个体工商户89户，其中摄影及冲印类61户，婚纱及艺术摄影类28户；摄影及冲印类私营企业37户，摄影及冲印类市属企业3户，全年新增摄影及冲印类个体工商户21户、摄影及冲印类私营企业16户。

【美容美发保健业】 2017年，浈江区新增美容美发个体工商户65户，其中美容业47户，美发业18户；私营企业2户，其中美容业2户。保健业461户，其中个体工商户302户，区属企业63户，市属企业96户；全年新增保健品经营户132户，其中个体工商户98户，区属企业12户，市属企业22户；保健品经营行业112户，保健服务行业20户。

（童 兰）

交通管理

公路建设与管理

【乡村道路建设】 2017年，浈江区为更好地服务社会主义新农村建设，服务人民群众安全便捷出行，强化各级政府和部门责任，加大乡村道路建设投入，全年完成农村公路路面硬化工程10千米。窄路基路面拓宽完成10.47千米。

【乡村道路养护】 2017年，浈江区农村公路养护里程9540.88千米，其中县道76.61千米，乡道9314.37千米，村道149.9千米。是年，通过抽检农村公路、乡村道路养护，乡道的路肩比较平整、密实，边坡较稳定、平顺，路面保洁基本到位。

【路政管理】 2017年，区路政部门加强公路日常路政巡查，及时纠正侵占公路及其用地和损坏公路及其设施的行为。不断完善路政管理的内容，按照路政管理的目标和任务规范有序地进行。与市执法局二大队协调配合，加大对违法违章案件的管理力度，发现并制止违法案件45宗，告知执法局处理2宗。为增强安全防范意识和提高应急处置能力，强化应对各类灾害事故的自救和抢险技能，提高快速反应能力、应急救援能力以及协同作战能力，全面提升抵御重大灾害事故的能力，确保一旦发生突发事故，能够有效组织快速反应、高效运转、临事不乱，最大限度地减少事故危害。 （刘文霞）

铁路运输

【概况】 广深铁路股份有限公司韶关东站简称“韶关东站”，是京广铁路南端的一等区段站，属中国铁路广州局集团公司广州车务段管辖。车站站型为双向纵列式一站二场，分为韶关东场和韶关直通场，韶关东场中心里程为京广线K2048+248米，韶关直通场的中心里程为京广线K2051+630米。南与马坝站，北与黄岗站、赣韶线的腊石坝站相接，主要办理粤北地区、赣南地区大部分的客运业务；列车中转技术作业（机车换挂、列检、商检作业等）；部分直通、区段、摘挂货物列车的解编。2017年，在职员工552人，设运转、客运2个车间和1个综合后勤班组。

【运输效益】 韶关东站每日办理营业的旅客列车共61.5对123列。2017年，发送旅客288.9万人，比上年减少23.6万人；客运进款完成2.28亿元，比上年减少0.24亿元，全年实现安全生产无责任事故3023天。 （罗春辉）

水路管理

【概况】 根据上级辖区划分文件划定，纳入广东省韶关航道事务中心浈江航标与测绘所管辖航道里程457千米，有北江（大坑口分界石至韶关市区）、浈江（韶关市区至南雄）、锦江、墨江、凌江等。主要维护里程83千米，为北江（大坑口分界石—韶关）49千米，技术等级Ⅴ级，维护类别一类，配布一类航标；浈江（韶关—周田电站）34千米，技术等级Ⅶ级，维护类别二类，配布重点航标。

自2014年7月，国务院批复《珠江—西江经济带发展规划》，明确“以珠江—西江干线航道为核心的综合交通运输体系基本形成”的发展目标，珠江—西江经济带发展建设正式上升为国家战略。北江航道扩能升级项目按内河Ⅲ级、通航1000吨级船舶标准建设。项目分两个阶段推进，项目范围从北江下游三水河口直至韶关市区长252千米，其中韶关市行政区域范围北江航道49千米全覆盖在内；项目的主要工程包括在孟洲坝、濛浬、白石窑、飞来峡、清远5处水利枢纽新建复线船闸7座，沿线航道开挖、疏浚、拆坝、切嘴、护岸等航道工程，以及新建桥梁、航标、锚地、桥梁防撞、交叉工程等配套工程。

第一阶段北江（乌石至三水河口）航道扩能升级先行工程于2014年12月17日开工，该先行工程主要是航道整治，里程145千米，韶关市行政区域内航道范围为北江（大坑口分界石至乌石）7千米；第二阶段（全线实现开工）北江（韶关至乌石）航道扩能升级工程于2015年10月28日动工，主要工程范围为北江（乌石至韶关）42千米，该段项目工程估算投资21.63亿元，主要是在孟洲坝和濛里水利枢纽建设2座船闸及其他航道工程。计划2019年4月完工通航。待北江（大坑口分界石至韶关市区）49千米全线完工，1000T级船舶可直达韶关市区。

【航道管理单位】 因全国水运管理体制分9个模式试点改革，其中广东省航道系统按中央精神自2017年底起试点其中1种模式，暂时改名为广东省航道事务中心，其下属区域局称“广东省XX航道事务中心”，区域局下设单位相应暂更名为“广东省XX航道事务中心XX航标与测绘所”。广东省韶关航道事务中心浈江航标与测绘所是上述航道辖区范围的航道管理单位，前身为“广东省韶关航道局浈江航标与测绘所”，省垂直管理模式及原职能不变，隶属广东省韶关航道事务中心。内设航管室、办公室、财务室；下设白芒航道站、乌石航道站2个航道班组；职工33人，其中航道班组16人。船舶5艘，其中航标工作船1艘、巡标快艇2艘、工程船1艘、锚艇1艘。

【航道维护】 2017年度，广东省韶关航道事务中心浈江航标与测绘所投入资金100万元，用于辖区航道管理维护，包括航道巡查、航道维护观测、航标维护管理、维护船舶养护维修、维护站场养护及航道安全生产等方面。全年累计开展航道巡查24次52人次，巡航航道2965千米；累计完成航标维护54026座天（含代管标），维护正常率100%；船舶累计出航295航次，督促和协调落实韶赣高速公路周田、总甫等跨航道桥梁未落实桥涵标设置航道公共安全隐患事项。航道管理维护各项专业指标数据达标。

【航道货运】 2017年，广东省韶关航道事务中心浈江航标与测绘所对乌石某点过往船舶开展的船舶密度观测及货运主要情况统计数据显示，辖区北江全年过往船舶达18000艘次，全年货运量超20000万吨，货物主要有煤炭、矿石、钢铁及矿物性建筑材料等。

（谢雅婷　潘圣能）

五里亭大桥　（区史志办　供）

财税 · 金融 · 保险

财　　政

【概况】　2017年，浈江区财政局（简称“区财政局”）是浈江区人民政府直属公务员管理的正科级单位。围绕区委、区政府的中心工作，坚持稳中求进的工作总基调，以提高经济发展质量和效益为中心，坚持主动融入珠三角战略。围绕产业共建、城市提升、县域发展三大主题，落实积极的财政政策，深化财税体制改革，强化财政预算管理，提高资金使用效率，加强预决算公开透明度，完善基层服务平台建设，为全区经济持续发展和社会稳定提供坚实的财力保障。

【财政预算】　区财局向区九届人大二次会议报告的浈江区2017年一般公共预算本级收入35519万元。2017年预算执行过程中，受国家税收政策调整以及经济大环境等因素的影响，区本级收入难以达到年初预期目标；同时支出受市对区体制调整、事权下放等原因，区级年度收支预算与年初相比有较大变化。区政府根据《中华人民共和国预算法》规定，报请区九届人大常委会调整区级预算。经九届人大常委会第九次会议审议批准，对区本级财政收支预算作相应的调整：一般公共预算区本级收入预算调整为25219万元，比年初预算35519万元调减10300万元，调减29%，收入预算调整后同比下降23.32%；财力性转移支付补助增加21729万元，其中是年转移支付补助调增调减差额5524万元，市对区体制调整增加补助收入16205万元；上年专项结余结转收入24625万元。调整后，区级财政总收入预算增加36054万元。比年初预算数调增29.8%。

相应调整区级支出一般公共服务支出14444万元；国防支出71万元；公共安全支出14798万元；教育支出33841万元；科学技术支出1469万元；文化体育与传媒支出3174万元；社会保障和就业支出24187万元；医疗卫生支出18676万元；节能环保支出1337万元；城乡社区事务支出10823万元；农林水事务支出10130万元；交通运输支出539万元；资源勘探电力信息等事务支出419万元；商业服务业等事务支出188万元；国土资源气象等事务支出992万元；住房保障支出1605万元；其他支出189万元；债务付息支出37万元；债务发行费用支出10万元。

【财政收入】　2017年，一般公共预算区本级收入完成27318万元（不含莞韶园浈江片区一般公共预算收入），完成调整预算任

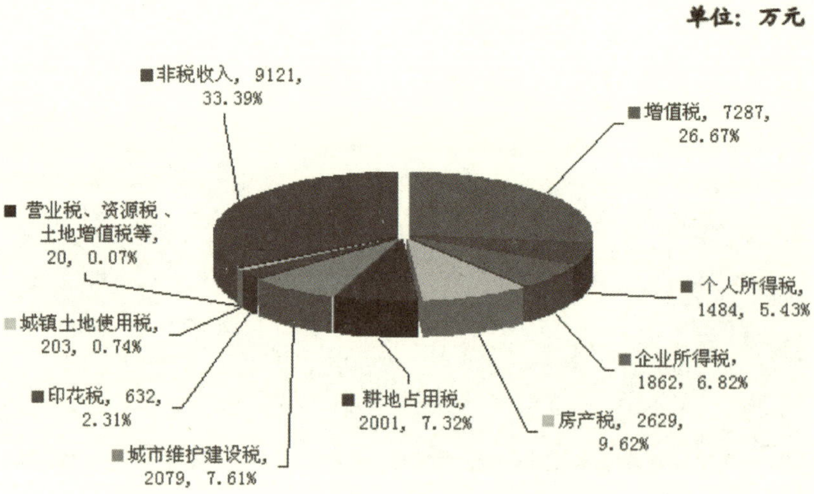

图1　2017年区本级一般公共预算收入构成情况

务的108.32%，比上年同期减收5571万元，下降16.94%。其中税收收入完成18197万元，占一般公共预算收入的66.61%；非税收入完成9121万元，占一般公共预算收入的33.39%。

税收收入　完成18197万元，占区地方公共财政预算本级收入的66.61%。增值税完成7287万元，同比增收1657万元，增长29.43%。其中改征增值税完成4100万元，同比增收1185万元，增长40.65%；个人所得税完成1484万元，同比减收88万元，下降5.60%；企业所得税完成1862万元，同比增收247万元，增长15.29%；房产税完成2629万元，同比增收383万元，增长17.05%；耕地占用税完成2001万元，同比减收1354万元，下降40.36%；城市维护建设税完成2079万元，同比减收215万元，下降9.37%；印花税完成632万元，同比减收10万元，下降1.56%；城镇土地使用税完成203万元，同比减收265万元，下降56.62%；营业税、资源税、土地增值税等税种共完成20万元，同比减收4231万元，下降99.53%。

2017年，全区经济低位运行，重点税源企业大幅度减收，直接影响税收收入；此外上年度一次性税收收入形成的基数难以逾越，如耕地占用税全年完成2001万元，同比减收1354万元，直接拉低一般公共预算收入4.12个百分点。另外非税收入下降，收入质量不高。在理顺市与市辖区权责改革的情况下，公安、城管等部门的非税收入形成是年增收点。但受上年一次性收入垒高基数的影响，加上供给侧结构性改革、减税降费工作的推进，制约非税收入的增长。

非税收入　完成9121万元，占一般公共预算收入的33.39%。其中行政事业性收费收入完成277万元；罚没收入完成1445万元；国有资源（资产）有偿使用收入完成3099万元；专项收入完成424万元；捐赠收入完成64万元；其他收入完成3812万元。

【上划收入】　2017年，来源于浈江区的财政收入100083万元，同比下降4.54%。上划中央收入完成24841万元，同比增收3476万元，增长16.27%，完成年度考核指标的116.27%；上划省"四税"（营业税、企业所得税、个人所得税、土地增值税）完成10625万元，同比减收1518万元，下降12.5%，完成年度考核指标的87.5%。

【超收入执行情况】　2017年，一般公共预算区本级收入比调整预算超收2099万元。按照《预算法》第66条规定，超收收入"只能用于冲减赤字或者补充预算稳定调节基金"的要求，补充区本级预算稳定调节基金2099万元。

【财政支出】　2017年，一般公共预算区本级支出完成136931万元，完成调整预算任务的140.84%，同比增支27650万元，增长25.3%。具体支出项目一般公共服务支出14444万元；国防支出71万元；公共安全支出14798万元；教育支出33841万元；科学技术支出1469万元；文化体育与传媒支出3174万元；社会保障和就业支出24187万元；医疗卫生支出18676万元；节能环保支出1337万元；城乡社区事务支出10823万元；农林水事务支出10130万元；交通运输支出539万元；资源勘探电力信息等事务支出419万元；商业服务业等事务支出188万元；国土资源气象等事务支出992万元；住房保障支出1605万元；粮油物质储备支出2万元；其他支出189万元；债务付息支出37万元；债务发行费用支出10万元。

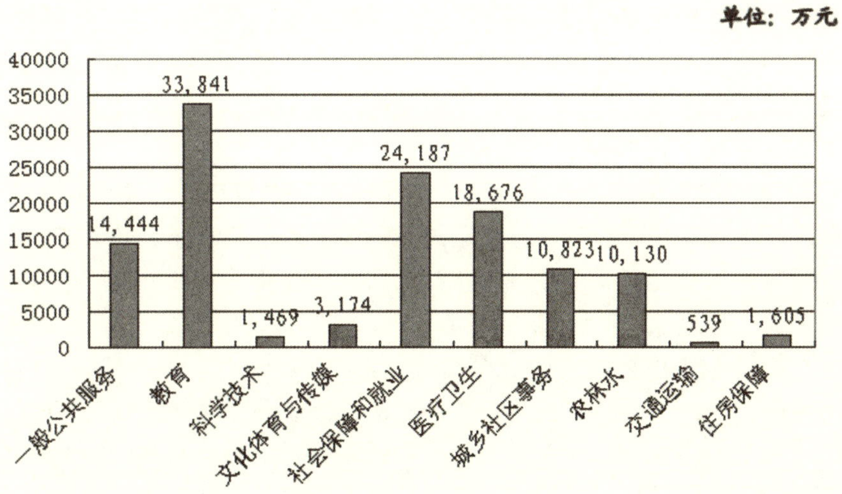

图2　2017年全区一般公共预算重点支出情况

【收支平衡情况】 2017年，一般公共预算区本级收入27318万元（不含莞韶园浈江片区一般公共预算收入），加上级补助收入113870万元，调入预算稳定调节基金5464万元，从政府性基金预算调入一般公共预算资金1952万元，上年结余结转32042万元，其中专项结余结转资金24625万元，收入合计180646万元。一般公共预算本级支出136931万元，上解支出5225万元，地方政府其他一般债务还本支出5002万元，收支相抵，一般公共预算结余31389万元，其中专项支出结转下年30576万元，补充预算稳定调节基金2099万元。区本级财政实现收支平衡的目标。

【非税征管】 2017年，浈江区执收执罚单位征缴行政事业性收费、罚没收入、政府性基金等非税收入，全部实行“收费单位开票、委托银行收款、收入直接缴入财政”的电子化管理模式。非税收入征管电子信息化管理，使非税收入管理工作效率更高、管理更规范、收入更透明、上缴财政更及时。是年区属执收单位通过非税系统征缴的行政事业性收费、罚没收入、基金收入1883万元，比上年同期的1612万元，增加271万元。在非税支出中，区财政局按照国库集中支付制度、程序要求以及政府性基金的规定，对预算单位提出的非税资金支出申请，通过核实单位上缴收入情况，编制下达预算内非税资金支出指标。

【财政票据管理】 2017年，区财局加强行政事业单位财政票据领购、核销、管理和监督，严把票据领销关，强化“以票控收”。加强在票据“验旧换新”环节，对已开票据是否错用票据的检查、是否及时上缴财政的审核等。做好市票据监管中心对浈江区2011年领购财政票据核实情况，根据市财政局票据监管中心《关于核实与销毁保管到期财政票据的函》和《财政票据管理办法》第32条规定，核查、清理、销毁各用票单位到期财政票据，汇总上报市票据监管中心保存期满的期财政票存根合计161150份，填用金额53153万元。

【国库集中支付管理】 2017年，区财政局加大国库集中支付力度，严格按财政资金管理拨付资金。增加预警规则，监控资金流向、流量等，提高部门预算执行质量。严格按照《中华人民共和国预算法》的要求，实行零基预算；开展结余结转资金清理，盘活财政存量资金；推行惠农“一卡通”发放管理模式，凡涉及惠农的各项补贴资金全部采取由国库集中支付模式拨付到农户卡中，杜绝“发放环节多、发放渠道多、出现问题多”现象；严把资金支付关，全区预算单位资金拨付全部纳入国库集中支付管理。

【政府采购管理】 2017年，区财政局通过建立采购专职负责人制度，强化采购申报管理，提高采购申报效率。截至第三季度，区采购办受理审批政府采购156单，合计采购预算金额2170.8万元，实际采购金额为2049.88万元，节约率7.6%。

【预决算信息公开】 2017年，区财政局根据《中华人民共和国预算法》及有关文件要求，除涉密单位外，检查及监督区本级及区32个一级预算单位（非政府）的2016年度决算及2017年度预算公开，保证区本级单位严格按照文件要求，在预决算批复后20日内对预决算进行网络公开，且内容完整性及细化程度达标。按照信息公开要求，在公开本单位的“三公”经费预决算信息的同时，汇总区属各预算单位“三公”经费预决算情况表，报区纪委审定后，公开全区“三公”经费总支出，配合浈江区政府信息公开工作领导小组办公室指导各镇、办及区直各部门做好“三公”经费预决算公开，督导预算单位按规定自行公开。

【助推经济转型升级】 2017年，区财政局发挥财政资金政策引导作用，加大对关键领域、重点行业的扶持力度，助推经济增长与产业升级。浈江区鸿通城投公司向国家政策性银行融资贷款3100万元，用于农村基础设施建设；为韶关市亿恒电气设备有限公司、韶关市加法机电实业有限公司，韶关市磊信机械制造有限公司、韶关市钢捷市场服务等企业争取扶持中小企业发展专项资金及技改资金共计662.82万元；协助全区各部门征集、筛选、上报项目，截至9月30日，累计争取上级各类专项补助资金2500万元。

【精打细算保民生】 2017年，浈江区民生支出72725万元，占一般公共预算支出比重的64.76%。安排教育支出26334万元，占一般公共预算支出的23.4%；医疗卫生与计划生育支出16623万元，占一般公共预算支出的14.8%；将财政对城乡居民基本医疗保险的补助标准从年人均420元提高到450元；全区投入3606万元支持新一轮扶贫开发，对省核准的212户相对贫困户、876人相对贫困人口开展建档立卡、动态管理、重点帮扶；社会保障和就业支出18668万元，占一般公共预算支出的16.6%；继续提高底线民生保障水平，将城乡居民基本养老保险基础养老金从每人每月110元提高到120元；城镇、农村低保补助补差水平分别从每人每月418元、190元提高到457元、206元；孤儿集中供养水平从每人每月1340元提高到1450元，分散供养水平从每人每月820元提高到880元；将福利彩票公益金重点用于支持发展养老服务体系建设；投入24万元落实各项就业创业优惠政策，125人享受社会保险补贴、岗位补贴、劳动力培训转移就业补贴等财政补助政策；支持抓基层强基础，安排基层组织保障经费772万元，将村干部补贴标准从每人每月2200元提高到每人每月2400元，村级组织办公经费补助标准从每村每年6万元提高到每村每年7万元，确保村级“两委”干部待遇提标和基层组织正常运转；农林水支出6442万元，重点支持农田水利等生态工程、落实村级一事一议奖补、政策性农业保险、农业支持保护补贴、石油价格改革对渔业的补贴，投入1500万元推进基层公共服务平台建设，基本完成全区基层公共服务平台建设；财政投入3818万元落实和配合实施省十件民生实事，完成年初预算的79.15%。

（廖　喆）

附：区财政局领导班子成员名单

局　长：张爱军（任至4月）
　　　　余　华（女，4月任职）
副局长：肖　伟
　　　　刘裕庭
　　　　黄远花（任至3月）

国　税

【概况】　2017年，浈江区国家税务局（简称“区国税局”）贯彻落实中共十八大历次全会精神及十九大会议精神，学习贯彻习近平总书记系列重要讲话精神，围绕基本实现税收现代化的主题，强化党建引领，坚持组织税收收入原则，深化改革创新，优化纳税服务。年内，区国税局被市精神文明建设委员会授予“文明单位”荣誉称号、第一党支部被市国税局党建领导小组评为“五个好”先进基层党组织。

【税收收入】　2017年，区国税局实现税收收入73317万元，同比增加11907万元，增长19.4%，实现税收收入稳定增长。其中增值税收入59451万元，同比增收12502万元，增长26.6%，其中改征增值税28954万元，同比增收9559万元，增长49.3%；消费税1043万元，同比增收101万元，增长10.7%；企业所得税12823万元，同比减收696万元，下降5.1%，其中外商投资企业所得税2608万元，同比增收213万元，增长8.9%，内资企业所得税10215万元，同比减收909万元，下降8.2%。年内累计完成中央级预算收入38463万元，同比增收4270万元，增长12.5%；省级预算收入17427万元，同比增收5138万元，增长41.8%；市本级预算收入7234万元，同比增收1213万元，增长20.1%；区级预算收入10193万元，同比增收1286万元，增长14.4%。年内，区国税局办理出口退税1630万元，同比减少238万元，下降12.7%。

表4　　2017年浈江国税税收收入情况表

单位：万元

税　种	税收收入	中央级	省级	市级	区级
合计	73317	38463	17427	7234	10193
增值税	59451	29726	14863	6411	8451
其中：改征增值税	28954	14477	7239	3244	3994

续表 4

税　种	税收收入	中央级	省级	市级	区级
消费税	1043	1043	—	—	—
企业所得税	12823	7694	2564	823	1742

【税收收入主要特点】 2017 年，浈江区国内生产总值累计完成 2293661 万元，同比增长 6%，其中工业总产值全年累计完成 878879 万元，同比增长 8.4%；产业园区工业产值 342142.4 万元，同比增长 19.6%；全年完成固定资产投资总额 625451 万元，同比下降 19%，全年社会消费品零售总额完成 2368445 万元，同比增长 6.9%。是年浈江区国内增值税、消费税保持增长态势，企业所得税则呈负增长态势。其中增值税增幅最大，增值税的增长依赖于营改增四大行业，年内区国税局营改增四大行业实现营业税改征增值税收入 21313 万元，同比增收 7260 万元，增长 51.7%。

行业税收情况商业税收收入 15931 万元，增长 18.8%；机械及交通运输设备、电子通信设备、纺织品行业分别增长 48.7%、4.8%、4.5%；酒类制造业、化工、建材，以及电力行业税收收入呈负增长态势，分别下降 17.6%、13.2%、9.5%、5.6%。

【依法治税】 2017 年，区国税局严格执行和传达有关税收政策。落实《税务行政处罚裁量权实施办法》，规范行使税务行政处罚权，推行税收执法责任制，针对税收执法薄弱环节，组织实施执法督查和疑点核查。全面落实支持高新技术发展、促进小微企业和残疾人就业等税收优惠政策，以及研发费用加计扣除、加速折旧等普惠性税收政策。是年，区国税局有 2897 户小微企业享受企业所得税优惠政策，全年减免企业所得税 538.50 万元，同比增加 252.48 万元，增长 88.27%，优惠政策享受面 100%。

【便民办税春风行动】 2017 年，区国税局在办税服务厅开通“浈江国税免费 Wi－Fi”，方便纳税人在办税服务厅等候办税的同时通过手机端进行相关资料填报、进度查询等操作，提高办税效率；在一楼电子税务局办税区加装 5 台电脑，推广电子税务局实名认证、申报缴税、代开发票、发票申领等业务功能，将实体办税厅与网上办税无缝对接，让纳税人尽可能地“少跑腿”“捷办税”；为纳税人提供政策咨询、办税指引、申报辅导服务，开展延时服务、提醒服务、预约服务等个性化，不断提高纳税人满意度；通过办税服务厅公告栏、手机短信、微信、纳税人学堂等形式为纳税人实时推送热点知识、最新资讯、办税小技巧，满足纳税人政策需求。

【税收征管】 2017 年，区国税全面推广增值税电子发票，开展增值税发票管理自查、“营改增”税负分析等。认真做好企业所得税年度汇算清缴，对纳税人开展政策宣传及申报辅导工作，加强备案管理，提高企业所得税征管质量。严格执行出口退税审核审批时限规定，加快退税进度。建立以“政府领导、财政牵头、税务主管、部门配合、社会参与”的协税护税、综合治税体系，收集掌握纳税人的动态信息，形成“蛛网”式的信息互通和协同共

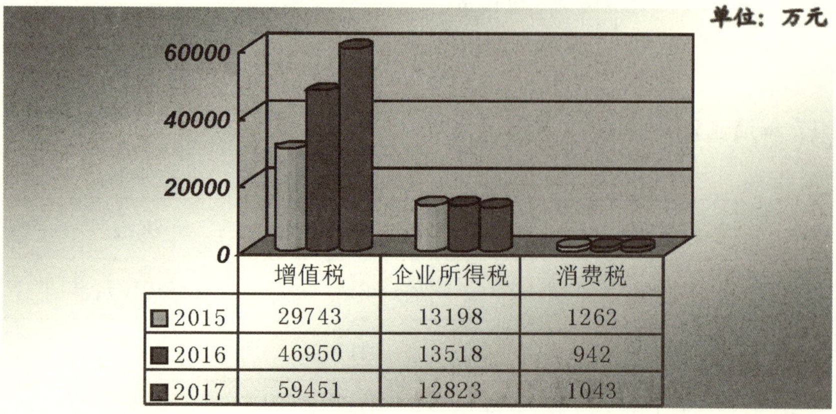

图 3　2015—2017 年各税种税收收入同比图

治格局。统筹下发风险应对任务，通过防伪税控系统、电子底账系统和金三系统采集企业的有关基础资料信息，开展专项风险应对。全年完成风险应对纳税人514户，入库税款合计3020.85万元，入库滞纳金62.61万元，入库滞纳金和罚款93.95万元。

【“放管服”改革】 2017年，区国税局落实《国地税合作规范3.0版》，创新和拓展国地税合作内容，推动“服务深度融合、执法适度整合、信息高度聚合”。主动对接供给侧结构性改革，以“放”为前提，转变工作职能，推行税收权力和责任清单，严格执行《全国税务机关纳税服务规范》和《全国税收征管规范》，缩减纳税人资料报送、办税环节、办税次数、办税时间等，实现50%以上的涉税事项当场办结；以“管”为基础，把该管的事管好，推行纳税人信用等级制度，对纳税人实施分类服务和差异化管理，推行风险管理，实现风险识别和推送的扎口管理，强化部门的协同合作，加强与地税、工商、发改等单位的合作，建立信息共享机制，凝聚工作合力；以“服”为目的，注重提升服务水平，持续开展“便民办税春风行动”，推进“互联网+税务”，增购自助办税终端机，全面推广电子税务局，国地税联合办税服务厅窗口实现“一机双系统”，构建“网上办税为主、自助办税为辅、实体办税兜底”的办税模式。 （聂彩联）

附：区国税局领导班子成员名录

局长：黄　粤（任至8月）

侯志军（8月任职）

副局长：罗　锋

邓朗珍（女）

王朝军（任至8月）

聂才珍（4月任职）

纪检组长：黄自敏

地　税

【概况】 2017年，浈江区地方税务局（简称“区地税局”）组织税费收入21.3亿元，其中税收收入7.88亿元（市本级收入3.9亿元，完成市级年度任务100.1%，区级收入9949万元，完成区政府年度任务101.2%）各项费金收入13.4亿元，其中社保费收入12.53亿元，同比增收9478万元，增长8.2%。是年，风采办税服务大厅被韶关市共青团评为“青年文明号”，区地税局被韶关市精神文明委员会评为“市文明单位”。

【依法治税】 2017年，区地税局累计减免各类税收53380万元，同比增加减免额33896万元，增长1.7倍；加强欠税管理，全年清缴欠税（含滞纳金）1148万元；通过“淘宝网司法拍卖平台”获取非正常户管理信息，依法追某企业欠税及滞纳金127万元。借鉴中山地税的经验，开展土地增值税清算，是年，完成对江畔逸景轩商住小区和万通时代花园2个项目的清算，入库税款187万元。全面推行行政执法公示、执法全过程记录、重大执法决定法制审核3项制度；持续推进法治税务示范基地创建，联合国税部门在韶关学院法学院共建税收普法教育示范基地。是年，应对纳税人行政诉讼案件33宗，一审、二审全部胜诉。

【国地合作】 2017年，区地税局开展国地税合作，建立完善国地税联席会议制度，推行国地税合作事项督查督办，联合制作税收微电影《一路有你》，联合开展新办企业税费业务培训，推进国地税联合办税，合作征收税款，驻点国税窗口征收地方附加税费1800万元。贯彻落实征管体制改革要求，统筹推进分类分级改革，坚持借鉴吸收、做实做优，抓紧抓实分类分级管理改革各项工作，分类分级管理运转顺畅、平稳；积极落实“多证合一”“两证整合”商事制度改革，全年受理“三证合一”涉税业务8230户；加强国税、工商涉税数据的比对，加强信息录入和传递共享，有效利用第三方涉税信息逾3万条，合计入库税款9534.85万元，占税收收入总量的12.06%。

【纳税服务】 2017年，区地税局访问纳税人5470户，征求意见和建议400条，清理核实基础数据5270条。纳税人总体满意度得分为87.49分，比全省平均水平高0.83。推广使用电子税务局、自助办税终端，推出二维码一次性告知，引导纳税人多走“网路”、少跑“马路”。是年，区地税局电子申报率全市排名第一，实现基层一线与纳税人“双减负”。 （范　坤）

附：区地税局领导班子成员名单

局长：廖建明（3月任职）

党组副书记：李阳才（4月任职）

副局长：马伟忠（任至4月）
官定忠（任至4月）
陈忆恩（1月任职）
党组成员：赖文林（9月任职）
纪检组长：张红征（女，1月任职）

金融管理

【概况】 2015年5月，金融局职能工作转入浈江区财政局工贸发展股。暂时没有设置编制、专职人员，相关工作由工贸股兼办。2017年，区财局贯彻执行国家关于金融工作的方针政策和法律法规，贯彻落实省、市政府有关金融工作的部署；对小额贷款公司、融资性担保机构进行市场监管和风险处置，指导和推进企业改制上市，配合有关部门查处、打击非法金融机构和非法金融业务活动，组织协调和落实市政府融资工作；承办市政府及上级业务主管部门交办的其他事项。

【非法集资宣传月活动】 2017年5月23日，浈江区组织成员单位召开非法集资宣传月活动会议，突出贴近基层、贴近群众、贴近生活，处非宣传进机关、进工厂、进学校、进社区、进村组。浈江公安分局在步行街陆羽茶庄门前广场开展“5·15”打击和防范经济犯罪宣传日活动；区工商局出动执法人员25人次、执法车辆8台次，依法查处违法户外广告专项行动；区卫计局结合健康义诊的形式在中山公园开展防范非法集资活动等。非法集资宣传月活动发放传单10056份，张贴海报10056张，发送短信3972条，参与人数38034人次。

【建设普惠金融“村村通”平台】 2017年，浈江区建设征信中心、信用村、金融服务站、助农取款点4个普惠金融“村村通”平台。截至12月12日，征信系统录入农户信息12122户，录入企业和个体户信息117家，且根据信用村评级制度，将各农户的评级情况归档管理、及时公布，接受公众监督；全区5个乡镇组织各个村委成立村委会信息采集小组与村委会农户信用信息评定小组进行信息采集与信用户评定，共有农户16237户，采集农户信息14029户，占总户数的86%，评出信用户12059户，授信意向金额18189万元，评定出信用村48个，顺利解决农户贷款难问题；另外，全区5个乡镇依托公共服务平台确定金融服务站场地，建设48个行政村宣传栏并且完成制度上墙，全区48个金融服务站都做到“有牌子、有人员、有制度、有场所、有宣传栏、有运作”，以村委会为依托，在农信社、农行、邮政储蓄3家涉农机构的引导下，全区48个行政村选好经营场所挂牌、完成流程制度上墙的48个村委，安装POS机48台、验钞机48台，向乡村不断延伸银行卡受理网络，占行政村总数的100%。 （廖 喆）

【中国工商银行股份有限公司韶关分行】 简称“工行韶关分行”，2017年，在职干部员工770人，下辖16个内设部门、13个一级支行、38个营业网点。全年本外币各项存款时点余额250.81亿元；本外币各项贷款时点余额147.36亿元，较年初新增20.3亿元，其中本外币公司贷款余额79.59亿元，个人贷款余额66.5亿元。全年举办业务知识培训36期，培训人数826人次。普通客户柜面服务满意度98.89%%，中高端客户柜面服务满意率98.95%。 （侯志萍）

【中国建设银行股份有限公司韶关市分行】 简称“建行韶关分行”是中国建设银行股份有限公司的二级分行。2017年，在浈江区设立网点11个，离行式自助银行站8个，ATM等自助设备46台，存款规模60.14亿元，贷款余额12.03亿元，为浈江区小微企业发放普惠金融贷款1.7亿元。浈江区内各网点上线业务迁移率均超过90%。是年，建行韶关分行通过手机银行悦生活平台推出党费易、幼儿园学费等多种自助缴费功能，并与区内政府机构、学校及其他企事业单位签订服务协议，用户可使用建行手机银行缴纳学费、党费、话费等费用，并陆续推出慧兜圈、聚合支付、裕农通等一系列电子商务产品及服务。 （曾 啸）

【中国银行股份有限公司韶关分行】 简称“中国银行韶关分行”，是中国银行股份有限公司在广东省境内设立的二级分行。2017年，在职员工473人，设立营业网点24家，拥有ATM、存取款机等自助设备177台，其中，浈江区有营业网点9家、离行自助服务点6家，ATM、存取款机等自助设备12台。是年，浈江片区网点本外币各项存款时点余额52.97亿元，日均余额54.15亿元；浈江片区网点本外币各项贷款时点余额11.98亿元，较上年新增2.53亿元。全面落实全年“零案件、零重大违规、零重大违纪、零重大风险事件、零监管处罚”内控管理“五零”目标。

（陈　璐）

保　险

【中国人寿保险股份有限公司韶关分公司】 简称“人寿韶关分公司”向个人及团体提供人寿、年金、健康和意外伤害保险产品，涵盖生存、养老、疾病、医疗、身故、残疾等多种保障范围，全面满足客户在人身保险领域的保险保障和投资理财需求。公司本部位于韶关市浈江区北江北路17号，下设10个县区综合性支公司、5个营业部及40个营销网点，全市系统员工及从业人员规模5000人。2017年，人寿韶关分公司总保费收入12.76亿元，市场份额占比37.75%；个人代理人3753人，市场份额占比35.43%，位居韶关寿险市场首位。公司业务结构持续优化，长期险期交新单占比稳步提升。

（人寿保险韶关分公司）

【中国人民财产保险股份有限公司韶关市分公司】 简称“中国人保财险韶关分公司”，是经国务院同意、中国保监会批准，于2003年7月由中国人民保险集团公司发起设立的、中国内地最大的非寿险公司。其前身是1949年10月20日成立的中国人民保险公司。2017年，中国人保财险设有12个经营单位和27个营销服务部，全年保费规模突破7亿元，牢固占据市场主导地位。

（杨建明）

韶关市北伐战争纪念馆孙中山铜像　（区史志办　供）

城乡建设·环保

城乡规划

【概况】　韶关市城乡规划局浈江分局（简称“浈江规划分局”）是韶关市城乡规划局的外派驻区机构，2017年年底作出人员调整后，实有工作人员2名，副局长1名主持工作。是年，浈江规划分局主要负责受理申请办理公建报建、临时工程、加装电梯、私房报建等，协助武江分局修订完善《韶关市区私房建设规划管理办法》，分局牵头拟订《韶关市既有住宅增设电梯建设规划管理办法》，并协助市、区完成重点项目建设。

【指标完成情况】　2017年，公建报建受理申请办理用地规划许可手续3宗，办结3宗，受理申请办理建设工程规划许可手续4宗，办结4宗（包括零星工程及区外工程报建项目）；临时工程受理申请办理建设工程规划许可手续1宗，办结1宗；加装电梯受理申请办理建设工程规划许可手续18宗，办结15宗；私房报建受理申请办理建设工程规划许可手续24宗，办结24宗，受理申请办理规划条件核实合格证手续25宗，办结25宗；其他受理OA“两违认定”分件37件。

【协助重点项目建设】　2017年，按照《关于开展全省城中村调查的工作方案》文件的要求，实地考察浈江区的城中村，整理调查数据并统计上报；协助浈江区开展建设美丽乡村整治人居环境的调查摸底及部分村庄的规划编制工作；参加环丹游憩景观道项目推进工作及环丹游憩景观大道的规划讨论；参与研究解决铁路沿线周边地区环境整治问题；参加浈江区内的农村危房鉴定；协助犁市镇政府对犁市总规编制的指导；参与浈江区安排的针对违法建筑的强拆行动；协助办理犁市镇公办幼儿园、梅村小学、广东宏大韶化民爆有限公司（原三〇九厂内）3宗的规划选址及规划报建；协助完成曲江大道等二宗电力设施迁改工程的前期选址工作；协助浈江区政府完成工业园区的消防选址；全程参与农村人居环境整治和新农村建设规划领导小组工作。（黄成林）

附：浈江规划分局领导班子成员名单

副局长：黄成林

住房和城乡建设

【概况】　浈江区住房和城乡建设局（简称“区住建局”）研究供给侧结构性改革的措施，打好商品房去库存的攻坚战，推动浈江区房地产业平稳健康发展。碧桂园、金港湾商贸城、金色江湾等续建项目带动浈江区商品房销售平稳增长，保利紫山等新项目正在建设中。2017年，累计完成商品房销售面积48.76万平方米，同比下降28.8%；实现商品房销售额26.4亿元，同比下降16.5%；房地产固定资产投资完成21.59亿元，同比增长4.7%；建筑业省内完成产值19.3亿元，同比增长5.7%。

【政府投资项目评审】　2017年，区住建局评审结算工程项目135项，送审金额7000万元，经评审净减金额400万元；备案（审核）工程项目13宗，备案送审金额1.4亿元，备案金额1.2亿元，核减2000万元。

【农村危房改造】　根据广东省住房和城乡建设厅、广东省财政厅、广东省扶贫开发办公室《关于下达我省2017年农村危房改造任务和明确补助标准的通知》等相关文件要求，经区政府同意，浈江区2017年农村危房改造任务确定为50户（国家任务10户，剩余44户预纳入18年危房改造任务），均为拆除重建。由于新韶镇黄金村一户改造对象因市政府“黄金小镇”项目规定需保持原貌不能动工，经与市、区相关部门协商，将新韶镇的任务分配到犁市，调整后新韶10户，犁市30户。截至11月27日，完成是年农村危房改造对象信息公示和危房改造信息系统录入。根据各镇上报的农村危房改造进度表统计，全年浈江区农村改造开工50户，开工率100%，竣工35户，竣工率70%。

【农村人居环境综合整治】 2017年，由区新农村建设工作领导小组办公室牵头，完成农村人居环境综合整治的规划及成立各村理事会。组织、宣传、发动群众参与“三清三拆三整治”（清路障、清淤泥、清垃圾，拆危房和残破建筑、拆违章建设、拆旱厕，整治垃圾、整治污水、整治畜禽污染）。全面开展3个省定贫困村中的23个村小组“三清三拆三整治”，组织群众投工投劳3100多人次，动用拖拉机238车次，清理房前屋后和村巷道杂草物，清运杂物、垃圾及沟渠淤泥1225吨，动用挖掘机210多台班，拆除危房、废弃房989间，总面积40949平方米，废弃猪牛栏及露天厕所154间、总面积4449平方米、乱搭乱建、拆除违章建筑10间，总面积378平方米，拆除违法商业广告招牌154条，完成任务的88%。

【渡船渡口管理】 2017年，区住建局落实渡船更新改造，强化水上交通渡运保障，协助辖区有关镇（办）进行渡船更新改造申请，是年，落实渡船和渡口改造补助资金85万元。

【渔民上岸安居】 2017年，由各镇（办）负责入户调查，区渔政大队负责确认辖区的渔民人数，区住建局对自愿申请上岸安居渔民的居住情况进行审核查验；印发实施方案和补助方案等文件，明确调查摸底、数据统计、收集材料的流程。经过调查、复核、公示，全区175户以船为家的渔民中，有172户符合条件完成一户一档的资料收集及工程验收申请，任务完成率98%。发放第一批90户补助资金涉及22户78.9万元。

【物业服务管理】 2017年，区住建局办理业主委员会备案3宗、物业管理区域备案5宗、物业服务合同备案5宗。落实专人到现场调查了解、协调处理物业服务管理纠纷，在职能范围内帮助群众解决物业小区服务管理、安全隐患等问题。处理物业信访案件18宗，处理辖区内物业小区突发事件9次。 （侯哲欣）

附：区住建局领导班子成员名单

局　长：成　容

副局长：何　忠（任至4月）

　　　　李　琛（女，4月任职）

　　　　黄伟强（3月任职）

　　　　何先胜（8月任职）

2017年6月30日，浈江区召开农村人居环境综合整治群丰村可行性报告及规划评审会议 （区委宣传部 供）

城市管理

【概况】 2017年，浈江区城市综合管理局（简称“区城管局”）是2004年行政区划调整后区政府新成立的一个政府工作部门，主要负责全区范围内的市容环境卫生行政管理，城市管理局设2个职能股（室），下辖浈江区环境卫生管理一所、二所；区城市管理综合执法分局，区市政管理中心。是年，区城管局围绕创文巩卫任务开展各项城市管理。

【兴隆市场周边社会化管理】 2017年，区城管局与韶关市粤瑞劳务派遣有限公司签订向社会力量购买服务合同。由粤瑞劳务派遣有限公司安排人员进行管理，管理工作范围包括兴隆市场周边6条小街小巷，总面积4800平方米。针对社会化管理范围以外的流动摊贩，区城管执法分局科学调配执法人员进行定人、定岗、定责蹲点监控。使市场管理外围执法常态化、规范化，防止"六乱"现象反弹。市场周边划出清晰的车辆停放点，引导车辆路面行驶方向。由浈江区市政管理中心对排水问题科学规划、科学设计、科学建设，解决地面长期积水的问题。

【推进"数字化城管"】 2017年，数字城管是韶关市城市管理监督指挥中心受理群众投诉引导市民参与城市管理的一个公共网络平台。区城管局办理韶关市城市管理监督指挥中心（包括"12319"城管热线、城管采集、"12345"热线投诉）20063宗；处理网络投诉（包括民生热线、问政平台）207宗；群众投诉（包括电话投诉、投诉接访、日常巡查）47宗；信访案件2宗，回复率100%。 （李丽琴）

附：区城管局领导班子成员名单

局　长：邓军明

副局长：李志坚

　　　　王伟超

　　　　邓海华

城市监察

【概况】 2017年，韶关市城市管理行政执法局浈江分局（简称"区城管执法分局"）隶属于浈江区城市综合管理局的直属机构，主要负责韶关市城市管理行政执法局委托行使在浈江行政区域范围内违反市容环境卫生、城市规划、城市绿化、市政、查处违法建筑等管理法律、法规、规章违法行为的行政处罚及相关监督检查、行政强制职能。

【整治"九乱"】 2017年，区城管执法分局对辖区内重点路段和市场周边的"九乱"（乱搭建、乱摆卖、乱停放、乱拉挂、乱张贴、乱挖掘、乱堆放、乱排污、乱扔垃圾）加大整治力度，发出教育整改通知书1100余份，查处违法违章行为93678宗，其中整治乱摆卖65766宗，乱堆放7828宗，乱张贴5598宗，乱拉挂8951宗，乱停放5535宗，开展大小综合整治309次。

【促进市容市貌提升】 2017年9月起，区城管执法分局以市容市貌整治提升工作为重点，根据《市区市容市貌提升工作方案》的工作要求，加快落实年内三大出口与七个节点违章户外广告的清理拆除任务。完成火车东站、站南路、莲花大道、执信路、良村大道、五里亭良村、解放路、西堤路、大学路等路段的户外广告招牌拆除，拆除户外广告招牌900块、面积15700平方米，出动500车次、出动人员1400人次。

【查违控违】 2017年，"两违"工作重心往各镇、村下移，区城管执法分局制定东环线一、二期道路两侧及政府储备地"两违"

2017年6月7日，区城管执法分局一中队对辖区农贸市场改造升级后周边的市容市貌进行专项整治 （区委宣传部　供）

建筑的监控方案，加强监控打击黄金小镇红线范围内的抢搭抢建抢种方案。截至12月12日，拆除违法建筑147宗，拆除总面积106072.88平方米，出动执法人员3000人次，车辆300台次。

（李丽琴）

附：区城管执法分局领导班子成员名单

局　长：王伟超

副局长：刘　奇

　　　　李金华（3月任职）

浈江区市政管理

【概况】　浈江区市政管理中心（简称“区市政中心”）成立于2016年9月份，由原韶关市园林管理局、韶关市市政设施管理中心部分职能划转组建而成，为公益一类副科级事业单位，隶属于韶关市浈江区城市综合管理局。2017年1月1日，市政中心正式运行。

【市政设施管养】　2017年，区市政中心完成沥青路面施工面积13448.7米（平均3厘米厚），洒布机洒沥青油13448.7米，沥青冷补料维修路面1105.7米（平均5厘米厚）、维修损坏人行道及盲道面积4078.5米。更换污水检查井52套，更换雨水栅126套，维修明渠盖板142米，维修损坏侧石及树池695米。截至12月6日，完成西堤路、解放路等在内的23条主干道、120条次干道路段191.4千米下水道的清疏，约为整个辖区下水道全面清疏总任务的81%，清出和运倒淤泥垃圾等2558立方米；更换四防装置1546个；封堵井盖孔5948个；清除道路、沟渠、挡土墙杂草9913平方米。及时疏通维修城区下水道病害点108处，清疏非管养范围的堵塞溢水黑点13处；循环冲洗辖区主次干道和小街小巷，包括商业街等路段的四防装置17081个，安装及更换四防装置525个；清洗黄金村北桥底路面、北江路、启明路、西堤路、五里亭大桥、良村桥隔离护栏、黄岗大道花箱体，以及北江中路艺术雕像共31100平方米。及时处理存在安全隐患的道路195处、格栅187处、圆井盖161处、管线井盖259处、交通肇事导致市政设施破损161处，协助审批开挖69宗。

2017年7月13日，浈江区在启明路主次干道安装中间隔离栏及花箱

（区委宣传部　供）

【园林绿化管养】　2017年，区市政中心修剪造型花灌木2.26万株、低矮花灌木19万平方米，地披、草坪15万平方米，截至12月8日，截干修剪十里亭大道、西堤北、韶南大道、大学路等主干道行道树3050株，并组织绿化养护机动队人员先后抢险处理帽峰路、浈江南、韶南大道、西堤北等路段的危树、死树合计78株，排除危树对行人和车辆的危险；同时配合数字城管工单和交警大队的要求修剪辖区内有遮挡交通指示牌和红绿灯的树木，修剪460株树木；全年浇灌公共绿地出动水车1132台班次；清除绿地的干枝枯叶和其他垃圾，做到日产日清，全年合计清运地垃圾3000车次；并及时维修和更换公园破损的垃圾桶、指示牌和绿地的花基、树池等园林设施，更换中山公园、帽峰公园等公园的垃圾箱30个，维修绿地损坏花基、树池合计695米；补植绿地上出现的缺株、死株、黄土裸露及时，在大学路、韶南大道、火车站广场、环园路、北江广场等公共绿地以及各公园补植花灌木1.14万平方米，乔木163株，草坪1520平方米；全年出动87车次通过喷洒农药防治行道树和公共绿地，在生长季节对绿地上的植物进行施肥，合计施放硫酸钾复合肥65吨，有机肥20吨。

【创文攻坚】　2017年，区市政

中心完成东堤北路A5地块景观提升工程等8处创文攻坚“五小工程”项目建设。全年组织对陵南路、前进路、启明路、五里亭大桥至良村桥4条道路设置中间隔离栏杆、花箱。总长度8900米，安装花箱7130个，种植时花99500株。

【江心岛堤围加固工程】 2017年，江心岛堤围出现坍塌，区市政中心负责实施江心岛堤围加固工程。工程于3月16日开工，施工方在确保工程质量的基础上，抢时间、抓进度，分三班轮流作业，全天候施工，确保工程在孟洲坝蓄水前如期完成。工程在4月13日全面完工。

【小街小巷综合整治】 2017年，区市政中心针对小街小巷存在的问题，治理“路不平、渠不通、灯不亮”现象，高街、始巷头、学工街、群乐巷、平治巷等小街小巷整治工程公开招标，完成总工程量的92%。同时，于10月27日完成五条小街小巷的清疏，清疏盖板渠677.6米、管道约350米、污水井17座、雨水井21座、更换四防装置21个，清淤约35立方米。

【市政路面改造】 2017年，根据《迎创文国检中心城区第一批道路整治提升任务实施方案》的工作部署，市区前进路、北江路、启明路作为第一批道路整治提升任务，同时，也是浈江市政道路路面改造（白改黑）第一期项目，由区市政中心负责具体实施。

（李丽琴）

附：区市政中心领导班子成员名单

副主任：骆锡伟

肖海燕（女）

蒋　龙

环境卫生

【概况】 2017年，浈江区环卫所（简称“区环卫所”）对辖区范围内所有道路进行无缝隙保洁，确保道路保洁纵到边、横到头，不留死角。同时专项整治主次干道的卫生死角、易污染地段。在日产日清的基础上，做好垃圾运输过程中的密闭，防止产生二次污染。清洗消毒作业机动车辆，保持车容车貌的整洁；清洗垃圾中转站、消毒，同时全面检查维修，确保正常运转，保证垃圾日产日清。全年清运生活垃圾79344吨。是年，环卫工人节开展表彰先进活动，表彰先进工作者56人。

【增加环卫设施投入】 2017年是韶关市创文工作的关键之年，韶关市、浈江区政府对环卫设施投入各项资金555.93万元，新购置挂桶自装卸垃圾压缩车8辆，微型垃圾运输车10辆；购置垃圾桶2400个，果皮桶2000个；购置人力车200辆，手推车300辆。根据相关文件精神，区环卫所制定《浈江区环卫所大气污染防治专项资金项目实施计划方案》，通过公开采购招标购买环卫专用车辆等设备，其中喷雾降尘车1辆，每辆78万元；路面养护车2辆，每辆18万元；小型压缩车1辆，每辆约38万元；微型垃圾车3辆，每辆6万元，合计170万元。

【安全生产】 2017年，区环卫所车队每月定期召开安全工作会议，组织司机学习交通法等有关规定，明确车辆及驾驶员作业管理规定；各作业队定期对一线环卫保洁人员进行教育，特别是新招收的环卫临时工，要求他们严格遵守安全生产各项制度，尽量避免和降低交通事故的发生；成立所安全检查小组，每月对所属各部门办公场所、中转站、公厕的卫生及用电安全进行检查，检查结果在月工作例会上进行通报。

（李丽琴）

附：区环卫所领导班子成员名单

所　长：周　巧

副所长：欧善海

谭志雄

曾伟贤

张运兴

环境保护

【概况】 2017年，区住建局协助驻区的市环境保护局浈江环境监察分局完成水环境质量检测、大气环境质量检测和声环境质量检测等工作，并协调做好对区内环境问题的投诉和污染环境事故调处。是年，浈江区水质达标率100%，污染指数0.14，属于较清洁范围；全年降水pH年平均值5.31，酸雨频率36.8%；道路交通噪声年均值66.7分贝，其声环境质量处于好等级；区域环境噪声年均值56.5分贝，其声环境质量处于一般等级；各功能区域噪声基本符合标准要求。

【中央环保督察整改】 2017 年，浈江区在中央环保督察期间，切实做好丹霞山自然保护区人类活动图斑点整改工作，严格做到“四个第一”，即第一时间赶到现场、第一时间查清问题、第一时间查明责任、第一时间进行处理和追责，对查实的问题认真制定整改方案，逐一列出整改清单和责任人、倒排整改时间节点、倒逼整改任务，同时将问题查处和整改情况及时上报。年内浈江区组织犁市镇、十里亭镇、区农业局、区林业局、区国土分局共整治丹霞山国家级自然保护区 16 个图斑点，完成中央环保督办案件。

【养殖场环境整治】 2017 年，区住建局联合区农业局等相关部门清拆整改丹霞山自然保护区内的 7 家养殖场以及十里亭镇一级水源保护地 6 家养殖场。区政府投入 682.6 万元对涉及丹霞山自然保护区畜禽养殖工程进行测量、评估、搬迁、补偿、复绿等。

【水环境质量】 2017 年，区住建局建立河长制，加强流域内水系的管理，各主要江河水系水质状况总体良好，水环境质量与上年相比无显著变化。十里亭饮用水源地断面水质为Ⅱ类，水质达标率 100%，与上年持平。

（侯哲欣）

表 5　**2017 年韶关市浈江区饮用水源水质状况**

监测断面	监测年份	年取水量（万立方米）	年达标水量（万立方米）	水质达标率（%）	水质类别	年均值超标项目	年均值超标项目浓度（毫克/升）	污染指数
十里亭	2017	7825.1	7825.1	100	Ⅱ	—	—	0.14

表 6　**2017 年韶关市浈江区省控以上河流水质变化趋势分析结果**

河流名称	断面名称（功能类别）	水质类别	定性描述	是否达标	超标项目	上年同期水质类别	变化趋势
北江	孟洲坝电站（Ⅳ）	Ⅱ	优	是	—	Ⅱ	持平
	白沙（Ⅲ）	Ⅱ	优	是	—	Ⅱ	持平
	高桥（Ⅲ）	Ⅱ	优	是	—	Ⅱ	持平
浈江	长坝（Ⅲ）	Ⅱ	优	是	—	Ⅱ	持平
	曲江桥（Ⅲ）	Ⅱ	优	是	—	Ⅱ	持平
武江	坪石（Ⅲ）	Ⅱ	优	是	—	Ⅱ	持平
	武江桥（Ⅲ）	Ⅱ	优	是	—	Ⅱ	持平

表 7　**2016 年、2017 年韶关市浈江区大气监测结果统计**

市县名称	监测项目	测点名称	年平均		超标率（%）	
			2014	2015	2014	2015
韶关市浈江区	二氧化硫	市八中	0.021	0.020	0	0
		园林处	0.013	0.017	0	0
		韶关学院	0.012	0.016	0	0
	二氧化氮	市八中	0.029	0.031	0	0
		园林处	0.026	0.028	0	0
		韶关学院	0.020	0.022	0	0

续表 7

市县名称	监测项目	测点名称	年平均		超标率（%）	
			2014	2015	2014	2015
韶关市浈江区	可吸入颗粒物	市八中 园林处 韶关学院	0.048 0.057 0.040	0.055 0.051 0.045	0.6 2.0 0	0.3 0.3 0
	细颗粒物	市八中 园林处 韶关学院	0.035 0.036 0.031	0.039 0.036 0.036	5.0 4.7 1.1	6.1 5.2 4.3
	一氧化碳（日均浓度第95百分位数）	市八中 园林处 韶关学院	1.8 1.9 1.4	1.5 1.5 1.4	0 0 0	0 0 0
	臭氧（日最大8小时浓度第90百分位数）	市八中 园林处 韶关学院	0.136 0.118 0.135	0.152 0.152 0.162	3.3 2.0 5.0	8.6 8.2 11.4
	降尘（吨/平方公里·月）	市八中 园林处 韶关学院	2.28 2.16 1.85	1.73 1.52 1.26	0 0 0	0 0 0

表 8　**2016、2017 年韶关市区降水质量统计**

监测站名称	2016 年				2017 年			
	样品个数	酸雨频率（%）	降水 pH 值		样品个数	酸雨频率（%）	降水 pH 值	
			范围	平均			范围	平均
韶关市	87	36.8	4.32—7.90	5.31	90	40.0	4.19—7.63	5.26

表 9　**韶关市区道路交通噪声监测统计**

行政区	测点数（个）	总路长（千米）	平均路宽（米）	平均车流量（辆/小时）	等效声级	达标率（%）	>70dB 路段		声级范围（分贝）
							路长（千米）	（%）	
韶关市区	55	73.5	20.4	2273	66.4	94.5	3.60	4.9	57.4—73.1

表 10　**韶关市区区域环境噪声功能区统计**

功能区	网格大小（米）	网格数（个）	覆盖面积（平方千米）	等效声级（分贝）	超标率（%）
1 类区	500×500	42	10.50	54.0	16.7
2 类区	500×500	136	34.00	56.4	20.0
3 类区	500×500	69	17.25	59.0	1.4
韶关市区	500×500	247	61.75	56.7	14.2

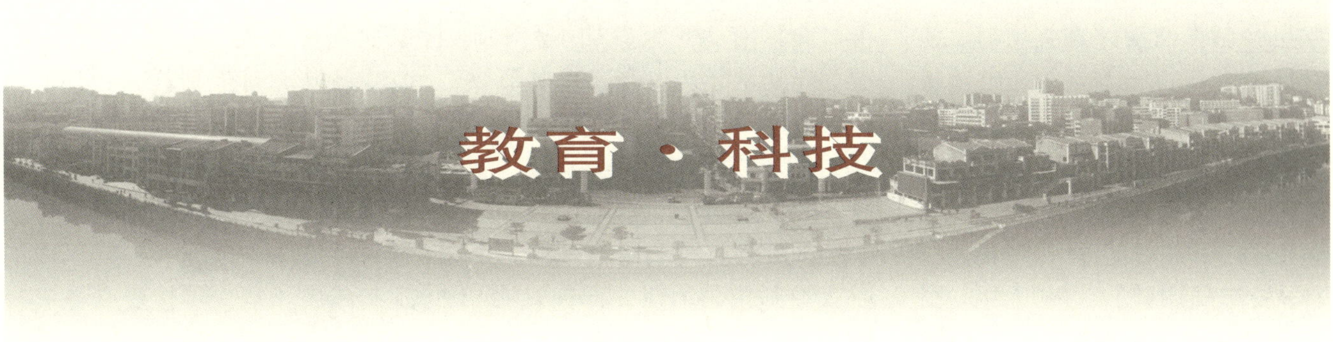

教育·科技

教育管理

【概况】 浈江区教育局（简称“区教育局”）是区政府主管教育事业、基础教育、学校管理、学生招生等的职能部门；内设办公室、基础教育股、德育体育卫生艺术股、教育督导室（浈江区人民政府教育督导室）、基建财务股、人事监察股6个职能股室；下属考试中心、教育教学研究室、教学设备仪器站3个事业部门。2017年，全区有区属中小学37所，其中初中9所（含民办1所），九年一贯制学校4所（含民办1所），小学24所（含民办1所）；教学点18个；幼儿园73所，其中公办6所，民办67所。全区有教职工3427人，其中在职教职工2089人，退休教职工1338人。

【推进教育重点难点工程】 2017年，浈江区累计完成2100多万元的教育基础建设，其中区财政分别投资300万元的花坪镇幼儿园和犁市镇龙腾幼儿园顺利开学；投资193万元完成犁市镇中心小学大门通道地坪及塑胶运动场等维修改造工程，投资142元万浈江中学女生宿舍翻新及附属工程，投资169元万完成德育实践基地钢网架结构操练棚工程，投资163元万完成浈江区实验学校校园文化建设工程，以及完成府管学校、沙梨园小学篮球场及校园道路、第八中学道路改造、东联小学围墙维修工程等零星维修工程。10月，浈江区顺利通过广东省社区教育实验区复评。

【教育信息化建设】 2017年，浈江区投入近700万元用于电脑室的改造，电子白板和教师办公电脑的更新。投入近300万元，新建12间计算机室，其中云计算机室11间；投入近77万元，配备教师办公电脑179台，确保全区教师人手1机；投入近120万元用于“班班通”建设，新装电子白板34套；投入130万元，分别为2所学校改造阶梯课室及校园广播设备。同时加大学校安全技术防范的投入，做好“一键报警”项目的实施，投入56万元（三年服务费），采取购买服务的方式，为全区中小学（含教学点）安装一键报警装置。按照市考试中心的要求，投入资金51万元，为全区5个考场63个考点安装考试监控设备，是年中考实行电子监控。在2017年省中小学虚拟机器人竞赛中，浈江区2个组

2017年2月9日，区教育局局长吕德基为浈江区法治副校长颁发聘书 （区教育局 供）

获得二等奖；2017年广东省中小学电脑制作活动评选类项目，浈江区1人获得三等奖；在电脑机器人、电脑制作两项市级活动中，区教育局获得前三名“最佳（优秀）组织奖”。

【学校布局调整】 2017年，根据市政府《关于理顺市区基础教育办学体制工作方案》。1月，韶关市第二中学、曲仁中学由市教育局直管，韶关市机关一幼、韶关市机关二幼下放浈江区管理。7月，在区教育局《浈江区市区教育资源整合方案》基础上，规划筹建浈江区南沙实验学校、乐园镇中心幼儿园和十里亭镇幼儿园。

【推进教育依法行政】 2017年，聘用林锦强等35人为全区各中小学兼职法治副校长，聘期从2017年1月至2019年12月。根据区教育局行政许可范围，是年，认定应届毕业生初级中学教师资格876人，小学教师资格318人，幼儿园教师资格361人。面向社会认定通过初中教师12名，小学教师10名，幼儿园教师5名。同时完成首次教师资格证注册2469人。根据《中华人民共和国民办教育促进法》《民办教育促进法实施条例》的规定，行政审批13个民办教育机构，其中新成立的民办教育机构有5家。截至12月底，受理网络问政122件，办结率100%。

【实施教师学历提升工程】 2017年，为创建“广东省推进教育现代化先进区”，根据《韶关市浈江区基础教育学校教师学历提升补助方案》的要求，广泛宣传和鼓励全区教师提升学历，是年，全区有288人参加本科和研究生学历的学历提升，其中21人读研，50人在7月前取得学历证书，学历达标数据稳步提高。

【教师招聘】 2017年，区政府加大教师招聘力度，面向社会招聘小学、幼儿园教师73人，选聘教师5人，选聘校医5人，缓解教师紧缺、结构性缺编的问题。区教育局也首次选调2名公务员，并完成公务员招聘1人次。

【激励机制改革】 2017年，区教育局加大浈江区内教师交流，以推动师资流动，均衡各校师资配备。年内有92名教师参与交流，其中支教8人，调动38人，交流46人。

【师德建设】 2017年，根据《广东省教育厅关于开展2017年师德建设主题教育月活动的通知》和《韶关市教育局关于开展2017年师德建设主题教育月活动的通知》的要求，9月区教育局开展师德建设主题教育月活动，12月召开首次全区教职工大会，加强师德教育。

【关注教育公平】 2017年，区教育局面向社会公布小学一年级新生及初中七年级新生的划分路段，保障入学机会公平，流动人口子女与境外及港澳台适龄儿童同等接受义务教育。同时，继续严控小学“45”初中“50”标准班额，解决进城务工人员子女入学问题，继续实现消除大班额专项规划的目标，保障教育的公平。特殊教育工作机制逐步完善，适应新时期办好特殊教育的要求，切实保障残疾人受教育的权利，加大特殊教育经费投入，加快特殊教育基础能力建设，增强特殊教育保障能力，提高残疾儿童少年义务教育普及水平，提升特殊教育“普九”质量，对辖区内的适龄残疾儿童少年接受义务教育做到“零拒绝，全接纳”。

【教师慰问】 2017年9月10日是第33个教师节，区四套班子有关领导带队到中小学校慰问坚守在教学第一线的教育工作者，慰问学校8所，每所10000元，慰问浈江区35年以上教龄的教师58名，任劳任怨带病坚持工作的教师62名，每位教师慰问金500元，总共支出经费14万元。

（姚志军）

附：区教育局领导班子成员名单

局　长：吕德基

副局长：余党明

　　　　李沿生

　　　　邱小玲

基础教育

【概况】 2017年，浈江区辖区内有中小学校37所（含民办学校），另有教学点18个。在校中小学生32973人，其中在校小学学生25109人（民办小学639人），新招学生4522人；初中学生7864人（民办中学839人），新招学生2858人。全区小学入学率、巩固率、毕业率、三残儿童入学率均达100%；初中入学率、巩固率和毕业率分别达100%、95.28%和100%，初中学生辍学率0.03%。辖区内高中由韶关市教育局管理。韶关市机关第一幼儿园更名为建国路幼儿园，韶关市机关第二幼儿园更名为执信路幼儿园，韶冶实验学校移交浈江区管理，新增浈江区东鹏幼儿园、花坪幼儿园、犁市龙腾幼儿园3所共办幼儿园。

【德育教育】 2017年，区教育局组织开展“拥军爱国跟党走——不忘初心好少年”小学主题教育系列活动、五·一中小学主题教育系列活动、书香校园系列评选活动。是年，广东省教育厅公布关于2015年度中小学德育创新项目结项名单，浈江区和平路小学陆建新校长的《打造平和文化特色，培养智慧幸福和平人》德育项目顺利结项。

【班主任学习】 2017年10月，区教育局选派14名班主任参加省教育厅在韶关学院举办的“中小学班主任心理健康教育与学生管理研修项目培训班”培训，以提高班主任心理健康教育水平。12月1日，组织陈绍燕名班主任工作室成员到华师附中参加第三批广东省中小学名班主任工作室（初中组第一组）展示活动。

【法治教育】 2017年4月11日，区教育局组织50名师生到区人民法院旁听有关青少年涉法案例的法庭即时判案，提高对法律的认识。6月2日，组织12名分管德育副校长、德育主任、班主任参加区检察院召开的“未成年人思想道德建设工作”座谈会。组织全区中小学生在12月4日国家宪法日利用课堂早读等形式开展“晨读宪法”活动。9月22日，浈江区禁毒教育基地正式揭牌。是年，全区有13名教师的课件获得“护航青春·携手禁毒”2017年广东省青少年毒品预防教育课件省级一等、二等、三等及优秀奖项。

【体育教育】 2017年，在省、市第八届中小学（幼儿园）体育教学评比中，浈江区获得省级一等奖1人、二等奖1人、三等奖2人，市级一等奖5人、二等奖2人、三等奖8人。在韶关市第八届体育与健康科学论文评比中浈江区获得一等奖1篇、二等奖1篇、三等奖8篇。成功申报市级课题2个。参加教研培训学校有省级23人次、市级30人次、区级761人次。成功举办2017年浈江区小学中国象棋赛，2017年浈江区中小学生毽球赛，2017年浈江区“体彩杯”中小学生夏、冬季足球赛，2017年浈江区中小学生篮球赛。成功承办韶关市第十五届青少年运动会学校体育组暨韶关市第二十二届中学生“英东杯”毽球项目的比赛。在国际及国家省级比赛中，和平路小学获2017年广东省“萌芽杯”青少年羽毛球锦标赛女子单打第一名和第二名，2017年全国羽毛球后备人才锦标赛（中南赛区）小学获10岁组女子单打第一名；浈江小学获2017年“黄加蓝杯”首届亚洲少儿（中国区）毽球赛女子碟组季军、男子碟组第四名，广东省第四届体育大会毽球比赛女子组团体第八名。

2017年3月30日，浈江区毽球比赛在区体育馆举行
（区委宣传部 供）

【艺术教育】 2017年11月17—19日，在韶关市新丰县举行的第22届英东杯文艺竞赛中，浈江区犁市镇中心小学舞蹈《春牛，春妞》荣获英东杯民族集体舞小学组一等奖、执信幼儿园舞蹈《牛妞妞》荣获民族集体舞幼儿组一等奖、执信小学的民乐团荣获英东杯民乐器乐小学组二等奖、第八中学及执信小学民族集体舞荣获三等奖。

【团队工作】 2017年，全区中小学均举办“捐赠爱心压岁钱”

广东红领巾基金募集活动，团队团市委、市教育局、市少工委决定联合授予浈江区执信小学少先队大队等2个大队韶关市少先队“红旗大队”荣誉称号；授予沙梨园小学六（3）中队等5个中队韶关市少先队“先进中队”荣誉称号；授予浈江区蒲聪聪等5名同志韶关市“优秀少先队辅导员”荣誉称号；授予浈江区杨希等30名少先队员韶关市“优秀少先队员”荣誉称号。浈江区犁市镇大为中学团委荣获韶关市五四红旗团委、第四中学简秋弟等老师荣获“韶关市优秀团干部”荣誉称号。

【安全教育】 2017年，区教育局相继印发《浈江区教育局创建“平安校园”工作方案》《浈江区教育系统特别防护期安全检查工作方案》等，同时各学校也不断健全完善安全有关的各项规章制度以及应急预案，整个教育系统安全管理工作逐步走向规范化、制度化和科学化。重点解决犁市镇学生乘坐社会车辆上下学问题。根据道路实际通行能力，制定《浈江区犁市镇中小学校车服务运营方案》，8月28日，区政府九届十一次常务会议同意对犁市镇中小学校车运营给予补贴，2台52座的正规校车9月1日正式运营，100人乘坐正规校车。是年，在犁市镇建设浈江区中小学生安全教育基地，设有安全教育多媒体馆、家电安全教育馆、交通（消防）安全教育馆、反邪教教育馆、禁毒教育馆5大场馆。

【教研教改】 课题管理主要程序包括课题立项申请、开题论证、阶段检查、过程跟踪、结题验收和应用推广。2017年，全区收到课题申报59项，上送市24项；区上送市7项、省2项参加市、省教育科研成果奖评选。区教研室被评为“韶关市教育科研先进单位”。是年，教师参加市级及以上学科比武，其中获得中国家级奖项45项，省级奖项38项，市级奖项154项，全区教师在教育教学方面撰写国家级论文28篇，省级论文35篇，市级区级论文297篇。全区中小学生参加各类各级比赛1600人次，获得国家级奖项358人次，省级奖项228人次，市级奖项314人次，区级奖732人次。

【学前教育】 2017年3月，区教育局对辖区94间民办非学历教育机构进行年检。5月30日，区教育局举办庆六一“争做文明小天使点亮快乐童年”幼儿绘画手工比赛及“2017年贯彻《指南》宣传月暨优秀成果展板展示活动”，培养幼儿的文明素养和行为习惯，引导家长更新教育观念，珍视幼儿生活和游戏的独特价值，支持幼儿园开展游戏活动。是年，结合5个镇的实际情况，因地制宜地采取回购、改建、新建等多种方式推动各镇公办中心幼儿园的建设，有效解决乡镇公办中心幼儿园不足问题。9月，东鹏幼儿园、龙腾幼儿园、花坪镇中心幼儿园正式开园投入使用。

【继续教育】 2017年初，摸底调查学校学科设置和教师配置，找出薄弱科目专业在学校间做好调配，针对教师专业不均衡的状况，制定教师专业发展培训计划。全区根据教师专业发展需要，组织开展各学科学习培训20次，参加培训教师2430人次，投入培训经费143万元，培训科目遍及中小学校各学科。全区教师专业发展培训针对性的有数学工作室跟岗培训，班主任骨干教师培训，校长能力提升培训，德育副校长专业培训，家庭教育培训，地理、美术、音乐教师转岗培训，新教师入职和书法培训，幼儿教育培训等；普遍性的有全区乡村教师网修培训，信息技术能力提升全员培训和校本培训等。全年在培训经费不足的情况下，通过“走出去”和“请进来”的方式，开展新教师、工作室、班主任、骨干教师、副校长、校（园）长、乡村教师、学前教育的专业能力培训，推动教师专业能力向前发展。 （姚志军）

其他教育

【职业与成人教育】 2017年，浈江辖区内有中等职业技术学校4所，其中国家级中等职业示范校、国家级重点中等职业学校1所（韶关市中等职业技术学校）。成人文化中心校5所，均通过市示范性成人中心校评估。借助区域内职业院校、成人文化技术学校、社区学习中心和各类培训机构等资源，为不同年龄、不同层次、不同职业和不同需求的居民提供各项技能培训。浈江区社区学院（北江中职）每年都开展农民工技能培训、花卉培植、消防安全、婚育及家庭教育等培训，教育局、人社局、农业局等职能部门，也相应开展职业就业培训、教师学历提升、教师继续教育、居民再就业、大学生创业培训、种植业技术培训和艺术赏析培训等，各镇办社区学校也开展形式多样的培训学习活动，实现社区教育惠民。10 月，浈江区顺利通过广东省社区教育实验区复评。

【民办教育】 2017 年，浈江区管辖的民办教育机构有 98 所，其中民办幼儿园 67 所、小学 1 所、中学 1 所，九年一贯制学校 1 所，民办培训机构（培训中心）28 所，在园幼儿 1.41 万人，在校小学生 693 人，在校初中生 839 人。全区有校车 58 辆，涉及幼儿园 32 所，小学 2 所，校车驾驶员 63 人，乘车幼儿 1250 人。2017 年，对全区 94 所符合年检民办教育机构进行年度检查，其中合格的机构 52 所，基本合格机构 39 所，延迟年检的机构 2 所，放弃年检机构 1 所。8 月，区教育局调整“民办教育机构行政许可审批工作”领导小组，规范浈江区民办教育行政许可审批，全年审批许可民办幼儿园 2 所、培训机构 2 所、九年一贯制学校 1 所。

【高等教育】 2017 年，浈江区境内有普通高校 3 所，分别是韶关学院、广东省南方高级技工学校、韶关技师学院。全年普通高等学校本专科招生保持近万人。

（姚志军）

学校选介

【韶关学院】 广东韶关学院是经国家教育部批准成立的一所省属公办全日制综合性普通本科大学，是经国务院学位委员会批准的学士学位授予单位。

学校占地面积 179.2 公顷，校舍建筑总面积 72.71 万平方米。五年来荣获“全国文明单位”“全国精神文明建设先进单位”“全国绿化模范单位”“全国大学生暑期‘三下乡’社会实践活动先进单位”“全国‘五四’红旗团委”“广东省文明单位”“广东省依法治校示范校”“广东省文明校园”等荣誉称号。“大学生文明教育月活动”“成长论坛”“读书活动月”分别荣获全国高校校园文化建设优秀成果二、三等奖。学校还被韶关市人民政府命名为“韶城新十景”之一，图书馆大楼荣获国家建筑最高奖——鲁班奖，校园风光图片入编全国绿化委员会出版的大型画册《绿色辉煌》。学校被教育部、广东省教育厅分别授予“全国普通高校毕业生就业工作先进集体”“广东省普通高校毕业生就业工作先进集体”荣誉称号。

学校的前身是创办于 1958 年的韶关师范专科学校。经过 50 年的建设与发展，学校形成鲜明的办学特色和综合性学科格局，成为粤北乃至“红三角”地区人才培养和知识、技术创新的重要基地。2017 年，学校设有文学院、外语学院、经济管理学院、英东生命科学学院、英东食品科学与工程学院、英东农业科学与工程学院、信息科学与工程学院（软件学院）、物理与机电工程学院、化学与环境工程学院、体育学院、数学与统计学院、法学院、政治与公共事务管理学院、旅游与地理学院、美术与设计学院、音乐学院、教育学院、韶州师范分院、医学院、网络与教育技术中心、土木工程学院、马克思主义学院等 22 个二级学院和教辅部门，设有 71 个本科专业，51 个专科专业。学校有省级重点实验室、省级实验教学示范中心 11 个；拥有“广东十大最美图书馆”之称的现代化、智能化的图书馆，馆藏纸质藏书 269.39 万册，电子图书 159.2 万种，中外文电子期刊 12.97 万余种，一站式信息搜索平台、计算机管理与服务系统、多媒体信息利用设备齐全。

是年，学校有教职工 1934 人，其中正高职称 108 人、副高职称 422 人，博士 154 人、硕士 728 人。近五年来，学校教师主持和参与国家级科研项目（含子项目）13 项（其中国家自然科学基金项目 10 项，国家社会科学基金项目 3 项），省部级科研项目 137 项，市厅级科研项目 350 项，与地方经济社会发展密切相关的横向课题 302 项；公开发表学术论文 2772 篇，其中被 SCI、EI、ISTP、CSSCI 收录 357 篇；获得包括国家科技进步二等奖在内的市级以上科技奖 57 项，中国发明专利博览会金奖 3 项，国家专利 116 项。学校现有国家级特色专业 1 个，省级特色专业 5 个，省级特色重点学科 4 个，省级战略新兴产业特色专业 1 个；国家级专业综合改革试点专业 1 个，省级专业综合改革试点专业 21 个；近五年主持国家级教改课题 7 项，广东省高等教育教改项目 61 项，获得国家级优秀教学成果二等奖 1 项，省级教学成果奖 12 项；出版专著、主（参）编教材 300 多部。为国家培养各类人才近 14 万人。

是年，学校有全日制本专科在校生 2.95 万人，成人教育在校生1.55万人。学生在全国、省级数学建模竞赛、大学英语竞赛、机械创新设计大赛、电子设计竞赛、大学物理实验竞赛、视觉艺术大赛等学科专业竞赛活动中，获得包括国家、省一等奖在内的省级以上奖项1369余项。毕业生就业率均保持在98%以上，居于省内本科院校前列。

【省、市级学校名单】 2017年，浈江区省一级幼儿园有韶关市浈江区建国幼儿园、韶关市浈江区执信幼儿园、韶关市浈江区风采幼儿园；省义务教育标准化学校有韶关市第三中学、韶关市第四中学、韶关市第七中学、韶关市第八中学、韶关市第十中学、韶关市第十三中学、浈江区实验学校、浈江区浈江中学、浈江区犁市大为中学、浈江区花坪实验学校、浈江区韶冶实验学校、浈江区碧桂园外国语学校、韶关行之实验学校、浈江区执信小学、浈江区和平路小学、浈江区韶师附小、浈江区南枫小学、浈江区赖新小学、浈江区建国小学、浈江区站南小学、浈江区浈江小学、浈江区韶阳小学、浈江区黄岗小学、浈江区沙梨园小学、浈江区东联小学、浈江区长乐中心小学、浈江区吴礼和中心小学、浈江区黄金村中心小学、浈江区犁市镇中心小学、韶关市金沙明星学校、浈江区转水小学、浈江区靖村小学、浈江区府管小学、浈江区银山小学、浈江区陈江小学、浈江区工程处小学、浈江区梅村小学。

（姚志军）

科学技术

【概况】 2017年，浈江区科技局（简称“区科技局”）贯彻落实科学发展观，紧紧围绕“加快转型升级、建设幸福浈江”中心任务，以科技宣传为基础，以促进高新技术产业发展为重点，大力实施知识产权战略，推动全区科技进步。是年，浈江区荣获2016年度韶关市科学技术进步奖奖项11项，其中一等奖1个，二等奖2个，三等奖8个。

【科技创新】 2017年，区科技局组织协助企业申报国家高新技术企业，全区新增国家高新技术企业6家（韶关市德丰机械有限公司、广东桃林生态环境有限公司、韶关市新弘立冶金实业有限公司，韶关市英诺维科技设备有限公司、韶关市盈科电气实业有限公司、广东宏大韶化民爆有限公司），新增高新技术企业数量全市排名第三；组织辖区企业开展省级高新技术产品认定申报，年内有26个产品被认定为省高新技术产品；引导企业开展技术研发，协助韶关市詹氏养蜂场蜂业有限公司和磊蒙机械组建、申报省级工程技术研发中心；截至12月底，辖区建立省市工程技术研发中心17个，其中省级12个，市级5个，基本形成以企业为主体，高校科研院所为支撑的工程技术研发体系；建立校园猫商务有限公司的校园猫和鑫金汇的智慧空间2个众创空间，其中校园猫商务有限公司的校园猫众创空间被认定为省级高新技术产品。

【知识产权】 2017年，浈江区专利申报量319件，其中发明专利申请77件，实用新型160件、外观设计82件；专利授权量134件，其中发明28件，实用新型56件，外观设计50件。对国家知识产权强区（试点）工程进行验收，自评得分80.71分。

【科技宣传】 2017年，区科技局以增强全区科技意识为目标，协同区文化新闻出版局、教育等部门依托“文化科技三下乡”活动以及科普宣传周、世界知识产权日、防灾减灾日等重要纪念日，开展科学技术推广普及活动15场次。浈江路社区和大学路社区被广东省地震局确定为“广东省地震安全示范社区”。 （刘国添）

文化·体育·卫生

文　化

【概况】　浈江区文化新闻出版局（简称“区文新局”）是浈江区政府主管文化艺术、文化市场管理、新闻出版、版权、旅游、艺术教育、非物质文化遗产、文物古迹等工作的职能部门，挂区版权局和区旅游局牌子。区文新局内设办公室和文化市场办公室2个职能股室，直属区文化市场综合执法队、区文化馆和区图书馆3个机构。

【公共文化服务体系】　2017年，区文新局先后制定《浈江区文化馆图书馆总分馆制建设工作方案》《关于加快推进浈江区行政村（社区）综合性文化服务中心全覆盖建设的实施方案》《浈江区推进基层综合性文化服务中心建设工作方案》等方案，推进公共文化服务体制机制改革。在行政村、社区文化室、农家书屋的基础上，升级建设集文化娱乐、党员活动、看书读报、体育健身等功能于一体的综合性文化服务中心。是年，全区各镇办配套建设的综合性文化服务中心示范点68个，覆盖率72%。联合市图书馆在市区推动24小时智能化阅读空间建设，选定碧桂园、中山公园、执信路3个点建设无人值守、24小时开放的图书馆。

【文化惠民活动】　2017年，区文新局开展三期文化培训活动，涵盖12个班，5种专业，举办汇报演出2场，受惠群众300人；开展送文化下乡活动45场，其中送书下乡5次，送展览下乡10场次；各类活动和文化市场管理中引进志愿者的参与，参与志愿服务1000人次，人均服务4小时。全年开展文艺演出70场，包括“一月一演”10场，“我们的节日”10场，“送戏下乡”30场，创文宣传演出15场，主题性演出5场。开展以“英语练到家”“亲子阅读会”为主要内容的“浈·风采——阅读系列活动”，以及为农村留守儿童和贫困儿童开展送书下乡的“同读一本书”活动。承办浈江区三八妇女节诗歌朗诵会、浈江区庆祝母亲节插花活动、广东省岭南书香节韶关分会场“诗、书、茶、禅”音乐诗会、韶关市“说出你的故事”演讲比赛、浈江区廉洁修身演讲比赛等大型活动，受惠群众1000多人。因为效能显著，图书馆在全国第六次公共图书馆评估定级中被专家评价为“广东省最安全、最小、资源最少、最美、最感动人的图书馆”，并受邀在2017年全省图书馆学术年会上做经验介绍。

【文化精品创作】　自2016年浈江区启动群众文化精品创作评选以来，由文化馆创作的《文化摆渡者》《我为党旗添光彩》《创文志愿在行动》《幸福来》《做军鞋》和《映山红》等作品。同时，区文新局组织创作团队到乡村一线采访调研，先后创作扶贫小品《都是一家人》、廉政小品《退赃之后》，在韶关市戏剧曲艺花会展演中获得优异成绩。

表11　　2017年浈江区群众文化活动一览表

时间	活动地点	活动主题
1月28日	启明路全民健身广场	非物质文化遗产专场

续表 11

时间	活动地点	活动主题
1月29日	启明路全民健身广场	开心过大年，幸福我来秀
1月30日	启明路全民健身广场	开心过大年，幸福我来秀
2月11日	启明路全民健身广场	喜迎元宵
4月20日	启明路全民健身广场	百姓舞台，和谐浈江
4月22日	韶关红旗影城	百姓舞台，和谐浈江
4月23日	乐园镇锦园社区	百姓舞台，和谐浈江
5月5日	浈江区人民政府	善美韶关，风采浈江
5月16日	百年东街广场	善美韶城，韶关好人
5月27日	曲江园	善美韶关，风采浈江
5月30日	韶关学院韶州师范分院	国之魂端午音乐诗会
6月9日	曲江园	文化与自然遗产日
6月10日	启明路全民健身广场	国际档案日宣传
6月10日	碧桂园翠林山语球场	善美韶关，风采浈江
6月11日	乌教塘铁四处小区	善美韶关，风采浈江
6月11日	百年东街婚庆广场	善美韶关，风采浈江
6月11日	韶关冶炼厂	善美韶关，风采浈江
6月12日	韶关碧桂园水木春华	善美韶关，风采浈江
6月23日	浈江区通天坡	善美韶关，风采浈江
6月24日	风度名城广场	百姓舞台，和谐浈江
6月25日	北江桥广场	百姓舞台，和谐浈江
6月26日	新韶镇农业机械厂	百姓舞台，和谐浈江
6月27日	十里亭韶铸南区	百姓舞台，和谐浈江
6月27日	启明路全民健身广场	善美韶关，风采浈江
6月28日	乐园镇741小区	百姓舞台，和谐浈江
6月28日	乐园镇金沙小区	百姓舞台，和谐浈江
6月29日	碧桂园水木春华	百姓舞台，和谐浈江
6月30日	莱斯豪苑小区	百姓舞台，和谐浈江
7月1日	启明路全民健身广场	善美韶关，风采浈江

续表 11

时间	活动地点	活动主题
7 月 10 日	浈江区五里亭市场	百姓舞台，和谐浈江
7 月 11 日	浈江区三市场路口	百姓舞台，和谐浈江
7 月 13 日	浈江区十里亭市场	百姓舞台，和谐浈江
7 月 14 日	浈江区长乐市场	百姓舞台，和谐浈江
7 月 17 日	浈江区兴隆市场	百姓舞台，和谐浈江
7 月 18 日	浈江区启明市场	百姓舞台，和谐浈江
7 月 29 日	启明路全民健身广场	庆祝中国人民解放军建军 90 周年
8 月 27 日	金色江湾广场	培训结业汇报演出
9 月 17 日	乌教塘铁五四处	善美韶关，风采浈江
9 月 20 日	金色江湾文化服务中心	公民道德宣传日
9 月 23 日	浈江区 309 厂体育中心	善美韶关，风采浈江
9 月 26 日	碧桂园水木春华	善美韶关，风采浈江
9 月 26 日	浈江区站南路社区	喜迎十九大欢度国庆
9 月 28 日	风度名城广场	公民道德宣传日
9 月 28 日	新韶政府管村委广场	喜迎十九大欢度国庆
9 月 28 日	十里亭义乌小商场	喜迎十九大欢度国庆
9 月 29 日	启明路全民健身广场	喜迎十九大欢度国庆
10 月 4 日	百年东街婚庆广场	喜迎十九大欢度国庆
10 月 6 日	启明路全民健身广场	喜迎十九大欢度国庆
10 月 13 日	五里亭小学	善美韶关，风采浈江
10 月 18 日	浈江区文化馆	百姓艺术健康舞
10 月 28 日	启明路全民健身广场	献礼十九大欢度重阳
11 月 5 日	启明路全民健身广场	浈风采·百姓周末舞台
11 月 11 日	启明路全民健身广场	浈风采·百姓周末舞台
11 月 12 日	启明路全民健身广场	浈风采·百姓周末舞台
11 月 16 日	乐园镇家坝陈乡小学	善美韶关，风采浈江
11 月 17 日	浈江区新韶镇陈江村	善美韶关，风采浈江
11 月 24 日	浈江区花坪实验小学	善美韶关，风采浈江

续表 11

时间	活动地点	活动主题
11 月 25 日	浈江区犁市镇五四村	学习贯彻十九大送戏下乡
11 月 26 日	浈江区犁市镇石下村	学习贯彻十九大送戏下乡
11 月 27 日	浈江区新韶镇石山村委	学习贯彻十九大送戏下乡
11 月 28 日	十里亭镇坝厂新村	学习贯彻十九大送戏下乡
11 月 28 日	浈江区犁市镇石脚下村	学习贯彻十九大送戏下乡
11 月 29 日	浈江区乐园镇六合村	学习贯彻十九大送戏下乡
12 月 3 日	浈江区田螺冲棚户区	献礼十九大送戏下乡
12 月 8 日	浈江区十里亭腊石村	学习贯彻十九大送戏下乡
12 月 9 日	浈江区十里亭黄岗村	学习贯彻十九大送戏下乡
12 月 10 日	浈江区犁市镇下园村	学习贯彻十九大送戏下乡
12 月 10 日	浈江区犁市镇沙园村	学习贯彻十九大送戏下乡
12 月 12 日	浈江区北江职中	学习贯彻十九大送戏下乡
12 月 16 日	浈江区犁市镇黄糖村委	学习贯彻十九大送戏下乡
12 月 18 日	教场村	学习贯彻十九大送戏下乡
12 月 19 日	浈江区消防大队	学习贯彻十九大送戏下乡
12 月 23 日	浈江区犁市镇沙园新村	学习贯彻十九大送戏下乡
12 月 24 日	启明路全民健身广场	文艺精品创作汇报
12 月 27 日	95032 部队	学习贯彻十九大送戏下乡

（曹志宇）

文物保护与普查

【文化保护】 2017 年，区文新局加强对省、市、区级文物保护单位犁市当铺（朱德旧居）、余汉谋指挥部旧址、卢崇善旧居、太傅庙、斌庐、通天塔遗址、莲花山塔遗址、湾头村卢氏宗祠等消防安全检查和风险点查控，启动犁市当铺陈列布展。

【非物质文化遗产】 2017 年，浈江区有省级非物质文化遗产项目 1 个，市级非物质文化遗产项目 4 个。区文新局先后到犁市梅塘、犁市下园、十里亭湾头等地调研项目存续情况，详细了解非遗传承的经验及重点，为浈江区非遗传承和保护工作的开展和改善收集实践素材。同时，注重扶植非遗“走出去”，并通过开展非物质文化遗产展演、引进传承人深入学校做展示教学、创编如《春牛·春妞》《龙舟·竞》等舞蹈，让广大市民，特别是中小学生认识和了解本土传统文化，推动非物质文化遗产的传承和保护。

表 12 **浈江区辖区内各级文物保护单位一览表**

序号	级别	名 称	地 址	公布时间
1	省级	走马岗遗址	浈江区十里亭镇良村村委	1962 年
2	省级	韶州府学宫大成殿	浈江区风采街道办风采路居委	2008 年
3	省级	犁市街当铺	浈江区犁市镇犁市居委	2012 年
4	省级	五里亭中共粤北省委旧址	浈江区十里亭镇良村村委	2010 年
1	市级	广州会馆门坊	浈江区风采街道办老东门居委	1960 年
2	市级	风采楼	浈江区风采街道办风采路居委	1960 年
3	市级	帽子峰武城堡	浈江区风采街道办升平路居委	2003 年
4	市级	帽子峰主峰碉堡	浈江区风采街道办升平路居委	2003 年
5	市级	帽子峰定韶堡	浈江区风采街道办升平路居委	2003 年
6	市级	帽子峰巩北堡	浈江区风采街道办峰前路居委	2003 年
7	市级	广富新街门楼	浈江区风采街道办老东门居委	2003 年
8	市级	广富新街洋楼	浈江区风采街道办老东门居委	2003 年
9	市级	广富新街住宅	浈江区风采街道办老东门居委	2003 年
1	省级	抗日战争第七战区指挥部旧址	浈江区十里亭镇金凤坪村委	2015 年
2	区级	国民党将领卢崇善旧居	浈江区十里亭镇湾头村	2013 年
3	区级	东堤太傅庙	浈江区风采街道办峰前路居委	2014 年
4	区级	李汉魂斌庐	浈江区风采街道办老东门居委	2014 年

（何　忠）

表 13 **浈江区非物质文化遗产项目名录**

序号	级别	类别	项目名称	保护单位	批次
1	省级	传统舞蹈	舞春牛	浈江区文化馆	第一批
2	市级	传统技艺	划龙舟习俗	浈江区文化馆	第三批
3	市级	传统医药	丹参膏	浈江区文化馆	第四批
4	市级	传统技艺	隆盛酱油酿造技艺	浈江区文化馆	第六批
5	市级	民俗	猫公狮	浈江区文化馆	第六批

（袁国贤）

文化市场管理

【网吧整治】 2017年，区文化市场综合执法队加大对网吧检查巡查的力度，坚持错时工作制，重点加强午间、周末和节假日的监管，不定时分头检查或集中执法。自6月20日工作开展以来，区执法队出动执法人员433人次，检查网吧215家次，责令整改33处，处罚网吧3家，罚款2.3万元，责令停业整顿1家，另有3家网吧由于不符合创文要求自行停业整改。

【校园周边文化环境整治】 2017年，区文化市场综合执法队开展学校周边文化环境整治行动4次，出动48人次，拉网式清查各中小学校园周边的8家音像单位、20家书报刊经营单位，按照“什么问题突出就整治什么问题，哪里出问题就整治哪里”的原则，全面清查校园周边零售、出租音像店，收缴非法音像制品，全面查缴政治类、淫秽色情、盗版等非法出版物，对2家不合规的单位发出责令整改通告。

【排除歌舞娱乐场安全隐患】 2017年，区文新局针对娱乐场所时常发生消防安全事故问题和噪声扰民等现象，配合消防部门开展对歌舞娱乐场所的消防检查专项行动，对不符合消防安全条件的单位逐项要求整改，并跟踪检查。

【扫黄打非】 2017年，由区“扫黄打非”办牵头，区领导带队，组织开展联合行动。全面检查辖区内较大的市场附近的书店、音像店等相关商铺，以及辖区内的印刷企业，对于检查中发现的个别经营单位涉嫌销售盗版出版物的，执法人员依法予以扣押。

（黄得丰）

附：区文新局领导班子成员名单

局　长：李　颖（女）

副局长：袁国贤

谢海涵（任至4月）

何　忠（4月任职）

2017年6月17日，浈江区开展整治网吧联合执法行动

（区委宣传部　供）

档　案

【概况】 2017年，根据事业单位分类改革精神，浈江区档案局（简称“区档案局”）是区政府管理的公益一类事业单位，统一管理区党政机关、团体、直属单位、各镇（办）及个人需要永久、长期保存的各种门类、载体的档案及有关资料，维护档案的完整与安全，并做好全区档案整理监督和指导。截至年底，区档案馆累计接收160个全宗单位的各类档案共计45228卷2569件，其中文书档案9060卷1653件，专门档案34478卷11件，会计档案1592卷，设备档案1卷、照片档案95卷5111张，声像档案2卷（盒），实物档案905件。此外，还藏有各种图书资料9185册。

【档案馆建设】 2017年，区档案局（馆）按照《档案局馆建设标准》要求，加紧健全完善硬件和软件建设，按要求添置空调、消毒柜等相应的保管和安防设备。12月，利用省级档案维修改造专项资金购买数字档案馆建设项目，项目包括数字档案馆硬件设备采购、数字档案馆软件产品采购、数字档案馆应用软件开发和数字档案馆档案资源建设。档案数字化完善馆舍功能配备，为区档案馆晋升省一级档案馆创造条件。

【档案信息化建设】 2017年下半年，区档案局利用是年度财政拨付的档案事业费完成浈江区纪检、总工会、直属机关、北江区政府办、北江区人大办、北江区政协办6个全宗入馆档案595卷（计7.1万页）全文数字化扫描，并刻录成光盘永久保存，数据容量为138.5千兆。截至12月底，区档案馆累计完成184870条档案目录的电脑录入，其中案卷级目录12296条、文件级目录172574条；累计完成包括浈江、原北江区委、区政府四套班子的重点全宗2569卷（计355487页）档案的全文数字化扫描，数据容量371.1兆兆。

【档案文件开放利用】 2017年，区档案局加强日常档案利用，推行来函查档等便民措施，接待社会各界档案利用者180人次，提供利用档案资料190卷，做好档案优质服务，特别是为婚姻证明、办理独生子女证、户口迁移、产权纠纷、遗嘱继承、公证等提供原始依据，增强社会民众档案意识，扩大档案工作的知名度，创造良好的社会效益和经济效益。

2017年6月10日，区档案局组织开展第10个“6·9”国际档案日集中宣传活动 （区档案局 供）

【档案安全防范管理】 2017年，区档案局每季度组织全局人员学习档案安全方面的有关文件及资料，提高安全防范技能和应对突发事件的能力，并由局班子成员率队定期和不定期对档案库房、办公区域、馆区环境等重要区域安全隐患进行排查。此外，加强消防安全设施设备经费投入，全面检查灭火器材等设备的状态，及时更换安全设施设备，同时督促各单位档案室做好档案“八防”（防火、防潮、防尘、防鼠、防盗、防光、防虫和防水）。是年，全区没有出现一宗档案安全事故。

【国际档案日宣传活动】 2017年6月10日，区档案局在浈江区启明北路全民健身广场组织开展第10个“6·9”国际档案日集中宣传活动。

专场文艺演出　由韶关市档案局（馆）、浈江区档案局（馆）、浈江区文化新闻出版局主办，东河街道办事处、区文化馆协办，举办一台专场文艺演出，为观众献上花鼓戏《刘海砍樵》、舞蹈《幸福来》、非物质文化遗产项目《九峰山歌》、歌剧《白毛女》等节目，穿插档案知识宣传及有奖抢答，在2轮12题档案有奖知识抢答环节中，派发奖品12份。

专题展览　由市档案局（馆）和区档案局（馆）联合举办以《档案——我们共同的记忆》为主题的专题展览，通过“档案——城市记忆”展出新旧韶关对比照片、展板长廊描绘韶城自20世纪以来的发展变化，宣传档案工作记录历史、服务现实、影响未来的作用，传播档案与社会公众自身权益息息相关的理念，增强群众的档案意识。

派发和张贴宣传资料　活动派发“寻找我们共同的记忆”宣传册、“家的档案、家的记忆”宣传海报、家庭档案宣传单、区馆藏档案介绍及档案法律法规宣传资料2000多册（张）。同时，在活动现场和区机关两幢办公大楼一楼分别张贴由国家档案局监制，中国档案报、中国档案杂志社印制的《档案——我们共同的记忆》整套宣传挂图。

【农村土地确权颁证档案管理检查指导】 2017年，区档案局围绕省、市、区关于农村土地承包经营权确权登记颁证及档案规范化整理的部署与要求，扎实开展农村土地确权颁证档案管理的指导与服务。8月10日，由市档案局副局长申爱平、黄平，监督指导科科长蔡红卫组成的监督检查组到浈江区检查指导农村土地确权颁证档案管理开展情况，区档案局负责人陪同检查指导。市监督指导组结合浈江区档案工作实际，指导开展档案收集、整理、数字化等业务，加强和规范农村土地确权颁证档案的管理。

【爱国主义教育基地建设】 区档案馆维修改造工程于2016年3月完成，其中对档案馆展厅这一浈江区爱国主义教育基地进行重新改造，占地面积165平方米，分别从韶城旧貌、韶城新貌、浈江经济和社会发展、领导关怀、"十三五"规划、荣誉榜等方面精选图文资料重新设计展板，并将奖牌、奖杯等实物档案重新布展，作为爱国主义教育基地展厅内容。2017年12月，利用省级档案维修改造专项资金购买2台多功能触摸一体机，通过视频模式播放馆藏历史资源，展厅软硬件建设任务全面完成。改造提升后的爱国主义教育基地正式对社会公民以及未成年人免费开放。

（潘　莉）

附：区档案局领导班子成员名单

局　长：吴根平（任至4月）
　　　　谭绍文（4月任职）
副局长：李　琛（女，任至4月）
　　　　谢海涵（4月任职）

党史·地方志

【概况】 2017年，浈江区党史、地方志办公室（简称"区史志办"）是区档案局（馆）的内设机构，负责全区党史、地方志宣传，党史、地方志书籍收集、整理、利用、编纂以及指导协调各专业年鉴志书编写、审定、出版工作。是年，区史志办重新启动《中国共产党韶关市浈江区历史（1984—2004）》（简称"浈江党史"）编纂，完成《浈江年鉴（2017）》出版发行和自然村落历史人文普查稿复审，地方志年报收集工作稳步开展。截至12月底，区方志室藏有地方志书286本，年鉴254本，地方资料100本，其他资料25本。

【浈江党史编纂启动】 2017年1—4月，区史志办牵头拟定编写浈江党史纲目，并将编写纲目发给有关人士广泛征求意见，确定全书的框架目录、主要内容，报中国共产党韶关市浈江区历史编纂委员会审定；5—9月，聘请5名有编纂党史经验的专家学者，在原有党史资料基础上组稿，收集、整理、补充、核实党史编纂资料，并对参与编纂的人员进行业务分工，把撰稿任务等工作落实到人；10月25日，区委办公室下发《关于印发中国共产党韶关市浈江区历史编纂方案（修改稿）的通知》，明确提出对原下发的《中国共产党韶关市浈江区历史编纂方案》作出修改的意见；10月26日，区史志办召开浈江党史编纂工作研讨会，明确编纂方向和进度，并对浈江党史的编纂形式、篇目设立和分工、篇幅等问题达成共识。截至年底，浈江党史部分章节初稿完成编纂。

【《浈江年鉴（2017）》编纂】 2017年初，区年鉴编辑部开始搜集整理2016年全区大事记，掌握年鉴编纂主线及大方向，明确全区各镇（办）和有关单位的大事、特事、新事，制定年鉴篇目及组稿分工，篇目在基本框架相对保持稳定的基础上，对部分内容作出适当的调整，更新和充实部分栏目，年鉴编纂做到常编常新。2月28日，区委办、区政府办印发《浈江年鉴·2017编纂方案》和《2017年浈江区地方志资料年报工作方案》的通知，对年鉴编纂工作作出全面动员和部署，区年鉴编辑部落实人员对报送的初稿进行审核把关，加强业务指导，对达不到要求的单位组稿提出修改意见或返回单位重新组稿，校稿时采用相互替换校对的方式反复校核；7月中旬，完成全书初稿的编纂和年鉴彩页及内文照片挑选；8月下旬，稿件和彩页按计划送印刷厂排版，同时把稿件返回组稿单位确认无误后盖章签字，再返回区年鉴编辑部。此外，根据省、市相关文件要求，区年鉴编辑部按时完成《广东年鉴（2017）》和《韶关年鉴（2017）》（浈江区部分）组稿和校核任务。

【《浈江年鉴（2017）》出版发行】 2017年，浈江区继续实施年鉴编纂"一年一鉴、当年出版、公开出版"。浈江年鉴（2017）于11月出版，12月发行，全书355页，设全区概况、2016年浈江大事记、年度关注、政治、法治·地方军事、编制·人事·劳动·社保、经济管理、城乡建设·环保、教育·科技、文化·体育·卫生、社会生活、镇·街概况等14个类目、232个分目、1023个条目、图片219幅、图表25幅、总字数约40万，全面详实地反映2016年浈江区自然、政治、经济、文化、社会等方面的基本情况和发展成就。

【地方志资料年报收集】 2017年2月，浈江区启动年鉴编纂工作的同时启动地方志资料年报收集，要求完成2016年度的地方志资料年报的编写和上报。截至年底，浈江区64个地方志资料年报承报单位中，有38个单位完成2016年年报的报送，撰写内容包括单位概况资料、大事记资料、人物资料、专题资料、图片资料和附录资料。

【浈江区中心城区图更新】 鉴于《浈江年鉴》彩页首页中的浈江区中心城区图数年未更新，区域内一些单位名称变更或地址变迁，2017年8月，区史志办先后征求编办、民政、教育等10多个区直部门的意见，通过现场勘查校对的方式修改旧版浈江区中心城区图所标注地名62处，报送广东省地图出版社编制，并加强与广东省地图出版社联系，发现问题及时修改，保证地图出版质量，9月，浈江区中心城区图完成更新。

【自然村落历史人文普查稿完成复审】 2017年，在韶大师生的协助下，浈江区370个自然村的普查合并为311个普查表，完成311个普查表的网络录入、图片资料整理、《自然查村落历史人文普调查》初稿撰写、网站终端电子版核查再审稿、总纂编写，进入复审阶段。

【叶发青故居修缮资料收集】 中华人民共和国成立后，民政部追认叶发青为革命烈士（新韶镇东联村石安自然村人）。2017年，区史志办参与区老促会叶发青故居修缮资料收集编纂，1月，协助区老促会到新韶镇莲花村委会采访叶发青女儿，了解叶发青故居状况，拍照收集叶发青资料；5月，区史志办召开叶发青烈士资料收集编纂座谈会，研讨如何查找叶发青相关历史资料，专门派人到市档案局、市博物馆等地搜集资料，是年底，完成叶发青烈士故居修缮资料收集工作。

2017年5月3日，区档案局组织召开叶发青烈士资料收集编纂座谈会 （区史志办 供）

【浈江地情网站建设】 2017年，浈江区地情网站运行正常，每周不定期发布政务公开、工作动态等方面内容。截至年底，累计发布区志1部、综合年鉴7部、新闻信息2534条、照片2328张，点击数达到149万人次，成为全省累计访问数过百万的县区级站点之一。 （刘姣妹）

体 育

【概况】 浈江区体育局（简称“区体育局”）是区政府主管体育事业、体育场馆、体育彩票、指导镇（办）开展体育工作、组织辖区大型比赛的职能部门。所属事业单位2个，分别为韶关市浈江区业余体育运动学校、韶关市浈江区体育中心，核定事业编制各1名。是年，完成1000例的体质测定指标。

【群众体育】 2017年，区体育局举办体育比赛和活动12次，主要有迎新春及闹元宵活动、象棋比赛、龙舟赛、羽毛球赛、乒乓球赛、广场舞、自行车、全民健身日活动、南粤幸福活动周等。承办老年人运动会和全国广场舞教练员裁判员培训（广东韶关站）。组队参加韶关市龙舟赛、浈江区中小学生篮球赛、毽球赛、足球赛等体育活动。维修启明路全民健身广场、东升健身广场和犁市公园健身广场。新安装（维修）体育器材主要有健身小路径16套、篮球架4副、室外乒乓球台28张。

【竞技体育】 2017年5—7月，区体育局组团参加第十五届市运会，参加射击、毽球、举重、足球、篮球、羽毛球、田径、赛艇、皮划艇、跆拳道、武术等比赛。代表团获得韶关市第十五届青少年运动会组委会颁发的“突出贡献奖第二名”“代表团总分奖第六名”“代表团金牌总数奖第七名”“学校体育组总分奖第六名”“竞技体育组总分奖第七名”“体育道德风尚奖”，射击比赛团体总分第一名。

【体育彩票销售】 2017年，浈江区体育彩票总销量5422万元。比上年增长12.9%，下拨体彩公益金272.48万元。全区发展有50个体彩销售网点。 （龚华倩）

附：区体育局领导班子成员名单

局　长：吴贤优（女）

副局长：王志成

表14 **2017年浈江区体育局活动记录表**

时 间	地 点	主办及协办单位	赛事（活动）名称及成绩
1月	锦园社区	锦园社区	象棋、乒乓球、羽毛球、拔河、综合项目
2月	福源社区	福源社区、区体育局	“体彩杯”闹元宵趣味体育活动
3月	执信小学高年部	区体育局、教育局、市象棋协会	中小学生象棋赛
3月	浈江区体育馆	区体育局、教育局	中小学生毽球赛
4月	中山公园广场	市区老龄办、区宣传部区文联、区体育局	“舞动健康舞动快乐”戏曲广播体操活动
4月	区体育馆	区体育局、区乒乓球赛	“格润杯”乒乓球赛
5月	浈江区东升球馆	市体育局、区体育局	组队参加十五届市运会（羽毛球）
5月	市文化宫12楼及中山公园	区体育局、市排舞协会	三级社会体育指导员培训
5月	赖新小学	区体育局、教育局	中小学生春季足球赛
5月	浈江河	市政府、市体育局	组织参加市龙舟赛4支队（7支龙舟）
5月	韶关学院	区体育局	组队参加十五届市运会（跆拳道）
5月	市体校射击馆	区体育局	组队参加十五届市运会（射击）
5月	市体校举重馆	区体育局	组队参加十五届市运会（举重）
5月	区体育馆	市老年体协	韶关、珠海太极拳联谊交流会
6月	区体育馆	市排舞协会	全国广场舞教练员、裁判员培训（广东韶关站）
6月	乳源	市体育局	组队参加十五届市运会（赛艇、皮划艇）
7月	区体育馆、游泳场	各体育协会	羽毛球、跆拳道、游泳培训
8月	浈江区体育馆	区体育局、市排舞协会	全民健身日活动（体育健身技能展示）
9月	浈江区黄岗山	区体育局、区自行车协会	捷安特自行车爬坡王比赛
10月	区体育馆	市体育局、区体育局	省百镇千街乒乓球赛

卫　生

【概况】　浈江区卫生局和计划生育局（简称“卫计局”）管理风采社区卫生服务中心、东河社区卫生服务中心、车站社区卫生服务中心、新韶镇卫生院、犁市镇中心卫生院、花坪镇卫生院、花坪镇卫生院曲仁分院（曲仁人民医院）、花坪镇卫生院茶山分院（茶山人民医院）、花坪镇卫生院格顶分院（格顶人民医院）、十里亭镇卫生院、乐园镇卫生院。2017年，浈江区卫生技术人员2451人，（助理）执业医师876人，注册护士1147人。全区纳入财拨村级卫生站33家，在岗乡村医生33人，执业（助理）医师8人。此外，辖区内医疗机构148个，其中医院13个，社区卫生服务中心3个，诊所81个，床位2037张，全区总诊疗206.26万人次，出院病人64157人次，病床使用率75.4%。年内累计建立居民健康档案305420份。是年，全区户籍人口出生4369人，政策生育率97.30%，政策外多孩率2.06%，出生人口性别比107.36；常住人口出生4031人，出生率12.77‰，自增率5.00‰。

（胡粤红　甄健民　刘兴明）

【医政管理】　2017年，浈江区自启动家庭医生式服务以来，围绕实施方案开展一系列工作，截至12月底，辖区基层医疗卫生机构建立家庭医生签约服务团队36个，辖区常住人口签约12.65万人，重点人群签约5.54万人。签约内容包含健康咨询及告知健康信息，家庭健康指导及功能评估、上门出诊等服务。

【社区卫生】　2017年，浈江区医疗卫生管理部门下辖3个街道办事处社区卫生服务中心，卫生技术人员128人，编制床位150张，执业范围是基本医疗和公共卫生服务，其中风采社区卫生服务中心和东河社区卫生服务中心荣获“2017年国家优质服务示范社区卫生服务中心”称号，全韶关市仅此2家。是年，社区卫生服务机构符合机构规划布局、科室设置和服务流程要求；卫生技术人员具备与岗位相适应的资质条件；实行人员聘用制度和岗位责任制管理制度，制定并执行内部绩效考核方案；信息化建设比较完善，全科医师团队基本能够覆盖所辖社区。

（甄健民）

【卫生强区】　按照健康中国、卫生强省、卫生强市的战略部署，结合本地基层医疗卫生实情，2017年6月印发《浈江区创建卫生强区工作实施方案（2017—2020年）》，并成立由区党政主要领导担任组长、有关部门和各镇人民政府（办事处）为成员的创建卫生强区工作领导小组，统筹协调卫生强区创建。12月，韶关市铁路医院正式加挂浈江区人民医院牌子，由市区两级政府共建共管，并明确共建共管的办法。是年，在市委、市政府和区委、区政府的支持下，困扰浈江区部分基层医疗机构（新韶、十里亭、犁市、乐园、车站）没有建设地址、业务用房不足的问题得到解决。

（李慧琴）

【妇幼保健】　2017年，全区孕产妇死亡率18.87/10万，婴儿死亡率2.83‰，5岁以下儿童死亡率3.02‰。发放叶酸8256瓶，1376人补服叶酸。浈江辖区各助产医疗机构活产数3679人，其中孕期血常规检测3559人，孕期地贫初筛率96.7%，血红蛋白电泳分析926人，地贫基因检测48人。为孕产妇建立保健手册，开展至少5次孕期保健服务和2次产后访视。根据孕产妇保健和健康情况年报数据，全年全区产妇总数5260人，活产数5062人，孕产妇系统管理4787人，系统管理率90.3%；产后访视4946人，访视率93.32%；住院分娩活产数5300人，住院分娩100%孕产妇死亡1人。农村妇女两癌筛查目标人群410人，实际普查人数425人，普查率103.65%。是年，浈江区有7岁以下儿童2.89万人，5岁以下儿童2.09万人，3岁以下儿童1.36万人。7岁以下儿童保健管理2.75万人，儿童保健覆盖率95%；3岁以下儿童系统管理1.24万人，系统管理率90.8%；新生儿访视4951人，新生儿访视率93.4%。

（赵　婧）

附：区卫计局领导班子成员名单

局　长：陈　玲（女）

副局长：曾慧兰（女）

　　　　雷小军

　　　　张　景（4月任职）

公共卫生与疾病预防

【慢性病防治】　2017年，浈江区65岁以上老人累计建档人数20244人，管理率34.73%；高血压累计建档17689人，管理率

26.2%，规范管理率56.2%，管理人群血压控制率57.4%；糖尿病患者累计建档5126人，管理率18%，规范管理率70%，管理人群血糖控制率64%。

【免疫防控】 2017年，全区预防接种率90%以上。适龄儿童乙肝疫苗、卡介苗、脊灰疫苗、百白破疫苗、麻疹疫苗等一类疫苗基础接种率保持在较高水平，单苗接种率均高于95%。从整体上来看，全区免疫规划有序开展，保持良好的发展势头。免疫疫苗的接种对传染病的防控起到极大的作用。

【卫生监督协管】 2017年，区卫计局按《广东省卫生监督协管服务工作规范（试行）》，做好卫生监督协管服务对象摸底，建立健全区域内公共卫生类本底资料。开展日常性卫生监督巡查频次≥2次，并做好巡查记录登记，发现非法行医、无证照经营单位及时填写案件报送单上报至市卫生监督所。全年巡查覆盖率100%，各项卫生监督协管工作逐渐步入规范化，完善卫生监督协管制度和信息报告制度，在合理分工、明确职责的基础上，建立密切协作机制，整合镇卫生院、村卫生室、社区卫生服务机构，建立科学的卫生协管服务体系，落实乡村医生和社区医务人员的卫生监督信息报告职责，做到监督不留空白。加大对卫生监督协管员进行专业知识和技能的培训，提高协管员综合素质和工作能力，保障卫生监督协管逐步走上正轨。

【严重精神障碍管理】 2017年，浈江区累计在册严重精神障碍患者1828人，报告患病率为4.54‰，年管理率94.80%，规范管理率70.73%，在册患者服药率92.90%，规律服药率34.70%。全年组织2次针对失访患者和非在管患者的专项排查。针对失访患者多的情况，对辖区失访人员通过电话、实地走访等方式开展新一轮排查，并做好信息登记，做到“补遗不漏”，经排查取得联系的失访患者及时联系辖区精防医生并纳入在管系统中统一管理。在东河社区卫生服务中心免费发药点的基础上，新增犁市镇中心卫生院免费发药点，并请韶钢医院精神科医生前来指导和协作。方便周边严重精神障碍患者取药，也在一定程度上提高服药率。全年为贫困严重精神障碍患者免费发药207人。

（蒋小红）

爱国卫生

【概况】 2017年，浈江区爱国卫生运动委员会（简称“区爱卫会”）设主任1名，副主任3名，委员37名，区爱卫会主任由分管卫生和计生的副区长担任，区政府办、卫计局、城管局等部门负责人任爱卫会副主任，下设办公室为爱卫会的办事机构，主任为爱卫会专职委员，另外由区卫计局派2人进行协助，负责组织协调、管理和督导检查爱国卫生工作。

【爱国卫生宣传发动】 2017年4月，区爱卫办公室联合东河办事处办在韶关市启明健身广场开展爱卫月活动。活动期间向群众免费发放除“四害”宣传扇、传染病防控知识折页及四害消杀药物。年内，区爱卫办组织各镇（办）和城区有关单位利用黑板报、宣传栏和发放宣传资料等形式进行爱国卫生宣传，提高对病媒生物防治知识的重要性和必要性，全年发放、张贴病媒生物防治宣传资料3万份。

【群众性爱国卫生运动】 2017年，区爱卫会利用元旦、春节、五一、国庆等传统节日，组织开展以大搞环境卫生、清除卫生死角及四害孳生地、预防虫媒疾病流行发生为内容的群众性爱国卫生运动，累计出动200次，参加活动3000人次，投放灭鼠毒饵3250千克，灭蟑螂、灭蚊、蝇药物650千克，清除积存垃圾800吨、清理卫生死角约860处、处理蚊、蝇滋生地200处、开展咨询活动30次、印发宣传资料3万份。

【病媒生物防制】 2017年，区爱卫办向区政府申请病媒生物防制经费107万，购买并向城区各镇办发放灭鼠、灭蚊药及消杀工具、安装老鼠屋4000个、在建成区范围内组织专业消杀、滋生地清理300处并组织镇（办）清理卫生死角。每季度开展灭蚊灭鼠统一行动活动，全年举办2期“病媒生物防制培训班”，全区各镇（办）分管领导、工作人员60人参加培训。9—11月，开展每周一次“清积水、灭蚊子、防控登革热”活动，并分期分批向群众发放各种病媒生物防制宣传资料3万份，全年无感染登革热病例发生。

【卫生镇村创建活动】 2017年，区爱卫会按照市爱卫会要点及区卫生镇村创建目标要求，推进农村卫生创建，全年创建市卫生镇1个、市卫生村7个。全区累计改造农村卫生厕所1.38万户，全区农村无害化卫生厕所普及率95.51%、卫生厕所普及率96.19%。 （黄寿青）

基层医疗单位选介

【风采社区卫生服务中心】 位于韶关市风度北路6号，辖区内常住人口6.36万人，服务区域辐射市政府、环园路等19个社区，辖区面积3平方公里。中心占地面积595.6平方米，总建筑面积2351.2平方米。2017年，在岗职工59人，卫生专业技术人员52人，副高级职称1人，中级职称16人，执业范围为全科医学专业的临床和中医等类别执业（助理）医师18名，注册护士21名。内设全科诊室、中医诊室、口腔保健室、妇女保健室、儿童保健室、免疫接种室、康复治疗室、健康教育室、健康信息管理室、放射室、检验室、心电图室、B超室，康复床位50张。该中心配备西门子彩色B超、500毫安X线诊断机、牙科X射线机和牙科X射线数字图像诊断系统、心电图、血球计数仪、全自动生化仪、除颤仪、24小时动态血压监测系统、动态心电图监测系统、心电监护仪、牙科综合治疗仪、龙氏颈椎正骨牵引椅、电动三维牵引床、超短波、针灸仪、TDP神灯低频电子脉冲治疗仪等各种医疗设备。该中心中医药服务融入社区基本公共卫生服务和基本医疗服务建设；家庭医生式服务深入辖区家庭；依照“卫计联手、医计结合、优势互补、资源共享”的思路，在家庭医生式服务团队的基础上，加入计生专干，组建新型卫生和计划生育基本公共服务均等化服务团队，形成由基层医护人缘好与计生专干共同为居民提供签约服务；继续拓展中医药适宜技术，开展脑中风后遗症、肢体残疾等康复服务；开展高血压、糖尿病、重性精神疾病患者等高危人群的中医预防保健和连续管理服务；为65岁及以上老年人提供中医体质辨识服务；为0—36个月儿童中医调养服务。全年门诊诊疗人次3.28万人，收治住院病人1485人次；业务收入1041万元。

【东河社区卫生服务中心】 位于韶关市浈江中路55号A座，管辖东河街道社区启明北、育红巷、陵西路、执信路、浈江南、浈江路6个社区。服务面积4.2平方千米，服务人口3.62万人。2017年，在岗职工58人，中级专业技术人员11名。中心内设全科诊室、预防接种诊室、健康教育室、妇女保健室、计划生育指导室、康复理疗室、妇科、预防保健科、内儿科、医技科、口腔科。重点发展康复、理疗科，开展高血压，糖尿病，颈椎病、腰椎间盘突出症、肩周炎、腰肌劳损、骨质增生等社区慢非传疾病的预防和康复治疗，并设有康复病床50张。医疗设备有彩色B超、国产500毫安X光机、彩色乳透仪、彩色经颅普勒、全自动血球计数仪、血凝四项测定仪、全自动生化分析仪、血流变分析仪、免疫定量分析仪、阴道镜、臭氧治疗仪、尿十项分析仪、电解质分析仪、多功能心电监护仪、多功能胎儿监护仪等。全年总诊疗48650人次，收治住院病人1271例，年业务收入716万元。

【十里亭镇卫生院】 位于韶关市浈江区十里亭大道，服务面积53.7平方公里，辖区有靖村、金凤坪、五里亭、良村、腊石、湾头6个行政村和黄岗、十里亭、五里亭、碧桂园东、碧桂园西5个社区，全镇总人口6.7万人。2017年，在岗职工5人，卫生专业技术人员5人，其中中级1人，初级4人，执业医师（助理）3名，注册护士2名。提供健康档案管理、健康教育、预防接种、0—6岁儿童健康管理、孕产妇健康管理、老年人健康管理、高血压患者健康管理、Ⅱ型糖尿病患者健康管理、重性精神病患者健康管理等服务，全年预防接种1.4万人次，业务收入113万元。

【犁市镇中心卫生院】 位于犁市镇建设路51号街。全院占地面积5660平方米，业务用房2800平方米，其中一栋为2008年由红十字会援建而成。2017年，在岗职工53人，其中卫生专业技术人员43人，卫生专业技术人员占81.13%，中级职称15人，执业范围为全科医学专业的临床和中医等类别执业（助理）医师16名，注册护士21名，医技人员6人。卫生院设有预防保健科、全科医疗科、内科、外科、妇科、妇女保健科、儿科、儿童保健科、口腔科、医学检验科、医学影像科、中医科，开放床位数50张。服务内容以中药、针灸、理疗、中西医结合诊治、老年保健、院前急救、临终关怀、妇幼保健（妇科病人的诊治、住院分娩、人流、放环、取环、孕妇建卡、产后随访、儿童建卡体检、预防接种）、慢非传疾病的康复指导、健康咨询以及一般常见病、多发病的诊治等。仪器设备有500毫安X线诊断机，DR、DR自动冲片机、黑白B超、彩色B超、阴道B超、心电图机、超声经颅多普勒血液分析仪、全自动生化分析仪、全自动血液球分析仪、显微镜、心电监护仪、电脑婴儿培养箱、新生儿电动吸引仪、多普勒胎心仪、电动流产吸引器、电动洗胃机、电动吸痰机、麻醉机、呼吸机、洗胃机、TDP神灯低频电子脉冲治疗仪、超短波电疗机、电脑中频治疗仪、温热电针综合治疗仪、颈腰椎治疗多功能牵引床等各种医疗设备和救护车。该院特色服务将中医药服务融入社区基本公共卫生服务和基本医疗服务建设，使服务项目由单一的中医医疗拓展到中医“治未病”预防保健服务、中医连续管理服务、中医药康复服务。全年总诊疗4.05万人次，收治住院病人1165人次，业务收入432.42万元。

【花坪镇卫生院曲仁分院】 位于浈江区花坪镇卫生院曲仁分院，是韶关市城镇职工、城乡医疗保险定点单位，建筑面积1万平方米。服务面积10平方千米，服务人口1.4万人（原居住在矿区的人口大部分搬到黄金村安置房）。2017年，在岗职工33人，其中执业医师（助理）8名、注册护士13名。内设综合科、理疗科、放射科、检验科、心电图室、B超室，住院床位60张。仪器设备有先进的24小时动态心电血压二合一、全新的500毫安医用X线诊断机、救护车、B型超声诊断仪、B超工作站、多功能心电监护仪、全套自动化检验设备（全自动生化仪、全自动血球计数仪、电解质分析仪、血糖仪、尿分析仪）及理疗治疗仪、微波治疗仪、低频脉冲治疗仪等。服务内容以老年保健、院前急救、临终关怀、慢非传疾病的康复指导、健康咨询以及一般常见病、多发病的诊治等。全年总诊疗0.15万人次，收治住院病人105人次，年业务收入37万元。

【新韶镇卫生院】 位于浈江区新韶镇东郊田螺冲100号，2017年，在岗职工19人，其中执业医师（助理）7名、注册护士10名。卫生院设住院床位20张，服务面积106平方千米，以基本医疗、卫生站管理、预防保健等公共卫生服务为主。仪器设备有心电监护仪、B超、心电图机、全自动血液细胞分析仪。服务内容有老年保健、儿童建卡体检、预防接种、慢非传疾病的康复指导、健康咨询以及一般常见病、多发病的诊治等。全年总诊疗1万人次，业务收入238万元。

【花坪镇卫生院格顶分院】 位于浈江区曲仁办事处格顶居民区，与仁化县接壤。服务面积3平方千米，服务人口5546人。2016年底由于棚户区改造，大部分居民搬迁至黄金村居住，导致2017年服务人口减少。2017年，在岗职人员5人，其中在编职工2人（执业医师1名、注册护士1名），聘用后勤人员3人。内设有临床内科、儿科、外科及预防保健科，另设有辅助科室：心电图、B超室、化验室、放射科、理疗科，为矿山居民的医疗保健服务。仪器设备有尿液分析仪、心电图机、快速血糖仪、全自动生化分析仪、全自动血液细胞分析仪、心电监护仪、牵引床、B型超声诊断仪等。服务内容以老年保健、院前急救、慢非传疾病的康复指导、健康咨询以及一般常见病、多发病的诊治等。全年总诊疗218人次，收治住院病人16人次，业务收入10万元。

【车站社区卫生服务中心】 位于市区东南面，主要负责车站街道：广铁一线、劳动村、莲花山、大塘路、职工一区、东升村、站南路7个社区居委的居民医疗保健。服务面积4.2平方千米，服务人口4.19万人。2017年，在岗职工11人，其中卫生技术人员10名（执业医师3人、注册护士6人、检验1人），服务内容主要以预防、保健、健康教育等，全年预防接种总人次2.11万人次，门诊业务收入340万元。

【花坪镇卫生院】 位于市区北边，管辖5个村委，1个居委，48个自然村，服务面积9.8平方千米，服务人口8756人。设有全科诊室、检验室、B超室、心电图、预防接种门诊、药房、全科住院部等科室。2017年，有在岗职工9人，执业医师（助理）6名、注册护士2名、检验士1名。仪器设备有全自动生化分析仪、全自动血球分析仪、B超诊断仪、心电图机等。服务内容以老年保健、儿童建卡体检、预防接种、慢非传疾病的康复指导、健康咨询以及一般常见病、多发病的诊治等。全年总诊疗1.12万人次，业务收入63.44万元。

【花坪镇卫生院茶山分院】 位于花坪镇新村，服务面积17平方千米，服务人口1万人。2017年，在岗职工13人，编制3人，临聘9人，退休返聘1人；其中卫生技术人员12人，主治医师1名，执业医师1名，执业助理医师1名，注册护士6名，检验士1名，其他人员2名。医院拥有先进的设备：彩色超声诊断系统、全自动生化分析仪、全自动血球计数仪、全自动心电图仪、电解质分析仪、X光机、B超机、心电监护仪、牵引床等。科室设立综合科（接诊内科、儿科常见病、多发病以及外科的清创缝合）、检验科、放射科、心电图及B超室。编制床位20张，实际开放床位40张。医疗服务服务内容以老年保健、院前急救、慢非传疾病的康复指导、健康咨询以及一般常见病、多发病的诊治等。全年总诊疗0.25万人次，其中门诊约1500人次，收治住院约1000人次，业务总收入约228万元。 （胡粤红）

2017年6月13日，浈江区开展病媒生物防制消杀统一行动 （区委宣传部 供）

社 会 生 活

民 政

【概况】 浈江区民政局（简称“区民政局”）是区政府承担全区救灾救济、城乡最低生活保障、基层政权建设、区划地名管理、双拥、优抚、退役士兵安置、婚姻登记、收养登记、社会团体登记、民办非企业单位登记、社会救助、殡葬管理等的职能部门。人员编制8名，实有人数8名，其中局长1人，副局长2人，内设办公室、社会福利和救灾救济股、优抚安置股、基层政权和社区建设股、社会事务和区划地名股5个职能股室。下辖浈江区社会福利院、浈江区婚姻登记中心和浈江区社会组织管理局3个事业单位。2017年，收到“广东扶贫济困日”捐赠善款245.87万元，使用82.45万元，完成浈江区第二次全国地名普查，并通过韶关市民政局检查组检查，全区社会组织149家，其中社会团体21家，民办非企业单位128家。

【城乡低保】 2017年，浈江区提高城乡居民最低生活保障标准，城镇和中省企业低保标准提高到每人每月583元，农村低保标准提高到每人每月400元。城乡低保人均月补差标准分别调整提高457元、206元。年内累计支出低保资金890万余元。12月12日，浈江区召开中省企业低保移交大会，将11个中省驻区企业的82户133人低保户顺利移交至6个镇（办）解决历史遗留问题。

【特困供养】 2017年，城镇特困“三无”（无劳动能力，无生活来源，无法定赡养人）人员月供养标准提高到每人每月933元，农村特困（农村五保）月供养标准提高到每人每月743元。年内累计支出城乡特困金155万余元。

【救灾救济】 2017年，区民政局做好冬令和春荒期间对生活困难灾民的救济，发放棉被、卫生衣等价值20.6万元的生活用品，及时解决困难灾民的生活困难。是年，将城乡低保、精准扶贫户、低收入和支出型困难群众的医疗救助报销比例由70%提高至80%，城市低保医疗救助金封顶额由8000元提高至5万元，与农村低保户和精准扶贫户一致，低收入和支出型困难群众医疗救助金封顶额也提高至3万元。区民政局做好医疗救助的审核和审批，全年为296名困难群众实施医疗救助，支出医疗救助金188万多元。

【社会福利】 2017年，区民政局加大对养老机构的消防安全检查和监管力度，切实保障养老机构的生命财产安全，其中犁市镇敬老院因条件不达标暂时关闭，新批准民办养老机构2家。是年，全区有城乡福利机构12所，其中公办区社会福利院1所，民办11所，床位1396张。

【优抚安置双拥】 2017年，区民政局向各类优抚对象发放优待抚恤补助金1265万元，发放优抚对象医疗补助金30万元；发放义务兵家属优待金401万元；发放义务兵立功受奖奖励金27万元，发放103名退役士兵一次性补助金335万元。是年，八一前上门走访慰问优抚对象30名，对全区1000名优抚对象发放慰问金11万元，走访慰问4名荣立三等功的现役军人家属，发放慰问金1200元。

【殡葬管理】 2017年，区民政局继续加大力度开展居民死亡殡葬基本免费服务，为1910名身故者办理殡葬基本免费服务。

【老龄工作】 2017年，全区80岁以上90岁以下老人有7600人，90岁以上100岁以下老人有600

人，100岁以上老人有20人。为80岁以上老人发放高龄津贴9.62万次，发放金额为205万的元，办理老年人优待证995个。

【婚姻登记及收养登记】 2017年，区民政局严格按照《婚姻登记条例》和《中华人民共和国收养法》等有关法律法规规定的条件和程序，严把登记和审批关，办理结婚登记2369对、离婚登记971对，补领结婚证507对；收养登记2对。

【基层政权建设】 2017年，浈江区完成48个行政村和46个社区换届选举；完成48个行政村村务监督委员会换届选举，对全区村务公开民主管理检查督促。

【社会工作】 2017年，全区通过社会工作者职业水平考试的人数24人。年内对72名通过2016年度全国社会工作者职业水平考试考试获得助理社会工作师、社会工作师资格证书的持证人员，按工资来源渠道，分别给予一次性奖励1000元和2000元，支出奖励金8万元。 （何著夏）

附：区民政局领导班子成员名单

局　长：刘　济

副局长：陈　敏（女）

　　　　肖广文

人口和计划生育

【概况】 2017年度，浈江区户籍人口出生4369人，政策生育率97.30%，政策外多孩率2.06%，出生人口性别比107.36；常住人口出生4031人，出生率12.77‰，自增率5.00‰，孕前优生健康检查目标人群655对，完成598对，目标人群覆盖率91.2%。 （赵　婧　刘兴明）

【流动人口服务】 2017年，区卫计局做好流动人口健康档案管理服务、流动人口健康教育服务和流动儿童预防接种服务等，提高流动人口计生基本公共服务均等化水平。5—6月，全区开展流动人口计划生育生育服务清理清查活动。利用元旦、春节流动人口返乡时间开展以“关注流动人口职业病防治”为主题的宣传活动和讲座。是年，帮扶流动人口困难家庭18户。 （杨淑萍）

【计生惠民工程】 2017年，浈江区兑现农村部分计划生育家庭奖励对象2880人次，发放奖励金额34.605万元；兑现农村计划生育节育奖对象11709人次，发放奖励金额59.83万元；兑现计划生育家庭特别扶助对象3741人次，发放扶助金242.9万元。兑现城镇独生子女父母奖励12050人，累计发放奖励金1091.62万元。 （何延星）

【计生工作依法行政】 2017年，浈江区征收社会抚养费139.44万元，协助市卫计局查处“两非”（非医学需要的胎位性别鉴定、非医学需要的人工终止妊娠）案件1宗。落实领导包案和责任追究制度，把信访工作层层分解量化，全年没有发生因计生集体上访和越级上访事件。

（李慧琴　何延星）

人事管理

【概况】 2017年，浈江区人力资源和社会保障局（简称“区人社局”）继续深化事业单位改革，按照规定程序做好公务员录用、转正、调配、培训等日常管理；专业技术人员和职称评审管理；严格落实工资改革政策，提高人才服务水平，各项人事管理稳步发展。

【专技人员管理】 2017年，区人社局协助区教育局、区卫计局分别公开选聘事业单位专业技术人员14人和3人，先后在浈江区花坪实验学校、浈江区犁市大为中学、区政府综合楼四楼会议中心开展6期以“工匠精神与广东制造”为专题的专业技术人员公需课目培训，每期培训时间3天，累计参训人员2184人。

【人才服务管理】 2017年，区人社局更新应届毕业生就业情况的统计工作，全年审核应届毕业生1123人，其中单位就业（机关、事业单位、企业）701人，自主创业43人，未就业251人，其他128人。全年申报高级职称32人，申报中级职称80人，认定初级专业技术职称59人。

【机关事业单位人事制度管理】 2017，协助区教育局自主面向社会公开招聘事业单位人员60人，是年，做好接收韶冶学校在职在编教师及教辅工77人，其中教师73人，教辅工勤人员4人。通过全省公务员考试招录行政公务员（含参公人员）20名，组织全区1200人参加公务员全年培训、10名乡镇公务员到东莞参加对口培训，16名新招录公务员参加初任培训。

【军转干部安置管理】 2017年，浈江区接收安置营级以下军转干部4人，组织军转干部3人参加市组织的军转干部培训，及时调整自主择业军转干部生活补贴及节日补助。是年，区人社局为自主择业军转干部38人、企业安置军转干部18人发放节日补助。

【落实工资福利政策】 2017年1月，完成全区机关在职人员1202人的年终奖审核、退休人员906人生活补贴发放工作以及事业单位年终绩效审核。是年，完成190个机关事业单位养老保险登记审核，其中有29个单位在浈江社保分局完成上线，移交449人由浈江社保分局发放退休待遇。审核县级以下机关公务员职务与职级并行49人，审批科员职务职级并行到乡科级副职待遇38人。

（李　微）

劳动管理

【概况】 2017年，区人社局积极应对劳动管理各项工作，努力协调劳资矛盾，尽力维护劳动者的合法权益，不断加强对各用人单位监管力度，以维护劳动者合法权益为宗旨，积极开展各项日常巡查工作，组织专项检查企业工作，充分发挥劳动保障监察的职能作用，较好地维护该区劳动关系的和谐稳定。

【劳动监察日常管理】 2017年，区劳动保障监察综合执法大队立案受理案件144宗，涉及人数713人，涉及金额630万余元；其中结案56宗，涉及人数186人，涉及金额60万余元，法定时效内结案率100%；通过信访及“12333”转来的举报投诉案件60件，处理、办结答复率100%，来访案件处理结案率100%，满意率90%以上；督促33家建筑业公司缴存工资保证金4193.28万元。

【日常巡查和专项检查】 2017年，区劳动保障监察综合执法大队对各类用人单位的日常巡查次数320次，督促22家建筑业公司缴存工资保证金1993.957万元。是年，开展2次专项检查行动，分别是用人单位遵守劳动用工和社会保险法律法规专项检查行动和新一轮劳资矛盾摸排化解，利用招聘会、法制宣传日、窗口接待、电话回答咨询，发放各类法制宣传手册和维权手册、解答劳动者或用人单位问题近100次。

（李　微）

社保与医保

【概况】 2017年，区人社局完善城乡社会保险体系，扩大社会保险覆盖面，把扩面征缴作为社保工作的重点。强化基层经办人员业务培训，提升基层经办能力。城乡居民养老保险参保人数4.2万人，城乡居民养老保险缴费任务完成1.17万人，城乡居民医保参保实际参保缴费人数1.57万人。

【被征地农民养老保障】 2017年，区人社局完成被征地农民养老保障滞留资金578.16万元，完成3个被征地项目保障金额348.48万元，实际保障人数841人。完成征地社保资金清欠任务1561.91万元。协同区国土部门做好2016年第二批次、2016年第七批次、2016年第十二批次、2017年第一批次的相关报批材料。

【机关事业单位养老保险参保登记】 2017年，区人社局牵头组织召开机关事业单位养老保险参保登记工作推进会，加快全区机关事业单位养老保险参保登记速度。年内完成参保登记的单位265个；完成参保登记的总人数5747人，其中在职人数3386人，退休人数2361人。全区征缴养老保险费的单位139个，征缴总人数1088人，浈江区发放养老保险待遇单位139个，发放待遇895人。

【工伤认定】 2017年，区人社局收到工伤案件数200宗，其中3宗工伤案件用人单位向股室申请与伤者调解，经介入协调，伤者与用人单位达成调解意向并销案。不予认定工伤6宗，不予受理申请4宗，认定为工伤179宗，其中3宗用人单位不服工伤结论申请行政诉讼和一宗申请行政复议，行政诉讼和行政复议均维持原决定。

【社保执法专项检查】 2017年，区人社局联合地税、财政、住建等部门重点对辖区内用工人数50人以上的用人单位以及零售、餐饮、建筑等参保率偏低行业，有雇工的个体工商户和新设企业开展执法检查。分别检查中铁五局四公司、韶关比亚迪实业有限公司、韶关比亚迪电子有限公司、深圳皇马劳务派遣有限公司韶关分公司，涉及员工4562人。

（李　微）

就业与培训

【概况】　2017年，浈江区完成城镇新增就业2217人，城镇失业人员再就业人数2012人，其中就业困难人员实现再就业406人，促进创业人数201人，组织举办劳务招聘会18场，城镇登记失业率2.50%。是年，浈江区招聘登记单位103家，发布招聘内容219条，提供就业岗位6096个，求职登记3500名，提供劳动政策咨询及就业指导6000人次。

【各项就业创业补贴政策】　2017年，审核、审批申请小额免息贷款13家企业，金融机构放贷11笔163万元，审核上半年34家企业社保补贴56人，申请补贴金额18.97万元（其中1家企业大学生社保补贴2人，金额8144.4元），岗位补贴58人，申请补贴金额18.76万元；灵活就业人员社保补贴810人，补贴金额192.55万元；一次性创业资助补贴2人，申请补贴金额1万元；浈江区户籍个人申请技能晋升培训补贴301人，申请补贴金额54.74万元。

【劳务招聘活动】　2017年，区人社局组织举办“贴近园区、贴近企业、贴近群众”的园区招聘、乡村招聘、援助招聘等劳务招聘活动。全年累计组织举办18场劳务招聘活动，其中精准扶贫招聘会8场，普通高校毕业生专场招聘会1场，入场企业1070家，提供岗位1.66万个，入场群众1.89万人次，达成就业意向855人次，派发各类就业宣传资料3.85万份。

2017年6月10日，浈江区举办就业服务劳务招聘会在曲仁办格顶居民区举行　（区委宣传部　供）

【就业创业职业技能晋升培训】　2017年，浈江区开设5期培训班407人，其中开设3期6班职业技能晋升培训（育婴）307人，1期普通高校毕业生电子商务班42人，1期2班创业培训58人（1班“产生你的企业想法”GYB培训班30人，1班“创办你的企业”SYB培训班28人）。

【就业创业服务管理】　2017年，区人社局对辖区各类人员申办就业失业登记证建立严格申办审批程序，年内为各类人员累计发放就业失业登记证821本。严格按照文件的要求、条件初审、审核、审批申请就业困难认定人员，对符合规定的人员发放就业困难人员证，累计认定就业困难人员494人。　（李　微）

附：区人社局领导班子成员名单

局　长：吴金宪（任至4月）
　　　　曾开全（4月任职）
副局长：朱传海
　　　　洪耀敏（女）
　　　　黄伟强（任至3月）

民族事务

【概况】　浈江区民族宗教事务局（简称“区民宗局”）与区委统战部、区工商联合署办公，区民宗局贯彻落实党的民族宗教方针政策和法律法规，围绕“共同团结奋斗、共同繁荣发展”民族工作主题和“全面贯彻党的宗教信仰自由政策，依法管理宗教事务，坚持独立自主自办原则，引导宗教与社会主义社会相适应”宗教工作基本方针，夯实民族宗教工作基础，维护宗教和谐稳定。2017年，浈江区有寺庵、宫观、教堂等各类宗教活动场所8处，发放宣传单严防境外宗教渗透，及时研判、排查、处理信教群众矛盾。按照省、市《关于境外宗教渗透整治专项行动方案的通知》文件精神和要求，部署启动境外宗教渗透专项整治行动，建立健全抵御境外宗教渗透的工作机制，做好境外宗教渗透调查。

【民族宗教活动】 2017年，区民宗局成立以区委主管民族宗教工作的常委刘子龙为组长，区统战部副部长潘强为副组长，由区属有关单位为成员单位的浈江区民族宗教工作领导小组，负责贯彻执行党和国家有关民族、宗教工作方针、政策，督促检查党和国家民族宗教工作方针、政策、法律法规和市委、市政府以及区委、区政府关于民族宗教工作重大部署的贯彻执行，协调处理涉及全区经济发展、社会稳定、民族团结等方面的重大问题，帮助解决全区民族宗教工作和民族宗教工作部门存在的主要困难和问题，制定详细实施方案，明确分工，落实责任。

【为少数民族同胞办实事】 2017年，区民宗局利用古尔邦节和开斋节慰问维吾尔族、回族外来少数民族务工人员；与区教育局以及相关学校联系对接，解决兰州拉面馆务工人员2名子女就近入学问题，并与当地子女一样享受学杂费全免的政策，全年为18人参加中考审核民族成分。

【民族宗教事务管理】 2017年，区民宗局加强民族宗教事务的管理，熟悉党的宗教方针、政策和法律法规，做到依法管理宗教事务，走访各镇、办，要求各镇（办）排查并解决民族宗教领域不安定因素和矛盾纠纷，制订突发事件处置预案，定时上报变动情况，加强值班和安全责任制，严密防范境外宗教渗透和非法宗教活动。（李　丽）

附：区民宗局领导班子成员名单

局长：刘子龙

关心下一代工作

【概况】 浈江区关心下一代工作委员会（简称“区关工委”）服务大局，开拓创新，改进作风，创先争优，加强“五老”（老干部、老战士、老专家、老教师、老模范）队伍建设，组织开展多种形式的关心教育青少年活动。2017年，全区5个镇5个办事处、48个行政村、46个社区、11居民区、教育局和27所中小学校都分别成立关工委和关工小组，非公有制企业关工委组织发展到7家，关工成员扩大到35人。全区有“五老”关心下一代的志愿者56名。是年，区关工委依托家长学校平台，协同教育、妇联等部门在各镇办、村社区和中小学校建立健全家长学校，把学校中的家长学校延伸到农村和社区，形成“三结合”（学校、家庭、社会教育）教育机制。全年扶贫助学56人次，发放各类助学金2.6万元。

【四方签约】 2017年，区关工委把社会主义核心价值观教育与爱国主义教育、革命传统教育和法制教育活动相结合，继续在中小学创新开展“四方签约”（学生、家长、学校、派出所），通过签订合约的形式，推动青少年法制教育，实现中小学生“违法犯罪率”为零的目标。全区有4所中学、3所小学、3个派出所，以“四方签约”作为加强未成年人思想道德教育和法制教育的长效机制来抓，中小学开展“四方签约”工作覆盖率95%以上。

【朝阳读书活动】 2017年，区关工委组织区教育局牵头，学校主管领导挂帅，把读书活动计划列入各校教育教学工作议事日程，读书活动领导小组由主管德育的副校长、教导主任、各班班主任组成，开展“朝阳读书”活动，倡导各学校班级建立班级图书角，实现学校、班级、学生图书馆资源共享，全区建立图书角27个，繁荣学生文学作品创作，开展捐书赠书活动，举办校园读书活动、演讲比赛、朗诵比赛、辩论赛等6场次。

【农村创业青年培训班】 2017年，区关工委以创业奔康为主题，以培养农村创业致富奔康带头人为宗旨开展培训，联合区委组织部、老促会、扶贫办等部门，组织农村创业青年集中“充电”，邀请农业专家、教授等讲授实用养猪技术、肉鸡饲养技术、果树种植技术等课程。3月，举办农村创业青年培训班，培训学员1056名，其中区关工委培训56名，与区委组织部联合培训学员

1000名，推荐、选送优秀农村创业青年4人次参加省、市有关培训。

【农村创业青年跟踪服务】

2017年，区关工委重点跟踪落实总投资90余万元的行边坳路段顺利贯通，完成总投资65万元的黄竹桥维修改造，改善周边农村交通条件，促进周边村民增收。是年，通过联系市环保局、区农业局等部门，请教教授专家等，为花坪石屋村陈天陆创业确定种植物种，扫除其科学种植道路上的障碍；为花坪镇奎塘村创业人员争取各级部门的抽水设备，解决百香果园严重干旱的难题，挽回经济损失。

【农村创业青年联谊会党支部建设】　2017年，区关工委通过农村创业青年联谊会党支部教育、发展培育党员，解决农村党支部老龄化的问题，对维护农村基层的稳定起到一定的作用。是年，区农村创业青年联谊会党支部新发展党员1名。全体党员发挥共产党员的先锋模范作用，引领农村青年积极学习创业和种养技术，有效减少农村青年养成不良习惯防止其参与社会不良行为。

（魏丽晶）

附：区关工委领导班子成员名单

主　任：庄　强

第二主任：钟　真（女）

执 行 主任：余石怡

常务副主任：马少芳（女）

副主任：邓新慧（女）

叶丽芬（女）

杨　玲（女）

2017年3月15日，区关工委举办农村创业青年培训班　（区委宣传部　供）

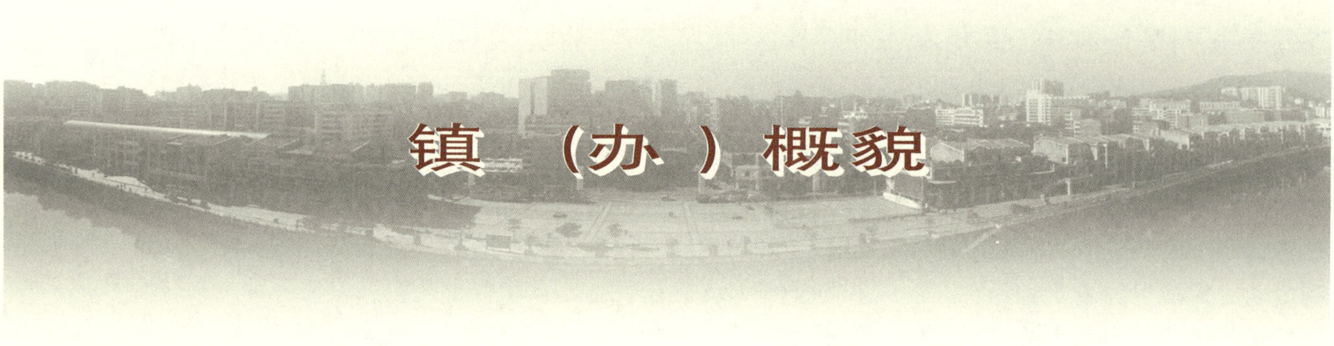

镇（办）概貌

新韶镇

【概况】 浈江区新韶镇（简称“新韶镇”）位于浈江区东北部，东邻曲江区大塘镇，南至市区大学路与车站等街道相连，西接浈江区东河街道辖区，北与仁化县大桥镇相接。下辖东河、东联、莲花、府管、侯山、石山、黄金、大陂、东山、陈江、水口、黄浪水12个行政村（89个自然村）及韶东、大学路2个社区（其中大学路社区由浈江区田螺冲办事处负责管理），土地面积94.91平方千米，年末户籍人口2.4万人，常住人口1.99万元。2017年，财政一般预算收入1031.92万元，同比增长5%；税收入库115.72万元，同比增长368%，其中区级税收入库52.72万元，同比增长394%，房产税51.43万元，同比增长427%；非税收入295万元，同比增长821%；固定资产投资2.07亿元，同比下降7.6%。

【新韶镇综治信访维稳】 2017年，新韶镇综治信访维稳中心接待群众来访42批次132人次；受理信访案件19宗，化解矛盾纠纷案件19宗；受理网络问政25件；调解各类民间纠纷215宗，调解成功213宗，调解成功率99%；防止群体性上访3宗，防止群体性械斗2宗；办理法律援助案件3宗；解答法律咨询390人次；出版法制宣传栏12期；举办人民调解员培训班3期，培训教育人民调解员117人次。是年，新韶司法所安置帮教对象有61人，社区服刑人员9人，刑释解教对象和社区服刑人员没有出现违法犯罪的情况；协助政府处理行政案件（农村集体经济组织成员资格认定）16宗，行政复议2宗，行政诉讼10宗。

【新韶镇重点项目征拆】 2017年，新韶镇完成重点项目征拆11项：陵南路滨江景观带项目交地2.33公顷；陵南路改造项目储备用地交地1.47公顷；东环线一期东北侧地块（仓储用地及黄金村经济发展用地）交地26.55公顷；东环线一期东北侧地块（保税仓用地）交地10.47公顷；花拉寨生活垃圾填埋场项目二期交地17.66公顷；花拉寨生活垃圾填埋场边坡整治工程用地项目交地0.67公顷；韶关市第一建材厂项目交地4.8公顷；东环线二期（原明星学校地块）交地56.19公顷；黄金小镇项目交地6.65公顷；大陂村储备地陈村地块交地7.26公顷；莲花村储备地项目交

2017年6月24日，新韶镇开展创文宣传暨送戏进社区文艺演出

（区委宣传部　供）

地48.15公顷。

【新韶镇计划生育】 2017年，新韶镇出生人口341人，其中政策内出生332人，政策外出生9人。年内，新韶镇计生办核办独生子女父母奖励161人，特别扶助金8人，领取农村计划生育节育奖172人，农村计划生育家庭奖66人，手术并发症扶助奖2人。全年征收社会抚养费15.7万元；落实免费孕前优生健康检查74对，目标人群85对，完成率87%，完成上级下达任务。

【新韶镇卫生事业】 2017年，新韶镇顺利通过市卫生镇考核验收，东联村、府管村成功创建市级卫生村；投入20余万元完成辖区背街小巷的改造维修；投入20万元清理牛皮癣、卫生死角、楼顶种养；投入8万多元清理清运垃圾；组织开展爱国卫生月、环境综合整治统一行动日等爱国卫生运动，累计出动360多人次，清除积存垃圾15余吨。全年投放鼠药30斤，清理卫生死角60处，清理沟渠120米，消杀面积4500平方米，明渠改暗渠30米，发放灭蚊片650片，确保除“四害”（老鼠、苍蝇、蚊子、蟑螂），尤其是灭鼠活动收到实效；此外，组织20人次参加区献血办组织的无偿献血活动。

【新韶镇创文攻坚】 2017年，新韶镇以创文攻坚为契机，投入40多万元重点整治韶东社区、东河村的“六乱”、道路硬底化、文化宣传等；常态化管理街道、公路沿线等重点区域卫生；协调黄金村、东联和侯山市场，采取市场化运作的模式，聘请专业的保洁公司，实现农贸市场的自我约束和自我管理，配合村（居）促进乡村建设。

【新韶镇安全生产】 2017年，新韶镇围绕工作目标，抓好安全生产“一岗双责、党政同责”贯彻落实，坚持“减少一般事故，遏制重大事故，杜绝重特大事故”原则，开展安全生产各项监管工作和专项治理活动，与各村（居）委、企业签订安全生产、消防安全责任书。是年，新韶镇安监站检查“四小”场所（小超市、小旅馆、小网吧、小饭馆），“三合一”（出租屋、旅店、酒吧）场所302家，矿山企业1家，危险化学企业13家，烟花爆竹仓库1家，木材加工企业13家，发现安全生产隐患20宗，现场整改13宗，限期整改7宗，通过复查落实整改完毕，确保全镇安全生产无事故发生。

【新韶镇精准扶贫】 新韶镇列入精准扶贫对象的农户67户114人，发放扶持补贴资金和节日慰问金8万多元。2017年，新韶镇认真实施三年脱贫规划和年度计划，把工作重点放在推进危房改造和产业帮扶，完成危房改造任务12户；投资约20万元在大陂村委会办公楼楼面安装太阳能光伏发电项目，经验收合格并网输电，年底产生收益将惠及16户贫困户；投入20万元扶贫专项资金到区扶贫办牵头、犁市镇建设的光伏发电项目，完工并验收。

【新韶镇武装双拥】 2017年，新韶镇向部队输送优秀青年12名（超额完成3人）。在八一期间组织复员军人代表、伤残军人代表、现役军人家属代表和退伍军人代表参加八一座谈会。动员军属给在部队服役的战士写信、打电话，让他们了解党和政府对家里的优待情况，了解全镇的经济发展。

【新韶镇查违控违】 2017年，新韶镇拆除违法目标任务数20宗，组织大型拆违行动29次（自拆12宗），其中框架结构房30栋，砖瓦房6栋，砖铁皮房5栋；拆除房屋基底面积11395.25平方米，建筑总面积26091.26平方米；完成全年任务的205%，超额完成任务；收缴抢建工具斗车31台，水管410米，电缆线621米，锄头55把，铁铲45把。

【新韶镇村（社区）“两委”换届】 2017年4月11日起，新韶镇开展村（社区）“两委”换届，鉴于选举组织难度大、选情错综复杂、人选确定难等突出问题，新韶镇经过分析研判，摸清“三情”（村情、民情、选情），把好“五关”（政治关、价值关、作风关、品格关、操守关），组织实施，分类指导，攻克重点难点，6月10日，完成村（社区）“两委”换届，韶东社区居委完成全省非户籍委员选举试点工作；选举产生村（社区）支部委员40名，其中新当选5名，新当选支部书记3名，新当选支部副书记1名；选举产生村委会委员47名，其中新当选8人，新当选村委会主任5名。

【新韶镇社会民生】 2017年，新韶镇支持府管村委安装路灯，石山村委维修村道和安装太阳能路灯；支持莲花村委社会治安示范点建设和陈江村委推进虾稻连作土地流转；镇妇联、宣传部门组织开展文化下乡、送戏下乡5场次；累计拨付为民办实事资金25万元，支出项目包括妇联工作、村委基建扶持、煤山管护、综治维稳、扶贫、林业工作、敬老院开支、慰问金和其他对个人和家庭的救助款等。

【新韶镇义务教育】 2017年，新韶镇义务教育工作保持良好发展态势，中小学入学率100%，小学教育巩固率100%，初中教育巩固率100%以上，扫盲教育100%，特殊教育100%。是年，通过省级教育强镇复评验收。

【新韶镇民政事业】 2017年，新韶镇民政和社会事务办发放低保、五保资金44.48万元；核发低保证69本；办理发放老人证145本；办理医疗救助23户、临时救助1户，接待来人来访76人次，发放棉被90张、毛毯24张、卫生衣裤20套、军大衣14件，解决困难群众的基本问题。

【新韶镇民生水利】 2017年，新韶镇成立河长制领导工作小组和河长制工作办公室，完善办公条件，制度上墙，定时巡查管辖范围内的各条河道，在考核的各项指标中达到及格标准。是年，投入资金5.1万元，使用船只5艘、铲车等机具，清理垃圾24车，清理镇辖范围内的河道垃圾水浮莲6吨，清理河道约11千米；投入6万多元治理陈江、石山、水口段中小河流。同时对辖区范围内的18宗小（2）型山塘水库做好每年的管理和检查，发放管养员管理费用，确保山塘水库管理工作顺利进行。

【新韶镇基层公共服务平台建设】 2017年，新韶镇完成10个村级公共服务平台建设，配齐办公设备及窗口人员，同时投入10万元建成镇级公共服务中心并通过市、区考核组验收；投入6万元在辖区内12个行政村建设助农取款点，在村委设立金融服务站，并安排金融协管员为村民提供金融知识咨询和金融服务。

【新韶镇基层组织建设】 2017年，新韶镇党委发展党员5名。按照中组部《关于中国共产党党费收缴、使用和管理的规定》，通过对照各党（总）支部党员花名册、党费核定表，确保党费收缴不缺不漏、应缴尽缴和按时足额上缴。开展“书记讲党课”36次，组织678名党员参加网上考学活动，覆盖率100%，推动“两学一做”学习教育常态化制度化。加强两新组织工作的系统管理，对镇辖两新组织党组织书记（党员骨干）培训，下拨“两新组织”工作经费3.42万元。开展驻点联系群众、暖心走访活动，制定驻点联系群众入户走访计划，每周三驻点团队通过集中接访和入户走访等方式，收集村民的意见和建议，收集群众反映的问题390件，村级协调解决300件，镇协调解决90件。整顿陈江村党支部等软弱涣散基层党组织，提升村“两委”干部的战斗力，增强村党组织凝聚力。

【新韶镇党风廉政建设】 2017年，新韶镇党委时刻督促检查党风廉政建设，并及时报送半年和全年党风廉政建设进展情况，党政主要负责人向区委按时按质撰写、提交述责述廉报告。组织镇干部职工、村居两委班子到浈江区廉政教育基地接收教育。开展党性党风党纪教育活动，组织“三纪”（党纪、政纪、法纪）教育培训班、纪律教育月和学习《中国共产党纪律处分条例》《中国共产党廉洁自律准则》活动。是年，新韶镇纪委排查各类违纪线索17条，作信访了结处理12条；立案8宗，开除党员2人，党内警告5人。 （杨方文）

附：新韶镇领导班子成员名单

党委书记：刘喆焱（任至1月）
李建华（3月任职）
党委副书记、镇长：
李建华（任至3月）
张光宝（3月任职）
人大主席：吴贤优（女，任至3月）
刘国成（3月任职）
党委副书记：毛兰萍（女）
潘才能
党委委员、副镇长：谭振兵
党委委员：陈祥清
谭新传（任至3月）
胡建军（3月任职）
邓晓芸（女）
王衍辉
梁灯明

张蓉洁（女）
副镇长：张林珍（女）

新韶镇行政村（社区）简介

【东河村】 位于新韶镇南部，由6个自然村组成，主要姓氏有陈、张、何、曾等。经济以农业为主，种植的作物主要是水稻、蔬菜、花生、笋竹、水果等。改革开放后，大部分土地被征用，很多农民户转为居民户，产业结构由原来的以农业为主转向以第二、第三产业为主。2017年，总人口388人，总户数170户，农田面积27.67公顷，林地面积1.33公顷；村内道路全部改建成水泥路，周围种上花草树木；生活污水、垃圾处理已纳入市政管理范围。

【东联村】 位于新韶镇西部，由5个自然村组成，主要姓氏有黄、杨、叶、丘等。经济以农业为主，种植水稻、蔬菜、花生、笋竹、林果等，兼营畜牧业和水产养殖业。2017年，总人口883人，总户数239户，农田面积666.67公顷，林地面积666.66公顷，村内道路全都是水泥路，周围种上花草树木；东联村处在韶关市东部发展的前沿，目前征地拆迁项目有洋村整村搬迁、东环线二期、大学路扩建等项目。

【莲花村】 位于新韶镇西南部，由5个自然村组成，主要姓氏有杨、邓、钟、邱、姜等。经济以农业为主，种植品种有水稻等、白菜、菠菜、油菜、西红柿、萝卜、香芋等。改革开放后，产业结构调整，发挥邻近部队和交通方便的优势，抓好蔬菜生产，发展第二、第三产业。2017年，总人口988人，总户数250户，农田面积54.66公顷，林地面积192公顷，村内道路全部是水泥路，周围种上花草树木。

【府管村】 位于新韶镇中部，由10个自然村组成，主要姓氏有陈、黄、刘、付、廖等。经济以农业和家庭副业为主，种植蔬菜、水稻、水果等。2017年，总人口2196人，总户数450户，农田面积54.67公顷，林地面积550.87公顷，村内道路为水泥路，周围种上花草树木，村民住宅建设和管理逐步趋向城市化。

【侯山村】 位于新韶镇中部，由8个自然村组成，主要姓氏有何、邓、谢、林、吴等。经济以农业为主，种植水稻、蔬菜、花生、笋竹、果树等。2017年，总人口762人，耕地面积54.3公顷，园地面积1.7公顷，山林面积153.7公顷，鱼塘面积31公顷，村内道路全都改建成水泥路，周围种上花草树木。

【石山村】 位于新韶镇东南部，由8个自然村组成，主要姓氏有钟、蒋、曾、吕等。经济以农业为主，种植水稻、蔬菜、花生、笋竹、果树等。2017年，总人口2415人，总户数532户，农田面积213.33公顷，林地面积913.33公顷。建有小学、文化室、卫生站，村内道路全改建成水泥路，周围种上花草树木。

【黄金村】 位于新韶镇西北部，由2个自然村组成，主要姓氏有王、李、赖、庄、曾等。种植作物有水稻、蔬菜花生、笋竹、果树等。经济以第二、第三产业为主。2017年，总人口933人，总户数355户，农田面积21.67公顷，林地面积279.8公顷；全村道路都铺成水泥路面，两旁种上花草树木。

【东山村】 位于新韶镇的东部，由11个自然村组成，主要姓氏有陈、周、邓、曾、温等。以农业为主，种植水稻、蔬菜、花生、笋竹等。中华人民共和国成立后，以粮为主，发展多种经营，种植水稻、糖蔗、蔬菜、花生、笋竹、香蕉等。2017年，总人口1464人，总户数290户，农田面积77.33公顷，林地面积333.33公顷，村内道路全改建成水泥路。广州天适集团计划依托东山樱花公园建成樱花小镇。

【大陂村】 位于新韶镇中西部，由10个自然村组成，主要姓氏有陈、张、王、廖、赖、朱等。以农业为主。种植作物有水稻、蔬菜、花生、笋竹、果树等。2017年，总人口1706人，总户数461户，农田面92.73公顷，林地面积167.13公顷，村内道路全改建成水泥路，村道两次安装太阳能路灯；村里农家乐众多，餐饮特色突出。

【陈江村】 位于新韶镇东北部，由11个自然村组成，主要姓氏有陈、梁、曾等。以种植水稻、花生、粉葛、淮山、笋竹、蔬菜等为主，其中粉葛、淮山有300多年历史，久负盛名，是岭南名菜中的珍品，蜚声海内外。2017年，总人口2826人，总户数652户，农田面积142.73公顷，林地面积533.33公顷，村内道路全改建水泥路。是年，陈江村进行土地提质改造，实施农田流转，发展虾稻连作项目。

【水口村】 位于新韶镇北部，由3个自然村组成，主要姓氏有刘、欧等。该村以农业为主，种植水稻、蔬菜、花生、笋竹等。中华人民共和国成立后，以粮为主，发展多种经营，种植水稻、糖蔗、蔬菜、花生、笋竹、香蕉等。2017年，总人口610人，总户数141户，农田面积60公顷，林地面积220公顷，村内道路全改建成水泥路，新韶镇健身广场建设在水口村内。

【黄浪水村】 位于新韶镇的东北部，由9个自然村组成，主要姓氏有刘、张、梁、谢、温、曾等。经济以农业为主，种植水稻、蔬菜、花生、笋竹等。2017年，总人口1119人，总户数253户，农田面积133.33公顷，林地面积1000公顷，村内道路全改建成水泥路。

【韶东社区】 位于大学路22号，与陵南路相邻，南与大塘路相接，西与韩家山社区居委会交界，北与陵南路接壤；由7个居民小组组成。2017年，总人口6953人，总户数2856户，主要有鸿运花园、韩家山村、豆芽井等5条街巷，社区居委内设计划生育、卫生、治保会、调解会、社会事务等服务机构。（杨方文）

乐园镇

【概况】 浈江区乐园镇（简称“乐园镇”）位于韶关市北江河畔，浈江区南面城接合部，东与新韶镇接壤，南与武江区西河镇、韶关冶炼厂交接，西与北江河为界，北与车站办事处相连。乐园镇建制前，其地域先后属曲江县和韶关市郊区办事处。民国17年（1928年）属曲江县第二区。民国30年（1941年）属第一区东厢乡。1949年11月25日，韶关市人民政府成立后，乐园镇除部分远郊农村属曲江县外，其余改属韶关市。1951年5月，曲江县重新调整行政区划，将乐园镇的上坝村、下坝村、六合村（俗称“坝厂”）乡划归第二区管辖。是年6月，恢复韶关市县级建制后，乐园镇的地域又从曲江县韶关镇划回韶关市郊区办事处管辖。1956年7月，市郊区办事处撤销后，改属东郊乡人民委员会。1959年7月属市郊蔬菜公社；1960年2月属环市人民公社，1978年11月属东郊人民公社革委会，1983年11月属市郊区办事处管辖。1984年10月，乐园镇地域从市郊区办事处划出，组建浈江区南郊办事处，1987年2月，撤销浈江区南郊办事处，改称南郊乡人民政府。1993年11月，浈江区撤乡建镇，南郊乡更名为乐园镇延续至今。

2017年，乐园镇下辖教场、沙梨园、长乐、新村、六合、上坝、下坝7个行政村（21个自然村）及金沙、城南、新乐、百旺、韶南、韶冶6社区，土地面积29.18平方千米，耕地面积159公顷；年末户籍人口5.58万人，常住人口6.76万人，农业人口8217人。是年，固定资产投资2.23亿元，同比增长7.53%；镇限上商贸企业总营业收入完成86.07亿元；税收完成入库30.76万元，同比增长12.6%；限上商贸企业发展至49家。

【乐园镇重点项目】 2017年2月23日，广东中烟物流基地（韶关片烟仓储库区）项目完成地块内水库“降等”立项和施工方招投标；完成广东省烟叶复烤厂技术改造项目第二期工程，累计投资2.3亿元；配合完成浈江区是年中低压配电网工程基建业扩修项目。

【乐园镇农业发展】 2017年，乐园镇做好耕地地力保护补贴的面积统计；完成上级下达的农村房屋保险1577户及水稻保险；完成上级下达的各项防疫注射任务，其中注射口蹄疫9000头，禽流感4万羽。此外，做好各村森林防火和“三防”（防旱、防涝、防汛），在各防护期实行24小时值班制度。

【乐园镇“两委”换届】 2017年，乐园镇全镇7个村、6个社区均完成“两委”换届选举，完成率100%。选举产生村“两委”干部39名，社区“两委”干部28名，其中女性干部34名，35岁以下年轻干部17名。

【乐园镇人大工作】 2017年，乐园镇人大召开镇第九届人民代表大会2次，补选镇长1名、镇人大代表1名，开展慰问活动、视察活动、调研活动10次。7月，镇人大创办“人大代表暖心驿站”，代表联络室接访群众120人次、受理反映问题112件次、解决问题110件；暖心驿站组织慰问103人次，送去物品价值2万多元。

【乐园镇精准扶贫】 2017年，乐园镇根据致贫原因实施分类扶持，开展镇13户38人的计划脱贫任务，省、市下拨资金（包括扶贫经费）45.11万元，根据“以奖代补”项目实施细则，全镇发放27.86万元作为贫困户就业、产业的补助项目资金。审批六合村委内做光伏发电项目，项目预算28万元，所产生的利润将全部用于有劳动能力的扶贫户分红。同时，投入1.74万元开展贫困户春节、中秋慰问。

【乐园镇民生保障】 2017年，乐园镇新增就业人数309人，促进创业23人，并为辖区97人就业困难人员发放春节慰问金。同时，为镇辖区内享受最低生活保障对象、五保户、“三无”人员发放低保金62.61万元；全年审批医疗救助23人，发放医疗救助金15.48万元。

【乐园镇人口计生】 2017年，乐园镇流动人口健康档案建档率90.63%。开展计生宣传活动11次；全镇有67对已婚育龄夫妇参加免费孕前优生健康检查；全年举办5期计生业务培训班，参加上级业务培训6次，参训8人次。

【乐园镇消防安全】 2017年，乐园镇出动420人次，检查各类生产经营单位89次，其中冶金、有色、建材、机械等重点行业规模以上的生产企业31家，查处各类安全隐患9项，下达责令限期整改指令书9份，要求整改率100%。同时，不定期针对要求整改的企业开展“回头查”行动，覆盖率100%。

【乐园镇综治信访】 2017年，乐园镇集中组织开展铁路护路、禁毒宣传、打击“法轮功”邪教组织、创建平安乐园等宣传活动21次，出动宣传人员及志愿者250余人，发放宣传材料2500份，悬挂横幅5条，LED电子屏幕宣传标语15条。

【乐园镇文化事业】 2017年，乐园镇利用元旦、端午、国庆、中秋等节日在镇文化站举办文艺演出，图书阅览室、多功能活动厅、电子阅览室、文娱活动室、健身和文艺表演广场均免费开放。全镇7个行政村农家书屋和公共文化信息共享工程实现全覆盖，送文化、送科技、送电影等惠民工程深入民心。

【乐园镇义务教育】 2017年，乐园镇顺利通过省社区教育实验区复评检查。中小学入学率100%，小学教育巩固率100%，初中教育巩固率99%以上，扫盲教育100%，特殊教育100%。

【乐园镇武装双拥】 2017年，乐园镇完成兵役登记，民兵训练2次，参训人数30人；应征青年28人，完成党管武装、民兵营（连）建设、征兵工作、军事训练和战备执勤5项任务。全镇享受定期抚恤金人数164人，其中伤残军人17人，病退4人，烈士子女9人，参战、涉核134人。

【乐园镇公共服务平台建设】 2017年，乐园镇全方位整改11

2017年9月27日，乐园镇人大代表开展国庆中秋双节百人慰问活动 （区委宣传部 供）

个村居（因有2个居委无办公地点）的公共服务平台站点，提高镇内群众的办事便捷性，投入8.07万元对11个村（社区）进行制度上墙、设备安装、站点挂牌等工作。通过不断完善公共服务平台，实现“一站式”“一网式”办公。（练秀萍）

附：领导班子成员名单

党委书记：曾永红（任至4月）
　　　　　叶先林（4月任职）
党委副书记、镇长：叶先林（任至4月）
　　　　　黄伟强（4月任职）
人大主席：欧国梁
党委副书记：温六娥（女）
党委委员：杨　辉
　　　　　汪晓龙
　　　　　刘敏军
　　　　　潘彦君
　　　　　吕建洪
　　　　　黎郁群
　　　　　廖细林
　　　　　曾水祥
副镇长：麦斌斌

乐园镇行政村和社区简介

【教场村】 位于乐园镇东北部，由1个自然村组成，主要姓氏有邓、梁、黄、谭等。辖区总面积1平方千米，耕地面积6.7公顷，鱼塘面积4公顷。年末户籍人口296人，常住人口170人，空挂户120多人。2017年，村集体收入280万元。随着韶关市城市化的发展，产业结构由原来的以农业为主转向以第二、第三产业为主。全村购买农村养老和医疗保险实现100%覆盖。

【沙梨园村】 位于乐园镇中部，由6个自然村组成，主要姓氏有李、文、邓、郭、何、杨等。辖区面积4平方千米，耕地面积36.7公顷，鱼塘面积4.7公顷，年末户籍人口1718人，总户数531户，常住人口8000人。2017年，村集体收入930万元，经济以企业、物业、服务业以及种植业为主，种植的作物以蔬菜为主，兼营种养业。先后4次被评为市、区精神文明建设先进单位，同时关注民生，兴办教育和开展文化、福利事业，并先后建起文化室、卫生站各4间。

【长乐村】 位于乐园镇中部，由4个自然村组成，主要姓氏有何、华、胡等。辖区面积4平方千米，鱼塘面积6.7公顷，山林面积114.2公顷，耕地面积2.7公顷。年末户籍人口924人，常住人口4400人。2017年，村集体收入380万元，经济以第三产业为主，利用交通便利、邻近有大专院校等优势发展服务业产业。

【新村】 位于乐园镇南面，由3个自然村组成，主要姓氏有林、李、何等，辖区面积2平方千米。年末户籍人口1300人，常住人口3500人，2017年，村集体收入200万元。该村发挥地理优势，开展招商引资活动，引入东风本田、昌盛吉列4S店、顶盛汽车贸易、五菱汽车、中烟物流基地仓储等项目。坚持投入资金，改善村中村容村貌，其中林家坝村曾被评为“广东省卫生村”，高头村被评为“韶关市卫生村”。

【六合村】 位于乐园镇的东西部，由3个自然村组成，主要姓氏有梁、黄、何等。辖区面积4.3平方千米，耕地面积63公顷。年末户籍人口1500人。2017年，村集体收入10万元，村民人均收入9253元。经济以农业为主，种植作物主要有蔬菜、花生、水稻、淮山、粉葛等，其中淮山、粉葛为韶关市名优农产品。每天都有蔬菜供应韶关各大菜市场。

【上坝村】 位于乐园镇东南部，由1个自然村组成，主要姓氏有潘、刘、曾、邹等。辖区面积0.43平方千米，耕地面积35.5公顷。年末户籍人口629人。2017年，村集体收入3万元，村民人均收入7000元。经济以养殖业、种植业为主，种植作物主要以水稻、蔬菜为主，每天都有蔬菜、家禽供应韶关各大菜市场。

【下坝村】 位于乐园镇东南部，由2个自然村组成，主要姓氏有陈、吴、张、许、曾等。辖区面积1.06平方千米，耕地面积33.3公顷。年末户籍人口835人。2017年，村集体收入3万元，实现村民人均收入6000元。经济以养殖业、种植业为主，种植作物主要以水稻、蔬菜为主，每天都有蔬菜、家禽供应韶关各大菜市场。

【城南社区】 位于浈江区南郊三千米，居委会前身为浈江区南郊城南居民委员会，1992年1月成立，2005年6月改称为社区居民委员会，内设计划生育、卫生、治保会、调解会、社会事务、警务等服务机构。东片北起盛景园、南至南天豪庭；西片北起沙梨园上园村，南至邮电局宿舍路口。辖南天豪庭、烟叶复烤厂宿舍，御景园、南苑居、金沙广场、盛景园、梨苑花园、博溢楼、三江紫园、新金叶大厦等住宅区。2017年，户籍人口10922人，居民小区25个3031户。辖区内有广东省韶关市烟叶复烤有限公司1家驻镇单位。

【金沙社区】 位于浈江南郊三千米半，2003年5月成立居委会，内设计划生育、卫生、治保会、调解会、社会事务、警务等服务机构。东面为韶南大道，南面与新乐社区相接，西面为滨江路，北面与城南社区接壤，辖区面积2.7平方千米，主要街巷有一号路、二号路、三号路、金沙中路等11条小巷。2017年，居民小区31个，社区总人口2.16万人，总户数7112户，户籍人口1.24万人。辖区内有南枫、华俊、大新和中和4家物业公司及韶关市第八中学、韶关市烟草公司、韶关市卡讯公司等驻镇单位。

【新乐社区】 位于浈江区南郊六千米，天泓居首层，居委会前身为浈江区南郊新乐居民委员会，1992年1月成立，2005年6月改称新乐社区居民委员，内设计划生育、卫生、治保会、调解会、社会事务、警务等服务机构。2017年，户籍人口9780人，户数2983户，管辖韶南大道四千米至六千米，分东西片区，东边北起四千米华龙山庄至六千米精选厂，西片北起2号路青岛啤酒厂至西片南五千米家之福家居购物广场。辖区内有锦园、福源、啤酒厂宿舍、二针厂宿舍等住宅小区。主要街巷有2号路、3号路、好彩路等7条小巷。

【百旺社区】 位于浈江区南郊七千米，星河天骄15栋、16栋首层，2015年3月成立居委会，内设计划生育、卫生、治保会、调解会、社会事务、警务等服务机构。位于南郊五千米至南郊八千米韶南大道两侧，分东西片区。东片北起森鑫汽车城路口，南至高头村；西片北起长乐西坝村，南至林家坝村。辖龙洲岛、星河天骄、百旺花园、天泓居、江山花园、锦绣明珠、福景园等住宅区。2017年，户籍人口3546人，居民小区8个3936户。

【韶南社区】 2017年成立，位于南郊二千米至三千米韶南大道两侧，分东西片区。东片北起海景楼，南至恒富华城（原沙梨园市场）路口；西片北起鑫苑花园，南至南郊2.5千米城市广场国美电器城路口。辖海景楼、香蜜园、供销储运宿舍、桥宇楼、钜朗园、鑫苑花园、橡胶厂宿舍、胶合板厂宿舍、刨花板厂宿舍、汽修厂宿舍等住宅区。年末户籍人口9171人，居民3253户。

【韶冶社区】 2017年成立，位于南郊九千米，辖韶冶三村、韶冶四村、九千米韶岭冶住宅区、广塑厂家属区。年末户籍人口75566人，居民7120户。

（练秀萍）

十里亭镇

【概况】 位于浈江区北部，东与仁化大桥镇交界，南隔浈江与新韶镇相邻，西隔武江，与武江区西联镇相邻，北与犁市镇五四村相接。2004年北江区和浈江区合并，十里亭镇归属浈江区辖管。下辖靖村、金凤坪、五里亭、良村、腊石、湾头6个行政村（49个自然村）及黄岗、十里亭、十里亭东、前进路、五里亭、乌教塘、碧桂园西区、碧桂园东区、碧桂园南区、碧桂园北区10个社区。土地面积54.49平方千米。年末户籍人口6.05万人，常住人口6.69万人，农业人口1.46万人。耕地面积346.6公顷，粮食播种面积262.26公顷，林地面积3460公顷，森林覆盖率47.7%。2017年，农村经济总收入78943.53万元，同比增长7%。农村人均纯收入14482.24元，同比增长7%。固定资产投资2.2亿元，同比增长17%，财政一般预算收入580万元，同比增长7%。

【十里亭镇村（社区）换届选举】 2017年6月23日，十里亭完成镇16个村（社区）第七届村（社区）“两委”换届选举，选举产生新一届村（社区）“两委”干部89名，同时完成新一届村（社区）“两委”干部就职宣誓和培训。

【十里亭镇综治创平】 2017年，十里亭镇在全国“两会”等重要敏感期，做好矛盾排查，建立紧急预案机制，成立领导包案小组，安排人员到各自包干点现场稳控；镇党政班子成员成立信访维稳工作微信群，每天坚持零报告，同时加强信息交流，对掌握的动态随时在群里报告，确保发现问题早，解决问题快；及时掌握了解重点人员的动态情况，从接访变为主动走访，从重点时期访变为不定时约访，确保小事不出村、大事不出镇；加强部门联动，与派出所、卫生院等相关职能单位形成合力。

【十里亭镇新农村建设】 2017年，十里亭镇率先在全区筹划开展“互联网农业小镇”建设，带动全镇村民致富，促进社会主义新农村建设，深化农村经济改革，帮助农民增产增收。实现全镇农业总收入年增长6%，农村经济总收入年增长7%，农村人均收入年增长6%。

【十里亭镇城乡建设】 2017年，十里亭镇向上级申报10个融资项目，其中乡村公路建设项目9个，合计6.49千米。是年，印发黄金小镇、黄岗物流园、市容市貌提升、市二中置换、舜帝公园、东堤延长线、聆韶路、上饶大桥征收项目方案；加强引导和协调五里亭锦绣御水豪庭及碧桂园业主委员会成立，顺利推进“三供一业”（供水、供电、供热和物业管理）物业移交。

【十里亭镇义务教育】 2017年，十里亭镇中小学入学率100%，小学教育巩固率100%，初中教育巩固率99.8%以上，高中教育入学率99%（含中职、技校），扫盲教育100%，特殊教育100%。是年，顺利通省教育强镇督导验收。

【十里亭镇基层党建】 2017年，十里亭镇党员干部接受教育培训132次，开展学习中共十九大精神学习活动26次，组织党员考学活动2次；市委党校和五里亭村开展党建“结对共建”活动初见成效，同上党课5次、过组织生活2次、抓主题教育活动1次，持续深化驻点普遍直接联系群众；整顿软弱涣散党组织被评为先进；金凤坪村“为村”党建开放平台，连通互联网+党建+乡村的“最后1千米”，助力基层党建。

2017年3月28日，韶关市史志办组织全市各县（区）史志部门工作者到十里亭镇靖村观摩学习自然村落历史人文普查工作

（区委宣传部　供）

【观摩学习自然村落历史人文普查推进会】 2017年3月28日上午，韶关市地方志办公室组织全市各县（市、区）史志部门工作者到十里亭镇靖村观摩学习自然村落历史人文普查工作，并召开现场推进会，73岁靖村村民陈冲向参加观摩学习的全体工作者简述靖村的历史文化、靖村特色及风土民情。到场的全体史志工作者在靖村党支部书记欧建文等陪同下，参观靖村陈家祠道及启贤堂等历史古迹，现场交流互动。

（谢军强）

十里亭镇行政村和社区简介

【靖村】 位于十里亭镇西部武江河畔，西与武江区田心村、下坑村相接，东与金凤坪村相邻，村庄建于1500年前，谭、成、神、陈、郑、欧、侯7大姓氏集于一村，以韶城本城话为主要语言。2017年，总人口3478人，总户数700户，集体收入260万元。经济以农业为主，主要种植水稻、蔬菜和部分水果，果品中以种植无花果较为普遍，村建有特色无花果基地和蔬菜基地。1958年以来，靖村大部分土地被工厂征用，80年代始，贯彻以服务城市为宗旨的方针，水稻面积逐步减少，种植蔬菜的面积不断扩大，耕地面积75.3公顷，山林面积266.67公顷，鱼塘面积30公顷，牲畜存栏量2500头，出栏量3500头，牲禽存栏量2.3万只，出栏量3.3万只。改革开放以后，该村重视工副业的发展，村办企业发展迅速。村办企业主要有红砖厂、铸造厂、市场等，主要以厂房出租为主。该村重视精神文明建设，先后投入资金20万元兴办教育事业和福利事业，兴建村卫生站场所；投资300万元兴建学校和增加教学设备，修通各村通往学校的道路；小学生实行免费就读，老人实行退休制度；村委帮助村民购买合作医疗、新农保，组织渡船免费帮助村民过渡，加强渡船安全。

【金凤坪村】 位于十里亭镇中心区域，距市区5千米。与十里亭社区相互交融，东至十里亭黄岗山与犁市镇黄沙村接壤，南至十里亭大道北郊加油站与十里亭社区相交，西至十里亭大桥与武江区西河镇马蹄脚村毗邻，北至十里亭建设北路与靖村相接。下辖金凤坪村、曹村、黄岗村、上坝村、下坝村（建城区外）五个村民小组。以客家话为主要语言。辖区面积5.8平方千米，耕地面积60.2公顷。2017年，总人口2413人，总户数601户，流动人口1023人，集体收入500万元。经济以农业为主，种植蔬菜、花生、甘蔗、瓜子等农作物。北乡香芋曾是有名的出口产品。该村注重精神文明建设，先后投资400万元兴建学校和福利事业，更新和增加教学设备，对考上重点学校和考入大学的村民子弟实行奖学金制度；村民享受40多年合作医疗保险制度，100%的村民参加合作医疗；实行老人退休制度，男60周岁，女55周岁享受老人退休待遇；对五保户实行最低生活标准保障制度。辖区内主要小街小巷有金凤坪河边路、金凤坪村至下坝村小路、曹村小路，驻村韶关市一污水处理厂、广东省韶铸集团有限公司等企事业单位4个，小学1所、卫生站1所、旅馆（招待所）1家、市场1家。

【五里亭村】 位于十里亭镇东部，韶关市区北侧，距市区2.5千米。东部与良村交界；西部与金凤坪村接壤；北靠黄岗山；南临武江河畔。唐朝期间，由于位于古代五里亭地段—五里亭，故名“五里亭村”。建于1274年间，管辖黄岗村、新屋村、大冲窑村、新村四个自然村（新村建于1978年）。2017年，总人口1890人，总户数540户，集体收入600万元。改革开放后，随着城市建设发展的需要，土地被征用，无耕地。五里亭村村民以外出务工或经商为主，村集体先后兴建工业厂房、商业用房、仓库、农贸市场，总面积10万平方米，民宅小区4万平方米。该村重视精神文明建设，先后投资30万元用于村容村貌建设，全村道路都铺设水泥路面；投资15万元建设小学，更新教学设备；村委会每年拨出约20万元作为村民医疗补贴，全村实行村民年老退休补贴。

【良村】 位于十里亭镇东部，东与腊石村交界，西与五里亭村接壤，南临浈江河畔，北靠黄岗山脚，距市区约3千米。建于78年间，管辖良村、沙头、火冲、坝厂、坳背老村、坳背新村6个自然村，以本城话、客家话、广州话为主要语言。耕地面积58公顷。2017年，总人口1818人，总户数637户，集体收入1000万元，主要经济收入来源发包土地、存款利息、市场和商铺出租。是年，发放各项群众福利超过500万元。该村重视精神文明建设，投入87万元购置3台校车，免费接送村内小学生上下学，并设置优秀学生奖励机制，年发放奖学金4.4万元。

【腊石村】 位于十里亭镇东部七千米，东与湾头村交界，西与良村接壤，南临浈江河畔，北靠石子坳水库，与坳背老村相连。建于约800年间，管辖塘头、冲尾村、井头村、钟屋村、小门头村、学前村6个自然村，本城话是该村主要语言，因旱天缺水，故名“腊石村”。腊石村经济长期以来以农业、林业为主，农业种植的作物主要是水稻、花生、红瓜子、黄豆等，兼营水产、畜牧业。1993年实行“粮改菜”工程后，调整农业生产布局，减少水稻的种植面积，改为蔬菜种植，笋竹是该村新发展的经济作物，4千米长的河旁、滩涂形成一条绿色长廊。改革开放后，该村利用当地丰富的地下资源，提供土地私人老板投资，兴办3条煤矿，煤矿成为该村的经济支柱。耕地面积61.7公顷。2017年，总人口1506人，总户数401户。该村重视精神文明建设，先后投资13万元扩建学校，更新教学设备，建立医疗卫生站，修建乡村道路。

【湾头村】 位于十里亭镇东部17千米烽火岭山脚，东靠烽火岭与长坝镇交界，西至皇罗寨与腊石村接壤，南至八角塘与黄浪水村相连，北至黄竹村分界。管辖卢屋村、姜屋村、石屋村、李屋村、河边村5个自然村，11个村小组，以本城话为主要语言，该村依山傍水，地处浈水第一弯，故名“湾头村”。始建于唐、宋年间，是当时较为有名气的千家村，具有“九井十八桥”之称。主要姓氏卢姓于明朝时代迁入。湾头村是清乾隆时期二广都督卢广居的故居，清代乡试每年亦有10数人中秀才者。民国时期黄埔军校第四期毕业生就有4人。该村有古老文化遗迹，宋朝期间建有约7000平方米面积的三峯寺［此寺毁于民国2年（1912年）雷电］。元至清朝期间先后建有规模较大的新庙（毁于抗日战争时期）、西华庵（毁于1966年“文化大革命”）。据说西华庵与南华寺有一脉相连。传说观音娘娘是女儿之躯不能进入南华寺，特建此供奉。1993年，香港佛门弟子跟踪到此，建造师姑庙，供善男信女朝奉。2017年，总人口1458人，总户数378户，耕地面积118.6公顷，集体收入70万元。经济以农业、林业为主。农业以种植水稻、黄豆、红瓜子、番薯等作物为主，兼营水产、畜牧等养殖。红瓜子以粒大、鲜红而闻名，特别是自从引进三雄农业科技发展有限公司后，成为浈江区农业示范龙头产业园。该村重视精神文明建设，先后投资40万元扩建学校，整修道路，建造山泉饮水工程，落实改造五十年前的整村灌溉水渠，建立卫生站，设立老人娱乐中心，村民参加合作医疗100%。

【十里亭社区】 居委会办公室地址位于十里亭镇韶铸集团宿舍南区32幢202室。东南边以十里亭大道西工商银行为界，东北边以红会医院宿舍区包含红会医院为界与十里亭东社区交界，北边以铸锻厂、饲料厂为界与靖村村委交界，南边以十里亭大桥为界与靖村、金凤坪村交界。2017年，常住人口10819人，总户数3091户，下辖14个居民小组，居民代表16人，社区党员80名，管辖单位与住宅小区有机电学校、众力公司（含众力宿舍东区、中区、西区）、韶铸集团（含韶铸宿舍东区、西区、南区、南院、北区）、宝利饲料厂（含居民宿舍楼）、76328部队、粤北技校、金丹霞粮油食品厂（含居民宿舍楼）、北江技校（含居民宿舍楼）、宏发大厦、德盛楼、浈江区福利院、工商银行（含宿舍楼）。

【黄岗社区】 位于十里亭镇北面，东至黄岗火车站与靖村交界，西至北江监狱与靖村交界，南至S248线西面钢窗厂宿舍区域止，以花皇酒店及对面路口为分界线，与乌教塘社区居委交界，北至S246线二〇二地质队与煤机厂。辖区面积2.8平方千米，2017年，总人口7220人，总户数2031户，社区党员70人。常驻社区单位有广东省北江监狱、广东省武江监狱、广东省二〇二地质勘探队、广东羊城铁路黄岗火车站、韶关市黄岗小学驻辖区单位。

【五里亭社区】 居委会办公地址位于十里亭镇前进路9号润景楼305室。东邻五里亭村委，南与风采办事处峰前路社区交界，西邻武江河畔，北与聆韶路为界。2017年，总人口7200人，总户数2350户，下辖10个居民小组，居民代表25人，社区党员100名。内设中共五里亭社区支部委员会、五里亭社区人民调解委员会、五里亭社区计划生育协会等机构。常驻社区单位有浈江区人民检察院、浈江区人民法院、韶关市消防局浈江消防大队、韶关市第七中学、韶关市汽车运输公司、浈江区林业局、浈江区教育局和浈江区住建局。

【碧桂园东区社区】 成立于2013年6月25日。东临广乐高速，南临浈江河，西临323国道，北临十里亭镇良村。位于韶关市良村公路2号碧桂园楼区地段，商贸集中，交通便利，楼宇经济发达，幼儿园1所，酒店，餐饮，商店、银行、社区医疗网点等配套设施，居民文化娱乐、衣食住行等提供方便快捷的服务。辖区面积5.71公顷，管辖浈江区十里亭镇碧桂园云台翠色小区、翠云峰小区、翠堤春晓小区、翠山峰景小区、林涛花岸小区、云林水岸小区、喜居小区。2017年，总人口15395人，总户数4222户，户籍人口3992人，其中少数民族22人；流入人口11837人，其中跨省69人；流出人口434人，其中跨省 57 人；妇女 4322 人，社区党员 16 名。

【碧桂园西区社区】 成立于 2010 年 6 月 30 日，位于浈江区碧桂园西区，管辖碧桂园水木春华小区，北接十里亭镇良村，南邻五里亭村公路，西至十里亭镇五里亭村，东靠良村公路与五里亭大桥、碧桂园东片区住宅相邻。2017 年，总人口 4842 人，总户数 1361 户，社区党员 10 名。社区服务机构及社会组织有人力资源社会保障服务站、交通安全社区办公室、人民调解委员会、警务室、计生协会、治保会、文体服务中心、志愿者服务站等。

【十里亭东社区】 成立于 2016 年 12 月 29 日，从十里亭社区分设。东边以前进路五里亭游泳池为界与前进路社区交界，南边以市污水厂门口与金凤坪村交界，北边以省道 S248 线十里亭叉路口人行横道为界与乌教塘社区交界，西南边以十里亭大道西工商银行为界，西北边以红十字会医院宿舍区包含红会医院与十里亭社区交界。2017 年，总人口 5830 人，总户数 1680 户，社区党员 25 名。常驻社区单位有韶关市红十字会医院、韶关市吴礼和中心小学、韶关市第三中学、十里亭邮政支局、北郊农村信用社、中国建设银行十里亭支行。

【乌教塘社区】 成立于 2016 年 12 月 29 日，从黄岗社区分设，东至黄岗山脚的电焊条厂，与金凤坪村毗邻，南至十里亭大道与前进路及省道，S248 线交岔路口大转盘相接，与十里亭社区为界，西至金凤坪山脚铁四处宿舍区、远大公司宿舍区地段，北至，省道 S248 线西面钢窗厂宿舍区域，以原北江监狱水泥厂及对面路口为分界线，毗邻黄岗社区交界处。2017 年，总人口 8000 人，总户数 2030 户，社区党员 3 人。内设中共乌教糖社区支部委员会、乌教塘社区人民调解委员会、乌教塘社区计划生育协会，和文体卫体、民政、妇联等机构。常驻社区辖区单位有中铁五局四处、电焊条厂、钢窗厂。

【前进路社区】 成立于 2016 年 12 月 29 日，从五里亭社区分设，东面以五里亭村委为界，南面以聆韶路为界，西面以武江河为界，北边以市自来水公司为界。管辖御水豪庭小区，河畔名居小区，和廷苑小区，锦绣花园 6 号、7 号、8 号楼，聆韶西苑小区，在建的保利地产住宅小区。2017 年，总人口 8661 人，总户数 2887 户，社区党员 97 人，辖区单位有浈江区地税局。

【碧桂园南区社区】 成立于 2016 年 12 月 29 日，位于碧桂园翠林山语会所内，东靠黄金村大桥，西至省委旧址，南邻帽峰大桥，北靠国道 G323 线公路。辖区面积 62.52 万平方米，2017 年，总人口 12623 人，总户数 3639 户，常住户数 1873 户。国际标准会所，大型超市，学校、银行等配套设施完善。社区工作人员 7 名，其中支部书记、主任 1 名；副主任 3 名；委员 3 名。社区党支部 1 个，党员人数 9 人，居民代表 13 人，居民小组长 13 人。社区服务机构及社会组织有民政、人力资源社会保障服务站、交通安全社区办公室、人民调解委员会、警务室、计生协会、党务工作、人民武装、文体社团、综合服务中心、妇代会、志愿者服务站等。

【碧桂园北区社区】 成立于 2016 年 12 月，位于韶关市良村公路 2 号碧桂园销售中心区域，东与腊石村委交界，南边与碧桂园东区社区居委管辖地段相邻，西边与碧桂园西区社区居委管辖地段相邻，北靠韶关市乐广高速路口，辖区面积 6800 平方米。2017 年，总人口 4030 人，总户数 1070 户，户籍人口 498 人，育龄妇女 380 人，社区党员 6 人，收楼 2081 户，入住 1070 户。该社区分为凤凰山、桐林与春天里 3 个小区，其中春天里小区在建设中。餐饮、商店、银行网点、健身中心、游泳场、羽毛球场、阅读室、居民活动广场 U 型街等生活设施完善，驻有外国语幼儿园与外国语小学各 1 所。碧桂园项目部计划 2020 年完成公交总车站、肉菜市场、万象购物城等便民项目配套设施。 （谢军强）

附：十里亭镇领导班子成员名单

党委书记：曾大海（任至 3 月）
　　　　　唐孝坤（4 月任职）
党委副书记、镇长：唐　波
党委副书记：饶　聪
　　　　　方燕珍（女，任至 3 月）
人大主席：廖　灵（任至 3 月）
　　　　　方燕珍（女，3 月任职）
党委委员、副镇长：何文胜
党委委员：饶瑞明
　　　　　潘建经
　　　　　侯伙胜

江爱萍（女）
张　坤
黄冬妹（女，8 月任职）
欧梅珍（女，任至 8 月）
范传广（8 月任职）
副镇长：黄　伟

犁市镇

【概况】　犁市镇地处韶关市北郊13千米，东毗仁化县、南临十里亭镇，北连乐昌市、西接乳源县。下辖大村、黄沙、黄塘、黄竹、犁市、梅塘、群丰、沙园、石下、五四、溪头、下陂、下园、厢廊、内腾、石脚下、沙尾、大旗岭18个行政村（165个自然村）及犁市、犁南和韶化民爆3个社区。境内武江河贯穿南北，系京广、武广铁路，广乐、韶赣高速公路连接线，省道S248、省道S246线穿越该镇，是韶关市区通往仁化县、乐昌市、乳源县的公路交汇点，公路、铁路、水路交通极为便利。土地面积305平方千米，年末户籍人口49190人，常住人口52541人，农业人口39658人。耕地面积3086公顷，粮食播种面积2668公顷。林地面积9166公顷，森林覆盖率53.8%。2017年，农村经济总收入39441万元，同比增长10.2%；农村人均纯收入7986千元，固定资产投资2.1亿元，同比增长43.7%。国税地税收入合计1.54亿元，财政一般预算收入5084万元，同比增长3.8%。是年，完成粤华电力项目220千伏输电线路及输水管线的建设，比亚迪配套项目建设进展顺利。

【犁市镇农业发展】　2017年，犁市镇加强惠农资金管理发放，2015、2016年度基本农田保护经济补偿资金304万元发放落实到位；发放涉农政策性补偿资金709.63万元，其中，耕地地力保护补贴资金465万元，生态林补偿资金148.96万元，渔船油补、渔民生活补贴、减船转产补助等95.67万元；全年春秋季防疫禽畜23.87万头（只）；完成第三次全国农业普查；土地确权工作除石下村委外，其他村委基本完成外业调查、一轮公示，部分村委进入二轮公示阶段；协助黄竹、五四、犁市、黄塘等村委开展“重点水利建设项目”建设，完成大富河黄沙大王冲段综合治理；成立犁市镇河长制工作领导机构并按规定配齐总河长、河长，开展10次河流巡查治理；加强水利三防管理，完成三防应急仓库修缮；开展农村人居环境综合整治，顺利完成群丰、下陂、大村、大旗岭等省定贫困村创建农村人居环境示范点的“三清三拆”，清拆废旧房屋1143间45398平方米。

2017年6月28日，犁市镇召开通过创省教育强镇复评验收反馈会
（犁市镇　供）

【犁市镇安全生产】　2017年，犁市镇坚持“安全第一、预防为主、综合治理”的方针，加强对安全责任的量化考核，与下辖的各村、居委及企事业单位签订安全生产责任书，落实安全生产责任制，组织开展安全生产（消防）大检查，发出检查执法文书100份；在全镇范围内开展安全生产（消防）督导检查行动，定期督查检查各类生产经营场所；加大道路交通检查力度，特别是不定期在节假日、墟日检查犁市镇3处载人渡船安全情况，加强乡村公路的安全管理，及时制止交通违法行为，每村选配交通安全劝导员；联合相关执法部门对违规违法经营砖厂开展联合执法行动，制止砖厂的违法经营行为；查处和打击农村违法用地违建问题，完成区联席办交付的任务。

【梨市镇信访维稳】 2017年，梨市镇通过整合各种调解资源，实行“党政领导、综治牵头、司法为基、各方参与、携手联动”的运行机制，构筑一张横向由相关职能部门参与，纵向深入每一户农民家庭的“大调解”工作网络。发挥三级调解组织作用，结合开展领导干部驻点普遍直接联系群众活动，排查出的每一宗纠纷基本经过村委、驻村工作组、镇综治中心的三级调解，并上升到班子会研讨、汇报；制定纠纷化解奖惩考核制度；抓好综治中心的规范化建设，抓好纠纷调解的规范化建设，完善网上信访录入和回复，截至11月，梨市镇受理和参与处理各类社会矛盾纠纷58宗，其中调解成功57宗，矛盾纠纷调解成功率98.3%，上级交办信访案件24宗，全部按时间要求予以答复。全年没有发生因矛盾纠纷引发的群体性事件。

【梨市精准扶贫】 2017年，梨市镇有群丰、下陂和大村重点贫困村3个，认定建档立卡贫困户383户839人，其中低保户204户385人，一般贫困户131户406人，五保户48户48人。截至12月底，梨市镇贫困人口脱贫223户365人，占贫困总人口43.3%，其中群丰村21户45人，下陂村10户22人，大村村26户58人，分散贫困户脱贫166户240人。是年计划脱贫106户316人，占贫困总人口37.4%，其中群丰村11户40人，下陂村17户38人，大村村26户75人，分散贫困户脱贫52户163人。下达梨市镇扶贫资金1204.9026万元，其中，中央财政专项扶贫资金15万元，省级财政专项扶贫资金397.125万元，市级财政专项扶贫资金209.5147万元，区级财政专项扶贫资金75万元，东莞对口帮扶贫困村引导资金300万元，社会扶贫资金208.2629万元。是年使用817.2087万元，另有200万元的光伏发电项目资金准备完善手续后支付，结余187.6939万元。

【梨市镇计划生育】 2017年，梨市镇育龄夫妇8819对，户籍人口出生783人，政策生育率为94.13%，出生人口性别比为109.92：100。征收社会抚养费35.45万元，孕前优生健康检查完成78人。享受广东省部分计划生育家庭生育奖励98人，每人每月120元；节育奖467人，每人每月50元；特别扶助奖2人，每人每月800元；城镇独生子奖励金发放135人。学习“生育登记、再生育审批管理办法”，做好生育登记及再生育审批。

【梨市镇教育文化】 2017年，梨市镇中小学入学率均100%，小学教育巩固率100%，初中教育巩固率99%以上，扫盲教育100%，特殊教育100%。2017年，梨市镇按照《广东省建设文化强省规划纲要》的工作要求，围绕建设区域文化中心，实施文化建设“十项工程”，提升梨市镇文化服务水平，发展特色文化产业，打造特色文化品牌。建立并完善综合文化服务中心管理制度，全镇21个村（社区）建立村级文化室、公共电子阅览服务室、图书报刊阅览室、并结合各村具体情况建立管理制度，致力建设新型综合文化服务中心；完成梨市当铺旧址的主体修缮工程，有效地保护朱德部队（梨市当铺）旧址的真实性和完整性；举办有传统特色的送戏、送电影下乡，龙舟杯比赛，张氏“猫公狮”，舞春牛等非物质文化遗产节目；完善旧址文物展品的展示系统和安保监控系统，科学保护文物；改造旧址东南角绿地。

【梨市镇环境保护】 2017年，梨市镇协助上级有关部门做好众信砖厂关停工作，清除中央环保督查组督查的丹霞山景区禽畜禁养区养殖场4个。配合区政府拆除明弘生态园违规违法设施、建筑，会同区城管局拆除违建，城乡环境综合治理“脏、乱、差”；做好村庄垃圾收集、清运，将镇垃圾集中到区花拉寨垃圾处理场处理，保持乡村清洁美。

【梨市镇医疗卫生】 2017年，梨市镇推进5个规范化村级卫生站建设，累计投入资金62.5万元，同时成功创建2个市级卫生村（自然村）。是年，组织各村、居委会、各单位利用宣传栏、黑板报等宣传阵地，采取有效的形式，向群众宣传普及灭蚊防蚊、灭鼠等卫生防病知识，引导群众自觉参与灭蚊防病活动。开展环境卫生综合整治，结合全市城乡环境卫生整治行动和乡村清洁美工程及周末卫生日制度，发动村（居）民清理整治辖区内背街小巷、居民区、城中村、农贸市场、城乡接合部和辖区内下岗单位的卫生盲点。组织辖区单位、住户，清理楼顶天棚、楼梯通道的杂物。

【犁市镇应急管理】 2017年，犁市镇成立由各部门主要人员组成的应急管理工作领导小组，制定和完善突发事件应急制度，强化日常安全管理制度，做好应急设施的维护和检测，及时消除隐患，做好应急管理日常培训和科普宣教，提高应急管理人员的应急处理意识和应急实战能力、突发事件风险排查。是年，犁市镇组织辖区内各中小学校、渡口、企业开展安全自查整改，重点加强春节、“两会”、五一、村（社区）两委换届、国庆等治安防护，落实应急值班工作，坚持实行由领导班子成员带班，双人双岗值班制度；在“三防”值班防护期，完善24小时领导带班的值班、值宿工作机制，制定值班工作人员责任表，把工作任务落实到具体人员。妥善处置、报告“3·25”浈江区华磊砂石场突发事件及“7·1”石下卫生站突发事件。

【犁市镇基层治理】 2017年，犁市镇举办各类平安建设宣传活动；开展群众安全及政法工作感满意度进村入户问卷调查活动。辖区铁路总里程达43千米，涉及10个村委，沿线10个村委都组建义务护路队伍和义务信息员队伍，形成以护路办人员为骨干，以铁路、沿线村委和村民为依托的群防群治铁路治安防护网。做好精神病人医治救助，截至12月底，在册的精神障碍患者298名，其中三级以上重性精神障碍患者64名。在加强日常排查力度，做到底册清、情况明的同时，开展对精神障碍患者医治救助活动。全年投入资金医治16人，并发放监护补助，在镇卫生院还设立精神病人免费发药点，为50多名贫困患者每月免费发放药品。全年未发生精神病人伤人及肇事肇祸事件。 （刘丙娇　曾志华）

附：犁市镇领导班子成员名单

党委书记：罗奕文

党委副书记、镇长：曹志文

人大主席：罗爱军（任至3月）

欧锐文（3月任职）

党委副书记：张美成

叶伟坚

党委委员：廖锦和

邓文福

罗宇锋

何小青

刘丙娇（女）

黄雁池

杨贞灵

蒋新宇（任至10月）

韦　赛（任至11月）

副 镇 长：邓文福

罗宇锋

廖锦和

齐玲玉（女）

犁市镇行政村和社区简介

【黄竹村】 位于犁市镇东部，距离镇城区17千米，由16个自然村组成，主要姓氏有钟、吴、古、梁、谭、李、蓝等。改革开放后，经济以农业为主，种植水稻、甘蔗、蔬菜，兼营养猪、养家禽及水产养殖。2017年，总人口2657人，蔬菜种植面积24公顷，鱼塘面积13公顷；工业产值2432万元，农业产值2241万元，人均年收入8434元。村内主要有竹、木和丹霞地貌等资源，辖内16个自然村均被列入丹霞山环境保护区。

【黄沙村】 位于犁市镇东部，距离镇城区12千米，由18个自然村组成，其中鹧鸪石、大黄冲2个自然村被列入丹霞山环境保护区。主要姓氏有朱、何、钟、杨、陈、廖等。辖内主要有竹、木及煤炭、锑矿、飞绿岩等资源。2005年煤矿关闭后，经济以农业为主，种植水稻、甘蔗、蔬菜，兼营养猪、养家禽及水产养殖。2017年，总人口3811人，蔬菜种植面积28公顷，鱼塘面积57公顷；工业产值4013万元，农业产值3010万元，人均年收入7898元；村内道路全部改建成水泥路，随着省道S246线改道经过该村及莞韶产业转移园（浈江片区）部分项目落户该村，村民住宅建设和管理逐步趋向楼房化。

【五四村】 位于犁市镇东南部，距离镇城区4千米，由10个自然村组成，主要姓氏有陈、谭、吴、郑、谢、温等。经济以农业为主，种植水稻、蔬菜，养猪、养家禽。改革开放后，生产布局以种植西红柿、辣椒、叶菜为主，并兼水产养殖，其中五四西红柿成了远近闻名的一大品牌。2017年，总人口2522人，蔬菜种植面积140公顷，鱼塘面积40公顷；工业产值4345万元，农业产值2423万元，人均年收入9607元。随着莞韶产业转移园（浈江片区）落户该村，村中道路全部改建成水泥路，村民住宅建设和管理也逐步趋向楼房化。尤其是五四村一队，民风淳朴，勤劳致富，是犁市镇闻名的卫生村。

【石下村】 位于犁市镇以东，距离镇城区6千米，由8个自然村组成，主要姓氏有胡、谭、钟等。2005年全省煤矿关闭后，经济以农业为主，种植水稻、花生等，生产布局以种植水稻、花生、马铃薯及果树为主，并兼营养猪、养家禽。2017年，总人口3680人，蔬菜种植面积26.67公顷，鱼塘面积20公顷；工业产值4787万元，农业产值2940万元，人均年收入7989元。随着莞韶产业转移园（浈江片）园区内粤华国电项目的引入，村中道路全部改建成水泥路，村民住宅建设和管理也逐步趋向楼房化。

【下陂村】 位于犁市镇的东北，距离镇城区8千米，下辖8个自然村，主要姓氏有胡、钟、朱、沈、姚等。该村主要有煤、铁矿资源，经济长期以来以农业为主，种植水稻、花生，养猪、养家禽。改革开放后，生产布局以种植水稻、花生、茄子、辣椒为主，并兼营鸡、鸭、鱼、猪养殖。2017年，总人口2178人，蔬菜种植面积27.33公顷，鱼塘面积40公顷；工业产值2579万元，农业产值1720万元，人均年收入7899元。

【犁市村】 位于犁市镇中心，由5个自然村组成，主要姓氏有侯、李、钟、梁、叶、吴等。该村主要有丰产林资源，经济以农业为主，种植水稻，养猪、养家禽。改革开放后，生产布局以种植水稻、蔬菜、香瓜为主，其中“犁市香瓜”具有果大、皮薄、爽脆、瓜甜的特点。2017年，总人口2113人，蔬菜种植面积58.67公顷，鱼塘面积27公顷；工业产值1353万元，农业产值1690万元，人均年收入8002元；村中道路全部改建成水泥路，村民住宅建设和管理也逐步趋向楼房化。

【群丰村】 位于犁市镇以北部，距离镇城区2千米，由6个自然村组成，主要姓氏有侯、饶、黄、刘等。主要有土地、林木资源，经济以农业为主，种植水稻，养猪、养家禽。改革开放后，生产布局以种植水稻、花生、蔬菜为主，并兼营鸡、鸭、鱼、猪养殖。2017年，总人口2236人，蔬菜种植面积22公顷，鱼塘面积7公顷；工业产值2995万元，农业产值1798万元，人均年收入8043元；村中道路全部改建成水泥路，村民住宅建设和管理也逐步趋向楼房化。

【内腾村】 位于犁市镇的中北部，2017年3月，经批准，撤销原来的新联村委会，拆分成石脚下、内腾村委，辖8个村小组，主要姓氏有侯、朱、刘等。该村主要有土地及丰产林资源，经济长期以农业为主，种植水稻，养猪、养家禽。改革开放后，生产布局以种植优质水稻、花生为主，并兼营鸡、鸭、鱼、猪养殖。是年，总人口1250人，蔬菜种植面积46公顷，鱼塘面积14.67公顷；工业产值909万元，农业产值958万元，人均年收入7658元。

【石脚下村】 位于犁市镇的中北部，2017年3月，经批准，撤销原来的新联村委会，拆分成现在的石脚下、内腾村委，下辖10个村小组，主要姓氏有谭、胡、侯、朱、周等。主要有土地及丰产林资源，经济以农业为主，种植水稻，养猪、养家禽。改革开放后，生产布局以种植优质水稻、花生为主，并兼营鸡、鸭、鱼、猪养殖。是年，总人口1759人，蔬菜种植面积3133公顷，鱼塘面积17.27公顷；工业产值1000万元，农业产值1354万元，人均年收入7701元。

【沙园村】 位于犁市镇西部的武江河两岸，由9个自然村组成，主要姓氏有莫、成、李等，是广东儿童教养院的发祥地，2000年，李汉魂将军之女李湞遵照母亲遗嘱，在沙园小学捐资建起菊芳楼并建立博物馆。该村主要有山林、土地资源，经济以农业为主，种植水稻，养猪、养家禽。改革开放后，生产布局以种植水稻、花生为主，并兼营鸡、鸭、鱼、猪养殖。2017年，总人口2637人，蔬菜种植面积37.33公顷，鱼塘面积33公顷；工业产值1208万元，农业产值2138万元，人均年收入8107元；村内办起小学、文化室、卫生站各1间；村中道路全部改建成水泥路。

【黄塘村】 位于犁市镇西北部的武江河东岸，由4个自然村组成，主要姓氏有黄、姚两姓。经济以农业为主，种植水稻，养猪、养家禽。改革开放后，生产布局以种植水稻、瓜菜、粉葛和养鱼、养猪为主，并兼营鸡、鸭、养殖。2017年，总人口1114人，蔬菜种植面积19.33公顷，鱼塘面积33公顷；工业产值1280万元，农业产值 896 万元，人均年收入 8038 元；村内率先办起电子书库；村中道路全部改建成水泥路，2006 年“7·15”洪灾过后，全村大部分村民住宅搬迁到原三〇九厂公路沿线，建设和管理逐步趋向楼房化。

【下园村】 位于犁市镇西北部武江河的西岸，由 5 个自然村组成，主要姓氏有王、侯、李、廖、赖 等。经济以农业为主，种植水稻，养猪、养家禽。改革开放后，生产布局以种植水稻、叶菜及种桑养蚕为主，并兼营鸡、鸭、鱼、猪养殖，其中桑叶种植面积 66.67 公顷，是浈江区的种桑养蚕基地。2017 年，总人口 2375 人，蔬菜种植面积 20 公顷，鱼塘面积 40 公顷；工业产值 639 万元，农业产值 1493 万元，人均年收入 8001 元。

【厢廊村】 位于犁市镇西北部武江河的之东岸，距离镇城区 8 千米。由 17 个自然村组成，主要姓氏有邓、黄、吴、杨、陈 等。2017 年 3 月，经批准，沙尾村从厢廊分出，重新成立沙尾村委会。经济以农业为主，种植水稻，养猪、养家禽。改革开放后，生产布局以种植水稻、萝卜、瓜菜为主，并兼营鸡、鸭、鱼、猪养殖。其中盛产的萝卜以个大、清甜、高产而出名。是年，总人口 2250 人，蔬菜种植面积 130 公顷，鱼塘面积 20 公顷；工业产值 1563 万元，农业产值 1787 万元，人均年收入 8565 元；村内办起小学、文化室、卫生站各 1 间；村中道路全部改建成水泥路，全村村民住宅建设和管理逐步趋向楼房化。

【沙尾村】 位于犁市镇西北部武江河的东岸，距离镇城区 10 千米。由 5 个自然村组成，主要姓氏有邓姓。2017 年 3 月，经批准，沙尾村从厢廊分出，重新成立沙尾村委会。厢廊村以农业为主，种植水稻，养猪、养家禽。改革开放后，生产布局以种植水稻、萝卜、瓜菜为主，并兼营鸡、鸭、鱼、猪养殖。其中盛产的萝卜以个大、清甜、高产而出名。是年，总人口 700 人，蔬菜种植面积 63.46 公顷，鱼塘面积 6.67 公顷；工业产值 961 万元，农业产值 950 万元，人均年收入 8547 元。

花坪镇中心幼儿园新貌 （区委宣传部 供）

【大村】 位于犁市镇北部，距离镇城区 15 千米，是原梅村乡的政府所在地，2017 年 3 月，经批准，分成大村、大旗岭两个村委。下辖 7 个自然村，主要姓氏有张、夏、欧、邓、沈、潘等。该村主要有林地、水库资源，经济以农业为主，种植水稻，养猪、养家禽。改革开放后，生产布局以种植优质水稻、柑橘为主，并兼营鸡、鸭、鱼、猪养殖。是年，总人口 1962 人，蔬菜种植面积 13.33 公顷，鱼塘面积 33.33 公顷；工业产值 45 万元，农业产值 1963 万元，人均年收入 7783 元；村内办起小学、文化室、卫生站各 1 间；村中道路全部改建成水泥路，村民住宅建设和管理逐步趋向楼房化。

【大旗岭村】 位于犁市镇北部，距离镇城区 19 千米，2017 年 3 月，经批准，大村村委分成大村、大旗岭两个村委。大旗岭辖 5 个自然村，主要姓氏有张、夏、欧、邓、沈、潘等。主要有林地、水库资源，经济以农业为主，种植水稻，养猪、养家禽。改革开放后，生产布局以种植优质水稻、柑橘为主，并兼营鸡、鸭、鱼、猪养殖。是年，该村总人口 1020 人，蔬菜种植面积 14.13 公顷，鱼塘面积 8.67 公顷；工业产值 26 万元，农业产值 1665 万元，人均年收入 7962 元，村中道路全部改建成水泥路，村民住宅建设和管理逐步趋向楼房化。

【溪头村】 位于犁市镇西北部，距离镇城区18千米，由6个自然村组成，主要姓氏有侯、夏、张、欧等。主要有竹、木、水库资源，经济以农业为主，种植水稻，养猪、养家禽。改革开放后，生产布局以种植优质水稻、柑橘、苗竹为主，并兼营鸡、鸭、鱼、猪养殖。2017年，总人口1637人，蔬菜种植面积17.33公顷，鱼塘面积47公顷；工业产值361万元，农业产值1355万元，人均年收入7698元。

【梅塘村】 位于犁市镇西北部，距离镇城区39千米，由12个自然村组成，主要姓氏有沈、侯、夏、欧等。主要有竹、木、水库资源，经济以农业为主，种植优质水稻，养猪、养家禽。改革开放后，生产布局以种植水稻、柑橘为主，并兼营鸡、鸭、鱼、猪养殖。2017年，总人口2531人，蔬菜种植面积22公顷，鱼塘面40公顷；工业产值335万元，农业产值1912万元，人均年收入7866元；村内办起小学、文化室、卫生站各1间。

【犁市社区】 位于犁市镇城区文化路，辖区面积0.4平方千米，2017年，户籍人口7583人，常住人口9544人，有13个居民小区，住户2761户，辖区有镇委、镇人大、镇政府等党政机关及23个直属单位和派出所、财政所等26个机关单位。先后建成犁市人民公园、健身广场、沿湖散步路和街道升级改造工程，辖区有省级文物单位犁市当铺，占地1000多平方米。社区北面是犁市人民公园和全民健身广场，山顶海拔149米，健身广场设有运动场、篮球场、羽毛球场、乒乓球场和各种健身器材。

【犁南社区】 2015年3月，由浈江区政府批复成立，管辖范围南至十里亭，西南至省道S248线中石化加油站，西北至犁市敬老院，北面及东面至浈江区产业园发展区域。2017年，总人口892人，核定居民委员会成员职数5人，办公地址位于广东省煤机厂留守处办公楼内。

【韶化社区】 2017年3月，由浈江区政府批复成立，管辖范围为广东宏大韶化民爆有限公司厂区及新村住宅小区。2017年，总人口2283人，辖区内有幼儿园、小学各1所。（刘丙娇　曾志华）

花坪镇

【概况】 浈江区花坪镇（简称“花坪镇”）位于浈江区北部，东面与仁化县相连，北面与乐昌市相接，南面和西面与犁市镇接壤。下辖西牛潭、长地头、花坪、奎塘、石屋5个行政村及花坪1个社区。土地面积65.2平方千米，年末户籍人口8060人，农业人口7581人，常住人口5827人。耕地面积324.93公顷，粮食播种面积243公顷，森林覆盖率74.01%。2017年，经济总产值7604.4万元，农业总产值3454.4万元，同比增长11.2%，工业总产值4150万元，同比增长6.3%；农民人均纯收入6800元，同比增长13.3%。固定资产投资7038万元，同比增长2.61%。全镇国地两税收入917.76万元（国税807.55万元，地税110.21万元），同比增长64.39%；其中，一般预算收入292.2万元（国税201.82万元，地税90.38万元），同比增长57.34%。全镇有初中1所，小学2所，幼儿园2所，文化站1个，校园广播站1个，参加医疗保险人数6854人，覆盖面85%。土地、山林、矿产、水力等自然资源丰富。主要农作物有水稻、蔬菜、柑、橘、橙等，畜牧和水产业具有一定规模。工业以加工制造业为主。是年，韶关亿佰欣农业开发有限公司、广东海大集团等5家农业项目落户该镇。

【花坪镇农业经济】 2017年，花坪镇培育和发展特色农业产业。以冯氏生态园为龙头，发展养龟业；以西牛潭良好生态发展山地乌鸡养殖特色产业，注册“西牛潭”商标；石屋村委推广种植优质水稻，打造无公害有机米；奎塘村委发展优质商品猪养殖基地，力争5年内全镇年出栏商品猪达10万头以上；调整农业结构，推广种植附加值较高的优质水稻和沙田柚、贡柑等水果，优化种植结构；构建生态保护机制，划定畜禽养殖禁养区、限养区和适养区，完成春秋两季的疫苗注射免疫指标要求，控制畜禽发病、死亡，保证农民增收。完成土地面积测量和公示。

【花坪镇农村土地确权推进】 2017年，花坪镇农村土地承包经营权确权总面积538.53公顷，完成颁证的经济社数11个，颁证任务数1457户，颁发到户的证书数691本，颁证率47%。该镇土地确权完成率90%，推动构建完整的农村资产财产权益体系，盘活农村生产要素，夯实农村产权制度改革，解放农村生产力。

【花坪镇农村普惠金融发展】 2017年，花坪镇普惠金融总任务农户数1502户，完成采集表数量1243份，采集率83%；信用户数1165户，信用率94%。全镇5个行政村均完成金融服务站和助农取款点的设置以及相关设备的安装；5个行政村均被评为信用村。

【花坪镇环境卫生整治】 2017年，清理村巷道28条6800平方米，清理房前屋后杂草杂物和垃圾48处、92吨，清理沟渠40条，清理池塘溪河淤泥、漂浮物和障碍物86吨；拆除危旧房、废旧猪牛栏及露天厕所茅房200间、5.95万平方米，拆除乱搭乱建、违章建筑4处、4000平方米，拆除非法违规商业广告、招牌6处、90平方米。完成基本农田建设任务和农村公路路面硬化工程，完善村级卫生站（新建成奎塘村卫生站和长地头村卫生站）、村级公共服务平台、村文化健身广场（乌石冲和楼脚下健身广场）设施更新等配套设施。

【花坪镇计划生育】 2017年，花坪镇更新各村（社区）“三栏”（公开栏、读报栏、宣传栏）的硬件设施，广泛宣传计生全面两孩政策和优生优育知识，免费为育龄妇女查环、查病、查孕。是年，花坪镇政策生育率98.17%，性别比105.66%。其中一孩38人，二孩67人，三孩及以上4人。

【花坪镇精准扶贫】 2017年，花坪镇联合区直帮扶单位投入2万元在中秋、春节前夕慰问全部贫困户；联合区直单位投入1万多元为86户贫困户中没有购买新农合、新农保的贫困户全部购买新农合、新农保；完成86户208人的重大疾病调查，筛查出重大疾病人口42人，并建档存档，为下一步贫困户疾病救助提供依据；完成贫困户就业技能社保信息调查，为开展贫困户技能培训、转移就业、购买社保提供第一手资料。贫困户危房改造进展良好，86户贫困户中危房改造户7户（重建7户），全部完工验收并发放补助（重建7户）；投资60万元在镇政府宿舍楼顶建设的光伏发电项目，分两期进行，第一期投入40万元，第二期投入20万元，建成后，预计年收益5万—6万元，收益在扣除相关维护成本后，全部用于有劳动能力贫困户家庭分红，预计户均年分红2000元左右；是年分别投入101.99万元、8.7万元、1.01万元用于产业帮扶、教育扶贫、医疗救助，完成25户90人的脱贫任务。

【花坪镇消防安全】 2017年，花坪镇有“四小”场所13间，学校2家，机关单位11家，木材厂3家，加油站1家。全镇组织安监站、村（居）委到企事业单位开展消防大检查7次，其中联合区消防大队和花坪派出所2次，对发现火灾隐患的场所现场发放限期整改通知书，督促其落实整改。

【花坪镇民政事业】 2017年，花坪镇最低生活保障家庭脱贫18户，截至12月底，纳入低保对象49户85人，每月发放低保金20447元；五保户8户8人，每月发放五保金5944元。做好高龄老人津贴发放，截至12月底，全镇申领津贴高龄老人127人，其中80岁以上112人，每月发放津贴2240元，90岁以上14人每月发放津贴420元；百岁老人1人，每月发放津贴200元。

【花坪镇乡村公共文化服务建设】 2017年，投入100多万元创建成立第一所花坪镇中心幼儿园，投资50万元新建花坪村委乌石冲村小组体育健身广场，新建农村书屋，全面完成村（社区）综合性文化服务中心建设，举办文艺培训、文艺演出、农村电影放映、送戏下乡等活动，实现文化为民、惠民。

【花坪镇整顿软弱涣散党组织】 2017年，花坪镇花坪村被列为软弱涣散党组织，在挂点领导的指导下，驻村工作组通过采取选优配强村“两委”班子、完善阵地建设、整改突出问题等措施，筹集资金50多万元，带领新一届村“两委”干部，制作宣传栏21个和LED电子屏1个，重新粉刷二楼会议室，完成村委会门口硬底化，新建垃圾池5个和乌石冲村小组文化健身广场，新增图书200册等，推动整顿工作实现晋位升级。整顿工作被评为优秀。

（伍洁欣）

附：花坪镇领导班子成员名单

党委书记：吴永亮

党委副书记、镇长：

唐孝坤（任至3月）

吴根平（3月任职）

人大主席：周永权

党委副书记、党委委员：潘寿段

党委委员、副镇长：卢志毅

党委委员：吴小林（任至3月）

许宏波

范传广（任至8月）

饶元邱（女）

蒋新宇（8月任职）

副镇长：叶达金

花坪镇行政村和社区简介

【花坪村】 位于花坪镇东部，东与仁化董塘镇接壤，西南与本镇长地头村委对接，北与本镇奎塘村委相连；由花坪、楼脚下、乌石冲和伍屋4个村小组组成。2017年总人口801人，总户数198户，以廖姓和伍姓氏为主。辖区自然资源以煤炭资源为主，曲仁矿属的花坪矿、云顶矿及曲仁矿务局机关均在其境内。村委经济原以煤炭资源为主，2005年煤矿关闭后，境属经济以农、林土地资源经营为主。耕地面积49.26公顷，其中水田面积38.13公顷，旱地面积11.13公顷。

【奎塘村】 位于花坪镇北部，东与仁化石塘镇接壤，西北与本镇石屋村委、西牛潭村委对接，南与本镇花坪村委相连，由岭头一、岭头二、山下、李屋、狮古冲、古墟场、侯屋、姚屋8个村小组组成，2017年，总人口1951人，总户数407户。以姚、侯、张、罗、李、陈等姓氏为主。自然资源以农、林业资源为主，经济以山地林业、养殖业以及农业经营为主。耕地面积157公顷，其中水田面积113.2公顷，旱地面积43.8公顷。

【西牛潭村】 位于花坪镇西部，东与该镇奎塘、花坪村委接壤，南北分别于该镇长地头村委、石屋村委对接，西与乐昌梅村、犁市镇相连。2017年，总人口1787人，总户数426户。由黄草、杨屋、木湾、推里、罗屋、合头、麻加地、木场湾、谭屋、饶屋10个村小组组成。以神、饶、谭、张、许、罗等姓氏为主。辖区自然资源丰富，以山地林地、水库资源为主。辖区内的西牛潭水库是浈江区境内面积最大的水库，水库总面积266.67公顷，总储水量0.457亿立方米。村委经济以水产养殖、林业资源开发经营为主。

【石屋村】 位于花坪镇北部，辖区东北分别与仁化石塘镇、乐昌廊田镇接壤，东接本镇奎塘村委，西连犁市镇梅村，南与本镇西牛潭村委相接，2017年，总人口1049人，总户数298户，以石、彭、陈、夏、蓝、何等姓氏为主。由陈屋、夏屋、石一队、石二队、石三队、何屋、蓝屋、新彭屋、老彭屋、天堂10个村小组组成。经济以山地林业、养殖业以及农业经营为主，水田面积35.73公顷，旱地面积23.33公顷，林地面积133.33公顷。

【长地头村】 位于花坪镇南部，南面与犁市镇接壤，北与西牛潭村委相连，辖区面积17平方千米，2017年，总人口1821人，总户数370户，以宋、许、侯、黄、廖、张姓氏为主。由宋屋、龙村、白芒林、长地头、老虎冲、许屋6个村小组组成。经济以农、林、水资源经营和种养殖业为主，耕地面积280公顷，其中水田面积100公顷，旱地面积180公顷，林、山地面积700公顷。辖区内白芒林水库占地面积13.33公顷，总储水量20万立方米。

【花坪社区】 位于花坪大道公路边花坪镇政府大院内，辖区面积1.5平方千米，总人口651人。社区居委会办公地点设在花坪镇政府行政服务大厅，办公场所面积30平方米，工作人员3名，其中窗口工作人员1名。社区在党支部、居委会的统一领导下分工合作，各负其责；下设调解委员会、治安委员会、社区服务委员会、公共卫生委员会、计划生育协会、妇女联合会。 （伍洁欣）

东河街道办事处

【概况】 浈江区东河街道办事处（简称“东河街道办”）位于韶关市区东部，坐落莲花山南麓，地处北江支流上游口的浈江下游段。管辖范围东面是新韶镇及韶枫路起点，南靠韶关火车站的南韶路口，西边是浈江河下游，北依新韶镇的黄金村，区域范围东南方向与车站办事处为邻及在东北方向与新韶镇多处交错，东西相距3.8千米，南北宽约1.1千米，处于北纬24.50度，东经135.50度左右位置，下辖育红巷、启明北路、浈江路、执信路、浈江南路、陵西路6个社区，土地面积4.2平方千米，年末户籍人口28357人，常住人口26132人，人口自然增长率1.90‰。2017年，东河街道办财政收入379.88万元，比上年增长20%。全街有高中1所，初中1所，小学2所，幼儿园7所，教学点11个，在校学生5455人；全民健身广场1个，文化站1个，参加医疗保险人数9138人，覆盖面达99%。

【东河街道办社区综合文化服务中心建设】 2017年，东河街道办完成4个社区综合性文化服务中心建设，在建2个社区。

浈江路社区综合文化服务中心　原东河街道办事处四楼电子阅览室、图书室、多功能室，六楼舞蹈培训室改为浈江路社区综合文化服务中心，总面积200平方米，藏有图书5000册。

陵西路社区综合文化服务中心　位于金色江湾，与浈江区文化馆分馆、东河街综合文化站的资源共享（包含有图书室、电子阅览室、多功能室）；社区综合性文化服务中心启动综合性文化服务中心建设，主要包括社区图书馆、社区文化馆、文化广场等场馆建设，其中社区图书馆室内面积280平方米，由浈江区文新局配备图书1.6万册，与浈江区图书馆实现通借通还，并成为浈江区图书馆分馆。社区文化馆室内面积300平方，由原来的展览馆改造而成，增加书画室、茶艺室、古筝室、小型培训室等功能，由浈江区文新局配套古筝、钢琴、书画桌椅、84寸电脑一体机等设备。

启明北路社区综合文化服务中心　位于启明北路7号，在原来基础上升级改造增加儿童阅览室，总面积320平方米，藏有图书5000册。

育红巷社区综合文化服务中心　位于东河北路志兴东景园一楼，总面积108平方米，在其内部对应的文化服务功能室门前按标准统一设置标识牌及制度上墙，功能室以外的地方，设置形象标识。

2017年7月6日，东河街道办事处“双百”社工站正式挂牌成立（区委宣传部　供）

【东河街道办社区“两委”换届选举】 2017年，按照省、市、区的统一部署，东河街道办6个社区均于5月9日前完成“两委”换届。是年，完成社区党组织换届6个，占100%；完成居委员会换届6个，占100%；完成“两委”换届的社区6个，占100%。其中书记、主任“一肩挑”6个，交叉任职比例100%。选举产生的新一届社区党支部和社区居委会成员整体结构较为合理，选拔妇女“两委”干部33名，35岁左右年轻干部18名，妇女居委会主任6名，占100%。本科学历5人，大专学历22人。

【东河街道办创建全国文明城市】 2017年，东河街党工委以“市民学校”“家长学校”为阵地，组织开展文明市民培训班，街道各社区组织开展培训班30余次；东河街道办利用辖区内启明北健身广场、东河桥底健身广场等场所开展创文文艺演出和创文宣传活动42次；制作宣传喷绘5000余幅，悬挂宣传海报3000余幅；组织社区干部、志愿者实地走访辖区内的背街小巷、楼庭院落，向市民发放《市民手册》《惠民手册》《致居民的一封信》等创文宣传资料1.9万份；组织志愿者到辖区人流量较大的路段发放宣传资料，张贴宣传画；全面清理、集中整治主要巷道、街道的占道经营、夜间大排档乱摆卖、户外广告牌乱摆放等问题；加强日常巡查，各社区干部不间断、不定期巡查街道，及时制止违章经营行为，并组织志愿者劝阻违规经营行为，如执信路菜贩乱摆卖的问题；投入14.2万元实行购买服务，全面整治东河辖区内的主次干道及小街小巷的“六乱”；针对东河辖区道路和墙体破损情况，东河街道办投入57.8万元聘请建筑公司维修和粉饰辖区破损道路和墙体，维修路面2860平方米，粉饰墙面9324平方米。

【东河街道办成立“双百”社工站】 2017年7月6日，东河街道办事处“双百”社工站正式挂牌成立，东河街道办在站点入住后调配电脑、打印机、纸笔、桌椅等一批办公用品，该社区站主要是帮扶该镇困境人群，重点是面临困境的老年人、妇女儿童、青少年、残疾人、城乡低保对象、农村留守人员、优抚安置对象等，并运用社会工作的专业技巧，推进社区建设，提升居民素质等专业社会工作服务。

【省地震局到东河街道办事处检查防震减灾】 2017年10月12日，广东省地震局王维亮处长率领防震减灾工作组在韶关市地震局副局长刘浩、浈江区科协主席黄丽霞、浈江区东河街党工委书记龚翔等陪同下，到东河街道办事处检查指导防震减灾，并召开座谈会，集中讨论评议社区防震减灾建设，并授予“省级地震安全示范区先进”称号。（池 琴）

附：东河街道办 领导班子成员名单

党工委书记：龚 翔（2017年4月任职）
党工委副书记、办事处主任：
余 华（女，任至4月）
李芳芳（女，4月任职）
人大工委主任：李芳芳（女，任至3月）
罗爱军（4月任职）
党工委委员：何海林
胡建军（任至3月）
办事处副主任：钟良东（女）
蔡凌菲（女）

东河街道办社区简介

【陵西路社区】 南起第七粮店前小路至黄金村一砖厂，东以陵南大道至京广铁路为界，辖区面积1.6平方千米。2017年，总人口7534人，党员91人。陵西路社区设“两委”干部7名，主要街巷有陵西路、韩家山大道等，是一个以厂矿宿舍区为主的社区。社区利用金色江湾小区广场的优势，发放健康教育、优生优育、性与生殖健康宣传资料和避孕药具，举办、计划生育有奖知识问答等活动。并配合有关部门清理违章建筑和整治乱摆乱卖等管理。社区居委内设计划生育办公室、安全生产领导小组、综治信访维稳工作站、治安联保会、人民调解委员会、社会事务、警务室、文化室等服务机构。

【启明北路社区】 位于浈江区东河街道北部，北至启明北路，南至启明中路，东至韶赣铁路，西至浈江中路，辖区面积0.5平方千米，2017年，总人口4725人，辖区内有3个住宅小区，全民健身广场1个，农贸市场1个，中学1所，幼儿园1间。辖区内有党员126名，社区党支部书记兼任社区居委会主任。社区办公楼4层，办公面积380平方米，设办证大厅1个，办公室3间，综合文化室占地面积200平方米，包括开会多媒体会议室可容纳50人、电子阅览室配有电脑4台、图书室藏书2000册和未成年人活动室1间。

【育红巷社区】 成立于2005年6月，由原东河街道育红巷居委会、福星村居委会合并而成。位于浈江区东河街浈江中路，东接启明北路，南连浈江南路，北与五里亭接壤，西临东河北路，辖区育红巷1—69号，爱国巷1—124号，树新巷1—54号，福星村1—75号，浈江中路1—11号，浈江北1—57号，河边浈江北环卫二所宿舍至浈江中9号后门韶关市职业技能鉴定指导中心，辖区面积0.5平方千米。2017年，常住人口4183人，户籍人口3352。辖区居民主要由辖区内的企事业单位职工、家属以及居民为主的纯居民组成。

【浈江路社区】 位于浈江区东河街道中部，东至浈江路，西至浈江中路，南至执信路，北至东新路，辖区面积0.5平方千米。2017年，常住人口5297人，辖区单位5个，幼儿园2所。辖区内有党员81名，居委党员3名，社区党支部书记兼任社区居委会主任。是年，组织开展法律咨询援助服务、文化体育服务、助老服务、医疗卫生服务、指导家政和精神文明建设活动。

【执信路社区】 位于浈江区东河街浈江南路，东至启明市场，西至韶关市二中，北至公路局，南至执信路空军招待所，辖区面积1.2平方千米.2017年，总人口1.23万人，党员120名。辖区内有10个住宅小区，综合性市场1个，中学1所，小学1所，幼儿园2所，银行1所，人均住房建筑面积30.0平方米。社区有党支部、人民调解委员会、计划生育协会、老年人协会、义务消防安全委员会、党建联席会议委员会等机构。社区建立党员活动室、文化娱乐室、阅览室、警务室、卫生保健服务所、计划生育婚育学校等。

【浈江南路社区】 位于浈江区东河街道浈江河畔，辖区面积0.6平方千米。2017年，总人口4023人，居民住宅楼40多幢，单位有公路材料站、社区医院、明乐超市、爱心大药房等。社区有二中门前横巷，公路局横街，浈江中十三横巷，浈江医院横巷4条小街小巷。3月，成功创建2015“全国百县千乡万村无邪教创建示范工程”中“创建无邪教示范社区”。 （池 琴）

车站街道办事处

【概况】 浈江区车站街道办事处（简称“车站街道办”）位于韶关市东南面，东邻浈江区新韶镇，南连乐园镇，西临浈江与风采街道办隔江相邻，北与东河街道办对接。车站街道在未建制以前，辖区先后属曲江县和韶关市管辖。民国17年（1928年）属曲江县第二区。民国30年（1941年）属第一区东厢乡。1949年11月25日，韶关市人民政府成立后，今东河街道的地域划归韶关市管辖。1952年，开始在浈江老东城设街道办事处，因境内火车站而命名为火车站街道办事处。1956年，街道机构调整，撤销火车站街道办事处，其行政区域归南门街道办事处管辖。1959年3月，南门、风度、太平三个办事处合并为韶关市区办事处，1960年3月，撤销韶关市区办事处。是年4月成立中区人民公社管理委员会，领导街道工作。1968年恢复火车站街道办事处。1969年11月8日，火车站街道办事处再次撤销，成立南郊区，1975年11月，南郊区与东河区合并成立浈江区。1984年，浈江区升格县级区后，是年11月组建浈江区人民政府车站办事处。1988年8月，更名为浈江区人民政府车站街道办事处。2017年，下辖莲花山、大塘路、东升村、广铁一线、职工一区、站南路、劳动村7个社区，土地面积4.2平方千米，年末户籍人口3.17万人，常住人口3.06万人，人口自然增长率2.1‰。森林覆盖率65%，固定资产投资1.2亿元，同比增长6.65%。主要经济以第三产业商贸、批发、零售、物流为主，辖区内有韶关火车东站、韶关客运站、公交车总站，大小批发街11条，快递物流企业20家，餐饮、住宿80家。

【车站街道办重点统计调查】 2017年，车站街道办完成重大项目荣华实业有限公司前期调查；开展统计单位名录库更新调查核实工商变动单位460家，登记、录入并上报新增单位报表207家，收表率45%，同比增长41%。

【车站街道办党建工作】 2017年，车站街道办开展便民利民志愿服务100次；治安巡逻遍布辖区每个角落；文明创建志愿服务结合周五卫生活动日形成常态化；开展文体活动100余次；坚持“每周一学”形成学习常态。每周组织党员领导干部学习习近平

2017年3月7日，车站街道办开展送爱心下基层活动

（区委宣传部 供）

总书记系列重要讲话精神，及时召开学习贯彻中共十九大精神会议，传达省、市、区学习中共十九大的会议精神。按照加强公共服务平台建设的标准及要求，摸查辖区空置房源，与国土、规划、市政府、开发商等相关部门沟通协商，历时7个月，解决4个社区公共服务用房问题。全面完成8个公共服务中心（站）建设。通过考察，经党工委会议决定，发展3名党员，其中1名社区干部、2名“两新”党组织人员。将2名社区干部作为入党积极分子进行培养。是年，强化党风廉政建设，查办案件1宗。组织街道及社区的党员干部到区图书馆开展廉洁读书月活动，邀请区检察院副检察长韩学民开展预防职务犯罪讲座；组织全街领导班子成员、中层以上干部及各社区主任到区检察院观看廉洁图片展。

社区“两委”换届　2017年，车站街道办把好“三大”关口（资格认定关、干部素质关、纪律监督关）、换届后期科学谋划，做到“三个到位”（工作落实到位、资料归档到位、建章立制到位），圆满完成7个社区“两委”换届，书记、主任“一肩挑”7个，交叉任职比例100%。

【车站街道办信访维稳】　2017年，车站街道办受理信访案件19宗，处理19宗，处理率100%，成功率100%。每周一召开班子会议，研究部署各项工作，在春节和“两会”、五一等关键时期，不时调配包案人员，完善包案制度，实现在春节和全国“两会”期间，进京上访为“零”的工作目标。联合当地派出所和卫生部门，摸查及登记辖区内精神病人，办事处辖区内有精神病人108名，全部登记到册，办事处筹集资金5万元，对5名社会存在一定危害的精神病人强制送院治疗。同时，购买春晖社工服务，对辖区精神病患者及家属进行免费心理咨询。

【车站街道办社会民生】　2017年，车站街道党工委、企事业单位及社会各界人士在中秋、春节等中国传统节日前，开展送温暖活动，探访慰问困难群众、孤寡老人1200人次，发放慰问物资20万元。与铁路医院联合，对辖区80名低保户进行免费体检。对优抚对象家庭检查各项政策的落实情况，并关心和了解各个对象的工作、生活等情况，发现问题及时解决。老年人社区服务项目8月11日，浈江区车站街道“专业社工、全民义工”试点项目——老年人社区服务项目启动，由韶关春晖社会工作服务社运营，建立“双工”联动服务机制，通过1+1+N模式，开展专业社工带领党群连心服务长者服务。

【车站街道办文化事业】　2017年，车站街道办开展“党群连心显实效，共创文明迎新年”、粽情歌舞绘善美文艺演出、喜迎中共十九大，欢度中秋文艺活动等。开展青少年百科趣味竞赛、全民阅读、“诵读国学经典，传承家风家训”、我们的节日·端午、老故事分享会、“好书相伴、快乐分享”青少年暑期读书分享会、“爱我中华、少年追梦”社会主义核心价值观教育活动、中国人民解放军建军90周年画展等单项性文体活动。同时，还开展合理膳食我帮您、女性健康知识讲座、香包制作、健康知识讲座、防震减灾科普、未成年人法制宣传进校园等，同时每周六定期开展爱心义教等活动。

【车站街道办医疗卫生】　2017年，车站街道办辖区分布医疗卫生机构16家（含个体诊所），包括铁路医院（国家二级甲等综合医院）、福康医院等大型医院，也包括车站社区卫生服务中心等医疗机构。投入资金40万元，整治社区内的小广告、牛皮癣及乱拉乱挂。全国文明城市检查期间，清运垃圾100车。整治辖区内关停并转企业遗留问题，解决7个关停并转企业家属区因转制造成无人管理的环境问题，整理坑洼路面3处，清理下水道4处，解决路灯不亮问题2处。

【车站街道办计划生育】　2017年，车站街道办对辖区内婚待孕妇女发放小剂量叶酸片1000盒，并随访服用叶酸片的妇女；联合辖区卫生服务中心和铁路医院为辖区内育龄妇女提供免费体检和健康讲座，全年举办大型宣传活动10场，发放宣传资料8000份，派发避孕药具4000份。此外，以“人口流动，健康同行”为主题，推进精神协会“6+1”流动人口健康服务年活动，免费为流动人口提供生育政策咨询、法律法规、生殖健康、优生优育、避孕节育、知情选择等。（张徐波）

附：浈江区车站街道办领导班子成员名单

党工委书记：张翠萍（女）
党工委副书记、办事处主任：付雪平
人大工委主任：周建君
党工委副书记：宋铁漫（女）
党工委委员：邓文娟（女）
办事处副主任：彭旭东
林彦秀（女）

车站街道办社区简介

【莲花山社区】 位于车站街道办东部，东至南方高级技术学院，西至火车站铁路边，南至莲花山矿冶居民区管理委员会，北至大塘路，辖区面积 0.6 平方千米。2017 年，辖区有常住人口 5254 人，流动人口 736 人，辖区居民主要由辖区内的铁路单位职工及其家属为主的居民组成。主要街巷有安全东路、莲花山矿冶居民区管理委员会矿至豆芽井路、通天坡市场至劳动村铁路道口路段等 10 条小巷。8 月，居委会办公地址搬迁至浈江区莲花山宝丽花园首层 14 号至 26 号，内设计划生育、卫生、调解会、社会事务、党建组织等服务机构。11 月，成立莲花山康园工疗中心。康园工疗中心设在原莲花山居委会，内设有康复机器，主要是引领辖区残疾人创业就业。是年，开展党员志愿服务活动，结合街党工委开展的“邻里聚”“党群连心社”等活动，分别成立暖心服务队、创平巡逻队、文娱活动队、文明创建队及便民服务队等 5 个党员志愿服务队，结合辖区实际开展各项志愿服务活动。

【大塘路社区】 位于车站街道办东北部，东至莲花山铁路边，西至京广铁路边，南至旧天桥至通天坡路，北至韶遥路，辖区面积 0.6 平方千米。2017 年，辖区常住人口 3994 人，流动人口 585 人，内有延长铁路工务段等 6 家单位，主要街巷有大塘路、通天坡路、通宝路、芳华路等 4 条小巷。10 月，居委会办公地址搬迁至浈江区大塘路社区通宝路 1 号鸿达大厦二楼。内设计划生育、卫生、调解会、社会事务等服务机构。大塘路社区服务大厅 139 平方米，内设大塘路社区公共服务站。综合文化服务中心 139 平方米，藏有千册及文化文娱活动器材免费供居民阅读使用。社区戒毒康复工作站 90 平方米，了解掌握社区戒毒，社区康复人员思想状况、工作生活情况及行踪动态，做好帮扶、教育、管理，帮助社区戒毒人员修复家庭关系，解决其实际困难。

【东升村社区】 位于车站街道办西南部，东至四通市场高站台，西至北江河堤枫景园，南至学冲市场路口，北至北江路 23 栋，辖区面积 0.5 平方千米。2017 年，辖区常住人口 3044 人，流动人口 383 人，内有江西转运站、江西钨业管理处、万豪酒店、南枫小学等 4 家单位，主要街巷有站南路、北江路、雕塑长廊、四通市场、粤华街等 10 条大街小巷。10 月，居委会办公地址由浈江区北江路 14 栋后座 202 号搬迁至站南路 65 号二楼，由原来的 90 平方米增加到 800 平方米，新增阅览室和文化室 260 平方米、法治建设办公室 30 平方米，内设计划生育、卫生、调解会、社会事务、妇女之家、法治建设等服务机构，其中法治建设正在创建“四级同创”示范点。是年，拆除原来的北江广场的美食广场，改建停车场，占地面积 13000 平方米，700 个停车位。

【广铁一线社区】 位于车站街道办东南郊，东至森林公园，西至韶南大道，南至沙梨园，北至丛林山庄，辖区面积 0.6 平方千米。2017 年，辖区有常住人口 3320 人，流动人口 390 人，内有广州工务机械段韶关管理所等 10 家单位，主要街巷有森态路、莲花路等 5 条小巷。居委会办公地址位于浈江区森林南路广铁一线家属区内，内设计划生育、卫生、调解会、社会事务等服务机构。

【职工一区社区】 位于车站街道办东西部，东至大塘路，西至南韶路，南至火车站广场，北至鹅坑桥，辖区面积 0.8 平方千米。2017 年，辖区有常住人口 4936 人，流动人口 587 人，内有火车站、汽车站、铁路医院、中石化等 17 家单位，主要街巷有南韶路、安全北、站道路、职工一区等 18 条小巷。居委会办公地址位于浈江区安全北路职工一区一栋 102 号，内设社区居委内设计划生育、卫生、调解会、党建工作、计划生育、信访、法律援助、党员管理、调解、综治维稳、党风廉政、民族宗教、妇联、科普、公共服务、民政、老年人、劳动保障、残联、征兵、社会事务等服务机构。年内新进驻“双百社工服务站”“海邻居家养老服务中心”“全面义工”3个社工服务站，新增综合性文化服务中心，文化中心免费对居民开放，为社区居民提供健康的休闲场所，以此提升社区居民的文化修养。

【站南路社区】　位于车站街道办西部，东至江西转运站，西至北江路，南至德兴大厦，北至财富广场，辖区面积0.4平方千米。2017年，辖区有常住人口3404人，流动人口786人，辖区有江畔广场、168大厦、车站小区、配件厂宿舍小区等楼宇；粤辉批发广场、东群商贸城、东升市场、布匹市场等市场；公路管理站、航道局、交警大队、站南小学等单位。居委会办公地点位于浈江区北江路北江路8—3号。辖区居民以个体经营户、破产单位职工及其家属为主的居民组成。社区办事大厅设置综合文化服务活动室（图书阅览室、多功能活动室）、人大接待室、工会联络室，设党群服务、劳动保障、计划生育、民政救助、法律咨询等窗口办理30项审批服务事项。社区活动中心设在办公楼四楼，场地面积700平方米。中心设有文化活动室、体育健身室、居家养老服务室、棋牌室、电子阅览室、图书室、书画室、社工室等。站南路社区成立“党群连心社”以来，组织探访孤寡老人30人次，走访困难群众52人次，开展志愿服务50余次。开展平安巡逻上百次，在隐患源头及时整改。在春节（元宵）、端午、中秋、重阳等中国传统节日开展“我们的节日”民俗活动30次。

【劳动村社区】　位于车站街道办北部，东至犁头嘴26栋，西至铁路边，南至林语阳光，北至莲花山，辖区面积0.7平方千米。2017年，辖区有常住人口3983人，流动人口618人，内有浈江中学，主要街巷有北江大道、莲花山大道、犁头嘴大路等16条小巷。居委会办公地址位于浈江区劳动村松树岭北村82号，内设计划生育、卫生、调解会、社会事务等服务机构。车站街道“党群连心社”党员志愿者服务队有暖心服务队、便民服务队、创平巡逻队、文娱活动队、文明创建队。

（张徐波）

2017年5月9日，风采街道办联合区直部门对辖区兴隆市场进行综合整治　（区委宣传部　供）

风采街道办事处

【概况】　浈江区人民政府风采街道办事处（简称“风采街道办”）位于浈江区中部，东临浈江与东河街道隔江相邻，南濒浈江、武江汇合处，西临武江与武江区隔江相望，北与十里亭镇的五里亭村接壤。下辖峰前路、风度北、中山路、风采路、风度中、东堤南、壮志街、文化街、老东门、河滨、环园路11个社区，辖区土地总面积3.02平方千米，年末户籍人口数6.02万人，常住人口数5.2万人，流动人口数2502人。2017年，完成财税征收449.26万元，同比增长6%，其中区级收入204.96万元，同比增长9%（房产税198.59万元，同比增长14%）；有限上商贸企业25家，均超额完成区下达的任务，固定资产投资1.28亿元，财政一般预算收入536.49万元，同比增长21.9%。

风采街道拥有集商业、餐饮，休闲娱乐于一体的风度名城、百年东街、风采步行街等著名的商业圈，是韶关市最繁华的商业中心；历史文化积聚有风采楼、大鉴寺、太傅庙、余靖纪念馆及韶关基督教教堂、天主教教堂、帽子峰等古迹、遗址10余处，形成辖区特有的人文历史旅游资源；驻有韶关市党委、人大、政府、政协机关、人民团体及企事业单位96个，是粤北地区政治、行政、文化中心；分布各类院校14所（大学1所，中学3所，小学5所，幼儿园5所），其中韶关学院韶州师范学院、韶关市第一中学和韶关市和平路小学均有百年历史，配有医院4所、门诊部29个，其中有韶关市第一人民医院、粤北人民医院、韶关市中医院、韶关市第二人民医院等市属大医院的门诊部或分院。

【风采街道办社会治安综治维稳】 2017年，风采街道办坚持把“平安风采”创建放在全面构建和谐社会的工作大局中，确保社会平安稳定。全力化解信访疑难问题。广泛听取群众意见，排查调处各种矛盾和群众信访案件。通过采取各种有效的方式和途径逐步达到息诉罢访，全年受理矛盾排查纠纷32宗，成功调处30宗。

【风采街道办安全生产】 2017年6月28日和11月10日，分别开展2场应急逃生演练，参加人数467人；开展综合检查4次，专项安全整治排查3场以及每月1—2次的安监站日常安全检查。是年，检查危化品单位企业2家，网吧3家，宾馆36家，商场及人员密集场所10家，学校10家，四小场所1232家，排查隐患153处，当场整改153处，整改率100%以上。

【风采街道办民政优抚】 2017年，风采街道办有低保对象113户，发放低保金96万多元。为26名低保户成功申请医疗救金；为2户住房困难的家庭成功申请公共租赁住房，为14户低保户发放公共租赁房屋补贴，审核申请困难家庭减免公租房4户；为662名重度残疾对象办理重度护理补助，为165名困难人员申请困难生活津贴；为76名困难家庭学生办理家庭经济困难助学金认定。

【风采街道办人口与计划生育】 2017年，风采街道办开展“全面两孩政策”相关宣传活动3次；“关爱女孩”相关宣传活动1次；开展“5·29”一元爱心捐款活动、“7·11”世界人口日宣传活动等计生协会活动3次，活动累计参与人次超过900人次，免费发放药具1100盒，宣传资料约1800份。是年，育龄妇女8786人，出生452人，政策生育率98.68%，性别比106.64；流动人口2502人，育龄妇女600人，出生22人，政策生育率100%，性别比107.41。

【风采街道办精神文明建设】 2017年，风采街道办全力打好打赢创文攻坚战，粉刷辖区破旧墙面2400多平方米，平整改造重点区域地面，整治兴隆市场周边环境，整治经验在全区得到全面推广，居民创文知晓率、满意度和支持率明显提高。其中，中山路、河滨、风度北3个社区被评为“2016—2017年度韶关市文明社区”；中山路社区居民黄平获得2017年度第二季度“韶关好人”称号。

【风采街道办党建】 2017年，风采街党工委结合“两学一做”学习教育活动，开展“两学一做”学习教育“书记讲党课”、集中学习、专题讨论144次，开展各类志愿服务活动52次，解决实际问题134个，印制宣传资料2000份，组织1652名党员参加网上考学活动，覆盖率100%。在机关及社区、“两新”组织党支部中，分别开展“党员领导干部主动作为”服务活动和“党员主动担当”服务活动。同时开展驻点普遍直接联系群众，通过定期的下户走访，解决清理卫生死角等热点问题。 （罗　艳）

附：风采街道办领导班子成员名单

党工委书记：麦章彬（任至3月）
　　　　　　梁吉兵（3月任职）
党工委副书记、办事处主任：
　　　　　　杨荣华（3月任职）
人大工委主任：邱少琼（女）
党工委副书记：陈如碧（女，3月任职）
党工委委员：胡斯望
　　　　　　余荣方
　　　　　　欧梅珍（女，8月任职）
办事处副主任：神文辉
　　　　　　杨曙峰（女，9月任职）

风采街道办社区简介

【中山路社区】 位于韶关市小岛的北端，所占地面积0.18万平方千米，主次干道及小街小巷共10条，即东堤北单号1127号，东堤北双号2—136号，中山路1—7号，峰前路双号，峰前路单号55起，群众巷单、双号，广富新街单、双号，中山横巷单、双号，西堤北29—40号，河边街单、双号。2017年，总人口7250人，流动人口123人。社区居委会内设计划生育、卫生、治保会、调解会、社会事务、警务等服务机构。

【峰前路社区】 位于韶关市小岛的北端，东至东堤北，南至中山路，西至西堤北，北至帽峰公园，辖区面积0.21平方千米。主次干道及小巷10条，即升平路单号49—113号，升平路双号74—86号，西堤北41—47号，峰前路1—55号，东堤北路单号129—351号（其中129—239号拆迁待建），东堤北双号138—386号（其中138—158号、202—222号、228—240号拆迁），太富街1—94号（其中1—64号已拆迁），帽子峰1—16栋，武警南一栋，帽峰苑。2017年，总人口7560人，总住户2551户。社区居委会内设计划生育、卫生、治保会、调解会、社会事务、警务等服务机构。

【风度中路社区】 位于韶关市小岛的中心，辖区面积0.18平方千米。主次干道及小街小巷5条，即始头巷、平治巷、学工街、高街、群乐巷、驻有韶关市住房保障中心等8家单位。2017年，总人口7918人，总住户2870户。社区居委会内设计划生育、卫生、治保会、调解会、社会事务、警务等服务机构。

【壮志街社区】 位于韶关市小岛的西南端，辖区面积0.1平方千米。主次干道及小街小巷共12条，即和平路双号74—78号，壮志街19号、27号、29号、37号，复兴路1—39号，和平路2—68号，十八街，复兴路97—123号，圣堂巷1—47号，圣堂巷2—24号，和平路84—198号，西堤中9—11号，和平路134—198号，复兴路25—31号。驻有韶关市浈江公安分局1个。2017年，总人口6485人，总户数2359户。社区居委会内设计划生育、卫生、治保会、调解会、社会事务、警务等服务机构。

【东堤南社区】 位于市区繁华地段，辖区面积0.6平方千米。主次干道及小街小巷共7条，即东堤南30—57号，仁爱路1—35号，上后街1—68号，下后街1—66号，风度中13—159号，风采路1—63号。辖区单位7个。2017年，辖区内总户数2245户，总人口6195人，外来人数126人。社区居委会内设计划生育、卫生、治保会、调解会、社会事务、警务等服务机构。

【河滨社区】 位于韶关市小岛的南端，辖区面积0.09平方千米，主次干道及小街小巷3条，即熏风路9号、13号、17号、18号、20号、26号、28号、30号、11号、15号、19号，武镇街46号，建国路13号。驻有风度名城、华美达酒店、辖区单位17个。2017年，总人口5189人，总户数1815户。社区居委会内设计划生育、卫生、治保会、调解会、社会事务、警务等服务机构。

【文化街社区】 位于韶关市小岛的南端，辖区面积0.13平方千米。主次干道及小街小巷6条，即文化街、吾牙巷、复兴路双号2—28号、园前路双号8—22号、风度南路（双号2—64号、单号1—87号）、解放路（双号32—

2017年12月31日，曲仁办开展曲仁家园迎新年文艺活动

（区委宣传部　供）

52号、单号17—39号）。驻有辖区单位8个。2017年，总人口5269人，总户数2520户。社区居委会内设计划生育、卫生、治保会、调解会、社会事务、警务等服务机构。

【老东门社区】　位于韶关市小岛的南端，辖区面积0.2平方千米，辖区内有主次干道及小街小巷12条，即熏风路、建国路、老东门巷、武镇街、兴隆街、漂布塘街、解放路、井巷、城守巷、余相巷、云龙亭、宝安巷，驻有机关单位浈江区风采街道办事处1个。2017年，总人口7126人，总户数2691户，流动人口433人。社区居委会内设计划生育、卫生、治保会、调解会、社会事务、警务等服务机构。

【环园路社区】　位于韶关市小岛的南端，辖区面积0.18平方千米。主次干道及小街小巷10条，即解放路双号2—30号，园前路1—6号，园前东，照壁街，烟墩街，米行街，聚龙里，园前西路，环园东路，环园西路。驻有辖区单位13个。2017年，总人口7644人，总户数2610户。是年，被中国地震局评为“中国地震安全示范社区”；被省住房和城乡建设厅评为“宜居社区”；被省科学技术协会、省精神文明建设委员会办公室、省科学技术厅评为“广东省科普示范社区”。社区居委会内设计划生育、卫生、治保会、调解会、社会事务、警务等服务机构。

【风采路社区】　位于韶关市风采楼北面，辖区面积0.23平方千米。管辖中山路以南、风度北以东、风采路以北、风采路双号2—80号，风度北路（单号1—75号、双号90—98号），东堤横街（单号1—43号、双号2—12号），东堤中（单号1—189号、双号2—200号），中山路6号。2017年，总人口6081人，总户数2000户，社区居委会内设计划生育、卫生、治保会、调解会、社会事务、警务等服务机构。

【风度北社区】　位于韶关市小岛的北端，辖区面积0.21平方千米。主次干道及小街小巷7条，即风度北2—88号（双号）、西堤北1—27号、风采路82—112号（双号）、中山路2栋和4栋、西堤横街1—10号、中华新街1—67号、北直街1—67号。驻有韶关市政府国有资产监督管理委员会等5个单位。2017年，总人口5956人，总户数2200户，外来人数239人。社区居委会内设计划生育、卫生、治保会、调解会、社会事务、警务等服务机构。（罗　艳）

曲仁办事处

【概况】　浈江区曲仁办事处（简称“曲仁办”）位于浈江区的东北部，东与仁化县董塘镇董塘村连接，南与莞韶产业园（浈江片区）连接，西与花坪镇奎塘村接壤，北与仁化县董塘镇江头村相连。土地面积10.7平方千米，下辖花坪、云顶、格顶、茶山、丝茅坪、和平八一、富仁7个居民区。年末户籍人口2.48万人，常住人口8024人。省道S246线从辖区穿过，通过路程近10千米，辖区有广东省最大的煤炭生产基地——曲仁矿务局。曲仁矿务局在2003年9月破产关闭，并成立曲仁留守处。按照省政府属地管理的政策，曲仁办2004年6月成立，对辖区进行社会管理和公共服务。2017年，曲仁辖区棚户区改造田螺冲安置点83%居民搬迁入住。曲仁办结合棚户区改造搬迁腾出土地，利用现有资源，盘活资产，特别是国拨土地资源、闲置的厂房、工业广场，以及田螺冲安置点该辖区范围商铺等，扩大招商引资渠道，转变经济发展方式，培育经济增长点。建立每周对辖区农产品、食品生产、流通、餐饮服务、食品小作坊、农贸市场开展巡查制度，配合区食药监部门开展打击“无证经营”和“违法经营”现象。每月对辖区企业、商户进行安全生产、消防安全大检查，及时排除隐患。协调解决花坪、富仁、茶山居民区供水不稳定问题。

【曲仁办棚户区改造工程建设】　2017年，曲仁办有7368户居民搬入新居，丝茅坪、茶山、格顶、云顶4个居民区旧区的自建房测绘基本完成，居民的自建房补偿款在有序发放中。曲仁办做好棚户区改造上访群众的政策解释和情绪安抚，主动与区政府、市棚改办、区棚改办沟通协调关于加快推进棚改签约和搬迁进度问题、房屋质量问题、房款缴交方式问题以及驻矿单位人员要求补登记的问题等。

【曲仁办社会治安综治维稳】 2017年初，曲仁办及时调整曲仁综合治理委员会、曲仁人民调解委员会、曲仁普法工作领导小组、反邪教创建工作领导小组、帮教安置领导小组，由曲仁办党工委书记担任第一责任人，办事处主任任副组长，具体负责综治有关事务，办事处班子成员、各居民区书记纳入领导小组成员。形成党工委书记亲自抓，办事处主任具体抓，成员全力抓的良好局面。召开综治例会，及时传达贯彻各阶段综治工作，使上级部署的各项工作任务能够迅速传达到基层、贯彻到基层，及时解决综治工作中的实际问题，保证综治工作的有序开展。全年开展2次大排查，每季度小排查1次，矛盾排查率100%，调处矛盾纠纷192起，接访104批350人次。

【曲仁办人口与计划生育】 2017年，曲仁办有育龄妇女3259人，出生209人，政策出生率98.09，性别比97.17，落实免费孕检42例。定期组织开展三八妇女节宣传、“7·11”世界人口日学习、流动人口专项宣传和元旦春节集中宣传活动。同时开展“春风送温暖”“一元爱心捐助”“扶助失独困难家庭”的活动。

【曲仁办“三防”安全生产】 2017年，曲仁办严格落实“一岗双责”责任制，组织开展“岁末年初安全生产大检查”、“五一期间安全生产大检查”、“国庆期间安全生产大检查”等专项排查检查活动，组织人员350人次。举办安全生产知识培训班，参加人员300人。通过演练使群众掌握报火警、灭火器使用以及逃生的技能，开展3次消防演练，提升灭火救援逃生能力；建立一套监测预警平台，坚持汛期24小时值班制度和领导带班制度，及时接收上级三防办发送的预警信息，及时通知下属居民区做好预防，加强巡查，不断完善防灾减灾救灾应急预案，强化三防救灾物资储备和管理。

【曲仁办社会民生保障】 2017年，曲仁办民政事务办根据省、市、区民政部门的政策，不符合的低保户坚决退出，低保户减至216户，低保人数减至257人，低保金减至119631元。残疾人造册541人，其中一至二级残疾291人，每月发放残疾津贴89550元。老人津贴发放964人，共发放19940元；临时救助10人7900元；二次医疗救助45人。慰问困难户42户，发放慰问金额8400元；慰问优抚人员13人，发放金额1800元；慰问残疾人36户，发放米、油等慰问物资。年底发放防寒棉被给困难户120床，确保困难户温暖过冬。

（张学仁　何娟英）

附：曲仁办领导班子成员名单

党工委书记：林　航（任至3月）
　　　　　　钟　荔（女，3月任职）
党工委副书记、办事处主任：
　　　　　　钟　荔（女，任至3月）
　　　　　　廖　灵（3月任职）
人大工委主任：高宏伟
党工委副书记：钟朝正（任至3月）
　　　　　　梁晓华（3月任职）
党工委委员：李桂华
办事处副主任：唐国强
　　　　　　黄　娟（女）

曲仁办居民区简介

【花坪居民区】 东与仁化县董塘镇相邻，南与富仁居民区相接，西与花坪镇镇政府交界，北与曲仁人民医院接壤。辖区原是曲仁矿务局花坪矿。辖区面积0.63平方千米。2017年，总人口3735人，总户数874户，70%居民搬迁到田螺冲棚户区改造安置点。驻有马路边居委会、铁路面居委会，花坪留守站、花坪电管所、花坪实验中学、蓓蕾幼儿园等单位，主要街道有花坪大街、学校路。社区居委会内设人口与计划生育办公室、安全生产领导小组、综治信访维稳工作站，人民调解办公室、退休人员管理服务站等机构。

【云顶居民区】 东与花坪镇伍家村山脉相邻，南与花坪镇伍家村相接，西与花坪镇奎塘村山顶交界，北与仁化县县界接壤。辖区原是曲仁矿务局云顶矿。辖区面积1.44平方千米。2017年，总人口3869人，总户数1546户，辖区居民基本搬迁到田螺冲棚户区改造安置点。驻有云顶东居委会、云顶西居委会，内有云顶留守站等单位，主要街道有云顶大街等。社区居委会内设人口与计划生育办公室、安全生产领导小组、综治信访维稳工作站、人民调解办公室、退休人员管理服务站等机构。

【格顶居民区】 东与和平八一社区和平队相邻，南与和平八一社区和平队相接，西与仁化县董塘镇江头村交界，北与和平八一社区八一队接壤。辖区原是曲仁矿务局格顶矿。辖区面积0.2平方千米。2017年，总人口4919人，总户数1782户，辖区居民基本搬迁到田螺冲棚户区改造安置点。社区内有格顶东居委会、格顶西居委会、格顶北居委会。驻有格顶留守站、仁化县邮电支局、农信社、仁化格顶小学等单位。社区居委会内设人口与计划生育办公室、安全生产领导小组、综治信访维稳工作站、人民调解办公室、退休人员管理服务站等机构。

【茶山居民区】 东与浈江区花坪镇长地头村相邻，南与浈江区犁市镇大岭村相接，西与浈江区花坪镇宋屋村交界，北与浈江区花坪镇老虎冲村接壤。辖区原是曲仁矿务局茶山矿。辖区面积1.68平方千米。2017年，总人口6021人，总户数2031户，辖区180户居民搬迁到田螺冲棚户区改造安置点。驻有茶山东居委会、茶山南居委会、茶山北居委会。驻有茶山留守站、塑料花厂、浈江区茶山小学、浈江区茶山社区医院等单位，主要街道有茶山大街、学校路等。社区居委会内设人口与计划生育办公室、安全生产领导小组、综治信访维稳工作站、人民调解办公室、退休人员管理服务站等机构。

【丝茅坪居民区】 东与浈江区犁市镇鹧鸪山相邻，南与韶关市武江监狱相接，西与浈江区曲仁高级中学交界，北与浈江区石下村接壤。辖区原是曲仁矿务局丝茅坪矿和曲仁矿务局基建工程处。辖区面积1.12平方千米，2017年，总人口1011人，总户数475户，辖区居民基本搬入棚户区原地改造安置新居。驻有丝茅坪留守站、浈江区莞韶产业园、浈江区曲仁高级中学等单位，主要街道有莞韶产业园大道、比亚迪大道等。社区内设人口与计划生育办公室、安全生产领导小组、综治信访维稳工作站、人民调解办公室、退休人员管理服务站等机构。

【富仁居民区】 东与花坪居民区铁路面居委会相邻，南与省道S246线相接为界，西与花坪镇楼脚下村交界，北与花坪镇伍家村交壤。辖区原是曲仁矿务局机关总部。辖区面积1.96平方千米。2017年，总人口4291人，总户数1726户，辖区居民基本搬迁到田螺冲棚户区改造安置点。驻有浈江区曲仁办事处、广东省煤炭总公司曲仁留守处、浈江公安分局曲仁派出所、浈江曲仁医院等单位，主要街道有花坪大街、菜市场大街、花云公路等。社区居委会内设人口与计划生育办公室、安全生产领导小组、综治信访维稳工作站、人民调解委员会、退休人员管理服务站等机构。

【和平八一居民区】 东与仁化县董塘镇为界，南与浈江区曲仁格顶居民区相接，西与仁化县董塘镇江头村为界，北与仁化县董塘镇江头村接壤。辖区原是曲仁矿务局移民队。辖区面积2.03平方千米。2017年，总人口957人，总户数424户，社区棚户区原地改造全面完成，居民搬入新居，主要街道有八一和平路等。社区居委会内设人口与计划生育办公室、安全生产领导小组、综治信访维稳工作站、人民调解委员会、移民解困办公室等机构。

（张学仁 何娟英）

田螺冲办事处

【概况】 浈江区田螺冲办事处（简称“田螺冲办”）位于韶关市东郊六千米，东起花拉寨山脚，南至禾叶冲，西连黄金村，北接323国道，所处地势为丘陵地带，东北高，西南低，田螺冲办行政区划源于明末清初，以煤矿开采建置。民国初期，长山井田及附近区域渐聚成矿区，有“宝祥源”“巨发”“两广”等私营煤矿公司经营。1938年12月，民国广东省政府将矿区收归官营。韶关解放初期，境内矿区仍保留零星小煤窑浅部开采。1958年，韶关地区专员公署公安处在矿区设立劳改矿场，先后在大食岭、禾叶冲等地开办土窑和小型斜井。1966年11月，田螺冲矿移交给广东省红工矿务局（曲仁矿务局前身）管理，改称红工矿务局第五矿（以下简称“红工五矿”）。1977年3月，曲仁矿务局开发建设辖内大塘山煤矿，1979年10月被列为缓建项目，并于1980年6月撤出设施、封闭矿井。1985

年5月，红工矿务局恢复曲仁矿务局原称，红工五矿同时复名为田螺冲矿。2001年8月，田螺冲矿破产后划归为浈江区管理。2002年5月，该矿下岗失业人员自筹资金532万元，购买原矿生产经营性资产成立花拉寨煤炭实业有限公司（股份制企业）。2004年4月，按照省政府属地化管理政策成立韶关市浈江区人民政府田螺冲办事处，辖原田螺冲矿区和大塘山矿区。下辖两面山、长山、三角窝、大塘山4个居民区，辖区面积1.3平方千米。2017年，总人口8024人，总户数2534户。辖区内居民多数是原煤矿退休的老工人及其家属，年轻人大部分外出务工。

【田螺冲办经济发展】　建制前，辖区主体经济以煤矿开采、经营为主。2004年原煤矿企业关闭实行属地化管理后，辖区经济主要依附原企业闲置厂房场地、土地及其他资源实施招商引资，盘活资源和资产，培育新的经济增长点。田螺冲办本级无经济税收收入。主要财政收入来源于区财政行政工作经费拨款、非税收入返还及各类专项工作经费拨款。经济建设方面，田螺冲办积极开展城乡一体化调查及社会调查，按阶段完成普查工作任务，单位核查率达100%。是年，固定资产投资1.89亿元，同比增长53.35%。

【田螺冲办安居工程建设】
2017年，棚户区改造作为田螺冲办重点工作推进，田螺冲办坚持每周棚改征拆及维稳专题工作会议，入户做好思想工作，将征拆工作贯穿到各个敏感期、重大节日和重大活动中，将征拆工作以任务分解、思想动员，走司法途径、修改规划建设、宣传发动等方式稳步推进，特别是国田三路项目，在30天内全部完成25户拆迁任务。截至12月底，G地块项目需临时周转安置127户，签约119户；鑫金汇保税仓及仓储用地需临时周转安置163户，签约154户；B地块需临时周转安置49户，签约46户；东田一路及国田三路需临时周转安置34户，全部完成签约。

【田螺冲办社会民生保障】
2017年，田螺冲办入户走访199户，其中低保户24户，退保户50户，边缘户11户，家庭困难户114户。每月按时完成最低生活保障金发放，救助对象168户251人，累计发放低保金额23.8万元。落实医疗救助制度，实施城乡困难群众大病医疗救助6人次，解决医疗救助金3万多元。临时救助7人，发放救助金2300元。开展特困户、残疾人、退伍军人等慰问，慰问特困户20人，慰问金4000元。慰问辖区困难群众35人，慰问金1.75万元。

【田螺冲办计划生育】　2017年，田螺冲办每月定期召开工作例会，实行领导班子挂钩帮扶计生工作制度，落实工作经费，利用新兴媒体等宣传计生信息，营造氛围。开展“关注流动人口健康，人人参与共建共享”新市民健康城市行活动、“关爱地贫、重在预防”、纪念“7·11”世界人口日等宣传服务活动。发放宣传小册5000份，发放避孕药具700盒，派发纪念品1000份，接受政策咨询250人，前来参与免费体检的群众270人。全年发放慰问、扶助金1.68万元。

【田螺冲办消防安全】　2017年，田螺冲办联合区新韶派出所、区消防大队，检查居民区的危房、山体滑坡等地质灾害易发点13次，对辖区“四小场所”（小超市、小旅馆、小网吧、小饭馆），5家建筑工地和4家危险化工仓库开展安全检查9次，将在检查中发现的问题，及时督促相关企业整改，杜绝安全事故的发生。同时还组织安监站、居委会对企业特殊工种检查持证上岗情况，并开展应急演练，提高职工素质和应急逃生技能。按照消防国检标准在新区建立微型消防车充电桩，对新区“四小场所”派发烟雾报警器、灭火器等消防器材，改造旧区老化线路。组织各社区、企事业单位参加安全生产宣传咨询活动，向居民群众免费发放《广东省安全生产条例》《人民大众防灾减灾应急手册》《广东安全杂志》等宣传材料800份；各企事业单位、社区悬挂标语横幅40条；组织安监站及居委工作人员学习《山洪灾害防范与自救》《城市内涝灾害防范与自救》手册。10月31日，田螺冲办代表浈江区参加市消防局组织微型消防站技能比武获镇办第一名。此外，拆除违章搭建铁棚3处、违规抢种青苗1宗。

【田螺冲办劳动保障】 2017年，田螺冲办新增就业人数40人；城镇养老保险参保缴费53人，城乡医疗保险参保2031人。年内落实劳动和社会保障相关政策，开展职业技能培训，推进再就业等，全面完成城乡居民社会养老保险续保缴费等。

【田螺冲办综治信访维稳】 2017年，田螺冲办坚持例会制度，实施由党工委书记主持每周一次的综治创平工作例会制度，由办事处班子成员、各居委书记、各部门负责人、研究分析近期的不稳定因素，并提出解决方案，细化班子成员包户落实；坚持接访制度，通过棚改政策宣传和上下联动等方式，消化大量棚改矛盾纠纷；田螺冲办有调解员25名，坚持实行人民调解与民情日记制度。截至12月底，田螺冲调解委员会调解矛盾纠纷31宗，调解率90%，没有发生进省上京的违法信访行为。是年，田螺冲办被评为浈江区信访工作创“三无”优秀单位。

【田螺冲办廉政教育】 2017年，田螺冲办开展廉政文化进社区活动，通过宣传活动、集中学习、召开座谈会等形式，让廉政文化进社区、进家庭。同时组织开展以“清廉修身、廉洁齐家”为主题的廉洁读书月活动。通过观看党风廉政教育专题片，到区图书馆、区检察院参观学习、写读书笔记，心得体会等方式，增强党员干部的党性观念。

【田螺冲办环境卫生】 2017年，田螺冲办派出4名工作人员并聘请4名保洁人员每日做好卫生保洁，劝导乱停放、乱摆卖等现象，与39家商铺、学校签订《门前三包责任书》；5月起，协同物业公司清理小区内的占用绿地种菜、楼道乱堆放等行动5次，参与人数50人次，清理垃圾35车，清理小广告8000多张，绿化带补绿500平方米。此外，开展大学路（大塘山）社区环境卫生整治，清理建筑垃圾10次150吨。

（何　斐）

附：田螺冲办领导班子成员名单

党工委书记：钟沛珍（女）

党工委副书记、办事处主任：

郭永绍（任2017年4月）

黄　文（2017年4月任职）

党工委委员：骆曼桃（女）

叶晓东

办事处副主任：庄京尊

陈淑英（女）

熊　芸（女，2017年4月任职）

田螺冲办居民区（社区）简介

【长山居居民区】 居委会位于浈江区田螺冲办事处168号，成立于2005年2月。辖区面积0.15平方千米。2017年，总人口1788人，常住人口1271人。辖区无企业，属纯居民管理。社区“两委”干部5人，其中支委3人，居委成员5人，交叉任职3人。社区党支部书记、居委会主任“一肩挑”。社区干部中女干部5，党员4人，平均年龄41岁。大专以上学历占80%。辖区党员94人，女性党员24人，60岁以上党员57人，50年以上党龄8人。

【三角窝居民区】 居委会位于浈江区黄金路1号曲仁园富源居28幢11—12号商铺，成立于2005年2月，管辖原田螺冲煤矿宿舍区，主要有一组（含协议工大楼—救护队—粮站），二组（含三角窝—木料库—军马场），辖区面积0.33平方千米，辖区内无企业。2017年，户籍数384户，户籍人口1055人。居委会成员采取考核聘用制，设主任1人；另有支委4人，其中交叉任职1人，党支部书记、居委会主任分开任职。居委干部中男4人，女2人，党员3人，平均年龄37岁，大专以上学历占83%。辖区党员56人，女性党员6人，60岁以上党员53人，50年以上党龄8人。

【两面山居民区】 居委会位于浈江区田螺冲办168号，成立于2005年2月，两面山居委管辖范围从黄金村中心幼儿园到两面山山脚，辖区面积0.9平方千米，管辖原田螺冲矿居民片区5个。2017年，户籍数575户，户籍人口1886人。社区“两委”干部5人，其中支委3人，居委成员5人，交叉任职1人，社区党支部书记、居委会主任“一肩挑”。社区干部中男2人，女3人，党员3人，大专以上学历占80%。辖区党员102人，其女性党员18人，60岁以上党员78人，50年以上党龄17人。

【大塘山民民区】 居委会位于大学路336号，成立于2005年2月，占地面积0.8平方千米，2017年，户籍数105户，户籍人口306人，新韶镇由田螺冲办负责管理，管辖韶关市技师学院和大塘山安置区。

【大学路社区】 位于浈江区大学路336号，成立于2013年6月，管辖大学路第二条铁路的76166部队到大塘山脚的韶关市技师学院，辖区面积3.8平方千米。管辖大学路两旁的学校及企事业单位6个，部队5个，破产企业2个，特点是点、线长、面广。2017年，户籍数898户，户籍人口2989人。社区“两委”干部5人，其中支委3人，居委成员5人，交叉任职3人，社区党支部书记、居委会主任“一肩挑”。社区干部中男3人，女2人，党员5人，平均年龄35岁，大专以上学历占80%。辖区党员38人，其中预备党员1名，女性党员8人，60岁以上党员21人，50年以上党龄5人。 （何　斐）

2017年4月11日，韶关市督导组一行到田螺冲办实地查看微型消防站建设 （区委宣传部　供）

光 荣 榜

2017 年度获市级以上先进单位称号选录

表 15

获奖单位名称	评定单位	先进称号	获奖时间
浈江公安分局	韶关市公安局	集体三等功	2017. 1
浈江公安分局经济犯罪侦查大队	韶关市公安局	集体二等功	2017 年 1 月
风采税务分局	广东省地方税务局	省一类办税服务综合管理系统“双百”达标单位	2017 年 1 月
犁市镇政府（妇联）	韶关市妇联	三八红旗集体	2017 年 3 月
东河街道办浈江路社区、浈江南路社区、启明北路社区、执信路社区、陵西路社区	广东省住房和城乡建设厅	2016 年广东省宜居社区	2017 年 3 月
风采街道办环园路社区	广东省住房和城乡建设厅	2016 年广东省宜居社区	2017 年 3 月
东河街道办	韶关市爱国卫生运动委员会	韶关市 2015—2016 年度卫生标兵单位	2017 年 4 月
十里亭镇政府	韶关市爱国卫生运动委员会	韶关市 2015—2016 年度 卫生先进单位	2017 年 4 月
浈江区体育局	韶关市爱国卫生运动委员会	韶关市 2015—2016 年度卫生先进单位	2017 年 4 月
车站街道办	韶关市爱国卫生运动委员会	韶关市卫生标兵	2017 年 4 月
新韶镇政府	韶关市爱国卫生运动委员会	韶关市卫生镇	2017 年 4 月
浈江区教育局	广东省教育系统关心下一代工作委员会	全国规范化家长学校实验区	2017 年 4 月
风采街道办环园路社区	广东省妇女联合会	广东省第三期“妇女之家”示范点	2017 年 5 月

续表 15

获奖单位名称	评定单位	先进称号	获奖时间
浈江区代表队	韶关市体育局	韶关市龙舟赛沙尾龙舟队获第二名、黄氏龙舟队获第四名	2017 年 5 月
浈江区代表队	韶关市体育局	韶关市青少年锦标赛射击代表队荣获团体第一名	2017 年 5
浈江区代表队	韶关市体育局	韶关市青少年锦标赛举重代表队荣获团体第四名	2017 年 5
浈江公安分局经济犯罪侦查大队	公安部	全国优秀公安基层单位	2017 年 5 月
浈江公安分局刑事侦查大队科学技术室	韶关市公安局	集体三等功	2017 年 6 月
浈江区教育局教研室	韶关市教育局教研室	和教育全课通杯中小学写作大赛活动组织奖	2017 年 6 月
区教育局关工委	教育部关工委	全国青少年“五好小公民”主题教育读书活动 20 周年先进集体	2017 年 7 月
浈江区代表队	韶关市体育局	韶关市第二届健身气功比赛获得健身气功，集体易筋经三等奖	2017 年 8 月
浈江区代表队	韶关市体育局	韶关市第二届健身气功比赛获得健身气功集体八段锦三等奖	2017 年 8 月
浈江区代表团	韶关市第十五届青少年运动会组委会	韶关市第十五届青少年运动会“突出贡献奖第二名”“代表团总分奖第六名”“代表团金牌总数奖第七名”“学校体育组总分奖第六名”“竞技体育组总分奖第七名”“体育道德风尚奖”	2017 年 8 月
风采街道办环园路社区	广东省科学技术协会、广东省精神文明建设委员会办公室、广东科学技术厅	2016—2020 广东省科普示范社区	2017 年 8 月
浈江区	国家体育总局	2013—2016 年度全国群众体育先进单位	2017 年 8 月
浈江公安分局	广东省公安厅	集体二等功	2017 年 10 月
浈江分局站南路派出所	韶关市公安局	优秀公安派出所	2017 年 10 月
浈江分局太平派出所	韶关市公安局	优秀公安派出所	2017 年 10 月

续表 15

获奖单位名称	评定单位	先进称号	获奖时间
浈江分局站南路派出所	韶关市公安局	集体三等功	2017 年 11 月
浈江区法律援助处	广东省司法厅、广东省人力资源和社会保障局	第三届全省法律援助工作先进集体	2017 年 11 月
浈江区教育局教研室	韶关市教育学会	2016—2017 学年度韶关市教育科研先进单位	2017 年 11 月
车站街道办站南路社区	广东省精神文明建设委员会办公室	最美志愿服务社区	2017 年 11 月
风采税务分局	共青团韶关市委员会	2016—2017 年度韶关市青年文明号	2017 年 11 月
东河街道办	韶关市人民政府	韶关市计生考核优秀等次	2017 年 11 月
东河街道办浈江路社区	广东省地震局	省级地震安全示范区	2017 年 11 月
浈江南路社区	国务院防范和处理邪教办公室	浈江区首批国家级无邪教创建示范点	2017 年 11 月
花坪镇长地头村	国务院防范和处理邪教问题办公室	国家无邪教创建示范点	2017 年 11 月
风采街道办	国务院防范和处理邪教问题办公室	国家级无邪教创建示范点	2017 年 11 月
风采街道办	韶关市人民政府	计划生育瓜茉莉责任制考评优秀	2017 年 11 月
浈江区政协	韶关市政协	“韶关液压杯”羽毛球混合团体冠军	2017 年 11 月
浈江区纪委	广东省档案局	省特级档案综合管理单位	2017 年 11 月
东河街道办执信路社区、启明北路社区	韶关市精神文明建设委员会	韶关市文明社区	2017 年 12 月
风采街道办中山路社区、河滨社区、风度北路社区	韶关市精神文明建设委员会	韶关市文明社区	2017 年 12 月
车站街道办	韶关市精神文明建设委员会	2016—2017 年韶关市文明单位	2017 年 12 月
浈江区地方税务局	韶关市精神文明建设委员会	2016—2017 年度韶关市文明单位	2017 年 12 月
浈江区检察院	韶关市精神文明建设委员会	2016—2017 年度韶关市文明单位	2017 年 12 月
浈江区风采社区卫生服务中心	国家卫生和计划生育委员会	优质服务示范社区卫生服务中心	2017 年 12 月
东河社区卫生服务中心	国家卫生和计划生育委员会	优质服务示范社区卫生服务中心	2017 年 12 月
浈江区国家税务局	广东省国税局	广东省国税系统营改增试点工作先进集体	2017 年 12 月

续表 15

获奖单位名称	评定单位	先进称号	获奖时间
浈江区国家税务局	韶关市精神文明建设委员会	2016—2017 年度韶关市精神文明建设先进集体	2017 年 12 月
新韶镇人民政府	中共韶关市委、市政府	在中共十九大特别防护期信访维稳安保工作中表现突出的单位	2017 年 12 月
风采街道办	中共韶关市委、市政府	在中共十九大特别防护期信访维稳安保工作通报表扬单位	2017 年 12 月
风采街道环园路社区	中国地震局	国家地震安全示范社区	2017 年 12 月

2017 年度获市级以上先进个人称号选录

表 16

姓　名	单位名称	评定单位	先进称号	评定时间
王义滨	浈江公安分局刑事侦查大队	韶关市委宣传部、精神文明建设委员会办公室、韶关市公安局	韶关好警察	2017 年 1 月
黄贵华	浈江公安分局交警大队	韶关市公安局	个人三等功	2017 年 1 月
廖文豪	浈江公安分局站南路派出所	韶关市公安局	个人三等功	2017 年 1 月
成春涛	浈江分局刑事侦查大队	韶关市公安局	个人三等功	2017 年 1 月
冯超	浈江公安分局经济犯罪侦查大队	韶关市公安局	个人三等功	2017 年 1 月
杨映彬	浈江公安分局督察大队	韶关市公安局	个人三等功	2017 年 1 月
陈伟鸿	浈江分局治安管理大队	韶关市公安局	个人三等功	2017 年 1 月
朱路林	浈江分局刑事侦查大队	韶关市公安局	个人三等功	2017 年 1 月
李建雄	浈江分局治安大队	韶关市公安局	个人三等功	2017 年 1 月
苏文星	浈江分局南山派出所	韶关市公安局	个人三等功	2017 年 1 月
林蔚涛	浈江分局新韶派出所	韶关市公安局	个人三等功	2017 年 1 月
卢国清	浈江区司法局	司法部	个人三等功	2017 年 1 月
钟宇强	浈江分局犁市派出所	广东省公安厅	“第二届粤警创新大赛鼓励奖”	2017 年 2 月
黄　娟	犁市镇人民政府	韶关市妇联	韶关市“三八红旗手”	2017 年 3 月

续表 16

姓　名	单位名称	评定单位	先进称号	评定时间
邓晓芸	新韶镇人民政府	韶关市妇联	韶关市“三八红旗手”	2017 年 3 月
刘惠群	浈江分局交警大队	韶关市公安局	2016 年韶关市公安机关巾帼建功先进个人	2017 年 4 月
王子涛	浈江区犁市镇人民政府扶贫办	共青团韶关市委员会	韶关市优秀共青团员	2017 年 4 月
罗烨红	浈江区政协	广东省政协	征文二等奖	2017 年 5 月
侯志军	浈江区国家税务局	中共广东省国家税务局党的建设工作领导小组	广东省国税系统“五带头”共产党员	2017 年 6 月
刘彦晖	浈江区国家税务局	中共韶关市国家税务局党的建设工作领导小组	韶关市国税系统“五带头”优秀共产党员	2017 年 7 月
蔡　诚	浈江区国家税务局	中共韶关市国家税务局党的建设工作领导小组	韶关市国税系统“五过硬”优秀共产党员	2017 年 7 月
王义滨	浈江分局刑事侦查大队	韶关市委宣传部、韶关市精神文明建设委员会办公室、韶关市总工会、共青团韶关市委员会、韶关市妇女联合会	“感动韶关十佳道德模范”提名奖	2017 年 7 月
盛伟坚	浈江分局禁毒大队	广东省公安厅	全省雷霆扫毒专项行动先进个人	2017 年 7 月
丁宏杰	浈江区检察院	韶关市检察院	公益诉讼工作个人嘉奖	2017 年 8 月
盛伟坚	浈江分局禁毒大队	韶关市公安局	个人三等功	2017 年 8 月
盛伟坚	浈江分局禁毒大队	韶关市精神文明建设委员会办公室	2017 年度第二季度“韶关好人”	2017 年 8 月
盛伟坚	浈江分局禁毒大队	广东省人力资源和社会保障厅、省公安厅	全省优秀人民警察	2017 年 9 月
蒋少杨	浈江区检察院	最高人民检察院反贪总局	全国检察机关侦防能手人才	2017 年 9 月
蔡奕华	浈江区检察院	韶关市检察院	全市检察机关十大业务能手之一	2017 年 10 月
刘韶辉	浈江分局刑事侦查大队	广东省公安厅	个人一等功	2017 年 10 月
官金全	浈江分局刑事侦查大队	韶关市公安局	个人三等功	2017 年 10 月
何志成	浈江分局刑事侦查大队	韶关市公安局	个人三等功	2017 年 10 月
邓志凯	浈江分局刑事侦查大队	韶关市公安局	个人三等功	2017 年 10 月

续表 16

姓 名	单位名称	评定单位	先进称号	评定时间
宁国健	浈江分局站南路派出所	韶关市公安局	个人三等功	2017 年 10 月
陈小华	浈江分局犁市派出所	韶关市公安局	个人三等功	2017 年 10 月
戴卫华	浈江分局东河派出所副所长（市局挂职）	韶关市公安局	个人三等功	2017 年 10 月
曾志成	浈江分局网警大队	韶关市公安局	个人三等功	2017 年 10 月
郑就兴	浈江分局站南路派出所	韶关市公安局	个人三等功	2017 年 10 月
杨洋	浈江分局交通警察大队	韶关市公安局	个人三等功	2017 年 10 月
邱小玲	浈江区教育局	广东省教育厅、广东省人力资源和社会保障厅	广东省促进义务教育均衡发展先进个人	2017 年 11 月
彭旭东	车站街道办事处	中共韶关市委、市政府	中共十九大特别防护期信访维稳安保工作中表现突出个人	2017 年 12 月
潘寿段	花坪镇	中共韶关市委办、市政府办	中共十九大特别防护期信访维稳安保工作中表现突出个人	2017 年 12 月
侯月明	花坪镇长地头村委长地头村小组	广东省文化厅、广东省美术家协会、广东省书法家协会、广东省摄影家协会	广东省第十四届美术书法摄影作品联展入选证书《兰亭序》（隶书）	2017 年 12 月

2017 年首届“感动浈江道德模范”先进个人事迹材料

游先标

游先标，男，中共党员，1960 年 8 月出生，现任浈江区森林消防大队长，在 38 年护林防火工作中，游先标牢记护林员使命，认真履行职责，以身作则、冲锋在前，为韶关市浈江区森林消防工作做出了突出贡献，其先进事迹如下：一是热爱护林防火工作。二是规范护林队伍管理，使之成为一支战斗力强的队伍。三是提高公众护林防火意识，敢于同破坏森林资源不法行为斗争。四是以身作则，快速反应，全天候护林防火。五是冲锋在前，支援周边兄弟单位。作为韶关市区的护林防火队伍，不但要维护自己管护范围内的林区安全，当周边兄弟县区及市属林场发生森林火灾时，都必须参与扑救，多年来，每当接到命令，他都是带领护林队伍第一时间赶赴现场，冲锋在前，靠前科学指挥，及时将山火扑灭，为保护韶关市区森林资源做出了突出贡献，受到市森林防火部门领导的高度好评。他也荣获全国优秀护林员称号，韶关市林业系统“爱岗敬业标兵”，多次被评为全市森林消防先进个人。

黄晓华

黄晓华，女，35 岁，韶关市浈江区国家税务局收入核算股科员。自参加工作以来，她始终坚持细心负责、踏实肯干、爱岗敬业、无私奉献的精髓，把满腔的热情奉献给税收事业。她是一名军嫂，用自己的毅力和智慧平衡着工作与家庭，为支持国防事业默默奉献。2015 年度、2016 年度，因工作表现突出连续 2 年被区国税局评为“优秀”干部，先后 4 次受到韶关市国税局嘉奖；她的家庭被浈江区妇联、文明委授予 2014—2015 年度“浈江区五好文明家庭”的荣誉称号。

一、坚强担当的“单亲妈妈”

现实总会比理想骨感一些，从嫁给军人的那一刻起，就意味着奉献和付出，就要比一般女人承担得更多。

都说怀孕的女人是宝。知道自己要做母亲的那一刻，她觉得自己是世界上最幸福的人，但这种喜悦只维持了短暂的一瞬间，电话那头传递来的是喜悦中的苦涩和无奈。军嫂只能是一个人度过妊娠反应期的辛苦，一个人挺着大肚子去排队产检的心酸，还有被怀疑是单亲妈妈的委屈。看着别人丈夫帮着排队、叫号，端茶送水无微不至，她只能把羡慕的眼光移开，可她从不抱怨，因为她知道丈夫的无奈，抱怨只会让他更内疚，于是，她选择了理解与接受。妊娠初期反应强烈时一点胃口都没有，甚至连油烟味都闻不了。丈夫打来电话说：“要多补补身子，不要省着。”刚刚吐得翻江倒海的她却对爱人说：“我是一人吃两人份呀，吃得可多了”。

终于熬到要生了，丈夫掐着预产期请了假，然而这对别人来说再普通不过的幸福，对于她来说却是老天的恩赐，每天都祈祷时间过得慢一点，再慢一点……但他还是要离开了。还在月子期的她心里委屈，即使一万个不愿意，也强颜欢笑地目送他离开，独自承受带孩子的辛苦。两小时一次哺乳，一把屎一把尿地拉扯，加上睡觉不规律，经常起夜，身体原本瘦弱的她瘦了十几斤。记得孩子未满三个月时得了急性支气管炎，烧到近 40 摄氏度，漆黑的夜里她用棉衣裹着孩子去医院，这时候她多想给丈夫打电话啊，但她没有，因为她知道即使打了丈夫也不能马上飞奔到身边，还要他担心。挂号、交钱、拿药、打针……由于孩子太小，护士扎针要剃了一边头发在脑袋上扎，她出于母亲的不忍在按压孩子头部扎针的时候压不紧，孩子血管细一哭就跑针，只能拔出针头再扎，有一次连续扎了 5 针才扎准，头发都剃光了，看到孩子受罪她心疼得直飙泪。

同病房的人以为她是单亲妈妈，用同情的目光看着她问道：“孩子的父亲怎么没来?”她淡淡的一笑说：“孩子他爸在部队，忙!”

二、税务系统的“编外军人”

雷锋日记中有着这样一段话：“如果你是一滴水，你是否滋润了一寸土地；如果你是一缕阳光，你是否照亮了一片黑暗；如果你是一颗螺丝钉，你是否永远坚守你的岗位。”

税收计统工作天天和数字、报表打交道，枯燥且烦琐。要做好这项工作，不仅需要有工作热情，更需要足够的细心和耐心。到收入核算部门报到的时候，她刚休完产假，面对业务生疏、工作任务繁重的情况，她克服了心理压力大以及业务不熟悉等困难，虚心请教老同志，充分利用一切可利用的时间，加强学习，不断提高自身的业务工作能力。记不清有多少个夜晚狠心扔下家里嗷嗷待哺的孩子，把襁褓中的宝宝交给年迈的父母照顾。为了确保每月的报表及预测分析工作不出任何错误，为了保障税收分析结果的时效性，她坚持利用节假日和休息时间，早准备，早打算，养成及时收集汇总资料的良好习惯，做到有备于先，有备于常。每到月底数据统计的截止日期，她都要加班加点来完成各种统计报表和分析材料。年终结算更是要通宵达旦，逢年过节甚至大年初一也无法与家人欢聚一堂。月底、年终的办公大楼里，夜幕下的灯光照亮着她的坚守和敬业。

在平凡的工作中，她用“军人”的标准要求自己，用辛勤的努力、务实的态度、严谨的作风展示出税务工作者斗志昂扬不平凡的一面。她常说：“苦点累点都是工作的需要，我要像军人履行使命一样履行工作职责。”

三、无私奉献的“和平使者”

无论在战争年代还是和平时期，中国人民解放军都是一道坚不可摧的钢铁长城，他们始终肩负着保家卫国的光荣使命，时刻捍卫着国家与人民的主权和尊严。

黄晓华的丈夫是人民解放军某炮兵旅科长，2017年中国赴苏丹执行联合国维和任务的四名军事观察员之一。分配在达尔富尔联合国维和任务区的冲突一线监督军事安全形势，承担着巡逻、联络、监督冲突方停战停火等任务。非洲既是现代人类发源地，也是全球最贫困落后的地区，饥饿、暴乱、瘟疫和种族问题十分普遍。那里气候炎热高温、漫天黄沙，生活环境更是异常的艰苦，常常与毒蛇为伍与蚊虫相伴。烈日的暴晒、风沙的拍打、蚊虫的叮咬、连续高强度的作业，无不考验着每一个人的生理极限。

这里是疟疾、霍乱等传染疾病的高发地，地雷和随时可能发生的零星武装冲突也都时刻威胁着维和官兵的生命安全。在一次开车执行巡逻任务时，意外压上了一枚地雷，不知道是第二道保险没打开还是地雷长了眼睛，对和平使者退避三舍，地雷一跳老高竟然没炸。她经常是听着这些惊险故事在担心和思念中度过一个个寂寞的夜晚。

他是一名优秀的军人，却不是一个好丈夫、好爸爸。孩子开始咿呀学语的时候，她指着照片里的人对孩子说“这是爸爸”，孩子一脸茫然。后来孩子会跑了，他知道有爸爸这个人了，但是他依然不知道爸爸具体是什么，只会通过一些特征来判定爸爸，比如，爸爸就是那个穿军装的人，看到电视里的解放军就指着喊“爸爸”！如果有人问孩子，你爸爸呢，孩子就用手指指电话，在孩子的心理，爸爸只不过是台会说话的电话机。看到别的小朋友一手牵着爸爸一手牵着妈妈去游乐场、逛公园、踢足球……这些可以和父亲一起进行的活动，他都没有。

有一天孩子在院子里跟小伙伴们玩耍，被一个淘气的小伙伴嘲笑他是没爹的孩子，孩子委屈地大哭起来，她强忍着眼泪自豪地告诉孩子“爸爸虽然不在我们身边，但爸爸在很远的地方保护着我们”。

“那爸爸什么时候回来呀?”孩子一边擦眼泪一边问。

此时正值阳春三月，又是一年木棉花开的季节，院子里那颗木棉树开出了一朵朵鲜艳似火的木棉花，象征着英雄不屈不挠伸张正义的高尚品质。她捡起一朵落下的木棉花递给孩子，笑中泛泪地说“等明年木棉花开的时候爸爸就回来了……”

李小兰

李小兰1995年12月参加工作近二十年来，她从一名普通清扫工干起，成长为韶关市浈江区环卫所清洁服务四队班长、副队长，虽然身份在变化，但始终没有离开平凡的清扫岗位，在执着坚定中创造着不平凡的业绩，用一把扫帚书写着无怨无悔的“马路情缘”。由于工作出色，2004年升为班长，2011年11月升为副队长。2010年被韶关市政府评为“创建国家卫生城市”先进个人，2012年3月被韶关市总工会评为粤北建功立业女能手，2013年2月被中华人民共和国住房和城乡建设部评为“优秀环卫工”，2013年被评为市“三八红旗手”，2014年2月被韶关市文明办、韶关市妇女联合会授予“韶关市五好文明家庭”，2015年3月被市妇女联合会授予2014年年度“三八红旗手”荣誉称号，2016年3月被广东省妇女联合会授予“三八红旗手”荣誉称号。年年被单位评为先进个人。

一、挑战“偏见”岁月流芳

1995年12月，23岁的李小兰当了一名清扫保洁员。从此，便与街道清扫、垃圾收运结下了不解之缘。李小兰刚在街上干清扫保洁时，总是红着脸，把工作帽檐压得很低，低着头默默地作业，担心熟人遇见，亲朋好友也不赞同，劝说：“干什么不好，偏去扫大街”。在以后实际工作中，她才亲身体会到清扫工作的艰辛和其中的酸甜苦辣，每天早出晚归，风雨无阻，有时还不被市民群众理解，受一些不明不白的委屈。随时有市民把生活垃圾倒在已清扫干净的街道上，她上前好言相劝，不要乱倒垃圾、污染环境卫生，却得不到人们的理解。单位领导、同事及时关心、帮助、支持她，以老一辈环卫工人的先进事迹感染她，用“宁愿一人脏，换来万人洁”的行业精神教育她，使李小兰对自己的工作有了清楚的认识，环卫工作虽然脏苦累，却与群众身体健康息息相关，是城市中必不可少的工作，任何工作都需要人去干，只是分工不同。

二、爱岗敬业作表率。

自我市启动“创文”工作以来，她协助队长带领环卫工人们，向一个个脏乱差的死角发起了攻坚战。清洁服务四队负责的路段是东河片的启明路、火车站等路段，车辆、行人多，垃圾产生量大，清扫保洁难度可想而知。她总是没有怨言坚持埋头苦干，一丝不苟地清扫路面、清理卫生死角。在日常工作中周边门面房、住户环卫意识淡薄，时常发生前扫后倒，有的楼上居民还从楼上往下乱抛、乱扔；为了提高保洁质量与效率，在所领导的支持下，她与队长召开组员会议与大家共商对策。首先对路面实行分段包干，定人定岗定责，每人一处、责任到人。见脏就清，见飘就捡，同时利用业余时间，逐户登门与临街门面房沟通，宣传环卫知识。引导他们换位思考，珍惜环卫工人的辛勤劳动。这种做法得到了广大门面房的理解和敬佩，时间久了，很多店主都支持、配合她们的保洁工作，大大地提高了路面的保洁质量。

李小兰担任清洁服务四队的副队长，她主要负责启明路班的清扫保洁和上门收集垃圾工作。夏天的时候，当人们吃饱饭去散步的时候，她还在路面上忙碌着，来来回回在所管理范围路面巡查，看到路面脏的时候，她顾不上天气的酷热，挽起袖子拿起扫把就麻利地扫起来，汗水把长发打湿了她却丝毫没有察觉。到了严寒的冬天的时候，当人们把门窗关好在家里烤火的时候，她依然是在自己的岗位上默默地工作着，当亲戚朋友聚会的时候，她都因为工作原因不能前去，但是她却觉得无所谓，她说把工作做好比什么都重要。李小兰对工作尽心尽职，为了给队里工人做好带头作用，她时时严格要求自己，要求别人做到的自己首先做到，用自己的实际行动影响队里的人员。

我市迎国家创文“双测”检查期间，为了确保有一个干净整洁的市容环境，她协助队长制定工作计划并周密部署，亲力亲为，每天加班加点，工作十八小时，由于措施得力，管理到位，出色地完成组织下达的任务，保证了辖区市容环境卫生保持处处干净，天天干净，用“汗水”洗刷过干净街道一条条展现在市民面前，真正让自己满意、单位满意，政府满意和群众满意。

三、满怀歉疚为爱感动

李小兰对待工作无怨无悔，对待家庭却充满了太多的歉疚。工作20年来，李小兰以岗为家，经常放弃休息，她自己算不上一个好妻子、好母亲，作为儿媳，尽的孝道确实太少。相反，她却从家中得到很多支持，让她在感动中体会着独特的幸福感受。为了韶城的洁净美而忘我工作，根本无力顾及自已的家，就连与家人出动逛公园和商店都成了奢望。而她的爱人，虽不善言辞，但一直以无声的行动支持着她，这么多年风里来雨里去，正是因为有了他的支持，她才一步一步地走到今天。

四、大爱无疆的展现

有一种爱叫无私，有一种爱叫博大。李小兰正是用无私，博大的心胸在平凡的岗位上谱写着青春的凯歌。在向灾区捐款捐物活动中，她积极响应号召，踊跃捐款。

五、真情言传的带人

虽是一名普通的环卫工人，但为了树立环卫工作良好形象，李小兰以身作则、言传身教，用真情和关爱引导人们自觉爱护公共卫生。她正是通过这样一点一滴、深入细致的工作方法，晓之以理，动之以情，用真诚感动了大家，带动了一批身边同事，共同维护好韶城的环境卫生。

李小兰是普普通通环卫工人中平凡的一员，也正是有无数李小兰这样的环卫工人辛辛苦苦、任劳任怨的工作，才换来了我们城市的美丽整洁，才给我们的城市焕发了青春，给市民带来了良好的生活环境。

贺双强

贺双强，男，1977年出生，就职于韶关市浈江区风采社区卫生服务中心。当任医生组组长，家庭医生式签约服务团队总团队长，是一位普通的社区主治医生，中共党员，他个性憨厚、为人正直、诚恳，与同事相处真诚、热心、好帮助人，工作作风朴实、勤劳、严谨务实，10多年来他一直在我院工作，他作为一名普普通通的医生，没有轰轰烈烈的事迹，也没有惊人的壮举，但在自己平凡的岗位上兢兢业业，刻苦钻研，恪守职业道德，凭着熟练的技术，良好的道德及高尚的思想品质得到了领导、同行的赞誉、患者的认可，曾多次被医院评为“先进工作者”，“优秀个人”。

一、积极进取钻业务、精益求精练技术

扎根基层，努力钻研业务知认识，积极参与全科医学相关的教学和研究工作。2012年6月带教过韶关市全科医生转岗培训学员，2016年6月又“滚雪球”式培训了韶关家庭医生师资二级学员，2016年6月又带教了韶关市第一批“5+3”全科本科医生规培学员。

十几年来，他对患者始终坚持因病施治，诊病尽量少抽血化验，靠“多问一句”。他对每一个来就诊的病人都会细心了解病情，对症下药，从不让病人花过多的钱。虽然自己生活并不富裕，但他却经常替患者垫钱——几块钱的挂号费、十几块钱的药费。由于一心扑在患者身上，他有了一群忠实的患者“粉丝”。从社区门诊到住院部，从住院部到社区门诊，他走到哪里，熟悉他、信任他的患者就跟到哪里。家住风度北路4号的张婆婆，因双脚严重肿胀，多次到大医院检查诊断，一直未能确诊，张婆婆的女儿慕名而来。不顾天气恶劣，到患者家中出诊。为张婆婆检查时，他仔细地为老人从头查到脚，在检查到严重肿胀且散发着难闻臭气的双脚时，没有丝毫在意，仍掰开老人的一个一个脚丫查看。这个不起眼的动作，让婆婆的女儿感动得热泪盈眶。他最终确诊，原来困扰婆婆多时的病根就是脚气。后来，通过精心治疗，婆婆逐渐康复，一家人感动不已。如果不是他对医术的精益求精和严谨的工作作风，小小脚气可能就会让婆婆更加痛苦不堪。

二、医德医风严要求，全心全意为患者

他坚持职业操守，以“医病医身医心，忘名忘利忘我”为准则。乐做老百姓的贴心人。不管是医改前还是医改后，他都坚持为病人着想，坚持为病人提供价廉、质优、高效的医疗服务。不为金钱所动，不开大处方、不收受病人财务，为广大医务工作者树立了廉洁行医的榜样，为创建服务好、质量好、医德好、群众满意的社区医院做出了巨大贡献。除了给病人看病配药，还要建健康档案，管理慢性病，进行健康教育等等，日常诊疗工作之余，有大量的电脑文书工作以及电话或者上门随访的工作，他都一丝不苟的去完成。他的白大褂上有个标记，他是一名光荣的共产党员，于是他总是努力配合好院领导工作，为科室的发展进步尽心尽力，对于医院领导分配的任务也都能圆满完成，并能积极参加比赛为集体争荣誉。他荣获“2016年韶关市基层卫生岗位练兵和技能竞赛市级选拔赛全科医疗城市组”三等奖。

2014年浈江区风采社区卫生服务中心率先在韶关市开展家庭医生式签约服务，以老年人，儿童，孕产妇，慢性病患者等特殊人群为重点服务对象，优先签约，优先服务。家庭医生式签约服务得到了居民的赞许，居民自觉成为强有力的宣传者，同时受到多家媒体追踪报道工作进展情况，也得到了各级领导的关注。

尽心尽责，全心回报。多年来在党的培养下，他从一名普通全科医生成长为一名医学专家和从一名普通群众成长为一名光荣的共产党员。他很珍惜组织对自己的信任和培养，以身作则用自己坚守的行医准则去影响每一位同事，建立了一个为患者信赖和谐的医疗团队，用全心全意为人民服务的行动回报社会。

言传身教，满腔热忱。他严谨求实，言传身教，毫无保留，认真做好“传、帮、带”。他时刻把同事的冷暖记在心上，及时解决困难和矛盾，以真心赢得信任。

黄足连

黄足连，生于1976年，本科学历，一级教师，1997年7月参加工作，现任执信小学五（1）班班主任兼语文教师。从教20年，我始终战斗在教学第一线，爱岗敬业、无私奉献，勤勤恳恳教书、兢兢业业育人，时刻以一名优秀教师、优秀党员的标准来衡量自己，心系学生、严于律己，受到了学生的喜爱、家长的尊重，得到了同事的好评、领导的信任。我的青春、我的一生，都将奉献给伟大的教育事业，我甘于奉献、甘于做这样的人梯，我无怨无悔。

一、呕心沥血，教书育人

在工作中，难免有孩子犯错，我就耐心地教育孩子，晓之以理、动之以情，孩子在我的教育下，都能认识到自己的错误并决心今后改正。从教20年，我都在忙碌中度过，白天备课、上课、改作业、和孩子谈话教育，在我的教学生涯里，我所任教的班级，语文成绩都是年级名列前茅，还有好几个孩子在小升初考试中，考进了北实、一实的免费生呢！

二、关爱学生，乐于奉献

苏联教育家说：“没有爱就没有教育。”爱是灵魂，是学生打开知识的大门。在我从教以来，我更深刻地认识到，爱是理解、是宽容、是信任、是希望。我爱我的每一个学生，不管是优生，还是差生，我洒向他们的都是我的爱。

记得我在花坪镇第二小学任教时，很多孩子的家长都到外地工作去了，孩子成了留守儿童，只和爷爷奶奶或外公外婆在家。这些孩子的父母半年或一年才回来一次。孩子没有得到应有的家长的陪伴和教育，有些孩子学习动力不足而厌学，学习成绩不理想，有些孩子甚至成了学习、纪律的“双差生”。当时有一个叫刘浩的孩子，父母不在身边，长期不交作业，经常打架、违反纪律。天气冷了，可他还是只穿着单薄的衣裤，凉鞋。一天放学后，我跟着他回到了家。我看到他的家很贫穷，住的是平房，窗口没有玻璃，用木板钉上了；客厅只有一张小饭桌，几张小板凳。他的爷爷已经七十多岁了，走路蹒跚。看我进了屋，老人家赶忙叫刘浩给我倒水喝。刘浩听话地给我倒了水，又到屋外抱了一捆柴放进屋里的炉灶前，准备生火烧水做饭。我的心里感动极了，我向老人家表扬了刘浩的勤劳、孝顺，我百感交集地离开了他家。第二天，我给刘浩买了一套冬衣和一双运动波鞋，来到学校，我把这些东西都送给了他。当刘浩双手接过去时，我明显地看到他的眼睛湿润了，他望着我，坚定地对我说：“老师，我一定会努力学习，争取进步，遵守纪律，不打架了。”我微笑着摸了摸他的头。接着，我还在班上表扬了他在家帮忙做家务、孝顺长辈的好品德，并希望大家向他学习，还提出请大家多帮助刘浩的学习。果然，过了一段时间，刘浩的学习成绩上来了，由原来的不及格提高到七十多分了，他的脸上也慢慢有了笑容。

三、兢兢业业，甘于奉献

教师这个职业平凡朴实，工作辛苦，职业要求却很高，很多人都望而却步。然而，就是在这个平凡的岗位上，我踏踏实实、兢兢业业、严于律己、甘于人梯，实现着人生的价值与理想。从教20年，为了学生，我从没有请过一次事假，没旷过一节课，凭着对党的教育事业忠诚，凭着对学生无私的爱，我无怨无悔，时刻忘不了那三尺讲台。

2017年3月的一天，阴雨连绵的日子。我照常上课，下午上了第一节课后，肚子突然一阵剧痛，我捂着肚子到了厕所。一阵天旋地转，我赶紧扶住两边的墙壁，待稍微看得清地面，我深一脚浅一脚地回到办公室。可是，我又感到四肢无力，额头上马上冒出豆大的汗珠，眼前一片昏暗。办公室的老师吓坏了，几个老师扶着我到医务室躺下，可是，情况还是没有好转，刘校长就叫了车把我送到市第一人民医院。经过检查，医生疑惑地问我：“你怀孕了，你不知道吗？这是很危险的，你知道吗?”医生的责问，我无言以对。原来，前几天开始我就常感觉到肚子隐隐地痛，尤其是站得稍久一点痛感更明显。而我只是以为是天气原因，以为是关节的酸痛，没有理会。况且，刚开学几周，有一部分孩子们的心没有从春节假期收回来，没有进入学习状态，我几乎天天找孩子谈话、和家长沟通，我怎么能落下工作呢？如果不是今天突然的眩晕、肚痛，想必我都还不知道原来我已经怀孕了。因为错过了最佳的补救时间，最终，医院建议我终止了妊娠。躺在满是消毒水味的医院的病床上，想到这个未来得及来到世上的孩子，想到自己最初的选择，我流下了泪。休息了几天，我就去上班了，因为我想到班里还有几十个孩子在等着我回去给他们上课，我不能耽误孩子们的学习啊！

在这20年里，上级部门给了我很多荣誉，“优秀教师”“优秀教育工作者”“优秀班主任”“优秀党员”……我只是做了一名人民教师应该做的工作，可是，党和人民却给了我这么多荣誉。成绩永远属于过去，今后我会更加不断地完善自我，继续保持良好的师德师风，在平凡的三尺讲台上，以春蚕的精神、蜡烛的品格，尽自己的一分力量与责任，完成一个人民教师永无止境的奉献与追求，踏踏实实教书，勤勤恳恳做人，这样无悔地耕耘于教育事业，才不愧为一名光荣的人民教师。

邓玉霞

一名来自车站街站南路社区党支部书记、居委会主任邓玉霞，也是一名浈江区人大代表。她在社区工作的15个年头里，始终以强烈的工作责任感和社会使命感，投入到社区基层工作中，在日常工作中深入居民家，走家串户，了解民情民意，想群众所想，急群众所急。注重深入基层，摸清情况、摸清底数；注重倾听民意、集中民智，提高科学决策、民主决策能力；注重直面困难，提高解决问题、化解矛盾能力；注重顺应群众意愿、回应群众呼声，提高宣传群众、组织群众能力，为社区营造和谐环境，维护社区稳定，化解矛盾纠纷，推动和谐社区建设，保障社区居民群众合法权益，受到了群众敬重和爱戴。

一、党群连心谱和谐，服务千家暖人心

站南路社区管辖地段是韶关市交通、物流、商贸批发中心，由于社区地处城乡接合部，不同的人员之间因不同的职业类型、不同的生活方式、不同的信仰和不同的价值观念以及不同的心理文化素质造成的差异，导致曾经产生一系列社会问题。主要表现在出租屋多，人口流动性大，邻里纠纷等问题突出。针对这一现状，站南路社区党支部紧紧围绕社区居民“自我管理、自我服务”的服务理念，结合辖区党员、退休居民多的实际情况，以开展党员志愿服务作为有力抓手，成立了“党群连心社”互助会，下设暖心服务队、便民服务队、创平巡逻队、文娱活动队、文明创建队 5 支志愿者服务分队。通过教育引导党员倾听群众心声、积极开展志愿服务活动解决群众实际困难等举措，将党员的先锋模范作用辐射到辖区的每个角落，形成了党群连心共建和谐社区的社会治理新局面，得到了社会各界的充分肯定和普遍好评。

暖心服务队，做温暖社区的“推动者”。当前，大多数年轻劳动力外出务工，“空巢”老人越来越多，他们的生活起居无人照顾、精神生活没有寄托，这已经成为社会普遍关注的一个民生问题。为此，暖心服务队每月对辖区内的独居老人、老党员、困难群众进行上门看望、陪聊，给予其精神慰藉，力所能及帮助老人解决生活中的实际困难。在日常工作中了解到只有两老人居住的破房子，因年久失修，房屋严重漏水。得知情况后，站南路社区暖心服务队的志愿者专程来到黄叔家中，认真检查房屋的电器及电线，并联系慈善人士筹集资金为黄叔的房屋进行修缮维护。84 岁独居老人曾金菊，体弱多病，没有退休工资，她所住的木楼梯年久失修霉烂不堪。暖心服务队了解情况后，联系便民服务队专业技术人员为老人修缮扶梯，保证老人出行安全。老人膝下育有一养子，养子不赡养老人。邓玉霞与社区工作人员上门调解了解情况，得知养子无固定工作，他妻子在家照顾两个子女，生活确实困难，已经没有能力再支付老人生活开支，老人平时只能靠拾废品卖钱维持生活。由于有养子的关系，老人不符合申请最低生活保障金。为了让老人生活有保障，她奔走在多个部门之间，希望通过司法途径确保她的生活来源。与社区挂点律师与老人、老人养子以及老人弟弟进行调解，经过耐心调解，双方在思想上都得到了对方的体谅。古人云：“百善孝为先”，让养子明白他所应有的赡养义务，最终在调解下，养子承诺履行赡养义务，也为此次调解工作画上圆满的句号。

辖区居民李银君，年仅 21 岁，由于身患淋巴癌晚期，沉重的医疗费用导致家庭负债累累。“病魔无情，人间有爱”中华民族素有积德行善，济贫扶危的传统美德，作为支部书记她带头自掏腰包为李银君捐助爱心善款，同时，号召社会团体、党员群众志愿者奉献爱心。筹集善款后，第一时间将捐助款项亲自送到李银君手上，鼓励她要心态乐观，积极配合治疗，争取早日康复。

对于独居老人来说，社区居委会就是他的守护者，有困难找社区已经成为居民心中一种解决问题的思维模式。通过不断地为困难群众做实事好事，使辖区党员更有归属感和荣誉感，既充实了志愿者们的生活，也让留守老人、老党员、困难群众真真实实感受到党和政府对他们的关心和温暖。

有一位独居老人在骑车途中不慎摔倒，导致肩膀脱臼、骨头爆裂，在他求助无门的情况下，他在第一时间委托邻居通知了邓玉霞。了解情况后，她立即与同事赶往他的住所，将他送去医院救治。经过一天时间，医生将他脱臼的肩膀复位，包扎好手臂。正因为邓玉霞对老人如亲人般的关怀出，老人深受感动，逢人便夸邓玉霞她说“比他的亲生女儿还要好”。在日常巡查中，她发现一位流浪在火车站附近的老人，当即为他安排了食宿，次日，联系韶关市救助站妥善将他安排，据悉已将老人送回英德老家。

便民服务队，做便民利民的“服务者”。站南路社区党支部注重发挥党员特长，将有相关专业技术的党员组成便民服务队，每月为辖区居民提供医疗保健知识宣传、义诊、家电维修、理发剪发等技术服务。站南路社区通过开展“清爽一夏，爱心义剪进社区”义务理发公益活动，组织美发师义工为辖区居民，尤其为部分行动不便的老人到家中为他们理发。社区还针对辖区内行动不便、孤寡老人存在就医难的问题，积极联系辖区医院及时上门解决其病痛（例如上门看病、上门打针等），为他们建立家庭病床，提供免费的医疗服务。炎炎夏日，在辖区重要主干道设立凉茶供应点，每天气温如超过35度则免费对辖区居民、过往群众提供凉茶、绿豆糖水等清凉饮料。同时，给流浪人士派发凉茶，送上初夏的清凉。冬日寒冷刺骨时，为了保障街头的流浪乞讨人员安全过冬，社区志愿者带着棉衣、棉被、棉鞋等过冬保暖物资，沿街、沿路开展巡查搜救行动。

创平巡逻队，做社区安全的“守护者”。辖区地处环境复杂的火车东站周边和铁路沿线，商户和流动人口多，时常有不法分子在辖区内进行违法活动。针对这一情况，创平巡逻队的志愿者每周一、三、五在社区内进行义务巡逻，对违法活动起到震慑作用。同时，积极协助做好辖区综治维稳和安全生产工作，巡逻队在日常巡逻中发现社区内存在的不稳定因素和安全隐患，及时反馈给社区干部，使社区能够及时对安全隐患进行监督整改，将矛盾化解在萌芽状态。老上访户刘德文，因医疗事故、丧妻、与子失和等系列变故导致心理失衡，经常参与当地“两参”人员活动，情绪极不稳定。为了让他回归正常的社会生活，邓玉霞与社区党群连心社志愿者们经常与之谈心、交心，引导他参加各种志愿活动，将其感化。现在刘德文情况基本稳定，也能够积极融入社区党群连心社活动中。

文娱活动队，做文化生活的“组织者”。组织发动社区居民共同参与文艺活动，丰富辖区居民生活。如，三月组织开展“国际三八妇女节邻里聚”活动；五月开展“邻里情，饺子宴”活动；端午节举办“端午粽香，邻里情深”百人包粽子、陆地赛龙舟活动，并在活动结束后，把裹着浓浓情谊的粽子送给社区困难群众家中；九月举办“喜迎十九大欢度国庆节”活动等。社区文化生活多姿多彩，定期举办各项活动，增进了邻里之间的交流，减少了社会矛盾纠纷，促进社区和谐稳定。

文明创建队，做“文明市民”的倡导者。针对辖区外来流动人口较多，低收入人群较多，居民文化程度不高的实际，发动党员志愿者深入社区和公共场所，倡导居民使用文明敬语，规范文明行为。结合街道的创文工作，文明创建队积极开展“善美之城、从我做起”环境卫生整治活动，通过入户宣传和深入社区的形式参与卫生保洁，维护公共设施。

二、创新工作思路，搭建群众与政府之间的桥梁

工作10多年来，邓玉霞摸索出一套社区管理方法将辖区96栋楼，小区分别建立微信群，通过微信群向居民群众传达政府的政策方针，收集群众意见以及建议，对群众矛盾纠纷及时掌握，及时化解常把大事化小，小事化了。

通过创建微信交流群，给人民调解和法治宣传工作带来诸多的便利：一是有利于社区挂点律师及社区工作人员及时掌握矛盾纠纷排查化解信息，做好矛盾纠纷排查化解情况分析；二是运用微信群做好村（居）法治宣传工作，群众及时了解普法工作动态。

邓玉霞在社区工作中坚持兢兢业业、踏踏实实，以满腔热忱为群众排忧解难，为群众做了许多实实在在的事情，赢得了群众的拥护和赞誉。“联系群众鱼得水，脱离群众树断根。”在社区居委会工作的每一天，都会遇到你想不到的事情，因为在群众当中都有着不同的需求和生活中的矛盾。作为社区工作人员应真诚听取群众的呼声和意见，多从群众角度思考问题，力所能及为群众办实事解难事，同时依托“党群连心社”志愿者服务队，促进居民群众之间的关系更加紧密，增加邻里之间的感情，提高辖区居民文化素质，让社区更加和谐、稳定。

张云飞

张云飞，男，1975年出生，土家族，本科学历，湖北恩施人。1993年入伍，1997年入党，历任战士、副班长、军校学员、司务长、管理员、副政治指导员、参谋、政治指导员、军需股长、后勤处长、保障处长等职，先后4次荣立三等功，多次被军区、集团军、师和团评为“先进个人”，所负责的单位先后被总部、军区、集团军和师评为“标兵单位”或“先进单位”。2013年转业，现任韶关市公安局浈江公安分局交通警察大队二中队副主任科员。2014 年被韶关市公安局警官培训处评为“优秀学员管理干部”，年底公务员年度考评被市公安局评定为“优秀”，2016 年 7 月被市公安局评为“优秀共产党员”，同年 7 月参加市公安局《中国共产党廉洁自律准则》和《中国共产党纪律处分条例》知识竞赛荣获全市一等奖，9 月代表市局参加广东省公安厅《中国共产党廉洁自律准则》和《中国共产党纪律处分条例》知识竞赛荣获三等奖，年底受到分局嘉奖 1 次，2017 年被市局警官培训处评为“优秀学员管理干部”。

一、他用心学习，汲取能量，提升素质

作为军人，部队培养了他良好的习惯，学习刻苦，勤于总结。转业入警后，他成绩优异，先后两次被评为“优秀学员管理干部”，平时积极参加政治教育，总是利用点滴时间学习，积极参加广东省干部培训网络学院网上培训，执法资格考试，事故处理培训，学法律法规、政策理论、党纪条规、文书写作、专业知识等，积累学习资料达 10 余个 G，资料剪贴本 3 本，撰写各类心得体会 20 余篇，不断在学习中增长知识。在部队期间，他先后有 60 余篇文章在军以上报刊上刊载。在交警工作以来，先后有 200 余篇简报分别在中央 CCTV 第一时间、省厅公安新闻、市局公安新闻、支队新闻、平安韶关、韶关交警、韶关家园、民生关注等刊载，10 余篇论文向上级推荐，在总结经验中不断提高能力，综合素质明显提升，很快成为中队和大队新闻报道及文字材料撰写骨干。

二、他爱岗敬业，用心工作，严于律己

他爱岗敬业，办事认真，作风严谨，雷厉风行。用力工作只能把工作做对，用心工作才能把工作做好。刚到交警时，为尽快进入情况，他虚心向领导学、向书本学、向同事学，把理论与实践相结合，用心工作，勤于总结，干一行爱一行，任劳任怨。作为一名党员，一名人民警察，他在生活上，艰苦朴素，勤俭节约，始终用党员的标准约束自己，用法律法规规范自己，不搞攀比，不搞特殊，不打牌赌博，不接受吃请或请吃，生活向低标准看齐，不为权利所动；在工作上，克己奉公，严于律己，清正廉洁，依法执法，公正执法，不以权谋私，不徇私枉法，一心扑在工作上，工作始终向高标准看齐；上班总是比规定的时间提前十分钟到单位，下班总是最后一个离开单位，当天的工作必须当天完成，从不留到第二天。无论是中队领导交办的工作，还是大队领导赋予的任务，他总是愉快地接受，千方百计地去完成，他工作时间经常是“5 + 2”、“白 + 黑”。

三、他立足本职，乐于奉献，践行价值

在部队他是团党委班子成员，是营党委书记，单位的管家。转业后，他是一名普通的交通警察，一个平凡而危险的工作岗位，顶烈日，冒风雨，天天面对人和车，灰尘、噪音和废气，还有违法查缉和事故处理，可以说是“晴天一身汗，雨天一身水，风里来雨里去，吸着灰尘和废气，上班下班没规律，路面执法常受气”。四年来，他深深地体会到了交通警察的不易与艰辛，深深感受了交通警察的责任与使命，深深地品味着交通警察的崇高与平凡。他选择交通警察这个职业，就意味着要比别人付出更多辛苦，忍受更多痛苦，面对更多的挑战，承受更多的压力，这些对于他——一名转业军人来说，同样意味着牺牲和奉献，但他无怨无悔。他在路面执勤时，成功救下在曲江桥上欲跳江女子，多次帮助路面上熄火的车主推车；2017 年 9 月 30 日用警车开道送医，病患转危为安；十九大安保期间，他高烧到 39.8 度仍然坚持在岗位上推车保畅，经常不厌其烦地为需要帮助的市民提供帮助，默默地在本职岗位上选择坚守平凡、坚守岗位、坚守奉献，践行着人民警察忠诚、为民、公正、廉洁的核心价值观。2015 年被推荐参加“韶关好人”评选。

四、他常温誓词，履行承诺，为民服务

作为一名党员，一名基层人民警察，他时常重温入党和入警誓词，时刻提醒自己，用党纪条规约束自己，作为人民警察，和谐是主题，平安是使命，维护社会和谐平安正是警察要做的。他兢兢业业、任劳任怨、全力维护稳定、化解矛盾、守护平安、服务群众。4 年来，他始终把“立警为公，执法为民”放在首位，认真贯彻落实习近平主席提出的“对党忠诚、服务人民、执法公正、纪律严明”四句话十六个字方针，严格遵守八项规定、五条禁令和三大纪律，自觉践行党的群众路线和人民警察核心价值观，全心全意为人民服务，他把人民群众的呼声作为第一信号，把人民群众的需要作为第一选择，把人民群众的利益作为第一考虑，把人民群众的满意作为第一标准，带着对人民群众的深厚感情去执法，带着维护人民生命财产安全、保卫国家社会政治稳定的职责理念去工作，一心只想当好国家和人民群众的“保护神”。他不敢说，他做得有多好，但是只要国家和人民需要他，他就会出现，愿意为党和人民奉献自己的一切，甚至是牺牲自己的生命。

沈燕芬

沈燕芬，是东河街道执信路一名普普通通的居民，是韶关市公安局浈江分局新韶派出所的一名默默无闻的文职辅警。她外表柔弱、朴实无华，但作为浈江助学总队的一员，她秉着“奉献、团结、互助、进步”的理想，在一次次的公益活动中迸发出令人惊异的力量。六年来，她积极组织参与社会公益活动，和助学团队的小伙伴们一起，不畏严寒酷暑，不惧山路崎岖，将党和政府、社会各界人士的爱心捐款捐物及时送给每一个受助对象。她用亲切的态度贴近人，用积极的行动感染人，用专业的服务帮助人，得到了广大群众和志愿者们的一致好评。2013 年她获得浈江区“优秀志愿者”称号；2014、2015 年，她两度获得“韶关市乐善义工会年度杰出义工”称号；2016 年她获得“韶关市岗位学雷锋标兵”称号。

一、发动微愿望，实现大梦想

在助学的过程中，她和伙伴们感觉到，孩子们纯真的心里都藏着一些愿望，这些在常人看来微不足道的愿望，却是孩子们无比渴望实现的梦想。于是，她组织开展了“微愿望”活动。他们告诉孩子们，可以帮助他们实现一个心愿，只要是价格在 200 元左右的物品，都可以用手中的小画笔画在纸上。志愿者会将这满载心愿的画作拍照编号，通过微信、QQ 等平台向社会各界发布，寻求爱心人士的帮助。活动顺利开展，得到了社会各界爱心人士的积极响应，很多的孩子得到了自己想要的小礼物，露出开心的微笑。令人感动的是，也有很多的孩子，给自己关心的人选择了礼物，有的给爷爷画了一个保温壶，有的给奶奶画了一双鞋，有的给妈妈画了一双手套，有的……一次微愿望活动，让孩子们有了实现愿望的渠道，有了向关爱的人表达关心的机会，也让更多的参与者感受到了爱，让更多的旁观者自发参与其中。至今，微愿望活动已经开展了三年，她和乐善义工会的小伙伴们累计帮助 500 多名孩子实现了心愿。

二、爱心应无价，尤在助学时

2016 年 9 月 6 日，沈燕芬接到了浈江区文新局转来的一条紧急求助信息：一个贫困家庭的女孩考上了大学，但因为筹不到学费，至今还没有去学校报到。离报到截止的时间只剩一天了，如果无法及时筹齐学费，女孩将失去读大学的机会。她一直觉得，贫困家庭的孩子受教育的机会尤其宝贵，这也是她一直专注于公益助学领域的原因。她意识到时间只剩一天了，只能立马行动起来，先通过身边的朋友们进行筹集。由于平时经常宣传助学，发布公益活动照片，带领朋友体验志愿活动，她得到了很多朋友的信任，很多人都因为她爱上了公益事业，成了志愿者。发出第一条求助信息还不到一分钟，她就收到了一位未从未谋面的车友 1000 元的捐款。爱心的力量是无比巨大的，她的伙伴们都行动起来了，短短一个半小时，她们就筹集到了 7487 元。当天晚上，她就和浈江区文广新局的人员将筹到的善款送到了女孩的手上，并为女孩和母亲购买了前往郴州的火车票，让她陪着她心爱的女儿一起踏上求学之路。

三、扶急难，天使展微笑

2016 年 11 月份，在核实求助对象家庭情况时，6 岁的小云（化名）引起了沈燕芬的注意。小云出生时患有唇腭裂被亲生父母遗弃，由花甲老人罗爷爷收养长大。4 个月大时，罗爷爷掏光家中所有积蓄带他去广州做了唇裂手术。但因上颚未修复，已上小学一年级的小云说话、进食都有困难，性格也变得内向自卑。罗爷爷很想再为孙子做腭裂手术，让他像正常孩子一样生活，无奈家中积蓄耗尽，自己也靠领取救济生活，实在难以承担再次手术的费用。得知这一切，沈燕芬下定决心要帮助这个苦命的孩子。通过她和小伙伴们的多方奔走和努力，在韶关市慈善总会的帮助下，深圳香港大学医院愿意免费帮助小云进行手术。然而小云和爷爷实在是太困难，连到深圳的路费都无法承担。于是，她组织朋友募集资金，联系爱心车辆，亲自护送孩子到深圳做手术。2016 年 12 月 16 号，小云顺利入院完成手，现在已经基本可以与正常孩子一样开心地生活、微笑着上课。

“我的快乐来自于帮助他人、奉献社会，我常能从其中发自己的人生价值。”沈燕芬同志如是说。六年来，她和身边的小伙伴们调查走访了学校三十余所，学生五百余户，筹集资金近三百万，给山区学校更换课桌椅一千余套，建立爱心书屋、读书角五十余处，资助孤儿、单亲留守儿童一千余人次，组织心理咨询团队为孤儿、单亲留守儿童提供心理辅导五千余人次。

赠人玫瑰，手有余香，在志愿服务这条道路上一路走来，既有辛苦，也有欢乐；既有难过，又有难忘；既有泪水，更有汗水。但是经过志愿服务的洗礼，她平凡的人生不再平凡。

刘玉梅

刘玉梅，女，48岁，1990年参加工作，曾在北江区农委、北江区妇联、浈江区妇联、浈江区老干局工作，现在浈江区纪委工作。她对待工作认真执着、对待他人真诚耐心，是一位富有热心、爱心和同情心的人，她热心为妇女、儿童、老人等弱势群体服务，帮助需要帮助的人，为困难群众排忧解难，深得同事朋友们的喜爱和单位领导及群众的好评！

刘玉梅从1994年进入妇联工作，直至2007年，妇联工作一做就是13年，在十多年的妇联工作中，她坚持不懈地为妇女群众做好事、办实事，经常深入基层，切实为妇女群众排忧解难，深受群众的好评，成为妇女群众心中的娘家人。

一、重大上访问题，维护妇女的合法权益

她为受害妇女排忧解难，特别重视对重大上访案件的处理。在分配第二轮土地承包时，十里亭镇五里亭村民共有38名出嫁女到区妇联集体上访，反映他们的户口、居住、生活、劳动都在五里亭村，却在第二轮分责任田时被拒之门外。她深入调查了解情况后，及时向上级反映情况，多次到五里亭村委会，召集有关人员解决这个重大的集体上访问题。组织有关干部学习《妇女权益保障法》，提高维护妇女儿童合法权益的认识，用法律依据，反复找村委会干部及村民小组干部进行学习宣传教育。最终使十里亭镇修改了土地承包有关文件和“村规民约”，对出嫁女划分责任田、口粮田、宅基地及承包经营经济分配等问题，做了明确规定，明确保障她们享受该村村民同等待遇。

二、余力，帮助上访妇女排忧解难。

她以热情、耐心、认真、细致的工作态度接待上访妇女群众。在妇联工作期间每年接待来信来访案件20多宗。对于来信来访，她通过调查了解，根据不同情况作出不同处理，帮助受害妇女争取合法权益，并在广大妇女中，倡导正确的思想观念，积极为妇女群众提供法律帮助，为受害妇女伸张正义。2000年，女孩张某来上访，她要求写结婚证明，但因她是空挂户，自她24岁开始就要求居委写证明结婚，但是三年了，到27岁了居委仍然不肯写给她，还要求她把户口迁走，但她只是一个打工妹，租房子住，很难有个比较固定的住所，更何况对方居委也不肯要她把户口迁去，这样一拖就是三年，期间怀孕也不敢要孩子，做了人流。刘玉梅接到这个上访后，根据她的情况，认为她符合晚婚晚育的条件，按规定应该在户口所在地写结婚证明书，就与和平办事处联系，做好了办事处的工作，这才把问题解决。在妇联工作时，由于刘玉梅比较年轻，有些五六十岁的老年妇女来上访就认为她是否值得信赖，能否为她们解决问题，能否维护她们的权益存有疑虑。有一个50多岁的大姐来上访，说她自己老是怀疑老公对她放毒，以前对她很好，可是现在就对她不好了。刘玉梅接到这个上访后，就耐心的做这个大姐的工作，告诉她该如何去对待她的老公，毕竟，老公呵护了她几十年，现在她们都年纪大了，是一个伴，是一个朋友，不能再在他面前扮成小女孩了，要的是她的关心和理解，是她的爱。她听了，会心地笑了，临走时还对刘玉梅竖起了大拇指说：“想不到你这么年轻还懂得这么多的道理。”

三、陪审员，维护受害妇女合法权益

刘玉梅从2000—2006年一直被当地法院聘为人民陪审员，参与过法院的婚姻案件和未成年人犯罪案件的陪审工作。在陪审工作中，她对每一宗的案件都十分认真，看案情，看材料，以法律为准绳，为妇女儿童争取最大的权益。崔爱莲和丈夫离婚纠纷一案中，崔自生下女孩后，丈夫对家庭就漠不关心，也不尽做父亲的责任，还染上赌博和性病，导致夫妻感情破裂，她要求补偿1/3的房屋折款给丈夫，房屋归她本人所有，但两人达不成协议。陪审员刘玉梅接到这个案子后，马上看材料，熟悉案件过程，始终参加陪审，并和法院组成的合议庭协商该案件，认为男方是过错方，理应维护女方的权益，最后，达成了协议，判女方支付折款后房屋归女方所有。

四、困境儿童撑蓝天

刘玉梅经常深入农村基层，特别在妇联工作以后，常常到农村孩子家中，看着留守儿童、贫困学生艰苦的生活，心里总是无法宁静。她无论是在妇联工作还是在老干局、关工委工作，甚至现在的纪委工作岗位，都记挂着这部分群体，为了帮助困境儿童，通过与社会热心人士的牵线搭桥，多年来，为困境儿童捐款捐物20多万元，用一片爱心为困境儿童撑起一片蓝天。

五、爸妈的爱心，照亮了困境儿童的前程

2007年，刘玉梅已调到老干局工作，但是当她得知区妇联向全区发出了“爱心爸妈”牵手困境儿童的倡议后，立即与韶关市荣苑地产有限公司董事长陈丽敏女士和韶关市旭焱文化传媒广告策划有限公司总经理黄晟先生等热心人士联系。当陈丽敏女士得知浈江区困境儿童的情况后，马上决定帮助50名困境儿童每人每年300元，解决生活困难问题，多年来，通过刘玉梅牵线搭桥的陈丽敏女士共帮助困境儿童10多万元。黄晟先生认为关爱困境儿童是每一个当爸爸或将要当爸爸的男人应该做的事，有了爸爸的责任心，将来他们就有了希望，国家才有希望，于是他当即捐款3300元帮助11名困境儿童。如今，经过资助的孩子现有些已上大学，有些已走出社会参加工作。

六、诗社的爱心，开阔了困境儿童的视野

2007年，刘玉梅虽然已没有从事妇女儿童工作，但仍为帮助困境儿童多方牵线搭桥，她通过韶关日报社的同学饶坚的大力支持，与五月诗社桂汉标取得联系，促成香港铭源基金会驻韶关办事处与区关工委、妇联、教育局联合举办了“浈江区首届留守儿童夏令营”活动，花坪镇中心小学的20名留守儿童和市区和平路等小学的20名城市儿童参加了夏令营活动，而花坪镇中心小学的20名留守儿童得到了香港铭源基金会驻韶办的赞助和韶关商会旅行社的支持，全程免费参与为期三天的夏令营活动。他们走出大山，参观了广州黄花岗七十二烈士陵园、广州海洋馆、广州大学城和黄埔军校，帮助留守儿童开阔眼界、开启留守儿童的心智和潜力。五月诗社还为花坪镇中心小学的留守儿童捐赠了200多套蚊帐、毛巾被、席子、枕头等床上用品，价值2万元，为学校留守儿童住宿生解决夏天用的床上用品。

七、彼岸的爱心，增强了困境儿童的能力

刘玉梅还发动身边的亲戚朋友共同关爱困境儿童，在她的牵线搭桥下，2007年底，一位美国友朋友捎来3000美元，折合人民币2万多元，委托她对20名困境儿童进行慰问。2007年，广州大通机械有限公司爱心大使韩先生到花坪镇和曲仁办事处11户困境儿童家中座谈，了解孩子的学习、生活、家庭情况，当得知这些孩子中有7名都是孤儿时，韩先生代表公司现场救助了10名困境儿童和一名困难老农妇，共计3200元。2009年底，通过韶关商会旅行社伍怡昌先生的牵线搭桥，香港中华基督教会方润华中学学生交流团一行45人来访浈江区，与花坪实验学校进行交流。香港学生交流团对花坪实验学校捐赠了250套围巾及手套和衣物，香港学生体验了粤北山区学校简单而严肃的升国旗过程，并分别到花坪实验学校的8名贫困学生家中进行家访，共进午餐。香港学生交流团与花坪实验学校小学生600多人进行了游园活动，增强了该区困境儿童与外界交流的能力。2016年，一位在加拿大读书的大学生得知我区的困境儿童的情况后，委托刘玉梅物色相关的困境儿童，捐款1000元资助了花坪镇奎塘村孤儿罗剑峰。

八、网络的爱心，滋润困境儿童的心田

刘玉梅为帮助困境儿童还采取多种方式牵线搭桥，把平时到农村基层所见所闻的困境儿童的家庭情况写成了《令人心酸的孩子》等帖子发到网络，并利用单位通讯员的身份，将我区开展资助妇女、儿童活动的新闻信息进行宣传，在网站、报纸等媒体登载，让更多的热心人士了解该区困境儿童的情况。当佛山市顺德区机关幼儿园的侯素雯老师看到该区的困境儿童情况后，马上写来电子邮件，要帮助家乡的困境儿童。在她的带动下，她的朋友也一起帮助困境儿童。网络不再是虚拟，而是实实在在的由3位网络爱心朋友捐赠了1100元滋润了3名困境儿童的心田。

刘玉梅经常深入基层，在下乡过程中还有许多让她感动、触动心灵的事情，有一次下乡看见一个八、九岁的小女孩子还穿着开裆裤，而鞋子也是已经小得穿不下时，让她无法不去关注和关心，尽管到现在还不知道那孩子的名字，但她回家后马上把三大袋子衣服送了过去。她说：要做好工作，就要有热心、爱心和同情心。

九、情系老干热心肠

刘玉梅于2007年至2015年在浈江区老干局工作，在八年的老干部工作中，该同志常怀敬老之心，恪守敬老之责，善谋为老之策，多做利老之事，为老干部做好服务工作，深得老干部们的好评。

十、为离休老干部落实离休费和医药费

刘玉梅刚到老干局工作时，面临部分老干部的离休费待遇和医药费待遇仍没有落实的情况，为解决原曲江县划入浈江区管理的8名离休干部生活待遇与本区同级别离休干部生活待遇同等的问题，该同志深入每一名离休干部家中了解情况，并到相关部门了解经费渠道，写出合理化建议提交给区委、区政府，最后分行政、事业、企业三项分期分批解决了他们的离休费同步问题。当她了解到部分单位不重视老干部工作，认为可有可无，部分老干部的待遇得不到落实，老干部有情绪波动时，该同志通过下基层调研，走访老干部了解情况，提出了一些有针对性和可操作性的工作方案。一是大力宣传老干部工作政策，耐心说服他们应该重视老干部工作，给他们讲解老干部工作的重要性，2007年以来，先后深入到基层20多个单位走访宣传老干部工作政策，使这一问题得到了有针对性的解决。二是通过积极努力，争取到了将老干部工作纳入全区基层组织建设目标管理考核工作当中，使老干部工作与镇（办）年终基层组织建设考核直接挂钩，为老干部工作创造了一个良好的氛围。

十一、情系老干部，视老干部如亲人

她对待老干部，不管是老干部本人还是老干部家人，有事情需要帮忙时都像对待家人一样热心帮助。她为了不让离休干部跑来跑去报销药费，每季度都要亲自把部分离休干部的药费一个一个存入他们的离休费存折中去，解决老干部出行不方便的问题。每个老干部到访老干局，该同志总是热情接待，嘘寒问暖，耐心听取老干部反映或咨询的问题，热心为老干部办事，他们回去时，总是送下楼梯，甚至送出政府大院直到送上公交车。2009年，从广州回来的退休老干部焦光梓，因要办理出国旅游政审手续，而其本人上午来局里反映下午就说要急着回广州，刘玉梅为了不让老干部操心，答应马上帮助其尽快办理政审手续，该同志马上与市委组织部联系办理审批手续事宜，并亲自将区委组织部的政审报告送上市纪委和市委组织部审批，由于做好了前期工作，市委组织部马上就办好了审批手续，原来7个工作日的出国审批手续，在该人的努力下，焦光梓的出国审批手续只用了一个上午就全部办了下来，事后，这位老人十分感激一定要请刘玉梅吃饭答谢，但该人拒绝了老人的邀请，表示为老人服务，帮助老人办好事实事是分内之事。该同志不但热心为老干部、老同志办好事实事，还热心为老干部的家人服务，2010年，离休干部廖启新家里要安装供水一户一表，而因其身体原因需要家人照顾已随儿子到中山居住，韶关便没有亲戚为其办理一户一表的安装事宜，当廖启新的儿子打电话反映此事时，刘玉梅马上表示愿意帮忙办理，并主动提出自己先垫付2900多元的一户一表安装费交给银行，之后才在他的报销药费中返还，他的儿子对该同志的热心肠大加赞赏。

十二、帮助老干部免受诈骗

刘玉梅在老干部工作中，直接管理和服务我区近百名离退休老干部，几乎每年都有接到电话诈骗老干部的事情发生。为帮助老干部不上当受骗，她在老干部中宣传法律法规知识。2008年，她接到多位离退休老干部打来的电话，有人冒用市委组织部骆某某的名义，打电话给离退休老干部，兜售58个国家的纪念币，1280元一套，并骗他们说财政已经为老干部出一半的钱，只要640元就可以拥有一套，以此进行诈骗老干部。为帮助老干部免受诈骗，她马上与老干部们做宣传工作，并对一些行动不方便的老干部上门走访做宣传工作，增强他们的防范意识，并及时报警，使我区老干部没有一人出现受骗现象。

刘玉梅在八年的老干部工作中，与老干部们结下了深厚的情谊，深受老同志们的喜爱。虽然调到了区纪委工作，但关工委、老促会的几位老干部还要她帮忙做工作，只要老干部们有事需要她，她都会尽心尽力去帮忙，在完成本职岗位工作的情况下，她利用空闲时间和休息日帮助关工委、老促会撰写各种计划、总结、调研材料、请示报告、通知、会议材料等等工作，从没有怨言。她不但帮助关工委的老干部撰写各种材料，还帮助关工委的创业青年和老区村委撰写发言材料和请示报告。创业青年只要有事情找到她，她都会力所能及的给予帮助，如帮助符管村委撰写《关于请求帮助解决府管村委会历届征地遗留问题的请示》，得到市委市政府领导的重视，2016 年解决了老区经济发展用地这一历史遗留问题，为老区经济发展做出努力。为 10 多名创业青年撰写经验交流、发言材料，帮助创业青年赵玉恒申请红色贷款 5 万元，为创业青年吕志秋打造舌尖上的生态农庄、徐言锋打造三教教育开心农场等出谋划策。如今，她还担负着我区关工委农村创业青年联谊会党支部副书记、关工委信息员队伍副队长等职务。她说：帮助老同志，对老同志好，再好也不会过。

十三、肯为亲戚朋友付真心

刘玉梅不但在工作中真诚为妇联儿童和老干部们做好事、办实事，在生活中，也侠骨柔肠，为亲戚朋友们付出真诚的心，帮助他们排忧解难。

十四、视姨父母为自己的父母尽孝心

刘玉梅总是把“老吾老以及人之老，幼吾幼以及人之幼”这句话记在心头，她尊老爱幼，在精神生活上非常关心家中的老人，常常体贴和安慰他们，她的公公婆婆早已去世，父母也于 2012 年相继去世。丈夫在香港的姨父母由于没有儿女，从她结婚之日起，就一直视姨父母为自己的父母一样尽孝心，每年都要去 1－2 次香港探望他们，并经常把姨父母接回韶关居住，让他们享受天伦之乐。十多年前的一个晚上，姨父在刘玉梅家先行睡觉了，等姨父睡下后，她就去帮姨父关好蚊帐，姨母见到后，满意地说：“没想到你这么细心，这细节就看出你对我们的孝心。”姨父母常常对外人说：“虽然我们没有儿女，但他们对待我们就如我们的儿女一样，甚至更好”。姨父去世后，姨母年事已高，她更是每个星期都要打电话与姨母聊聊家常，梳解她那寂寞孤独的心。丈夫在加拿大的姨父母有四个儿女，回来韶关后也一定会住在刘玉梅家，一次他们一家陪姨父母逛街，当到档口看老人家的衣服时，她让姨母去试，档口的人问：“这是你们儿媳?”姨父母自豪而又羡慕地说：“我们要是有这样孝顺的儿媳就好了。”

十五、帮助困难同学重拾信心

2015 年，刘玉梅得知高中同学李武德的母亲中风住院，而李武德本人下岗失业，其妻又患乳腺癌，其子读初中，李武德本人比较颓废，面对这样的境况，她热心地与同学们一起协商解决办法，班里由班长发动同学们捐款 4 万多元，她与韶关同学联系李武德工作事宜，得到南枫物业公司总经理段玉芬的大力支持，让他在家里附近的北江中学就近做保安工作。刘玉梅与其他两位同学带着 4 万元慰问金代表全班同学到李武德家里，慰问他和他的母亲，并利用自己社工师的身份向李武德做各方面的梳导工作，使他重拾信心，勇敢面对生活。同学们都认为刘玉梅是一位热心帮助他人，肯为同学们付出的好同学，外地同学只要有什么事情，甚至要个同学的电话号码都会找到她，只因为她肯为他人付出真心。

十六、帮助生病同学出钱出力

2016 年，刘玉梅一位在乐昌工作的大学同学吴来宾得了尿毒症，她知道消息后，马上利用休息日到乐昌与当地同学了解情况，当得知吴同学尿毒症已进入晚期，只有换肾才能挽救生命，人也已失去与病魔斗争的信心时，她马上与当地同学在班里发动同学去慰问他，让他有信心与病魔做斗争，只用了两天时间，班里的老师和同学每人拿出 200—500 元不等的慰问金共约 2 万元，委托她和当地同学去慰问吴同学。当吴同学知道全班老师和同学都这样鼓励他时，他感动得流下了眼泪。但病魔还是夺去了吴同学的生命，刘玉梅知道后，亲自与当地同学参加了吴同学的遗体告别仪式。全班同学都认为刘玉梅是一个热心、肯为同学付出真诚帮助的好同学。

十七、帮助邻居解决家庭困境

几年前，刘玉梅多年前所住那幢楼的一位邻居陈洁容，丈夫得了尿毒症，她人打散工，女儿又要上学，造成生活困难。陈洁容找到了她，向她倾诉自己的家庭困境，她了解情况后，引导陈到当地居委会和街道办事处申请办理相关低保手续，把丈夫的医药费单据收集好，到当地民政部门申请大病医疗报销。帮助她的女儿申请相关助学款，2012 年至 2015 年，每年为她申请助学款 1000 元，2016 年申请助学款 2000 元。现今她的女儿已上大学，为了帮助孩子继续完成学业，刘玉梅发动广州浦发银行的同学王丹燕一对一帮扶，大学每年帮扶学费 2000 元。刘玉梅更是每年的节假日都要带上米油等生活用品或慰问金到陈洁容家里进行慰问。陈洁容感激地说："你帮助我这么多，是我生命中的贵人啊"。

"勿以恶小而为之，勿以善小而不为"，这是刘玉梅的座右铭，她就是这样一个遇事恬淡无争、低调内敛，却肯深入群众，为弱势群体争取合法权益，为有需要的人提供默默帮助的人。她说：自己能做事就不要怕做，能够帮助别人也是一种幸福。

张瑞群

张瑞群的家公家婆住在在一间七八平方米的房间，房间内布置有两张小床，两位老人分别躺在床上，家公脖子上贴有一个小环帮助呼吸，其双目微闭，不能说话。"1998 年与丈夫结婚时，家公身体就不好，生活不能完全自理。家婆身体也差，2010 年也中风瘫痪在床，只能简单说一两句话。"

张瑞群的家公潘佛茂还有三个女儿，小女儿嫁到深圳去了，大女儿二女儿也有自己的家庭要照顾，只能尽量抽空过来照顾。张瑞群结婚后第二年生下了一个可爱的儿子，孩子刚满月，自己身体尚未恢复，为了照顾好孩子和瘫痪的公公，张瑞群只好辞去工作，做起了全职家庭妇女。头两年婆婆还能做一些家务活，后来因病基本不能做事了。张瑞群的丈夫是名司机，平时都在外面跑，照顾公婆、洗衣、买菜、做饭、收拾房子等家务重担，只能全部落在张瑞群一人肩上。

张瑞群照顾两位瘫痪在床的老人吃饭是个"大学问"。食物要切碎切细，还要一点一点地喂，每餐光喂两位老人吃饭就要一个多小时的时间。"家有一老如有一宝，她就把两位老人当成自己的'宝'，当成自己的'孩子'来看待了。"每天一大早，就要起来买菜做饭，然后给老人抹身、洗衣、喂饭，家公病情较严重，呼吸不是很顺畅。每天晚上还要半夜爬起来看看老人的呼吸状况。"差不多有十年没有睡一次好觉。"每天如此，年年如此。有人问过她，"这样的生活累不累?""累，可这些活我不做谁来做，这么多年来我也习惯了。"张瑞群说。

亲人邻居都称赞她其为孝顺儿媳："真是很感激这个好弟媳，这么多年来，她能够对我父母这么好，这么体贴地照顾瘫痪的两位老人，而且毫无怨言，说实话，我这个做女儿的也没能做得这么好。"潘家大女儿潘红利说，"特别是我爸妈经常要住院，弟媳还要家里医院两边跑，真是难为她了。"有一次社区居委会在下户当中问到婆婆："您觉得这个儿媳好吗?"婆婆没有说话，只是微微点了下头，答案尽在不言中。

小区内的邻居们对张瑞群也是交口称赞。刘松堂是潘家多年的邻居，据其了解，小张嫁到潘家来时是知道他们家的情况的，但她没有嫌弃。这么多年了，小张孝顺公婆的事左邻右舍有目共睹。常言道："久病床前无孝子。"可张瑞群用自己的言行，一直坚持了 19 年时间，尤其侍候公婆抹身和换洗屎尿衣被的脏活，很多连自己亲生儿女都不愿做的事，可儿媳妇小张做到了，没有嫌弃更没怨言，始终微笑面对公婆。

尊老爱幼是中华民族的优良传统，尊敬长辈、孝顺长辈是我们晚辈该做且应该做的事情。但是，说起来容易做起来难。然而，张瑞群需要照顾的生病老人是瘫痪在床的，而且不止一位，能够 19 年如一日这么做下来且毫无怨言的，确实太不容易了。我们要为张瑞群这样的孝顺好儿媳点赞，褒扬她对老人不舍不弃的精神。同时，希望我们身边涌现出更多这样的好儿媳，我们的家庭、社会将更加和睦、和谐。

（摘自浈江区政府信息公众网）

浈江区2017年国民经济和社会发展统计公报

浈江区统计局

2017年，我们坚持以习近平新时代中国特色社会主义思想为指导，全面推进供给侧结构性改革，全区上下攻坚克难，积极践行“主动融入珠三角加快发展”这一战略，做好“产业共建、城市提升、商贸产业聚集、乡村振兴发展”四大攻坚战，全区经济社会保持平稳发展态势，全面建成小康社会稳步推进。

一、综合

初步核算，2017年全区生产总值（GDP）229.37亿元，按可比价格计算，增长6.2％。其中第一产业增加值7.01亿元，增长3.9%；第二产业增加值34.55亿元，增长4.6％；第三产业增加值187.8亿元，增长6.5％。三次产业结构为3.1∶15∶81.9。2017年快报民营经济增加值91.57亿元，

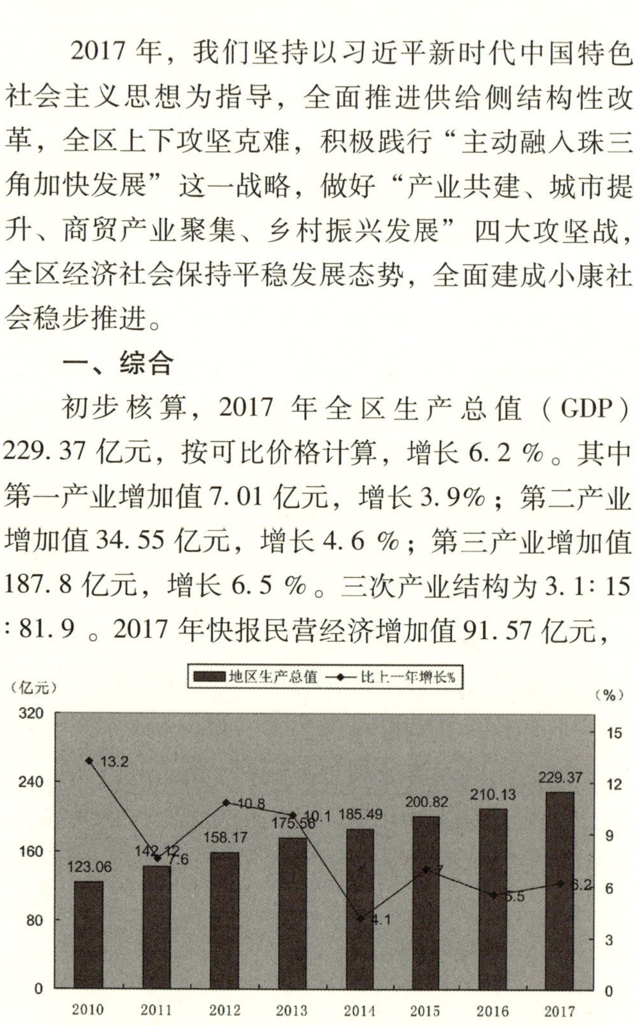

图4 2010—2017年地区生产总值及其增长速度

增长4.6%，占全区生产总值的39.9%。按常住人口计算，人均地区生产总值56038.6元，增长5.5％。

注：2010—2016年为年报数据，2017年为快报数据。

年末全区从业人员18.19万人，其中第一产业2.09万人；第二产业4.42万人；第三产业11.68万人。据区工商部门统计，年末工商登记注册的个体工商户15156户，从业人员31728人，其中城镇个体工商户14517户，从业人员数30143人（不含粤北开发区）；私营企业1924户，投资者人数3230人，其中城镇私营企业1660户，投资者人数3014人（不含粤北开发区）。

全年区地方一般公共预算收入28751.8万元，同比下降11.8％，其中税收收入19630.82万元，同比下降10.1%；区一般公共财政预算支出136931万元，增长25.3%，其中财政八项支出增长26.6%。

二、农业

全年农林牧渔业总产值11.4亿元，增长3.8%，其中农业产值增长4％，林业产值增长5.9％，畜牧业产值增长2.7％，渔业产值增长3.4％，农林牧渔服务业产值增长3.4％。

全年农作物播种面积累计15.75万亩，增长

1.56%，其中粮食播种面积6.63万亩，增长0.1%；油料播种面积2.92万亩，增长2.2%；蔬菜播种面积5.86万亩，增长2.29%。

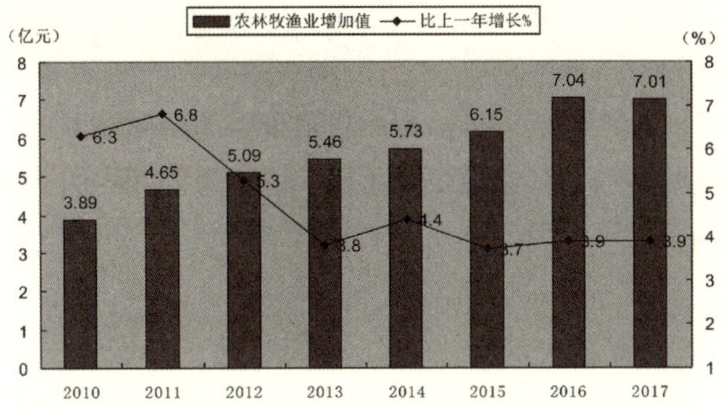

图5　2010—2017年农林牧渔业增加值及其增长速度

表17　　2017年主要农产品产量

农产品名称	计量单位	绝对数	比上年±%
粮食	万吨	2.5522	0.1
其中：稻谷	万吨	2.2883	6.09
蔬菜	万吨	12.3337	5.96
花生	万吨	0.7287	2.69
出栏肉猪	万头	8.7533	2.9
出售和自宰家禽	万只	106.0235	5
水产品起水量	万吨	1.0243	3.8
水果产量	万吨	1.4689	8

年末全区无公害农产品基地面积9995亩，比上年增长2.2%；有机产品面积7585.8亩。

年末全区农业机械总动力4.26万千瓦，比上年增长3%；拥有大中型拖拉机57台，小型拖拉机856台，联合收割机75台，农用排灌电动机260台，农用水泵82台，农用运输车854台；机耕面积3583.3公顷，机播面积776.13公顷，机电灌溉面积686.6公顷，机械植保面积50公顷，机收面积3449.1公顷。

农村用电量0.41亿千瓦时，增长1.25%；化肥施用量（折纯）0.36万吨，增长2.08%。

三、工业和建筑业

浈江区2017年规模以上工业企业（快报）有47家，其中工业总产值达亿元以上有17家。全年工业实现增加值26.8亿元，同比增长12.4%。其中规模以上工业增加值22.1亿元，同比增长14.3%。在规模以上工业增加值中：国有及国有控股工业增加值13.7亿元，增长10.8%；外商及港澳台工业增加值2亿元，增长17.4%；民营工业增加值6.2亿元，增长16.1%；股份制工业增加值15亿元，增长14%。轻工业增加值3.4亿元，下降11.6%；重工业增加值15.9亿元，增长20.8%。年末浈江产业转移园规模以上工业企业23家，规模以上工业增加值9.4亿元，同比增长33.5%。

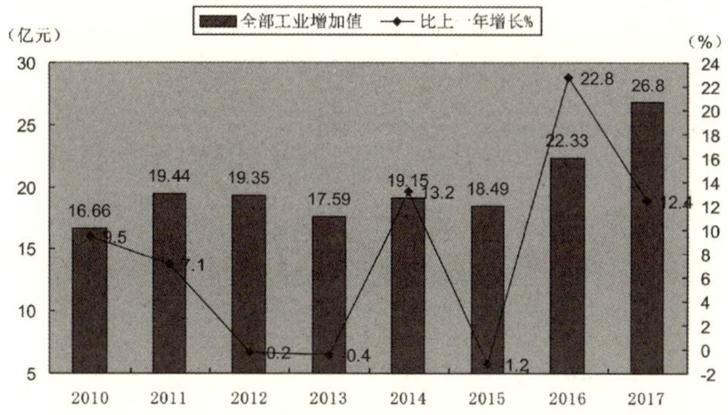

图6　2010—2017年工业增加值及其增长速度

注：2010—2016年为年报数据，2017年为快报数据。

高技术制造业增加值2991.6万元，增长87.6%。先进制造业增加值8640.7万元，增长8.8%，其中装备制造业增加7053.3万元，增长12.5%。优势传统工业增加值3348.9万元，下降8.9%，其中纺织服装业下降7.9%，金属制品业增长8.9%。

表18　2017年规模以上工业主要产品产量

产品名称	计量单位	绝对数	比上年±%
十种有色金属	万吨	132640	-0.6
液压元件	万件	21167	-12.9
铸钢件	万吨	23179	-6.1
锻件	万吨	44467.7	8.9
自来水生产量	万立方米	6443.3	1.5

全年规模以上工业企业资产贡献率3.3%，资产保值增值率210%，资产负债率82%，成本费用利润率3.4%。主营业务收入86.9亿元，增长29.3%；利润总额2.9亿元，增长40.4%；税金总额1.3亿元，下降52%。工业产品销售率97%，降低4.6个百分点。

全年规模以上工业综合能源消耗量55.8万吨标准煤，增长71%。全年全社会用电量14.9亿千瓦小时，增长21%，其中规模以上工业用电6.6亿千瓦小时，增长50.4%；第三产业用电4.7亿千瓦小时，增长5%；居民生活用电2.9亿千瓦小时，增长2.3%。

全年建筑业增加值7.79亿元，下降9.8%。资质等级以上建筑企业10家，完成建筑业总产值54.69亿元，下降6.44%，其中完成省内资质建筑业总产值26.98亿元，增长10.8%；实现利润总额0.97亿元，增长21.7%；应交所得税0.25亿元，下降36.4%。

四、固定资产投资

全年完成固定资产投资62.55亿元，下降19%。分产业看：第一产业完成投资1.13亿元，增长72%；第二产业完成投资16.33亿元，下降50.5%，其中工业完成投资16.33亿元，下降50.5%；第三产业完成投资45.09亿元，增长3.4%。浈江产业转移园完成投资8.87亿元，下降61.9%。

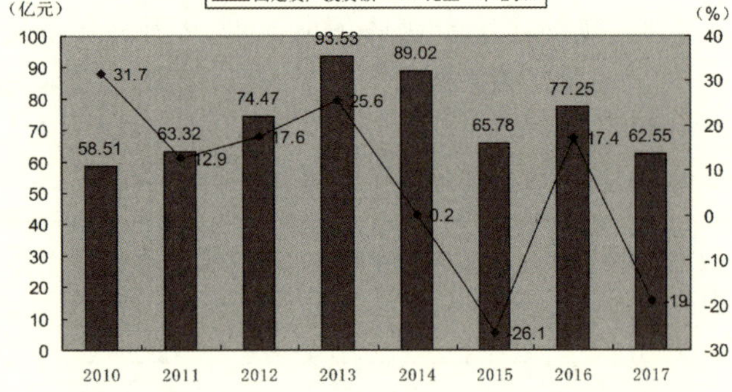

图7 2010—2017年固定资产投资总额及其增长速度

（注：2014年的固定资产投资调减了基数）

房地产开发投资22.96亿元，增速与上年同期持平，其中商业营业用房投资6.71亿元，增长14.4%。房屋施工面积271.03万平方米，下降23.2%。房屋竣工面积57.89万平方米，下降48.8%，其中商品房竣工住宅面积15.11万平方米，同比下降85%。商品房销售额29.17亿元，下降14.4%；商品房销售面积53.74万平方米，下降34.1%。年末商品房待售面积47.8万平方米，下降22.7%。

全年安排重点建设项目34宗，年度计划投资64.92亿元，实际完成投资30.78亿元，完成年度计划的47.4%。

五、贸易、外经

年末限额以上批发零售企业81个，比上年增加7个；限额以上住宿餐饮企业14个，比上年减少1个。全年贸易业商品销售（营业）额326.42亿元，增长3.3%，其中批发和零售业销售额300.37亿元，增长2.4%；住宿和餐饮业营业额26.05亿元，增长7.2%。全年社会消费品零售总额236.84亿元，增长6.9%，其中批发和零售业零售额213.89亿元，增长7.4%。

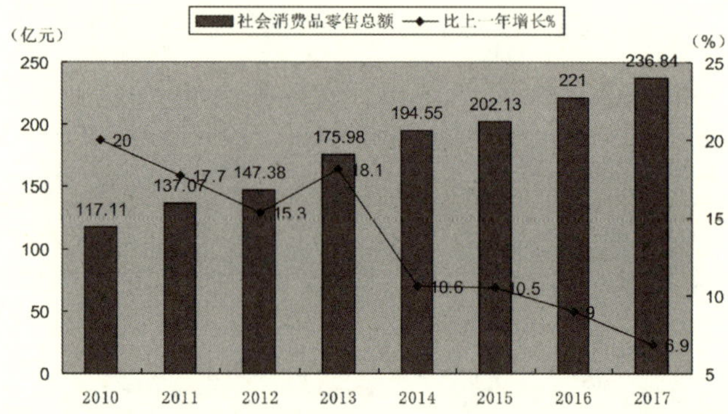

图8 2010—2017年社会消费品零售总额及其增长速度

限额以上批发和零售业零售额中：日用品类比上年增长25.2%；粮油、食品类下降5%；汽车类增速与上年持平；家具类下降87.6%；五金、电器类下降33.1%；中西药品类增长51.7%。

全年新批外资项目3个，增长50%。合同吸收外资21万美元，下降99.67%。外贸进出口总额5558.1万美元，增长23.8%，其中进口1188.9万美元，增长 282.1%，出口 4369.2 万美元，增长 4.6%。内联合同项目 47 个，增长 571.43 %；内联合同引进资金 414500 万元，增长 4.28 %，到位资金 113708 万元，下降 56.86 %。

六、交通

全年交通运输、仓储和邮电业实现增加值 34.1 亿元，增长 5.3 %。全年完成建制村公路硬底化改造 10 公里。

七、教育和科学技术

全区义务教育标准化学校覆盖率为 100%。2017 年末，有 6 个镇（街）通过广东省教育强镇（街）验收。适龄儿童小学毛入学率 105.38 %，初中学龄人口毛入学率 119.94 %，小学毕业升学率 100 %，初中毕业升学率 99.4%。年末共有幼儿园 73 所，在园幼儿 14124 人；年末共有中小学学校 55 所，当年新招生人数 7380 人，在校学生 32973 人。

全区各类教育发展情况如下：全区初中 9 所，新招生人数 2858 人，在校学生 7864 人，比上年增长 4%；小学 42 所（含教学点），新招生人数 4522 人，在校学生 25109 人，比上年增长 3.82%；九年一贯制学校 4 所（人数已在上述小学、初中中统计）。

年末拥有国家认定的高新技术企业 17 家，全年取得科研成果 10 项，全部为市级科技进步奖。全年专利申请量 319 项，专利授权 134 项，其中发明专利申请 77 项，专利授权量 28 项。

八、文化、卫生和体育

年末有各类艺术团体 60 个，区文化馆 1 个，镇街文化站 10 个，村（居）文化室 94 个，文化广场 8 个，区级公共图书馆 1 个，农家书屋 45 个，电影院 7 个，网吧 40 家，游艺歌舞娱乐场所 23 家，出版物、音像经销单位 117 家，艺术品经营单位 27 家。

全年组织各类演出 70 场，小品《都是一家人》获得韶关市戏剧曲艺花会铜奖。

辖区范围内年末医疗卫生机构 148 个，其中医院 13 个、卫生院 7 个，实有床位 2037 张。各类卫生技术人员 2451 人，其中执业（助理）医师 876 人，注册护士 1147 人。其中乡镇卫生院 7 个，床位 213 张，卫生技术人员 113 人，乡村医疗点 32 个。农村居民卫生户厕普及率 96.19%。农村改水受益率 100 %，其中农村自来水受益率 97.13 %。全年无偿献血 421 人次。

群众体育、竞技体育加快发展。全年共举办了迎新春及闹元宵活动、穿越丹霞徒步、龙舟赛等 12 次体育活动；承办市老年人运动会、全国广场舞教练员裁判员培训（广东韶关站）等 2 次活动。组队参加韶关市龙舟赛、徒步穿越丹霞等体育活动。2017 年 8 月被国家体育总局授予“2013—2016 年度全国群众体育先进单位”称号。

维修了启明路全民健身广场、东升健身广场、犁市公园健身广场等 3 个健身广场；新安装了一批体育器材。

浈江区全年销售体育彩票 5422 万元，同比增长 12.9%。

九、人民生活、社会保障与安全生产

据居民家庭收入支出抽样调查，全区城乡居民人均可支配收入 30580.3 元，增长 8.5 %，其中城镇居民人均可支配收入 33385.4 元，增长 7.4%；农村居民人均可支配收入 16270.5 元，增长 9.5%。

年末城镇登记失业率 2.5 %。全年城镇新增就业人数 2217 人，安置城镇失业人员再就业 2012 人，其中就业困难人员再就业 406 人。

2017 年末参加城镇职工基本养老保险（含离退休）参保 83971 人，同比减少 1.32%；参加职工基本医疗保险 103542 人，同比增长 4.45%；参加失业保险 63445 人，同比增长 5.81%；参加工伤保险人数 64168 人，同比增长 7.42%；参加生育保险 61068 人，同比增长 9.3%。

参加城乡居民基本养老保险参保人数为 41589 人，同比增长 0.06%。城乡居民基本医疗保险参保数为 156762 人，增长 2.4%；年末享受社会养老待遇的离、退休人员 13115 人。

养老、失业、工伤、生育、医疗（不含城乡居民基本医疗）保险基金全年征缴 125328.65 万元，同比增长 8.18%。

年末全区拥有社会福利机构 14 所（敬老院 1

所，社会福利院1所），床位1803张，在院人数826人。城乡居民享受最低生活保障人数1559人（其中城镇964人）。全年发放低保资金890.58万元（其中城镇721.87万元），发放救灾资金5.23万元，救济物资折款12.5万元。

新开工各类保障性住房（农村危房）50套，基本建成42套，完成任务的84%，完成农村危房改造42户。

落实贫困村帮扶项目4个，基础设施建设4个；贫困户人均纯收入约11048元。

全年共发生生产经营性道路交通事故14起，死亡9人；消防火灾事故2起，伤（死）亡2人，直接 经济损失270万元，其中生产经营性消防火灾2起，死亡1人，受伤2人。发生工矿商贸生产安全事故2起，直接经济损失80万元，同比下降2%。

十、人口、资源与环境

年末全区户籍人口325424人，其中城镇人口261797人，乡村人口63627人。年末常住人口41万人，比上年增加0.14万人，其中年末城镇常住人口34.58万人，城镇人口比重84.35%。

全年户籍人口出生4369人，人口出生率12.42‰；常住人口出生4031人，人口出生率12.77%；死亡人口2454人，死亡率7.77‰；人口自然增长率5‰。

2017年末浈江区全区土地面积572.14平方公里。2016年末浈江区耕地总资源为8490.4公顷，常用耕地面积7102.1公顷，其中水田4712.31公顷，水浇地677.39公顷。园地326.05公顷，林地36506.4公顷。城镇（村）及工矿用地6438.27公顷，交通设施用地696.67公顷，水域及水利设施用地4509.13公顷，其他用地649.12公顷。

全年降雨量1397.2毫米，年平均气温20.8℃，年平均日照时数1738小时。年末大中型水库3座，蓄水量4604万立方米，同比增加102万立方米。小型水库65座，蓄水量1401万立方米，同比增加90万立方米。

年末全区林业用地面积31235.5公顷，森林覆盖率60.73%，林木绿化率70%，活立木总蓄积量207.6万立方米。

扎实推进创建森林生态市工作，全年投入林业建设资金782.67万元，全年完成荒山荒（沙、土）地造林面积133公顷。

年末建成区绿化覆盖面积2124.56公顷，绿化覆盖率46.2%，人均公共绿地面积14.51平方米。

注：

1. 本公报中各项统计数据为初步统计数，部分数据因四舍五入的原因，存在着与分项合计不等的情况。

2. 生产总值、增加值、产值绝对数按当年价计算，增长速度按可比价计算。

3. 从2011年起，规模以上工业统计口径由500万元调整为2000万元及以上；固定资产投资项目统计起点由计划总投资50万元提高到500万元；限额以上批发企业标准，年销售额2000万元以上；限额以上零售企业标准，年零售额500万元以上；限额以上住宿餐饮企业标准，年营业额200万元以上。

在区委九届五次全会上的报告

（2018年1月7日）

刘祥锋

同志们：

这次全会的主要任务是，深入学习宣传贯彻中共十九大、中央经济工作会议、中央农村工作会议、省委十二届三次全会和市委十二届五次全会精神，总结2017年工作，部署2018年工作任务，动员全区各级党组织和广大党员干部群众进一步解放思想，不忘初心，牢记使命，抢抓机遇，奋发进取，为我区在全市率先全面建成小康社会而努力奋斗。

现在，我代表区委常委会向全会作报告，请大家审议。

2017年工作情况

2017年，面对繁重的发展改革稳定任务，区委在市委、市政府的正确领导下，团结带领全区广大人民，积极践行“主动融入珠三角加快发展”这一战略，做好“产业共建、城市提升、区域发展”三篇文章，凝心聚力谋发展，攻坚克难抓落实，全区经济社会保持平稳健康发展。

一、经济建设稳中有进

预计全年完成生产总值228.37亿元，同比增长6%；受营改增、税收优惠等结构性减税降费政策影响，一般公共预算区本级收入2.73亿元；一般公共预算支出13.69亿元，同比增长25.3%；完成社会消费品零售总额238亿元，同比增长7.5%；规上工业总产值90.2亿元，同比增长16.3%；完成规上工业增加值19.2亿元，同比增长12%。

园区开发建设不断加快，基础设施日趋完善，以东莞市寮步镇全面对口帮扶我区为契机，组建了韶关寮浈实业投资开发有限公司，产业共建基础不断增强。2017年园区规上工业总产值累计完成35.5亿元，同比增长23.5%；累计完成工业增加值9.8亿元，同比增长25%。浩川粮油、京南商贸等项目建设进度加快，粤华电力、绿建住宅等项目顺利投产。全区机械装备制造、木业家具、汽车零配件、烟草薄片等产业格局逐步成型，工业主战场支撑作用逐渐显现。华南农产品交易中心（一期）顺利开业，益胜汽车文化印象园完成项目初步选址。新增省级农业龙头企业2家，市级农业龙头企业1家。以友丰农业等企业为龙头的农作物种植、农产品深加工、生态休闲观光等产业融合发展，建立以休闲农业、电商农业为代表的产业联动模式，初步形成了“吃”在浈江、“玩”在浈江、“购”在浈江的区域品牌效应，商贸服务业发展优势愈发明显。

二、民主法治加快发展

充分发挥区委的领导核心作用，积极支持人大和政协依法履行职能，支持政府依法行政，凝聚同心协力、谋事创业的强大合力。不断加强党管武装工作，巩固和壮大最广泛的爱国统一战线，发挥工青妇、科协、侨联、残联等群团组织桥梁纽带作用，充分调动各民主党派、无党派人士等社会力量参与经济社会发展的积极性，区工商联成功创建省“五好”工商联，并成立了“香港浈江各界联谊会”。区委法律顾问室挂牌成立，“平安浈江”创建活动深入开展，依法治区水平不断提高，“七五”普法、法治镇（办）创建活动扎实推进，花坪镇长地头村、田螺冲办事处长山社区、东河街道办事处浈江南社区等三个基层单位成为我区首批国家级无邪教创建示范点；乐园镇长乐村、风采街道办事处市政府社区等两个基层单位成为我区首批省级无邪教创建示范点；浈江区法律援助处被授予“第三届全省法律援助工作先进集体”，在全市唯一获此荣誉；车站办东升村等44个村（社区）被韶关市命名为民主法治村（社区）。严厉打击违法犯罪行为，在“飓风2017”综合考核中位列全市第一。牢固树立“稳定压倒一切”的思想，加大矛盾纠纷排查化解、积案化解工作力度，扎实做好信访工作，顺利完成了中共十九大、省第十二次党代会召开期间的维稳任务，实现了“四个不发生”的目标，社会大局保持稳定，为谋发展、促发展营造了良好的社会环境。

三、社会事业和民生保障富有成效

一是科教事业全面进步。全区10个项目荣获2016年度韶关市科学技术进步奖；26个工业产品被认定为广东省高新技术产品。教育管理体制得到进一步理顺，韶冶实验学校、机关一幼、二幼接收和二中上划移交工作顺利完成，四中、七中、十中及韶师附小等市区教育资源有效整合。2017年累计投入3500多万元用于加快推进教育现代化，在全市率先建成教育系统平安校园监控平台，镇公办幼儿园建设稳步推进。成功创建“全国规范化家长学校实验区”，省社区教育实验区复评顺利通过，各镇顺利通过教育强镇复评督导验收。二是文体事业蓬勃发展。广泛开展群众喜闻乐见的文体活动，真正做到文体惠民、文体利民。统筹公共文化服务资源，实施文化馆、图书馆总分馆制度，建设金色江湾综合性文化服务中心、东升社区文化室等场馆。加大公共体育设施投入，广泛开展群众体育活动。2017年，我区被国家体育总局授予“2013－2016年度全国群众体育先进单位”称号。三是卫生计生工作成效显著。实施卫生强区战略，区人民医院正式挂牌，犁市镇等3个卫生院标准化建设完成省的工作要求，10间公建规范化村卫生站基本建成。我区被国家卫计委授予“2014－2016年全国计划生育优质服务先进单位”荣誉称号，2016年计划生育目标管理责任制考评，被省评为良好等次，被市评为优秀等次。四是就业和保障不断加强。加强就业服务指导，共组织18场劳务招聘活动。深入开展失地农民养老保险缴费登记，实施机关事业单位养老保险并轨，全区5个居家养老服务中心正式运营，居家养老服务工作走在全市前列。2017年，完善了7个社区公共服务用房，全年发放低保五保金962万元、军人优待抚恤补助金2057万元、医疗救助金188万元、高龄老人津贴187万元，民生保障水平进一步提高。五是精准扶贫措施有效落实。创新扶贫方式，以“公司＋基地＋农户”等模式构建长效机制，与友丰油茶公司合作发展油茶种植和光伏发电，带动380户贫困户增收。改善贫困群众居住环境，50户贫困户危房改造动工建设。落实新时期精准扶贫“以奖代补”政策，发放奖补资金27.88万元。2017年，投入资金1690多万元用于产业帮扶、教育扶贫、医疗救助，完成了155户431人的脱贫任务。六是创文工作积极推进。严格按照“创文巩卫”要求，实施兴隆市场、启明北市场、十里亭市场、长乐市场等升级改造，落实户外广告、流动摊点整治长效机制，一批小街小巷得到改造，一批小公园顺利建成。积极探索市政设施、公用事业、环卫保洁等专业化、市场化运营模式，城市智能化、规范化管理全力推进，市容市貌管理水平不断提升。2017年，我区获得“韶关市精神文明创建活动创新奖”，区检察院等21个单位获得“2016－2017年度韶关市精神文明建设先进集体”称号。七是农村环境持续改善。实施“新一轮绿化广东大行动”，碳汇造林260亩、封山育林2000亩，完成5个乡村绿化美化工程。山区中小河流治理、高标农田、道路、公共服务平台建设稳步推进。3个省定贫困村的人居生态环境综合整治示范工作扎实推进，深入开展“八大创建”活动，全面落实四个100%工作任务，农村人居生态环境进一步改善。

八是安全生产、产品质量和食品安全整治深入开展，群众生活健康水平进一步提高。

四、深化改革稳步推进

行政审批制度、投资项目审批制度、商事登记制度改革深入开展，行政效能不断提升。政法委机构重组和改革取得成效，资源配置优化，队伍配齐配强。严格按照中央和省、市工作部署，国家监察体制改革试点工作、省以下地方审计机关人财物管理改革有序推进。市与区权责关系改革取得实质性突破，公安、城管、国土、森林公安派出所等市级事权顺利下放，“接得住、管得好”的思路正在实施且成效初显；市区教育资源优化整合，教育管理体制改革试点工作积极开展；产业园区管理体制改革稳步推进；财政体制、医疗卫生体制等改革工作扎实推进；浈江区行政服务中心新办事大厅正式揭牌启用，“一门式一网式”政务服务改革协调推进，发展活力充分激发、动力有效增强，促进了全区经济社会持续健康发展。

五、党的建设全面加强

一是思想政治建设扎实有效。以习近平新时代中国特色社会主义思想和中共十九大精神为指导，深入学习宣传贯彻落实习近平总书记对广东工作的重要指示批示精神、习近平总书记系列重要讲话精神和治国理政新理念新思想新战略，深入推进“两学一做”常态化制度化建设，精心组织理论中心组学习、专题宣讲等活动，党的建设水平不断提高。二是干部作风建设持续深化。以解决群众反映的问题为导向，扎实推进驻点普遍直接联系群众工作，党群干群关系进一步密切。2017 年全区 105 个驻点团队、404 名镇（办）领导干部走访联系群众 9.36 万户、直接联系群众 32.76 万人，收集群众意见建议 1275 条，群众反映问题 1239 个，解决 1192 个。深入开展“浈江富不富，关键看服务”活动，机关干部作风进一步转变，行政效能不断提高。三是基层组织建设全面推进。持续开展软弱涣散基层党组织整顿工作，村级党组织凝聚力、战斗力进一步加强。四是党建工作载体不断创新。充分发挥互联网新媒体优势，引进“腾讯为村”平台，实现平台与省、市、区党建网互通，集多种服务功能于一体的“智慧党建”成为浈江党建工作新品牌。五是人才工作环境不断优化。“韶关市浈江区政校企联动孵化拓展双创人才工程”项目成功申报，农村实用人才升级换代“千人计划”培训顺利开展，人才引进力度持续加大，人才政策环境不断优化。六是干部队伍建设不断加强。坚持党管干部原则，树立正确的选人用人导向，严格执行干部选拔任用工作程序，坚决防止干部“带病提拔”，干部选拔任用公信度和组织工作满意度进一步提升。94 个村（社区）“两委”换届选举工作圆满完成，选出了一批想干事、能干事、能干净干事的基层干部。七是党风廉政建设纵深推进。认真落实党风廉政建设党委主体责任和纪委监督责任，坚持全面从严治党，强化党内监督，全面开展巡察，充分发挥巡察的震慑、遏制和治本作用，惩治和预防腐败体系建设逐步完善，风清气正的政治生态进一步优化。

各位委员、同志们，2017 年取得的成绩，是市委、市政府正确领导的结果，是全区各级党组织和广大党员干部群众团结奋斗的结果，是各民主党派、各界人士、驻区单位和老干部鼎力支持的结果。在此，我代表区委向全区广大党员干部群众，向所有关心支持浈江区发展的同志们、朋友们，表示衷心的感谢并致以崇高的敬意！

在肯定成绩的同时，我们也要清醒地看到工作中的不足和存在的突出问题。主要是：发展动力不足，缺少大项目、大企业支撑；产业结构性矛盾依然突出，三次产业发展不平衡、不充分；社会治安综合治理存在问题突出，维护社会稳定的压力仍然很大；各类“城市病”治理任务还很艰巨，民生保障还有不少短板，与群众期待还有差距；党的建设还存在一些薄弱环节，少数干部还存在精神状态不佳、服务意识不强、领导能力不足、工作作风不实、自我约束不严等问题，反腐败斗争形势依然严峻。这些问题我们必须高度重视，采取有力措施，在今后工作中认真加以解决。

2018 年工作安排

2018 年是全面贯彻落实中共十九大精神的开局之年，是实施“十三五”规划承上启下的关键一年，也是改革开放 40 周年，更是我区立足市委提出的“主动融入珠三角”总战略，围绕产业共建、城市提升、区域发展“三大主题”工作，树立新发展理念，加快经济社会发展，为在全市率先全面建成小康社会奠定坚实基础的重要一年。

从宏观环境看，中共十九大明确了今后一个时期的奋斗目标，描绘了我国未来发展的宏伟蓝图，为建设中国特色社会主义伟大事业注入了新的强大动力；中央宏观调控政策的积极效应正逐步显现，国民经济企稳回升态势更加稳固。随着区域特点和发展条件逐步变化，珠三角、东西两翼和粤北山区发展定位进一步明晰，珠三角优化发展持续推进，珠江东西两岸融合互动发展步伐加快；东西两翼沿海地区将打造成新的增长极，与珠三角城市串珠成链建设沿海经济带；粤北山区定位生态发展区，以生态优先和绿色发展为引领，在高水平保护中实现高质量发展。更加有效的政策体系和制度机制，将支撑我区在更高水平上协调发展。从发展趋势看，经过多年不断探索，我区走出了一条符合实际的科学发展道路，“十三五”规划对产业布局进行了明确定位，坚持实施“主动融入珠三角加快发展”战略，大开放大开发的格局正在形成。只要我们坚定信心，迎难而上，一定能大有作为。

2018年全区工作的总体指导思想是：全面贯彻中共十九大、中央经济工作会议、中央农村工作会议精神和省、市决策部署，以习近平新时代中国特色社会主义思想为指导，按照“三个定位、两个率先”和“四个坚持、三个支撑、两个走在前列”的要求，坚持稳中求进工作总基调，坚持新发展理念，紧扣社会主要矛盾变化，贯彻高质量发展的要求，统筹推进“五位一体”总体布局和协调推进“四个全面”战略布局，坚持以供给侧结构性改革为主线，按照“主动融入珠三角加快发展”战略，围绕“产业园、老旧城区、东环线、农业农村”等四大主战场，打赢“产业共建、城市提升、商贸产业聚集、乡村振兴发展”四大攻坚战，坚持创新驱动，优化产业布局，谋划浈江发展新格局，坚定信心，务实进取，为我区在全市率先全面建成小康社会而努力奋斗。

2018年全区经济社会发展的主要预期目标是：全区生产总值增长7%；固定资产投资增长10%；地方财政一般公共预算收入与经济增长基本同步；城乡居民人均可支配收入增长7%；城镇登记失业率控制在3.5%以内；完成上级下达的人口控制目标和市下达的节能减排降碳任务。

为实现上述目标，需重点做好以下六个方面工作：

一、突出转型提质，全面提升经济实力

以习近平新时代中国特色社会主义经济思想指导实践，充分发挥中心城区独特优势，深化供给侧结构性改革，优化城市经济结构，做特农业、做强工业、做优商贸，全力推进重点项目建设，增强发展后劲，实现浈江城市经济又好又快发展。

（一）全力打造特色农业　坚持用科学理念谋划农业发展，结合辖区各镇特色农业，合理调整现代农业战略布局，大力培育农业龙头企业，推动以韶关及珠三角为消费市场的农业品牌建设。坚持走“互联网+农业”发展道路，充分发挥阿里巴巴集团农村淘宝服务站、“咚咕街”等平台作用，加快推进特色农业与电商的互融互通。坚持一二三产业融合发展，突出浈江文化特色及区位优势，大力发展休闲农业、观光农业、旅游农业，促进冯氏、友丰油茶等企业发展壮大。大力发展农业精品，以市场消费为导向，引导农户种植精品特色农产品，切实提高农产品附加值，实现农业增效、农民增收。

（二）做大做强工业经济　突出浈江产业园的工业经济主战场地位，深化供给侧结构性改革，积极探索新的发展机制，促进传统企业转型升级。用好用活寮浈对口帮扶政策，加大招商引资力度，挖掘经济新增长点，主动融入珠三角，全面融入“广佛肇+清云韶”经济圈。依托粤华电力企业，引进电力上下游电力产业；依托中机重工、比亚迪等企业，打造珠江西岸先进装备制造产业配套区；依托汉鸿木业，做大做强木业家具产业。持续引进和培育一批科技含量高、创新能力强、发展潜力大的技术型企业，助推产业园区经济结构合理调整。主动开展好园区企业服务工作，落实领导挂点联系企业工作制度，充分发挥制度激励导向作用，助推现有企业增产增效。

（三）积极发展商贸物流业　依托浈江区位、资源、人口优势，加大第三产业培育力度，做大做强城市实体经济。持续抓好东环商贸城建设，主动实施创新驱动发展战略，主动服务好鑫金汇财富中心、华南农产品交易中心等商贸物流项目。加快推进粤北国际物流中心、广东中烟物流基地等区域性物流中心建设，争取在全市大物流发展战略中发挥核心作用。充分利用好市区商务酒店、餐饮业、写字楼等优势资源与韶关特色传统文化相结合，打造以东环商贸城、风度名城、百年东街、商业步行街等为主的特色商贸业，发挥城市经济的辐射带动作用。以省级“双创”（大众创业、万众创新）示范基地—“智汇小镇”开园运营为契机，引进金融、电商、文化创意产业项目，助推“互联网+商贸物流”的深度融合。

（四）强力推进重点项目建设　加大对企业和项目的扶持力度，落实重点项目挂点跟踪，打造良好的营商环境，服务好45个重点建设项目和23个前期预备项目，推动项目早落地、早建成。突出抓好中车株洲所智轨电车生产、黄金（商创）小镇、华南农产品交易中心、广东中烟物流基地等重点项目建设，积极对接美的集团、广州天适集团，力促美的松泉康养小镇、樱花特色小镇项目顺利落户。实施重心下移，推进征地拆迁工作，化解经济发展留用地、安置地、农民失地保险等遗留问题。坚持把项目建设作为提升经济实力的重要举措，强化督查督办、奖惩问责力度，扎实抓好项目攻坚，确保重点项目建设取得新成效。

二、突出民生实事，全面增进群众福祉

坚持以人民为中心的发展思想，切实解决人民群众最关心最直接最现实的利益问题，让人民群众共享改革发展成果。

（一）推动城区升级改造，加强城市管理　以开展老旧小区改造试点工作为契机，坚持“改造一批、提升一批、新建一批”的原则，以干净、卫生、整洁城市环境为目标，创新工作思路，完善社区治理体系，科学有序推进老旧城区升级改造，开展市容市貌综合整治，提升城市的功能品质。继续谋划一批小公园小绿地，持续推动城区公厕和垃圾中转站升级改造，加大小街小巷环境整治力度，加强城市基础设施建设。集中整治占道经营和市场“九乱”行为，引导市民有序开展经营活动，规范市场经营行为。进一步加大城市执法力度，保持打击“两违”的高压态势，重点整治城市违章户外广告，提升城市美感。打造快速反应、及时处置的高效管理平台，提升城市管理智能化水平，提高为民办实事的综合能力。贯彻落实好民生实事，坚持尽力而为、量力而行，既要推动主要民生指标增长提速，又要根据财力水平量入为出谋划民生实事。

（二）改善农村人居环境，建设美丽乡村　立足乡村振兴发展战略，从提高农村住房建设水平、配套完善农村基础设施、提升农村基本公共服务水平、全面开展农村环境综合整治等方面入手，重点突出三个省定扶贫村的整治，改善农村人居生活环境，加快实施环丹霞山新农村连片示范工程，建设美丽乡村。以改善和保障民生为出发点，突出农村危房改造与精准扶贫工作有序衔接，扎实推进农村危房改造工作，统筹推进城乡发展。加快山区中小河流治理项目和病险山塘除险加固项目的进度，切实改善农村的生产生活环境。加快水利工程建设，落实好“一河一策”制度，扎实开展河长制管理工作。

（三）全力保障和改善民生，提高群众幸福指数　积极对接东莞帮扶单位，以农业龙头企业为依托，创新协作机制，加大帮扶力度，凝聚政府、社会、企业和农户脱贫攻坚合力，攻克深度贫困群体脱贫任务。加强资金统筹使用，落实产业、就业和“三保障”等扶贫政策。2018年，全面完成99户292人精准脱贫工作任务，坚决打赢脱贫攻坚战。以“平安教育”、“素质教育”、“特色教育”为发展主题，不断深化教育管理体制综合改革，加快推进教育现代化，确保如期建成广东省推进教育现代化先进区。贯彻落实中共十九大提出的健康中国战略，健全基层医疗机构体制机制，加快城区基层医疗卫生机构建设步伐，完成2018年度村卫生站公建规范化建设任务，深入开展基本公共卫生服务和家庭医生签约服务，积极引进卫生专业技术人才，提升基层医疗卫生服务水平。落实计生扶助政策，加强妇幼健康服务能力建设，推进流动人口卫生计生基本公共服务均等化工作。坚持“以民为本，为民解困，为民服务”的工作宗旨，加快解决3个社区公共服务用房未达标问题。抓好城乡居民殡葬基本服务、老龄优待和双拥优抚安置等工作。加强民政服务机构的安全监督管理，完善社会救助管理制度，提高救助能力和管理水平。持续开展“春风行动”、“南粤春暖”等专项就业服务活动和大型专场招聘会，为企业和劳动者搭建就业桥梁，不断强化公共就业服务。

（四）着力解决社会治安综合治理突出问题，

维护社会稳定　落实好党委主体责任和属地责任，加强社会治安综合治理重点治理力度，确保重点治理取得预期效果。突出做好重点时段、重点群体、重点领域的信访维稳工作，通过排查矛盾纠纷、化解信访积案、稳控重点人员、落实领导包案等措施，逐步解决影响社会稳定的突出问题。牢固树立平安建设“一盘棋”思想，把综治创平工作摆上重要的议事日程，切实承担起“为官一任，保一方平安”的政治责任。针对我区综治创平工作短板，加大宣传力度，严厉打击违法犯罪行为，建立健全立体化社会治安防控体系，预防各类群体性事件和公共安全事件，加强综合治理工作合力，全面提升综治创平工作水平，改变综治创平工作的落后局面，确保重点治理按期“摘帽”。深入持续地抓好安全生产和食品药品安全监管，开展专项整治行动，坚决杜绝重大事故发生，全力维护公共安全和社会稳定。

三、突出民主法治，全面提升党的执政水平

不断加强和改进党的领导，提高党的依法执政能力和水平，全面推进依法治区，用法治精神为经济社会发展保驾护航。

（一）坚持依法治区，深入推进法治浈江建设　强化各级党政主要负责同志切实履行推进法治建设第一责任人职责，落实党委定期听取法治建设工作汇报、研究决定法治建设重大事项制度，充分发挥区委法律顾问室作用，全面提高各级党委依法执政水平。依法全面履行政府职能，推进机构、职能、权限、程序、责任法定化，落实推行权责清单制度，健全重大决策终身责任追究、责任倒查制度及支持改革创新的容错机制，不断提高依法行政水平。

（二）增强法治观念，全力提升法治管理水平　着力抓好党员干部法律知识学习，增强党员干部运用法治思维和法治方式深化改革、推动发展、化解矛盾、维护稳定的能力。结合创建平安浈江工作，深入推进“七五”普法和浈江区法治建设工作，健全“法律六进”与专项活动联动机制，大力开展送法进村、进社区、进企业、进校园等法治宣传活动。完善法治文化公园建设，不断创新普法工作的形式和载体。持续深入开展“法治区”创建活动，积极推进法治镇（街）、民主法治村（社区）建设，力争年底100%的镇（街）、84%的村（社区）达到民主法治创建标准。继续建立健全科学预防化解矛盾机制，提高人民调解水平。加强法律援助规范化管理，逐步完成村居委99个法律援助申请点建设工作，进一步提高全社会法治化管理水平。扎实推进司法体制改革，落实依法独立公正行使审判权和检察权制度，确保公正司法、严明执法。

（三）强化协商民主，凝聚浈江发展力量　支持人大依法行使职权，推动人民代表大会制度与时俱进，密切代表同人民群众的联系，增强代表自觉接受选民监督、依法履职的责任感和使命感。大力推动协商民主广泛、多层、制度化发展，围绕团结和民主两大主题，聚焦产业共建、城市提升、区域发展“三大主题”建言献策，增强协商议政实效，强化民主监督职能，提高调查研究和提案工作水平。坚持基层民主法治化和制度化，完善和发展基层民主制度，依法推进基层民主和行业自律，健全基层选举、议事、公开、述职、问责等机制。加强民族、宗教、对台、侨务和工商联工作，凝聚发展强大合力。坚持党管武装原则，提高党管武装建设水平。加强对群团工作的领导，充分发挥好工青妇和科协、侨联、残联等群团组织的桥梁纽带作用。

四、突出文化自信，全面推进文化建设

浈江历史悠久、文化底蕴深厚，历史文物和名胜古迹众多，挖掘利用好浈江丰富的历史文化资源，不仅能满足人民群众日益增长的美好生活需求，更是加快浈江经济发展的重要支撑。

（一）加快培育和践行社会主义核心价值观　社会主义核心价值观作为文化软实力的灵魂，在构建和谐社会、法治社会和诚信社会的实践中发挥着不可替代的作用。以深入开展全国文明城市创建工作为契机，把社会主义核心价值观融入社会发展各方面，转化为人们的情感认同和行为习惯。正视困难、不足和差距，加强整改、落实和提高，不断推进软件建设和硬件完善，在自我加压中不断提升文明创建水平。

（二）加强保护和传承文化资源　以韶关创建国家历史文化名城为契机，结合自然村落历史人文普查工作，加强对文化遗产的保护和传承力度，充分挖掘红色文化、工矿文化、丹霞文化、九龄文化、客家文化等文化资源，重点做好“犁市当铺（朱德旧址）”、“抗日战争第七战区指挥部旧址”的维修改造工程，争取“犁市当铺（朱德旧址）”申报国家级文物保护单位，加快推进南昌起义军犁铺头指挥部旧址陈列室布展工作，做好叶发青故居陈列室、省委机关旧址陈列馆等一批红色革命历史旧址的保护利用工作，传承红色基因，打造红色旅游景点和爱国主义教育一体化基地。

（三）加快发展文化事业　继续发挥“浈风采”系列文化活动品牌作用，做好“百姓周末舞台”、“音乐诗会”、“我们的节日”等活动，坚持送戏下乡、送书下乡、送培训下乡，让文化深入基层，融入群众。以文化创意、科技创新为引领，不断加大扶持力度，加快文化产业发展，推出一批具有中国风骨、粤北风格、新时代风尚的文化作品，推动文化产业与“大众创业、万众创新”紧密结合，充分激发浈江文化创造活力。

（四）提高公共文化服务水平　全面推进基本公共文化服务标准化均等化，积极实施文化惠民工程，加快完善公共文化设施网络，全面建设符合标准、各有特色的行政村（社区）综合性文化服务中心，确保2018年底实现全覆盖。推进档案数字化建设，加快建设区数字化档案馆，更好地发挥档案服务民生的作用。落实文化馆、图书馆总分馆体系建设，实现统筹管理、统筹资源、统筹活动的“三统”工作体制，激发基层文化活力。

五、突出生态发展，全面筑牢绿色屏障

牢牢把握生态发展定位，建设美丽浈江，坚持走可持续发展道路，牢固树立绿水青山就是金山银山的理念，坚持在保护中发展，在发展中保护，实现人与自然的和谐相处。

（一）加快转型升级，积极发展循环经济　坚持走新型工业化道路，大力培育战略性新兴产业，积极运用高新技术改造提升传统产业，淘汰落后产能，鼓励发展高效、节约、循环的产业，拒绝高耗能、高污染、高排放企业进入园区，积极推行清洁生产技术，严格控制资源总量消耗，加强垃圾回收和资源循环再生利用，加快园区污水处理厂及相关管网的建设，最大限度地减少污染物排放，努力把浈江产业园建设成为循环型经济园区。

（二）推进绿化行动，加强生态环境保护　紧紧围绕“新一轮绿化广东大行动”的目标任务，继续抓好封山育林、生态公益林的建设管理、新造林地的抚育追肥工作，确保造林成效果，着力构建森林生态体系。深入实施城乡周边绿化美化工程，坚持推进农村人居环境综合整治，大力实施水、土壤环境保护，加强农业面源污染、土壤污染和重点流域水污染综合防治，重点抓好农村生活垃圾处理为主要内容的乡村清洁美工作。加快农村太阳能和沼气技术的推广及普及，改善农村人居环境，共建美丽浈江。

（三）开展专项整治，健全长效机制　继续加大对各类环境违法行为查处力度，严厉打击失火烧山、乱砍滥伐、盗采矿产资源等违法行为，加大对“大丹霞”禁养区的整治和保护力度，切实做好丹霞山周边生态整治工作。狠抓节能减排工作，对重点企业实施监测和跟踪，促进企业加强节能技术开发，减少单位能耗，实施最严格的节水、节电和用地管理。完善生态环境管理制度，积极构建政府为主导、企业为主体、社会组织参与的环境治理体系。

六、突出党的领导，全面加强党的建设

中共十九大立足党和国家事业发展全局，提出了新时代党的建设总要求，对推进全面从严治党作出重大部署，我们要毫不动摇坚持和完善党的领导，全面推进党的建设新的伟大工程，全面贯彻落实从严治党要求，为实现浈江经济社会振兴发展提供坚强组织保证。

（一）强化党的领导　坚决维护党中央权威，强化党的集中统一，严肃党内政治生活，严格按照《中国共产党地方委员会工作条例》、《中国共产党党组工作条例（试行）》、《关于新形势下党内政治生活的若干准则》要求，完善和落实民主集中制等各项制度，不断加强领导班子建设。发展积极健康的党内政治文化，切实开展批评与自我批评，增强政治意识、大局意识、核心意识、看齐意识，弘扬忠诚老实、公道正派、实事求是、清正廉洁等价值观。全面加强全区党员的党性锻炼，持续深入地提高党员，特别是党员领导干部的政治觉悟和政治能力。

（二）强化思想政治建设　要把深入学习贯彻中共十九大精神作为当前和今后一个时期的首要政

治任务，各级领导班子和领导干部要带头学，坚持不懈地用习近平新时代中国特色社会主义思想武装头脑、指导实践、推动工作。更加广泛深入地开展“两学一做”学习教育常态化制度化，坚定对党忠诚、为人民服务的信念。认真落实意识形态工作责任制，强化党对意识形态工作的领导，全方位筑牢意识形态安全的“护城河”和“防火墙”，旗帜鲜明反对和抵制各种错误观点，坚决维护意识形态安全。

（三）强化干部队伍建设　立足中心大局，围绕让优秀干部“两有一无”的目标，完善从严管理干部队伍制度体系，严格落实政绩档案、领导干部考验性管理意见，形成能上能下的选人用人机制。坚持导向引领、选育结合，继续研究探索考察对象提名、干部任用、分类管理等工作，优化干部队伍结构，建设高素质领导班子。加强后备干部队伍建设，努力实现后备干部科学化管理。加大优秀年轻干部、女干部、少数民族干部和党外干部培养选拔力度，把一批政治素质好、文化程度高、工作能力强的优秀人才充实到基层一线。以高层次人才和高技能队伍建设为重点，统筹抓好各类人才队伍建设，开创人才辈出、人尽其才的良好局面。

（四）强化基层组织建设　不断强化基层党组织建设，发挥村级基层党组织在推动科学发展、带领农民致富、密切联系群众、维护农村稳定等方面的领导核心作用。着力解决一批基层实际问题，扎实推进“三型”基层党组织创建工作，切实提高基层党组织的凝聚力、战斗力及公信力。加大基层党建工作经费投入力度，改善村（社区）办公条件，提高村（社区）“两委”干部工作积极性，提高基层党建工作水平。建立村级后备人选库，加强对后备人选培养教育工作，提高后备人选综合素质。加强城市基层党建，扎实推进商务楼宇、商圈市场党建覆盖。

（五）强化作风效能建设　坚定不移地持续推进解放思想、转变作风、完善机制，为加快浈江转型发展提升效能、凝聚合力。着力解决认为“权力不对等、说了不算”的问题，增强工作主动性。主动加强与市直部门的沟通联系，主动加强与东莞等先进地区的合作交流，以韶关市核心城区的城市标准加快建设发展，在服务全局中奋发有为。着力解决认为“平庸就好，中间最保险”的问题，克服小成即安和夜郎自大思想，主动把全区各项工作放在全省、全市乃至邻近兄弟县（市、区）中进行对比，查找差距、端正位置，增强主动作为意识，争优创先。着力解决认为“再等等、再看看、再想想”的问题，增强创新精神，在创新中找重点、寻办法，集思广益，助推工作取得新突破。着力解决“思维僵化、故步自封”的问题，强化学习，增进知识，深入调研，勤于思考，善于反思，自觉运用辩证唯物主义的方法分析矛盾，在把握顺应规律中谋发展、促发展。着力解决“本位主义、各管各家”的问题，牢固树立全区“一盘棋”思想，跨出自己的“一亩三分田”，加强配合，强化协作，增强大局观念，团结共进把各项工作做好。

（六）强化党风廉政建设　严格落实党风廉政建设党委主体责任和纪委监督责任，切实加强对党员干部的教育提醒，不断完善惩治和预防腐败体系建设，营造良好的政治生态。把纠正“四风”往深里抓、实里做，紧盯老问题，关注新动向，坚决防止“四风”反弹回潮。坚定不移惩治腐败，坚决落实《中国共产党廉洁自律准则》和《中国共产党纪律处分条例》，按照中央和省、市的部署要求，扎实推进监察体制改革，实现对所有行使公权力的公职人员监察全覆盖。加大纪律审查力度，深入查处发生在群众身边的腐败问题，综合运用“四种形态”，深化“以案治本”，重点查处“三类人”、“三个后”和基层“微腐败”等违纪问题，大力构建不敢腐、不能腐、不想腐的长效机制，持续巩固反腐败斗争压倒性态势。建立全方位的监督巡察机制，充分发挥派驻监督的“探头”作用和巡察的“利剑”作用。建立健全容错纠错和干部激励制度，为全区改革发展稳定提供强有力的纪律保证。

同志们，新的征程已经开启，宏伟目标催人奋进。让我们更加紧密地团结在以习近平同志为核心的党中央周围，在市委、市政府的坚强领导下，以中共十九大精神为统领，团结带领全区广大人民群众，不忘初心，牢记使命，坚定信心，奋发有为，为在全市率先全面建成小康社会做出新的、更大的贡献。

政 府 工 作 报 告

（2018 年 1 月 9 日）

区长　曾清兰

各位代表：

现在，我代表区人民政府，向大会作政府工作报告，请予审议，并请区政协委员和其他列席人员提出意见。

2017 年工作回顾

2017 年，我们坚持以习近平新时代中国特色社会主义思想为指导，深入学习贯彻中共十九大和习近平总书记系列重要讲话精神，在市委、市政府和区委的正确领导下，在区人大和区政协的监督支持下，全面推进供给侧结构性改革，主动融入珠三角，做好“产业共建、城市提升、区域发展”三篇文章，团结带领全区人民，务实担当，攻坚克难，真抓实干，经济社会发展取得了可喜的成绩，为全面建成小康社会奠定了坚实基础。

一、推进供给侧结构性改革，经济运行稳中向好

2017 年，国家供给侧结构性改革深入推进，传统产业转型升级，经济增长换挡提质，企业经营、产业发展出现新困难、新问题，我们全力抓项目、补短板、稳增长，经济发展稳中求进、稳中向好。全年完成生产总值 228.7 亿元（数据均为预计数，下同），增长 6%，其中第一、二、三产业增加值分别为 7.4 亿元、33.5 亿元、187.8 亿元，增长 4.1%、3.5%、6.5%，三大产业比例调整为 3.1：14.5：82.4；社会消费品零售总额 238 亿元，增长 7.5%；固定资产投资完成 61.8 亿元。受营改增、税收优惠等结构性减税降费政策影响，一般公共预算区本级收入 2.73 亿元；加大对民生、保障、社会事业投入，一般公共预算支出 13.69 亿元，增长 25.3%。

（一）主动融入珠三角，经济发展后劲显著增强

大力实施主动融入珠三角战略，建立东莞寮步镇与浈江区产业共建合作机制，成立了寮浈公司。创新招商方式，与深圳华盈公司合作开展委托招商。通过“湾区创新韶关加速”高峰会、“广韶合作产业共建”韶关（广州）招商推介会等连通粤港澳产业和资本，推动项目落地。坚持“走出去，请进来”，促成智慧松泉小镇和中车智轨电车等大项目落户浈江，培育新的经济增长极。2017 年，新签招商引资项目 47 个，总投资 41.45 亿元。

落实区领导挂点联系、现场办公、定期督导等制度，全力推动黄金（商创）小镇等 34 个重点项目建设。华南农产品交易中心（一期）顺利开业，“咚咕街”“U 购城”等成功运营，2017 年，完成重点项目投资 34 亿元。

（二）补园区发展短板，工业经济实现新突破

深入开展园区土地清理，盘活土地资源，积极化解历史债务，解决遗留问题。园区道路、管网、供电以及公交专线等配套设施进一步完善，铁鸡坑污水处理厂试运行。浩川粮油、京南商贸等项目加快建设，粤华电力、绿建住宅等项目顺利投产。大力实施创新驱动战略，新增国家高新技术企业 5 家并进入省高新培育库，新认定省级高新技术产品 26 个，高技术制造业增加值增长 110%。2017 年，完成工业技改投资 6 亿元，新增粤华电力、宏大韶化民爆等 4 家规上工业企业，工业总产值 90.2 亿元，增长 16.3%；完成工业增加值 19.2 亿元，增长 12%。

（三）优化营商服务环境，商贸旅游进一步繁荣

加快投资项目审批改革，全年核准和登记备案项目 84 个，增长 40%，项目总投资约 262 亿元；深化商事制度改革，实施“五证合一、一照一码”

“马上办”，经济活力进一步增强，全年新增市场主体3400多户、从业人员8700多人、资金34.62亿元。召开全区经信工作暨建行小微快贷产品推介会，深化“政银企”合作，在科技创新、技术改造等方面为企业争取扶持资金5000多万元，兑现上规上限区级扶持资金80万元。2017年，完成批发业销售额142亿元，增长12%；完成零售业销售额170亿元，增长3%；完成住宿业营业额3.2亿元，增长10.7%。

大力培育东环商贸物流产业集群，鑫金汇海鲜美食城开业，乐村淘、农村淘宝仓储中心正式运营，智汇小镇成为“广东省青年创业示范园区”；华南农产品交易中心成功签约商家853户，将成为粮油、水果、蔬菜等农产品汇聚交流的产业旗舰。整合了《猫公狮》等民间文化资源，打造了故乡里园林食府等特色文化餐饮。在鑫金汇成功举办“万人宴”、韶关首届春节联欢晚会，展示浈江独特旅游形象，刺激本地客源，扩大珠三角市场，提高旅游产业发展水平。2017年，实现社会消费品零售总额238亿元，增长7.5%。

二、实施项目带动，城市发展呈现新面貌

（一）抓项目建设，“东部新城”凸显

坚持产城融合发展战略，以项目为抓手，东部新城规模凸显。莲花大道一期顺利通车，莲花大道二期、曲江大道（浈江段）建设加快推进；东郊客运枢纽、滨江公园和沿江生态路等配套项目顺利实施。完成黄金（商创）小镇规划，城市会客厅开工建设；区行政服务中心综合办事大厅成功启用，实现了“一窗通办”，群众办事更加便捷。东鹏中学、黄金村中心小学加快建设，东鹏幼儿园顺利开园，卫生院、农贸市场等配套设施逐步完善，棚户区已顺利入住9200多户。保利心语花园、碧桂园、金色江湾等项目顺利推进。2017年，完成商品房销售面积62.66万平方米，实现商品房销售额30.7亿元。

（二）抓城市提升，硬环境不断改善

实施百年东街西侧修缮工程，建设浈江、北江东岸慢行系统，完成了江心岛堤围加固以及东堤北路等8处“五小”工程建设，城市景观有效提升；启动大学路断面改造等项目，启明北路等停车场建设加快，完成了北江路等道路“白改黑”工程，城市拥堵有效缓解；推进4个垃圾中转站建设，完成学工街等5条小街小巷整治和犁市、东升农贸市场升级改造，完善了7个社区公共服务用房，城市功能进一步提升。

（三）抓城市管理，软环境不断优化

投入1.2亿元扎实推进“创文巩卫”工作。积极承接市政、园林等事权，强化园林绿化精细化管理，管养维护水平明显提高。投入556万元更新环卫设施，实施垃圾清运规范化管理，构建保洁长效管理机制。环境监察网格化管理工作有效落实，大气、水、土壤等污染防治行动成效明显。开展市场周边和重点路段“六乱”等专项整治行动，拆除户外广告1.57万平方米；加大“两违”查处力度，拆除违法建筑面积11.17万平方米，市容市貌明显改善。落实“数字化城管”，群众对城市管理满意度明显提高。

三、深化农村改革，推动乡村振兴发展

（一）实施农村改革，发展能力日益增强

积极推进农村土地确权工作，实测面积6.7万亩，颁证1.3万本。积极构建生态保护机制，划定畜禽养殖禁养区、限养区和适养区。全面实施河长制和小型水利工程体制改革。开展农村普惠金融“村村通”工作，解决农民“贷款难、融资难”问题。大力培育新型农业经营主体，新增浩川粮油等2家省级农业龙头企业、1家市级农业龙头企业。以“公司+合作社+农户”“互联网+”等模式力促产业结构调整，拓宽农产品销售渠道，实现产业发展和农户增收。以友丰农业等企业为龙头，推进农作物种植、农产品深加工、生态休闲观光等产业融合发展，提高农业现代化水平。

（二）加大投入，农村环境得到改善

多方筹集资金1.3亿元，加快农田水利、道路交通和农村人居生态环境综合整治工作。基本完成了高标准基本农田建设任务以及一批农村公路路面硬化和路基拓宽工程。靖村水等山区中小河流治理和病险山塘除险加固有序推进。实施“新一轮绿化广东大行动”，碳汇造林260亩、封山育林2000亩，完成5个乡村绿化美化工程。推进3个省定贫困村的人居生态环境综合整治工作，扎实开展“八大创建”活动，全面完成四个100%工作任务，农村人居生态环境进一步改善。

（三）落实责任，脱贫步伐加快

签订脱贫攻坚责任书，层层落实工作责任。创新扶贫方式，以“公司＋基地＋农户”等模式与友丰油茶公司合作，实施油茶、光伏等产业帮扶项目，构建精准脱贫长效机制，带动贫困户增收。改善贫困群众居住环境，50户贫困户危房改造动工建设。落实新时期精准扶贫“以奖代补”政策，发放奖补资金27.88万元。2017年，投入资金1690万元用于产业帮扶、教育扶贫、医疗救助，完成了155户431人的脱贫任务。

四、坚持民生为本，社会事业全面进步

（一）劳动就业和社会保障覆盖面进一步扩大

加强就业服务和指导，组织18场劳务招聘活动，新增就业2200多人，城镇登记失业率降低至2.4%。积极开展失地农民养老保险工作，实施机关事业单位养老并轨，提高城乡社会养老保险覆盖面。全区5家居家养老服务中心正式运营，居家养老服务工作走在全市前列。全年发放低保五保金962万元、军人优待抚恤补助金2057万元、医疗救助金188万元、高龄老人津贴187万元，民生保障水平进一步提高。

（二）教育现代化加快推进

推进市区教育资源整合，完成了韶冶实验学校、机关一幼、二幼接收和高中学校上划移交，做好了四中、七中、十中及韶师附小整合为风采实验学校的前期工作。加快镇公办幼儿园建设。在全市率先建成教育系统平安校园监控平台，引入专业化校车运营，安全保障能力增强。积极开展市教育管理体制改革试点工作，稳步推进“县管校聘”，逐步取消学校行政级别。2017年，投入3500多万元加快推进教育现代化步伐，省社区教育实验区复评顺利通过，我区成功创建“全国规范化家长学校实验区”。

（三）基层卫生计生服务水平稳步提升

实施卫生强区战略，区人民医院正式挂牌，犁市镇等3个卫生院、车站社区卫生服务中心改扩建工程和10间村卫生站规范化建设基本完成，公共卫生服务均等化水平进一步提高。开展“健康浈江体检快车”活动，为3900多名老年人进行免费体检，组建了家庭医生服务团队。建成出生缺陷干预中心，实施出生人口动态监测，兑现奖扶资金1429万元。2017年政策生育率97.67%、自增率4.78‰，全面完成上级下达的人口控制目标任务，并被国家卫计委授予“2014－2016年度全国计划生育优质服务先进单位”称号。

（四）群众文化体育活动丰富多彩

统筹公共文化服务资源，完成了金色江湾、十里亭金凤坪村等26个综合性文化服务中心建设，成为全市示范工程。举办了文艺培训、文艺演出等活动200场次，打响“浈·风采”系列文化活动品牌，为农村放映电影540场次、送戏下乡40场次，实现了文化为民、惠民。加大公共体育设施投入，翻新了体育馆及花坪等镇（办）公共体育设施，广泛开展群众体育活动。2017年，被国家体育总局授予“2013－2016年度全国群众体育先进单位”称号。

五、政府自身能力增强，社会和谐稳定

（一）政务环境不断优化

深化行政审批制度改革，编制了2017年行政许可目录。行政服务中心综合办事大厅投入使用，完善“一门式、一网式”服务信息系统，服务效率显著提高。采取“互联网＋政务服务”模式，实现24小时政务服务网络化、智能化。完善了区、镇、村三级服务平台，建成8个镇级、90个村级公共服务平台，提高了便民政务服务水平。

（二）民主法治建设得到加强

自觉接受区人大及其常委会的法律监督和区政协的民主监督，2017年办理区人大代表意见建议23件，区政协委员提案73件，办复率、满意和基本满意率均为100%。虚心听取各民主党派、工商联、人民团体、无党派人士和社会各界的意见建议。加强网络问政工作，依法执政能力、依法行政水平不断提高，法治建设“四级同创”工作稳步推进，“一村（社区）一法律顾问”实现全覆盖，法治宣传、法律援助、社区矫正和安置帮教工作深入开展，2017年我区被确定为韶关市法治创建示范区。

（三）社会发展大局和谐稳定

全面完成村（社区）“两委”换届工作。深入开展“平安浈江”创建活动，加强立体化治安防控体系建设；开展打击电信诈骗犯罪、打黑除恶等专项行动，荣获全市公安机关“飓风2017”专项行动总分第一名，群众安全感、满意度不断提高。开展“保稳定、促和谐”专项行动，排查调处各类矛盾纠纷1508宗，调解成功1478宗，社会治安大局平稳。实施家禽“集中屠宰、冷链配送、生鲜上市”，创建“风度名城省级食品安全示范街”，保障群众饮食用药安全。开展节假日、汛期、特别防护期等安全生产专项检查行动，加大重点行业领域专项整治力度。浈江路社区、大学路社区荣获“广东省地震安全示范社区”称号。一年来，全区没有发生重特大安全生产事故、重大食品安全事故和重大群体性事件，为中共十九大胜利召开营造了和谐稳定的社会环境。

此外，区政府承诺五件民生实事稳步推进。完成了农村公路路面硬化、小街小巷综合整治、犁市及东升市场改造、3个省定贫困村人居生态环境综合整治，建成了3间乡镇公办幼儿园、3间标准化卫生院及10间规范化卫生站等惠民实事。但也因融资政策变化、前期论证不充分等问题，山塘水库除险加固、乡镇公办幼儿园和标准化卫生院等项目将于近期完成。

同时，我们坚持以人为本和安全发展、和谐发展理念，解决了一些历史遗留问题。人民武装、审计、红十字会、人防、应急、物价、民族宗教、妇女儿童、侨联、残联、外事侨务、档案、史志、年鉴等各项工作也取得了新进步。

各位代表，回顾一年来的工作，这些成绩来之不易。这是全面贯彻落实党和国家方针政策，在市委、市政府和区委的正确领导下，全区人民团结拼搏、攻坚克难，社会各界通力协作、大力支持的结果。在此，我谨代表区人民政府，向全区40万人民群众，向给予政府工作有力支持与有效监督的人大代表、政协委员和各民主党派、工商联、各人民团体、无党派人士，向为浈江经济社会发展做出积极贡献的省市直机关、企事业单位和驻区部队、武警官兵、公安政法干警，向关心支持浈江发展的离退休老同志、社会各界人士及港澳台同胞、海外侨胞和国际友人，表示衷心的感谢和崇高的敬意！

同时，必须清醒看到，我们的工作还存在一些不足，也面临不少困难和挑战。主要有：一是发展存在不平衡不充分的问题。城乡发展不协调，农业产业化水平不高，脱贫攻坚任务艰巨，新农村建设任重道远；经济发展水平不高，总量偏小、支柱型税源项目欠缺，财政收支矛盾十分突出。二是民生领域还存在不少短板。民生事业欠账多、历史包袱沉重，就业、教育、医疗、养老等面临不少难题。三是新常态下还存在不少深层次矛盾。经济社会发展进入新常态，一些改革部署和政策措施需要进一步落实，园区管理、事权、财权体制机制不够完善，社会发展新问题不断涌现，维稳形势仍然严峻。四是政府自身建设仍存在不少问题。法治政府建设仍需努力，政府服务水平有待提高，机关效能建设亟待加强，干部的责任意识、担当意识和创新意识还有待增强。这些问题，我们必须在今后的工作中着力加以解决。

2018年工作安排

各位代表，当前我国经济发展进入了新时代，经济已由高速增长阶段转向高质量发展阶段，中央全面深化改革将开启新征程，省委、省政府对粤北山区发展定位为生态发展区，我市产业共建、城市提升、县域发展“三大主题”工作深入推进。2018年是贯彻中共十九大精神的开局之年，是改革开放40周年，是决胜全面建成小康社会和“十三五”规划承上启下的关键一年，我们要抢抓机遇，顺势而为，努力推进浈江振兴发展。

2018年政府工作的指导思想是：坚持以习近平新时代中国特色社会主义思想为指导，深入贯彻落实中共十九大、中央经济工作会议和省市会议精神以及区委决策部署，以生态优先和绿色发展为引领，坚持稳中求进工作总基调，坚持新发展理念，实施“主动融入珠三角加快发展”战略，突出抓重点、补短板、强弱项，围绕“产业园、东环线、老旧城区、农业农村”等四大主战场，打赢“产业共建、城市提升、商贸产业聚集、乡村振兴发展”四大攻坚战，深入思考并努力破解浈江发展不平衡不充分的问题，补齐区域协调、经济发展、乡村振兴、社会事业等方面短板，确保在全市率先全面建成小康社会，开启全面建设社会主义现代化新征程。

2018年我区经济社会发展的预期目标是：全区生产总值增长7%；固定资产投资增长10%；地方

财政一般预算收入与经济增长基本同步；城乡居民人均可支配收入增长7%；城镇登记失业率控制在3.5%以内；完成上级下达的人口控制目标和市下达的节能减排降碳任务。

为实现上述目标，我们将着力做好以下六个方面的工作，努力推动全区经济社会持续健康发展。

一、挖掘新潜力新优势，开辟工业经济新的增长极

产业园作为全区工业经济主战场的地位日益突出，要积极探索发展模式，围绕主导产业，推进产业共建，培育产业集群，大力扶持实体经济发展，实现产业升级、效益升级。

（一）主动探索发展机制，促进园区发展迈上新台阶

对接莞韶园，进一步理顺园区发展体制，在产业规划、项目招商、设施建设等方面增强自我发展能力，实现扩容、提质、增效。依托粤华电力引进电力上下游产业，统筹开发花坪、曲仁工矿用地，促进园区向北拓展。继续盘活土地资源，做好重大项目用地保障服务。创新投融资机制，广泛吸收各类资本参与“园中园”建设。推动铣鸡坑污水处理厂及横江变电站投入使用，继续完善园区道路管网、公交出行、美化亮化等设施，启动商贸区项目建设，提高园区配套服务水平。2018年，园区力争完成固定资产投资20亿元，工业增加值9亿元，税收1.68亿元。

（二）主动融入珠三角，培育先进装备制造产业

落实寮步与浈江产业共建政策，发挥寮浈公司在基础建设、产业招商、项目推介等方面积极作用，全面融入“广佛肇+清云韶”经济圈。加大招商引资力度，围绕先进装备制造等产业组建招商分队，重点依托中机重工、比亚迪等企业，深化与珠江西岸先进装备制造产业合作。全力跟踪中车智轨电车项目落地建设，打造智能交通生产维保基地；推动新伟金属与广钢集团合作，打造互联化智能制造基地；加快广州鼎盛铸造项目建设，提升矿山设备制造整体水平。2018年，力争两个20亿元以上的工业项目动工建设。

（三）主动服务企业创新，促进现有企业增产增效

加大企业科技创新引导力度，做好高新技术企业、研发中心申报工作，力争专利申请量增长10%以上；鼓励企业加大技术改造投入，推进丸仁电子公司数据线生产、浩川粮油加工仓储升级改造等技改项目建设，促进传统产业升级。落实服务企业责任，建立服务代办机制，实施企业倍增计划和新上规上限企业成长计划，发挥激励导向作用，推动一批企业增产增效，促进新城兴等资质建筑企业提质壮大。2018年，力争新增规上工业企业5家。

二、培育新产业新业态，增添商贸文化经济新动力

落实韶关市加快战略性新兴产业发展实施方案，依托资源、产业和区位优势，重点培育商贸物流、文化旅游等新产业新业态。

（一）实施创新发展，做大现代化商贸物流产业

深入实施创新驱动战略，促进“互联网+”发展，打造鑫金汇财富中心、华南农产品交易中心等商贸物流综合体，加快粤北大数据产业大厦建设。凸显“文化+商业”，推动海印集团实施百年东街商业全面升级，促成益胜汽车文化印象园落地。以省级“双创”示范基地——“智汇小镇”开园运营为契机，争取市科技企业创业专项资金，扶持校园猫等创客空间发展，引进发展金融、电商、文化创意等产业项目，推动“互联网+商贸物流”深度融合发展。力促广东中烟物流基地、粤北国际物流园全面开工，提升传统物流产业现代化水平。形成以东环线商贸物流产业带为引领，以粤北国际物流园、中烟物流基地等为支撑，面向珠三角、辐射大华南的现代商贸物流产业集群。

（二）实施融合发展，建设特色产业小镇

坚持文化、产业、生态融合发展理念，落实省市产业扶持政策，打造特色鲜明、产城融合的产业小镇。

加快黄金（商创）小镇建设。科学编制小镇规划，加快征地拆迁工作，完善东田一路、国田三路三期、东郊客运枢纽和滨江景观带等配套设施，推进城市会客厅建设。强化“以商带创，以创强商”，紧密发展商贸会展、商贸金融等产业，加快建设“产、城、人、文”一体的“粤北风光、岭南特色、广东标杆”黄金（商创）小镇。

推动智慧松泉小镇项目落地。加大韶塘片区开发力度，主动服务开发主体，力促智慧松泉小镇项目落地。将韶塘片区打造成集运动、度假、养生、农业为一体的华南首席高尔夫生态休闲小镇，成为连结“大丹霞”和“大南华”重要旅游节点。

（三）实施全域发展，擦亮旅游文化品牌

以韶关创建国家全域旅游示范市为契机，结合“大丹霞”开发战略和古村落保护利用，深入挖掘历史、人文资源，科学编制全区旅游文化产业发展规划，完善配套设施，擦亮“韶关记忆”旅游品牌。一是发掘整合风采楼、韶州府学宫、斌庐等历史文化资源，提升和修缮风烈楼、九成台等古建筑，彰显文化底蕴，打造小岛“韶关记忆”文化旅游集聚区。二是积极争取上级政策扶持，整合红色文化资源，打造以省委旧址（北伐战争纪念馆）、南昌起义军犁铺头旧址等红色文化旅游精品线路。三是依托东山樱花公园，整合东部乡村生态文化资源，加大开发力度，规划建设“樱花特色小镇”，作响“2018年韶关樱花节”，打造“广东户外运动天堂”的韶关旅游新名片。

三、拓展新渠道新路径，点燃城市经济新引擎

争取韶关作为全国老旧小区改造试点城市的政策，创新思路，拓展渠道，促进项目开工、见效，点燃城市经济发展新引擎，满足人民群众建设美好家园的热切期盼。

（一）着力突破项目瓶颈，推进重点项目建设

加大对企业和项目的扶持力度，落实重点项目挂点跟踪、督查督办、奖惩问责等机制。协调解决产业发展规划的有关问题，实现柑橘果胶和大豆果胶等项目顺利开工；实施重心下移，推进征地拆迁工作，化解经济发展留用地、安置地、农民失地保险等遗留问题，推进粤北国际物流园等项目加快建设；拓宽融资渠道，争取上级资金、政策性银行融资，调动民间资本，确保市国有工矿棚户区改造（一期）、城市提升等项目顺利实施。2018年，推动45个重点建设项目和23个前期预备项目早落地、早建成、早投产、早见效，力争重点建设项目完成投资60亿元以上，固定资产投资完成68亿元。

（二）加快“三旧”项目建设，大力发展楼宇经济

抓住韶关建设国家老旧小区改造试点城市的契机，以“三旧”改造项目为抓手，全面提升城市发展活力。主动协调解决历史遗留问题，做好项目包装推介，引进实力企业，推动原液压元件厂、橡胶厂至濠景轩片区等项目顺利实施。主动对接广铁集团做好车站办、十里亭等区域环境改造优化，实施东河、小岛等老旧小区改造提升工程，改善基础设施条件。

抓住韶关发展楼宇经济机遇，坚持“改造一批、提升一批、新建一批”原则，搭建高端服务业发展平台，促进产城融合发展。一是以智汇小镇创客中心为核心，依托鑫金汇财富中心、良村财富广场等打造东部商贸物流楼宇经济区。二是鼓励盘活闲置楼宇发展楼宇经济，引导莱斯万商汇、金港湾商贸城等商务楼宇改造升级，建设中部文化旅游楼宇经济区。三是依托财富广场、万汇广场，引进高端商贸服务业，打造南部商务总部楼宇经济区。

（三）坚持建管并重，努力提升城市发展水平

深入推进城市提升三年行动计划。重点抓好三大出口和7个重要交通节点的整治提升工作，大力实施一批小街小巷整治和道路“白改黑”、断面改造工程，建设一批停车场以及小公园、小绿地、小广场，优化城市功能。同时，以韶关建设智慧城市为契机，融入浈江元素，推动城市管理智能化、规范化。严格按照“创文巩卫”要求，加快解决社区公共服务用房未达标问题，实施五里亭、通天坡等农贸市场升级改造，落实户外广告、流动摊点整治长效机制，探索市政设施、公用事业、环卫保洁等专业化、市场化运营模式，提升市容市貌管理水平。

四、立足新形势新任务，开创“三农”工作新局面

城乡发展不平衡不充分是我区发展的突出问题之一，要立足当前“三农”工作新形势，研究发展新问题，推动乡村振兴发展。

（一）抓新型经营主体，提高农业产业化水平

发挥农村土地确权和普惠金融“村村通”等改革作用，推动农村土地规模化经营，扶持“虾稻连

作”等特色农业项目，力争新增省级农业龙头企业1家、市级农业龙头企业2家，提高农业现代化水平。坚持一二三产业融合发展，发展休闲观光、“互联网+农业”等新业态，促进冯氏生态园等企业发展壮大。发挥农村电商、省农博会等平台作用，实现特色农产品与市场有机对接，提高农产品附加值，实现农民增收致富。

（二）抓环境综合整治，全力推进农村现代化

以省定贫困村示范点建设为引领，带动全区250个以上自然村人居生态环境综合整治工作，突出抓好规划编制，大力推进“厕所革命”，补齐一系列影响群众生活品质的短板，改变农房分布散乱、有新居无新村的现象，建设美丽乡村。健全长效管理机制和处理体系，实现全区农村生活污水和生活垃圾有效处理。抓好森林碳汇、乡村绿化美化等重点生态工程建设，构筑生态安全的绿色屏障。落实耕地保护制度，抓好4600亩高标准基本农田建设。落实“一河一策”，全面推行河长制，完成15宗病险山塘除险加固工程。完成5公里村道路面硬化改造任务，推进行政村出行公交化，打通群众安全出行“最后一公里”。

（三）抓社会合力脱贫，圆满完成扶贫攻坚工作任务

小康不小康，关键看老乡。以“不落下一人”的工作态度，扎实推进精准扶贫工作。对接东莞帮扶单位，创新协作机制，形成政府、社会、企业、农户脱贫攻坚合力，以农业龙头企业为依托，加大帮扶力度，攻克深度贫困群体脱贫任务。加强资金统筹使用，落实产业、就业和“三保障”等扶贫政策。强化产业扶贫，借助华南农产品交易中心等平台推广订单农业模式，实现企业发展和农民脱贫致富。2018年，全面完成99户292人精准脱贫工作任务，坚决打赢三年脱贫攻坚收官战。

五、满足新需求新期待，推动社会事业达到新水平

（一）坚持民生为本，提高就业质量和社会保障水平

继续组织“春风行动”“南粤春暖”等就业服务活动，引导大众创业，不断提升就业服务水平。扎实推进劳动保障“两网化”建设，落实工资保证金制度。加大社保扩面征缴力度，做好被征地农民社保基金使用和参保缴费工作，进一步扩大社会保险覆盖面。完善城乡低保和五保供养制度，确保应保尽保；抓好救灾救济和慈善救助工作，及时对弱势群体实施救助，全面提升社会保障水平。

（二）坚持教育优先发展，创建省教育现代化先进区

落实教育优先发展战略。大力推进市区教育资源整合，协助做好韶师分院及二中、曲仁中学搬迁工作，确保风采实验学校投入使用；加快十里亭、乐园等镇公办幼儿园、东鹏中学和南沙实验学校建设。加快教育信息化建设步伐，推进教师“县管校聘”试验区建设，如期建成广东省教育现代化先进区，提高教育优质均衡标准化发展水平。

（三）坚持健康浈江战略，增强城乡卫生计生服务能力

深入推进卫生强区工程。加快乐园镇卫生院和村卫生站规范化建设。实施基层医疗卫生“千人计划”，加大全科医生培养力度，推进医疗信息化和家庭医生签约服务。开展“关爱女孩行动”，落实计生扶助政策，推进流动人口卫生计生基本公共服务均等化工作。降低医疗救助门槛，提高救助水平，确保更多的困难群众得到救助。加强基层老龄工作，推行城市居家养老和医养结合模式，发展中高档养老机构，促进老龄事业加快发展。

（四）坚持文化惠民，满足人民对美好生活新期待

完善文化馆、图书馆总分馆建设，实现村（社区）综合性文化服务中心全覆盖，健全区、镇、村三级公共文化服务体系，激发基层文化活力。持续开展全国文明城市创建活动，发挥“浈·风采”系列文化活动品牌作用，广泛开展“百姓周末舞台”“全民阅读”和“文化下乡”等群众文化活动，提升城乡文化品质。大力开展全民健身运动，加快镇级农民健身工程和全民健身广场改造建设，增强群众体质，丰富群众文化生活。

（五）坚持和谐发展，构建共建共治社会治理格局

深入开展法治建设“四级同创”活动，确保全区100%镇（办）、84%以上村（社区）达到省级法治创建标准，构建“农村一小时、城市半小时”

法律援助服务圈，提高法治创建水平。深入开展矛盾纠纷化解工作，实现“五个不发生”目标。深入推进“平安细胞”工程建设，强化视频监控、地面防控和网络管控，坚决遏制多发性侵财犯罪活动高发势头。落实安全生产“一岗双责”，严守食品药品安全底线，狠抓各领域安全监管。编制全区矿山地质环境保护治理规划，推进田螺冲地质环境等3个治理工程，切实保障人民群众的生命财产安全。

各位代表，今年区政府将积极筹措资金，办好以下五件惠民实事：

1. 实施文体惠民工程，实现全区村（社区）综合性文化服务中心全覆盖，建设花坪镇等一批镇、村农民健身广场；

2. 实施健康惠民工程，推进车站社区卫生服务中心和一批村卫生站公建规范化建设；

3. 实施教育惠民工程，完成梅村小学综合教学楼建设；

4. 实施法治惠民工程，完成远程帮教探视信息化建设和创建省级“民主法治村（社区）”；

5. 实施交通惠民工程，完成一批停车场、“五小”工程以及5公里农村公路路面硬化工程建设。

同时，认真做好第四次全国经济普查工作。进一步做好人民武装、红十字会、人防、物价、档案、史志、年鉴、民族宗教、妇女儿童、侨联、残联、外事侨务等各项工作，确保各项事业全面进步。

六、顺应新常态新趋势，实现政府施政新作为

新常态下，对政府治理提出了新要求，我们必须顺应新趋势，加强依法行政，落实各项改革部署，提升服务经济社会发展的水平。

（一）加强依法行政，建设法治政府

自觉接受人大及其常委会和人民政协的监督，认真办理人大代表议案、建议和政协委员提案，主动听取社会各界的意见建议。公开权力、责任清单，强化社会和舆论对行政权力的制约和监督。全面落实行政执法责任制，增强运用法治思维和法治方式解决问题、推动工作的能力。加大普法力度，落实司法责任制，形成自觉遵法、学法、守法、用法的社会氛围，努力让人民群众感受到公平正义。

（二）落实制度管理，建设廉洁政府

坚持用制度管权管事管人，强化重要岗位、关键环节的监督制约，加大审计查出问题的整改力度，提高政府公信力。把党风廉政建设各项要求贯彻落实到政府工作各个方面，严肃查处违法违纪案件，着力解决不作为、慢作为、乱作为等问题，营造干部清正、政府清廉、政治清明的良好氛围。

（三）秉承务实为民，建设人民满意的服务型政府

以职能转变为核心，强化绩效管理，推进政府工作项目化、责任化、具体化。严格实行重大决策公众参与、专家咨询制度，加强社会稳定和行政决策风险评估。向基层、“三农”等短板和薄弱环节倾斜，集中财力保障和改善民生。畅通社情民意反映渠道，对群众关注、期盼的事，做到善谋善为、善做善成，以政府的“精准指数”提升群众的“幸福指数”。

各位代表！中共十九大指引我们踏上了“决胜全面建成小康社会，夺取新时代中国特色社会主义伟大胜利”的新征程，溆江正以崭新的姿态大踏步前进。让我们紧密团结在以习近平同志为核心的党中央周围，在市委、市政府和区委的坚强领导下，凝聚全区人民的智慧和力量，以昂扬向上的精神状态、敢于担当的工作作风、奋发有为的创业热情，为实现溆江人民对美好生活的需求而不懈奋斗！

表 19 **2017 年《韶关日报》浈江新闻一览表**

时间	刊载版面	报道题目	作　者
1. 4	A1	曲仁棚户区安置户喜庆乔迁	陈惠贤
1. 15	01	文化惠乡民 浈江区犁市镇梅塘村文化活动中心挂牌成立	冯兆宇　唐学莲
1. 17	A5	浈江区车站街道举办家庭教育讲座 营造良好家庭教育环境	廖　艺
1. 29	01	棚改区 老矿工们的新春节	欧甸丘　李雄鹰
2. 7	A3	全力提升群众获得感幸福感 ——浈江区扎实推进民生事业建设纪实	李方静　郑　烁
2. 12	01	浈江区 歌舞浈江欢度佳节	张伟杰
2. 13	A2	浈江区聘请 35 名法制副校长 加强中小学生法制教育	郑　烁　神子良
2. 14	A5	浈江区车站街道开展“三送”服务 提升流动人口服务质量	欧小艳
2. 28	A3	文化惠民提升群众幸福指数 ——浈江区 2016 年群众文化工作纪实	李赟　袁国贤　郑　烁
3. 11	01	浈江区干部群众开展义务植树活动 掀起春季造林高潮	郑　烁　刘　林
3. 14	A5	浈江区花坪镇开展交通安全法律法规知识培训 提高干部职工安全文明意识	花坪镇

续表 22

时间	刊载版面	报道题目	作　者
3. 17	A4	三条免费公交线开通到鑫金汇 早班车 8：20 发车　末班车晚上 8 点发车	薛柏华
3. 30	A2	浈江区犁市镇 创新开辟 4 种“＋扶贫”新模式	郑　烁　王子涛
4. 1	02	浈江区文化馆举办兴趣培训班 为喜爱文艺群众集体“充电”	郑　烁　刘　林　邹　珏
4. 4	A2	浈江区举办文化工作业务培训班 推动文化惠民活动开展	郑　烁　邹　璐　神子良
4. 6	A2	浈江依法拆除两处违法建筑	郑　烁　邹　璐　邹　珏
4. 21	A4	浈江上坝村多渠道解决群众关注的热点问题 昔日软弱涣散村旧貌换新颜	刘朝晖
4. 25	A2	市区皇景路路况堪忧 浈江区政府：将落实整改措施，尽早解决	袁少华
4. 27	A2	为东环商贸城建设加油鼓劲 ——鑫金汇财富中心系列报道之一	许张龙
5. 10	A2	浈江区积极回应本报曝光问题 多部门开展联合执法行动	陈　励　郑　烁　邹　珏
5. 13	A2	浈江区教育系统开展创文签名活动 拒绝流动摊点“三无”食品	张　伟
5. 15	A2	浈江区整治五里亭综合市场	郑　烁　神子良
5. 18	A4	进一步完善城市硬件设施 浈江区 5 条街巷将实施改造	袁少华
5. 19	A1	韶关东郊客运枢纽中心站工程正式动工 投资 2. 4 亿客运站日发送上万旅客	覃慧玲
5. 22	A2	浈江区城管整治市区环园东路假日乱摆卖现象 取缔流动摊贩还路于民	袁少华
5. 24	A3	——浈江区教育系统创文在行动纪实 善美之城　文明浈江	李方静　黄雄华　朱银忠 杨伟华

续表 22

时间	刊载版面	报道题目	作　者
6. 8	A2	利用创文契机　营造宜居环境 ——浈江区利用“人防＋技防”治拥堵发动志愿者参与创文纪事	王建喜　郑　烁
6. 25	A2	浈江区加大力度拆除违法违规户外广告牌 有效改善道路立面容貌	张伟杰
6. 27	A3	浈江区和平路商业街乱象尚未整改到位	刘新晖　陈　励　张伟杰
6. 30	A2	浈江区举办“我为党旗添光彩”主题文艺晚会 推动“两学一做”学习教育常态化	潘俊宇　谢馨仪　郑　烁
7. 3	A2	鑫金汇财富中心推出贵宾卡四大超市正式营业 开启韶城市民智慧购物新模式	范琳珍
7. 5	A2	市领导督查浈江区创文巩卫工作时要求 加强市区中心街巷的整治	袁少华
7. 21	A2	浈江加强综治创平工作督导检查 提升群众安全感和满意度	郑　烁　神子良　邹　珏
8. 1	A3	浈江区开启新一轮“六乱”整治	袁少华
8. 18	A1	全力以赴坚决打赢脱贫攻坚战 ——浈江区委副书记、区长曾清兰访谈	张　波　王小春　郑　烁 许云峰　张　斌
9. 1	A3	“虚功”实做强“根基” ——浈江区委全力打造“三型”党组织纪实	魏生革　吴小林　郑　烁 曹　亮
9. 4	A2	浈江区乡镇公办幼儿园实现零的突破 乡镇幼儿可在“家门口”接受学前教育	李　佳　黄雄华
9. 8	A2	浈江区完善市场周边基础设施 兴隆市场周边积水整治工程完工	袁少华　郑　烁
9. 15	A1	浈江城区首个九年一贯制学校或于明春搬入新校区 整合四校资源　打造公办教育品牌	李　佳
10. 23	A7	浈江区部署全面推行河长制工作 着力改善河湖生态环境	郑　烁　邹　璐
10. 27	A6	市委党校与浈江区基层党组织结对共建 构建基层党建新格局	郑　烁　神子良

续表22

时间	刊载版面	报道题目	作　者
10.28	A7	浈江田螺冲办事处举办关爱老年人活动 贴心问候暖人心	张春子
11.4	A3	市领导率队到浈江区调研城市综合体项目建设情况 力争打造我市城市地标精品	郑　烁　邹　璐
11.14	A2	浈江区整治火车东站广场过期户外广告牌 优化城市空间　提升市容市貌	黄　俊
11.17	A5	浈江法院爱心帮扶未成年犯 助其达成读书心愿	王　艳　韩翠花
11.18	A2	浈江区召开省级食品安全示范街创建工作推进会 强化责任意识提升管理水平	郑　烁　神子良　熊　敏
11.21	A2	浈江区举办2017年工会系统手机摄影培训班 提高职工摄影水平	郑　烁　邹　璐
11.23	A4	浈江某小区清理垃圾逾35吨 周边居民拍手称赞	郑　烁　刘　林　神子良 王婧靖
12.1	A2	浈江区分会场： 4个项目总投资4.88亿元	郑　烁　神子良
12.4	A2	省督导组到浈江区督导检查综治创平重点整治工作 抓住主要矛盾下足功夫治理	郑　烁　神子良
12.15	A1	十九大东风劲吹　老区村换新颜 ——浈江革命老区府管村、东联村发展见闻	潘俊宇　郑　烁　刘　林 神子良
12.19	A4	浈江区强力推进拆违控违 近2万平方米违法建筑被拆除	袁少华　郑　烁　刘　林
12.20	A2	浈江区部署安全生产和消防安全工作 开展专项整治杜绝安全隐患	郑　烁　刘　林　神子良
12.20	A4	600床御寒棉被温暖困难群众	郑　烁　邹　璐
12.25	A3	浈江交警整治市区交通秩序	孔荣洲　李　琳

全力以赴坚决打赢脱贫攻坚战

——浈江区委副书记、区长曾清兰访谈

“小康不小康，关键看老乡。我们要攻坚克难，开拓进取，用志气消除思想上的贫困，用精准的方略消除物质上的贫困，用智慧消除贫困的代际传递，圆满完成全区脱贫攻坚任务！”浈江区委副书记、区长曾清兰近日在接受记者采访时如是说。

记者：在今年的全市农村工作暨扶贫开发工作会议上，韶关市委、市政府与各地签订了脱贫攻坚目标责任书。请问，你们是怎么压实区、镇、村三级党政一把手脱贫攻坚主体责任和具体责任，用好用活用快扶贫开发资金，确保巩固好去年预脱贫和今明两年脱贫任务完成的？

曾清兰：新时期精准扶贫工作开展以来，浈江区按照中央、省、市的部署和要求，扎实推进精准扶贫和精准脱贫工作，取得明显成效。区、镇分别成立扶贫开发工作领导小组，明确各级党政主要领导为扶贫工作的第一责任人，分管领导为直接责任人。4月6日，我区率先在各县（市、区）中召开了全区农村工作暨扶贫开发工作会议，全面贯彻省市会议精神，会上与各镇签订2017年脱贫责任书，对2016年已经脱贫出列的贫困户将继续跟踪、防止返贫。6月2日我们召开了全区的扶贫产业项目推进会，明确工作目标任务，精准施策，力推“五个一批”，以确保我区现行标准下665户1449名贫困人口按时高质量全部脱贫。

为用好用活用快扶贫开发资金，帮助贫困农户大力发展生产、积极参与创业、尽快脱贫致富，浈江区及时制定下发了《浈江区新时期精准扶贫就业扶贫“以奖代补”操作细则》《浈江区新时期精准扶贫产业扶贫“以奖代补”操作细则》及《浈江区精准扶贫小额贷款实施方案》，并要求镇、村干部第一时间将宣传工作做到村、入进户，让惠民政策及时落地生根，真正惠及广大贫困家庭。截至目前，浈江区共筹集1749.482万元财政资金用于精准扶贫工作，共发展产业扶贫项目5个、基础设施项目4个。为了严明财政纪律，加强资金筹集使用监管，还制定了《浈江区精准扶贫开发资金筹集使用监管细则》，建立起最严格的扶贫开发资金违法违规使用责任追究制度，确保扶贫资金使用安全。

记者：今年是精准扶贫三年攻坚的关键之年，而产业扶贫则是精准脱贫的重要抓手，请问，你们是如何推进产业帮扶的，在产业扶贫方面主导产业有哪些，有何特色和经验做法？

曾清兰：产业扶贫是解决贫困户脱贫的最有效的方式，针对贫困户和贫困村实际，立足我区的资源优势，因地制宜，因户施策，围绕农村供给侧结构性改革，大力发展特色产业，为贫困村贫困户脱贫建立长效机制。

一是开创“公司＋基地＋农户”模式。我区扶贫工作组立足本地资源禀赋，实施特色产业带动帮扶，积极引导龙头企业加入到精准扶贫行列：花坪镇引进的总投资近6000万元的亿佰欣农业开发有限公司，优先吸纳贫困户劳动力就业，并通过包种苗、包技术、包回收的方式，极大地降低贫困户投资风险，不但为当地贫困户家庭培养一批农村实用人才，而且带动贫困户迈上了快速脱贫致富的道路。犁市镇大村村的广东友丰油茶公司在大力发展公司规模的同时，也通过采取多种措施携手大村村民脱贫致富：①参股分红脱贫，贫困户通过“公司＋基地＋农户”的模式入股，以股东的身份享受分红；②劳租结合脱贫，贫困户将自有林地租赁给广东友丰油茶公司种植和发展油茶，每月不但有固定的租金收入，而且还可以到公司帮助管理油茶，获取稳定的工资收入；③产业对接脱贫，广东友丰油茶公司通过与大村村委合作，为全村52户贫困户入股产业项目，贫困户连续15年，每年可补助5000元，实现稳定脱贫；友丰公司通过开发“韶关市茶花森林公园”等农业休闲观光旅游项目，更好地为贫困户解决就业问题。

二是首创“扶贫＋教育＋基地”新模式。引进多个大型企业，以多方合作的方式，在犁市镇大村村以原梅村中学旧址为中心，兴建占地约300亩的广东省青少年研学旅行基地及约3000亩的供港粮

食蔬菜示范基地，目前正处于规划设计阶段。该项目的建设和运营，不但使贫困户有了固定租金收入，而且通过销售农产品也可增加收入，还能解决就业问题。

三是创立“农户+平台+市场”新模式。我区充分发挥市场力量和社会资源在扶贫中的作用，借助华南农产品交易中心的产业平台、经营平台、商户渠道平台优势，开创“农户+平台+市场”市、区两级联合扶贫新模式，打造亮点、树立典型标杆，主打产业扶贫方式，帮助困难群众通过创业、多种形式就业，实现长久、可持续的脱贫致富。按照公司规划发展，将为困难群众带来200－300个就业机会。

四是发展“扶贫+光伏+产业”新模式。我区共投入210多万元发展该产业，其中在三个省定贫困村办公楼上面，我区统一投入20万元实施光伏发电项目，每年可增加村集体收入3万元。对于分散镇、村的贫困户，我们通过村申请、镇统筹、区审核，统一管理、统一分红，为分散贫困户建设光伏发电项目，建立脱贫长效机制。

记者：在今年召开的全省农村工作暨扶贫开发工作会议上，省委书记胡春华指出，要把2277条贫困村建成新农村示范村。请问，你们对农村人居环境综合整治，推进贫困村建设新农村示范村有何打算，谋划、启动情况如何？

曾清兰：根据韶关市委、市政府的工作部署和要求，浈江区高度重视农村人居环境综合整治工作，已经于2017年3月启动“浈江区农村人居环境综合整治建设美丽乡村”工作。

一是加强组织领导。成立了我区的农村人居环境综合整治建设美丽乡村工作领导小组，具体负责全区新农村建设的具体规划、实施方案和政策措施，同时还明确了各镇（街）的目标任务和工作要求。

二是制定总体方案。制定了《浈江区农村人居环境综合整治建设美丽乡村实施方案》，明确了指导思想、基本原则和目标任务，按照整治村、示范村标准，力争到2020年完成全区20户以上自然村庄的人居环境整治。

三是抓好试点工作。根据试点先行原则，结合浈江的实际，分别选定犁市三个贫困村及十里亭镇、花坪镇、新韶镇和乐园镇等5个镇的一个村作为示范村，于4月28日启动前期测量、规划、设计和《工可报告》编制等工作。与市农发行进行了对接，积极争取融资，推进试点工作。

浈江区将按计划分三批推进，确保在2020年完成全部农村人居环境综合整治和新农村建设工程。

全力提升群众获得感幸福感

——浈江区扎实推进民生事业建设纪实

过去一年，浈江区扎实推进民生事业建设，坚持“以民为本，为民解困，为民服务”兜底民生工作，人社和民政事业“十三五”开局良好，卫生计生事业和残疾人事业持续发展，民生事业的各个分支如同互相缠绕上升的蔓藤，催生动人的花朵，大大提升了群众的获得感和幸福感。

为民生事业提供强大保障

人力资源和社会保障事业是民生事业的支柱。过去一年，浈江区全力推进人社各项工作，努力开创“十三五”时期全区人社事业发展的良好开局。

加大就业服务力度提高就业水平

过去一年，浈江区扩大与促进就业工作继续保持稳定态势，各项工作指标均已提前完成年度任务数。全区城镇新增就业2214人，为年度目标任务2200人的101%；城镇下岗失业人员再就业2008人，为年度目标任务2000人的100%，其中，就业困难人员实现再就业人数409人，为年度目标任务400人的102%；促进创业人数203人，为年度目标任务200人的101%；组织举办劳务招聘会28场，累计入场企业1007家次，提供岗位17046个，达成就业意向3643人次，实现就业3041人；城镇登记失业率2.44%，控制在全市要求的3.2%之内；认定就业困难人员 660 人。

坚持“双管齐下”不断完善社会保障体系

社会保障之网织得密不密，体系是否完善，直接关系到人民群众的福祉。去年，浈江区加快完善社会保障体系，及时分解参保任务，不断扩大社会保障覆盖面。截至去年 12 月 5 日，全区城乡居民社会养老保险参保人数为 41588 人，为市下达目标 40580 的 103%；城乡居民基本医疗保险参保人数为 146903 人，并在年终顺利地完成了该任务指标。

同时，浈江区坚持双管齐下，认真做好被征地农民养老保障，积极推进征地社保滞留资金分配工作。过去一年，浈江区已全额完成今年征地社保资金分配任务 3653.5406 万元。后续缴费登记任务为 3653.5406 万元，现已完成 148.5 万元。与此同时，浈江区人社部门依据省社保局于 2016 年 10 月出台的《关于我省被征地农民养老保障有关经办工作的指导意见》，全力推进比亚迪项目被征地农民养老保障工作，并取得了实际性成效。截至去年 12 月 5 日，比亚迪项目已有第一批被征地农民 1771 人成功参保，382 人进入省社保系统进行待遇重核；完成缴费登记 3506.58 万元，初步缓解了比亚迪项目在社会保障工作方面的需求。

以民为本为民解困为民服务

一直以来，“以民为本，为民解困，为民服务”都是浈江区民政部门工作的宗旨。过去一年，浈江区民政部门紧紧围绕全区的中心工作，坚持求真务实，开拓进取，如期完成了各项工作任务，为全区经济社会发展做出了积极贡献。

兜好底线民生工作扎实推进

底线民生的落实，是民生事业持续良好发展的根本保障。在低保工作方面，浈江区注重做好全区的清理清退工作，切实做到应保尽保，应退尽退。去年 1－12 月，全区共有 2317 户 3685 人享受了低保待遇，发放低保金 2094.039 万元；全区共清理清退低保对象 962 户 2089 人。在医疗救助工作方面，去年全年共为 327 名困难群众实施了医疗救助，支出医疗救助金 215.7291 万元。在社会救助工作方面，去年 1－11 月，全区共救助困难人员 36 人，共支出救助金 5.226 万元。在农村五保供养方面，去年全年，浈江区共向五保对象 112 户 112 人发放生活费 85.0421 万元，保证了五保对象的基本生活。

此外，浈江区还主动落实好城乡居民殡葬基本服务免费政策。去年 1－11 月份，全区共免除城乡居民殡葬基本服务 1705 宗，免除费用为 235.95 万元。在老龄工作方面，去年 1－11 月，共发放高龄津贴 168.59 万元，惠及 7598 名高龄老人；办理老年人优待证 1352 个。在优抚安置工作方面，去年共向各类优抚对象发放优待抚恤补助金 1592.95 万元。

保安全涉民安全工作监管落实到位

民生事业的持续健康发展与涉民安全工作的落实到位密不可分。

过去一年，浈江区认真抓好民政专项资金的使用、审批和管理，切实保证 7000 多万元民政资金的安全，并在养老机构积极开展安全培训、检查和监督管理，切实保证全区 11 个养老机构消防、食品、药品及人员安全。

为了规范养老机构设立许可和监督管理，浈江区还严格按照民政部《养老机构设立许可办法》规定的设立条件和要求，严格申请、受理和审批程序，确保养老机构设立许可合法规范，并严格按照民政部《养老机构管理办法》等法律、法规和规章开展监督管理活动，促进养老机构走上合法规范发展的轨道。

卫计事业迎来春天一派欣欣向荣

去年，浈江卫生计生事业迎来了春天，浈江区被国家卫生计生委授予“2014－2016 年全国计划生育优质服务先进单位”荣誉称号。

荣誉之上是全区卫生事业持续发展、计生工作稳步推进、各项试点改革有序开展，是“十三五”之始卫生计生事业一派欣欣向荣的良好开局。

卫生服务提质增效

过去一年，浈江区扎实开展公共卫生服务。建立居民健康电子档案 28.6 万份，孕产妇健康管理 2529 人，0－3 岁儿童健康管理 8037 人，0－6 岁儿童健康管理 14275 万人，65 岁以上老年人健康管理 35516 人，高血压患者健康管理 19628 人，糖尿病患者健康管理 5709 人，重性精神疾病患者建档 1934 人。组成联合工作组，对全区精神障碍患者进行逐一入户排查，共排查严重精神障碍患者 2091 人。认真抓好疫苗接种工作，各疫苗接种合格率均达95%以上。

为了提升卫生服务能力，去年，浈江区大力推进家庭医生签约式服务工作，组建服务团队32个，签订服务协议6453份，签约居民数11893人次。同时，注重加强对在职在岗医师的培训，组织130名医护工作者参加社区医疗岗位培训，并稳步推进乡镇卫生院标准化建设和村卫生站规范化建设，总投资432.5万元的犁市中心卫生院业务用房扩建工程完成招标工作，花坪镇奎塘村卫生站等7间公建民营卫生站如期完成年度建设目标。浈江区还大力推广中医药适宜技术，5家镇卫生院和社区卫生服务中心应用中医适宜技术15项以上，35家村卫生站和社区卫生服务站使用中医适宜技术数5项以上。

为了抓好基层医疗秩序，去年，浈江区严格规范卫生站及个体医疗机构执业行为，从严执行资格准入制度，确保从医人员持证上岗，定期开展法律法规常识教育和专业知识培训，从医素质有所提高。去年全年共为60人办理（变更）了医师执业注册。此外，去年浈江区还开展了城区卫生站清理整顿工作，大力打击非法行医行为，共检查个体卫生站50家。

在强化医疗机构内部管理方面，去年浈江区还实施区属医疗机构年度绩效及重点工作考核制度。通过绩效考核，各医疗机构的发展速度明显加快，医疗服务质量稳步提升。

计生关爱家庭幸福

2016年度，浈江区积极落实计生的扶助金和奖励金。兑现农村部分计划生育家庭奖励金30.9万元，农村计划生育节育奖励金60.6万元，计划生育家庭特别扶助金209.7万元，城镇独生子女父母奖励金918.2万元。

在开展免费服务项目方面，全面推行国家免费计划生育技术服务基本项目，积极开展免费孕前优生健康检查。免费孕前优生健康检查目标人群覆盖率为158%，同比提高38个百分点。

对于计生特殊家庭，浈江区注重做好帮扶，建立了计生特殊家庭联系帮扶制度，为278人建档造册，建档率达100%。从促进家庭幸福出发，浈江区大力实施人口文化进家庭行动、特殊家庭关爱行动和优生家庭促进行动等“三大行动”。全区共开展“幸福家庭创建”、“关爱女孩行动”等活动30多次。

通过计生宣传栏、政务网、新闻媒体等阵地，浈江区不断创新方式，宣传“全面两孩”政策、优生惠民等计生政策，共设置健康宣传栏28个，发放宣传资料7.6万份，举办知识讲座164场，微信公众号发布信息100多条。

试点改革进展顺利

值得一提的是，去年，浈江区卫生计生的各项试点改革工作进展顺利，取得了明显成效，流动人口卫生和计划生育基本公共服务均等化试点工作投入资金302.6万元，人均经费投入已从2015年的46.1元提高到了81.1元，建立了流动人口健康档案3.19万份，建档率为85.52%。

通过省计生特殊家庭帮扶项目，浈江区已对119户失独家庭开展了精准帮扶，使失独家庭感受到了政府的关心与关怀。此外，省基层医疗卫生机构管理系统还在区属基层医疗机构全面上线，基层医疗系统与公卫系统得到了有效融合。

让残疾人感受到关怀和温暖

过去一年，浈江区按照“突出主线、突击中心、突破瓶颈、突围平台”的工作思路，狠抓康复、就业、宣传、维稳、基层建设、培训、扶贫等工作，全区残疾人事业取得了较好成效。

首先是继续做好广东省残疾人生活津贴调查和发放重度护理补贴工作。发放残疾人生活津贴和重度护理补贴是区残联重点工作，也是浈江区的民生工程，去年年初，区残联已召开会议，提出要求，在全区展开筛查，尽量做到不漏一人，区残联去年8月份发放了重度残疾人护理补贴每人每年1800元，共计发放1693人，生活津贴每人每年1200元，共计发放1099人，让全区残疾人享受到政府对他们的关怀。

其次是继续做好康园工疗工作。区残联继续完善康园工疗（庇护工场）工作，基本保持每天都有30个残疾人在庇护工场开展工疗康复，成效显著。

同时继续做好浈江区残疾人扶残助学受助补贴工作，早在去年2月，区残联已经对12名残疾人进行了残疾人中等教育每人600元和残疾人高等教育每人800元资金补助。此外，残疾人维权工作扎实，确保了残疾人群体的稳定。

补短板聚合力进一步改善民生

2017年是补短板、聚合力的一年，为了让群众拥有更高的获得感和幸福感，浈江区将举全区之力，补足全面建成小康社会民生短板，以共建共享凝聚发展合力。

提高就业和社会保障水平。将积极开展“春风行动”、“南粤春暖”等专项就业服务活动和大型专场招聘会，不断增强公共就业服务。新增就业人数完成市下达考核指标，城镇登记失业率控制在

3%以内。扎实推进劳动保障“两网化”建设，完善城乡居民社会保障体系，做好被征地农民社保工作。鼓励社会力量兴办养老服务机构，推进6个镇（办）城市居家养老服务中心建设。

完善社会救助体系，进一步保障和改善民生。重点抓好城乡低保的规范化管理，把所有符合条件的城乡困难群众纳入低保范围。在保持五保供养应保尽保和“按标施保”的基础上，加强敬老院管理，提高入住率。将推进城乡医疗救助工作，确保困难群众能够得到及时有效的医疗救助。将继续抓好慈善救助工作，多渠道募集慈善资金，及时对弱势群体实施慈善救助。

积极完善基层医疗机构体系。浈江区将全力完成省乡镇卫生院标准化建设任务，加快犁市镇中心卫生院业务用房扩建工程，推动棚户区医院的二次装修工程，解决乐园镇卫生院的用地问题，力争早日完成并投入使用。

为东环商贸城建设加油鼓劲

——鑫金汇财富中心系列报道

打造东环商贸城，是韶关市委、市政府的战略部署，按照市委、市政府关于建设东环大商贸、大物流的战略部署，打造万亩商贸新城，建成我市乃至粤北地区的大型商贸物流集散地。东环线不仅是韶关市的重点工程，更是浈江区的经济大动脉、发展快速路。打造东环线万亩商贸新城的举措，将成为我市城区扩容提质、推进新型城镇化的一个重要支撑点。

而鑫金汇集团则是东环商贸城最先进驻的大型企业。从2014年4月土建工程正式动工至今，仅仅用了两年多一点的时间，一座规模宏大的商贸“明珠”已经在韶城的东环线片区初具规模，并已经正式开始营业。

项目建设进度之快，给韶关人留下了深刻印象，这就是鑫金汇速度！它正在以自己的方式，为韶关东环商贸城建设加油鼓劲！

打造成熟商圈推进商贸物流“大发展”

韶关作为粤北重镇、广东的北大门，是粤港澳辐射内陆经济腹地的桥头堡，从古至今都是商贸物流的黄金通道。

近年来，韶关市委、市政府高度重视商贸物流业的发展，把它作为加快韶关绿色转型振兴发展的重要抓手，千方百计推动商贸物流业扩容提质、转型升级。因此，从2013年开始，我市紧抓广东省促进粤东西北振兴发展的契机，把东环线片区建设作为城市提质扩容及物流产业带布局的主战场，全力打造万亩商贸新城区，以此推动韶关市经济发展和社会繁荣，提升韶关商贸业的品位和档次，实现现代服务业跨越发展。

按照发展思路，东环商贸城总面积为27.59平方公里（41385亩），建设用地21150亩，全长14.34公里，将建设多个大型现代化专业市场，打造辐射粤北、湘南、赣南地区的商贸物流集聚区。目前，以鑫金汇、新雪域为代表的多个大型商贸流通项目已经签约入驻。其中，鑫金汇作为东环商贸城的重点项目，规划科学、规模巨大、建设超前。可以说，“鑫金汇”已经在东环商贸城的发展中抢得先机。

事实上，作为省重点建设项目的鑫金汇财富中心，不仅位于东环线的重要节点，也是东环线万亩商贸新城建设的“一号工程”。在2015年韶关市政府工作报告中，明确了“支持鑫金汇等项目加快建设，打造东环商贸城，推动全市商贸批发市场专业化、规模化、集聚化、规范化发展”。

毋庸置疑，韶关市的东郊，正在崛起一个现代化商贸物流区！而现在已经正式营业的鑫金汇财富中心，也必将充当好“领头羊”的作用，带领韶关商贸业发展走出“低、小、散”格局，走向“高、大、全”的新时代。

依托“互联网+”创建“商、创”优质平台

在《中共韶关市委关于制定国民经济和社会发展第十三个五年规划的建议》中，我市提出建设成为粤湘赣商贸物流基地，力争成为国家发展大物流的战略节点，加快推进东环线商贸物流产业带和粤北国际物流中心建设，打造“专业市场+电商+物流”的商业模式。

这与“鑫金汇”在韶关的发展不谋而合。广东鑫金汇集团公司董事长翁家许就曾表示，市委、市政府将“大物流”作为战略性新兴产业培育，加快推进东环线商贸物流产业带建设，公司也将发扬“鑫金汇速度”，让项目早日建成并见成效；“互联网+”为韶关振兴发展插上翅膀，“鑫金汇”也将在韶关实施主动融入珠三角总战略中发挥更大的作为。

自2013年下半年进驻韶关以来，该项目就规划重点建设“全生活展示体验、互联网创新创业、智能仓储物流”三大平台，通过平台互相联动，优化商业模式，延伸产业链，实现“以商带创、以创强商”，致力将项目打造成为多元化全生活城市商业综合体，成为推动韶关区域经济发展的一大引擎，成为东环商贸城乃至韶关扩容提质的精品和典范之作。

鑫金汇财富中心当前正在着力打造的一个项目就是电子商务产业园，它设有8万平方米的电商大楼、人才配套公寓、智能仓储物流基地、电商培训、文化休闲、健身娱乐场所等。产业园以建材、家居、五金、机电、服装、食品等为核心，走特色化、规范化、规模化发展道路，将致力打造国家级电子商务产业园区，以“互联网+”打造电子商务第三方交易平台，建立O2O、COB等电商模式。

“单纯打造专业市场难以赚到商业地产的‘最后一个铜板’，‘鑫金汇’也不是冲着这‘最后一个铜板’而来。”在广东鑫金汇集团公司副总裁翁之秋看来，从战略投资者的角度来说，“鑫金汇”着力在韶关打造“专业市场+电商+物流”的商业模式，将项目建成“智慧商业平台、全民众创空间”。

截至目前，电子商务产业园已经吸纳了不少优质电商企业的入驻，值得关注的是，依托韶关农特产品资源丰富的优势，不少农村电商平台也纷纷入驻进来，互利互赢，有效助力了韶关特色农产品“走出去”。

跟大牌合作为韶关商业注入“新活力”

强强联合，共同把市场做大做强，达到“双赢”与“多赢”，这是“鑫金汇”重要的发展战略。

该项目区位优势明显，在采访时，鑫金汇集团招商部负责人就认为，东环线商贸物流产业带来的前景令企业看好，“这里具备政府规划优势、交通优势、人口优势。鑫金汇项目位于城市主干道黄金大道、东联大道，毗邻广乐、赣韶高速路口；我们北边是碧桂园凤凰城生活小区，南边有住宅新区，周围常住人口达到20万以上，周边配套比较完善，人口集中度高，拥有发展大型商贸物流的优势。”

值得一提的是，随着原国道323线改扩建、莲花大道（东环线公路）一期工程的开通投入使用，不仅方便了附近居民出行，同时使鑫金汇财富中心突破了交通落后这个最大的硬制约，明显带旺了其人气。

鑫金汇财富中心分三期建设，一期为鑫金汇建材家居广场，二期为五金机电城，三期为高端城市综合体。其中，一期鑫金汇建材家居广场总投资28.8亿元，总占地486亩，建筑面积约42万平方米，倾力打造粤北地区“一站式”建材家居采购中心，可容纳商户5000余家，并已于去年底正式营业。

记者在该项目招商部了解到，其招商成果喜人，格力电器、美的电器、九牧卫浴、马可波罗陶瓷、欧普照明、梦天木门等上千个知名建材家居品牌已经进驻。其中最引人关注的无疑是中国民营500强之一的红星美凯龙，该品牌将其落户韶关的第一家商场选择了在鑫金汇，看中的就是其良好的发展前景，它将携手鑫金汇，联袂打造粤湘赣家居之都，集合家具、建材、家饰、灯饰、家电、家装等，使之成为粤北、赣南、湘东南档次高、规模大、配套设施完备的超五星级家居商场。

翁家许表示，鑫金汇财富中心作为东环商贸城的旗舰项目，完善的配套、系统的管理、统一的推广等特色和优势，无疑对各大建材家居品牌具有巨大的吸引力；辐射面广、交通方便的区位优势，使他们完全有信心把鑫金汇财富中心打造成一个集批发、仓储、物流、电商平台于一体的巨型专业市场。

善美之城　文明浈江

——浈江区教育系统创文在行动纪实

学生和家长到文化街社区，与居委会工作人员一起打扫街道

善美之城，文明韶关。在韶关创文号角吹响之际，浈江区积极响应市委、市政府号召，大力开展创建全国文明城市活动，全面加强和改进未成年人思想道德建设，大力弘扬社会主义核心价值观，从“善德、善美、善行、善和”等四个方面着力提升未成年人文明素质，小手拉大手，共创文明城，将文明理念传播到每一个孩子，辐射到每一个家庭，为韶关创文添砖加瓦。

善德

加强思想道德教育塑造善美品格

当前，全市创文东风频吹，浈江教育系统以社会主义核心价值观主题教育实践活动为抓手，大力开展“五个一”创文实践教育活动，引领广大未成年人崇德向善，积极塑造中小学生善美品格。

一是举行一次文明礼仪签名承诺仪式。5 月 2 日，浈江区各中小学举行了创建全国文明城市 60 天冲刺暨拒绝流动摊点三无食品签名活动启动仪式，广大教师、家长、学生一起签下文明礼仪承诺，自觉做到语言美、行为美，自觉抵制三无食品，以实际行动投身到韶关创文工作之中。

二是举行一次规范化家长学校实验区启动仪式。4 月 12 日，广东省教育系统关工委家长学校工作指导办公室有关领导到浈江区进行指导，正式批准浈江区为全国规范化家长学校实验区，将在 5 月 26 日举行隆重的启动仪式。浈江区以此为契机，以“小手拉大手，文明齐步走”为主题，大力加强家庭美德教育，形成了“教育一个孩子，带动一个家庭，文明一个城市”的创文良好氛围。

三是举行一次学生创文演讲比赛。5 月 9 日，浈江区教育局组织开展了“我为韶关创文添光彩”演讲比赛。各校选手以“善美韶城・风采浈江——我为韶关创文添光彩”为主题，纷纷讲述了自己在韶关创文期间的所行所感所悟。

四是举行一次优秀童谣传唱活动。浈江区结合创文工作，在各中小学开展了优秀童谣征集活动，以童谣传唱的形式，传唱文明之风，传承文明之礼，掀起创文工作的新高潮。

五是举行一场社会主义核心价值观现场书画大赛。浈江区将艺术创作作为弘扬社会主义核心价值观的新载体、新方式，将在全区学校中开展社会主义核心价值观现场书画大赛，广大学生以艺术创作的方式表达对社会主义核心价值观的理解，也用艺术创作的方式弘扬社会主义核心价值观。

善美

加强校园文化建设塑造善美环境

学校是育人主阵地，一切景语皆情语。浈江区以创建广东省推进教育现代化先进区为抓手，以弘扬社会主义核心价值观为宗旨，累计投入资金 1200 多万元用于校园文化建设，精心打造了优雅舒适、人文气氛浓郁的环境，让学生耳濡目染，润物无声，熏陶其心。在净化、美化、绿化校园的同时，各校精心布置环境文化、楼层文化、班级文化，让每一面墙都发挥育人效果，塑造了善美环境，做到校园环境与育人理念的有机融合。和平路小学围绕“平和教育”这条主线，学校着力打造“书香人生”文化特色，德学并举，培养“平和”少年；韶师附小以“立德尚善”为办学理念，开展“乡土”文化、“尚善”教育，培育尚德少年；吴礼和中心小学以“礼和”文化为核心，开展礼仪教育，打造“礼和少年”；南枫小学提出“弘·爱”教育，打造独具特色的“枫叶文化”；市教工幼儿园以生命教育为主题，精心营造校园文化，成功创建成为广东省文明单位；市十三中通过唱响红色歌曲唤起师生的红色记忆，进行革命传统教育，传播积极的、向上的社会主流价值，提升师生的文化素养。

善行

开展志愿服务活动塑造善美文化

一座城市文明的标识，不仅要使文明的理念内化于心，还要让文明素养外化于行。浈江区教育系统在韶关创文号角吹响之际，组建了30多支志愿者服务队，广大教师、家长、学生纷纷加入志愿服务行列中，通过开展志愿服务活动，让文明之花遍布韶城。

黄金村中心小学组织学生志愿者，到周边饮食摊点派发“致学校周边饮食摊点经营者的一封信”，让经营者认识到食品安全的重要性的同时，也用实际行动自觉抵制“三无食品”；市十中20名学生志愿者来到位于小海龟自闭症儿童康复训练中心，开展“善美之城，大爱韶关”关爱自闭症儿童志愿服务活动；南枫小学组织家长志愿者在上学和放学时段开展文明交通指引活动，引导学生安全过马路，引导驾驶人有序停车，宣传文明礼仪，倡导文明出行；建国小学以国际禁毒日为契机，与浈江区禁毒办、南门派出所联合举办了“小手拉大手，禁毒入万家”国际禁毒日亲子教育志愿服务活动。执信小学印发了文明礼仪教育指引等校本教材，派出小小志愿者，进社区派发，全面提升全民创文意识。

善和

开展家庭美德教育塑造善美家风

浈江区始终高度重视家庭教育工作，积极抓好家长学校建设，把中华民族的优良传统美德，融入到家长学校学习活动中，努力塑造善美家风。

一是坚持“四方签约”机制，形成家校教育合力。从1992年开始，浈江区就一直坚持“派出所、学校、家长、学生”为四方的签约活动，建立起学校、社会、家庭共同参与的德育工作机制，形成“三结合”育人特色。全区各校通过家长学校，以案例宣讲、家教讲座、致家长的一封信等方式向家长宣传创建文明城市的重要意义，形成教育合力，共同培养孩子做个守法懂礼的好公民。二是加强中华美德教育，传承文明美德。浈江区积极组织开展以孝敬、友善、节俭和诚信为主要内容的美德教育，通过召开班队会、出手抄报、主题演讲、为父母做一件力所能及的事情等方式，加强对未成年人中华优秀传统文化的熏陶，继承优良作风。同时，还鼓励学生与家长同读中华经典诗文，举办经典诵读比赛，给孩子们提供了充分展示读经典、学经典、诵经典的平台，激发了他们继承和发扬中华优秀传统文化的意识。三是开展亲子文明活动，培育文明家风。浈江区以“小手拉大手，创文齐步走”为主题，开展“家庭共建，牵手文明”亲子文明行动。区教育局通过校讯通平台，向家长发送“每周一礼”创文宣传短信，在提升创文知晓率的基础上，对家庭成员进行文明礼仪教育活动。全区各校利用双休日组织红领巾志愿者、家长志愿者，一起走上街道、走进学校所在社区捡拾白色垃圾，打扫公共卫生，宣传文明礼仪知识，以学生带动家长，以家庭影响社会，让孩子和家长的好习惯在潜移默化中培养起来，塑造善美家风，共建善美韶城。

创文新动态逐个数

●4月24日，浈江区执信小学开展了“阅读中华经典·传承优秀传统文化”主题班会活动。活动中，各班主任通过独诵、领诵、齐诵、吟诵、唱诵等多种形式，深情演绎出从古到今中华经典独特的神韵和魅力。校园里的琅琅书声，带领着全校师生真切感悟经典诗文之美，品味中国传统文化的博大精深。

●5月8日上午，浈江区教育局在和平路小学高年部举行“2017年韶关市教育系统创建全国文明城市60天冲刺暨韶关市中小学生拒绝流动摊点三无食品万人签名活动”启动仪式，参加活动的有区教育局全体机关干部、全区中小学校分管副校长和资料员、和平路小学教师、学生家长及全体学生近千人。

●5月8日上午，犁市镇中心小学组织开展了主题为“喜迎十九大，我向习爷爷说句心里话”班会活动。通过写信、卡纸画、手抄板、演讲、小记者采访等多形式结合，学生充分表达了自己内心想要对习爷爷说的话，增强了学好文化，建设祖国的使命感。

●5月9日，浈江区教育局未成年人思想道德建设主题系列活动之“善美韶城·风采浈江”——我为“韶关创文添光彩”演讲比赛举行并取得圆满成功。

区委宣传部副部长、区文明办主任叶丽芬，区教育局副局长邱小玲出席了活动。通过本次比赛，选手们充分展现了浈江区中小学生的风采，用实际行动践行我为韶关创文添光彩。

●5月10日，黄金村中心小学组织数名学生志愿者，到学校周边饮食摊点进行“致学校周边饮食摊点经营者的一封信”的派发。希望能通过这样的形式，让学校周边饮食摊点的经营者认识到食品安全的重要性，通过自己的实际行动自觉抵制“问题食品”。

●5月10日－11日，针对韶关“民生关注”的记者拍到学生进网吧玩游戏、在校园周边购买“三无食品”的现象，浈江区教育局迅速利用微信平台，当晚就给各校进行了工作布置，要求各校引以为戒，加强学生的思想道德教育，杜绝此类事件再次发生。

●5月12日，韶关市机关第一幼儿园邀请广东省家庭教育金牌讲师、韶关市家庭教育讲师团成员、国家认证的心理咨询师、韶关学院罗曼红副教授来园为中班近140多名家长进行了主题为“谈谈家庭教育的智慧”专题教育讲座。讲座过程中，家长们踊跃发言，与罗教授充分交流，效果凸显。

创文在行动浈江不打烊

记者日前在浈江区采访时，区创文办相关负责同志向记者提供了一份日程表，简简单单的一份表格，是浈江区教育系统创文工作凝心聚力的体现，短短的一份表格，是浈江区教育系统创文工作时刻在行动，奋勇前进毫不停歇的写照，这名负责同志说：“即使是节假日，全区教育系统创文的步伐也从不停下，创文的干劲从不放松，创文工作从不打烊，大家凝心聚力，抓紧时间、抓实工作，就是为了真真正正让全区老百姓享受到创文工作带来的实惠。”

利用创文契机　营造宜居环境

——浈江区利用“人防＋技防”治拥堵发动志愿者参与创文纪事

面貌一新的市场

浈江区是我市创建全国文明城市的主要区域之一。由于该区人口稠密、商业繁忙，韶关火车东站、十里亭市场、南郊长乐市场和步行街兴隆市场（一市场）周边的环境及交通整治一直是我市创文工作和城市管理的重点和难点工作。面对当前我市创文工作时间紧、任务重、要求高的态势，为有效解决这些存在已久的交通“肿瘤”，浈江区委、区政府高度重视，多次开会专题研讨，创新性提出“人防＋技防”的治理手段，经过实践运用和检验，成效显著。同时，浈江区还创新工作机制，通过开展“党群连心社”党员志愿者一系列服务，切实做到会助力、善借力、巧用力，推进了社会主义核心价值观的真正落实，使辖区精神文明面貌焕然一新。

“人防＋技防”：制止乱摆卖改善交通环境

十里亭市场长期以来肉、菜流动摊贩的乱摆乱卖和占道经营，对十里亭街道人员及车辆的进出都造成十分严重的困扰，这一段道路几乎天天拥堵。怎样才能破解这个困扰人心的老大难问题呢？浈江区组织了专家进行现场勘查和论证后，提出了道路规划重置的方案，参考市政道路的设计模式进行整治。首先，他们将连接十里亭小学与市场之间的通道堵塞，只允许行人通过，禁止机动车辆在此掉头；其次，他们在道路边画出了停车方格，规定了机动车停放位置；第三，他们将街道与菜市场之间用铁栏杆隔开，使流动菜贩不能在此摆卖；第四，他们将里面的菜市场翻修、扩大，要求所有的买卖行为必须在市场内进行。

日前，记者专门来到位于十里亭镇政府旁边的菜市场采访，只见原来一片混乱、拥堵的场面不见了，街道行车十分畅通，路边已经没有了小贩乱摆乱卖的现象，汽车、摩托车都按照画好格子的指定位置排放得整整齐齐，市场内井井有条，一片忙而不乱的有序景象。浈江区城管局邓局长告诉记者，十里亭这个市场是一个自发形成的批发与零售混合的市场，前来这里交易的主要是当地的村民，由于本地人居多，管理起来难度很大。这次趁创文的契机，区政府要求彻底整治到位，他们便与交警、城建等部门合作，重新规划道路，并设立了多个监控探头，随时随地监控、拍摄违法违章的车辆以及其他不文明的行为，同时加派城管队员巡查，要求菜贩一律进市场交易，对于那些不听劝阻、以身试法的顽固分子，执法人员一律严格执法，毫不留情。经过一段时间的严格整治，现在情况大有改观，杜绝了摆卖人员在道路摆卖的行为。

邓局长还告诉记者，他们现在大量使用现代科技手段（交通视频）抓拍监控系统，对重点区域、重点路段的违法交通车辆实行全天候、无死角抓拍。例如韶关火车东站及其周边地带，长期以来，车辆流动性大，乘客接送车辆乱停乱放现象突出，一直以来都是社会关注和群众反映强烈的热点和焦点。为有效解决此问题，他们在火车东站肯德基门口集中安装交通视频抓拍监控系统，对违停超过三分钟的社会车辆进行抓拍，对广大车主形成有效的震慑和警示，遏制了车辆乱停乱放现象，周边的交通环境得到了明显的改善。

党群连心社：志愿者服务催开文明之花

创建文明城市更是市委、市政府为全城百姓打造的又一个重大民生工程，创文不但需要政府的投入，更需要广大市民尤其是广大志愿者的参与和付出。浈江区创新工作机制，通过开展“党群连心社”党员志愿者一系列服务，为创建基层文明特色品牌，切实做到会助力、善借力、巧用力，推进了社会主义核心价值观的真正落实，使全区精神文明面貌焕然一新。

4 月 28 日，包括志愿者、幼儿园师生及幼儿家长在内的、一支近 400 人的队伍，对南郊韶关国家森林公园景区的垃圾进行清理、清扫。浈江区委宣传部的相关负责人说，这样的活动既弘扬了志愿服务精神，使孩子们学到文明知识、受到文明教育，更能用他们的实际行动来感化和影响身边人，一起参与文明创建、做城市文明人。而且，他们每周坚持组织辖区技师学院、中小学师生等数百名志愿者开展清理铁轨垃圾、牛皮癣等志愿服务活动，引导未成年人注重文明礼貌，争做文明市民。

在车站街道办采访时，记者了解到，该办组织了 200 多人的党群连心社五支服务队伍（暖心服务队、便民服务队、创平巡逻队、文明创建队、文娱活动队），通过上门走访、解决群众的微小困难，一包米、一桶油的亲情式志愿服务，使整个辖区的弱势群体备感社会温暖；通过化解邻里纠纷、倡导文明用语、加强文明宣传，着力维护社会和谐稳定。针对站南路商铺占道经营、乱摆乱卖等经营秩序问题严重的局面，他们组织志愿者服务队对市场商户业主进行文明经营劝导，并积极、主动联合城管、工商、公安等部门开展对军供市场、粤辉市场的经营秩序和车辆停放进行了集中整治，使得整治后的两间商贸市场经营秩序良好，车辆停放规范，消防通道畅通，局面大为改观。

十九大东风劲吹　老区村换新颜

——浈江革命老区府管村、东联村发展见闻

府管村委细陈村村民吕亚金正在种植蔬菜

"村里有了太阳能路灯，村民夜晚出行不再是问题。""咱们村'牛皮癣'、杂草都清除了，整体环境更加干净整洁，有新农村的味。"……近日，记者在走访浈江老区府管村、东联村时，不少村民兴奋地告诉记者，在中共十九大东风劲吹下，村里发生的喜人变化，乡村正大步走在振兴发展的康庄大道上，向社会主义新农村进发。

府管村：土地承包再延30年美好未来可期

当下，刚过稻谷收割期不久，为充分利用土地资源，府管村委细陈村村民吕亚金在自己的一亩多的地里种起了蔬菜。每当太阳升起，吕亚金就早起劳作，记者见到吕亚金时，她正挑着桶、手拿瓢，给自己种的包菜、大白菜等蔬菜施肥。

"这包菜一般亩产两三千公斤，每斤能卖七八毛就很不错啦，卖菜的时候得凌晨两点钟起床，用车拉到坝厂市场去批发销售。"吕亚金在地里边给菜施肥边给记者介绍道。因该村附近没有工厂，种植出来的蔬菜健康好吃，在市场上也较受欢迎。

凌晨两点这村里有路灯吗？路好走吗？记者不禁发出疑问。

吕亚金手指村道上的一批新型太阳能路灯骄傲地说，"以前没有路灯，但现在有了，加之已经硬底化的村道，现在村民生产生活出行都很方便。"原来，去年以来，府管村委已陆续投入了40多万元，增设了5条自然村的太阳能路灯，另外5条自然村的太阳能路灯安装也正在陆续推进中，崭新的路灯照亮了村民的"奔康路"，大家乐开颜。

为增加收入，勤劳朴实的吕亚金除了种田、种蔬菜，农闲时候还打点散工，虽然收入跟城市比起来有些差距，但通过自己的双手换来的收获让她感觉很踏实，还有一件事让这个革命老区村的村民们感觉更踏实。

中共十九大报告指出，保持土地承包关系稳定并长久不变，第二轮土地承包到期后再延长30年。

"之前我们一直担心的事终于有了想要的答案，有了土地，我们农民就吃了'定心丸'，可以创造更多收入了！"吕亚金欢欣鼓舞地说。

除此之外，据府管村委书记邓锦生介绍，去年以来，在浈江区的支持下，村里新修建农田水利工程6公里，给村民生产提供了很大便利；村里还新建了10个垃圾池，聘请保洁员定期清理，让村庄更加整洁、环境更好；府管文化广场的建立让村民茶余饭后有了更好的活动空间。这些硬件设施的改善和投入离不开村集体收入的支撑。

据府管村委主任陈勇成介绍，3年前，府管村集体收入仅数万元，而且还负债累累，村委干部压力巨大，而经过努力，如今却大有不同，究竟是什么路子让该村发生了如此大变化？陈勇成道出了其中的奥妙。

"一是建成了府管商贸城，具备宾馆酒楼、商铺、仓储、物流等多重功能，目前正在招商，至少可为村集体增加年收入30万元；二是村里有20余亩地租赁给项目开发，预计年收入20万元。加上其他的收入，目前村集体的年收入不低于60万元。"陈勇成愉悦地给记者介绍说。此外，村里还有200多亩经济发展用地置换为鑫金汇商铺，预计明年开始可为村里带来可观收入。

中共十九大报告指出，实施乡村振兴战略。而我市趁势而上，贯彻落实中共十九大精神，提出要

加大力度实施乡村振兴战略，大力改进“三农”工作，加快社会主义新农村建设。在中共十九大春风的吹拂下，府管村委的党员干部们斗志昂扬、干劲十足。

东联村：整治乡村环境打造社会主义新农村

最近，东联村委书记杨达才十分忙碌，他正组织一次乡村清洁整治行动，记者见到杨达才时，他正开着摩托车到现场参与行动。

在东联新村，这里的房子整齐划一，村道也干净整洁，唯一美中不足的是房子外墙上的小广告。据在该村一间幼儿园当保安的老吴介绍，经常有一些人偷偷摸摸到村里贴小广告，他一见到就立即制止并没收他们的小广告，对方见白天难以行动就改到了晚上，让人防不胜防。

“这些‘牛皮癣’经常有，已经清了几次了，又来新的，我是‘厚着脸皮’直接打上面的电话过去投诉他们，现在有一些人不敢来东联村贴小广告了，环境比以前好了很多。”杨达才告诉记者，除了组织村委干部对这些“牛皮癣”进行集中清除外，同时还聘请一些卫生员巡逻防控。

刚从东联新村走出来，杨达才又骑上了摩托车向翻溪桥村驶去。翻溪桥村是名副其实的革命老区村，记者了解到，该村在1926年夏就成立中共翻溪桥支部。

在该村的一条村道路口，村委干部正在清除杂草。杨达才停下了车，他指着路边的杂草告诉记者，放任生长的杂草影响村容村貌和安全。

“不要轻视这些杂草，如不及时清除长得比人还高，在一些关键路口看不见路况，很容易发生交通事故。同时也容易引起火灾，造成危险。”杨达才这样说。

建立卫生站、聘请保洁员、改造排污管道……在乡村整洁上，东联村还将会做得更多，而且会得到广大村民的支持。

当谈到为何如此重视乡村整洁时，杨达才表示，中共十九大报告提出，实施乡村振兴战略。而加快社会主义新农村建设是我市贯彻落实中共十九大精神的重要举措，社会主义新农村必然是一个卫生整洁的新农村。

“我们将永远跟着党走，延续共产党人的优良作风，让村庄变得更美丽，让村民的生活更美好，中共十九大春风让我们基层农村充满了生机。”杨达才坚定地说。

棚改区　老矿工们的新春节

大年三十，新华社记者深入我市采访原曲仁矿务局棚户区改造项目和老矿工乔迁之喜，反映韶关重大民生工程取得实实在在的成效，为新春佳节增添了喜庆色彩。

大年三十，原广东省属煤炭企业曲仁矿务局退休矿工凌晋发回到半个多月前搬离的老房子，恭恭敬敬地在门框上贴上春联。“这是最后一次在这里贴春联了。老房子马上就要拆。”凌晋发说，在这里结婚、生孩子，住了三十多年，今年住进了棚改区的新房子。

凌晋发钻进老房子，合上裸露在墙上的电闸。借着灯光，可以看到低矮的房子里一根房梁已经断裂，挡水的塑料纸上还残留着雨水的痕迹。

“1998年开始，煤矿逐步关停，像凌晋发这样住在附近棚户区里的职工有1.4万户，约4万人。”广东省韶关市住房和城乡建设局副局长张蘋说，绝大多数棚户区房屋不同程度出现漏水、倾斜、裂缝、下陷等现象，均属于高危住房。

韶关市2010年启动原曲仁矿务局棚户区改造项目，为棚户区老矿工们改善住房条件。记者站在韶关市浈江区新韶镇莲花新村小区的山顶公园上，俯视山下的棚户区矿工安置房，可以看到130多栋已建成的安置房并排而立，公交车在小区内穿梭，小集市内人来人往。

凌晋发三房两厅的新房子坐北朝南，总面积85平方米。记者在凌晋发家看到，空调、冰箱、彩电等家电一应俱全，茶几上摆着橘子、花生、瓜子等六盘瓜果招待客人。“55平方米以下的面积不用出钱，超出55平方米的部分按照低于市场价的价格购买，自己总共掏了9万多块，如果在市场上购买同面积的商品房至少要30万元。”凌晋发说。

棚户区改造让老矿工的精神风貌为之一变。

“以前住在棚户区，亲戚朋友来看我们，自己都觉得抬不起头。根本不好意思请人家到家里来，只在外面饭店招待客人。有了新房子，感觉腰杆都硬了，今年要邀请亲戚们来家里看看。”58 岁的老矿工周月琪说。

86 岁的老矿工、老党员刘云华 3 个月前住进了安置房。除夕夜，在儿子家吃完团圆饭后，刘云华坚持让儿子开车送自己回新房子里过年。“感谢党的好政策，让我老头子等到了新房子。”刘云华对记者说，小区里菜市场配备齐全，芹菜、大蒜现在都是两元一斤，比市区便宜不少。

张蘋说，原曲仁矿务局棚户区改造项目是广东省最大的工矿棚户区改造项目，总投资超过 40 亿元，计划改造 14000 户，目前已建成安置房 9331 套，实际搬迁入住约 6000 户，预计 2017 年底将全部改造搬迁完毕。

韶关东郊客运枢纽中心站工程正式动工

投资 2.4 亿客运站日发送上万旅客

见习记者　覃慧玲

韶关东郊客运枢纽中心站工程整体效果鸟瞰图

作为城市提升项目之一的韶关东郊客运枢纽中心站项目正式开工，项目总投资约 2.4 亿元，预计 2018 年底完工。该项目的建成将有效缓解主城区交通运输压力，为市民出行带来极大的便利。

据了解，韶关东郊客运枢纽中心站建设项目，位于我市东部田螺冲棚改区附近，紧邻国道 323 线和韶关北环高速公路，距离主城区不足 4 公里。项目总建筑面积 42144 平方米，涵盖长途客运站、公交站场、辅助用房、零担货运站、商业用房、社会车辆停车场以及出租车临时停靠点等配套交通基础设施。

据介绍，该项目的功能定位是客运综合换乘枢纽站，为东环片区居民提供省际、市际间的公路快速客运服务，与韶赣铁路枢纽站、城市公交、出租车枢纽站共同实现快速中转换乘服务。其中，公路长途客运场站按一级站标准建设，设计生产能力为日均发送旅客 10000 人次。

该站的建成，将以其安全、顺畅的交通体系，高效便捷的换乘系统，为市民提供舒适、现代、绿色、人性化的出行环境。同时，对完善我市综合运输体系、城市公共设施建设，加强与周边地区交通运输网络连接，促进经济交流发展，加快融入珠三角等具有重要意义。

18 类车驾管业务可“一证即办”

“一证即办”：即对补换领、审验驾驶证等 18 类车驾管业务，申请人凭本人居民身份证明一证即办。原需审核或收回的驾驶证、行驶证，通过内部信息核查，不再要求群众提交。“一证即办”的具体业务事项如下：

序号	业务类型	原申请资料	减免后申请资料	提示
1	初次申领驾驶证	1.《机动车驾驶证申请表》 2.申请人身份证明 3.申请人身份证明复印件 4.县级或者部队团级以上医疗机构出具的有关身体条件的证明	申请人身份证明	申请人需到医疗机构体检。
2	申请增加准驾车型	1.《机动车驾驶证申请表》 2.申请人身份证明 3.申请人身份证明复印件 4.县级或者部队团级以上医疗机构出具的有关身体条件的证明 5.机动车驾驶证	申请人身份证明	
3	申请恢复驾驶资格	1.《机动车驾驶证申请表》 2.机动车驾驶人身份证明 3.机动车驾驶人身份证明复印件 4.县级或者部队团级以上医疗机构出具的有关身体条件的证明	机动车驾驶人身份证明	
4	驾驶证有效期满换证	1.《机动车驾驶证申请表》 2.机动车驾驶人身份证明 3.机动车驾驶人身份证明复印件 4.机动车驾驶证 5.县级或者部队团级以上医疗机构出具的有关身体条件的证明	机动车驾驶人身份证明	申请人需到医疗机构体检。
5	驾驶证损毁换证	1.《机动车驾驶证申请表》 2.机动车驾驶人身份证明 3.机动车驾驶人身份证明复印件 4.机动车驾驶证	机动车驾驶人身份证明	原机动车驾驶证未交回的，可容缺办理。
6	驾驶证遗失补证	1.《机动车驾驶证申请表》 2.机动车驾驶人身份证明 3.机动车驾驶人身份证明复印件 4.机动车驾驶证遗失的书面声明	机动车驾驶人身份证明	
7	驾驶证审验（不含校车驾驶人）	1.《机动车驾驶人身体情况申报表》 2.机动车驾驶人身份证明、机动车驾驶证 3.公安机关交通管理部门出具的接受教育凭证	机动车驾驶人身份证明	
8	驾驶证延期换证	1.《机动车驾驶证申请表》 2.机动车驾驶人身份证明 3.机动车驾驶人身份证明复印件 4.机动车驾驶证 5.延期事由证明	机动车驾驶人身份证明	
9	驾驶证延期审验	1.《机动车驾驶证申请表》 2.机动车驾驶人身份证明 3.机动车驾驶人身份证明复印件 4.机动车驾驶证 5.延期事由证明	机动车驾驶人身份证明	
10	延期提交《身体条件证明》	1.《机动车驾驶证申请表》 2.机动车驾驶人身份证明 3.机动车驾驶人身份证明复印件 4.机动车驾驶证 5.延期事由证明	机动车驾驶人身份证明	
11	机动车驾驶人联系方式变更备案	1.《机动车驾驶证申请表》 2.机动车驾驶人身份证明	机动车驾驶人身份证明	
12	申请参加违法记分满分考试	1.机动车驾驶人身份证明 2.机动车驾驶人身份证明复印件 3.公安机关交通管理部门出具的接受教育凭证	机动车驾驶人身份证明	
13	补领机动车行驶证	1.《机动车牌证申请表》 2.机动车所有人身份证明 3.机动车所有人身份证明复印件	机动车所有人身份证明	
14	补领机动车号牌	1.《机动车牌证申请表》 2.机动车所有人身份证明 3.机动车所有人身份证明复印件	机动车所有人身份证明	
15	申领机动车登记证书	1.《机动车牌证申请表》 2.机动车所有人身份证明 3.机动车所有人身份证明复印件 4.车辆识别代号拓印膜	机动车所有人身份证明	机动车所有人需向公安交管部门交验机动车。
16	补领机动车登记证书	1.《机动车牌证申请表》 2.机动车所有人身份证明 3.机动车所有人身份证明复印件 4.车辆识别代号拓印膜	机动车所有人身份证明	
17	申领免检标志	1.《机动车牌证申请表》 2.机动车行驶证 3.机动车交通事故责任强制保险凭证 4.本年度的车船税纳税或免税证明	机动车所有人身份证明或机动车行驶证	未实现联网的，需要提交机动车交通事故责任强制保险凭证。
18	机动车所有人联系方式变更备案	1.《机动车变更登记/备案申请表》 2.机动车所有人身份证明 3.机动车所有人身份证明复印件 4.机动车行驶证	机动车所有人身份证明	

港澳台居民居住证申领发放指南

申领条件

- 港澳台居民前往内地（大陆）居住**半年以上**
- 有合法稳定就业、合法稳定住所、连续就读条件之一

有效期限

五年 由县级人民政府公安机关签发

怎么申领

首次领取

- 填写《港澳台居民居住证申领登记表》
- 交验本人港澳台居民出入境证件
- 向居住地县级人民政府公安机关指定的公安派出所或者户政办证大厅提交本人居住地住址、就业、就读等证明材料
- 首次申请领取居住证，**免收**证件工本费

换领、补领

- 居住证有效期满、证件损坏难以辨认或者居住地变更的，持证人可以换领新证
- 居住证丢失的，可以申请补领
- 换领补领新证时，应当交验本人港澳台居民出入境证件
- 换领新证时，应当交回原证
- 换领、补领居住证，应当缴纳证件工本费

多久可拿到？

受理申请的公安机关应当自受理之日起**20个工作日内**发放居住证

交通不便的地区，办理时间可以适当延长，但延长的时间**不得超过10个工作日**

能享受3项权利

- 劳动就业
- 参加社会保险
- 缴存、提取和使用住房公积金

能享受6项基本公共服务

能享受9项便利

- 乘坐国内航班、火车等交通运输工具
- 住宿旅馆
- 办理银行、保险、证券和期货等金融业务
- 与内地（大陆）居民同等待遇购物、购买公园及各类文体场馆门票、进行文化娱乐商旅等消费活动
- 在居住地办理机动车登记
- 在居住地申领机动车驾驶证
- 在居住地报名参加职业资格考试、申请授予职业资格
- 在居住地办理生育服务登记
- 国家及居住地规定的其他便利

小贴士

港澳台居民

是“港澳居民”和“台湾居民”的统称

- “港澳居民”是指在香港、澳门特别行政区定居且不具有内地户籍的中国公民
- “台湾居民”是指在台湾地区定居且不具有大陆户籍的中国公民

港澳台居民居住证

包括中华人民共和国港澳居民居住证、中华人民共和国台湾居民居住证

港澳台居民出入境证件

包括港澳居民来往内地通行证、五年期台湾居民来往大陆通行证

韶关市民乘坐公交车可“闪付”

2018 年 3 月，中国人民银行韶关市中心支行联合市交通局、市内各商业银行共同打造的韶关市智慧公交 ODA 移动支付项目正式启用，省去了市民充值的麻烦，加快了挥卡速度，适应我市公交对大流量、快速上车的服务特点，满足市民乘客对服务速度、支付体验的需求。凡持有开通小额免密免签功能的银联 IC 卡，或者开通手机 Pay、银联二维码支付功能的手机、可穿戴设备的市民乘客，均可以实现“云闪付”乘车。

ODA（OfflineDataAuthentication，即脱机数据认证）是中国银联针对公交场景打造的新产品，采用脱机模式先乘车、延时联机后付费的信用消费模式，不受网络环境制约，乘客使用 62 开头带有闪付标识、开通小额免密服务的银联 IC 卡或银联手机 Pay，只需卡内有余额即可“一挥即付”轻松乘车，交易速度仅半秒，相较公交卡支付更为安全与便捷。

操作流程

应用一

境内任一银行发行的 62 开头且开通小额免密免签功能银联 IC 卡（包括储蓄卡、信用卡），靠近车载收费机感应区，即可“一挥即付”直接乘公交。

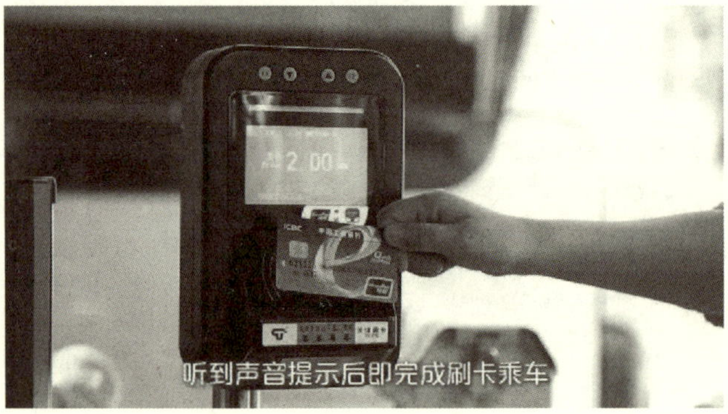

应用二

打开银行业统一 APP“云闪付”、各银行手机银行或京东、美团等人气 APP，调出付款码，靠近车载收费机扫码区即可“一扫即付”乘公交

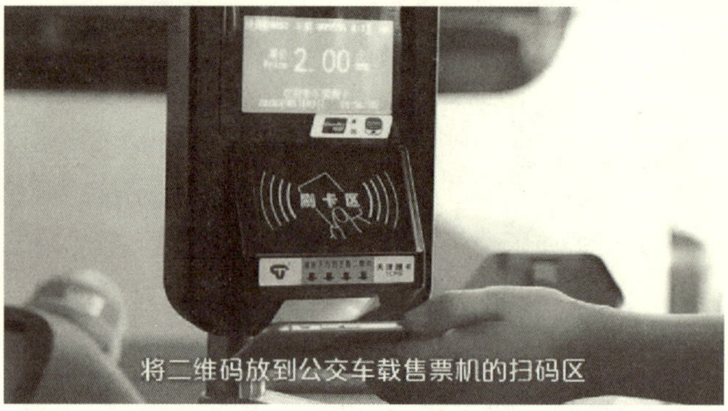

应用三

带上绑定银联卡的手机或手表、手环等可穿戴设备（Apple Pay、Samsung Pay、Huawei Pay、Mi Pay 等各类手机 Pay 全部支持），靠近车载收费机感应区，即可“一挥即付”乘公交。

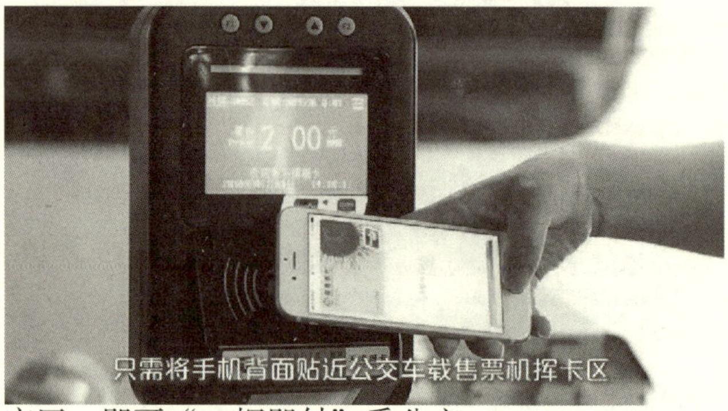

表20 **韶关公共汽车公司各路线运行一览表**

线路	起止站	班车时间	途经路线
1	森鑫汽车城/碧桂园凤凰城	6：30/22：00	家之福家居—南郊长乐—啤酒厂—粤北工业开发区—金沙站—南郊三公里—亿华购物广场—南郊二公里—四通市场—福康医院—江畔广场—韶关东站—解放路（东）—和平路口—西堤中—市政府（北苑）峰前街—电视台—浈江区检察院—良村 回程经：市政府（中山路口）—东堤横街—风采广场（市一医院）—建国路口—熏风路
1B路	森鑫汽车城/森鑫汽车城	6：30/22：00	家之福家居—南郊长乐—啤酒厂—粤北工业开发区—金沙站—南郊三公里—亿华购物广场—南郊二公里—四通市场—福康医院—江畔广场—韶关东站（总站）—解放路（东）—和平路口西堤中—市政府（北苑）—市政府（中山路）—东堤横街—风采广场（市一医院）—建国路口—熏风路—解放路（东）—韶关东站（北江北路）—江畔广场—福康医院—南郊二公里—亿华购物广场—南郊三公里—金沙站—粤北工业开发区—啤酒厂—南郊长乐—家之福家居
2路	韶关东站/众力发电设备厂	6：30/22：00	解放路（东）—和平路口—西堤中—北门—帽峰公园—第七中学—五里亭—河畔名居—前进中路—第二高级技校—油泵厂—第三中学—红十字会医院—北江技校—粤北技校—十里亭水厂 回程经：市政府（北苑）—东堤横街—风采广场（市一医院）—建国路口—熏风路
3路	韶关东站/旭日公交总站	6：20/21：00	解放路（中）—西河汽车站—田家炳中学—粤北医院—芙蓉东路口—西河体育中心—一棉—水泥厂—第九中学—省核工业地调院—针织厂—芙蓉北路口—韶关市振华中等职业学校—粤北二院—旭日玩具厂
4路	韶关东站/韶冶（四村）	6：20/22：00	解放路（西）—西河汽车站—田家炳中学—粤北医院—韶关学院医学院—南郊二公里—亿华购物广场—南郊三公里—金沙站—粤北工业开发区—啤酒厂—南郊长乐—家之福家居—森鑫汽车城—林家坝—高头村—广塑厂—韶冶二号门—冶炼厂招待所—冶炼厂医院 回程经：四通市场—福康医院—江畔广场
5路	韶关东站/行政中心	6：30/18：00	解放路—西河汽车站—韶关剧院—一棉—红十字会（水泥厂）—摩尔城—第九中学—省核工业地调院—针织厂—韶关市振华中级职业学校—粤北二院—西联考场—光华玩具厂—韶瑞重工—西联派出所—西联路口—保利大都会—行政中心
6路	韶关东站/曲仁五矿	6：30/21：25	市铁路医院—启明路口—浈江区政府—交通技工学校—烈士陵园—牛头潭—东郊加油站—化工厂—黄金村小学—五矿学校
7路	中山公园/市高级技校	6：30/22：00	韶关东站—市铁路医院—启明路口—浈江区政府—韩家山—南方高级技校—华能石化公司（莲花山）—东联—铁一中—韶关预备役炮团—府管—黄屋村—坳下—韶关学院教师公寓—韶关学院南区—韶关学院北区—学府商业中心（紫园宾馆）

续表 20

线路	起止站	班车时间	途经路线
8 路	韶关东站/旭日公交总站	6：30/21：00	解放路（西）—妇幼保健院—北江中学—市体校—市党校—朝阳新村—北江实验中学—福利院—新三联有限公司（二棉）—无线电五厂—塘湾—奥园小区—韶州宾馆—西河二水厂—长者公寓—镇泰公司—四一九医院—职防院—粤北二院—旭日玩具厂（18：00 后末站为无线电五厂）
9 路	韶关东站/天子岭	6：20/22：00	解放路（中）—新华北路—西河邮局—东岗岭—市一棉—市第二人民医院—沙湖路口—工具厂—齿轮厂—市博物馆（长城世家/市中级人民法院）—四一九医院
10 路	森鑫汽车城/旭日公交总站	6：20/21：00	家之福家居—南郊长乐—啤酒厂—粤北工业开发区—金沙站—南郊三公里—亿华购物广场—南郊二公里—韶关学院医学院—芙蓉东路口—西河体育中心—一棉—第二人民医院—沙湖路口—工具厂—齿轮厂—博物馆（长城世家）—四一九医院—市康复中心—粤北二院—旭日玩具厂
11 路	韶关东站/犁市监狱	6：30/21：00	韶关东站—解放路（西）—西堤中—北门—帽峰公园—第七中学—五里亭—河畔名居—前进中路—第二高级技校—义乌商贸城—大粤广场—铁五局四处（乌教塘）—黄岗水泥厂—黄岗—武江监狱—冼鸡坑—河边厂—犁市镇—犁市监狱
12 路	韶关东站/韶关东站	6：30/21：40	环城北线：解放路（东）—和平路口—西堤中—北门—帽峰公园—第七中学—江湾名庭—南枫雅居—武江北移动公司—海景花园—北江中学—妇幼保健院—新华北路—西河邮局—东岗岭—西河体育中心—芙蓉东路口—医疗器械厂—晖景园—芙蓉山（省血站）—韶能大厦—金贝苑—金泽园—金福园—粤海花园—四通市场—福康医院—江畔广场
		6：30/21：40	环城南线：江畔广场—福康医院—粤海花园—金福园—金泽园—金贝苑—韶能大厦—芙蓉山（省血站）—晖景园—医疗器械厂—芙蓉东路口—西河体育中心—东岗岭—西河邮局—新华北路—妇幼保健院—北江中学—海景花园—武江北移动公司—南枫雅居—江湾名庭—朝阳新村—第七中学—帽峰公园—北门—市政府站（北苑）—东堤横街站—风采广场（市一医院）—建国路口—熏风路—解放路（东）
13 路	森鑫汽车城/新三联有限公司（二棉）	6：30/21：00	家之福家居—南郊长乐—啤酒厂—粤北工业开发区—金沙站—南郊三公里—亿华购物广场—南郊二公里—韶关学院医学院—粤北医院—田家炳中学—西河汽车站—妇幼保健院—北江中学—海景花园—武江北移动公司—南枫雅居—江湾名庭—朝阳新村—北江实验中学—朝阳小学—福利院
14 路	韶关电大/市高级技校	6：30/21：00	教育东路—北江中学—市体校—市党校—朝阳新村—第七中学—北门—市政府（北苑）—东堤横街—风采广场（市一医院）—建国路—熏风路—解放路东—韶关东站—市铁路医院—启明路口—浈江区政府—韩家山—南方高级技校—华能石化公司（莲花山）—东联—铁一中—韶关预备役炮团—府管—黄屋村—坳下—韶关学院教师公寓—韶关学院南区—韶关学院北区—学府商业中心（紫园宾馆） 回程经：和平路口—西堤中

续表 20

线路	起止站	班车时间	途经路线
15 路	粤北技校/旭日公交总站	6：25/21：00	北江技校—红十字会医院—第三中学—油泵厂—第二高级技校—前进中路—河畔名居—五里亭—第七中学—帽峰公园—北门—西堤中—西河汽车站—韶关剧院——棉—第二人民医院—沙湖路口—工具厂—齿轮厂—博物馆（长城世家）—四一九医院—市康复中心—粤北二院—旭日玩具厂 回程：经解放路（西）（18：00 后末站为四一九医院）
16 路	森林公园/朝阳新村	6：40/19：15	丛林山庄—四通市场（下行）—福康医院—韶关东站—解放路西（上行）—解放路东（下行）—西河汽车站—田家炳中学—粤北医院—韶关学院医学院—金福园（西区）—金泽园—鸿洲花园—金福园（东区）—管道煤气公司—粤北医院（东区）—美达多面制品厂—光明市场—中医院—市青少年宫—肺结核防治所—黄田坝小学—海景花园—武江北移动公司—南枫雅居—江湾名庭
17 路	韶关站（武广站）/鑫金汇	6：30/22：05	韶关大道 1—韶关大道 2—西联路口—保利大都会—新何屋村—市行政服务中心—市公安局—百旺大桥（西）—森鑫汽车城—家之福家居—南郊长乐—啤酒厂—粤北工业开发区—金沙站—南郊三公里—亿华购物广场—南郊二公里—四通市场（回程不停）—福康医院—江畔广场—韶关东站—市铁路医院—启明市场—启明中路—万通大厦—启明北路—东河路—东郊加油站—化工厂—黄金村—腊石坝渡口
18 路	鑫金汇/碧水花城	6：30/21：00	腊石坝渡口—黄金村—碧桂园（珑湾）—碧桂园（翠林山语）—浈江实验学校—碧桂园（凤凰城）—良村—北伐纪念馆—帽峰大桥—东河北路—东景园—技能鉴定中心—浈江区人民医院—东河中路—东河南路—第二中学—市铁路医院—韶关东站—解放路（西）—西河汽车站—韶关剧院—西河体育中心—芙蓉东路口—韶关学院医学院—金福园—金泽园—金贝苑
19 路	帽峰大桥/甘棠	6：20/22：00	启明北路—万通大厦—启明中路—启明市场—市铁路医院—韶关东站—解放路（西）—西河汽车站—韶关剧院——棉—第二人民医院—沙湖路口—工具厂—齿轮厂—博物馆（长城世家）—四一九医院—市职防院—粤北二院—旭日玩具厂—937 地质队—小阳山—三江水泥厂—西联大道（北）—消防特勤中队—沐溪八路—沐溪七路—沐溪六路—沐溪五路—沐溪三路—沐溪二路—沐溪一路
20 路	粤北技校/碧水花城	6：20/18：30	北江技校—红十字会医院—第三中学—油泵厂—第二高级技校—前进中路—河畔名居—五里亭综合市场—碧桂园水木春华—良村—浈江区检察院—朝阳新村—党校—体校—北江中学—教育东路—韶关电大—东岗岭—西河体育中心—芙蓉东路口—韶关学院医学院—金福园—金泽园—金贝苑

续表 20

线路	起止站	班车时间	途经路线
21 路	龙洲岛/龙洲岛	环城东线： 7：15/18：15 环城西线 6：50/18：30	天泓居—江山花园—锦园—南枫碧水园—金沙路口—高速公路管理处—第八中学—亿华购物广场—亿华批发广场—枫景园—北江桥头—江畔广场—韶关东站（总站）—解放路（东）—西河汽车站—田家炳中学—粤北人民医院—韶关学院医学院—金福园—金泽园—金贝苑—核工业华南技校—芙蓉山翡翠湾—棕榈湾—电化厂社区—百旺大桥（西）—百旺桥头（环城东线不停）—市公安局
22 路	韶关站（武广站）/韶关东站	7：00/22：05 加开 23：00、23：30	韶关大道 1—韶关大道 2—韶关大道 3—韶关大道 4—韶关大道 5—韶关大道 6—明日星城—市职防院（康复中心）—四一九医院—博物馆（长城世家）—齿轮厂—工具厂—沙湖路口—第二人民医院—一棉—韶关剧院—西河汽车站—解放路（中）
23 路	韶关站（武广站）/松山学院	7：00/17：45	韶关站（武广站）—韶关大道 1—韶关大道 2—西联路口—保利大都会—新何屋村—市行政服务中心—市公安局—百旺大桥（西）—林家坝—高头村—广塑厂—韶冶二号门—正星轮胎厂—部队—彩虹门—曲江一中（下行停曲江二中）—鞍山路—马坝大转盘—东悦酒家—城东派出所—大丘麻—半山豪苑—友好温泉—万寿山陵园—中心村—下丘村—南华寺—松山学院
24 路	中山公园/曲仁中学	中山公园 7：30 曲仁 6：50/ 中山公园 17：30 曲仁 18：00	西堤中—北门—第七中学—五里亭—河畔名居—前进中路—第二高级技校—武警医院—铁五局四处（乌教塘）—黄岗水泥厂—黄岗—黄岗轧钢厂—武江监狱—公安戒毒所—自来水加压站—五四村—煤机厂—创业一路—创业园—创业园管委会
25 路	鑫金汇/旭日公交总站	6：30/18：30	腊石坝渡口—黄金村—碧桂园（珑湾）—碧桂园（翠林山语）—浈江实验学校—碧桂园（凤凰城）—良村—浈江区检察院—朝阳新村—党校—体校—北江中学—妇幼保健院—新华北路—西河邮电局—东岗岭—一棉—市第二人民医院—沙湖路口—工具厂—齿轮厂—博物馆（长城世家）—四一九医院—康复中心—粤北二院（延伸科技园途经：九三七地质队—小阳山—广前阀门—靓韶—韶瑞重工，单程：3 公里，延伸时间：上午 7：00、7：30 下午 17：00）
26 路	碧桂园（太阳城）/韶关东站	6：40/21：00	碧桂园（太阳城）—韶关实验中学—韶关大道 5—韶关大道 6—明日星城—针织厂—省核工业地调院—第九中学—怡景路—矿山公园—芙蓉东路口—粤北医院—田家炳中学—西河汽车站—解放路（东）—韶关东站
27 路	碧桂园（珑湾）/韶关东站	6：30/21：00	碧桂园（珑湾）—碧桂园（翠林山语）—浈江实验学校—碧桂园（凤凰城）—良村—水木春华—五里亭综合市场—五里亭—第七中学—帽峰公园—北门—西堤中（西堤横街）—解放路（东）—韶关东站
28 路	韶关东站/金喆园（大桥森林公园）	6：50/17：00	市铁路医院—启明路口—浈江区政府—交通技工学校—牛头潭—化工厂—黄金村—腊石坝渡口—鑫金汇—金沙生态园—洞天陵园—碧涛公园—慈航净寺—湾头—新桥坑—长坝新村—长坝村—长坝

续表 20

线路	起止站	班车时间	途经路线
29 路	韶钢总站/旭日公交总站	6：15/19：30	东区活动中心—韶钢医院—大圳口—焦化南门—韶钢招待所—韶钢总部—西区—红旗区北门—大门口—三村—二村—东城花园—大转盘—曲江公安分局—马鞍山—曲江二中—炮师—曲江水泥厂—韶冶二号门—广塑厂—高头村—林家坝—电化厂社区—棕榈湾—芙蓉山翡翠湾—核工业华南技校—碧水花城—金贝苑—金泽园—金福园—韶关学院医学院—芙蓉东路口—西河体育中心——棉—市第二人民医院—沙湖路口—工具厂—齿轮厂—博物馆（长城世家/市中级人民法院）—四一九医院—职防院—粤北二院
30 路	韶关东站/韶钢总站	6：20/21：52	江畔广场—北江桥头—枫景园—亿华批发广场—亿华购物广场—第八中学—高速公路管理处—金沙路口—南枫碧水园—江山花园—天泓居—林家坝—高头村—广塑厂—韶冶 2 号门—韶冶 1 号门—曲江水泥厂—部队—彩虹门—北区—红旗区北门—西区—韶钢总部—韶钢招待所—焦化南门—大圳口—韶钢医院—东区活动中心
31 路	韶关东站/龙归	6：10/20：30	韶关东站（广场）—解放路（西）—西河汽车站（工业东路）—韶关剧院——棉—市第二人民医院—沙湖路口—工具厂—齿轮厂—博物馆（长城世家/市中级人民法院）—四一九医院—康复中心—粤北二院—旭日公交总站—九三七地质队—小阳山—三江水泥厂—西联大道北—消防特勤大队—沐溪八路—沐溪七路—沐溪六路—沐溪五路—沐溪三路—沐溪二路—沐溪一路—甘棠—社主
32 路	韶关汽车客运北站/江畔总站	5：30/22：00	第七中学—北门—西堤中—解放路（中）—江畔广场—福康医院—四通市场—南郊二公里—亿华购物广场—南郊三公里—金沙站—粤北工业开发区—啤酒厂—南郊长乐—家之福家居—森鑫汽车城—林家坝—高头村—广塑厂—韶冶二号门—曲江水泥厂—城区加油站—炮师—曲江二中—马鞍山—曲江公安分局—大转盘—新市场—德诚鞋业—区供电局（新桥头）区妇幼保健院—老桥头—亿华明珠城—曲江江畔花园
33 路	韶关汽车南站/碧桂园凤凰城	6：00/20：30	源河鸿景—源河豪庭—曲江区武装部—桃园西路口—老桥头—区妇幼保健院—区供电局（新桥头）—德诚鞋业—新市场—大转盘—曲江公安分局—马鞍山—曲江二中—炮师—锦鸿家具厂—曲江水泥厂—韶冶二号门—广塑厂—高头村—林家坝—森鑫汽车城—南郊六公里—南郊长乐—啤酒厂—粤北工业开发区—金沙站—南郊三公里—亿华购物广场—南郊二公里—韶关学院医学院—粤北医院—田家炳中学—西河汽车站（惠民南路）—妇幼保健院（口腔医院）—北江中学（惠民北路）—市体校—市党校—朝阳新村—浈江区检察院—良村 回程经：人民公园—大富豪酒店—新华书店—中华园

续表20

线路	起止站	班车时间	途经路线
34A路	亿华客运站/市高级技校	05：40/19：00	老桥头—区妇幼保健院—区供电局（新桥头）—德诚鞋业—新市场—大转盘—曲江公安分局—马鞍山—曲江二中—炮师—曲江水泥厂—韶冶二号门—广塑厂—高头村—林家坝—森鑫汽车城—家之福家居（南郊六公里）—南郊长乐—啤酒厂—粤北工业开发区—金沙站—南郊三公里—亿华购物广场—南郊二公里—四通市场—福康医院—江畔广场—市铁路医院—启明路口—浈江区政府—韶大韩家山校区—南方高级技校—莲花山—（华能石华公司）—东联—市中等职业技术学校—韶关预备炮团—府管—（市一中）—黄屋村—坳下—韶关学院教师公寓—韶关学院南区—韶关学院北区—学府商业中心（紫园宾馆） 回程经：人民公园—大富豪酒店—新华书店—中华园
34B路	亿华客运站/浈江区政府	6：30/20：50	老桥头—区妇幼保健院—区供电局（新桥头）—德诚鞋业—新市场—大转盘—曲江公安分局—马鞍山—曲江二中—炮师—曲江水泥厂—韶冶二号门—广塑厂—高头村—林家坝—森鑫汽车城—家之福家居（南郊六公里）—南郊长乐—啤酒厂—粤北工业开发区—金沙站—南郊三公里—亿华购物广场—南郊二公里—四通市场—福康医院—江畔广场—市铁路医院—启明路口—浈江区政府回程经：人民公园—大富豪酒店—新华书店—中华园
35路	韶关站（武广站）/碧桂园（凤凰城）	6：30/20：00	韶关站（武广站）—韶关大道1—韶关大道2—西联路口—保利大都会—新何屋村—市行政服务中心—市公安局—百旺大桥（西）—电化厂社区—棕榈湾—芙蓉山翡翠湾—核工业华南技校—碧水花城—金贝苑—金泽园—金福园—韶关学院医学院—粤北医院—田家炳中学—西河汽车站—妇幼保健院—北江中学—体校—党校—朝阳新村—浈江区检察院—良村—碧桂园（凤凰城）
36路	韶关东站/309厂（明华机械公司）	6：30/18：00	解放路（西）—西堤中—北门—帽峰公园—第七中学—五里亭—河畔名居—前进中路—第二高级技校—义乌商贸城—大粤广场—铁五局四处（乌教塘）—黄岗水泥厂—黄岗—武江监狱—公安戒毒所—冼鸡坑—河边厂—犁市镇—犁市镇中—莲塘村—新联村
37路	韶关东站（广场）/龙归（六矿）	7：00/19：30	解放路（西）—西河汽车站—韶关剧院—一棉—市第二人民医院—沙湖路口—工具厂—齿轮厂—博物馆（长城世家，市中级人民法院）—四一九医院—市康复中心—韶关市振华中级职业学校—粤北二院—旭日公交车总站—九三七地质队—小阳山—三江水泥厂—西联大道（北）—消防特勤大队—沐溪八路—沐溪七路—沐溪六路—沐溪五路—沐溪三路—沐溪二路—沐溪一路—甘棠—社主—六矿—龙归
38路	电视台/市行政服务中心	8：00/17：15	峰前街—市政府（中山路口）—东堤横街—风采广场（市一医院）—建国路口—熏风路—解放路（中）—新华北路—西河邮局—东岗岭—西河体育中心—芙蓉东路口—医疗机械厂—晖景园—芙蓉山（省血站）—碧水花城—核工业华南技校—芙蓉山翡翠湾—棕榈湾—电化厂社区—百旺桥头西—市公安局 回程经：和平路口—西堤中—市政府（北苑）

续表 20

线路	起止站	班车时间	途经路线
39 路	凤凰商业广场/凤凰山苑	7：00/21：00	中国农业银行—碧桂园销售中心
40 路	旭日公交总站/韶关汽车客运南站	6：20/20：45	旭日玩具厂—粤北二院—市职防院—四一九医院—博物馆（长城世家，市中级人民法院）—齿轮厂—工具厂—沙湖路口—市第二人民医院——棉西河体育中心—芙蓉东路口—韶关学院医学院—金福园—金泽园（翠景苑）—金贝苑—碧水花城—核工业华南技校—芙蓉山翡翠湾—棕榈湾—电化厂社区—百旺大桥（西）—林家坝—高头村—广塑厂—韶冶二号门—曲江水泥厂—炮师—曲江二中—马鞍山—人民公园—曲江区政府—曲江区武装部—源河豪庭—源河鸿景
41 路	粤北技校/粤北技校	6：50/17：35	北江技校—红十字会医院—第三中学—油泵厂—第二高级技校—前进中路—河畔名居—五里亭— 第七中学— 帽峰公园— 北门—西堤中—解放路（中）— 解放路（东）—韶关东站（总站）—市铁路医院—启明市场— 启明中路—万通大厦— 启明北路— 北伐纪念馆— 浈江区检察院—五里亭— 河畔名居—前进中路— 第二高级技校— 油泵厂—第三中学—红十字会医院— 北江技校
坝厂	中山公园/坝厂	7：30/16：30	解放路（西）—西河汽车站—韶关剧院—一棉—第二人民医院—沙湖路口—工具厂—齿轮厂—博物馆（长城世家）—四一九医院—康复中心—粤北二院—西联考场—焦冲—工程机械厂—第十一中学—轴承厂—西联干校—下胡村—车头村—孟洲坝—六合村—上坝村—下坝村
陈江	韶关东站/陈江	6：30/16：30	市铁路医院—交通技校—牛头潭—化工厂—大陂—东山—土井
湾头	韶关东站/湾头	7：00/17：00	火车站—熏风路—建国路口—风采广场—市石油公司—启明市场—浈江区政府—市交通技工学校—牛头潭—市一化厂—黄金村—粤北技校北校区—金沙生态园（水口村）—洞天陵园—碧涛公园—慈航静寺
糖寮	韶关东站/糖寮	6：40/17：30	解放路（中）—新华北路—西河邮局—东岗岭—一棉—第二人民医院—沙湖路口—工具厂—齿轮厂—博物馆（长城世家）—四一九医院—镇泰—十里亭大桥（西）—下坑石场—马屋—武江中学—田心—靖村电站—什石园—下坝—中坝—上坝
雄鹰	中山公园/雄鹰水泥厂	7：30/17：00	市铁路医院—启明路口—韩家山—南方高级技校—华能石化公司—杨屋村—教导队—广空汽训大队
浈江产业园专线	韶关东站/黄沙村委	7：10/19：20	解放路（西）—西堤中—北门—帽峰公园—第七中学—五里亭—河畔名居—前进中路—第二高级技校—义乌商贸城—大粤广场—铁五局四处（乌教塘）—黄岗水泥厂—黄岗—武江监狱—公安戒毒所—自来水加压站—五四村—煤机厂—创业一路—创业园—浈江产业园（汉鸿木业）—新伟金属公司

索 引

主题索引

说明：

1. 本索引采用主题分析方法，款目按照首字汉语拼音字母（同音字按声调）顺序排列。
2. 索引款目后的数字表示本书页的页码；数字后的英文字母（a、b、c）分别表示该页码的左栏、中栏、右栏。
3. 本索引未对特载、大事记、人物、图、表、统计资料和附录等内容作主题分析。
4. 同一主题的内容在文中多处出现的，在其款目后用不同的页码标明或者加“/”后标明记述单位。

A

爱国卫生　168b
爱国卫生宣传发动　168b
爱国主义教育基地建设　164a
安全管理　100a
安全教育　154a
安全生产　117c　148c
安全生产大检查　111c
安全生产监督管理 111a
安全事故查处　113a
安全隐患整改　112c
安全住房保障　123b
案件管理　94c

B

百年东街　132b
百旺社区　185b
班主任学习　152a
办事大厅建设　62a
保密工作　47b
保密工作管理　47c
保密工作会议　47b
保密宣传教育　48a
保密业务知识培训　47c
保险　143a
北伐战争纪念馆　132a
被征地农民养老保障　174c
碧桂园北区社区　189c
碧桂园东区社区　188c
碧桂园南区社区　189b
碧桂园西区社区　189a
变拖整治　124c
便民办税春风行动　140b
表彰先进　80b
殡葬管理　172c
病媒生物防制　168c
部门决算情况　102a
部门协作促发展　28b

C

财政　136a
财政票据管理　138a
财政收入　136c
财政预算　136a
财政支出　137c
参政议政　70c
参政议政　69b
参政议政　64b
餐饮业　133b
残疾人扶残助学受助补贴　81c
残疾人服务状况和需求调查　81b
残疾人辅助器具发放　82a
残疾人就业培训　82a
残疾人社会保障　81c
残疾人生活津贴发放　81b
残疾人适龄儿童入学　81c
茶山居民区　208a
查处违法用地和非法开采　107c
查违控违　146c
产业集聚　116b
产业转移工业园建设　116a
长地头村　197b
长乐村　184b
长山居居民区区　210b
超收入执行情况　137b
朝阳读书活动　176c
车站街道办党建工作　200c
车站街道办计划生育　201c
车站街道办社会民生　201b
车站街道办社区简介　202a
车站街道办事处　200a
车站街道办文化事业　201b
车站街道办信访维稳　201a
车站街道办医疗卫生　201c
车站街道办重点统计调查　200c
车站社区卫生服务中心　170c
陈江村　181c
城南社区　184c
城市管理　145c
城市监察　146b
城市提升成效显著　54a
城乡低保　172a
城乡规划　144a
出国（境）管理　60c
出台政策助脱贫　123c
创建“五好”县级工商联　83c
创文攻坚　147c
创文“文明餐桌”宣传　109a
创新治理手段　27a
创新组建模式　77b
春耕春播　119b
促进市容市貌城市提升　146c
村级换届选举　39b
村（居）“两委”换届纪律监督　67b

D

打击传销　105a
打击刑事犯罪　89b
大陂村　181c
大村　194c
大旗岭村　194c
大塘路社区　202b
大塘山居民区区　211a
大学路社区　211a
党的建设　6c
党建基础建设　118b
党建结对共建　27b
党史地方志　164a
党外干部队伍建设　42a
党员发展　45a
党员管理　40b
党组织经费建设　45b
党组织整顿　39c
档案　162c
档案安全防范管理　163b
档案馆建设　162c
档案文件开放利用　163a

档案信息化建设　162c
德育教育　152a
地方习俗　132a
地方志资料年报收集　165a
地籍管理和历史留用地　107b
地理位置　3c
地貌　4a
地税　141b
地质　3b
地质灾害防治　108a
电力　117b
电网建设　118a
调研信息　39b
调整改革　99b
调整规范行政审批中介服务事项　43b
东堤南社区　205c
东河村　181a
东河街道办成立“双百”社工站　199a
东河街道办社区简介　199b
东河街道办社区“两委”换届选举　198c
东河街道办社区综合文化服务中心建设　198a
东河街道办事处　197c
东河街道办事处创建全国文明城市　198c
东河社区卫生服务中心　169b
东联村　181a
东山村　181c
东升村社区　202b
动物疫病防控及农产品质量安全监管　30a
渎职侵权检察　94b
渡船渡口管理　145b
队伍建设　98a
对台宣传　44b
多党合作和政治协商　42a
“多证合一、一照一码”登记改革　105b

F

发展和改革　101a
发展计划和经济监测　101a
法律顾问　88c
法律援助　97b
法院　95b
法治建设　7b
法治教育　152b
法治政府建设　87b
反腐败追逃工作　67a
反贪污贿赂　94a
防控 H7N9 禽流感　105a
防汛防旱防风　127c
“放管服”改革　141a
非法集资宣传月活动　142a
非公经济领域统战工作　42b
非税征管　138a
非物质文化遗产　160b
风采街道办安全生产　204a
风采街道办党建　204c
风采街道办精神文明建设　204b
风采街道办民政优抚　204b
风采街道办人口与计划生育　204b
风采街道办社会治安综治维稳　204a
风采街道办社区简介　204c
风采街道办事处　203c
风采街道人大代表暖心驿站启动　51b
风采路社区　206b
风采社区卫生服务中心　169a
风度北社区　206b
风度中路社区　205b
风险隐患排查　60b
峰前路社区　205a
扶贫帮困　79c
扶贫开发　122c
扶贫领域监督执纪　67c
服务业　133c
府管村　181b
妇女干部培训　79b
妇女维权　80a
妇幼保健　167b
富仁居民区　208b

G

改革创新　118c
干部队伍建设　67b
干部管理机制　38b

干部监督　38c
干部教育培训　39a
干部选拔任用　38b
港澳台及海外联络　42b
港澳台居民居住证申领发放指南　271
高标准基本农田建设　107a
高等教育　155a
格顶居民区　208a
各项就业创业补贴政策　175a
耕地保护　107a
工伤认定　174c
工商联参政议政　83c
工商联精准扶贫　83c
工商行政管理　104c
工商行政执法　105a
工业　6a
工业企业服务　114b
工业项目推动　114b
公安　89a
公安队伍建设　91a
公共卫生与疾病预防　167c
公共文化服务体系　157a
公开承诺　27a
公路建设与管理　134a
公民道德建设　8b
公诉　93c
公务用车改革　102b
公务用车管理　61a
公证工作　97c
共青团改革　78c
共青团浈江区委员会　78b
固定资产　102a
关爱台胞台属　44b
关心下一代工作　176b
关注教育公平　152b
观摩学习自然村落历史人文普查推进会　186c
广东汉鸿木业有限公司　115b
广铁一线社区　202c
规范机构编制管理　43c
规范性文件起草、审核与清理　88a
规模餐饮企业　133b
国地合作　141c
国防动员　100a
国防教育　99c
国际档案日宣传活动　163b
国家监察体制改革试点　68a
国库集中支付管理　138b
国税　139b
国土资源管理　106c
国土资源执法监察　107c
国有资产管理　102a

H

夯实安全生产基础　112c
航道管理单位　135b
航道货运　135c
航道维护　135b
和平八一居民区　208b
河滨社区　205c
河流　4a
红十字会博爱送温暖　84b
侯山村　181b
户政工作　90b
花坪村　197a
花坪居民区　207c
花坪社区　197c
花坪镇　195b
花坪镇环境卫生整治　196a
花坪镇计划生育　196a
花坪镇精准扶贫　196b
花坪镇民政事业　196c
花坪镇农村普惠金融发展　196a
花坪镇农村土地确权推进　195c
花坪镇农业经济　195c
花坪镇卫生院　170c
花坪镇卫生院茶山分院　171a
花坪镇卫生院格顶分院　170b
花坪镇卫生院曲仁分院　170a
花坪镇乡村公共文化服务建设　196c
花坪镇消防安全　196b
花坪镇行政村和社区简介　197a
花坪镇整顿软弱涣散党组织　196c
化解信访积案　47a

环境保护　6b
环境保护　148c
环境保护　4c
环境卫生　148b
环园路社区　206a
黄岗社区　188b
黄金村　181c
黄浪水村　182a
黄沙村　192c
黄塘村　193c
黄竹村　192b
会员组织建设　83b
婚姻登记及收养登记　173a
火灾隐患整治　92b

J

机构编制　42c
机构改革　43a
机关党建关怀　45b
机关党组织建设　44c
机关建设　65c
机关事务　61a
机关事业单位人事制度管理　173c
机关事业单位养老保险参保登记　174c
基本公共服务　6b
基本医疗保障　123b
基层党组织软弱涣散整顿　27b
基层法律服务　97c
基层团组织建设　78b
基层医疗单位选介 169a
基层政权建设　173a
基层治理　39b
基础规范化建设　103b
基础教育　152c
基础设施建设　117a
激励机制改革　152b
计生工作依法行政　173b
计生惠民工程　173b
纪检　66a
纪念民革成立 70 周年活动　69c
继续教育　154b
加快转变农业发展方式　30a
加强培训　27a
加强组织领导　23a
家禽集中屠宰生鲜上市　110c
价格管理　106a
价格监督检查　106b
价格举报和鉴证　106b
监察　68a
检察　93b
检察委员会　93c
建立双赢机制　78a
建立完善创文科学管理机制　31a
建立职工之家　77c
建设普惠金融“村村通”平台　142b
建设项目投资　101b
建置区划　1a
建置沿革　1a
健全完善财务管理制度　61c
健全组织机构　77b
江心岛堤围加固工程　148a
教场村　184a
教师慰问　152c
教师招聘　152b
教研教改　154a
教育管理　151a
教育信息化建设　151c
解决历史遗留问题　82c
解决贫困家庭生产发展问题　30b
解决信访突出问题　47a
金凤坪村　187a
金融管理　142a
金沙社区　185a
进一步扩大劳动就业和社会保障覆盖面　54b
禁养区清理　121c
经济社会发展　5c
经济社会发展考核　101b
经济运行监测分析　103a
经济责任审计　104a
经营管理　118b
精打细算保民生　138c
精神文明建设　7c
精准扶贫　98a

精准扶贫　40b
警务保障建设　91a
警务督察　91a
警营文化建设和人才培养　92a
竞技体育　166a
靖村　186c
九届政协常委会议　63b
九三学社参政议政　75c
九三学社社会服务　76b
九三学社思想建设　75b
九三学社浈江区基层组织　75a
九三学社组织建设　75c
救灾救济　172b
就业创业服务管理　175c
就业创业职业技能晋升培训　175c
就业与培训　175a
军事训练　99b
军转干部安置管理　174a

K

科技创新　156b
科技推广应用　121a
科技宣传　156c
科学技术　156b
控告申诉检察　94c
矿产资源　4b
矿产资源管理　108a
奎塘村　197a
困难职工帮扶济困　78a

L

腊石村　187c
劳动村社区　203b
劳动管理　174a
劳动监察日常管理　174b
劳动人事争议仲裁　98b
劳动仲裁管理　98c
劳务招聘活动　175b
老东门社区　206a
老干部党建　46a
老干部工作　45c
老干部（老年）大学　46b
老干部学习活动中心　46b
老干部政治待遇　46a
老龄工作　172c
老区公路硬底化建设　82c
老区农村青年创业培训　83a
老区宣传工作　83a
乐园镇　182b
乐园镇公共服务平台建设　183c
乐园镇精准扶贫　183a
乐园镇“两委”换届　182c
乐园镇民生保障　183a
乐园镇农业发展　182c
乐园镇人大工作　182c
乐园镇人口计生　183a
乐园镇文化事业　183b
乐园镇武装双拥　183c
乐园镇消防安全　183b
乐园镇行政村和社区简介　184a
乐园镇义务教育　183c
乐园镇重点项目　182c
乐园镇综治信访　183b
18 类车驾管业务可“一证即办”　270
犁南社区　195b
犁市村　193a
犁市精准扶贫　191a
犁市社区　195a
犁市镇　190a
犁市镇安全生产　190c
犁市镇环境保护　191c
犁市镇基层治理　192a
犁市镇计划生育　191b
犁市镇教育文化　191b
犁市镇农业发展　190b
犁市镇信访维稳　191a
犁市镇行政村和社区简介　192b
犁市镇医疗卫生　191c
犁市镇应急管理　192a
犁市镇中心卫生院　169c
理论武装　40c
利用创文契机　营造宜居环境——浈江区利用“

人防＋技防”治拥堵发动志愿者参与创文纪事 265
莲花村 181a
莲花山 133a
莲花山社区 202a
廉政宣传教育 67a
良村 187c
两面山居民区区 210c
“两新”党组织建设 39c
“两学一做”学习教育 45a
量化分级管理 110a
林业 124c
林业安全生产管理 126b
林业建设保持林业可持续发展 30b
林业有害生物防治 125a
林业执法 125b
林业重点生态工程建设 125b
林政管理 125a
临时交办任务 104c
陵西路社区 199b
领导干部接访下访 47a
流动人口服务 173b
六合村 184c
路政管理 134a
旅游 131c
旅游交通 131c
旅游景点选介 132a
旅游资源 4b
律师工作 97c
落实安全生产目标管理责任制 111b
落实工资福利政策 174a
落实人大代表建议 51c

M

慢性病防治 167c
矛盾纠纷排查 46c
梅塘村 195a
美容美发保健业 133c
免疫防控 168a
民办教育 155a
民革 e 家平台建设 69a
民革浈江区基层组织 69a
民建参政议政 72a
民建社会服务 72b
民建思想建设 72a
民建浈江区基层组织 71c
民建组织建设 72a
民进参政议政 73b
民进社会服务 73c
民进思想建设 72c
民进浈江区基层组织 72c
民进组织建设 73a
民盟浈江区基层组织 70a
民情督察 65b
民商事审判 95c
民生工程助扶贫 123c
民生工作 64c
民生审计 104c
民事行政检察 94c
民政 172a
民主法治建设得到加强 54c
民主监督 65b
民主评议行风政风 45c
民族 5b
民族事务 175c
民族宗教 42b
民族宗教 5b
民族宗教活动 176a
民族宗教事务管理 176b
名优特品种 121b
明厨亮灶工程 110a

N

纳税服务 141c
内腾村 193b
2017 年度获市级以上先进单位称号选录 212
2017 年度获市级以上先进个人称号选录 215
20 17 年首届“感动浈江道德模范”先进个人事迹材料 217
农产品质量安全监管 119c
农村创业青年跟踪服务 177a
农村创业青年联谊会党支部建设 177b

农村创业青年培训班　176c
农村人居环境综合整治　145a
农村生产生活条件不断改善　53b
农村土地承包经营权确权登记颁证　120a
农村土地承包经营权确权登记颁证工作推进会　120a
农村土地确权颁证档案管理检查指导　163c
农村危房改造　144c
农工党参政议政　74b
农工党社会服务　74c
农工党浈江区基层组织　74a
农工党组织建设　74a
农机补贴　124b
农机服务管理　124b
农机推广　124a
农业　119a
农业　6a
农业产业化　119a
农业机械化　124a
农业技术推广体系建设　121a
农业科技　121a

P

排除歌舞娱乐场安全隐患　162b
派驻犁市检察室　95a
培育规上企业　114c
培育新的经济增长点　28b
棚改区　老矿工们的新春节　268
平安家庭创建　80b
普法教育　97a

Q

其他教育 154c
其他种植　120c
气候　4a
企业监管　105c
企业选介　131a
企业选介　115a
企业用工服务　117a
企业注册登记　105b
启明北路社区　199b
前进路社区　189b
强化创建工作保障　31b
强化创文宣传　32b
强化工作机制　47a
强农惠农政策　119b
侨界人士爱心助学　82b
侨界人士参政议政　82a
侨联活动　82b
青年就业创业　79b
青少年思想道德建设　78c
青少年维权　79a
区纪委九届二次全会　66a
区九届人大二次会议　49a
区人大常委会主任、副主任名单　51c
区委常委会议　33c
区委常委会议学保密　47c
区委九届三次全会　33a
区委九届四次全会　33b
区委领导班子成员名单　37c
区域化建设　79c
区政府办公楼节能改造　61b
区政府常务会议　55a
区政府领导班子成员名单　60a
区政协九届二次会议　63b
区政协领导班子成员名单　65c
区直工委　44c
区直事业单位改革　43c
曲仁办居民区简介　207c
曲仁办棚户区改造工程建设　206c
曲仁办人口与计划生育　207a
曲仁办“三防”安全生产　207a
曲仁办社会民生保障　207b
曲仁办社会治安综治维稳　207a
曲仁办事处　206b
全国文明城市创建活动　8a
全力提升群众获得感幸福感——浈江区扎实推进民生事业建设纪实　258
全力以赴坚决打赢脱贫攻坚战——浈江区委副书记、区长曾清兰访谈　257
全面推行河长制工作　129a
全区文艺工作座谈会　80c

群丰村　193b
群众体育　165c
群众信访情况　46c
群众性爱国卫生运动　168c
群众性精神文明创建活动　8a

R

人才队伍建设　38c
人才服务管理　173c
人大常委会法律监督　50c
人大常委会会议　49b
人大常委会主要工作　50c
人大代表沟通联系　51b
人大代表履职档案　51c
人大代表培训　51a
人大代表主要工作　51a
人大建议办理　50c
人大信访　51a
人防机制体制建设　100b
人防警报设施建设　100c
人防知识宣传　100c
人口　5a
人口和计划生育 173a
人口语言　5a
人民当家作主　6c
人民调解　96c
人民防空 100b
人民武装　99a
人事管理　173c
日常巡查和专项检查　174b

S

三角窝居民区区　210c
扫黄打非　162b
森林防火　126a
森林防火宣传教育　126c
森林资源保护　8c
沙梨园村　184b
沙尾村　194b
沙园村　193c
山林权属纠纷调处　126c
善美之城　文明浈江——浈江区教育系统创文在行动纪实　263
商标广告管理　106a
商贸流通服务业　6b
商事制度改革“马上办”　105b
商业贸易　130a
上坝村　184c
上划收入　137b
韶东社区　182a
韶关东郊客运枢纽中心站工程正式动工　投资2.4亿客运站日发送上万旅客　269
韶关公共汽车公司各路线运行一览表　273
韶关金苹果饲料有限公司　115a
韶关市大润发商业有限公司　131b
韶关市民乘坐公交车可“闪付”　272
韶关市新伟金属工贸有限公司　115c
韶关学院　155a
韶化社区　195b
韶南社区　185b
韶冶社区　185b
社保与医保　174b
社保执法专项检查　174c
社会发展大局和谐稳定　54c
社会服务　70a　71b
社会福利　172c
社会工作　173a
社会交通管理　89c
社会维稳　89b
社会治安管理　89c
社会治安综合治理　85b
社会主义核心价值观建设　7c
社区矫正和安置帮教　97a
社区卫生　167b
涉法涉诉　87a
涉台工作　44b
摄影及冲印　133c
审计　103c
审计法制建设　104a
审判公开　95c
审判监督　96a
生态文明建设　8c

省地震局到东河街道办事处检查防震减灾　199a
省级食品安全示范街创建　109c
省市挂牌督办隐患整改　113b
省、市级学校名单　156a
省特级档案综合管理单位　67c
师德建设　152b
十九大东风劲吹 老区村换新颜——浈江革命老区府管村、东联村发展见闻　267
十里亭东社区　189a
十里亭社区　188b
十里亭镇　185c
十里亭镇城乡建设　186b
十里亭镇村（社区）换届选举　185c
十里亭镇基层党建　186b
十里亭镇卫生院　169c
十里亭镇新农村建设　186a
十里亭镇行政村和社区简介　186c
十里亭镇义务教育　186b
十里亭镇综治创平　186a
石脚下村　193b
石山村　181b
石屋村　197b
石下村　193a
实施教师学历提升工程　152a
实行精准对标创建　31b
食品药品安全宣传　108c
食品药品安全应急处置　111a
食品药品安全专项整治　109a
食品药品抽检　109b
食品药品监督管理　108b
食品药品经营行政许可　108c
食品药品违法行为打击　109c
食用农产品快筛快检　109c
市与市辖区权责对接　43b
市政路面改造　148a
市政设施管养　147a
事业单位登记管理　44a
视察调研　64a
收费管理　106c
收支平衡情况　138a
兽医兽药检疫 121c
蔬菜种植　120c
水产及渔业　121c
水产养殖管理　121c
水稻种植　120c
水环境质量　149c
水环境质量　5a
水口村　182a
水利　127c
水利工程建设与管理　128a
水利建设　30b
水路管理　134c
水资源管理　128c
税收收入　139c
税收收入主要特点　140a
税收征管　140c
司法改革　95a　96a
司法救助　95b
司法为民　95b
司法行政　96b
丝茅坪居民区　208b
思想建设　70b
四方签约　176c

T

台资台属企业服务　44b
特困供养　172b
提案工作　64c
提高公共服务质量　61b
提升攻克难题水平　28a
提升外经贸时效　131a
体育　165c
体育彩票销售　166b
体育教育　152b
田螺冲办安居工程建设　209a
田螺冲办环境卫生　210b
田螺冲办计划生育　209b
田螺冲办经济发展　209a
田螺冲办劳动保障　210a
田螺冲办廉政教育　210a
田螺冲办社会民生保障　209b
田螺冲办事处　208c
田螺冲办消防安全　209c

田螺冲办综治信访维稳 210a
田螺冲居民区（社区）简介 210b
铁路运输 134b
统筹各项党建 40a
统计 102c
统计大型普查 103b
统计队伍建设 103c
统计法治建设 103b
统计信息通报制度 103a
统一战线 42a
土地矿产卫片执法 107c
土地资源 4b
团队工作 152c
推动重点项目建设 117a
推进产业共建 28b
推进建设美丽乡村 31a
推进教育依法行政 152a
推进教育重点难点工程 151b
推进“数字化城管” 146a
退（离）休领导干部社会团体兼职管理 38c
脱贫步伐加快 54a
拓宽信访渠道 46c

W

外事侨务 60c
湾头村 188a
网吧整治 162a
网络市场监管 105c
网上名称管理 44a
危险化学品专项整治 113c
为东环商贸城建设加油鼓劲——鑫金汇财富中心系列报道 261
为民解难 26b
为侨服务 61a 82b
为少数民族同胞办实事 176a
维稳工作 86b
卫生 167a
卫生监督协管 168a
卫生强区 167b
卫生镇村创建活动 169a
未成年人思想道德建设 8b 79c
文化 157a
文化保护 160a
文化惠民活动 157b
文化建设 41c
文化教育医疗卫生事业全面推进 54b
文化街社区 205c
文化精品创作 157c
文化市场管理 162a
文化下乡 81a
文化志愿行动 81a
文物保护与普查 160a
乌教塘社区 189a
五里亭村 187b
五里亭社区 188c
五四村 192c
物业服务管理 145c

X

西牛潭村 197b
溪头村 195a
下坝村 184c
下陂村 193a
下园村 194a
先进典型 78a
乡村道路建设 134a
乡村道路养护 134a
乡镇异地同步审计 104b
厢廊村 194a
项目建设推动 116b
消防 91c
消防队伍管理 92b
消防后勤保障 93a
消防基础建设 92c
消防灭火救援 92a
消防荣誉 93b
消防宣传教育 93a
消费者权益保护 106a
小额水利建设工程施工企业建库 128a
小街小巷综合整治 148a
小型水利工程管理体制改革 128b
校园周边文化环境整治 162a

协助重点项目建设　144b
新村　184b
新乐社区　185a
新韶镇　178a
新韶镇安全生产　179b
新韶镇查违控违　179c
新韶镇创文攻坚　179a
新韶镇村居“两委”换届　179c
新韶镇党风廉政建设　180c
新韶镇基层公共服务平台建设　180b
新韶镇基层组织建设　180b
新韶镇计划生育　179a
新韶镇精准扶贫　179b
新韶镇民生水利　180a
新韶镇民政事业　180a
新韶镇社会民生　180a
新韶镇卫生事业　179a
新韶镇卫生院　170b
新韶镇武装双拥　179c
新韶镇行政村（社区）简介　181a
新韶镇义务教育　180a
新韶镇重点项目征拆　178c
新韶镇综治信访维稳　178b
新一轮森林资源二类调查　125c
信访调研　47b
信访工作　46c
兴隆市场周边社会化管理　146a
刑事审判　95c
行政服务　61c
行政复议和行政应诉　88a
行政区划　2b
行政审判　95c
行政许可事项标准化　43a
行政执法监督　88b
休闲娱乐业　133c
畜牧兽医水产 121b
宣传　40c
宣传工作　91a
学前教育　154a
学习贯彻中共十九大精神和习近平新时代中国特色社会主义思想　38a
学习广东省森林防火条例　126b
学校布局调整　152a
学校食堂灭 C 工作　110b
学校选介　155a
巡察工作　66c
严打整治　86c
严重精神障碍管理　168a

Y

养殖场环境整治　5a　149b
野生动植物保护　125b
叶发青故居修缮资料收集　165b
“一府两院”工作评议　51c
“一门式一网式”政务服务改革　62b
一事一议财政奖补资金项目　119b
医政管理　167a
依法行政　87b
依法治区　87a
依法治水　128b
依法治税　140b　141b
义务教育保障　123b
义务植树　9b
艺术教育　152c
意识形态工作　41a
银山户外休闲养生度假区　132c
应急管理　60a
应急管理体系建设　60a
应急救护　84a
应急知识宣教演练　60b
应急值守和信息报送制度　60b
拥政爱民　100a
用地保障和报批服务　107b
优抚安置双拥　172c
渔民上岸安居　145b
渔政工作　122a
语言　5b
育红巷社区　199c
预防职务犯罪　94b
预决算信息公开　138c
预算执行审计　104a
园林绿化管养　147c
远程教育　40b

云顶居民区 207c
运输效益 134b

Z

在区委九届五次全会上的报告 237
增加环卫设施投入 148b
增收项目促脱贫 122c
增殖放流 9b
战备执勤 99b
站南路社区 203a
招商引资 116c 130b
侦查监督 93c
《浈江党史》编纂启动 164b
浈江地情网站建设 165c
浈江路社区 199c
浈江南路社区 200a
浈江年鉴（2017）编纂 164b
浈江年鉴（2017）出版发行 164c
浈江区残疾人联合会 81a
浈江区妇女联合会 79b
浈江区工商业联合会 83a
浈江区归国华侨联合会 82a
浈江区红十字会 84a
浈江区加大力度促进经济发展 28a
浈江区举力抓好农业农村工作 30a
浈江区老区建设 82c
浈江区2017年国民经济和社会发展统计公报 232
浈江区全力创建全国文明城市 31a
浈江区全力打造“三型”党组织 26a
浈江区深入学习贯彻中共十九大精神 23a
浈江区市政管理 147a
浈江区文学艺术界联合会 80c
浈江区中心城区图更新 165a
浈江区总工会 77a
浈江樱花公园 133a
征兵工作 99c
整治“九乱” 146b
整治行动 32a
正面主题宣传 41b
政策兜底保障 123b
政策落实跟踪审计 104b
政策研究 37b
政法委及综治 85a
政府采购管理 138b
政府常务会议学法 87b
政府投资项目评审 144c
政府工作报告 245
政治文明建设 6b
政治协商 7a
知识产权 156c
执纪审查 66b
执信路社区 200a
执行工作 96a
职工饭堂管理 61b
职工一区社区 202c
职业健康安全监管 112b
职业与成人教育 154c
植物病虫防治 120a
指标完成情况 144a
志愿者服务活动 8c
志愿者活动 79a
中共粤北省委旧址及陈列馆 132b
中国工商银行股份有限公司韶关分行 142b
中国建设银行股份有限公司韶关市分行 142c
中国人民财产保险股份有限公司韶关市分公司 143c
中国人寿保险股份有限公司韶关分公司 143a
中国石化销售有限公司广东韶关石油分公司 131a
中国石油天然气股份有限公司广东韶关销售分公司 131b
中国银行股份有限公司韶关分行 142c
中金岭南韶关冶炼厂 115a
中山路社区 204c
中心工作 64a
中央环保督察整改 4c 149a
种植业 120b
重大决策合法性审查 88a
重点攻坚情况 113b
重点项目管理 101c
重点项目建设 6a 29a
重要会议 55a
重要活动 36b 64a
重要决策 35b

重要考试保密检查　48b
主要经济指标稳步增长　53a
主要经营指标　117c
助推经济转型升级　138c
助学帮困活动　79b
住房和城乡建设 144c
驻点联系群众　40a
抓好贯彻落实　24a
专技人员管理　173c
专题调研　50c
专项整治　26b　90b
装备物资基础设施建设　127a
壮志街社区　205b
资产配置　102a
资产收入征缴　102b
资产信息管理系统建设　102b
资源物产　4a
自然村落历史人文普查稿完成复审　165b
自然地理　3a
自身建设　45c
宗教　5c
组织　37c
组织建设　69a　70b
作风纪律监督　68b

表格索引

表 1　浈江区行政区划一览表 ……………………… 3
表 2　2017 年浈江区人民政府工作会议一览表 …………………………………………… 57
表 3　2017 年浈江区行政事业单位资产负债表汇总 ……………………………………… 102
表 4　2017 年浈江国税税收收入情况表 ……… 139
表 5　2017 年韶关市浈江区饮用水源水质状况 …………………………………………… 149
表 6　2017 年韶关市浈江区省控以上河流水质变化趋势分析结果 ……………………… 149
表 7　2016 年、2017 年韶关市浈江区大气监测结果统计 ……………………………… 149
表 8　2016、2017 年韶关市区降水质量统计 …………………………………………… 150
表 9　韶关市区道路交通噪声监测统计 ……… 150
表 10　韶关市区区域环境噪声功能区统计 …… 150
表 11　2017 年浈江区群众文化活动一览表 … 157
表 12　浈江区辖区内各级文物保护单位一览表 …………………………………………… 161
表 13　浈江区非物质文化遗产项目名录 ……… 161
表 14　2017 年浈江区体育局活动记录表 …… 166
表 15　2017 年度获市级以上先进单位称号选录 ………………………………………… 212
表 16　2017 年度获市级以上先进个人称号选录 ………………………………………… 215
表 17　2017 年主要农产品产量 ……………… 233
表 18　2017 年规模以上工业主要产品产量 … 233
表 19　2017 年《韶关日报》浈江新闻一览表 …………………………………………… 253
表 20　韶关公共汽车公司各路线运行一览表 …………………………………………… 273